BUSINESS MANAGEMENT

| 제8판 |

공인노무사를 위한 1차
경영학객관식

편저자
공인노무사
이 해 선

Preface

「공인노무사를 위한 1차 객관식」 제8판은

 1. 공인노무사 기출문제뿐만 아니라 기출 경향이 유사한 가맹거래사, 경영지도사의 기출문제들까지 정리하였습니다. 다양한 난이도와 문제 유형을 접하여 40문항 출제에 철저히 대비할 수 있는 문제은행식 객관식 교재입니다.
 2. 문제나 정답 지문이 동일하게 반복 출제된 경우에는 하나의 문제만 담고 해설을 통해 해마다 정답 지문이 어떻게 구성되었는지 설명하였습니다.
 3. 개별 문제의 단편적인 해설을 제시하기보다는 최종 정리에 활용될 수 있는 테마별 정리를 <POINT> 처리하여 제시하였습니다. 테마별 정리 <POINT>를 통해 내용을 정리하고 관련 문제를 여러 번 풀며 내용 숙지와 문제 풀이 연습을 동시에 할 수 있도록 본 교재를 활용하십시오.

2024년 1월

공인노무사 이해선 올림

CONTENTS

제1장 경영학 개론
제1절 경영학 서론 · 3
제2절 기 업 · 13
제3절 경영자 · 27
제4절 경영이론의 발전 · 34

제2장 전략경영
제1절 전략경영에 대한 이해 · 61
제2절 환경분석 · 63
제3절 전략 수립 · 71
제4절 전략실행 및 평가 · 98

제3장 경영조직
제1절 조직행동론의 기초 · 101
제2절 개인수준 연구 · 102
제3절 집단수준 연구 · 140
제4절 조직수준 연구 · 192
제5절 거시조직이론 : 조직과 환경 간 관계 · · · · · · · 211
제6절 조직혁신 · 214

제4장 인적자원관리
제1절 인적자원관리 체계 · 232
제2절 직무관리 · 234
제3절 확보관리 · 247
제4절 평가관리 · 253
제5절 개발관리 · 268
제6절 보상관리 · 277
제7절 유지관리 · 291

제5장 생산·운영관리

제1절 생산·운영관리 · 301

제2절 재고관리 · 353

제3절 품질관리 · 368

제4절 서비스 관리 · 382

제6장 마케팅

제1절 마케팅 개념 · 385

제2절 마케팅 조사(시장조사) · 395

제3절 마케팅 전략 : STP전략 · 401

제4절 마케팅믹스 전략 : 4P전략 · · · · · · · · · · · · · · · · · · · 412

제5절 소비자 행동 분석 · 465

제7장 재무·회계 관리

제1절 회계관리 · 471

제2절 재무관리 · 554

제8장 경영정보시스템

BUSINESS MANAGEMENT

| 제8판 |

공인노무사를 위한 1차
경영학객관식

제1장 경영학 개론

|제1절| 경영학 서론

> **POINT 경영의 목표**
>
> **1. 효과성**(effectiveness)
> 조직의 목표 달성 정도를 의미한다. 효과성이 1인 기업은 목표를 최대한 달성하고 있다는 것이고 0인 경우는 목표를 전혀 달성하지 못하고 있음을 의미한다.
>
> **2. 효율성**(efficiency)
> 최소한의 투입으로 최대한의 산출을 얻는 것을 말한다. 목표를 달성하는데 사용한 자원 등의 사용 정도를 파악할 수 있다.

관련 문제

1 효율성(efficiency)과 효과성(effectiveness)에 관한 설명으로 옳지 않은 것은? (경영지도사, 14)

① 효과성은 자원의 사용 정도를, 효율성은 목표의 달성 정도를 평가대상으로 한다.
② 효율성은 일을 올바르게 함(do things right)을, 효과성은 옳은 일을 함(do right things)을 의미한다.
③ 성공적 조직이라면 효율성과 효과성이 모두 높다.
④ 효율성은 목표 달성을 위한 수단이다.
⑤ 효율성은 최소한의 자원 투입으로 최대한의 산출을, 효과성은 목표의 최대한 달성을 지향한다.

/정답/ ①
효과성은 목표의 달성 정도를 의미하고, 효율성은 자원의 활용도를 의미한다.

2 경영의 효율성(efficiency)에 관한 설명으로 옳지 않은 것은? (경영지도사, 18)

① 투입량에 대한 산출량의 비율이다.
② 조직목표의 달성 정도와 관련이 있는 개념이다.
③ 자원의 낭비 없이 일을 올바르게 수행하는 것(doing things right)을 의미한다.
④ 최소한의 자원 투입으로 최대한의 산출을 얻는 것을 지향한다.
⑤ 효율성이 높아도 목표를 달성하지 못하는 경우가 있다.

/정답/ ②

3 '과업을 올바르게 수행하는 것(doing things right)'을 의미하는 개념은? (경영지도사, 22)

① 유효성　　② 적합성　　③ 효과성
④ 창조성　　⑤ 효율성

/정답/ ⑤

4 기업이 어떤 일을 하는지, 기업이 제품이나 서비스를 어떻게 전달하는지에 대한 개념적 설명을 기업이 부를 창출하는 방법과 함께 묘사한 것은? (경영지도사, 17)

① 비즈니스 생태계(business ecosystem)
② 비즈니스 동인(business driver)
③ 비즈니스 모델(business model)
④ 비즈니스 성과관리(business performance management)
⑤ 비즈니스 인텔리전스(business intelligence)

/정답/ ③

① 비즈니스 생태계(Business ecosystem)는 공급자, 유통업자, 아웃소싱 기업, 운송 서비스 기업, 기술 제조업자들 간의 상호의존적인 네트워크, 관계를 말한다.
③ 비즈니스 모델(business model)이란 어떤 제품이나 서비스를 어떻게 소비자에게 제공하고, 어떻게 마케팅하며, 어떻게 돈을 벌 것인가 하는 계획 또는 사업 아이디어를 말한다.
⑤ 비즈니스 인텔리전스(BI, Business Intelligence)란 기업이 보유하고 있는 수많은 데이터를 정리하고 분석해 기업의 의사결정에 활용하는 일련의 프로세스를 말한다.

POINT 기업의 최종목표 : 가치 창출(value creation)

1. 가치사슬모형(value chain model) - 마이클 포터(Michael E. Porter)

- 고객에게 가치를 제공함에 있어서 부가가치 창출에 직·간접적으로 관련된 일련의 활동·기능·프로세스의 연계를 의미

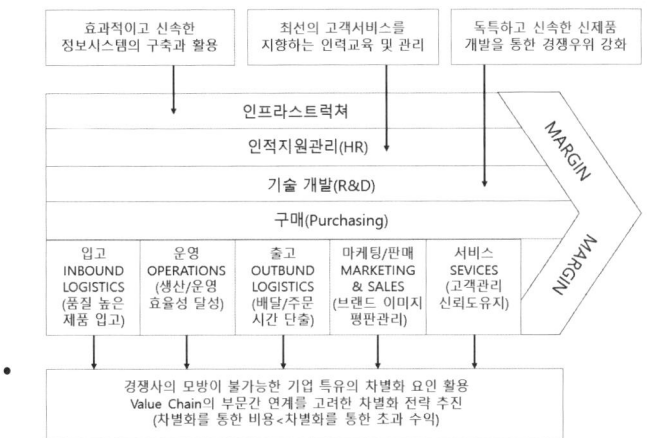

- **본원적 활동**(primary activities)
  제품 및 서비스의 물리적 가치 창출과 관련된 활동들로써 고객들에게 전달되는 부가가치 창출에 직접적으로 기여하는 활동들을 의미한다.
  물류투입(IL : Inbound Logistics), 운영/생산(OP : Operations), 물류산출(OL : Outbound Logistics), 마케팅 및 영업(M&S : Marketing & Sales), 서비스(Services) 활동 등

- **지원활동**(support activities)
  본원적 활동이 발생하도록 하는 투입물 및 인프라를 제공하는 활동들로써 직접적으로 부가가치를 창출하지는 않지만 이를 창출할 수 있도록 지원하는 활동들을 의미한다.
  회사 인프라(Firm Infrastructure), 인적자원관리(HRM : Human Resource Management), 기술개발(Technology Development), 구매조달(Procurement) 등

2. 기업의 사회적 책임 4단계 모형 - 캐롤(Carroll)

- **1단계 : 경제적 책임**
  기업은 이윤 창출을 통해 영속성을 유지하여야 한다.(예 이윤 극대화와 고용 창출 등)

- **2단계 : 법률적 책임**
  기업은 제반 법규를 준수하여야 한다.(예 회계의 투명성, 성실한 세금 납부, 소비자의 권익 보호 등)

- **3단계 : 윤리적 책임**
  법적으로 강요되지 않아도 사회통념에 의해 형성된 윤리적 기준을 기업이 자발적으로 따르는 것을 말한다.(예 환경윤리 경영, 제품안전, 여성현지인소수 인종에 대한 공정한 대우 등)
- **4단계 : 자선적 책임**
  경영활동과 관련 없는 문화, 기부, 자원봉사와 같은 활동에 대한 기업의 지원을 말한다. (예 사회 공헌 활동 또는 자선교육문화체육 활동 등)

3. 지속가능 경영(sustainable management)
- 이해관계자(stakeholders)의 가치를 창출하고 현재와 미래 세대의 복지에 기여하기 위해 모든 형태의 자원(인적자원, 천연자원, 생산물, 재무적 자원)을 보존하고 확충하는 경영방식이다.
- TBL(Triple Bottom Line) : ⅰ)경제적 수익성 ⅱ)환경적 건전성 ⅲ)사회적 책임성

4. 윤리경영 - 기업윤리 접근법
- **공리주의 접근법(utilitarian approach)**
  최대 다수의 최대 행복 제공을 목표로 하는 접근법으로서 결과주의적·목적론적 관점을 취한다.
- **도덕 권리적 접근법(moral rights approach)**
  의사결정과 행위가 기본적인 개인과 집단의 자유와 권리에 일치하는 것인가에 따라 판단하는 것을 의미한다.
- **정의적 접근법(justice approach)**
  행위와 의사결정이 개인과 집단 사이의 공정하고 균등하며, 불편부당한 부와 비용의 분배를 이루는데 일치하는 것인가에 따라 판단하는 접근법을 말한다. 이 접근법은 결정 또는 행동이 정당성, 공정성, 공평성의 원칙을 전제로 한다.
- **상대주의 접근법(relativism approach)**
  윤리는 사회·문화적 배경을 바탕으로 한 관습이기 때문에 모든 사회마다, 조직 및 개인마다 서로 다른 윤리적 기준을 가진다는 주장이다.
- **의무론적 접근법**
  인간은 기본적으로 이성을 통해 책임과 의무를 다하는 존재이기 때문에 스스로 도덕법칙을 만들어 그에 따라 사는 자율적 존재라는 관점이다.

5. 윤리적 압력에 대한 기업의 대응전략

- **방해전략**(obstructive strategy)
  사회적 책임의 수행은 신경 쓰지 않고 기업 이윤에만 집착하는 전략이다. 사회적 의무 불이행으로 고발을 당해도 부정한다.

- **방어전략**(defensive strategy)
  소극적으로 법이 요구하는 최소한의 규정만을 준수하는 전략이다. 사회적 책임을 이행하지 않은 잘못이 드러나면 그것을 정당화시키고 변명한다.

- **행동전략**(proactive strategy)
  사전 예방적 차원에서 적극적·자발적으로 사회적 책임을 이행하는 것이다.

- **적응전략**(accommodative strategy)
  사회적 압력이 클수록 사회적 책임을 실천하는 전략이다.

관련 문제

1 다음에서 공통으로 설명하는 경영개념은? (경영지도사, 19)

> ○ 원재료 유입에서 최종 소비자에게 완제품 전달까지 각 단계에서 가치를 부가하는 일련의 조직적 작업 활동이다.
> ○ 기업의 원가 또는 차별화 우위를 형성할 수 있는 요소들을 파악하여 경쟁우위 원천을 찾을 수 있다.

① benchmarking　② division of labor　③ just in time
④ reengineering　⑤ value chain

/정답/ ⑤

2 포터(M. porer)의 가치사슬(value chain)모델에서 주요활동(primary activities)에 해당하는 것은? (노무사, 15, 20 및 경영지도사, 15, 18)

① 인적자원관리　② 서비스　③ 기술개발
④ 기획·재무　⑤ 법률자문

/정답/ ②

3 포터(M. Porter)의 가치사슬 활동을 순서대로 나열한 것은? (가맹거래사, 22)

① 구매활동 → 생산활동 → 물류활동 → 서비스활동 → 판매 및 마케팅활동
② 구매활동 → 물류활동 → 생산활동 → 판매 및 마케팅활동 → 서비스활동
③ 구매활동 → 생산활동 → 물류활동 → 판매 및 마케팅활동 → 서비스활동
④ 구매활동 → 물류활동 → 생산활동 → 서비스활동 → 판매 및 마케팅활동
⑤ 구매활동 → 생산활동 → 판매 및 마케팅활동 → 물류활동 → 서비스활동

/정답/ ③

4 기업의 사회적 책임이 요구되는 이유로 옳지 않은 것은? (경영지도사, 16)

① 외부경제효과
② 시장의 불완전성
③ 환경요인간의 상호의존성 심화
④ 기업영향력의 증대
⑤ 공유가치 창출의 필요성

/정답/ ①

기업 내부요인 개선으로 발생하는 경제적 이익을 내부경제효과라고 하고, 기업 외적 요인의 개선으로 발생하는 경제적 이익을 외부경제효과라고 한다. 예를 들어 관련 산업발달, 수송비 저하, 입지 조건 변화 등에 의해 비용이 절감되거나 이익이 증가하는 경우를 말하는 것이다. 따라서 이는 영리조직인 기업활동의 결과적 차원의 문제이지 기업윤리라는 방법상 문제로 보기 어렵다.

5 기업경영과 관련하여 윤리적 이슈에 해당하지 않는 것은? (경영지도사, 16)

① 횡령
② 불공정 행위
③ 환경파괴
④ 수익성 제고
⑤ 안전불감

/정답/ ④

6 기업의 사회적 책임에 대한 고전적 견해의 주장에 해당되는 것은? (경영지도사, 14)

① 기업의 사회적 목표 추구는 제품 및 서비스의 가격상승을 초래하여 소비자들이 피해를 보게 된다.
② 기업의 사회적 목표 추구는 장기적으로 기업에 이익을 가져다준다.
③ 기업의 사회적 목표 추구로 기업은 기업이미지 개선을 도모할 수 있다.
④ 기업의 사회적 목표 추구로 기업은 정부규제를 회피할 수 있다.
⑤ 기업의 사회적 목표 추구는 기업의 권력에 상응하는 책임의 균형 차원에서 요구된다.

/정답/ ①

사회적 책임의 전통적 관점은 기업의 사회적 목표 추구는 제품 및 서비스의 가격상승을 초래하여 소비자들이 피해를 보게 되므로 기업은 가장 중요한 이해관계자인 주주의 이익을 극대화하기 위해 최선을 다해야 한다고 주장한다.

7 드러커(P. Drucker)가 제안한 기업의 사회적 책임의 내용에 해당하지 않는 것은? (경영지도사, 17)

① 경제적 책임(economic responsibility)
② 법적 책임(legal responsibility)
③ 기술적 책임(technological responsibility)
④ 윤리적 책임(ethical responsibility)
⑤ 자선적 책임(discretionary responsibility)

/정답/ ③

8 기업의 사회적 책임 중에서 제1의 책임에 해당하는 것은? (노무사, 20 및 경영지도사, 13)

① 법적 책임　　② 경제적 책임　　③ 윤리적 책임
④ 자선적 책임　⑤ 환경적 책임

/정답/ ②

9 캐롤(B.A. Carrol)의 피라미드 모형에서 제시된 기업의 사회적 책임의 단계로 옳은 것은? (노무사, 21)

① 경제적 책임 → 법적 책임 → 윤리적 책임 → 자선적 책임
② 경제적 책임 → 윤리적 책임 → 법적 책임 → 자선적 책임
③ 경제적 책임 → 자선적 책임 → 윤리적 책임 → 법적 책임
④ 경제적 책임 → 법적 책임 → 자선적 책임 → 윤리적 책임
⑤ 경제적 책임 → 윤리적 책임 → 자선적 책임 → 법적 책임

/정답/ ①

10 이윤 극대화, 일자리 창출 등 기본적 영역에 해당하는 기업의 사회적 책임은? (경영지도사, 23)

① 윤리적 책임
② 경제적 책임
③ 법적 책임
④ 자유 재량적 책임
⑤ 사회봉사 책임

/정답/ ②

11 기업의 사회적 책임에 관한 설명으로 옳지 않은 것은? (가맹거래사, 22)

① 기업의 사회적 책임에 관한 국제표준은 ISO 26000이다.
② ESG경영과 사회적 책임은 상호연관성이 높은 개념이다.
③ ISO 26000은 강제집행사항은 아니지만 국제사회의 판단기준이 된다.
④ 사회적 책임 분야는 CSV(Creating Shared Value)에서 CSR(Corporate Social Responsibility)의 순서로 발전되었다.
⑤ CSV는 기업경쟁력을 강화하는 정책이며 지역사회의 경제적·사회적 조건을 동시에 향상시키는 개념이다.

/정답/ ④

- 1987년 UN의 '환경과 개발에 관한 세계위원회'가 펴낸 보고서 '우리 공동의 미래(Our Common Future)'에서 '지속가능성' 개념이 제기됨
- 위 정의에 따라 CSR(Corporate Social Responsibility)의 중요성이 2000년대 논의되기 시작하고, 조직의 대응을 위해 국제표준으로 ISO26000 가이던스가 제작됨
- ISO26000 발효 1년 후 마이클 포터 등이 CSV(Creating Shared Value)를 제창, 이는 사회적 가치와 경제적 가치 모두를 실현하기 위한 '공유가치의 창조'를 의미
- CSR과 CSV라는 기업 측의 움직임에 대해 투자자 측의 흐름에서 탄생한 것이 ESG투자

12 지속가능경영을 구성하는 세 가지 요소는? (경영지도사, 17)

> ㄱ. 대내적 공정성　　ㄴ. 대외적 공헌성
> ㄷ. 경제적 수익성　　ㄹ. 환경적 건전성
> ㅁ. 사회적 책임성

① ㄱ, ㄴ, ㄹ　　② ㄱ, ㄴ, ㅁ　　③ ㄱ, ㄷ, ㄹ
④ ㄱ, ㄷ, ㅁ　　⑤ ㄷ, ㄹ, ㅁ

/정답/ ⑤

---

13 다수의 이익을 위해 소수의 이익은 희생될 수 있다는 전제 하에 최대다수의 최대행복을 기본원리로 삼는 윤리적 의사결정 접근법은? (경영지도사, 15, 18)

① 공리주의 접근법　　② 상대주의 접근법　　③ 도덕적 권리 접근법
④ 사회적 정의 접근법　　⑤ 의무론적 접근법

/정답/ ①

---

14 윤리적 의사결정 기준 중 공리주의 접근법에 관한 설명이 <u>아닌</u> 것은? (경영지도사, 20)

① 최대 다수의 최대 행복을 지향한다.
② 금전적 측정이 곤란한 경우에는 비용-효익 분석을 적용할 수 없다.
③ 다수집단에 속한 사람들의 권리가 소수집단에 속한 사람들의 권리에 우선한다.
④ 이익극대화, 능률성 추구를 정당한 것으로 본다.
⑤ 결정 또는 행동이 정당성, 공정성, 공평성의 원칙을 전제로 한다.

/정답/ ⑤

결정 또는 행동이 정당성, 공정성, 공평성의 원칙을 전제로 이루어져야 한다는 것은 정의적 접근법에 해당하는 내용이다.

15 경영자의 바람직한 윤리적 환경구축에 관한 설명으로 옳지 않은 것은? (경영지도사, 21)

① 윤리의식이 잘 갖추어진 사람을 채용하고 승진시킨다.
② 윤리적 행동에 높은 가치를 부여하는 조직문화를 육성한다.
③ 윤리담당자를 임명한다.
④ 방임적 통제 프로세스를 발전시킨다.
⑤ 사람들이 의사결정 과정에서 윤리적 차원을 고려하도록 한다.

/정답/ ④
윤리적 환경구축을 위해서 경영자는 조직구성원들의 비윤리적 행동을 방치하거나, 그들에 대한 윤리적 행동 통제를 포기하여서는 안 된다.

16 사회적 책임에 대한 기업의 대응전략에 해당하지 않는 것은? (경영지도사, 18)

① 방해전략(obstructive strategy)　　② 공격전략(offensive strategy)
③ 방어전략(defensive strategy)　　④ 행동전략(proactive strategy)
⑤ 적응전략(accommodative strategy)

/정답/ ②

|제2절| 기 업

> **POINT 기업의 형태 – 출자자 수 기준**
>
> - **합명회사**(partnership)
>   2명 이상의 출자자가 공동으로 출자하여 기업의 채무에 대해 전원이 연대하여 무한책임을 지는 기업형태이다. 소유와 경영이 분리되지 않은 것이 개인기업과 유사하다.
> - **합자회사**(limited partnership)
>   출자와 업무 집행을 담당하는 무한책임사원과 출자만을 하는 유한책임사원으로 구성되는 소수 공동기업을 말한다.
> - **유한회사**(limited company)
>   비교적 소수의 사원과 소규모의 자본으로 운영되고, 유한책임·균일분할출자제 등과 같은 주식회사의 장점을 적용할 수 있는 기업형태이다. 각 사원은 출자좌수(出資座數)에 비례한 지분을 가지지만 지분을 타인에게 양도할 때는 사원총회의 승인을 요한다.
> - **익명회사**
>   직접 업무를 담당하고 무한책임을 지는 영업자와 유한책임을 지는 익명 출자자인 익명조합원으로 구성되는 기업형태이다. 익명조합원은 채권자의 입장을 취하고 영업에는 직접 참여하지 않으며 자기의 신분을 노출하지 않고 투자하는 사람이다.
> - **조 합**
>   2명 이상이 상호출자하여 공동사업을 경영할 것을 약정함으로써 효력을 발생하는 기업형태이다. 이때 조합원 전원은 무한책임을 지고 업무 집행을 조합원 과반수의 찬성으로 결정한다.
> - **주식회사**
>   주주의 유한책임제도와 주식으로 자본의 증권화를 통하여 자본과 경영이 분리 운영되는 다수 공동기업의 형태를 말한다.
>   ⅰ) **출자자**(주주)의 유한책임제도
>   ⅱ) **자본의 증권화** : 소유권 이전의 용이, 대규모 자본형성, 규모의 경제 실현
>   ⅲ) **소유와 경영의 분리** : 전문경영자에 의한 운영

□ 관련 문제

1 주식회사에 관한 특징으로 옳지 <u>않은</u> 것은? (노무사, 11)

① 주주의 유한책임
② 소유와 경영의 분리 가능
③ 소유권 이전의 어려움
④ 자본의 증권화
⑤ 대규모 자본조달 가능

/정답/ ③

2 다음 특성에 해당되는 기업의 형태는? (노무사, 23)

- 대규모 자본 조달이 용이하다.
- 출자자들은 유한책임을 진다.
- 전문경영인을 고용하여 소유와 경영의 분리가 가능하다.
- 자본의 증권화를 통해 소유권 이전이 용이하다.

① 개인기업
② 합명회사
③ 합자회사
④ 유한회사
⑤ 주식회사

/정답/ ⑤

3 주식회사에 관한 설명으로 옳지 <u>않은</u> 것은? (경영지도사, 20)

① 다수의 출자자로부터 대규모 자본조달이 용이하다.
② 소유와 경영의 인적 통합이 이루어진다.
③ 주주총회는 최고의사결정기구이다.
④ 주주의 유한책임을 전제로 한다.
⑤ 자본의 증권화 제도를 통하여 자유롭게 소유권을 이전할 수 있다.

/정답/ ②

4 주식회사의 특징에 관한 설명으로 옳은 것은? (경영지도사, 16)

① 자본의 증권화로 소유권 이전이 불가능하다.
② 주주는 무한책임을 진다.
③ 소유와 경영의 분리가 불가능하다.
④ 인적결합 형태로 법적 규제가 약하다.
⑤ 자본조달이 용이하고, 과세대상 이익에 대해서는 법인세를 납부한다.

/정답/ ⑤

5 주식회사에 관한 설명으로 옳지 않은 것은? (경영지도사, 13)

① 재무공시의 자율성이 제한된다.
② 주주는 이익에 대해 이자와 배당을 청구할 수 있다.
③ 주주는 출자한도 내에서 유한책임을 진다.
④ 유가증권시장에 공개된 회사의 주식은 매매가 가능하다.
⑤ 소유와 경영의 분리가 가능하다.

/정답/ ②

② 주주는 이익에 대해 배당을 청구한다. 이자를 청구하는 사람은 채권자이다.

6 주식회사에 관한 설명으로 옳지 않은 것은? (경영지도사, 14)

① 주주의 유한책임으로 자본조달이 용이하여 대자본이 형성이 쉽다.
② 주주총회에서 주주의 의결권은 1주 1의결권을 원칙으로 한다.
③ 이사는 주주총회에서 선임되며, 최소 3인 이상이어야 하고, 그 임기는 3년이다.
④ 감사는 임의기구로서 그 설치 여부는 자유이다.
⑤ 기업 운영에 소요되는 자본의 조달과 경영의 합리화를 기하기 위해서 형성된 자본적 공동기업이다.

/정답/ ③④

③ 이사는 1명이어도 상관없다.
④ 주식회사에서 감사는 상설기관이며 반드시 설치해야 한다.

7 주식회사의 특징에 관한 설명으로 옳지 않은 것은? (경영지도사, 23)

① 일반 대중으로부터 자본을 쉽게 조달할 수 있다.
② 주주총회는 주주의 공동의사를 결정하는 최고 의사결정기관이다.
③ 이사회는 회사의 경영 전반에 관한 의사결정기관이다.
④ 주식회사는 소유와 경영이 분리되어 있다.
⑤ 주식회사의 주주는 무한책임사원으로 구성된다.

/정답/ ⑤

8 회사의 설립 및 운영에 관한 설명으로 옳지 않은 것은? (경영지도사, 13)

① 합자회사는 무한책임사원과 유한책임사원의 두 종류의 사원에 의해 이원적으로 구성된다.
② 합명회사는 2인 이상의 출자자 상호 간의 신뢰관계를 중심으로 인적통합관계가 강한 것이 특징이며, 각 사원이 회사 채무에 대해 연대무한책임을 진다.
③ 주식회사는 출자자인 주주의 유한책임제도와 자본의 증권화 제도의 특징을 지닌다.
④ 주식회사의 이사회는 법령 또는 정관에 의해 주주총회의 권한으로 되어 있는 것을 제외하고는 회사 업무집행에 관한 일체의 권한을 위임받은 수탁기관으로서 이사와 감사의 선임 및 해임권, 정관의 변경, 신주발행 결정 등의 권한이 있다.
⑤ 주식회사의 주주총회는 회사 기본조직과 경영에 관한 중요사항에 대하여 주주들의 총의를 표시·결정하는 최고의 상설 필수기관이다.

/정답/ ④
주식회사에서 이사와 감사의 선임 및 해임권, 정관의 변경, 신주발행 결정 등의 권한은 주주총회에 있다.

9 무한책임사원과 유한책임사원으로 구성된 상법상의 기업형태는? (노무사, 14 및 경영지도사15)

① 합명회사　　② 합자회사　　③ 유한회사
④ 주식회사　　⑤ 자영회사

/정답/ ②

10 2명 이상의 공동출자로 기업 채무에 사원 전원이 연대하여 무한책임을 지는 기업형태는?

(경영지도사, 21)

① 유한회사　　② 합자회사　　③ 합명회사　　④ 협동조합　　⑤ 주식회사

/정답/ ③

11 유한회사의 특징으로 옳은 것은?

(경영지도사, 13)

① 감사는 필요적 상설기관이다.
② 이사는 3인 이상을 두어야 한다.
③ 경영은 무한책임을 지는 출자자가 담당한다.
④ 최고의사결정기관은 사원총회이다.
⑤ 기관의 구성이 간단하고 개방적이다.

/정답/ ④

① 감사는 임의기관이다.
② 1인 이상의 이사를 둘 수 있다.
③ 출자자는 유한책임을 진다.
⑤ 기관의 구성이 간단하고 폐쇄적이다.

POINT 기업결합(business combination) 형태

- **카르텔**(cartel : 기업연합)
  동종 또는 유사 산업에 속하는 기업들이 독립성을 유지하면서 경쟁을 줄이기 위해 가격, 판매의 수량·지역, 생산, 기술, 그리고 구매 측면에서 협약하는 형태이다.
  공동판매카르텔(Syndicate)이란 가맹기업의 개별 거래를 인정하지 않고 생산물의 공동판매와 공동구매를 하는 강력한 카르텔 형태이다.

- **트러스트**(trust : 기업합동)
  기업지배를 목표로 실질적인 시장독점이 주된 목적이며, 법률적·경제적인 독립성을 상실하고 자본적으로 결합하는 가장 강력한 기업결합 형식이다.(M&A)

- **콘체른**(concern : 기업연맹)
  기업이 독립성을 유지하며 생산, 판매, 금융의 측면에서 자본교환, 주식 소유, 중역파견, 대부 관계, 지주회사(holding company)를 통해 지배를 강화하는 기업결합 형태이다. 지주회사는 주식의 소유를 통해 다른 회사의 사업내용을 지배하는 것을 주된 목적으로 하는 회사를 지칭한다.

- **콤비나트**(kombinat : 기업집단)
  유사업종의 기업들이 시너지를 얻기 위하여 인접 지역에서 제휴하여 결합하는 형태이다. (구미공단, 구로공단, 여천 석유화학 공단 등)

- **콘글로머리트**(conglomerate)
  생산공정이나 판매과정 등의 분야에서 상호 관련이 없는 다양한 이종 기업을 매수 또는 합병하여 하나의 거대한 기업체를 이루는 기업결합 형태이다. 이는 경기변동에 따른 위험 분산, 경영다각화, 외적 성장, 이윤증대, 조직 개선 등을 목적으로 한다.

□ 관련 문제

1 동종 유사업종의 기업들이 법적, 경제적 독립성을 유지하면서 협정을 통해 수평적으로 결합하는 형태는? (노무사, 18 및 가맹거래사, 14, 15 및 경영지도사, 23)

① 지주회사(holding company) ② 카르텔(cartel)
③ 컨글로메리트(conglomerate) ④ 트러스트(trust)
⑤ 콘체른(concern)

/정답/ ②

2 담합의 한 형태로 동종 상품을 생산하는 기업들이 가격이나 생산량, 출하량 등을 협정하여 경쟁을 피하고 이윤을 확보하려는 기업결합의 행태는? (경영지도사, 17)

① 콘체른(concern)
② 트러스트(trust)
③ 카르텔(cartel)
④ 컨글로머리트(conglomerate)
⑤ 디베스티처(divestiture)

/정답/ ③

⑤ 디베스티처(divestiture)란 구조조정 시 성과가 낮은 부실 부문을 잘라내 매각하는 것을 말한다.

3 카르텔에 관한 설명으로 옳지 않은 것은? (경영지도사, 18)

① 동종 또는 유사업종 기업 간에 수평적으로 맺는 협정이다.
② 참여기업들은 법률적, 경제적으로 완전히 독립되어 협정에 구속력이 없다.
③ 공동판매기관을 설립하여 협정에 참여한 기업의 생산품 판매를 규제하기도 한다.
④ 아웃사이더가 많을수록 협정의 영향력이 커진다.
⑤ 일반적으로 카르텔은 공정경쟁을 저해하기 때문에 법률로 금지하고 있다.

/정답/ ④

④ 연합관계에 참여하는 기업이 많을수록 협정의 영향력이 커지게 된다.

4 상호 관련이 없는 이종 기업의 주식을 집중 매입하여 합병함으로써 기업 규모를 확대시켜 대기업의 이점을 추구하려는 다각적 합병은? (경영지도사, 16, 20)

① 콤비나트(combinat)
② 다국적 기업(multinational corporation)
③ 조인트 벤처(joint venture)
④ 콘글로머리트(conglomerate)
⑤ 카르텔(cartel)

/정답/ ④

5 한 기업이 타 산업의 전혀 다른 사업 활동을 하는 기업을 인수합병하는 것은? (경영지도사, 14)

① 수평적 인수합병   ② 수직적 인수합병   ③ 적대적 인수합병
④ 관련 기업 인수합병   ⑤ 콩글로메리트 인수합병

/정답/ ⑤

① 수평적 인수합병은 경쟁관계에 있는 두 회사가 합병하는 경우를 말한다.
② 수직적 인수합병은 공정상 전후 관계에 있는 기업들, 즉 공급자와 제조업자, 제조업자 와 판매업자 등 수직관계에 있는 두 회사가 합병하는 경우를 의미한다.

6 시장지배를 목적으로 동일한 생산단계에 속한 기업들이 하나의 자본에 결합하는 기업집중 형태는? (경영지도사, 19)

① 카르텔(cartel)   ② 콤비나트(combinat)
③ 콘체른(concern)   ④ 조인트벤처(joint venture)
⑤ 트러스트(trust)

/정답/ ⑤

7 울산 석유화학단지와 같이 여러 개의 생산부문이 유기적으로 결합된 다각적 결합공장 혹은 공장집단 은? (경영지도사, 18)

① 트러스트(trust)   ② 콘체른(concern)
③ 콤비나트(kombinat)   ④ 컨글로메리트(conglomerate)
⑤ 조인트벤처(joint venture)

/정답/ ③

8 '지주회사(holding company)에 의한 주식 소유'와 같은 형태의 기업집중은? (경영지도사, 14, 22)

① 카르텔(cartel)   ② 트러스트(trust)
③ 콘체른(Konzern)   ④ 콤비나트(Kombinat)
⑤ 조인트 벤처(joint venture)

/정답/ ③

9 다음의 특성에 해당되는 기업집중 형태는? (노무사, 21)

- 주식 소유, 금융적 방법 등에 의한 결합
- 외형상으로 독립성이 유지되지만 실질적으로는 종속관계
- 모회사와 자회사 형태로 존재

① 카르텔(cartel)   ② 콤비나트(combinat)   ③ 트러스트(trust)
④ 콘체른(concern)   ⑤ 디베스티처(divestiture)

/정답/ ④

⑤ 감량 기업전략의 일환으로서 경영성과가 부진한 생산라인을 매각하여 기업 체질 개선 및 경쟁력을 향상시키는 것이다. 분리신설(spin-off) 방식과 일부매각(sell-off) 방식이 있다.

POINT 기업의 인수·합병(M&A)과 분할

1. M&A의 동기 : 기업의 인수합병 이유
- **영업상 시너지** : 규모와 범위의 경제 실현
- **재무시너지** : 차입능력증대, 세금 절감, 자본조달 비용 감소 등
- **경영다각화** : 위험분산, 수익성 있는 사업에로의 조기 진출, 재무적 이득
- **대리인 문제 해소** : 대리인인 경영자가 주인인 주주가 원하는 바를 적절히 대변하지 못할 때 M&A를 견제 수단으로 사용
- **신규사업 진출 용이**
- **저평가설**(under-valuation hypothesis) : 새로운 사업에 진출하는 기업은 회사를 설립하는 것보다 기존의 회사 중 저평가된 기업을 인수하는 것이 더 효과적이라는 의미

2. 적대적 M&A의 방법
- **주식공개매수**(take over bid) : 대상기업의 불특정 다수 주주를 상대로 장외에서 일정 가격으로 주식 매매를 권유하여 주식을 대량 매수하는 전략
- **곰의 포옹**(bear's hug) : 대상기업의 경영진에게 주식가격을 갑작스레 제시하고 이에 응하지 않으면 공개 매수하겠다고 으름장을 놓는 것으로, 사전 경고 없이 매수자가 목표기업의 경영진에게 편지를 보내 매수 제의를 하고 신속한 의사결정을 요구하려는 전략
- **새벽의 기습**(dawn raid) : 대상기업의 주식을 상당량 매입해 놓고 기업 인수 의사를 대상기업 경영자에게 전달하는 방법
- **시장매집**(market sweep) : 대상기업의 주식을 장내 시장인 주식시장을 통해 지속적으로 매수하는 전략
- **위임장 대결**(proxy fight) : 주주총회에서 소액주주들의 위임장을 받아 다수지분으로 경영권을 취득하는 형태
- **파킹**(parking) : 우호적인 제3자를 통해 지분을 확보하게 한 뒤, 주주총회에서 기습적으로 표를 던져 경영권을 탈취하는 방법
- **턴어라운드**(turn around) : 내재가치는 충분한데 경영능력이 부족해 주가가 떨어진 기업을 인수, 경영을 호전시킨 다음 비싼 값에 되파는 방법
- **LBO**(Leveraged Buy-Out) : 부채를 주요 재원으로 기업을 완전히 매수하여 상장을 폐지해 비상장사로 만든 후 경영개선을 적극적으로 취하는 형태

3. 적대적 M&A 방어전략(경영권 방어전략)

- **역공개 매수**(counter tender offer) : M&A에 나선 상대 회사에 대해 역으로 M&A에 나서 맞공개 매수를 시도하는 전략
- **백기사**(white knight) : 공격자에게 경영권을 넘기기 전에 호의적인 제3자를 찾아 좋은 조건으로 기업을 매각하는 방법
- **황금낙하산**(golden parachute) : M&A로 경영진이 교체될 경우, 퇴직하는 경영진에게 거액의 퇴직금, 스톡옵션, 일정 기간의 보수와 보너스 등을 받을 권리 등을 사전에 고용계약에 기재하여 많은 비용을 지급하게 함으로써 매수자의 매수 부담을 증가시키는 전략
- **왕관의 보석**(crown jewel) : M&A의 의미를 희석하기 위해 중요자산을 미리 팔아버려 자산가치를 떨어뜨리는 방법
- **독소 조항**(position pill) : 이사회 결정만으로 인수자를 제외한 모든 주주에게 시가의 절반 이하 가격으로 주식을 살 수 있도록 대규모 신주를 발행하여 M&A 업체가 확보한 지분을 희석시키는 것
- **녹색편지**(greenmail) : 경영권을 위협하는 수준까지 특정 회사의 주식을 대량으로 매입해 놓고 기존 대주주에게 M&A를 포기하는 조건으로 일정한 프리미엄을 얻어 주식을 매입하도록 요구하는 행위
- **팩맨**(pac-man) : 어떤 기업이 적대적 매수를 시도하면 매수대상 기업이 이에 대항해 자신이 매수기업을 인수하겠다는 역매수 계획을 공표하고 매수기업 주식의 공개매수 등을 시도하는 것으로 극단적인 경우에 행해지는 반격전략
- **의결 정족수 특약** : M&A 등 주요사안에 대해 주총의결 요건을 강화하는 제도

관련 문제

1 기업의 인수합병 목적으로 옳지 않은 것은? (경영지도사, 14)

① 시장지배력 확대 ② 투자소요액 증대
③ 시장진입 속도 단축 ④ 성숙된 시장으로 진입
⑤ 규모의 경제와 범위의 경제 활용

/정답/ ②

인수합병을 하면 투자소요액이 감소한다.

2 기업이 다른 기업을 인수합병 하는 이유로 옳지 않은 것은? (가맹거래사, 12)

① 저렴한 비용으로 새로운 사업에 신속히 진출할 수 있다.
② 조세 절감효과를 얻을 수 있다.
③ 진입장벽을 쉽게 뛰어넘을 수 있다.
④ 부족한 기업 능력을 보완할 수 있다.
⑤ 경쟁사와의 마찰이 커진다.

/정답/ ⑤

경쟁사와의 마찰이 커지는 것은 인수합병의 단점이다.

3 금융기관들이 한자리에 모여 협약을 체결한 다음 그에 따라 채권을 출자로 전환하거나, 원리금 상환을 유예시키거나 또는 신규자금을 지원하여 기업을 회생시키는 제도는? (경영지도사, 18)

① 부도(dishonor)
② 협조융자(joint financing)
③ 인수합병(merger & acquisition)
④ 워크아웃(work-out)
⑤ 턴어라운드(turn-around)

/정답/ ④

② 협조융자(joint financing) : 동일 융자대상에 대해 2개 이상의 금융기관이 사전에 융자조건 등을 협정하여 행하는 대출행위이다

4 인수대상 기업이 인수 위협을 느꼈을 때 가치가 높은 자산을 처분함으로써 인수 기업에게 적대적 M&A 추진동기를 상실하게 만드는 전략은? (가맹거래사, 20 및 가맹거래사, 12)

① 왕관보석(crown jewel)
② 황금낙하산(golden parachute)
③ 백기사(white knight)
④ 극약처방(poison pill)
⑤ 역공개매수(counter tender offer)

/정답/ ①

5 적대적 인수합병의 방어수단 중의 하나로 거액의 퇴직보상금을 인수합병 되는 기업 경영진에게 지급하도록 하는 내용을 고용계약에 규정하는 것은? (가맹거래사, 15)

① 독약조항(poison pill)   ② 왕관의 보석(crown jewel)
③ 백기사(white knight)   ④ 황금낙하산(golden parachute)
⑤ 그린메일(green mail)

/정답/ ④

---

6 적대적 인수합병의 방어 수단으로 옳지 않은 것은? (가맹거래사, 13)

① 백기사(white knight)   ② 왕관의 보석(crown jewel)
③ 독약제공(poison pill)   ④ 황금낙하산(golden parachutes)
⑤ 주식공개매수(take-over bid)

/정답/ ⑤

주식공개매수는 경영진 의사와는 상관없이 주주들에게 공개적으로 매입가격을 제시하여 많은 양을 사 모으는 적대적 인수합병의 방법이지, 이에 대한 방어수단이 아니다.

---

7 피인수기업에 의한 M&A 방어전략 중 적대적인 기업인수 시도가 있을 경우 다른 우호적인 제3자에게 기업을 인수시키는 방법은? (가맹거래사, 07)

① 황금낙하산 조항(golden parachutes)
② 독극약 계획(poison pill)
③ 의결권 제약(restricted voting right)
④ 백기사(white knight)
⑤ 녹색편지(greenmail)

/정답/ ④

8 적대적 M&A의 방어전략 중 다음에서 설명하는 것은? (노무사, 23)

> 피인수기업의 기존 주주에게 일정조건이 충족되면 상당히 할인된 가격으로 주식을 매입할 수 있는 권리를 부여함으로써, 적대적 M&A를 시도하려는 세력에게 손실을 가하고자 한다.

① 백기사(white knight)
② 그린메일(green mail)
③ 황금낙하산(golden parachute)
④ 독약조항(poison pill)
⑤ 왕관보석(crown jewel)

/정답/ ④

9 기업분할 중 물적분할에 관한 설명으로 옳은 것은? (경영지도사, 14)

① 기존 회사의 물적자산 중 일부를 기존 회사와 무관한 다른 회사에 매각하는 것을 말한다.
② 기존 회사 영업부문의 일부를 신설 분할회사로 이전시키면서 기존 회사의 주주가 신설 분할회사의 주식을 취득하는 것을 말한다.
③ 기존 회사의 자산 중 인적자산을 제외한 물적자산을 신설 분할회사로 이전시키는 것을 말한다.
④ 기존 회사 영업부문의 일부를 신설 분할회사로 이전시키고, 기존 회사가 신설 분할회사의 주식을 보유하는 경우를 말한다.
⑤ 기존 회사의 물적자산 중 일부를 신설 분할회사로 이전시키면서 신설 분할회사의 주주가 기존 회사의 주식을 취득하는 것을 말한다.

/정답/ ④
기업분할이란 회사의 특정 사업부문을 독립적으로 분리하는 것을 말한다. 기업분할은 물적분할과 인적분할로 구분할 수 있는데, 물적분할의 경우 분할회사(기존회사)가 새로 만들어진 회사의 주식을 소유하게 된다. 물적분할을 통해 분할된 기업의 주주권과 경영권은 기존 회사가 갖는다.

|제3절| 경영자

> **POINT** 소유와 경영의 분리 및 대리인 비용
>
> ### 1. 소유와 경영의 분리수준 별 경영자 유형
>
> | | |
> |---|---|
> | **소유경영자**
(owner) | • 소유와 경영의 미분리
• 기업의 출자자임과 동시에 경영자인 사람, 기업가(entrepreneur)
• 강력한 리더십, 과감한 경영혁신, 외부환경변화에 적응
• 가족경영/족벌경영의 위험, 개인이해와 회사이해의 혼동, 개인 능력에의 지나친 의존, 부와 권력의 독점 |
> | **고용경영자**
(employed manager) | • 소유와 경영의 형식적 분리
• 소유경영자가 기업 외부에서 경영자를 고용하여 경영 일부를 분담시키는데, 경영 전반에 대한 책임은 아직은 소유주인 출자자에게 주어져 있는 경우 |
> | **전문경영자**
(expert manager) | • 소유와 경영의 실질적 분리
• 각 분야에 전문적인 지식과 교육적인 배경을 지닌 경영자로서 그의 권한은 출자기능만을 제외하고 혁신과 위험부담을 포함하여 경영활동 전반에 걸쳐 포괄적으로 미치게 됨
• 민주적 리더십과 자율적 경영, 경영관리의 전문화, 합리화, 회사의 안정적 성장
• 임기의 제한, 개인의 안정성 추구, 주주 이해관계의 경시, 장기적 전망과 투자 부족, 단기적 기업이익 및 성과에의 집착, 대리인 비용 |
>
> ### 2. 대리인 비용(agency cost)
> - 경영자들이 자기 몫을 우선으로 챙길 때 도덕적 위험(moral hazard)이 발생하며, 주주들이 이들의 행동을 감시하기 위해 각종의 조치를 마련할 때 대리인 문제(agency problem)가 대두된다.
> - **감시비용**(monitoring cost) : 주주가 대리인이 자신의 권익을 보호하기 위한 경영을 하고 있는지를 감시하는데 이용되는 비용
> - **확증비용**(bonding cost) : 대리인이 경영자가 자신의 경영활동과 의사결정이 주주를 위한 것임을 주주들에게 증명하려는데 소요되는 비용
> - **잔여 손실**(residual cost) : 감시나 확증에도 불구하고 제거되지 않는 비용을 말하며, 경영자가 기업을 위한 최적의 의사결정을 하지 않음으로써 발생하는 기업가치 손실

관련 문제

1 전문경영자와 소유경영자에 관한 설명으로 옳지 않은 것은? (경영지도사, 13)

① 소유경영자는 환경변화에 빠르게 대응할 수 있다는 장점이 있다.
② 전문경영자에 비해 소유경영자는 단기적 성과에 집착하는 경향이 강하다.
③ 전문경영자와 주주 사이에 이해관계가 상충될 수 있다.
④ 전문경영자에 비해 소유경영자는 상대적으로 전문성이 떨어질 수 있다.
⑤ 소유경영자는 전문경영자에 비해 상대적으로 강력한 리더십의 발휘가 가능하다는 장점이 있다.

/정답/ ②

② 임기가 정해져 있는 전문경영자는 임기 내에 좋은 성과를 창출하기 위해 소유경영자보다 단기적 성과에 더 집착하는 경향이 강하다.
③ 전문경영자와 주주 사이에 이해관계가 상충되는 현상을 대리인 문제(agency problem)라고 한다.

2 외부주주와 경영진, 주주와 채권자 등 위임관계에서 발생하는 감시비용, 확증비용, 잔여손실 등과 관련된 비용은? (가맹거래사, 16)

① 매몰비용　　② 대리인비용　　③ 학습비용
④ 기회비용　　⑤ 고객비용

/정답/ ②

3 주식회사의 대리인 문제에서 발생하는 감시비용에 포함되지 않는 것은? (경영지도사, 15)

① 성과급　　② 사외이사　　③ 잔여손실
④ 주식옵션　　⑤ 외부 회계감사

/정답/ ③

POINT 경영자의 역할

1. 경영자 마인드(Business mind)
- 경영자가 기업의 목표를 달성하기 위하여 효과성(effectiveness)과 효율성(efficiency)을 가진 여러 가지 아이디어나 지혜를 적용하는 것
- **고객 중심 마인드** : 고객에게 제공되는 일체의 물리적·심리적 행동이 최상의 고객 만족을 가져다주는 것을 추구
- **가치 극대화 마인드** : 효율적인 방법으로 자원을 투입하여 최대의 산출이 발생하는 것을 추구
- **경쟁우위 마인드** : 경쟁우위를 확보하기 위해 기술력이나 경영능력을 갖추는 것을 중시

2. 경영자에게 요구되는 경영기술(능력) - 카츠(Katz)
- **개념적 기술**(conceptual skill) : 기업의 모든 이해관계와 활동을 조정·통합할 수 있는 정신적 능력
- **인간적 기술**(human skill) : 개인으로서든 또는 집단으로서든 다른 사람들과 같이 일하고, 그들을 이해하며, 그들에게 동기를 부여할 수 있는 능력
- **전문적 기술**(technical skill) : 전문화된 분야에 고유한 도구·절차·기법을 사용할 수 있는 능력
- 관리자 계층에 따른 경영기술의 상대적 중요성

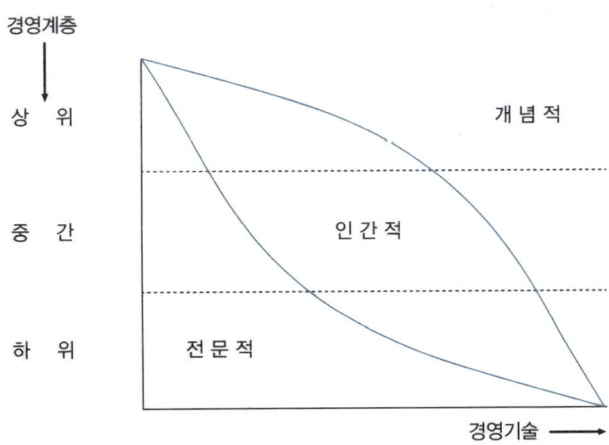

3. 경영자의 역할 - 민쯔버그(Minzberg)

대인관계 역할 (interpersonal roles)	• 상징자 역할(figurehead role): 조직의 대표자로서 행사 및 사회적 의무를 수행 • 지도자 역할(leader role) : 채용, 훈련, 동기유발 시키는 등 리더의 역할 • 연락자 역할(liaison role) : 기업 내·외부의 제 이해집단과 접촉
정보적 역할 (informational roles)	• 수령자 역할(recipient role) 또는 청취자(monitor role) : 기업활동에 관한 정보를 수령하는 역할 • 배분자 역할(disseminator role) : 정보를 부하에게 배분 • 대변자 역할(spokesperson role) : 정보를 조직 외부에 전달
의사결정 역할 (decision roles)	• 기업가 역할(entrepreneurial role) : 기업의 성장과 발전을 위해 솔선수범하며 창의적 노력 • 분쟁조정자 역할(disturbance-handler role) : 기업 내외의 각종 애로사항 해결방안 모색 • 자원배분자 역할(resource-allocator role) : 자원을 어떻게 누구에게 배분할 것인가 결정 • 교섭자의 역할(negotiator role) : 다양한 사람들과 집단을 취급

4. 기업가 정신(entrepreneurship) - 슘페터(Schumpeter)

- 기업가 정신을 가진 경영자는 위험을 무릅쓰고 '창조적 파괴(creative destruction)'를 추구하며 주어진 기회를 최대한 활용하여 성장과 발전을 추구한다. 즉 경영자는 혁신, 창조적 파괴, 새로운 결합, 남다른 발상, 남다른 눈을 지니고 있어야 하며, 새로운 생산기술과 창조적 파괴를 통하여 혁신을 일으킬 줄 아는 사람이어야 한다.
- **혁신을 위한 생산요소** : ① 새로운 시장의 개척, ② 새로운 생산방식의 도입, ③ 새로운 제품의 개발, ④ 새로운 원료 공급원의 개발 또는 확보, ⑤ 새로운 산업 조직의 창출 등을 강조하였다.

관련 문제

1 경영마인드(business mind)에 관한 설명으로 옳지 않은 것은? (경영지도사, 16)

① 경영마인드에는 고객중심, 가치극대화, 경쟁우위 마인드를 포함한다.
② 고객 중심 마인드는 고객에게 제공되는 일체의 물리적·심리적 행동이 최상의 고객만족을 가져다주는 것을 추구한다.
③ 가치 극대화 마인드는 효율적인 방법으로 자원을 투입하여 최대의 산출이 발생하도록 추구한다.
④ 경쟁우위 마인드는 경쟁우위를 확보하기 위해 기술력이나 경영능력을 갖추는 것을 중시한다.
⑤ 경영마인드는 형평성과 일관성을 추구한다.

/정답/ ⑤

⑤ 경영마인드는 효과성(effectiveness)과 효율성(efficiency)을 추구한다.

2 경영자의 역할을 대인적 역할, 정보적 역할, 의사결정적 역할로 설명한 학자는? (경영지도사, 17)

① 민츠버그(H. Mintzberg)
② 쿤츠(H. Koontz)
③ 포터(M. E. Porter)
④ 드러커(P. F. Drucker)
⑤ 페이욜(H. Fayol)

/정답/ ①

3 민쯔버그(H. Mintzberg)의 경영자 역할 중 의사결정 역할의 범주에 속하지 않는 것은? (경영지도사, 13)

① 연락자
② 기업가
③ 문제해결자
④ 자원배분자
⑤ 협상자

/정답/ ①

4 민츠버그(H. Minzberg)의 10가지 경영자의 역할에 해당하지 않는 것은? (경영지도사, 18)

① 섭외자 역할 (liaison role)
② 정보탐색자 역할(monitor role)
③ 조직설계자 역할(organizer role)
④ 분쟁조정자 역할(disturbance role)
⑤ 자원배분자 역할(resource allocator role)

/정답/ ③

5 카츠(R. Katz)와 동료 학자들이 주장한 경영자의 4가지 핵심적 관리 기술(managerial skill)에 관한 설명으로 옳지 않은 것은? (경영지도사, 13)

① 경영자가 지녀야 할 4가지 핵심적 관리기술은 개념적 기술, 인간관계적 기술, 전문적 기술, 직관적 기술이다.
② 개념적 기술이란 복잡한 상황을 분석하고 진단할 수 있는 인지적 능력을 의미한다.
③ 경영자는 조직 내 권력 기반을 생성하고 적합한 연대를 형성하는 기술이 요구된다.
④ 타인에 대한 이해력과 동기부여 능력 등은 인간관계 기술에 속한다고 할 수 있다.
⑤ 경영자는 특화된 지식과 전문성을 의미하는 전문적 기술을 갖춰야 한다.

/정답/ ①

카츠 이외의 학자들은 카츠의 세 가지 경영자의 능력에 정치적 능력(political skills)과 진단적 능력(diagnostic skills)을 추가하기도 한다.
③번 지문을 고려할 때 경영자가 지녀야할 4가지 핵심적 관리기술은 개념적 기술, 인간관계적 기술, 전문적 기술, 정치적 기술이다.

6 기업가 정신의 필요성에 직접적으로 해당하지 <u>않는</u> 것은? (경영지도사, 21)

① 기업환경의 변화에 대한 대응　② 학습곡선의 안정화
③ 창조적 조직문화의 조성　　　④ 새로운 가치사슬의 탐색
⑤ 혁신의 원동력

/정답/ ②

작업을 반복적으로 수행하면 작업자의 숙련도가 증가하여 작업시간이 감소하는 현상을 학습효과라고 한다. 학습시간 수와 시행횟수에 따른 학습효과의 진전과정을 그래프로 표현한 것이 학습곡선이다. 학습곡선의 안정화는 기업성과의 안정화 단계를 의미하므로, 이때에는 안정 및 유지활동이 필요하다.

7 기업가 정신의 핵심요소가 <u>아닌</u> 것은? (노무사, 12)

① 비전의 제시와 실현욕구　② 창의성과 혁신
③ 성취동기　　　　　　　　④ 인적 네트워크 구축
⑤ 도전정신

/정답/ ④

8 슘페터(J. Schumpeter)가 경영혁신을 언급하면서 지적한 생산요소에 해당하지 <u>않는</u> 것은? (경영지도사, 13)

① 새로운 제품의 생산　　② 새로운 생산기술이나 방법의 도입
③ 새로운 조직의 형성　　④ 신시장 또는 새로운 판로의 개척
⑤ 혁신적인 기업가 정신

/정답/ ⑤

|제4절| 경영이론의 발전

> **POINT 테일러(F. W. Taylor)의 과학적 관리법**
>
> **1. 주요 내용**
> 과업 중심적인 관리를 통하여 기업의 능률을 향상시키고자 하는 조직관리 원칙이다.
> - **표준화** : 시간 및 동작연구 통해 표준작업시간 및 표준작업행동 설정
> - **차별성과급** : 일일표준작업량을 할당하고 할당된 과업 미달성 시 낮은 임률, 초과 달성 시 높은 임률을 적용
> - **과학적 선발 및 훈련** : 과업에 적합한 사람을 선발, 과업수행에 요구되는 능력 개발
> - **기능식 직장 제도 채택** : 경영자, 관리자, 근로자가 각각 직분에 따라 업무 수행(책임과 실행의 분리), 전문관리자의 도입과 복수의 위계구조
>
> **2. 관련 이론**
>
> (1) 길브레스 부부(Gilbreths)
> 생산성과 효율성을 증가시킬 수 있도록 작업 방법을 개선하는 작업의 과학화에 초점을 두고 작업할 때 사용되는 동작을 분류할 기호를 개발하여 과학적 관리법의 성립에 기여하였다.
>
> (2) 간트(Gantt)
> 업무 활동을 요약하고 동시에 수행되어야 할 작업과 차례로 수행되어야 할 활동을 구별하는 데 사용하는 간트 차트(Gant chart)와 작업자가 그날의 목표량을 달성하든 달성하지 못하든 최소한의 일급을 받는 최소임금제(minimum wage)를 통하여 과학적 관리법의 성립에 기여하였다.
>
> (3) 포드주의
> - 컨베이어 시스템에 의한 유동작업(flow production)을 기반으로 한 새로운 생산관리 방식이다. 포드는 작업의 동시 진행이 가능하도록 시스템을 구축하여 생산성을 제고시켰다.
> - **3S** : 표준화(standardization), 단순화(simplification), 전문화(specialization)
> - **저가격-고임금** : 기업경영을 대중에 대한 봉사활동으로 인식하여 저가격-고임금 주장

관련 문제

1 테일러(F. W. Taylor)의 과학적 관리법에 관한 설명으로 옳지 않은 것은? (노무사, 19)

① 시간 및 동작 연구
② 기능적 직장제도
③ 집단중심의 보상
④ 과업에 적합한 종업원 선발과 훈련 강조
⑤ 고임금 저노무비 지향

/정답/ ③

2 테일러(F. Taylor)의 과학적 관리의 특징으로 옳지 않은 것은? (노무사, 15)

① 과업관리   ② 작업지도표 제도   ③ 차별적 성과급제
④ 기능식 직장제도   ⑤ 컨베이어 시스템

/정답/ ⑤

⑤ 컨베이어 시스템은 포드(Ford)의 경영방식과 관련된다.

3 테일러(F. W. Taylor)의 과학적 관리법의 내용에 해당되지 않는 것은? (노무사, 10)

① 공정한 일일 작업량 설정   ② 시간연구 및 동작연구
③ 차별성과급제   ④ 기능식 직장제도
⑤ 사회적 접근

/정답/ ⑤

⑤ 사회적 접근은 인간관계론과 관련된다.

4 테일러(F. Taylor)의 과학적 관리법(Scientific Management)에 관한 설명으로 옳지 않은 것은?

(경영지도사, 20)

① 작업방식의 과학적 연구
② 과학적인 근로자 선발 및 훈련
③ 관리활동의 통합
④ 차별적 성과급제
⑤ 합리적 경제인을 가정

/정답/ ③

③ 테일러는 기능식 직장제도를 통해 책임과 실행을 완전히 분리하고, 기능별 전문관리자를 도입하였다.

5 테일러(F. Taylor)의 과학적 관리법의 내용으로 옳지 않은 것은?

(경영지도사, 16)

① 차별적 성과급제 적용
② 시간 및 동작연구를 통해 과업 결정
③ 조명 및 계전기 조립실험 실시
④ 수행활동의 기능별 분업
⑤ 근로자를 과학적으로 선발하여 교육

/정답/ ③

③ 조명 및 계전기 조립실험은 호손실험의 내용이다.

6 테일러(F. Taylor)의 과학적 관리에서 활용된 방법이 아닌 것은?

(경영지도사, 15)

① 차별적 성과급제
② 작업도구의 표준화
③ 직무에 적합한 작업자 선발과 훈련
④ 권한과 책임의 원칙
⑤ 시간·동작 연구

/정답/ ④

7 테일러(F. Taylor)의 과학적 관리법에 관한 설명으로 옳지 않은 것은? (경영지도사, 13)

① 시간연구와 동작연구
② 공정한 작업량 설정
③ 작업에 적합한 과학적인 근로자 선발
④ 시간제 임금 지급을 통한 차별적 성과급제
⑤ 관리활동의 기능별 분업

/정답/ ④

④ 테일러(Taylor)의 차별적 성과급은 표준생산량을 기준으로 지급된다.

8 테일러(F. W. Taylor)의 과학적 관리법에 관한 설명으로 가장 적절하지 않은 것은? (가맹거래사, 06)

① 분업의 원리를 적용하여 업무를 세분화하고 종업원들을 하나의 직무에 전문성을 갖도록 하였다.
② 시간과 동작연구를 통하여 일일 표준작업량을 산출하였다.
③ 종업원 개인의 성과 차이에 따라 임금을 차별화하였다.
④ 작업자가 생산작업에만 충실하도록 생산준비 부서인 기획부 제도를 도입하였다.
⑤ 조직의 관리과정을 계획, 조직, 충원, 지휘, 통제로 구분하여 분석하였다.

/정답/ ⑤

⑤는 페욜(Fayol)의 일반관리론 내용이다.

9 테일러(F. Taylor)의 과학적 관리를 설명하는 것을 모두 고른 것은? (가맹거래사, 21)

ㄱ. 과업관리 활용   ㄴ. 시간 및 동작연구 이용
ㄷ. 차별적 성과급제 도입   ㄹ. 14가지 관리원칙 제시
ㅁ. 인간의 심리적 측면

① ㄱ, ㄴ, ㄷ   ② ㄱ, ㄴ, ㄹ   ③ ㄱ, ㄴ, ㅁ   ④ ㄴ, ㄷ, ㄹ   ⑤ ㄷ, ㄹ, ㅁ

/정답/ ①

ㄹ. 페욜의 일반관리론
ㅁ. 메이요 등의 호손연구

10 테일러(F. Taylor)가 제시한 과학적 관리법에 관한 특징으로 옳지 않은 것은? (경영지도사, 23)

① 기획부제
② 직능적(기능식) 직장제
③ 지시표제
④ 차별적 성과급제
⑤ 대량생산방식의 3S

/정답/ ⑤

3S는 포드시스템의 특징에 해당한다.

11 경영이론의 주창자와 그 내용이 옳지 않은 것은? (노무사, 17)

① 테일러(Taylor) : 차별적 성과급제
② 메이요(Mayo) : 비공식조직의 중시
③ 페이욜(Fayol) : 권한과 책임의 원칙
④ 포드(Ford) : 고임금 고가격의 원칙
⑤ 베버(Weber) : 규칙과 절차의 중시

/정답/ ④

12 생산의 표준화와 이동조립법(convey belt)을 도입하여 생산성을 높이고 경영을 합리화하고자 하는 관리기법은? (가맹거래사, 20)

① 테일러 시스템
② 포드 시스템
③ 간트 차트의 통계적 품질관리
④ 메어나드의 동작연구
⑤ 길브레스의 방법연구

/정답/ ②

13 포드시스템에 관한 설명으로 옳지 않은 것은? (경영지도사, 17)

① 이동조립 생산방식
② 차별적 성과급제도
③ 대량생산방식
④ 생산의 표준화
⑤ 동시관리

② 차별적 성과급제는 테일러의 과학적 관리법의 내용이다.

/정답/ ②

14 포드(H. Ford)는 기업의 목적을 사회 대중에 대한 봉사로 보고 포디즘(Fordism)을 주장하였는데 포디즘의 기본원리로 옳은 것은? (경영지도사, 20)

① 고가격 고임금
② 저가격 고임금
③ 고가격 저임금
④ 저가격 최저임금
⑤ 고가격 최저임금

/정답/ ②

15 생산합리화의 3S로 옳은 것은? (노무사, 11)

① 표준화(standardization) – 단순화(simplification) – 전문화(specialization)
② 규격화(specification) – 세분화(segmentation) – 전문화(specialization)
③ 단순화(simplification) – 규격화(specification) – 세분화(segmentation)
④ 세분화(segmentation) – 표준화(standardization) – 단순화(simplification)
⑤ 규격화(specification) – 전문화(specialization) – 표준화(standardization)

/정답/ ①

POINT 페욜(Fayol)의 일반관리론

1. 주요 내용

기업 전체 또는 모든 조직체의 경영이라는 일반관리(industrial and management)원칙을 제시하였다.

- **조직의 경영활동**: 기술적 활동(technology, 생산), 상업적 활동(commerce, 판매), 재무적 활동(finance, 자본조달과 운영), 회계적 활동(accounting, 대차대조), 보호적 활동(security, 재화와 종업원 보호), 관리적 활동(administration)
- **관리활동 강조**: 계획기능(미래에 대한 예측과 활동계획 수립), 조직기능(기업의 인적·물질적·사회적 조직 편성), 명령/지휘기능(종업원의 지휘·지도 기능), 조정기능(모든 활동과 노력의 통합·조화 유지), 통제기능(규정·기준·명령의 준수 감독)
- **14가지 관리의 원칙**: 분업의 원칙, 권한과 책임의 원칙, 규율의 원칙, 명령일원화의 원칙, 지휘일원화의 원칙, 개인의 이익이 전체의 이익에 종속, 종업원 보상의 원칙, 집권화의 원칙, 계층적 연쇄의 원칙, 질서의 원칙, 공정성의 원칙, 고용안정의 원칙, 창의력 개발의 원칙, 단결의 원칙

관련 문제

1 현대 경영이론에서 계획, 조직, 지휘, 조정, 통제의 관리기능을 주장한 사람은? (노무사, 13)

① F. W. Taylor　② Henry Ford　③ H. A. Simon
④ Henri Fayol　⑤ H. Mintzberg

/정답/ ④

2 페이욜(Fayol)이 주장한 경영활동과 관련하여 연결이 옳은 것은? (가맹거래사, 14)

① 기술활동 - 생산, 제조, 가공　② 상업활동 - 계획, 조직, 지휘, 조정, 통제
③ 회계활동 - 구매, 판매, 교환　④ 관리활동 - 재화 및 종업원 보호
⑤ 재무활동 - 원가관리, 예산통제

/정답/ ①

② 관리활동　③ 상업활동　④ 보호활동　⑤ 회계활동

3 페이욜(H. Fayol)이 제시한 경영활동(관리자가 해야 할 의무) 5요소로 옳지 않은 것은?

(경영지도사, 15)

① 통제　　② 실행　　③ 지휘(명령)　　④ 조정　　⑤ 조직

/정답/ ②

---

4 페이욜(H. Fayol)의 일반적 관리원칙에 해당하지 않는 것은?　　(노무사, 21 및 경영지도사, 14)

① 지휘의 통일성　　② 직무의 분업화　　③ 보상의 공정성
④ 조직의 분권화　　⑤ 권한과 책임의 일치

/정답/ ④

---

5 페이욜(H. Fayol)이 제시한 경영조직의 일반원칙으로 옳지 않은 것은?　　(경영지도사, 18)

① 명령일원화의 원칙　　② 분업의 원칙　　③ 동작경제의 원칙
④ 권한과 책임의 원칙　　⑤ 집권화의 원칙

/정답/ ③

③ 시간 및 동작연구는 테일러의 과학적 관리법과 관련된다.

---

6 페이욜(H. Fayol)이 관리이론에서 주장한 경영관리의 14개 기본원칙에 해당하지 않는 것은?

(경영지도사, 20)

① 업무의 분화
② 명령의 일원화
③ 방향의 단일화
④ 기술적 훈련, 역량 그리고 전문성에 근거한 선발
⑤ 개인보다 조직 이해의 우선

/정답/ ④

④ 과학적 선발과 훈련은 테일러의 과학적 관리법과 관련된다.

7 페이욜(H. Fayol)이 제시한 관리원칙에 해당하지 <u>않는</u> 것은? (경영지도사, 23)

① 권한과 책임 ② 개인목표 우선 ③ 집권화
④ 분업화 ⑤ 질서

/정답/ ②
페이욜의 14가지 관리원칙 중 하나로 '개인의 이익이 전체의 이익에 종속'되도록 한다는 원칙이 포함된다.

POINT 경영학 접근방식 : 관리과정 접근법(management process approach)

1. 계획화(planning)

계획은 기업의 목표를 달성하는 데 필요한 행동의 지침을 미리 결정하는 것으로 기업활동의 목표설정과 목표달성의 방법을 선택하는 의사결정이다.

- **전략계획**(strategic plan) : 조직의 미션, 비전, 목표, 전략을 수립하는 데 관련된 계획활동을 말한다. 경영의 모든 활동을 포함하므로 범위가 매우 넓고 종합적이며, 장기적 시계를 가지며, 구체적 활동보다는 추상적 방향설정을 내용으로 한다.
- **전술계획**(tactical plan) : 전략계획을 구현하기 위한 계획활동이다. 그러므로 전략계획보다 범위가 좁으며 시간적으로는 중기계획에 해당하고 구체성에 있어서도 전략계획과 실행계획의 중간 정도라고 볼 수 있다.
- **운영계획**(operational plan) : 범위가 매우 좁고, 단기적이며, 구체적 속성을 갖는 행동계획(action plan)을 수립하는 데 관련된 계획활동이다.

2. 조직화(organizing)

계획활동을 효율적으로 수행하기 위하여 목표를 구체화하고 기업구성원들에게 특정의 업무를 할당하며, 또한 직무를 수행하는 데 필요한 권한을 위양하고 책임을 부과하여 각 직위의 상호관계를 명확히 규정하고 체계화시키는 것이다.

3. 충 원(staffing)

기업목표가 합리적으로 달성되도록 기업활동을 담당할 사람들을 선발, 배치, 육성하고, 사람들의 협동적 노력을 체계적으로 조정·통합하여 활동을 수행하도록 하는 것을 말한다.

4. 지 휘(directing)

경영자가 경영활동을 실행하기 위하여 구성원들을 지시·지도·감독하는 기능을 지휘라고 한다. 동기부여, 리더십, 의사소통 등 사람관리와 관련이 많다.

5. 통 제(controlling)

통제는 미리 설정한 계획 및 표준과 일치하도록 경영활동을 검토·평가·수정하는 기능을 말한다. 통제결과는 다음 계획수립에 반영된다.

- **사전통제**(preliminary control) : 생산에 들어가는 투입물의 품질과 규격 등을 통제하여 산출물의 편차를 예방하려는 노력을 말한다.

- **동시통제**(concurrent control) : 목표 달성을 위해서 노력해가는 과정에서의 통제이다. 진행통제 혹은 스크리닝 통제(screening control)라고도 한다.
- **사후통제**(feedback control) : 1년 동안 목표 달성의 결과를 가지고 통제하는 것으로서 경영성과를 평가하여 상벌을 결정하고 목표를 달성하기 위해서 노력하는 과정에서 발견된 여러 가지 시행착오나 교훈을 차기 수행에 반영하는 것이다.

6. 관련 이론 - 윌리엄 오우치(William Ouchi)의 통제전략

통제(control)란 조직의 목표를 달성하기 위하여 계획대로 되도록 하는 행위를 말한다.

- **관료적 통제** : 행동을 양식화하고 관료적인 업무를 평가하기 위해 규정, 정책, 계층적 권한, 서류화된 문서, 표준화와 다른 관료주의적 메커니즘을 사용
- **시장 통제** : 가격경쟁을 통해 한 조직 혹은 주요부서나 사업부의 산출물 또는 생산성을 평가하는 것으로 가격 메커니즘이나 손익계산서 등을 통해 기업의 성과를 측정, 비교
- **문화 통제**(또는 클랜(clan)통제) : 행동통제를 위해 기업문화, 공유된 가치와 약속, 전통, 믿음과 같은 사회적 특성을 사용하는 것으로 문화통제가 이루어질 때 관료적 통제는 필요치 않음
- **Z이론** : Z유형의 조직문화는 전형적 미국 조직의 문화와 전형적 일본 조직의 문화 중간 단계에 있는 하이브리드식 조직문화를 말함

□ 관련 문제

1 계획화(planning)의 단점이 아닌 것은? (경영지도사, 20)

① 시간과 비용의 수반   ② 의사결정의 지연
③ 미래 지향적 사고   ④ 경직성 유발
⑤ 동태적 환경에서의 한계

/정답/ ③

2 제조기업의 능력계획에 비해 서비스기업의 능력계획에서 추가적으로 고려하여야 할 사항으로 옳지 않은 것은? (가맹거래사, 22)

① 서비스 위치 ② 높은 수요변동성 ③ 서비스 능력 가동률
④ 서비스 시간 ⑤ 규모의 경제

/정답/ ⑤

규모의 경제는 대량 생산을 통해 실현되므로, 대량 생산이 가능한 제조기업의 능력계획의 고려사항에 해당한다.

3 경영관리 과정상 통제(controlling)의 목적에 해당하는 것을 모두 고른 것은? (경영지도사, 20)

ㄱ. 기회의 발견
ㄴ. 오류와 실수의 발견
ㄷ. 비용감소와 생산성 향상
ㄹ. 환경의 변화와 불확실성에의 대처

① ㄱ, ㄴ   ② ㄷ, ㄹ   ③ ㄱ, ㄷ, ㄹ
④ ㄴ, ㄷ, ㄹ   ⑤ ㄱ, ㄴ, ㄷ, ㄹ

/정답/ ⑤

4 조직문화에 의하여 설정된 규범, 공유된 가치, 전통, 신념, 의식, 기대 등을 통하여 이루어지는 통제의 유형은? (경영지도사, 18)

① 자율통제 ② 관료적 통제 ③ 시장 통제
④ 클랜(clan) 통제 ⑤ 스크리닝(screening) 통제

/정답/ ④

5 기업이 제품과 서비스를 생산하기 위하여 사용하는 구체적인 활동이나 방법을 규제하는 통제의 유형은? (경영지도사, 20)

① 운영적 통제 ② 전략적 통제 ③ 전술적 통제
④ 관료적 통제 ⑤ 시장 통제

/정답/ ①

6 경영통제와 관련된 설명으로 옳은 것은? (경영지도사, 22)

① 생산수량, 불량률, 비용 등은 산출표준에 해당한다.
② PERT, 재무상태분석 등은 재무통제에 해당한다.
③ 원재료, 재공품은 재고통제 대상이 아니다.
④ 재무상태표상의 유동자산을 유동부채로 나눈 것을 당좌비율이라고 한다.
⑤ 문제가 발생하기 전에 취하는 관리적인 행동을 동시통제(concurrent control)라고 한다.

/정답/ ①

④ 당좌비율은 당좌자산을 유동부채로 나눈 것을 말한다.
②⑤ 문제가 발생하기 전에 취하는 관리적인 행동을 사전통제(feed forward control) 또는 예방통제(prevention control)라고 한다. 여기에는 PERT기법과 같은 네트워크 계획기법이 해당한다.

---

7 경영통제에 관한 설명으로 옳지 않은 것은? (경영지도사, 23)

① 경영의 계획·조직·지휘 활동과 더불어 순환적으로 수행되어야 할 기본적인 기능이다.
② 경영통제시스템은 조직의 목표 달성을 위해 사전에 설정된 표준에 조직의 성과를 일치시키고자 하는 것이다.
③ 신제품 개발 시 시장의 수요를 예측하고 생산일정계획을 수립하는 것은 동시 통제 시스템에 해당한다.
④ 기업의 자산이 효율적으로 관리되고 있는지를 확인하는 것은 재무통제에 해당한다.
⑤ 재무통제는 최고경영층이 주로 사용하는데 비해, 예산통제는 중간경영층이 많이 사용하는 통제기법이다.

/정답/ ③

시장의 수요를 예측하고 생산일정계획을 수립하는 것은 수요량과 생산량의 편차를 예방하기 위한 것으로, 문제가 발생하기 전에 취하는 **사전통제**(preliminary control)에 해당한다.

POINT 막스베버(Max Weber)의 관료제론

조직구성원들 간 권력 관계를 연구한 권한 구조(authority structure) 이론으로, 합법적 권한에 기초한 관료제 구조야말로 가장 효과적인 조직구조라고 주장한다.

- 규칙과 절차의 공식화
- 과업의 분업화
- 권한의 계층화
- 조직관리의 비개인화
- 문서화의 원리
- 평생고용계약

관련 문제

1 막스 베버(M. Weber)가 제시한 이상적 관료조직의 원칙으로 옳지 않은 것은?　(경영지도사, 15)

① 분업과 전문화　② 공식적인 규칙과 절차　③ 비개인성
④ 연공에 의한 승진　⑤ 공과 사의 명확한 구분

/정답/ ④

④ 관료제에서는 선발과 승진에 관한 의사결정은 후보자들의 기술적 자격, 능력, 성과에 기초를 둔다.

2 막스 베버(M. Weber)가 제시한 관료제의 특성에 해당되지 않는 것은?　(경영지도사, 16)

① 상위직급과 하위직급 간의 수평적 의사소통
② 문서로 정해진 규칙과 절차에 따른 과업의 수행
③ 기능적 전문화에 기초한 체계적인 업무의 분화
④ 직무는 전문화되고, 훈련받은 자에 의한 직무의 수행
⑤ 안정적이고 명확한 권한계층

/정답/ ①
① 관료제 구조는 계층에 따른 통제와 지배를 강조하기 때문에 상하 간의 수직적 의사소통이 주요 특징으로 나타난다.

3 막스베버(Max Weber)가 제시한 관료제 이론의 주요 내용이 아닌 것은? (노무사, 16)

① 규정에 따른 직무배정과 직무수행
② 능력과 과업에 따른 선발과 승진
③ 상황적합적 관리
④ 계층에 의한 관리
⑤ 규칙과 문서에 의한 관리

/정답/ ③
③ 막스 베버의 관료제 이론은 합법적 권한에 기초한 관료제 구조야말로 어떠한 상황에서도 효과적인 조직구조(one best way)라고 주장한다. 이는 보편론적 접근방식이다.

4 관료제이론의 주요 내용과 거리가 먼 것은? (경영지도사, 17)

① 합법적 직무배정과 직무수행   ② 직무의 전문성과 능력에 의한 고용
③ 계층에 의한 관리   ④ 규칙과 문서에 의한 경영관리
⑤ 신속한 의사결정

/정답/ ⑤
⑤ 관료제 이론은 정해진 규정과 규칙, 절차에 의해 운영되기 때문에 환경변화에 따른 신속한 의사결정이 어렵다.

5 베버(M. Weber)의 이상적인 관료제의 특징으로 옳지 않은 것은? (경영지도사, 18)

① 분업화와 전문화   ② 명확한 권한체계
③ 문서화된 공식적 규칙과 절차   ④ 전문적 자격에 근거한 공식적인 선발
⑤ 개인별 특성을 고려한 관리

/정답/ ⑤
⑤ 관료제는 비개인성을 특징으로 한다.

6 막스 베버(M. Weber)가 주장한 관료조직의 특징으로 옳은 것을 모두 고른 것은? (경영지도사, 22)

ㄱ. 분업	ㄴ. 창의성
ㄷ. 명확한 위계질서	ㄹ. 공식규정 및 규칙

① ㄱ, ㄴ   ② ㄷ, ㄹ   ③ ㄱ, ㄷ, ㄹ
④ ㄴ, ㄷ, ㄹ   ⑤ ㄱ, ㄴ, ㄷ, ㄹ

/정답/ ③

POINT 메이요(E. Mayo)와 뢰슬리스버거(F. Roethlisberger)의 인간관계론

1. 주요 내용

호손(Hawthorne) 공장에서 실시된 메이요(Mayo) 등의 연구는 조직 내 작업자들의 심리적·사회적 요인의 중요성을 발견하였다.

- **1차 실험**(조명실험) : 조명변화가 작업능률에 영향 미치지 않음을 발견
- **2차 실험**(계전기 조립실험) : 작업조건과(임금, 휴식시간, 근무일수, 작업환경 등) 생산성 향상과는 무관하고 직무만족 및 직무자긍심 등 심리적 요인의 중요성 발견
- **3차 실험**(면접실험) : 작업장의 사회적 조건과 근로자의 심리적 조건이 근로자 태도와 생산성에 영향을 미침을 발견
- **4차 실험**(배전작업 관찰실험) : 작업장 내 사회적 요인 분석 결과 비공식조직의 규범 및 성과에의 영향을 발견

2. 관련 이론 : 행동과학(behavior science)

초기의 인간관계론은 과학적 타당성의 결핍으로 인하여 이론적 근거를 명백히 제시할 수 없었으나, 행동과학은 인간의 행위 또는 행동에 대한 일반이론의 수립을 목표로 여러 학문들에서 이룩된 행동연구를 하나의 통일적인 이론체계로 종합하였다.

□ 관련 문제

1 호손실험(Hawthorne experiment)의 순서가 바르게 나열된 것은? (노무사, 17)

| ㄱ. 면접실험 | ㄴ. 조명실험 |
| ㄷ. 배전기 전선작업실 관찰 | ㄹ. 계전기 조립실험 |

① ㄱ → ㄴ → ㄷ → ㄹ ② ㄱ → ㄹ → ㄷ → ㄴ
③ ㄴ → ㄹ → ㄱ → ㄷ ④ ㄴ → ㄹ → ㄷ → ㄱ
⑤ ㄹ → ㄱ → ㄷ → ㄴ

/정답/ ③

2 메이요(E. Mayo)의 호오손실험에 관한 설명으로 옳은 것은? (가맹거래사, 23)

① 인간관계론과 관련이 없다.
② 2차에 걸쳐서 진행된 프로젝트이다.
③ 비경제적 보상은 작업자의 만족과 관련이 없다.
④ 직무의 전문화를 강조했다.
⑤ 구성원의 생각과 감정을 중시했다.

/정답/ ⑤

3 인간관계론에 해당하는 내용은? (노무사, 16)

① 기획업무와 집행업무를 분리시킴으로써 계획과 통제의 개념 확립
② 시간 및 동작연구를 통하여 표준 과업량 설정
③ 자연발생적으로 형성된 비공식조직의 존재 인식
④ 과업에 적합한 근로자 선발 및 교육훈련 방법 고안
⑤ 전문기능별 책임자가 작업에 대한 분업적 지도 수행

/정답/ ③

4 인간관계론의 내용에 관한 설명으로 옳은 것은? (노무사, 12)

① 과학적 관리법과 유사한 이론이다.
② 인간 없는 조직이란 비판을 들었다.
③ 심리요인과 사회요인은 생산성에 영향을 주지 않는다.
④ 비공식집단을 인식했으나 그 중요성을 낮게 평가했다.
⑤ 메이요(E. Mayo)와 뢰슬리스버거(F. Roethlisberger)를 중심으로 호손실험을 거쳐 정리되었다.

/정답/ ⑤

① 과학적 관리법에 대한 비판에서 시작된 이론이다.
② 조직 없는 인간이론이란 비판을 들었다.
③ 심리요인과 사회요인은 생산성에 영향을 미침을 발견하였다.
④ 비공식집단을 인식하고 그 중요성을 강조하였다.

5 호손(Hawthorne)연구의 내용으로 옳은 것은? (경영지도사, 20)

① 생산성과 표준화된 작업조건은 직접적인 관련이 있다.
② 작업자들의 행동이 관찰되거나 특별한 관심의 대상이 되는 것은 생산성과 관련이 없다.
③ 임금, 노동시간 등 근로조건의 기술적, 경제적 측면에 초점을 두었다.
④ 비공식조직을 지배하는 감정의 논리가 생산성에 영향을 미친다.
⑤ 공식조직의 업무체계 강화는 생산성의 향상으로 이어진다.

/정답/ ④

6 호손연구(Hawthorne)연구에 관한 설명으로 옳지 않은 것은? (경영지도사, 19)

① 인간이 조직에서 중요한 요소의 하나라는 사실을 강조하였다.
② 개인과 집단의 사회적·심리적 요소가 조직성과에 영향을 미친다는 사실을 인식하였다.
③ 비공식조직이 조직성과에 영향을 미치는 것을 확인하였다.
④ 작업의 과학화, 객관화, 분업화의 중요성을 강조하였다.
⑤ 매슬로우(A. Maslow) 등이 주도한 인간관계 운동의 출현을 가져왔다.

/정답/ ④

7 호손(Hawthorne)실험과 관련한 설명으로 옳은 것은? (경영지도사, 18)

① 작업자는 임금 등 경제적 요인에 의해서 동기화된다.
② 작업자의 생산성은 작업환경 및 작업시간과 밀접한 연관이 있다.
③ 명확한 업무설계와 조직설계가 생산성 향상의 주요 요인이다.
④ 공식조직에 비해 비공식조직은 성과에 영향을 주지 않는다.
⑤ 작업자는 단지 관심을 기울여주기만 해도 성과가 개선된다.

/정답/ ⑤
호손실험은 심리적, 사회적 요인이 생산성에 영향을 미침을 발견하였다.

8 호손(Hawthorne)실험의 주요 결론에 관한 설명으로 옳지 않은 것은? (경영지도사, 13)

① 노동환경과 생산성 사이에 반드시 비례관계가 존재하는 것은 아니다.
② 심리적 요인에 의해서 생산성이 좌우될 수 있다.
③ 작업자의 생산성은 임금, 작업시간, 노동환경의 함수이다.
④ 비공식 집단이 자연적으로 발생하여 공식조직에 영향을 미칠 수 있다.
⑤ 경영자와 작업자들 사이의 인간관계가 생산성에 영향을 미칠 수 있다.

/정답/ ③

③ 이는 테일러(Taylor)의 과학적 관리법(Scientific Management)과 관련된 내용이다.

9 인간관계론에 관한 설명으로 옳지 않은 것은? (경영지도사, 15)

① 비용의 논리를 추구한다.
② 비공식 집단을 강조한다.
③ 사회적 인간관과 연관이 있다.
④ 만족이 생산성 향상을 가져온다고 생각한다.
⑤ 감정의 논리에 치중하는 경향이 있다.

/정답/ ①

① 비용의 논리(logic of cost)를 추구하는 것은 인간관계론이 아닌 과학적 관리법(scientific management)의 내용이다.

10 메이요(E. Mayo)의 호손실험 중 배선작업 실험에 관한 설명으로 옳지 않은 것은? (노무사, 22)

① 작업자를 둘러싸고 있는 사회적 요인들이 작업능률에 미치는 영향을 파악하였다.
② 생산현장에서 비공식조직을 확인하였다.
③ 비공식조직이 작업능률에 영향을 미치는 것을 발견하였다.
④ 관찰연구를 통해 진행되었다.
⑤ 경제적 욕구의 중요성을 재확인하였다.

/정답/ ⑤

제4차 실험에 해당하는 배전기 전선 작업실 관찰실험에서는 작업장 내에 비공식 집단이 존재하고, 비공식 집단의 규범이 작업자의 작업행동에 영향을 미치는 것을 발견하였다. 이를 통해 인간의 사회적 욕구의 중요성을 확인한 것이다.

POINT 아지리스(Argyris) 미성숙-성숙이론

미성숙성	성숙성
수동성 (passive)	능동성 (active)
의존성 (dependence)	독립성 (independence)
제한된 능력 (limited behavior)	다양한 능력 (diverse behavior)
얕은 관심 수준 (shallow interest)	깊은 관심 수준 (deep interest)
단기 시안 (short-term perspective)	장기 시안 (long-term perspective)
하위지위 (subordinate position)	상위지위 (superordinate position)
자아인식의 결여 (lack of self-awareness)	자아인식과 통제 (self-awareness&control)

- 개인의 성격은 유아에서 성인으로 성장해 나감에 따라 미성숙한 성격에서부터 점차 성숙한 성격으로 발달해 나가지만, 조직은 조직목표를 효율적으로 달성하기 위해 분업화, 명령계통과 위계적 통제 등 구조화해 나가는 과정에서 구성원들을 미성숙한 존재로 취급함
- 인간의 성격발달과 조직화 방식 사이에 존재하는 갈등을 해소하고 개인의 자아실현과 조직의 목표달성을 동시에 달성하려면 직무충실화, 자율경영팀, 민주적 리더십 등 새로운 방식의 조직설계 및 관리가 필요

□ 관련 문제

1 행동주의 경영이론에 관한 설명 중 옳지 않은 것은? (경영지도사, 22)

① 호손(Hawthorne)실험의 주된 목적은 과학적 관리법의 유효성을 실제로 검증하는 것이다.
② 호손실험으로 비공식 집단의 중요성이 밝혀졌다.
③ 매슬로우(A. Maslow)의 욕구단계설은 인간의 5가지 욕구가 계층화되어 있다고 주장한다.
④ 아지리스(C. Argyris)는 미성숙단계의 특성으로 수동성, 단기적 안목, 다양한 행동양식 등을 제시한다.
⑤ 맥그리거(D. McGregor)는 X이론에서 감시와 통제를 통해 종업원을 관리해야 한다고 주장한다.

/정답/ ④
성숙 단계에서의 인간은 능동성, 다양한 능력과 다양한 행동양식 등의 특성이 나타난다.

POINT 통합이론 – 버나드(Barnard)

1. 주요 내용
고전이론에 대해서는 인간이 무시된 공식조직만 존재하고(organization without people), 신고전이론에서는 공식조직이 무시된 채 인간만 존재(people without organization)한다고 비판하며, 이 두 가지 이론의 통합적인 시각으로 조직을 목적 지향적인 사회시스템이라고 본다.

- **조직의 기본 구성요소**: 협동의지(willingness to cooperate), 공동의 조직목적(common purpose), 커뮤니케이션(communication)
- **조직의 존속이론-조직균형론**: 조직의 대내적 균형(공헌과 보상의 관계), 조직의 대외적 균형(조직과 외부환경의 관계)

관련 문제

1. 바나드(C. Barnard)가 주장한 조직이론에 해당하는 설명이 <u>아닌</u> 것은? (경영지도사, 20)

① 조직은 여러 하부·상부 시스템들과 연결된 복합시스템이다.
② 조직의 구성원은 경제적 보상을 최대화하기 위하여 생산을 극대화시킨다.
③ 조직은 외부환경(투자자, 협력업체, 소비자)과도 좋은 관계를 유지해야 한다.
④ 조직의 명령은 구성원이 수용할 때 공헌으로 이어진다.
⑤ 조직구성원들은 서로 상호 작용하면서 협동한다.

/정답/ ②

POINT 시스템이론과 상황이론

1. 시스템 이론

시스템 이론은 조직을 시스템, 즉 살아있는 유기체로 파악하는 동시에 환경 및 다양한 이해관계자 집단과 상호작용하고 있는 것으로 보며, 개방성과 생존의 사고에 따라 조직을 분석한 이론이다.

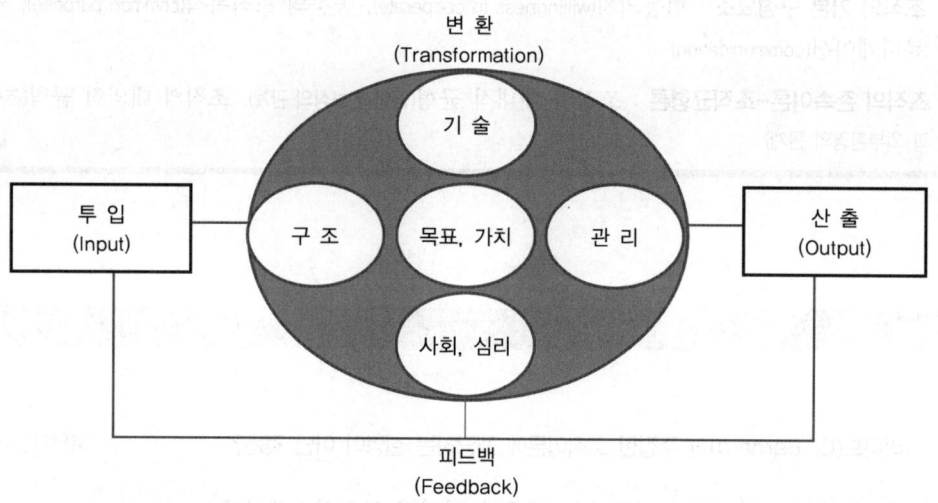

- **개방 시스템**(open system)**으로서의 특성**
  순환적 특성(cyclical character), 환경 의식(environmental awareness), 부정적 엔트로피(negative entropy), 항상성(steady state : homeostasis), 확장성(movement toward growth), 균형성(balance of maintenance and adaptiveness), 이인동과성(equifinality)
- **조직의 하위 시스템**(sub-system) : 목표·가치적 하위시스템(goals and values subsystem), 기술적 하위시스템(technical subsystem), 사회·심리적 하위시스템(socio-psychological subsystem), 구조적 하위시스템(structural subsystem), 관리적 하위시스템(managerial subsystem)

2. 상황이론

상황과 조직특성의 적합성(fit)이 조직유효성을 결정한다는 전제로 상황에 따른 효율적인 조직설계의 원칙을 실증적으로 추구한 이론이다.

□ 관련 문제

1 시스템 이론 관점에서 경영의 투입요소와 산출요소를 구분할 때, 산출 요소인 것은? (경영지도사, 15)

① 노동 ② 자본
③ 전략 ④ 정보
⑤ 제품

/정답/ ⑤

노동과 자본, 전략, 정보는 투입요소에 속하지만, 제품은 산출요소에 속한다.

2 경영학 이론 중 시스템적 접근 방법의 속성이 아닌 것은? (경영지도사, 21)

① 목표 지향성 ② 환경 적응성
③ 분화와 통합성 ④ 투입-전환-산출 과정
⑤ 비공식집단의 중요성

/정답/ ⑤

⑤ 비공식 집단의 중요성을 강조한 것은 인간관계적 접근이다.

3 상황이론(contingency theory)의 특징으로 옳지 않은 것은? (경영지도사, 17)

① 객관적 결과의 중시 ② 조직의 환경적응 중시
③ 조직을 분석단위로 하는 분석 ④ 계량적 분석 중시
⑤ 중범위 이론 지향

/정답/ ④

4 현대 경영학 이론에 관한 설명으로 옳지 않은 것은? (노무사, 11)

① 과학적 관리법에서는 효율과 합리성을 강조한다.
② 인간관계론에서는 인간의 사회·심리적 요인을 중시한다.
③ 행동과학 이론에서는 조직 내 비공식조직의 활용을 중시한다.
④ 시스템 이론에서는 조직을 여러 구성인자가 유기적으로 상호작용하는 결합체로 본다.
⑤ 상황이론에서는 조직구조가 조직이 처한 상황에 적합해야 한다고 본다.

/정답/ ③
조직 내 비공식조직의 활용을 중시하는 이론은 인간관계론이다.

5 경영이론에 관한 설명으로 옳지 않은 것은? (경영지도사, 20)

① 시스템 이론은 인간행동의 영향요소 간 복잡한 상호작용의 중요성을 강조한다.
② 상황적합 이론은 경영에 유일 최선의 방법은 없고 모든 조직에 일률적으로 보편적 경영원칙을 적용할 수는 없다고 주장한다.
③ 욕구단계설에서 사람이 충족시키고자 하는 욕구는 낮은 수준에서 높은 수준으로 올라간다.
④ 계량경영은 경영의사결정에 계량적 기법의 적용을 강조한다.
⑤ 관료적 조직론에 의하면 생산성은 작업자들의 사회적, 심리적 조건이나 감독방식에 의존한다.

/정답/ ⑤
⑤ 인간관계론의 설명이다.

6 경영이론에 관한 설명으로 옳지 않은 것은? (경영지도사, 16)

① 과학적 관리이론은 생산성과 효율성을 강조하였다.
② 자원기반 이론은 기업의 활용 가능한 핵심자원에 초점을 두었다.
③ 인간관계 이론은 행동과학 이론의 주장을 반박하며 인간을 다양한 욕구를 가진 존재로서 파악하였다.
④ 시스템 이론은 전체 시스템의 관점에서 조직을 연구하는 것이 중요하다고 하였다.
⑤ 상황 이론은 조직구조 및 경영기법이 환경에 따라 변해야 한다고 하였다.

> /정답/ ③
> 인간관계론이 조직 내에서 인간의 심리적·사회적 요인을 발견하였으나, 인간 심리와 행동의 관계를 과학적으로 설명하지 못함에 따라 행동과학이론이 등장하게 된다.

7 경영이론의 발전과정에서 연구자들과 연구내용의 연결이 옳지 않은 것은? (경영지도사, 18)

① 길블레스부부(F. B. & L. M. Gilbreth) – 동작연구
② 페이욜(H. Fayol) – 관리자의 의무
③ 메이요(E. Mayo) – 호손실험
④ 맥그리거(D. McGregor) – XY이론
⑤ 아지리스(C. Argyris) – 상황이론

> /정답/ ⑤
> 아지리스(C. Argyris)의 성숙-미성숙 이론

8 경영이론에 관한 설명으로 옳지 않은 것은? (경영지도사, 13)

① 페욜(H. Fayol)은 경영의 본질적 기능으로 기술적 기능, 영업적 기능, 재무적 기능, 보전적 기능, 회계적 기능, 관리적 기능의 6가지를 제시하였다.
② 사이먼(H. Simon)은 합리적 경제인 가설 대신에 관리인 가설을 바탕으로 하여 인간행동을 분석하였다.
③ 버나드(C. Barnard)는 조직 의사결정은 제약된 합리성에 기초하게 된다고 주장하였다.
④ 상황이론(contingency theory)은 여러 가지 환경변화에 효율적으로 대응하기 위하여 조직이 어떠한 특성을 갖추어야 하는지를 규명하고자 하는 이론이다.
⑤ 인간관계론과 행동과학이론 등은 행동주의 경영이론에 속한다.

> /정답/ ③
> ② 사이먼(Simon)이 제시한 관리인 가설(administrative hypothesis)이란 인간의 합리성은 제한되어 있으므로 최적의 의사결정은 불가능하고 만족해를 추구한다는 이론이다.
> ③ 조직 의사결정은 제약된 합리성 혹은 제한된 합리성(bounded rationality)에 기초하게 된다고 주장한 사람은 카네기모형(Carnegie model)을 만든 마치와 사이먼(March&Simon)이다.

9 독일 경영학과 미국 경영학의 비교 설명으로 옳지 <u>않은</u> 것은? (경영지도사, 14)

① 독일 경영학은 이론적 성향이 강하고, 미국 경영학은 실천적 성향이 강하다.
② 독일 경영학은 미국 경영학에 비해 오랜 역사를 가지고 있다.
③ 독일 경영학은 연구의 주체가 대부분 학자인데 비해 미국 경영학은 초기에 주로 실무자에 의해 연구되었다.
④ 독일 경영학은 경영의 객관적 측면을 파악하고자 한 데 비해 미국 경영학은 경영의 주체적 측면을 파악하고자 하였다.
⑤ 독일 경영학은 관리론적 접근 방법을 주로 사용한데 비해 미국 경영학은 경제학적 접근 방법을 주로 사용하였다.

/정답/ ⑤

⑤ 독일 경영학은 경영의 경제적 측면 중에서 "개별경제의 이론적인 관점"을 중시하는 데에 비해, 미국 경영학은 "개별경제의 실천적 관점"을 중시하고 있다. 다시 말해 미국 경영학은 기업경영을 실제로 어떻게 관리(manage)하여 나가는가를 주된 연구대상으로 하는 것이다. 이런 연유로 독일 경영학의 호칭을 "경영경제학(즉, Betriebswirtschaftslehre)" 이라 하고, 미국 경영학의 호칭을 "경영관리론, 경영관리학, 경영관리(즉, business administration, business management, management)"로 하는 것이다.

제2장 전략경영

|제1절| 전략경영에 대한 이해

> **POINT 전략경영 프로세스** 
>
> 환경분석 → 전략수립 → 전략실행 → 평가와 통제
>
> - 외부환경(기회와 위협)
> - 내부환경(강점과 약점)
>
> - 사업부전략/경쟁전략(Business / Competitive Strategy)
> - 기업전략(Corporate Strategy)
>
> - 조직구조
> - 동기부여
> - 사람
> - 문화
> - 변화관리
>
> - **기업 전략**(corporate strategy)
>   한 기업이 어떤 사업에 뛰어들어야 할 것인가를 결정해야 하는 것으로서 계열사 전체를 모두 고려하여 이들 간의 협력과 시너지 창출을 고민하는 것이다.
>
> - **사업부 전략**(business strategy)
>   특정 사업영역 내에서 경쟁우위를 획득하고 이를 지속적으로 유지하기 위해 '어떻게 경쟁해 나갈 것인가?' 하는 것이다.
>
> - **기능 전략**(operational strategy)
>   생산, 마케팅, 재무, 인사 등과 같은 기업의 각 기능부문 내에서 자원 활용의 효율성을 제고하기 위한 전략이다.

관련 문제

1 경영전략의 수준에 관한 설명으로 옳지 않은 것은? (경영지도사, 15)

① 경영전략은 조직규모에 따라 차이가 있으나 일반적으로 기업차원의 전략, 사업부 단위 전략, 기능별 전략으로 구분된다.
② 성장, 유지, 축소, 철수, 매각, 새로운 사업에의 진출 등에 관한 전략적 의사결정은 기업차원의 전략 영역에 포함된다.
③ 사업부 전략은 각 사업영역과 제품분야에서 어떻게 경쟁우위를 획득하고 유지해 나갈 것인지를 결정하는 전략을 말한다.
④ 기능별 전략은 사업단위들 간의 시너지효과를 높이는 데 초점을 둔다.
⑤ 생산, 재무, 인사, 마케팅 등의 활동 방향을 정하기 위한 것은 기능별 전략이다.

/정답/ ④

④ 사업단위들 간 시너지효과에 초점을 두는 것은 기업차원의 전략이다. 기능별전략(functional strategy)은 R&D, 생산, 마케팅, 인사, 재무 등 각 기능별 세부전략을 의미하는데, 각 사업단위 내에서 효율성을 달성하는 데 초점을 둔다.

2 경영전략에 관한 설명으로 옳지 않은 것은? (경영지도사, 13)

① 경영전략은 기업이 활동하는 경영환경의 위협, 위험, 기회에 대하여 기업이 보유한 경영자원으로 대응하고자 하는 노력이다.
② 전략은 달성하고자 하는 목표와 기업활동의 기본방침을 연결시켜준다.
③ 전략은 그 대상이 되는 기업 활동이나 관련된 조직의 범위와 수준에 따라 흔히 전사적 전략, 사업전략, 운영전략으로 나누어진다.
④ 기업이 어떤 사업을 수행할 것인지 혹은 사업 포트폴리오를 어떻게 구성할 것인지 등에 관한 결정은 전사적 전략에 속한다.
⑤ 운영전략은 기업 내 사업단위가 그 사업에 관련된 시장에서의 경쟁에 대한 전략이다.

/정답/ ⑤

⑤ 기업 내 사업단위가 그 사업에 관련된 시장에서의 경쟁에 대한 전략은 운영전략(functional level strategy)이 아니라 사업전략(business level strategy)이다.

|제2절| 환경분석

> **POINT 환경분석**
>
> **1. 내부환경분석 : 핵심역량 분석**
> - 핵심역량(competence)이란 뛰어난 기술적 능력, 차별화된 고객서비스, 효율적인 제조기술, 인적자원관리 능력 등 경쟁기업이 모방할 수 없는 우리 기업만이 가지는 무형자원이나 능력을 의미하는 것으로, 기업의 성과창출을 위해 매우 중요
> - **핵심역량의 조건** : ①해당기업에 가치 있는 자원이 있어야 하며(Value), ②경쟁사들이 독특하거나 희소하다고 여기는 자원이 있어야 하고(Rareness), ③완벽하게는 모방할 수 없는 자원(Inimitability), ④경쟁사가 다른 자원으로 대체할 수 없는 자원(Non-substitutability)
>
> **2. 외부환경분석**
>
> (1) 거시환경을 분석하는 방법 : PEST분석
>
> 정치적(Political) 요소, 경제적(Economic) 요소, 사회적(Social) 요소, 기술적(Technological) 요소를 분석
>
> (2) 산업환경을 분석하는 방법 : 포터의 산업환경 분석, 5-Forces 분석
>
>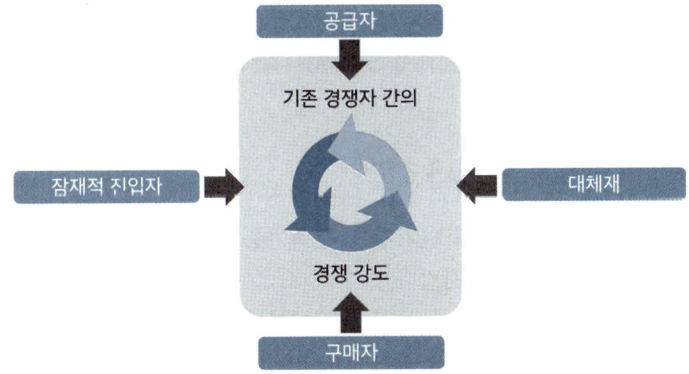
>
> 산업환경 매력도를 분석하는 5가지 산업환경 영향요인을 제시한 모형이다.
>
> 잠재적 진입자가 많고, 공급자와 구매자, 대체재의 힘이 강하며, 산업 내의 기업끼리 많은 경쟁을 하는 산업이 있다면, 이 산업의 매력도는 낮다. 반대의 경우는 좋은 산업 즉, 매력도가 높은 산업이라고 볼 수 있다.

3. SWOT 분석

SWOT 분석은 외부환경을 통해 여러 기회와 위협을 찾고, 내부환경 분석을 통해 여러 강점과 약점을 찾아 네 가지 요소들을 믹스매칭(mix-matching)시켜주는 것이다. 강점(Strength), 약점(Weakness), 기회(Opportunity), 위기(Threat)의 앞글자를 따서 SWOT 분석이라 부른다.

		내부전략적 요소	
		S (Strength : 강점요인)	W (Weakness : 약점요인)
외부 전략적 요소	O (Opportunity : 기회요인)	**SO전략 (Maxi-Max)** • 내부강점을 기회에 활용하는 전략 • 확대전략	**WO전략 (Mini-Max)** • 기회를 활용해 약점을 극복하는 전략 • 우회전략, 전략적 제휴
	T (Threat : 위험요인)	**ST전략 (Maxi-Min)** • 내부강점으로 위험을 극복하는 전략 • 안정적 성장전략, 다각화 전략	**WT전략 (Mini-Min)** • 약점과 위험을 동시에 극복하는 전략 • 방어적 전략, 삭감전략, 청산, 합작투자

□ 관련 문제

1 핵심역량에 관한 설명으로 옳지 않은 것은? (경영지도사, 23)

① 집중적인 학습과정을 통해 단기간에 구축가능한 절대적 시장경쟁력이다.
② 고객에 대한 편익을 증대시킨다.
③ 경쟁사가 모방하기 어려운 독보적 능력이다.
④ 경쟁사를 능가하는 우월적 능력이다.
⑤ 전략적 제휴의 효과적 운용을 용이하게 한다.

/정답/ ①

핵심역량은 오랜 시간 구축한, 그 기업만이 가지고 있는 경쟁우위적인 차별적 능력을 말하는 것이다.

2 기업의 성과에 영향을 주는 기업 외부환경(external environment)이 아닌 것은? (경영지도사, 15)

① 사회문화 ② 법률 ③ 경제정책
④ 정치 ⑤ 최고경영자

/정답/ ⑤
최고경영자는 기업의 성과에 영향을 주는 기업 내부환경(internal environment)에 해당한다.

3 기업을 둘러싼 환경에 관한 설명으로 옳지 않은 것은? (경영지도사, 14)

① 경제적 환경의 구체적 내용으로 경제체제, 경제상황, 국가 경제규모, 재정, 금융정책 등이 있다.
② 기업의 환경을 내부환경과 외부환경으로 구분했을 때 주주는 외부환경에 속한다.
③ 기업의 간접환경(일반환경)에는 정치·법률적 환경, 경제적 환경, 기술적 환경, 사회·문화적 환경 등이 있다.
④ 기업에 노동력을 공급하는 종업원도 기업의 환경요인 중 하나이다.
⑤ 기업의 경쟁자나 부품 공급자는 직접환경(과업환경) 요인이다.

/정답/ ②
주주는 기업의 내부환경(internal environment)에 속한다.

4 기업환경에서 일반환경(간접환경)에 관한 내용으로 옳지 않은 것은? (경영지도사, 18)

① 경쟁기업 출현 ② 공정거래법 개정 ③ 컴퓨팅 기술 발전
④ 저출산 시대 심화 ⑤ 환율과 원유가격 변동

/정답/ ①
정치, 경제, 사회, 문화 등은 기업에게 간접적인 영향을 미치는 대표적인 일반환경, 또는 거시적 환경에 해당한다.
경쟁기업의 출현은 기업에게 직접 영향을 미치는 과업환경(직접환경)이다.

5 기업의 외부환경을 일반환경과 과업환경으로 구분할 때 과업환경에 해당하는 것은? (경영지도사, 20)

① 경제적 환경   ② 정치적·법적 환경   ③ 인구통계적 환경
④ 사회·문화적 환경 ⑤ 경쟁자 환경

/정답/ ⑤

6 경영환경을 일반환경과 과업환경으로 구분할 때, 기업에게 직접적인 영향을 주는 과업환경에 해당하는 것은? (노무사, 23)

① 정치적 환경   ② 경제적 환경   ③ 기술적 환경
④ 경쟁자   ⑤ 사회문화적 환경

/정답/ ④

7 포터(M. Porter)의 산업구조분석 모형에 해당하지 <u>않는</u> 것은? (경영지도사, 21)

① 산업군 내 기존 산업 간의 경쟁   ② 구매자의 교섭력
③ 공급자의 교섭력   ④ 잠재적 진입자의 위협
⑤ 대체재의 위협

/정답/ ①
산업 내 기존 기업간 경쟁강도가 포터의 산업구조분석 모형에 해당한다.

8 마이클 포터(M. Porter)가 산업환경분석을 위해 사용한 5가지 경쟁요인에 해당되지 <u>않는</u> 것은? (경영지도사, 16 및 가맹거래사, 14)

① 대체재의 위협   ② 신규진입 위협   ③ 구매자의 교섭력
④ 공급자의 교섭력 ⑤ 노조와의 교섭력

/정답/ ⑤

9 포터(M. Porter)가 제시한 산업구조 분석의 요소로 옳지 않은 것은? (경영지도사, 14)

① 대체재의 위협
② 가치사슬 활동
③ 공급자의 교섭력
④ 구매자의 교섭력
⑤ 신규경쟁자의 진입 가능성

/정답/ ②

10 마이클 포터(M. Porter)의 산업구조분석에서 산업의 수익률을 결정하는 5가지 경쟁적인 세력이 아닌 것은? (가맹거래사, 18)

① 기존 기업들 간의 경쟁
② 잠재적 진입자의 위협
③ 구매자의 교섭력
④ 원가우위 경쟁
⑤ 공급자의 교섭력

/정답/ ④

11 포터(M. Porter)의 산업구조분석 모형에서, 소비자 관점의 사용 용도가 유사한 다른 제품을 고려하는 경쟁분석의 요소는? (노무사, 22)

① 산업내 기존 경쟁업체간 경쟁
② 잠재적 경쟁자의 진입 가능성
③ 대체재의 위협
④ 공급자의 교섭력
⑤ 구매자의 교섭력

/정답/ ③

소비자 관점의 사용 용도가 유사한 다른 제품을 대체재(substitute)라고 한다. 산업구조분석 시 우리 서비스를 대체할 대체재들이 많다면 매력 없는 산업이다.

12 특정 산업에서 활동하고 있는 기업이 산업 매력도를 확인하기 위하여 산업경쟁구조분석을 하였다. 산업경쟁구조요인별로 산업 매력도를 설명한 내용으로 옳지 않은 것은? (경영지도사, 13)

① 진입장벽이 높을수록 매력도는 떨어진다.
② 대체재가 나타날 가능성이 클수록 매력도는 떨어진다.
③ 기존 경쟁업체의 수가 많고, 경쟁이 치열할수록 매력도는 떨어진다.
④ 고객의 수가 적거나 고객이 단체를 구성하여 강한 협상력을 갖고 있는 경우 매력도는 떨어진다.
⑤ 원자재 혹은 부품을 독점하거나 특수한 기술을 지니고 있는 공급업체와 거래를 하여야 하는 상황이라면 매력도는 떨어진다.

/정답/ ①
산업의 진입장벽이 높다면 잠재적 진입자가 적기 때문에 해당 산업의 매력도는 높아진다.

13 높은 진입장벽에 해당하지 않는 것은? (경영지도사, 21)

① 진입에 있어 높은 자본소요량이 필요함
② 진입한 기존 기업들이 규모의 경제를 확보함
③ 잠재적 진입자와 진입한 기존 기업 간의 기술적 차이가 적음
④ 진입한 기존 기업들이 지적재산권을 확보함
⑤ 진입한 기존 기업들이 유통채널을 구축

/정답/ ③
잠재적 진입자와 진입한 기존 기업 간의 기술적 차이가 적을수록 잠재적 진입자가 해당 산업에 진출하기 쉬워진다. 즉, 이 경우 진입장벽이 낮다.

14 포터(M. Porter)의 산업구조분석모형(five forces model)에 관한 설명으로 옳은 것은? (경영지도사, 19)

① 잠재경쟁자의 진입위험이 높으면 산업의 전반적인 수익률은 낮아진다.
② 산업 내 기존기업 간의 경쟁정도가 높으면 산업의 전반적인 수익률은 높아진다.
③ 구매자의 교섭력이 낮으면 산업의 전반적인 수익률은 낮아진다.
④ 공급자의 교섭력이 높으면 산업의 전반적인 수익률은 높아진다.
⑤ 산업의 제품에 대한 대체재의 출현 가능성이 낮으면 산업의 전반적인 수익률은 낮아진다.

/정답/ ①
잠재경쟁자의 진입위험이 높으면 산업 내 경쟁이 증가하여 산업의 전반적 수익률이 낮아진다.

15 포터(M. Porter)의 산업구조분석기법에 관한 설명으로 옳지 않은 것은? (경영지도사, 17)

① 산업구조의 이해를 통하여 산업 전체의 수익률의 높고 낮음을 효과적으로 설명해 줄 수 있다.
② 각 개별 기업의 구체적인 경쟁전략을 다루지 못한다.
③ 산업의 구조적 특성을 자사에게 유리한 방향으로 바꾸는 것도 기업의 노력으로 가능하게 할 수 있다.
④ 각 개별산업의 추세를 살펴봄으로써 그 산업의 미래의 수익성을 예측할 수 있다.
⑤ 동태적으로 변하는 산업구조를 고려하는 동태적 모형이다.

/정답/ ⑤
포터의 산업구조 분석모형은 안정적 산업구조를 전제하고 있다.

16 전략을 수립하는 과정에서 기업 외부의 기회와 위협 요소들을 파악하고 기업 내부의 강점 및 약점을 분석하는 기법은? (가맹거래사, 16)

① BCG 분석　　　② SWOT 분석　　　③ GAP 분석
④ BEP 분석　　　⑤ 4P 분석

/정답/ ②

17 SWOT 분석에 관한 설명으로 옳은 것은? (경영지도사, 19)

① 교섭력 분석기법
② 사업 포트폴리오 분석기법
③ 안정성 평가기법
④ 기업환경의 기회, 위협, 강점, 약점을 분석하는 기법
⑤ 수익성, 성장성, 효과성을 분석하는 최신기법

/정답/ ④

18 SWOT 분석의 S-W-O-T를 올바르게 나열한 것은? (가맹거래사, 11)

① Strength – Weakness – Openness – Threat
② Strength – Weakness – Opportunity – Threat
③ Strength – Wellness – Openness – Threat
④ Strategy – Wellness – Opportunity – Trouble
⑤ Strategy – Weakness – Opportunity – Trouble

/정답/ ②

19 SWOT 모델에서 철수전략이 필요한 경우는? (경영지도사, 21)

① 강점 – 기회   ② 약점 – 기회   ③ 강점 – 위협
④ 약점 – 위협   ⑤ 모든 경우

/정답/ ④

- **SO전략** (Maxi-Max) : 확대전략
- **WO전략** (Mini-Max) : 우회전략, 전략적 제휴
- **ST전략** (Maxi-Min) : 안정적 성장전략, 다각화 전략
- **WT전략** (Mini-Min) : 방어적 전략, 삭감전략, 청산, 합작투자

|제3절| 전략 수립

POINT 사업부 전략

1. 포터(Porter)의 본원적 전략(또는 경쟁전략)

		경쟁우위	
		저원가	차별화
경쟁범위	넓음	원가우위 전략 (cost leadership)	차별화 전략 (differentiation)
	좁음	원가 집중 전략 (cost focus)	집중 차별화 전략 (focused differentiation)

2. 앤소프(Ansoff)의 성장전략

제품 → 위험증가

		기존	신
시장 ↓ 위험증가	기존	시장침투전략 (market penetration)	제품개발 전략 (production development)
	신	시장확장 전략 (market extension)	다각화 전략 (diversification)

3. 마일즈와 스노우(Miles & Snow)의 경쟁전략 : 환경(고객 욕구)에 적합한 전략

	방어형	공격형(혁신형)	분석형	반응형
제품/시장 전략	• 소수의 안정된 제품계열 • 규모의 경제에 의한 비용 효율성 • 시장침투	• 다수의 변동적 제품계열 • 제품혁신과 시장에 대한 즉각적 반응 • 신시장에 최초진입	• 안정적, 변동적 제품계열 • 고정변화와 계획적 혁신 • 개선된 제품으로 시장에 후발 진입	• 환경의 기회와 위협에 대해 그때마다 임시방편적으로 대응
적합한 환경	안정적 환경	불확실한 환경	동태적 환경	

□ 관련 문제

1 전략집단(strategic group)을 의미하는 것은? (경영지도사, 21)

① 제품단위의 비용우위전략이다.
② BCG 모델의 cash cow에 해당한다.
③ 수명주기의 단계이다.
④ 가치사슬(value chain)의 유형이다.
⑤ 산업 내 유사한 전략을 채택한 기업군이다.

/정답/ ⑤

2 포터(M. Porter)의 경쟁전략 유형에 해당하는 것은? (노무사, 18)

① 차별화(differentiation) 전략　　② 블루오션(blue ocean) 전략
③ 방어자(defender) 전략　　　　④ 반응자(reactor) 전략
⑤ 분석자(analyzer) 전략

/정답/ ①

3 포터(M. E. Potter)가 주장한 경쟁력 확보를 위한 본원적 전략에 해당되는 것은? (노무사, 10)

① 제품전략, 서비스전략　　　　② 유지전략, 혁신전략
③ 구조전략, 기능전략　　　　　④ 원가우위전략, 차별화전략
⑤ 구조조정전략, 인수합병전략

/정답/ ④

4 포터(M. Porter)의 경쟁우위의 유형과 경쟁의 범위를 기준으로 한 본원적 전략(generic strategy)에 해당하는 유형을 모두 고른 것은? (경영지도사, 20)

> ㄱ. 비용우위 전략 ㄴ. 안정 전략
> ㄷ. 차별화 전략 ㄹ. 집중화 전략
> ㅁ. 방어 전략

① ㄱ, ㄴ, ㄷ ② ㄱ, ㄴ, ㅁ ③ ㄱ, ㄷ, ㄹ ④ ㄴ, ㄷ, ㄹ ⑤ ㄴ, ㄹ, ㅁ

/정답/ ③

5 본원적 경쟁전략의 하나인 원가우위 전략에서 원가의 차이를 발생시키는 요인이 아닌 것은? (경영지도사, 15)

① 학습 및 경험곡선 효과
② 경비에 대한 엄격한 통제
③ 적정규모의 설비
④ 디자인의 차별화
⑤ 규모의 경제

/정답/ ④

④ 디자인의 차별화는 차별화 전략에서 우위를 가지게 하는 요인에 해당한다.

6 포터(M. Porter)의 비용우위(cost leadership) 전략을 실행하는 방법이 아닌 것은? (가맹거래사, 19)

① 제품품질의 차별화
② 효율적인 규모의 설비투자
③ 간접비의 효율적인 통제
④ 경험곡선 효과에 의한 원가의 감소
⑤ 저비용국가에서 생산

/정답/ ①

7 차별화 전략의 원천에 해당되는 것은? (노무사, 14)

① 경험효과 ② 규모의 경제 ③ 투입요소 비용
④ 생산시설 활용도 ⑤ 제품의 특성과 포지셔닝

/정답/ ⑤

8 포터(M. Porter)의 본원적 전략 중 월마트(Wal-Mart)가 회사 창립 때부터 견지해 오고 있는 전략은? (경영지도사, 13)

① 원가우위전략   ② 차별화전략   ③ 집중화전략
④ 시장침투전략   ⑤ 다각화전략

/정답/ ①
월마트는 전체 시장에서 경쟁우위로 "Everyday low price"를 표방하므로 원가우위전략에 해당한다.

9 단일상품보다 다수상품들로 상품라인을 구성하는 이유로 옳지 않은 것은? (가맹거래사, 14)

① 소비자 욕구의 충족   ② 원가우위 확보
③ 소비자의 가격민감도   ④ 경쟁자 진입의 저지
⑤ 소비자의 다양성 추구 성향

/정답/ ②
다수상품들로 상품라인을 구성하는 경우 변환비용이 발생하여 원가우위 확보의 이점을 얻기는 힘들다.

10 앤소프(H. Ansoff)의 제품 / 시장 매트릭스에 해당하지 않는 전략은? (가맹거래사, 21)

① 시장침투전략   ② 제품개발전략   ③ 차별화전략
④ 시장개발전략   ⑤ 다각화전략

/정답/ ③
차별화 전략은 포터의 경쟁전략의 유형이다.

11 앤소프(H. Ansoff)가 제시한 기업 수준의 성장전략에 해당하지 않는 것은? (경영지도사, 23)

① 시장침투 전략   ② 제품개발 전략   ③ 다각화 전략
④ 시장개발 전략   ⑤ 차별화 전략

/정답/ ⑤

12 제품/시장 매트릭스(product/market matrix)에서 신제품을 가지고 신시장에 진출하는 성장전략은?

(노무사, 17 및 경영지도사, 16 및 가맹거래사, 14)

① 다각화 전략　　② 제품개발 전략　　③ 집중화 전략
④ 시장침투 전략　　⑤ 시장개발 전략

/정답/ ①

13 앤소프(H.I.Ansoff)의 제품-시장 확장전략 중 기존 제품으로 기존 시장의 점유율을 확대해 가는 전략은?

(노무사, 13, 22)

① 원가우위 전략　　② 시장침투 전략　　③ 시장개발 전략
④ 제품개발 전략　　⑤ 다각화 전략

/정답/ ②

14 마일즈(R. Miles)와 스노우(C. Snow)가 제시한 환경적합적 대응전략으로만 구성되어 있는 것은?

(경영지도사, 17)

① 전방통합형 전략, 후방통합형 전략, 차별화 전략
② 집중화 전략, 방어형 전략, 반응형 전략
③ 원가우위 전략, 차별화 전략, 집중화 전략
④ 차별화 전략, 반응형 전략, 후방통합형 전략
⑤ 공격형 전략, 방어형 전략, 분석형 전략

/정답/ ⑤

15 마일즈(R. Miles)와 스노우(C. Snow)의 전략유형으로 옳지 않은 것은?

(가맹거래사, 23)

① 반응형(reactor)　　② 방어형(defender)　　③ 분석형(analyzer)
④ 혁신형(innovator)　　⑤ 공격형(prospector)

/정답/ ④

POINT 기업전략

1. 성장전략(growth strategy, 사업확장전략)

(1) **수직적 통합전략**(vertical integration strategy)

기업의 제품생산·판매의 가치창출 활동과 관련되는 다른 기업, 즉 공급원이나 제품의 판매자와 같이 산업의 생산-분배의 연결고리에 속해 있는 다른 단계에 있는 기업을 통합하는 전략이다.

구 분	후방통합	전방통합
개 념	• 생산-분배 연결고리의 전 단계인 원재료나 부품의 공급업자를 통합하여 높은 가격 프리미엄을 얻는 것 • 상향식(Upstream) 전략	• 생산-분배 연결고리의 다음 단계인 도·소매업자를 통합 • 하향식(Downstream) 전략
장 점	• 원가절감 • 품질향상 및 유지 • 제품차별화 및 불리한 가격경쟁 회피 • 공급업자에 대한 의존성 감소 • 기업활동의 안정성 • 주요 부품의 가격 인상에 따른 폐해 감소	• 안정적인 판로확보 • 적정한 생산 규모 유지에 따른 생산비용 감소와 재고 비용 감소 • 판매업자 상대 시 가격탐색·의사소통·협상 계약과정에서 발생하는 비용 감소 • 시장 통제력 증대
단 점	• 환경변화에 탄력적 대응 어려움 • 모든 활동단계의 효율적 생산 규모와 전체적인 생산능력의 균형 유지 어려움 • 조정과 통합 비용 • 한 기업의 비효율성이 기업 전체의 비효율성으로 확대	

(2) **다각화 전략**(diversification strategy)

한 기업이 여러 산업에 참여하는 것을 말한다.

구 분	관련 다각화 (related or concentric diversification strategy)	비관련 다각화 (unrelated or conglomerate diversification strategy)
개 념	기업이 가지고 있는 핵심역량의 이점을 여러 사업에 활용함으로써 기업 전체의 시너지를 창출하는 전략	기존의 사업 분야와는 아무런 관련이 없는 사업으로 다각화하는 전략
장 점	• 범위의 경제를 통한 비용절감 • 경쟁지위 향상 • 사업활동의 동일성 유지 • 기업 전체의 수익과 매출의 안정성 확보	• 경영위험 분산 • 기업 전체적으로 안정적 수익 규모 유지 • 기업 성장
단 점	• 사업부 간 협조 유지를 위한 관리비용 • 핵심역량에 집착 • 더 수익성 있는 사업 기회 상실	• 외형적 비대화 • 시너지 창출의 어려움 • 사업집단 관리비용(관료적 비용)

(3) 인수 · 합병(Merger&Acquisition)

기업(매수기업)이 타 기업(피매수 기업)의 주식이나 자산을 인수 · 합병하여 새로운 사업에 진출하는 전략이다.

- **장 점** : 저렴한 비용으로 신산업 진출, 경쟁사와의 마찰 감소, 자금 조달 용이, 규모의 경제 확보, 시장지배력 확대, 조세 절감효과
- **단 점** : 통합과정에서의 시간 및 비용 발생, 시너지 효과의 과대평가, 매수기업과 피매수 기업 간 갈등 · 문화 차이, 외부차입금 의존시 재무구조 악화

(4) 사업집중전략(concentration strategy)

기업이 그들의 사업과 시장을 소수의 핵심 사업에 집중함으로써 시장 내 확고한 지위를 차지하고자 하는 전략이다. 기업의 자원을 수익성이 있는 특정 사업에 집중하는 전략이다.

- **장 점** : 주어진 시장에 대해 많은 정보 획득 · 활용, 고객 요구에 민감하게 반응, 사업기술 노하우를 축적 · 활용, 핵심주력사업에만 집중하여 확고한 이미지 구축
- **단 점** : 기업의 생존과 성장에 큰 타격, 새로운 사업에 보유한 능력과 자원 활용 어려움, 해당 산업에의 지나친 몰입으로 이탈의 어려움

2. 안정전략(stability strategy)

기업이 과거의 사업활동에 만족하여 과거와 동일한 목표를 추구하고 현재의 성장률을 유지하거나 성장률을 일정한 수준 이하로 제한함으로써 안정적인 기업활동을 유지하고자 하는 전략이다.

- **장 점** : 안정적인 조직운영, 단기적으로 유용
- **단 점** : 장기적인 관점에서 환경변화에 유연한 적응 불가

3. 축소전략(retrenchment strategy, 재기전략((renewal strategy))

현재 기업이 직면한 산업의 악조건이 개선될 것이라는 가정하에 낭비를 줄이고 엄격한 내부의 절약방안을 강구함으로써 단기적으로 기업의 효율성을 향상시키는 방법이다.

- **우회전략**(turnaround strategy)
  산업매력도는 높지만 기업 내부적으로 많은 문제점을 안고 있는 경우 사용되는 전략으로, 활동 효율성(operational efficiency)을 향상시키는 데 중점을 두는 전략이다.
- **포획전략**(captive strategy)
  포획전략은 주요 고객에게 집중하면서 약간의 기능활동의 범위를 축소하는 전략으로서, 다른 기업에 전적으로 의존하여 생산 · 판매 · 안정성을 확보하는 것이다.

4. 해외시장 진출 전략

(1) 수출에 의한 해외진출
- **간접수출** : 종합 무역상사나 수출대행업체를 통해 이루어지는 것
- **직접수출** : 회사 내 수출전담부서나 판매법인을 통해 이루어지는 것

(2) 계약에 의한 해외진출
- **라이센싱 계약**(licensing) : 다른 나라 기업에게 기술이나 상표권, 경영 노하우 등의 경제적 가치가 있는 경영자산을 사용하도록 허락하고 그 대가(loyalty) 받는 전략
- **프랜차이징**(franchising) : 라이센싱의 완전한 형태로 기술과 브랜드뿐만 아니라 품질관리, 마케팅, 조직 운영 등 모든 것의 운영에 자유를 주면서 지원도 하지만 라이센싱 업체를 직접 관리하는 전략
- **생산계약** : 자신이 직접 공장을 운영하지 않으면서 해외 협력업체에 일정한 품질과 규격의 제품을 납품하도록 계약을 체결하여 운영하는 전략

(3) 해외 직접 투자
- 외국 기업의 주식을 많이 사서 그 기업의 경영에 직접 참여하는 전략
- 합작투자(joint venture), 신설투자(greenfield investment), 인수합병(M&A) 등

(4) 국제화 전략에 따른 조직형태 : 전략적 제휴의 형태
국제적 경쟁 관계에 있는 기업들끼리 상호 이익을 위해 일시적으로 협조 관계를 형성하는 것이다.
- **합작기업**(joint venture) : 2개 이상의 기업이 공동투자하여 만들어진 기업으로서 개발과 생산 비용을 공동으로 부담하거나 새로운 시장개척 시에 사용되는 접근방식
- **컨소시엄**(consortia) : 독립적인 기업들이(공급자, 고객 때로는 경쟁사 등도 포함) 함께 결합하여 기술, 자원, 비용 및 시장을 공유하는 방식(재벌chaebol))

(5) 국제경영전략 : EPRG전략
- **본국중심주의**(Ethnocentrism) : 지역적으로 분산된 사업단위들이 독자적인 의사결정권을 행사하지 못하고 본사중심의 의사결정이 이루어지도록 하는 전략
- **현지중심주의**(Polycentrism) : 지역적으로 분산된 사업단위들이 독립적인 의사결정권을 가지고 경영활동을 전개하도록 하는 전략
- **지역별중심주의**(Regiocentrism) : 지역별로 지역본사제를 도입하여 지역별 특성에 적합한 경영 정책을 수립하도록 하는 전략
- **글로벌중심주의**(Geocentrism) : 지역별 사업 단위의 독자성을 어느 정도 인정하면서 이러한 활동을 기업 전체적인 관점에서 상호조정하는 전략

□ 관련 문제

1 수직적 통합에 관한 설명으로 <u>옳지 않은</u> 것은? (경영지도사, 14)

① 수직적 통합은 거래비용의 감소에 따른 원가상 이점이 있는 반면, 관련 활동 간의 생산능력의 불균형과 독점적 공급으로 인한 비효율성에 의해 오히려 원가열위로 작용하기도 한다.
② 전방통합을 통해 유통망을 확보하여 고객에게 차별적 서비스를 제공하는 것이 가능해진다.
③ 후방통합을 통해 양질의 원재료를 안정적으로 공급받아 고품질을 유지할 수 있다.
④ 수직적 통합은 기업활동의 유연성을 강화시키는 요인으로 작용해서 경쟁력을 강화시킬 수 있으며, 특히 기술변화가 심하고 수요가 불확실하거나 경쟁이 치열한 경우에 적합하다.
⑤ 기업 간 거래에는 제품사양이나 가격, 납기 등을 결정하는 데 비용이 수반되지만, 이런 활동을 내부화하여 비용절감 및 원료조달이나 제품의 판로확보가 가능해지고, 이를 통해 안정적 기업활동이 유지될 수 있다.

/정답/ ④
수직적 통합은 조직 내부의 비대화를 초래하여 오히려 기업의 유연성을 약화한다.

2 기업의 수직적 통합(vertical integration)에 관한 설명으로 <u>옳지 않은</u> 것은? (경영지도사, 19)

① 후방통합(backward integration)은 부품과 원료 등의 투입요소에 대한 소유와 통제를 갖는다.
② 전방통합(forward integration)을 통하여 판매 및 분배경로를 통합함으로써 안정적인 판로를 확보할 수 있다.
③ 기업의 효율적인 생산규모와 전체적인 생산능력의 균형을 관리·유지하기가 쉽다.
④ 통합된 기업 중 어느 한 기업의 비효율성이 나타나는 경우 기업 전체의 비효율성으로 확대될 가능성이 높다.
⑤ 부품생산에서의 비용구조에 대한 정확한 정보를 가질 수 있다.

/정답/ ③
위의 문제 ①지문 참조

3 수직적 통합전략에 관한 설명으로 옳지 않은 것은? (경영지도사, 23)

① 기업의 유통경로나 생산투입물의 공급원에 대한 소유나 통제를 도모하는 경영전략이다.
② 기업이 전방 혹은 후방으로 자사의 가치사슬 활동을 확대하고자 하는 것이다.
③ 전방수직통합을 통해 기업 산출물에 대한 수요의 예측력을 높일 수 있다.
④ 수요 불확실성에 효과적 대응이 가능하여 기업의 유연성을 높일 수 있다.
⑤ 생산투입물에 대한 공급안정성을 높이고자 하는 경우 후방수직통합을 채택하게 된다.

/정답/ ④

4 거래특유자산(transaction specific asset)에 대한 투자가 커서 거래상대방의 기회주의적인 행동이 우려될 때 취하는 기업 수준의 전략은? (경영지도사, 22)

① 제휴전략
② 벤치마킹 전략
③ 수직적 통합 전략
④ 제품수명주기 전략
⑤ 비관련 다각화 전략

/정답/ ③

거래특유자산이란 상대방과 거래를 위하여 상대에게 적합하도록 투자된 자산을 말한다. 거래상대방이 이 특유자산으로 인한 이득을 취하려는 기회주의적 행동을 할 우려가 있는 경우 수직적 통합을 통해 해당 자산을 내부화하는 조처를 취할 수 있다.

5 비관련 다각화의 이점에 관한 설명으로 옳지 않은 것은? (경영지도사, 14)

① 사업분야의 다양화로 위험분산이 가능하다.
② 수익성이나 성장성이 높은 사업분야를 선택할 경우 성과가 향상될 수 있다.
③ 재무자원의 관리나 투자자금의 배분이 용이하다.
④ 주력 사업분야를 바꾸려고 하는 경우나 현 사업분야에서 경쟁력이 취약한 경우 효과적 대안이 될 수 있다.
⑤ 자원의 공동활용과 축적된 기업능력의 활용을 가능하게 하므로 시너지효과와 범위의 경제에서 오는 이점을 누릴 수 있다.

/정답/ ⑤

자원의 공동활용과 축적된 기업능력을 활용하는 것은 관련형 다각화(related diversification)이다.

6 하멜과 프라할라드(Hamel & Prahalad)가 제시한 핵심역량(core competence) 강화와 관련이 없는 것은
(경영지도사, 21)

① 비관련 다각화(unrelated diversification)
② 제휴전략(coalition strategy)
③ 차별화전략(differentiation strategy)
④ 리엔지니어링(reengineering)
⑤ 가치사슬 분석(value chain analysis)

/정답/ ①

비관련 다각화는 보유하고 있는 핵심역량을 활용하는 것이 아니고 새로운 역량을 개발하여 활용하는 것이기 때문에 핵심역량 강화와는 관련이 적다.

7 기업 전체 차원에서 수립되는 기본전략(grand strategy)의 유형이 아닌 것은? (경영지도사, 18)

① 집중화 전략　　② 안정전략　　③ 축소전략
④ 방어전략　　⑤ 성장전략

/정답/ ①

집중화 전략은 사업부 수준의 전략이다.

8 과거의 목표설정과 관리방식을 유지하면서 주요 정책이나 방침에 변화를 주지 않는 전략은?
(경영지도사, 19)

① 안정전략　② 확장전략　③ 축소전략　④ 결합전략　⑤ 차별화전략

/정답/ ①

9 기업조직 내의 각 사업부가 각기 다른 전략을 동시에 채용하는 전략유형은? (경영지도사, 20)

① 확장전략　② 성장전략　③ 축소전략　④ 안정전략　⑤ 결합전략

/정답/ ⑤

10 다른 기업에게 수수료를 받는 대신 자사의 기술이나 상품 사양을 제공하고 그 결과로 생산과 판매를 허용하는 것은? (경영지도사, 15)

① 아웃소싱(Outsourcing) ② 합작투자(Joint venture)
③ 라이선싱(Licensing) ④ 계약생산(Contract manufacturing)
⑤ 턴키프로젝트(Turn-key project)

/정답/ ③
생산설비 등을 건설하고, 설비가 가동되어 생산이 개시될 수 있는 시점에 소유권을 넘겨 주는 계약을 턴키프로젝트라고 한다.

11 다음과 같은 전략유형은? (경영지도사, 18)

> 기업이 내부개발이나 인수·합병을 통해 새로운 사업에 진출하는 것이 여의치 않을 경우 고려할 수 있는 대안이다.
> 둘 이상의 기업이 상호이익을 도모하기 위하여 동반자 관계를 맺는 것을 말한다.

① 구조조정 ② 전략적 제휴 ③ 직접확장전략
④ 청산전략 ⑤ 영업양도전략

/정답/ ②

12 경쟁관계에 있는 기업들 간에 특정사업 및 업무분야에 걸쳐 협력관계를 맺는 것을 의미하는 것으로 기업 간의 상호 보완적인 제품, 시설, 기능, 기술을 공유하고자 하는 것은? (경영지도사, 14)

① 아웃소싱 ② 전략적 제휴 ③ 기업집중
④ 기업계열화 ⑤ 기업전문화

/정답/ ②
③ 기업집중이란 개별 기업이 서로 불필요한 경쟁을 배제하고 독점적 이익·경영적 이익 등을 얻기 위해 다른 기업과 행하는 다양하고 복합적인 기업결합을 말한다.

13 다른 회사와의 연합으로 부가가치 확대와 경쟁우위를 확보하고자 하는 전략은? (경영지도사, 21)

① 제휴전략(coalition strategy)
② 수평적 통합(horizontal integration)
③ 원가우위전략(cost leadership)
④ 방어전략(defensive strategy)
⑤ 수직적 통합(vertical integration)

/정답/ ①

14 ㈜한국은 정부의 대규모 사업에 참여하면서 다수 기업과 공동출자를 하고자 한다. 이 전략 유형에 해당하는 것은? (노무사, 20)

① 우회전략(turnaround strategy)
② 집중전략(concentration strategy)
③ 프랜차이징(franchising)
④ 컨소시엄(consortium)
⑤ 포획전략(captive strategy)

/정답/ ④

15 아웃소싱(outsourcing)에 관한 설명으로 옳지 않은 것은? (경영지도사, 16)

① 기업이 생산·유통·포장·용역 등 업무의 일부분을 기업 외부에 위탁하는 것이다.
② 기업을 혁신하고 경쟁력을 높일 수 있는 방법 중 단기간에 많은 효과를 얻을 수 있는 방법이다.
③ 성장과 경쟁력 및 핵심역량 강화를 위한 대안으로 활용되고 있다.
④ 독립 가능한 사업부와 조직 단위를 개개의 조직 단위로 나누어 소형화하는 것이다.
⑤ 기업은 고유업무에 집중함으로써 생산성 향상을 도모할 수 있다.

/정답/ ④
아웃소싱은 기업의 고유 핵심업무는 내부화시키고, 그 외의 업무는 자본적으로 독립된 외부 조직체에게 외부화시키는 방식이다. 이로 인해 기업은 핵심업무에 집중한다.

16 해외시장으로의 진출 전략에 관한 설명으로 옳지 않은 것은? (노무사, 11)

① 전략적 제휴는 다른 기업들과 특정 사업 및 업무 분야에 걸쳐 협력관계를 맺어 공동으로 해외사업에 진출하는 전략이다.
② 해외 자회사의 장점은 해외시장에서 많은 자금과 기술을 운영하면서 기업의 자산들을 해외 정부로부터 안전하게 지킬 수 있는 것이다.
③ 라이선싱(licensing)은 자신의 제품을 생산할 수 있는 권리를 일정한 대가를 받고 외국 기업에게 일정 기간 동안 부여하는 것을 말한다.
④ 국제 합작투자의 장점은 기술의 공유, 위험의 분산, 마케팅 및 경영 노하우의 공유 등이다.
⑤ 해외 직접투자는 기술·자본·상표·경영능력 등 여러 생산요소가 하나의 시스템으로 해외에 이전되는 것을 말한다.

/정답/ ②

② 해외 자회사의 경우 해외시장에서 많은 자금과 기술을 운영하기보다는 해외시장에 많은 자금과 인력을 투자해야 하므로 위험이 큰 편이다.

17 제휴와 투자에 의한 국제화 전략에 해당되지 않는 것은? (경영지도사, 14)

① 프랜차이징   ② 합작기업   ③ 컨소시엄
④ 해외직접투자 ⑤ 구상무역

/정답/ ①

① 프랜차이징은 가맹점이 모기업의 등록상표, 제품, 방식, 사업계획, 자원, 자금지원, 정체성과 이미지 등을 사용하는 대가로 사용료 또는 수익의 일정한 비율을 제공하기로 하고 체결하는 사업상의 계약으로 제휴와 투자와는 관련성이 낮다.
⑤ 구상무역이란 출자에 대한 수입대금의 전부 또는 일부를 수입자가 제품으로 지급하는 거래를 말한다.

18 프랜차이즈 계약의 단점에 해당하는 것을 모두 고른 것은? (경영지도사, 17)

> ㄱ. 이익공유 ㄴ. 경영규제
> ㄷ. 연미복 효과(coattail effect) ㄹ. 매각제한

① ㄱ, ㄴ ② ㄷ, ㄹ ③ ㄱ, ㄴ, ㄷ
④ ㄴ, ㄷ, ㄹ ⑤ ㄱ, ㄴ, ㄷ, ㄹ

/정답/ ⑤

ㄷ. '연미복 효과'(코트테일 이펙트 · coattail effect)란 뒤로 길게 늘어진 연미복 꼬리에 올라탄 사람들이 연미복 주인 가는 대로 줄줄이 딸려가듯, 모기업의 생존 여부에 따라 가맹점의 생존이 결정되는 현상을 말한다.

19 프랜차이즈(franchise)에 관한 설명으로 옳지 않은 것은? (노무사, 22)

① 가맹점은 운영 측면에서 개인 점포에 비해 자율성이 높다.
② 가맹본부의 사업확장이 용이하다.
③ 가맹점은 인지도가 있는 브랜드와 상품으로 사업을 시작할 수 있다.
④ 가맹점은 가맹본부로부터 경영지도와 지원을 받을 수 있다.
⑤ 가맹점은 프랜차이즈 비용이 부담이 될 수 있다.

/정답/ ①

프랜차이징은 가맹본부가 가맹점을 직접 관리하기 때문에 가맹점은 가맹본부의 통제에 따라 운영된다.

20 프랜차이즈 가맹점의 장점으로 옳지 않은 것은? (가맹거래사, 23)

① 관리 및 마케팅 지원
② 개인 소유
③ 이익 공유
④ 재정지원 및 조언
⑤ 높은 인지도

/정답/ ③

21 브릭스(BRICs)로 일컬어지는 신흥경제권 국가가 아닌 것은? (노무사, 16)

① 인도　　② 캐나다　　③ 러시아　　④ 브라질　　⑤ 중국

/정답/ ②

브릭스(BRICs) : Brazil, Russia, India, China

22 세계 각국의 근로조건을 국제적으로 표준화할 목적으로 추진되는 다자간 무역협상을 설명하는 용어는? (경영지도사, 19)

① Blue Round　　② Green Round　　③ Technology Round
④ Competition Round　　⑤ Ethics Round

/정답/ ①

① **Blue Round** : 노동문제 다자간협정
② **Green Round** : 환경문제 다자간협정. 지구환경 보호문제를 다자간 협상에 올려 국제적으로 합의된 환경 기준을 만들어 국제무역 거래에 각종 제재조치를 가하도록 하자는 것
③ **Technology Round** : 기술문제다자간협정. 나라마다 다른 기술개발 지원정책을 국제적으로 표준화시키려는 협상
④ **Competition Round** : 경쟁정책 라운드. 각국의 서로 다른 경쟁조건을 국제적으로 표준화시키는 협상
⑤ **Ethics Round** : 윤리 라운드. 경제활동의 윤리적 환경과 조건을 세계 각국 공통으로 표준화하려는 움직임

POINT 사업 포트폴리오 매트릭스

1. 보스톤 컨설팅 그룹(BCG)의 사업 포트폴리오 매트릭스

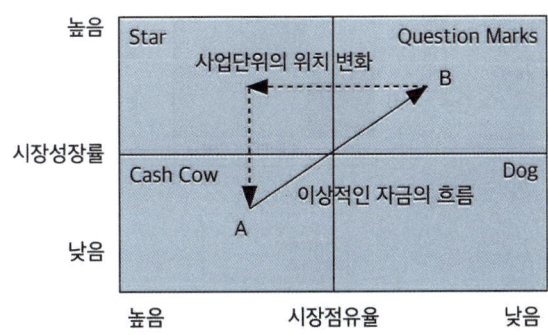

구 분	물음표	별	현금젖소	개
개 념	• 시장성장률은 높지만 시장점유율이 높지 않은 사업 • 경쟁노력의 여하에 따라 별 또는 개로의 전이가 가능	• 시장점유율과 성장률이 모두 높은 사업 • 시간이 흐르면 시장의 성장 가능성이 점차 소진되어 현금젖소로 전환될 전초단계	• 성장률은 낮지만 시장점유율은 높은 사업 • 안정적인 이윤을 계속 창출	• 시장성장률과 시장점유율이 모두 낮은 사업
전 략	• 육성전략(build)	• 유지전략(hold) • 시장성장률이 높으므로 투자필요	• 회수전략(harvest) • 시장점유율이 높으므로 유지 필요	• 철수전략(divest)
사업수명주기	도입기	성장기	성숙기	쇠퇴기
	• 사업단위(SBU) 수명주기는 물음표(도입기, 개발 사업) → 별(성장기, 성장 사업) → 현금젖소(성숙기, 수익 창출원) → 개(쇠퇴기, 사양 사업) 순			
바람직한 경영다각화 경로	• 현금젖소 → 물음표 → 스타 • 물음표 → 개 : 시장의 성장이 급격히 감퇴하거나 대체사업의 출현 등으로 인해 시장이 매력을 상실하면 물음표에서 개로 전락하는 경우도 발생			

제2장 전략경영

2. GE-맥킨지 매트릭스

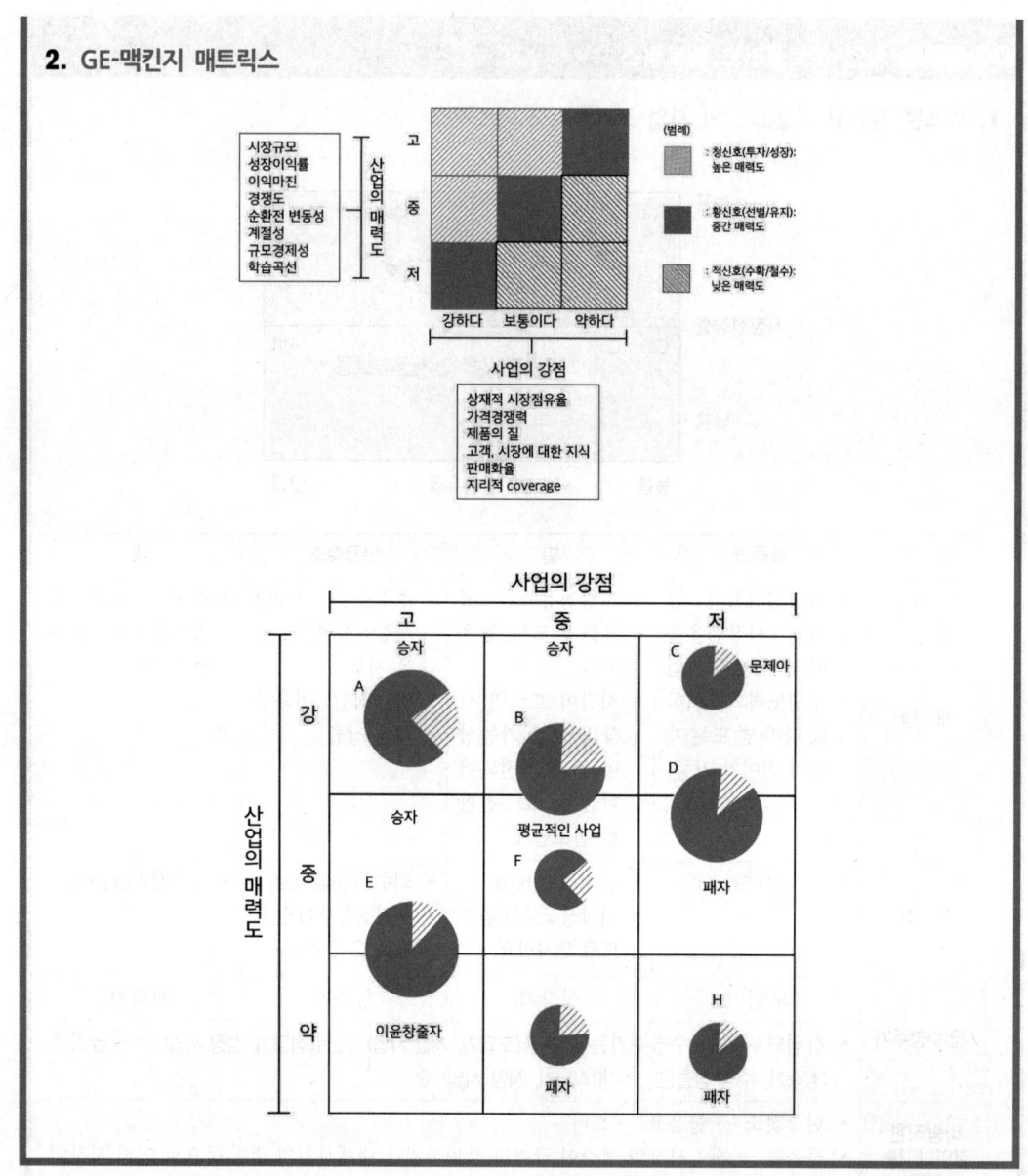

관련 문제

1 BCG(Boston Consulting Group) 매트릭스 전략에 사용된 두 가지 기준은?

(경영지도사, 17 및 가맹거래사, 09)

① 시장성숙도, 시장점유율
② 시장점유율, 시장성장률
③ 시장성장률, 시장세분화
④ 시장세분화, 후방통합도
⑤ 후방통합도, 전방통합도

/정답/ ②
BCG 매트릭스 전략모형을 구성하는 두 차원은 상대적 시장점유율과 시장성장율이다.

2 BCG 매트릭스에 관한 설명으로 옳지 않은 것은?

(가맹거래사, 22)

① 미국의 보스턴 컨설팅 그룹이 개발한 사업전략 분석 기법이다.
② 절대적 시장점유율과 시장성장률의 관계를 분석한다.
③ 사업부의 분면 위치는 시간이나 시장 환경에 따라 재평가되어야 한다.
④ 시장성장률은 사업매력도를 나타내고 일반적으로 사업부의 매출성장률로 측정한다.
⑤ 각 사분면의 사업부 명칭은 Question Mark, Star, Cash Cow, Dog이다.

/정답/ ②

3 BCG 성장-점유율 매트릭스에서 미래의 성장가능성은 낮으나, 현재의 상대적 시장점유율이 높아서 기업의 현금흐름 창출에 기여하는 사업부는?

(가맹거래사, 17 및 노무사, 15)

① 스타(star)
② 현금젖소(cash cow)
③ 블루오션(blue ocean)
④ 개(dog)
⑤ 물음표(question mark)

/정답/ ②

4 제품 포트폴리오 관리(product portfolio management : PPM) 또는 BCG 매트릭스에서 자금창출을 극대화하기 위하여 시설의 유지와 생산원가 절감에 도움이 되는 투자만을 행하고, 연구개발, 광고, 신규시설 등에 대한 투자는 일체 금하는 전략을 구사하여야 할 제품은? (가맹거래사, 07)

① stars (별 또는 태양)
② question mark 또는 problem child (미지수, 문제아, 의문표 또는 복권)
③ cash cow (현금젖소 또는 돈주머니)
④ dog (개 또는 고물차)
⑤ defender (방어자)

/정답/ ③
현금젖소 사업부는 시장성장률이 낮으므로 투자금액이 유지·보수 차원에서 드물게 되어 자금투입보다 자금산출이 많다. 마케팅 전략은 유지전략(hold), 수확전략(harvest)이 적합하다.

5 BCG 매트릭스에서 상대적 시장점유율은 낮고 시장성장률이 높은 영역은? (노무사, 10 및 가맹거래사, 10, 11)

① 별(Stars)   ② 물음표(Question Marks)
③ 닭(Hens)   ④ 개(Dogs)
⑤ 현금젖소(Cash Cows)

/정답/ ②

6 BCG매트릭스 중 다음에서 설명하는 사업단위는? (가맹거래사, 20)

○ 낮은 시장점유율과 낮은 시장성장률을 나타낸다.
○ 현금을 창출하지만 이익이 아주 적거나 손실이 발생한다.
○ 시장전망이 밝지 않아 가능한 빨리 철수하는 것이 바람직하다.

① star   ② question mark   ③ pig
④ dog   ⑤ cash cow

/정답/ ④

7 보스턴컨설팅그룹(BCG) 매트릭스에서 상대적 시장점유율과 업계성장률이 높은 경우는?

(가맹거래사, 06)

① 스타(star)
② 문제아 또는 물음표(Question mark)
③ 개(dog)
④ 현금젖소 또는 자금젖소(cash cow)
⑤ 혁신자(innovator)

/정답/ ①

8 BCG매트릭스에 관한 설명으로 옳지 않은 것을 모두 고른 것은?

(경영지도사, 19)

> ㄱ. 개(dogs)는 시장의 성장률이 높고 점유율이 낮은 사업을 말한다.
> ㄴ. 별(stars)은 시장의 성장률이 높고 점유율이 높은 사업을 말한다.
> ㄷ. 현금젖소(cash cows)는 시장의 성장률은 낮지만 점유율은 높은 사업을 말한다.

① ㄱ   ② ㄴ   ③ ㄱ, ㄷ   ④ ㄴ, ㄷ   ⑤ ㄱ, ㄴ, ㄷ

/정답/ ①

9 보스톤 컨설팅 그룹(BCG)의 사업 포트폴리오 매트릭스에 관한 설명으로 옳은 것은?

(노무사, 16)

① 산업의 매력도와 사업의 강점을 기준으로 분류한다.
② 물음표(question mark)에 속해 있는 사업단위는 투자가 필요하나 성장가능성은 낮다.
③ 개(dog)에 속해 있는 사업단위는 확대전략이 필수적이다.
④ 별(star)에 속해 있는 사업단위는 철수나 매각이 필수적이다.
⑤ 자금젖소(cash cow)에 속해 있는 사업단위는 수익이 높고 안정적이다.

/정답/ ⑤

10 BCG 매트릭스에 관한 설명으로 옳은 것은? (노무사, 12)

① 횡축은 시장성장률, 종축은 상대적 시장점유율이다.
② 물음표 영역은 시장성장률이 높고, 상대적 시장점유율은 낮아 계속적인 투자가 필요하다.
③ 별 영역은 시장성장률이 낮고, 상대적 시장점유율은 높아 현상유지를 해야한다.
④ 자금젖소 영역은 현금창출이 많지만 상대적 시장점유율이 낮아 많은 투자가 필요하다.
⑤ 개 영역은 시장지배적인 위치를 구축하여 성숙기에 접어든 경우이다.

/정답/ ②

① 횡축은 상대적 시장점유율, 종축은 시장성장률이다.
③ 별 영역은 시장성장률이 높고, 상대적 시장점유율도 높다.
④ 자금젖소 영역은 시장점유율이 높아 자금투자보다 자금산출이 많다.
⑤ 개 영역은 시장성장률과 상대적 시장점유율이 낮은 쇠퇴기에 접어든 경우이다.

11 BCG 매트릭스에서 시간 흐름에 따른 사업단위(SBU)의 수명주기를 순서대로 나열한 것은? (노무사, 13)

① 별 → 현금젖소 → 개 → 물음표
② 물음표 → 별 → 현금젖소 → 개
③ 현금젖소 → 개 → 별 → 물음표
④ 개 → 물음표 → 현금젖소 → 별
⑤ 물음표 → 현금젖소 → 별 → 개

/정답/ ②

12 BCG매트릭스에 관한 설명으로 옳지 않은 것은? (경영지도사, 16)

① 별(star)에 해당하는 사업은 성장전략을 추구하는 것이 바람직하다.
② 개(dog)에 해당하는 사업은 철수전략이나 회수전략이 바람직하다.
③ 현금젖소(cash cow)에 해당하는 사업은 현재의 시장지위를 유지하고 강화하는 전략이 바람직하다.
④ 물음표(question mark)에 해당하는 사업이 경쟁우위를 가질 수 있다고 판단되면 성장전략과 과감한 투자가 바람직하다.
⑤ 사업 포트폴리오의 성공적인 순환경로는 현금젖소 → 별 → 물음표 → 개다.

/정답/ ⑤

13 BCG 매트릭스에 관한 설명으로 옳은 것은? (경영지도사, 14)

① 어떤 사업 단위가 개(dog) 위치에 있었다면 이를 별(star)로 이동하도록 관리하는 것이 바람직하다.
② 현금젖소(cash cow) 상황은 시장성장률은 낮지만, 시장점유율이 높은 경우이다.
③ 물음표(question mark) 상황은 시장이 커질 가능성도 낮고, 수익도 거의 나지 않는 상황이다.
④ 개(dog) 상황은 현금유입은 적지만, 현금유출이 많은 경우이다.
⑤ 별(star) 상황에 필요한 전략은 현상유지 전략이다.

/정답/ ②

① 어떤 사업 단위가 물음표(question mark) 위치에 있었다면 이를 별(star)로 이동하도록 관리하는 것이 바람직하다.
③ 개(dog) 상황은 시장이 커질 가능성도 낮고, 수익도 거의 나지 않는 상황이다.
④ 물음표(question mark) 상황은 현금유입은 적지만, 현금유출이 많은 경우이다.
⑤ 현금젖소(cash cow) 상황에 필요한 전략은 현상유지전략이다.

14 BCG(Boston Consulting Group) 매트릭스에 관한 설명으로 옳지 않은 것은? (경영지도사, 13)

① 원의 크기는 매출액 규모를 나타낸다.
② 수직축은 시장성장률, 수평축은 상대적 시장점유율을 나타낸다.
③ 기업의 자원을 집중적으로 투입하는 강화전략은 시장성장률과 시장점유율이 높은 사업에 적합하다.
④ 시장성장률은 낮지만 시장점유율이 높은 사업은 현상유지 전략을 적용한다.
⑤ 시장성장률은 높지만 시장점유율이 낮은 사업의 경우, 안정적 현금확보가 가능하다.

/정답/ ⑤

⑤ 시장성장률은 높지만 시장점유율이 낮은 사업을 문제아라고 하고, 시장점유율이 낮기 때문에 현금확보가 어렵다. 안정적 현금확보가 가능한 사업은 시장성장률은 낮지만 시장점유율이 높은 사업, 즉 cash cow 사업이다.

15 BCG 매트릭스 기법에 관한 설명으로 옳지 않은 것은? (가맹거래사, 14)

① 산업이나 시장의 성장률과 상대적 시장점유율로 사업기회를 분석하는 기법이다.
② 별 사업은 시장이 커지고 있어서 성장전략이 요구된다.
③ 물음표 사업은 시장이 성장하고는 있지만 추가 투자에는 위험이 존재한다.
④ 현금젖소 사업은 시장이 더 이상 커지지 않으므로 시장에서 철수할 준비를 한다.
⑤ 개 사업은 시장이 커질 가능성도 낮고 수익도 거의 나지 않는다.

/정답/ ④
현금젖소 사업은 성장률이 낮지만 상대적 시장점유율은 높은 사업으로 철수전략이 아닌 유지전략이 요구된다.

16 BCG의 성장-점유율 매트릭스에 관한 설명으로 옳지 않은 것은? (가맹거래사, 13)

① 세로축은 시장성장률, 가로축은 상대적 시장점유율을 나타낸다.
② 물음표(question marks)는 높은 시장성장률과 높은 상대적 시장점유율을 유지하기 때문에 투자가 필요하지 않다.
③ 별(stars)은 성장을 위해 많은 투자를 필요로 한다.
④ 현금 젖소(cash cows)는 높은 상대적 시장점유율을 유지하는데 투자비용이 적게 들어 많은 현금을 창출해낸다.
⑤ 개(dogs)는 낮은 시장성장률과 낮은 상대적 시장점유율을 나타낸다.

/정답/ ②
물음표(question marks)는 고성장시장에 있으면서 점유율이 상대적으로 낮은 사업단위로 투자여력이 있다면 투자를 통하여 시장점유율 확대전략을 취하면 별이 되거나 별에 가까이 갈 수 있다.

17 BCG 매트릭스에 관한 설명으로 옳지 않은 것은? (가맹거래사, 12)

① 시장점유율이 높은 영역은 스타와 현금젖소이다.
② 스타는 고성장시장의 리더이다.
③ 개는 저성장시장의 리더이다.
④ 의문표(?)는 고성장시장의 추종자이다.
⑤ 성장율이 낮은 영역은 개와 현금젖소이다.

/정답/ ③

개는 사양산업으로 저성장시장에서 약한 경쟁력을 가진 사업단위로서 이에 대하여 기업이 기본적으로 취하는 전략은 장기적 혹은 단기적으로 제거하는 것이다.

18 다음 BCG 매트릭스의 4가지 영역 중, 시장성장률이 높은(고성장) 영역과 상대적 시장점유율이 높은 (고점유) 영역이 옳게 짝지어진 것은? (노무사, 23)

ㄱ. 현금젖소(cash cow)   ㄴ. 별(star)
ㄷ. 물음표(question mark)   ㄹ. 개(dog)

	고성장	고점유		고성장	고점유
①	ㄱ, ㄴ	ㄴ, ㄷ	②	ㄱ, ㄴ	ㄴ, ㄹ
③	ㄱ, ㄹ	ㄱ, ㄴ	④	ㄴ, ㄷ	ㄱ, ㄴ
⑤	ㄴ, ㄷ	ㄱ, ㄷ			

/정답/ ④

19 기업전략에 관한 설명으로 옳지 않은 것은? (경영지도사, 22)

① BCG 매트릭스에서 성장은 느리지만 시장점유율이 높아서 이익이 많이 나는 집단을 별(star)이라고 한다.
② 포터(M. Porter)의 집중화 전략은 한정된 특수 고객층에 집중하여 원가우위전략 혹은 차별화 전략을 쓰는 것을 말한다.
③ 포터(M. Porter)의 차별화 전략은 품질이나 디자인이 뛰어난 만큼 비용이 많이 든다.
④ SWOT 분석은 외부환경의 기회와 위협, 내부환경의 강점과 약점을 분석한다.
⑤ 자원기반관점(resource-based view)에서는 기업이 통제하는 자원과 역량이 경쟁우위의 원천이 된다.

/정답/ ①

① 성장은 느리지만 시장점유율이 높아서 이익이 많이 나는 집단을 현금젖소라고 한다.

20 BCG 매트릭스 기법에 관한 설명으로 옳은 것은? (경영지도사, 23)

① 산업매력도지표와 사업강점지표를 구성하여 수행하는 사업포트폴리오 평가 기법이다.
② 원의 크기는 사업부의 시장점유율을 나타낸다.
③ 시장성장률이 높을수록 사업부의 매력도가 높은 것으로 평가된다.
④ 상대적 시장점유율이 0.4라는 것은 자사 사업부의 시장점유율이 그 시장에서의 경쟁기업 중 가장 큰 점유율을 나타내는 경쟁사 시장점유율의 2/5 수준임을 의미한다.
⑤ 안정적인 현금이 유입되어 유망한 신규사업에 대한 투자재원으로 활용되는 사업부는 별(star)군 사업부로 분류된다.

/정답/ ④

① GE/맥킨지 매트릭스(GE/McKinsey matrix)의 설명에 해당한다.
② 원의 크기는 매출액의 규모를 나타낸다.
③ 시장성장률과 시장점유율 모두 높을수록 사업부의 매력도가 높은 것으로 평가된다.
⑤ 안정적인 현금이 유입되어 유망한 신규사업에 대한 투자재원으로 활용되는 사업부는 현금젖소(cash cow)군 사업부로 분류된다.

21 제품 포트폴리오관리(PPM)에 관한 설명으로 옳지 않은 것은? (경영지도사, 19)

① 경영자원의 포괄적 파악과 적절한 배분에 유용한 프레임워크이다.
② 기업활동을 단순하고 명쾌하게 분석하는데 효과적인 방법이다.
③ 최고경영자는 기업 전체 수준에서 사업평가와 자원할당에 대한 통찰력을 얻을 수 있다.
④ 제품 포트폴리오관리는 시장세분화와 시장성숙도에 기초하여 기업전략을 수립한다.
⑤ 기업의 전체 사업들을 고려함으로써 잠재적인 사업 확보와 철수를 고려하는 유용한 메커니즘을 제공한다.

/정답/ ④

22 GE/맥킨지 매트릭스(GE/McKinsey matrix)에서 전략적 사업부를 분류하기 위한 두 기준은?

(노무사, 21)

① 산업매력도-사업단위 위치(경쟁력)
② 시장성장률-시장점유율
③ 산업매력도-시장성장성
④ 사업단위 위치(경쟁력)-시장점유율
⑤ 시장점유율-가격경쟁력

/정답/ ①

BCG매트릭스에 여러 추가변수를 반영하여 발전시킨 것으로서 산업의 장기매력도와 사업단위의 강점(경쟁력)을 두 축으로 하여 사업 포트폴리오의 투자 우선순위를 판단하는 기법이다.

|제4절| 전략실행 및 평가

> **POINT 전략경영의 평가도구 – 균형성과표(BSC)**
>
> 균형성과표(Balanced Scorecard)란 기업의 성과를 재무관점뿐 아니라 고객, 내부 프로세스, 학습과 성장의 4가지 관점으로 종합적이고 균형적으로 관리하는 기법을 말한다.
> - **재무관점** : 과거시각
> - **고객관점** : 외부시각
> - **내부프로세스 관점** : 내부 시각
> - **학습 및 성장 관점** : 미래시각

관련 문제

1 기업경영의 성과측정에 있어서 투자수익률이나 성장률과 같은 재무적인 측정지표들과 더불어 장기적인 안목으로 고객, 내부프로세스, 성장과 학습 등에 대해서도 측정지표를 개발하여 통합적으로 성과를 측정하는 것과 가장 관련이 높은 개념은? (가맹거래사, 08)

① BSC(balanced score card)
② BPR(business process re-engineering)
③ CRM(customer relationship management)
④ SCM(supply chain management)
⑤ TQM(total quality management)

/정답/ ①

2 다음은 무엇에 관한 설명인가? (가맹거래사, 09)

> 전통적인 회계나 재무적 관점으로만 경영성과를 평가하는 대신에 재무, 고객, 내부프로세스 및 학습·성장 등의 네 가지 균형 잡힌 관점에서 경영성과를 평가하는 경영기법이다.

① ABC ② BSC ③ EVA ④ KMS ⑤ VBA

/정답/ ②

3 균형성과표(Balanced Score Card)에 해당하지 <u>않는</u> 것은? (노무사, 19)

① 고객 관점　　② 내부프로세스 관점　　③ 사회적 책임 관점
④ 학습과 성장 관점　　⑤ 재무 관점

/정답/ ③

4 균형성과표(BSC)의 네 가지 관점이 <u>아닌</u> 것은? (경영지도사, 19 및 가맹거래사, 09)

① 내부프로세스 관점　　② 외부 프로세스 관점　　③ 고객관점
④ 학습 및 성장 관점　　⑤ 재무관점

/정답/ ②

5 카플란(R. Kaplan)과 노턴(D. Norton)이 제시한 균형성과표(balanced scorecard)의 4가지 관점에 해당되지 <u>않는</u> 것은? (경영지도사, 16)

① 고객(시장)　　② 주주　　③ 학습과 성장
④ 내부프로세스　　⑤ 재무

/정답/ ②

6 균형성과표(BSC)에서 조직의 성과를 측정하기 위한 4가지 주요 관점에 해당하지 <u>않는</u> 것은? (가맹거래사, 20)

① 고객 관점　　② 재무적 관점　　③ 경쟁 관점
④ 내부프로세스 관점　　⑤ 학습과 성장 관점

/정답/ ③

7 균형성과표(BSC)의 네 가지 성과측정 관점이 <u>아닌</u> 것은? (가맹거래사, 10)

① 고객 관점 ② 공급자 관점 ③ 내부프로세스 관점
④ 학습 및 성장 관점 ⑤ 재무 관점

/정답/ ②

8 균형성과표(BSC)에 포함되지 <u>않는</u> 것은? (가맹거래사, 22)

① 외부지표와 내부지표의 균형 ② 원인지표와 결과지표의 균형
③ 단기지표와 장기지표의 균형 ④ 개인지표와 집단지표의 균형
⑤ 재무지표와 비재무지표의 균형

/정답/ ④

경영조직

|제1절| 조직행동론의 기초

> **POINT** 조직행동론의 의의
>
> ⟨독립변수 : 원인⟩
> - 개인수준 행동
> - 집단수준 행동
> - 조직수준 행동
>
> ⇨
>
> ⟨종속변수 : 결과⟩
> - 생산성
> - 업적
> - 결근
> - 이직
> - 직무태도
> - 직무스트레스
> - 조직시민행동
>
> - **개인수준** : 지각, 성격, 태도, 동기부여, 학습
> - **집단수준** : 집단속성, 갈등 및 협상, 권력 및 정치, 커뮤니케이션, 리더십, 의사결정
> - **조직수준** : 조직문화, 조직구조, 조직과 환경과의 관계

□ 관련 문제

1 조직행동의 집단수준 변수에 해당하는 것은? (노무사, 13)

① 학습 ② 지각 ③ 태도
④ 성격 ⑤ 협상

/정답/ ⑤

|제2절| 개인수준 연구

POINT 귀인이론

1. 개 요
'행위의 원인이 무엇인가'를 알고자 할 때 행해지는 지각과정을 설명

2. 귀인의 방법
- **내부귀인**: 타인의 행위를 능력, 동기, 성격과 같은 내적인 원인에 의한 것으로 이해
- **외부귀인**: 타인의 행위를 상황요인과 같은 외적 원인에 의한 것으로 이해

3. 귀인의 기준: 켈리(Kelly)의 입방체 모형(cubic model)
- **특이성**(distinctiveness): 다른 사건과 비교
- **합의성**(consensus): 다른 사람과 비교
- **일관성**(consistency): 다른 시간과 비교

4. 귀인의 결과: 와이너(B. Weiner)의 귀인모델
귀인을 어디로 하는지에 따라 부하의 모티베이션이 달라진다. 따라서 현명한 관리자라면 부하의 잘못을 외적으로, 부하의 성공은 내적으로 귀인해주어야 한다.

관련 문제

1 켈리(H. Kelley)의 귀인이론에서 행동의 원인을 내적 또는 외적으로 판단하는데 활용하는 것을 모두 고른 것은? (노무사, 23)

```
ㄱ. 특이성(distinctiveness)      ㄴ. 형평성(equity)
ㄷ. 일관성(consistency)          ㄹ. 합의성(consensus)
ㅁ. 관계성(relationship)
```

① ㄱ, ㄴ, ㄷ ② ㄱ, ㄷ, ㄹ ③ ㄱ, ㄹ, ㅁ
④ ㄴ, ㄷ, ㅁ ⑤ ㄴ, ㄹ, ㅁ

/정답/ ②

POINT 지각오류 유형

1. 근본 귀인오류(fundamental attribution error)

타인의 행동을 해석할 때 상황의 영향을 과소평가하고 개인 특성의 영향을 과대평가하는 경향이 강한 것을 말한다. 타인의 행동을 관찰할 때 관찰의 초점을 주로 그 사람에게 두고 이러한 행동을 둘러싼 배경(환경)은 대개 지나치기 때문이다.

2. 행위자-관찰자 편견(actor-observer bias)

어떤 행동에 대해 내가 행한 행동에 대해서는 외적귀인을, 타인이 행한 행동에 대해서는 내적 귀인을 하는 경향을 말한다. 행위자의 지각초점은 대개 외부상황에 맞추어지는데 반해, 관찰자의 행위를 지각할 때는 그 사람의 내부에 초점이 맞추어지는 것이다.

3. 자존적 편견(self-serving bias)

어떤 일이 실패했을 때 그 책임을 상황에 돌림으로써 자존심의 손상을 막고, 성공 시에는 그 공을 자신에게 돌려 자존심을 높이는 경우이다. 인간은 자존심을 높이려는 욕구가 존재하기 때문에 이러한 오류가 발생한다.

4. 통제의 환상(illusion of control)

개인이 자기가 한 일에 대한 성공 가능성을 객관적인 성공 가능성의 확률보다 높게 지각하는 것을 말한다. 또한 어떤 일이 실패하였을 때 이것이 외적귀인임에도 불구하고 내적귀인으로 돌리는 경우 역시 의미한다. 개인의 성격특성이 통제 내재론자인 경우 이러한 경향이 강하게 나타난다.

5. 상동적 오류(stereotyping)

대개 타인에 대한 평가를 그가 속한 사회적 집단에 대해 평소 가지고 있는 편견을 가지고 평가함으로써 발생하는 오류이다.

6. 후광효과(halo effect)

지각자가 타인의 어느 한 면을 기준으로 다른 것까지 평가하는 경향을 말한다. 타인의 모든 면을 관찰할 수 없으므로 자신이 가지고 있는 정보에 의존하여 타인을 평가하는 것이다.

7. 지각방어(perceptual defense)

개인이 자신에게 불리한 사건 내지 정보가 있을 때 이에 대한 지각 자체를 피함으로써 자신을 지키려는 경우를 말한다.

8. 대조오류(contrast error)

타인에만 집중하여 평가하는 것이 아니라 그전에 평가를 받았던 사람의 평가점수로부터 자신도 모르게 영향을 받아 평가하는 것을 말한다.

9. 주관의 객관화(projection)

다른 사람에게 비난을 투사함으로써 자신이 죄책감이나 실패감으로부터 벗어나려는 것을 말한다.

10. 최근효과(recency error)

평가를 할 때, 최근에 주어진 정보에 더 큰 비중을 두는 경향을 말한다.

11. 자기실현적 예언(피그말리온효과(Pygmalion effect))

그리스 신화에서 유래한 피그말리온 효과(Pygmalion effect)는 누군가에 대한 사람들의 믿음이나, 기대, 예측이 그 대상에게 그대로 실현되는 경향을 말한다. 즉, 상대방에게 기대하면 상대방은 기대에 부응하는 행동을 하면서 기대에 충족되는 결과가 나온다는 것이다.

관련 문제

1 다음 설명에 해당하는 지각오류는? (노무사, 16)

> 어떤 대상(개인)으로부터 얻은 일부 정보가 다른 부분의 여러 정보들을 해석할 때 영향을 미치는 것

① 자존적 편견 ② 후광효과 ③ 투사
④ 통제의 환상 ⑤ 대조효과

/정답/ ②

2 어떤 대상의 한 특성을 중심으로 다른 것까지 평가하는 현상은? (노무사, 10 및 가맹거래사, 21)

① 유사효과(similar-to-me effect)   ② 후광효과(halo effect)
③ 관대화 경향(leniency tendency)   ④ 투영효과(projection)
⑤ 중심화 경향(central tendency)

/정답/ ②

공인노무사 10년도 기출은 '개인의 일부 특성을 기반으로 그 개인 전체를 평가하는 지각 경향이 무엇인지로 문제가 출제되었다.

3 피그말리언 효과(Pygmalion effect)와 동일한 의미를 나타내는 것은? (가맹거래사, 11)

① 감정적 몰입   ② 자기실현적 예언   ③ 후광효과
④ 자존적 편견   ⑤ 스테레오타이핑

/정답/ ②

① 감정적 몰입이란 조직을 감정적 애착이나 조직에 대한 정서적 유대감의 관점에서 조직 몰입을 바라보는 것이다.

4 자신이 속한 집단의 지각에 기초하여 타인을 평가하는 지각적 오류는? (가맹거래사, 10)

① 스테레오타입   ② 후광효과   ③ 대조효과
④ 최근효과   ⑤ 자존적 편견

/정답/ ①

POINT 성격모형

1. Big5
- 사람들이 가지고 있는 주요한 5가지 기본적 성격차원이 존재하고 모든 성격은 이 5가지 요소의 배합
- **외향성**(extraversion) : 다른 사람들과의 관계에 있어서 편안함을 느끼는 정도
- **조화성**(agreeableness) : 다른 사람들과 더불어 잘 지낼 줄 아는 성향
- **성실성**(conscientiousness) : 수행 가능한 소수의 목표에 관심과 노력을 집중하여 체계적이고 책임감 있게 실천해내는 성향
- **감성 안정성**(emotional stability) : 스트레스에 견디는 개인의 능력
- **개방성**(openness to experience) : 새로운 것에 관한 관심과 흥미 정도

2. A형, B형
- 조바심(anxiety 또는 neuroticism) 물질이 많은 쪽 사람들을 A 유형 성격(Type A Personality)으로, 적은 쪽 사람들이 B유형 성격 유형으로 구분한 모델
- **A형**
  ① 언제나 움직임, 빨리 말하고 빨리 걷고 빨리 먹음, 인내심 없음, 동시에 여러 가지 일을 함, 여가를 갖지 않고 시간 압박을 느낌. 면접관이 선호하는 추진력, 적극성, 성취동기 같은 바람직한 특성을 지닌 것으로 보임
  ② 어렵고 복잡하며, 도전적인 과업의 성과가 높고, 대인관계에 있어서 갈등 야기
- **B형**
  ① 언제나 조용한 편임, 경쟁이 아니라 즐기려고 일을 함, 시간에는 무관심함, 죄의식 없이 여가를 즐김, 인내력이 있음, 성급하지 않음
  ② 인내심이나 면밀한 분석과 판단을 요구하는 과업의 성과가 높음

3. 통제위치(locus of control)
- 어떤 결과가 일어날 때 이 결과에 대해 자기 행동이 얼마나 영향을 줄 수 있다고 믿는가 하는 특질
- **내재론자** : 자신의 행동으로 작업환경을 통제할 수 있다고 생각
  ① 직무상황을 통제하려고 노력, 높은 직무만족도, 적극성, 참여적인 행동, 정서적 안정, 스트레스에 대한 수용력이 높은 특성이 나타남
  ② 외재론자보다 높은 성과를 보임, 의사결정에 앞서 적극적으로 많은 정보를 탐색, 높

은 동기부여 수준

③ 단순한 직무보다는 창조적인 직무, 지시적 리더십보다는 참여적 리더십, 노력에 따르는 적절한 보상체계 필요

- **외재론자** : 남의 손에 혹은 운명에 달려있다고 생각

    ① 비교적 불안감을 많이 느끼고 스트레스에 약하며 순응적이고 지시에 따르려 하는 특성이 나타남

    ② 복종이 요구되는 직무가 적절하며 참여적 리더십보다는 지시적 리더십

4. 권위주의(authoritarianism)

- 사람과의 관계에서 나타나는 특징으로서 권위에 최고의 가치를 두고 순종하며 권위를 이용하여 타인을 지배하는 성향

    ① 권위주의적 성향이 높은 사람들은 지적으로 경직되어 있고, 타인들을 잘 비난하며, 자신보다 지위가 높은 사람에게는 공손하고 지위가 낮은 사람에게는 이기적이고, 남을 잘 믿지 않을 뿐만 아니라 변화에 저항하는 특성을 보임

    ② 상사의 명령, 규정과 법에 의한 통제, 계획과 규칙대로 실천해야 하는 회계업무, 미리 계획된 업무, 반복되는 업무에 적합

5. 마키아벨리형(marchiavellism)

- 다른 사람을 이용하거나 조작하려는 성향 및 목적 달성을 위해 수단이 정당화될 수 있다고 믿는 수준

    ① 높은 마키아벨리즘 성향이 있는 사람은 독단적이면서 타인과의 감정적 거리를 잘 유지하며 목적이 수단을 정당화시킬 수 있다고 믿음. 타인을 잘 구슬리고 남에게 쉽게 설득당하지 않지만 남을 잘 설득하는 특성을 보임

    ② 협상기술(노사협상)을 요구하거나 직무나 목표달성에 대한 구체적인 보상이 주어지는 직무, 여러 사람과 대면하여 작업하고 있을 때, 최소의 규정만 있는 상황에서 즉흥적 재량권이 허용될 때 높은 성과 창출

6. 적극적 성격(proactive personality)

- 인간이 자신에게 영향을 미치는 환경에 대해 자기에게 유리하도록 변화시키기 위해 주도적인 행동을 하는 성향

    ① 자기 인생에 있어 새로운 면을 찾기 위해 부단히 노력하고, 자신이 속한 조직 또는 공동체의 변화를 주도하며, 일하는 데 있어 보다 나은 새로운 방법을 찾기 위해 항상 노력하고, 직면한 문제 또는 장애를 기회로 전환하려고 노력하는 특성을 보임

② 높은 직무만족, 역할 외 행동(조직시민행동), 높은 성과, 낮은 스트레스, 혁신행동, 효과적인 리더십을 발휘함

7. 자아통제력(self-monitoring)
- 외부환경이나 상황에 잘 대처해 나아갈 수 있는 능력으로, 환경의 신호(cue)를 읽고 그것을 해석하여 자신의 행위를 환경요구에 맞춰 조절해 나가는 성향
  ① 다른 사람들의 기대에 민감하고, 사회적 네트워크의 중심을 차지하며, 상황을 이해하고 분석하는 능력이 뛰어나고, 자신의 행위를 조절하는 능력을 가짐
  ② 높은 성과, 빠른 승진, 상황을 이해하고 분석하고 대응할 가능성이 큼, 리더로 부상

8. 모험선호성향(Risk-taking propensity)
- 위험을 감수할 의지의 정도
  ① 모험선호성향이 높은 경우 의사결정 시 정보를 적게 활용하고 의사결정이 빠른 특성이 나타남
  ② 모험선호성향이 높은 사람은 새로운 시장을 개척하거나 해외시장을 침투하려는 기업, 신속한 의사결정이 있어야 하는 판매나 영업과 같은 직무가 효과적이지만, 모험선호성향이 낮은 사람은 많은 양의 정보탐색이 필요한 직무가 효과적임

9. 자아개념 : 자긍심(self-esteem)**과 자기효능감**(self-efficacy)
  ① **자긍심** : 개인이 인식하는 자신의 능력과 자아상(self-image)에 대한 개념
  ② **자기효능감** : 개인이 특정 상황에서 특정의 일을 얼마나 잘할 수 있는지에 관한 스스로의 믿음

관련 문제

1 Big 5 모델에서 제시하는 다섯 가지 성격요소가 아닌 것은? (노무사, 15)

① 개방성(openness)   ② 객관성(objectivity)
③ 외향성(extraversion)   ④ 성실성(conscientiousness)
⑤ 정서적 안정성(emotional stability)

/정답/ ②

2 Big 5의 성격에 포함되지 <u>않는</u> 것은? (가맹거래사, 19)

① 외향성(extraversion)
② 정서적 안정성(emotional stability)
③ 성실성(conscientiousness)
④ 자존감(self-esteem)
⑤ 개방성(openness to experience)

/정답/ ④

3 성격의 Big 5 모형에 해당하지 <u>않는</u> 것은? (노무사, 23)

① 정서적 안정성
② 성실성
③ 친화성
④ 모험선호성
⑤ 개방성

/정답/ ④

4 마키아벨리즘(machiavellism)에 관한 설명으로 옳지 <u>않은</u> 것은? (노무사, 21)

① 마키아벨리즘은 자신의 이익을 위해 타인을 이용하고 조작하려는 성향이다.
② 마키아벨리즘이 높은 사람은 감정적 거리를 잘 유지한다.
③ 마키아벨리즘이 높은 사람은 남을 잘 설득하며 자신도 잘 설득된다.
④ 마키아벨리즘이 높은 사람은 최소한의 규정과 재량권이 있을 때 높은 성과를 보이는 경향이 있다.
⑤ 마키아벨리즘이 높은 사람은 목적이 수단을 정당화시킬 수 있다고 믿는 경향이 있다.

/정답/ ③

마키아벨리즘이 높은 사람은 남을 잘 설득하지만 자신은 잘 설득당하지 않는 특징이 있다.

5 성격에 관한 설명으로 옳지 않은 것은? (가맹거래사, 21)

① 자신에게 일어나는 일을 통제할 수 있다고 믿으면 내재론자(internal locus of control)라고 한다.
② 자기효능감(self-efficacy)은 특정 과업을 얼마나 잘 수행할 수 있는가에 대한 믿음이다.
③ 나르시시즘(narcissism)은 위험을 감수하는 성향이다.
④ 자기관찰(self-monitoring)은 환경의 신호를 읽고 해석하여 자신의 행위를 환경 요구에 맞춰 조절해가는 성향이다.
⑤ 마키아벨리즘(machiavellism)은 자신의 목적을 위해 다른 사람을 이용하고 통제하려는 성향이다.

/정답/ ③
위험을 감수하는 성향은 모험선호성향이라 한다. 나르시시즘(narcissism)은 자아도취나 자기몰두를 의미한다.

POINT 국가문화 차이 : 홉스테드(Hofstede)의 문화평가구조

1. 개 요
전 세계 IBM 직원을 대상으로 직무 관련 가치 조사를 조사한 결과 국가문화에 따라 경영자의 가치관이 다름을 발견하였다.

2. 5가지 문화 차원 구분

(1) 개인주의(individualism) 대 집단주의(collectivism)
- 개인에게 얼마나 많은 자유가 주어져 있고, 또 개인목표와 집단목표 중에서 어느 쪽을 더 중시하는가
- 개인주의 : 자기 자신이나 자신의 직계가족의 이해를 우선, 약한 유대관계
- 집단주의 : 집단구성원들의 이익을 최우선, 내집단과 타집단을 구분하도록 하는 강력한 사회적 인식

(2) 권력격차(power distance)
- 힘(권력)의 불균형에 대해서 구성원들이 받아들이는 정도
- 권력격차가 큰 경우 : 권력과 부의 불평등성 존재, 이를 관용

(3) 남성적 성향(masculinity) 대 여성적 성향(femininity)
- 한 사회의 가치가 무엇에 의해서 지배되는가
- 남성적 성향 : 결단성, 돈 또는 물질적 수단
- 여성적 성향 : 사람들 간의 관계, 다른 사람들에 대한 배려, 삶의 질에 대한 관심

(4) 불확실성 회피성향(uncertainty avoidance)
- 비구조적 상태보다 구조적 상태를 선호하는 정도
- 불확실성 회피성향이 강한 경우 : 미래의 불예측성 또는 불확실성을 스스로의 노력과 의지로 극복(법규, 통제활동 통하여)

(5) 장기지향성(long-term orientation) 대 단기지향성(short-term orientation)
- 전통적 가치에 대한 한 사회의 헌신 정도
- 장기지향성 : 미래 강조, 절약, 인내 중시
- 단기지향성 : 현재 중시, 변화 쉽게 수용

관련 문제

1 국가 간 문화 차이와 관련하여 홉스테드(G. Hofstede)가 제시한 문화차원(cultural dimensions)에 해당하지 않는 것은? (가맹거래사, 17)

① 권력거리(power distance)
② 불확실성 회피(uncertainty avoidance)
③ 남성성-여성성(masculinity-femininity)
④ 민주주의-독재주의(democracy-autocracy)
⑤ 개인주의-집단주의(individualism-collectivism)

/정답/ ④

POINT 태 도

1. 태도의 구성요소 : 피쉬베인(M. Fishbein)

- **인지적 요소**(cognitive component) : 대상에 대한 지식 또는 믿음으로서 지각, 신념, 사고로 구성
- **정서적 요소**(affective component : feelings) : 어떤 대상에 대한 긍정적이거나 부정적인 느낌
- **행동적 요소**(behavioral component : intentions) : 어떤 대상에 대한 느낌의 결과로 어떻게 행동에 옮기겠다는 생각(행동의도)

2. 장(場) 이론(field theory)- 르윈(Lewin)

개인의 태도에 준거집단의 규범이 영향 미침을 발견, 준거집단의 압력을 통한 태도변화 원리를 설명한 이론으로, 집단역할 발전의 토대가 된 이론이다. 르윈은 이에 더 나아가 태도변화 과정까지 밝혀낸다.

① **해 빙**(unfreezing) : 개인이나 집단을 변화에 대해 준비하도록 하는 것(변화의 필요성 야기)
② **변 화**(changing) : 변화의 구체화 과정으로, 켈만(H.C. Kelman)은 변화단계를 개인의 태도에 영향을 미치는 사회적 영향력이라고 보고 세 가지 과정을 통하여 일어난다고 보았음
  - **순 응**(compliance) : 한 개인이 다른 사람 혹은 집단의 호의적·비호의적인 반응을 얻거나 회피하기 위해서 그들의 영향력을 수용할 때 발생
  - **동일화**(identification) : 한 개인이 다른 사람이나 집단과 관계를 맺고 있는데 만족을 하고, 다른 사람이나 집단의 태도를 받아들여 자기자신의 일부를 형성할 때 발생
  - **내면화**(internalization) : 유발되는 태도나 행위가 내면적으로 보상되며 한 사람의 가치체계에 부합될 때 발생
③ **재동결**(refreezing) : 새로 획득된 태도, 지식, 행위가 그 개인의 퍼스낼리티나 중요한 정서적 관계로 통합되어 고착화되는 과정(변화의 안정화)

3. 인지부조화 이론(cognitive dissonance theory)- 레온 페스틴저(Leon Festinger)

인지부조화란 둘 이상의 태도 사이 또는 행동과 태도 사이에 개인적으로 불일치하는 점을 지각하는 것을 말하는데, 사람은 자신을 정당화하고 싶어서 부조화의 상태를 최소화하는 안정된 상태를 추구한다고 한다. 이 과정에서 태도 변화가 발생하는 것이다.

- **인지부조화 해소방안** : ① 자신의 행동 변화 또는 태도 변화 ② 부조화를 일으키는 행위에 대한 과소평가 ③ 더 가치 있는 조화요소 탐색 등
- **인지부조화 감소 노력에 영향을 주는 요인** : ① 부조화가 생기게 된 요소들의 중요성 ② 개인

이 그 요소들에 대해 미칠 수 있다고 생각하는 영향력의 정도 ③ 부조화에 수반된 비용 등

4. 태도변화에 영향을 주는 요인

- **내부요인** : 태도 자체가 가진 속성인 ① 유사성 ② 일관성 ③ 조화성 ④ 유용성 등
- **외부요인** : 외부상황이 주는 요인인 ① 원천 ② 메시지 전달방법 ③ 공포 분위기 ④ 집단에의 소속감 등

5. 태도변화에 대한 저항

ⅰ) 주장의 반박 ⅱ) 정보원의 격하 ⅲ) 메시지의 왜곡 ⅳ) 합리화 ⅴ) 전면 거부 ⅵ) 몰입의 상승

6. 태도변화의 방법 : 저항을 최소화하며 태도변화 시도

ⅰ) 설득 ⅱ) 공포의 유발과 감축 ⅲ) 인지부조화의 유발 ⅳ) 참여제도의 실시 ⅴ) 여론선도자(변화담당자)의 역할

7. 관련 문제

(1) 직무만족

개인이 직무를 평가하거나 직무를 통해서 얻게 되는 경험을 평가함으로써 얻게 되는 유쾌함 혹은 좋은 정서상태를 의미한다. 직무만족과 성과와의 관계에 있어 무엇이 원인변수인지 견해가 상이하다.

(2) 조직몰입

조직에 대해 개인이 동일시하여 몰입하는 정도를 의미한다. 다양한 정의가 존재하는데 이를 종합해보면, ① 특정한 조직의 구성원으로 남아있고자 하는 강한 욕망 ② 조직을 위해 기꺼이 높은 수준의 노력을 기울이려는 정도 ③ 조직의 가치와 목표를 수용하려는 단호한 신념 이라고 볼 수 있다.

- **정서적 몰입** : 감정적 애착과 일체감, 자부심에 따른 몰입
- **지속적 몰입** : 거래적이고 경제적 관점에서의 몰입
- **규범적 몰입** : 도덕적 의무감에서의 몰입

(3) 조직시민행동

친사회적 행동(prosocial behavior) 중 하나로서 구성원이 해야만 하는 공식적 업무와 무관하게 자유재량에 의해서 행해지며, 그것이 직장동료에게나 조직에게 도움이 되는 행동을 말한다.

- **이타적 행동**(altruism) : 타인을 도와주려는 친사회적 혹은 친밀한 행동
- **양심적 행동**(conscientiousness) : 조직이 요구하는 이상의 봉사나 노력을 하는 행동
- **예의적 행동**(courtesy) : 자기 때문에 남이 피해 보지 않도록 미리 배려하는 행동
- **신사적 행동**(sportsmanship) : 남에 대해 악담을 하거나 단점을 떠벌리지 않는 행동
- **공익적 행동**(civic virtue) : 조직활동에 책임의식을 가지고 능동적으로 참여하는 행동

□ 관련 문제

1 상사 A에 대한 나의 태도를 기술한 것이다. 다음에 해당하는 태도의 구성요소를 옳게 연결한 것은?
(노무사, 19)

> ㄱ. 나의 상사 A는 권위적이다.
> ㄴ. 나는 상사 A가 권위적이어서 좋아하지 않는다.
> ㄷ. 나는 권위적인 상사 A의 지시를 따르지 않겠다.

① ㄱ. 감정적 요소 ㄴ. 인지적 요소 ㄷ. 행동적 요소
② ㄱ. 감정적 요소 ㄴ. 행동적 요소 ㄷ. 인지적 요소
③ ㄱ. 인지적 요소 ㄴ. 행동적 요소 ㄷ. 감정적 요소
④ ㄱ. 인지적 요소 ㄴ. 감정적 요소 ㄷ. 행동적 요소
⑤ ㄱ. 행동적 요소 ㄴ. 감정적 요소 ㄷ. 인지적 요소

/정답/ ④

2 레윈(K. Lewin)의 3단계 변화모형에서 변화과정을 순서대로 나열한 것은?
(가맹거래사, 19)

① 각성(arousal) → 해빙(unfreezing) → 변화(changing)
② 각성(arousal) → 실행(commitment) → 재동결(refreezing)
③ 해빙(unfreezing) → 변화(changing) → 재동결(refreezing)
④ 해빙(unfreezing) → 실행(commitment) → 수용(acceptance)
⑤ 진단(diagnosis) → 변화(changing) → 수용(acceptance)

/정답/ ③

3 조직에서 공식적으로 주어진 임무 이외의 일을 자발적으로 수행하는 것은? (가맹거래사, 17)

① 집단사고(groupthink)
② 직무만족(job satisfaction)
③ 직무몰입(job involvement)
④ 감정노동(emotional labor)
⑤ 조직시민행동(organizational citizenship behavior)

/정답/ ⑤

4 조직시민행동에서 조직생활에 관심을 가지고 적극적으로 참여하는 행동은? (가맹거래사, 22)

① 예의행동(courtesy)
② 이타적 행동(altruism)
③ 공익적 행동(civic virtue)
④ 양심적 행동(conscientiousness)
⑤ 혁신적 행동(innovative behavior)

/정답/ ③

POINT 감 정

1. 직무스트레스

(1) 직무스트레스 모형

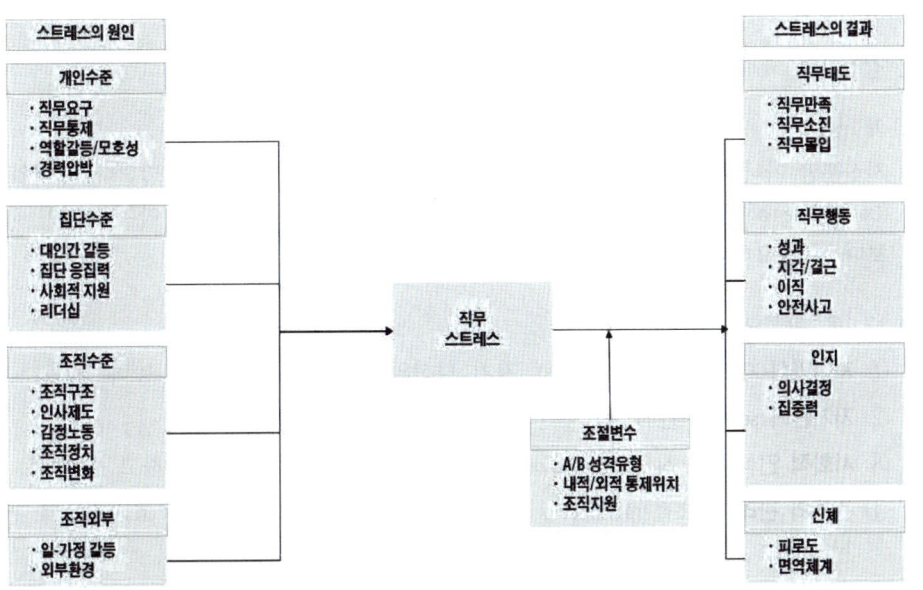

박경규, 조직행동, 제2판, p191, 그림 6-7 직무스트레스의 결과, p197, 그림 6-10 직무스트레스의 원인, 결합 및 변형

(2) 직무성과(행위의 결과)와의 관계 : 역U커브

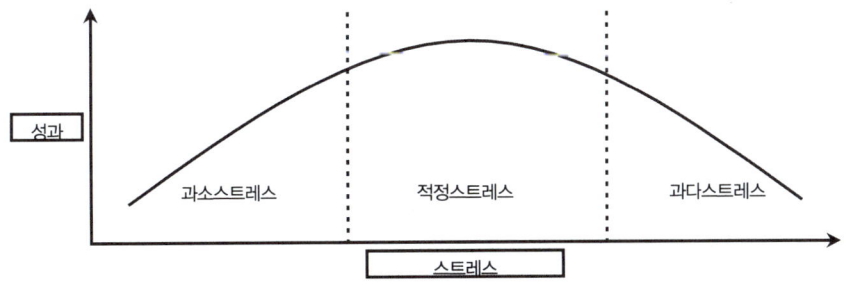

백기복, 조직행동연구 6판, p165, 그림 6-5 스트레스와 성과의 관계

① 직무상황에서 스트레스가 너무 많으면 작업자는 일에 대한 혐오감으로 자신감을 상실하고, 신체적인 피로도 증가 등의 이유로 성과가 감소하게 됨

② 어느 정도의 스트레스는 작업자를 필요한 정도로 긴장하게 만들고, 성취에 대한 동기를 부여하여 성과를 높임
③ 스트레스가 너무 낮을 경우, 작업자는 매너리즘에 빠지고 권태감을 느껴 이것이 성과 감소로 연결

2. 감정지능(emotional intelligence)

(1) 개 념
자신뿐만 아니라 다른 사람의 감정을 잘 알고 관리할 줄 아는 능력을 말한다. 대니얼 골먼(Daniel Goleman)은 성공적인 대인관계를 위해서는 감정을 잘 관리할 줄 아는 능력이 지능(IQ)보다 더 중요하다고 주장하면서 감정지능 개념을 내놓았다.

(2) 내 용: 구성요소
① **자아인식**(자기인식, self-awareness): 자기 자신의 감정을 잘 파악하는 능력
② **자기관리**(self-management): 자신의 감정을 잘 제어하는 능력
③ **사회적 인식**(타인인식, social awareness): 다른 사람의 감정을 잘 이해하고 공감하는 능력
④ **관계의 관리**(타인조절, relationship management): 다른 사람과의 관계를 효과적으로 관리하는 능력
⑤ **자기동기부여능력**: 어려움 속에서도 긍정적 감정을 유지하는 능력

□ 관련 문제

1 직무스트레스에 관한 설명으로 옳지 않은 것은? (노무사, 22)

① 직무스트레스의 잠재적 원인으로는 환경요인, 조직적 요인, 개인적 요인이 존재한다.
② 직무스트레스 원인과 경험된 스트레스 간에 조정변수가 존재한다.
③ 사회적 지지는 직무스트레스의 조정변수이다.
④ 직무스트레스 결과로는 생리적 증상, 심리적 증상, 행동적 증상이 있다.
⑤ 직무스트레스와 직무성과 간의 관계는 U자형으로 나타난다.

/정답/ ⑤
직무스트레스와 직무성과는 역U자형 관계를 가진다.

POINT 강 화(reinforcement)

1. 작동적 조건화 이론

- 쏜다이크(Thorndike)는 호의적인 결과가 따르는 행동은 반복되고 호의적이지 않은 결과가 나타나는 행동은 반복되지 않는다는 효과의 법칙(law of effect) 발견
- 스키너(Skinner) 역시 행동은 결과의 함수라고 주장, 결과에 의한 행동 통제를 강조

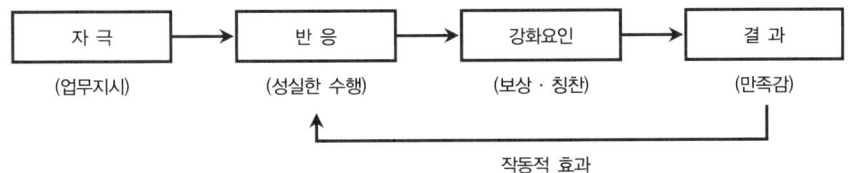

임창희, 조직행동, 5판, p131, 도표3-10 작동적 조건화

2. 강화의 유형

- **긍정적 강화**(positive reinforcement) : 특정 행동의 반복을 위해 그 행동과 연계하여 즐겁고 긍정적인 결과를 제공
- **부정적 강화**(negative reinforcement) : 특정 행동의 반복을 위해 불유쾌하고 부정적인 결과를 제거해줌
- **벌**(punishment) : 특정 행동을 중지시키기 위하여 행동과 연계하여 불유쾌한 결과를 제공
- **소 거**(extinction) : 특정 행동을 중지시키기 위하여 긍정적 강화요인을 제거함

3. 강화 스케줄

- **연속적 강화** : 바람직한 행동을 할 때마다 보상을 제공, 칭찬
- **고정간격법** : 일정한 시간적 간격에 따라 강화요인 제공, 주급
- **변동간격법** : 불규칙한 시간적 간격에 따라 강화요인 제공, 깜짝 퀴즈
- **고정비율법** : 일정한 수의 바람직한 행동이 나타났을 때 강화요인 제공, 성과급
- **변동비율법** : 불규칙한 수의 바람직한 행동 후 강화요인 제공, 성공커미션

□ 관련 문제

1 스키너(B. Skinner)의 작동적 조건화 이론(operant conditioning theory)에 포함되지 <u>않는</u> 것은?
(가맹거래사, 22)

① 소거(extinction)
② 처벌(punishment)
③ 대리적 강화(vicarious reinforcement)
④ 긍정적 강화(positive reinforcement)
⑤ 부정적 강화(negative reinforcement)

/정답/ ③

2 기존에 제공해 주던 긍정적 보상을 제공해 주지 않음으로써 어떤 행동을 줄이거나 중지하도록 하기 위한 강화(reinforcement) 방법은?
(노무사, 13)

① 긍정적 강화   ② 소거   ③ 벌
④ 부정적 강화   ⑤ 적극적 강화

/정답/ ②

3 강화계획(schedules of reinforcement)에서 불규칙한 횟수의 바람직한 행동 후 강화요인을 제공하는 기법은?
(노무사, 19)

① 고정간격법   ② 변동간격법   ③ 고정비율법
④ 변동비율법   ⑤ 연속강화법

/정답/ ④

4 조직개발 기법 중 스키너(B. F. Skinner)의 조작적 조건화의 원리를 조직 상황에 적용하여 긍정적 행동의 강화에 이론적 기초를 두고 있는 기법은?
(경영지도사, 17)

① 행동수정기법   ② 형태적 접근기법   ③ 의사거래분석법
④ 감수성 훈련기법   ⑤ 델파이법

/정답/ ①

5 다음 설명 중 옳지 않은 것은? (가맹거래사, 16)

① 브룸(Vroom)의 기대이론에 의하면 보상의 유의성(valence)은 개인의 욕구에 따라 다르며, 동기부여를 결정하는 요인이다.
② 아담스(Adams)의 공정성이론에 의하면 보상에 대한 공정성 지각 여부가 종업원의 노력(투입) 정도를 결정한다.
③ 피들러(Fiedler)의 상황적합성이론에 의하면 리더와 부하의 관계가 좋을 때에는 과업지향적인 리더십을 구사하는 것이 좋다.
④ 스키너의(skinner) 작동적 조건화에서 소거(extinction)란 과거의 부정적 결과를 제거함으로써 긍정적인 행동의 확률을 높이는 것을 말한다.
⑤ 리더-구성원 교환이론(LMX)에 의하면 리더는 외집단보다는 내집단을 더 많이 신뢰한다.

/정답/ ④
소거(extinction)란 과거의 긍정적 결과를 제거함으로써 부정적인 행동의 확률을 낮추는 것을 말한다.

6 동기부여에 관한 설명으로 옳지 않은 것은? (경영지도사, 22)

① 매슬로우(A. Maslow)의 욕구단계이론에서 자아실현욕구는 결핍-충족의 원리가 적용되지 않는다.
② 맥클리랜드(D. McClelland)의 성취동기이론에서 권력욕구가 강한 사람은 타인에게 영향력을 행사하고, 인정받는 것을 좋아한다.
③ 브룸(V. Vroom)의 기대이론에서 기대감, 수단성, 유의성 등이 중요한 동기부여 요소이다.
④ 알더퍼(C. Alderfer)의 ERG이론에서 관계욕구와 성장욕구가 동시에 발현될 수 있다.
⑤ 스키너(B. Skinner)의 강화이론에서 비난, 징계 등과 같은 불쾌한 자극을 제거함으로써 바람직한 행동을 강화하는 것을 소거(extinction)라고 한다.

/정답/ ⑤
⑤ 비난, 징계 등과 같은 불쾌한 자극을 제거함으로써 바람직한 행동을 강화하는 것을 부정적 강화라고 한다.

> **POINT** 매슬로우(Maslow)의 욕구단계설

인간의 다섯 가지 욕구는 계층을 형성하고 있고 각 단계 욕구를 만족하면 다음 단계의 욕구가 행위를 모티베이트 시킨다고 주장한 이론이다.

- **생리적 욕구** : 삶을 유지하기 위한 기초적 욕구(적당한 임금, 휴식, 작업환경)
- **안전욕구** : 신체, 감정적 위험으로부터 보호되고 안전해지기를 바라는 욕구(작업환경 안전, 직무안정 등)
- **사회적 욕구** : 집단에 소속되거나 동료와의 친교를 나누고 싶은 욕구(우호적 작업팀에 소속)
- **존경욕구** : 내적으로 자존과 자율 성취, 외적으로 타인의 인정과 집단 내 지위 확보(승진, 명예)
- **자아실현욕구** : 계속적인 자기발전을 통한 성장과 잠재력 극대화(기술향상, 창조적 활동, 창의성 개발)
- 생리 → 안전 → 사회 → 존경 → 자아실현, 저차원에서 고차원으로 순서대로 진행
- 알더퍼의 ERG이론과의 차이점

	욕구단계설	ERG이론
① 욕구의 분류	• 5가지 욕구 계층 형성 • 계층구조 강함	• 3가지 욕구 • 계층적 개념이 아니라 욕구의 구체성 정도에 따라 분류→순서✕ • 욕구의 상대적 크기는 성격, 성장배경이나 경험 같은 개인적 차이 존재
② 한 가지 이상 욕구 동시 작용	• 한 번에 한 가지 욕구 작용	• 세 가지 욕구를 동시에 경험 가능
③ 좌절-퇴행요소 가미	• 만족-진행 가설로 욕구 출현의 진행방향이 상향 일변	• 만족-진행과 좌절-퇴행가설로 상향 또는 하향으로 진행
④ 하위욕구 충족 가정의 배제	• 고차원 욕구가 행위에 영향을 미치기 전에 반드시 하위욕구 충족	• 탄력적

관련 문제

1 인간의 욕구는 계층을 형성하며, 고차원의 욕구는 저차원의 욕구가 충족될 때 동기부여 요인으로 작용한다는 욕구단계이론을 제시한 사람은? (경영지도사, 13)

① 맥그리거(D. McGregor)
② 매슬로우(A. Maslow)
③ 페욜(H. Fayol)
④ 버나드(C. Barnard)
⑤ 사이몬(H. Simon)

/정답/ ②

2 매슬로우(A.H. Maslow)가 제시한 욕구단계이론의 내용이 <u>아닌</u> 것은? (노무사, 16 및 경영지도사, 15)

① 권한위임에 대한 욕구
② 신체적 안전에 대한 욕구
③ 소속감이나 애정에 대한 욕구
④ 의식주에 대한 욕구
⑤ 존경받고 싶은 욕구

/정답/ ①

매슬로우의 욕구 유형 5가지는 생리적 욕구, 관계욕구, 사회욕구, 존경욕구, 자아실현욕구이다. 경영지도사 15년도 기출 오답 지문은 '행복의 욕구(Happiness needs)'로 구성되었다.

3 매슬로우(A. Maslow)가 주장한 욕구단계이론의 5가지 욕구에 포함되지 <u>않는</u> 것은? (가맹거래사, 21)

① 생리적 욕구(physiological needs)
② 안전 욕구(safety needs)
③ 소속 및 애정 욕구(belongingness and love needs)
④ 존경 욕구(esteem needs)
⑤ 성장 욕구(growth needs)

/정답/ ⑤

성장 욕구(growth needs)는 알더퍼의 존재욕구(Existence), 관계욕구(Relatedness), 성장욕구(Growth) 중 하나이다.

4 매슬로우(Maslow)의 욕구단계를 순서대로 나열한 것은? (노무사, 14 및 경영지도사, 14)

> ㄱ. 생리욕구　　　ㄴ. 안전욕구　　　ㄷ. 소속욕구
> ㄹ. 존경욕구　　　ㅁ. 자아실현욕구

① ㄱ-ㄴ-ㄷ-ㄹ-ㅁ　　② ㄱ-ㄷ-ㄴ-ㄹ-ㅁ
③ ㄱ-ㄷ-ㄴ-ㅁ-ㄹ　　④ ㄴ-ㄱ-ㄷ-ㄹ-ㅁ
⑤ ㄴ-ㄱ-ㄷ-ㅁ-ㄹ

/정답/ ①

---

5 매슬로우(Maslow)의 욕구단계이론에서 최상위 욕구는? (가맹거래사, 12)

① 안전 욕구　　② 자아실현 욕구　　③ 사회적 욕구
④ 존경 욕구　　⑤ 생리적 욕구

/정답/ ②

---

6 매슬로우(A. H. Maslow)의 욕구단계이론에 관한 설명으로 옳지 않은 것은? (노무사, 19)

① 최하위 단계의 욕구는 생리적 욕구이다.
② 최상위 단계의 욕구는 자아실현 욕구이다.
③ 욕구계층을 5단계로 설명하고 있다.
④ 다른 사람으로부터 인정과 존경을 받고자 하는 욕구는 성장욕구에 속한다.
⑤ 하위단계의 욕구가 충족되어야 상위단계의 욕구를 충족시키기 위한 동기부여가 된다.

/정답/ ④
다른 사람으로부터 인정과 존경을 받고자 하는 욕구는 존경욕구이다.

7 매슬로우(A. Maslow)의 욕구단계이론과 알더퍼(C.Alderger)의 ERG이론에 관한 설명으로 옳지 않은 것은? (경영지도사, 19)

① 욕구단계이론과 ERG이론은 하위욕구가 충족되면 상위욕구를 추구한다고 보는 공통점이 있다.
② ERG이론에서는 욕구의 좌절-퇴행 과정도 일어난다.
③ 욕구단계이론에서 자아실현의 욕구는 ERG이론에서 성장욕구에 해당한다.
④ 욕구단계이론에서는 한 시점에 낮은 단계와 높은 단계의 욕구가 동시에 발생한다.
⑤ 욕구단계이론에서 생리적 욕구는 ERG이론에서 존재욕구에 해당한다.

/정답/ ④
욕구단계설은 욕구계층구조하에서 욕구의 순차진행을 주장하므로, 한 번에 한 가지 욕구만이 인간 행동에 작용한다.

8 매슬로우(A. Maslow)의 욕구단계이론에 관한 설명으로 옳지 않은 것은? (가맹거래사, 20)

① 상위단계의 욕구 충족이 좌절되면 그 보다 하위단계의 욕구를 충족시키려 한다.
② 하위단계 욕구가 충족되었을 때, 상위단계 욕구가 발생하게 된다.
③ 욕구결핍상태가 발생하게 되면 그 욕구를 충족시키기 위해 노력하게 된다.
④ 인간의 욕구는 일련의 단계 내지 중요성에 따라 계층별로 배열할 수 있다.
⑤ 계층상 가장 상위단계의 욕구는 자아실현의 욕구이다.

/정답/ ①
알더퍼(Alderfer)의 ERG이론이 주장한 좌절-퇴행원리에 해당하는 내용이다.

POINT 허츠버그(F. Herzberg)의 2요인이론

1. 위생 요인(hygiene factors) : **직무의 상황**(context) **관련**
- 직무에 대한 사람들의 불만족을 미리 예방할 수 있는 환경적 조건
- 회사정책, 감독, 작업조건, 인간관계, 임금, 지위, 안전 등이 해당
- 불만족 감소만을 가져올 뿐 만족 증대에 작용하지 못하는 불만족 요인(dissatisfies)

2. 동기 요인(motivators) : **직무의 내용**(content) **관련**
- 더 나은 만족과 성과를 가져오도록 동기부여 하는데 효과적인 요인들
- 성취(achievement), 인정(recognition), 책임(responsibility), 승진(advancement), 직무내용이 다양한가, 독창성을 요구하는가 등일 그 자체(work itself) 등이 해당
- 충족되지 않아도 불만은 없지만 일단 충족되면 만족에 적극적 영향을 주고 적극적 태도를 유도하는 만족 요인(satisfies)

☐ 관련 문제

1 허쯔버그(F. Herzberg)의 2요인 이론에서 동기요인(Motivator)에 해당되는 것은? (노무사, 10)

① 감독 ② 성취감 ③ 복리후생 ④ 작업환경 ⑤ 임금

/정답/ ②

2 허츠버그(F. Herzberg)의 2요인이론에서 위생요인에 해당하는 것은? (노무사, 21)

① 성취감 ② 도전감 ③ 임금
④ 성장가능성 ⑤ 직무내용

/정답/ ③

3 허즈버그(F. Herzberg)는 직무만족-생산성의 관련성을 연구한 결과, 2요인 이론을 주장하였다. 허즈버그가 제시한 동기요인으로 옳은 것을 모두 고른 것은? (노무사, 16 및 경영지도사, 15)

| ㄱ. 책임감　　ㄴ. 인정　　ㄷ. 급여　　ㄹ. 성장　　ㅁ. 일 자체 |

① ㄱ,ㄴ,ㄷ,ㄹ　　② ㄱ,ㄴ,ㄷ,ㅁ　　③ ㄱ,ㄴ,ㄹ,ㅁ
④ ㄱ,ㄷ,ㄹ,ㅁ　　⑤ ㄴ,ㄷ,ㄹ,ㅁ

/정답/ ③

> 공인노무사 16년 기출문제의 정답은 '성취'와 '인정'이었다.

4 허즈버그(F. Herzberg)의 2요인이론에서 동기요인에 해당하지 않는 것은? (경영지도사, 18)

① 직무에 대한 성취　② 직무에 대한 인정　③ 직무자체
④ 능력의 신장　　　⑤ 감독

/정답/ ⑤

5 허즈버그(F. Herzberg)의 2요인이론에서 위생요인에 해당하는 것은? (경영지도사, 20)

① 성취　　　② 인정　　　③ 책임감
④ 성장과 발전　⑤ 감독자

/정답/ ⑤

6 허즈버그(F. Herzberg)의 이요인 이론(dual factor theory)에 관한 설명으로 옳지 않은 것은? (경영지도사, 17)

① 만족에 영향을 미치는 요인과 불만족에 영향을 미치는 요인은 별도로 존재한다.
② 위생요인은 만족을 증가시킬지의 여부에 영향을 미치며, 불만족해소 여부에는 영향을 미치지 못한다.
③ 동기요인은 개인으로 하여금 열심히 일하게 하며 이에 따라 성과도 높여주는 요인이다.
④ 구성원의 만족도를 높이기 위해서는 위생요인보다 동기요인을 사용해야 한다.
⑤ 이요인 이론에 의하면 불만족요인을 제거한다고 해서 반드시 만족수준이 높아지는 것은 아니다.

위생요인은 불만족에 영향을 미치는 불만족 요인이다. /정답/ ②

7 허츠버그(F. Hertzberg)가 제시한 이요인(two-factor)이론을 따르는 경영자가 종업원들의 동기를 유발시키기 위한 방안으로 옳지 않은 것은? (가맹거래사, 16)

① 좋은 성과를 낸 종업원을 표창한다.
② 종업원이 하고 있는 업무가 매우 중요함을 강조한다.
③ 좋은 성과를 낸 종업원에게 더 많은 급여를 지급한다.
④ 좋은 성과를 낸 종업원을 승진시킨다.
⑤ 좋은 성과를 낸 종업원에게 자기 계발의 기회를 제공한다.

/정답/ ③
급여는 위생요인에 해당하므로 불만족 감소만을 가져올 뿐 종업원의 동기부여에 직접 작용하지 못한다.

8 동기부여 내용이론인 허즈버그(Herzberg)의 2요인 이론에 관한 설명으로 옳지 않은 것은? (가맹거래사, 08)

① 하위단계의 욕구가 충족되면 더 이상 이 욕구는 동기부여 역할을 하지 못하고 그보다 상위단계의 욕구가 동기를 유발한다.
② 사람들의 욕구는 불만족 해소차원과 만족증진 차원으로 이루어져 있다.
③ 위생요인은 단지 불만족의 감소만을 가져온다.
④ 동기요인은 보다 나은 만족을 가져오도록 동기를 부여한다.
⑤ 경영자는 종업원을 동기부여하기 위해 칭찬 격려 등의 내재적 보상수단을 사용해야 한다.

/정답/ ①
이는 매슬로우(Maslow)의 욕구단계설에 관한 설명이다.

POINT 맥그리거(D. McGregor)의 X-Y이론

1. Theory X

원래 사람은 일을 싫어하기 때문에 가능한 한 일을 조금만(회사에 붙어있고 승진하고 비난받지 않을 정도만) 하려고 한다. 따라서 통제와 지시로 관리, 감독 철저, 물질적 보상, 수직적 조직을 통한 동기부여방식이 효과적이다.

2. Theory Y

노동이란 사람에게 극히 자연스러운 것이며 인간과 조직의 목적이 통합되어 적절한 조건만 갖춰지면 적극적으로 책임 맡은 일을 완수하려고 한다. 따라서 자율, 자긍심과 위신, 정신적 보상, 수평적 조직이 동기부여에 효과적이다.

관련 문제

1. 맥그리거(D. McGregor)의 X-Y이론은 인간에 대한 기본 가정에 따라 동기부여방식이 달라진다는 것이다. Y이론에 해당하는 가정 또는 동기부여 방식이 <u>아닌</u> 것은? (노무사, 18)

① 문제해결을 위한 창조적 능력 보유
② 직무수행에 대한 분명한 지시
③ 조직목표 달성을 위한 자기통제
④ 성취감과 자아실현 추구
⑤ 노동에 대한 자연스러운 수용

/정답/ ②

2. 맥그리거(D. McGreger)의 X이론에서 인간에 대한 가정에 해당하는 것은? (경영지도사, 17)

① 대다수 사람들은 조직문제를 해결할 만한 능력이나 창의성이 없다.
② 일은 고통의 원천이 되기도 하지만 조건 여하에 따라 만족의 근원이 된다.
③ 인간은 외적 강제나 처벌의 위협이 없더라도 조직목표를 위하여 자기관리와 자기통제를 행한다.
④ 현대조직에 있어 인간의 지적 능력은 그 일부분밖에 활용되지 못하고 있다.
⑤ 일정 조건하에서 인간은 스스로 책임질 뿐만 아니라 오히려 그것을 추구한다.

/정답/ ①

3 맥그리거(D. McGregor)의 X, Y이론에 관한 설명으로 옳은 것은? (가맹거래사, 13)

① 조직의 감시, 감독 및 통제가 필요하다는 주장은 Y이론이다.
② 쌍방향 의사결정은 X이론에서 주로 발생한다.
③ 자기통제가 많은 것은 X이론이다.
④ 순자의 성악설은 X이론과 Y이론 모두에 해당한다.
⑤ 개인의 목적과 조직의 목적이 부합하는 조직에서는 Y이론에 근거해서 운영된다.

/정답/ ⑤

4 맥그리거(D. McGregor)의 XY이론 중 Y이론에 관한 설명으로 옳은 것을 모두 고른 것은? (노무사, 22)

ㄱ. 동기부여는 생리적 욕구나 안전욕구 단계에서만 가능하다.
ㄴ. 작업조건이 잘 갖추어지면 일은 놀이와 같이 자연스러운 것이다.
ㄷ. 대부분의 사람들은 엄격하게 통제되어야 하고 조직목표를 달성하기 위해서는 강제되어야 한다.
ㄹ. 사람은 적절하게 동기부여가 되면 자율적이고 창의적으로 업무를 수행한다.

① ㄱ, ㄴ   ② ㄱ, ㄷ   ③ ㄴ, ㄷ   ④ ㄴ, ㄹ   ⑤ ㄷ, ㄹ

/정답/ ④

ㄱ. 생리적 욕구나 안전욕구를 이용하여 동기부여 시키는 것은 X관점에 해당한다.
ㄷ. 대부분의 사람들은 엄격하게 통제되어야 하고 조직목표를 달성하기 위해서는 강제되어야 한다는 것은 X관점에 따른 인간관이다.

POINT 동기부여 과정이론

1. 기대이론 - 브룸(Vroom)

개인의 모티베이션 정도는 노력의 결과가 얼마나 매력적인가 하는 선호도와 노력을 통해 결과를 얻어낼 가능성이 얼마나 큰가(기대)에 의해 결정된다는 이론이다. (M = 유인가(V) × 수단성(I) × 기대(E))

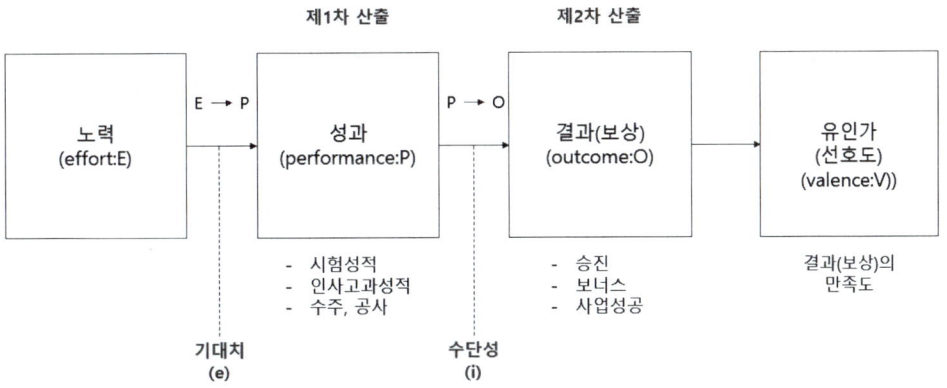

김성국, 조직행동의 이해, 제2판, p232, 그림10-1 브룸의 기대이론 모형

2. 공정성이론 - 아담스(Adams)

개인과 조직 간 교환관계(exchange relationship)를 타인과 비교하여 공정하다고 지각되면 현재의 공정한 관계를 지속하기 위한 노력을 계속하고, 불공정하다고 판단될 경우 불공정 시정을 위한 방안들을 강구한다고 한다.

개인은 불공정성을 해소하기 위해 ⅰ) 투입 변경, ⅱ) 산출 변경, ⅲ) 투입과 산출의 인지적 왜곡, ⅳ) 장 이탈, ⅴ) 준거인물에 영향, ⅵ) 준거인물 변경 등의 노력을 한다.

3. 목표설정이론 - 로크(Locke)

인간 행동이 가장 쾌락적인 쪽으로 동기된다는 기대이론을 인지적 쾌락주의라 비판하며, 인간 행동은 목표에 의해 결정된다고 주장한다. 인간이 목표를 설정하고 이를 달성하기 위해 의도적으로 행동하는 과정이 모티베이션에 중대한 영향을 미친다는 것이다.

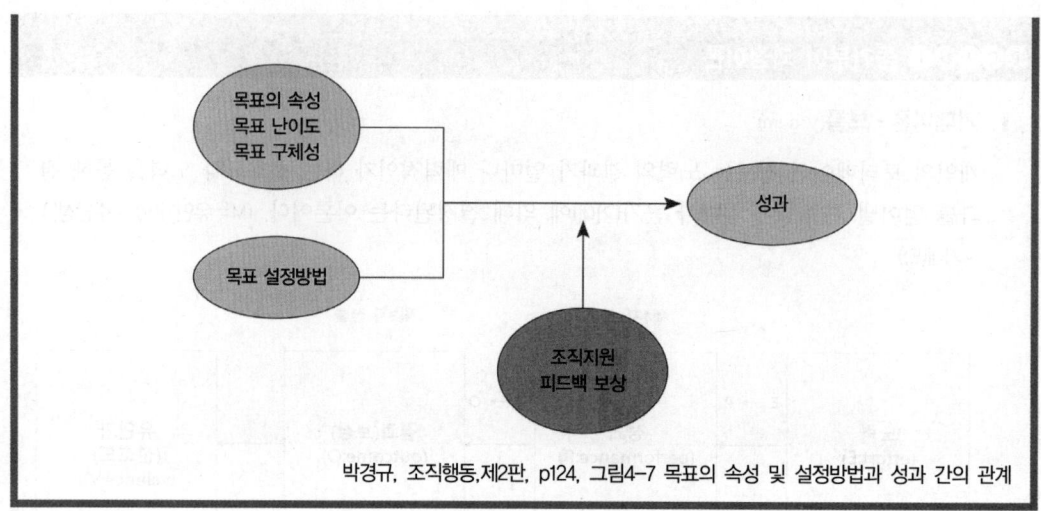

박경규, 조직행동,제2판, p124, 그림4-7 목표의 속성 및 설정방법과 성과 간의 관계

❏ 관련 문제

1 수단성(instrumentality) 및 유의성(valence)을 포함한 동기부여이론은? (노무사, 15)

① 기대이론(expectancy theory)
② 2요인이론(two factor theory)
③ 강화이론(reinforcement theory)
④ 목표설정이론(goal setting theory)
⑤ 인지평가이론(cognitive evaluation theory)

/정답/ ①

2 브룸(V. Vroom)이 제시한 기대이론의 작동순서로 올바른 것은? (노무사, 20)

① 기대감→수단성→유의성　　② 기대감→유의성→수단성
③ 수단성→유의성→기대감　　④ 유의성→수단성→기대감
⑤ 유의성→기대감→수단성

/정답/ ①

3 브룸(V. Vroom)의 기대이론에서 동기부여를 나타내는 공식으로 ( )에 들어갈 내용으로 옳은 것은?

(가맹거래사, 23)

$$동기부여(M) = 기대(E) \times 수단성(I) \times (\ )$$

① 욕구(Needs) ② 성격(Personality) ③ 역량(Competency)
④ 유의성(Valence) ⑤ 타당성(Validity)

/정답/ ④

4 기대이론에서 동기부여를 유발하는 요인에 관한 설명으로 옳지 않은 것은?

(노무사, 17)

① 수단성이 높아야 동기부여가 된다.
② 기대가 높아야 동기부여가 된다.
③ 조직에 대한 신뢰가 클수록 수단성이 높아진다.
④ 가치관에 부합되는 보상이 주어질수록 유의성이 높아진다.
⑤ 종업원들은 주어진 보상에 대하여 동일한 유의성을 갖는다.

/정답/ ⑤

5 아담스(J. S. Adams)의 공정성이론에서 조직구성원들이 개인적 불공정성을 시정(是正)하기 위한 방법에 해당하지 않는 것은?

(노무사, 19)

① 투입의 변경
② 산출의 변경
③ 투입과 산출의 인지적 왜곡
④ 장(場) 이탈
⑤ 준거인물 유지

/정답/ ⑤

6 동기부여 이론 중 공정성이론(equity theory)에서 불공정성으로 인한 긴장을 해소할 수 있는 방법을 모두 고른 것은?

(가맹거래사, 19)

| ㄱ. 투입의 변경 | ㄴ. 산출의 변경 |
| ㄷ. 준거대상의 변경 | ㄹ. 현장 또는 조직으로부터 이탈 |

① ㄱ, ㄴ
② ㄷ, ㄹ
③ ㄱ, ㄴ, ㄷ
④ ㄱ, ㄷ, ㄹ
⑤ ㄱ, ㄴ, ㄷ, ㄹ

/정답/ ⑤

7 다음 사례에서 A의 행동을 설명하는 동기부여 이론은?

(노무사, 18)

팀원 A는 작년도 목표 대비 업무실적을 100% 달성하였다. 이에 반해 같은 팀 동료 B는 동일 목표 대비 업무실적이 10% 부족하였지만 A와 동일한 인센티브를 받았다. 이 사실을 알게 된 A는 팀장에게 추가 인센티브를 요구하였으나 받아들여지지 않자 결국 이직하였다.

① 기대이론
② 공정성 이론
③ 욕구단계이론
④ 목표설정이론
⑤ 인지적평가이론

/정답/ ②

POINT 동기부여 이론의 분류

- 동기부여 내용이론

	욕구단계설	ERG이론	성취욕구이론	이요인 이론	XY이론
주장자	매슬로우 (Maslow)	알더퍼 (Alderfer)	맥클레랜드 (McClelland)	허츠버그 (Herzberg)	맥그리거 (McGregor)

- 동기부여 과정이론

	기대이론	공정성이론	목표설정이론
주장자	브룸(Vroom)	아담스(Adams)	로크(Locke)

관련 문제

1 동기부여의 내용이론에 해당하는 것은? (노무사, 12)

① 성취동기이론   ② 기대이론   ③ 공정성이론
④ 목표설정이론   ⑤ 인지평가이론

/정답/ ①

2 모디베이션(motivation) 내용이론에 속하지 않는 것은? (경영지도사, 18)

① 매슬로우(A. H. Maslow)의 욕구단계이론
② 아담스(J. S. Adams)의 공정성이론
③ 허즈버그(F. Herzberg)의 2요인이론
④ 알더퍼(C. P. Alderfer)의 ERG이론
⑤ 맥클리랜드(D. C. McClelland)의 성취동기이론

/정답/ ②

3 동기부여의 내용 이론에 해당되지 않는 것은? (경영지도사, 13)

① 2요인 이론
② ERG 이론
③ X, Y 이론
④ 공정성 이론
⑤ 욕구단계 이론

/정답/ ④

4 동기부여의 내용이론에 해당하는 것을 모두 고른 것은? (가맹거래사, 17)

ㄱ. A. Maslow의 욕구단계이론
ㄴ. C. Alderfer의 ERG이론
ㄷ. V. Vroom의 기대이론
ㄹ. J. Adams의 공정성이론
ㅁ. F. Herzberg의 2요인 이론

① ㄱ, ㄷ
② ㄱ, ㄹ
③ ㄱ, ㄴ, ㅁ
④ ㄴ, ㄷ, ㄹ
⑤ ㄴ, ㄷ, ㅁ

/정답/ ③

5 모티베이션 이론 중 과정이론으로만 묶인 것은? (경영지도사, 19)

① 욕구단계론, 성취동기이론
② 공정성이론, 목표설정이론
③ ERG이론, 기대이론
④ ERG이론, 2요인이론
⑤ 성취동기이론, 욕구단계론

/정답/ ②

6 동기부여이론에 관한 설명으로 옳지 않은 것은? (경영지도사, 16)

① 매슬로우(A. Maslow)의 욕구단계이론에 의하면 자아실현이 최상위의 욕구이다.
② 허즈버그(F. Herzberg)의 2요인이론에 의하면 금전적 보상은 위생요인에 속한다.
③ 알더퍼(C. Alderfer)의 ERG이론은 존재욕구, 관계욕구, 성장욕구로 구분하여 설명하였다.
④ 아담스(J. Adams)의 공정성이론은 내용이론에 속한다.
⑤ 맥클레랜드(D. McClelland)는 성취욕구, 권력욕구, 친교욕구로 구분하여 설명하였다.

/정답/ ④

7 경영학의 역사적 전개 과정상에서 나타난 이론들 중 성격이 다른 것은? (경영지도사, 14)

① 매슬로우(A. Maslow)의 욕구단계론
② 허츠버그(F. Herzberg)의 2요인이론
③ 맥그리거(D. McGregor)의 X-Y이론
④ 베버(M. Weber)의 관료제 조직론
⑤ 아지리스(C. Argyris)의 성숙-미성숙이론

/정답/ ④

매슬로우(Maslow), 허츠버그(Herzberg), 맥그리거(McGregor), 아지리스(Argyris)의 이론은 동기부여 이론에 해당하지만, 베버(Weber)의 관료제론은 고전적 조직이론에 해당한다.

8 동기부여의 과정이론에 해당하는 것은? (가맹거래사, 20)

① 허즈버그(F. Herzberg)의 2요인이론
② 맥클레란드(D. McClelland)의 성취동기이론
③ 앨더퍼(C. Alderger)의 ERG이론
④ 허시(P. Hersey)의 수명주기이론
⑤ 아담스(J. Adams)의 공정성 이론

/정답/ ⑤

9 동기부여이론 중 과정이론에 해당하는 것은? (경영지도사, 16 및 가맹거래사, 10, 18)

① 브룸(V. Vroom)의 기대이론
② 매슬로우(A. Maslow)의 욕구단계이론
③ 아지리스(C. Argyris)의 성숙·미성숙이론
④ 허즈버그(F. Herzberg)의 2요인이론
⑤ 맥그리거(D. McGregor)의 X·Y이론

/정답/ ①

10 동기부여에 관한 연구자와 그 이론의 연결이 옳지 않은 것은? (경영지도사, 20)

① 맥클리랜드(D. McClelland) - 성취동기이론
② 브룸(V. Vroom) - Z이론
③ 아담스(J. Adams) - 공정성이론
④ 알더퍼(C. Alderfer) - ERG이론
⑤ 맥그리거(D. McGregor) - XY이론

/정답/ ②

11 경영이론에 관한 연구자와 그 이론의 연결이 옳지 않은 것은? (경영지도사, 23)

① 메이요(E. Mayo) - ERG이론
② 맥그리거(D. McGregor) - X·Y이론
③ 아지리스(C. Argyris) - 미성숙·성숙이론
④ 매슬로우(A. Maslow) - 욕구단계론
⑤ 허쯔버그(F. Herzberg) - 2요인이론

/정답/ ①

ERG이론의 연구자는 알더퍼(C. Alderfer)이다.

POINT 내재적 동기이론 : 인지적 평가이론 – 데시(Deci)

내재적 보상과 외재적 보상이 상호연관 되어 있기 때문에 직무에 대하여 내재적 동기가 유발된 경우 외적 보상이 주어지면 내재적 동기가 감소한다고 주장하는 이론이다.

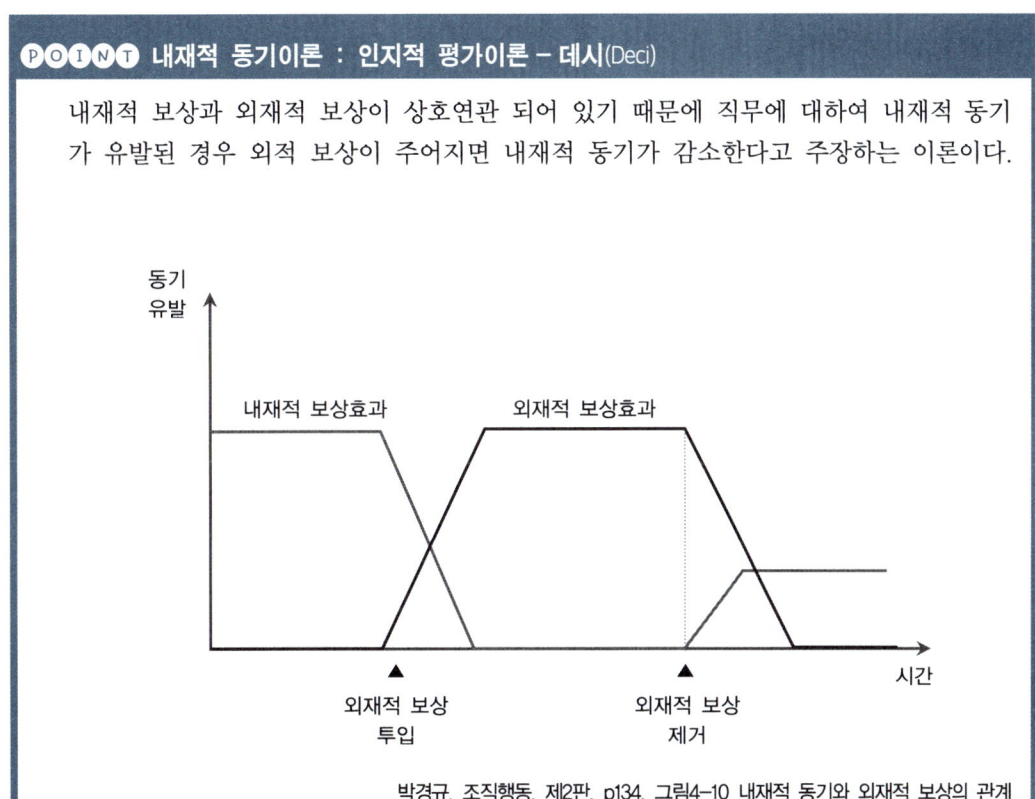

박경규, 조직행동, 제2판, p134, 그림4-10 내재적 동기와 외재적 보상의 관계

관련 문제

1 내재적으로 동기부여된 행동에 외재적 보상이 제공되면 오히려 내재적 동기가 감소하게 되는 현상을 설명하고 있는 이론은? (경영지도사, 17)

① 기대이론 ② 욕구단계이론
③ 인지평가이론 ④ ERG이론
⑤ 목표설정이론

/정답/ ③

|제3절| 집단수준 연구

POINT 집단의 발달단계

1. 단계적 발달모형 : 점진적, 연속적 집단

- **형성단계**(forming state) : 집단의 구조, 목표, 역할, 행동방식 등 모든 것이 미정이고 불확실한 단계
- **갈등단계**(storming stage) : 역할분담, 권력구조, 신분차이에 대한 분명한 타협이 안 되어 서로 부딪치면서 해결하는 단계
- **규범확립단계**(norming state) : 집단의 목표, 구조, 멤버의 소속감, 역할, 응집력 등이 분명해지는 단계
- **과업수행단계**(performing stage) : 주어진 역할을 충실히 수행하면서 집단 목표달성에 총력, 업적달성하는 단계
- **변신단계**(adjourning stage) : 집단의 수명이 다하여 해체되거나 새로운 환경에 맞게 구조적으로 혁신, 변화하는 단계

2. 단절적 균형모형 : 임시적, 한시적 집단

특정 과업 수행을 위해 임시로 형성되는 한시적 집단의 발달단계 모델이다. 집단이 성과달성 단계에서 한동안 집단구성원들의 의식 및 행동이 한 방향으로 균형을 유지하고 있었는데, 집단에 어떤 특별한 자극 등이 가해지면 그 집단은 현재의 균형으로부터 단절되어 혼란기를 거치게 되고 일정 기간이 지나면 다시 균형을 찾는다.

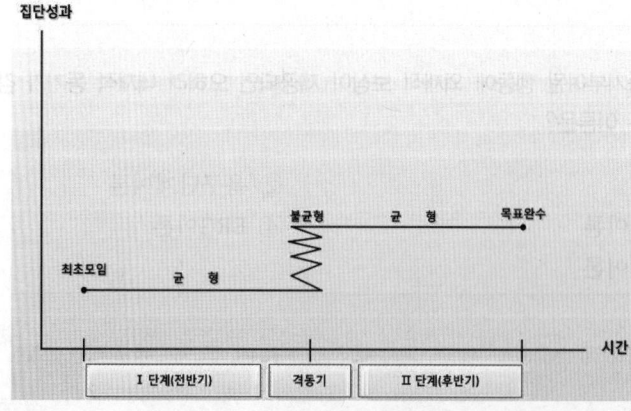

관련 문제

1 집단 발달의 5단계 모형에서 집단구성원들 간에 집단의 목표와 수단에 대해 합의가 이루어지고 응집력이 높아지며, 구성원들의 역할과 권한관계가 정해지는 단계는? (가맹거래사, 19)

① 형성기(forming)
② 폭풍기(storming)
③ 규범기(norming)
④ 성과달성기(performing)
⑤ 해체기(adjourning)

/정답/ ③

POINT 집단의 속성

1. 규 모

- 구성원의 수
- 규모와 성과 간의 관계(규모-성과): 링겔만(Ringelmann) 효과

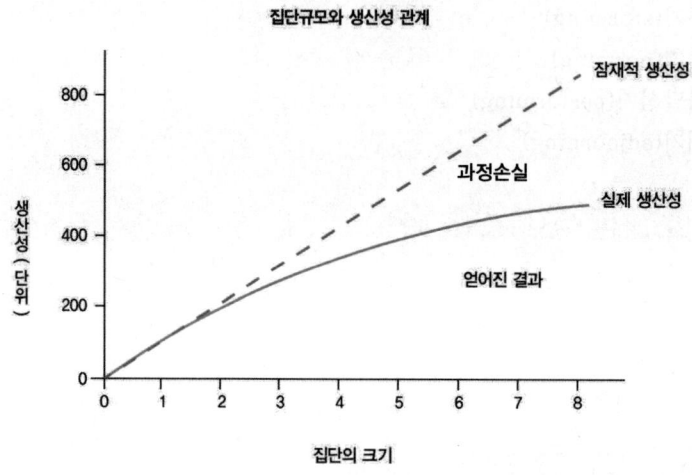

박경규, 조직행동, 제2판, p276, 그림 9-2 집단규모와 생산성 관계

2. 집단응집력

- 집단구성원 간에 느끼는 매력과 집단구성원으로 남아 있으려고 바라는 정도

증가요소	감소요소
• 집단목표에 대한 수용 • 상호교류의 빈도 증가 • 개인적인 매력 • 집단 간 경쟁 • 호의적인 평가	• 목표에 대한 배척 • 집단크기 거대 • 불만족스러운 경험 • 집단 내 경쟁 • 독재적인 지배

3. 역 할

- 어떤 직위(position)를 가진 사람들이 해야 할 것으로 기대되는 행위 패턴
- **역할갈등**(role conflict) : 집단구성원에게 부여된 역할이 문제가 생겨 발생하는 긴장 상태로, 가정-직장 간 갈등, 역할모호성으로 인한 갈등, 역할 인식 오류로 인한 갈등, 역할과 가치관의 위배로 인한 갈등 역할 수행 여건으로 인한 갈등 등이 발생원인

4. 규 범

- 구성원 간 공유되고 인정되는 비공식적 행위 기준
- **성과규범**(performance norm): 산출량, 과업 수행 과정 및 일정 등에 대한 규범
- **외관규범**(appearance norm): 타인들 앞에서 어떻게 나타나서 어떤 모습 보이는지에 대한 규범
- **주변규범**: 집단의 목표와 직접 관련 없으나 지켜야 하는 행동
- **지시적 규범**: 특정 상황에서 집단구성원들이 적절하다고 생각하는 행동
- **금지적 규범**: 가능하다면 회피해야 할 행동
- **사회조정규범**: 일 안팎에서 친분을 쌓을지의 여부
- **자원할당규범**: 어려운 일의 할당, 급여나 장비와 같은 자원의 배분 등

5. 지 위

신분적 서열(status)

□ 관련 문제

1 집단응집성의 증대요인으로 옳지 않은 것은? (가맹거래사, 23)

① 구성원의 동질성 ② 집단 내 경쟁
③ 성공적인 목표달성 ④ 집단 간 경쟁
⑤ 구성원 간 높은 접촉빈도

/정답/ ②

집단 내 경쟁은 응집성의 감소요인에 해당한다.

POINT 갈등의 원인과 해소방안

1. 갈등의 원인

인적요인	과업요인	조직요인
• 성격 및 가치관의 차이 • 역할 기대의 차이 • 숙련과 능력의 차이 • 적절치 못한 커뮤니케이션	• 부서 간 기능 상이 • 과업의 상호의존성 • 과업역할 모호성 • 목표에 대한 인식차이	• 제한된 자원 • 관리스타일 • 보상시스템의 신뢰성 • 조직구조상의 문제

2. 갈등의 해소방안

① 직접 대면 ② 공동목표설정(초월적 목표) ③ 자원의 확충 ④ 갈등의 회피 ⑤ 공동 관심사의 강조 ⑥ 협상 ⑦ 권력을 이용한 갈등해결 ⑧ 행동변화유도 ⑨ 조직구조 개편 ⑩ 공동의 적 만들기

관련 문제

1 조직 내 집단 간의 갈등을 유발하는 원인이 아닌 것은? (가맹거래사, 11)

① 업무의 상호의존성　　② 보상구조
③ 지각의 차이　　　　　④ 한정된 자원의 분배
⑤ 상위목표

/정답/ ⑤
상위목표는 집단 간의 갈등 유발요인이 아닌 갈등 해소방법에 해당한다.

2 조직내 집단 간의 갈등해소를 위한 방법으로 옳지 않은 것은? (가맹거래사, 08)

① 문제의 공동해결　　　② 상위목표의 설정
③ 상호작용의 촉진　　　④ 자원의 확충
⑤ 집단 간 상호의존성 증가

/정답/ ⑤
집단 간 상호의존성 증가는 갈등의 해소방안이 아닌 갈등의 발생원인에 해당한다.

POINT 수평적 갈등해결 기법

1. 루블(Ruble)과 토마스(Thomas)의 갈등관리(갈등해결) 전략유형

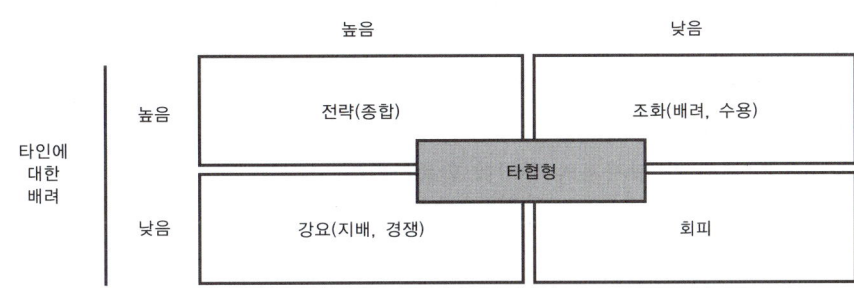

2. 협 상

	배분적(distributive) 협상전략	통합적(integrative) 협상전략
개 념	고정된 자원, 유한한 자원에 대한 교환율 약정	무한한 재화를 대상으로 교환율 약정
목 표 (동기부여)	가능한 한 많은 파이를 차지함 (개별이익)	양측 모두 만족할 정도만 차지함 (공동이익)
추구하는 결과	승자-패자(zero-sum game or win-lose game)	승자-승자(plus-sum game or positive-sum game or win-win game)
협상초점	최후의 타결지점이 어디인가에 관심	이것이 상대에게 왜 그렇게 중요한지에 관심
관심사	서로 반대됨	서로 일치함
정보공유	낮음(정보를 제공하면 상대가 유리함)	높음(정보를 공유하면 서로에게 이익되는 방법을 찾을 수 있음)
관계의 지속가능성	단기	장기
이해관계	상반됨	일치함
이 슈	하나 혹은 소수	다수

□ 관련 문제

1 갈등해결을 위한 협상전략 중 통합적 협상(integrative bargaining)의 특성이 아닌 것은?

(가맹거래사, 13)

① 양쪽 당사자 모두 만족할 만큼 성과를 확대한다.
② 나도 이기고 상대도 이기는 윈-윈 전략을 구사한다.
③ 당사자들 사이의 이해관계보다 각 당사자의 입장에 초점을 맞춘다.
④ 당사자들 간의 장기적 관계를 형성한다.
⑤ 정보공유를 통해 각 당사자의 흥미를 만족시킨다.

/정답/ ③

2 분배적 교섭의 특성에 해당되는 것은?

(노무사, 14)

① 나도 이기고 상대도 이긴다.
② 장기적 관계를 형성한다.
③ 정보공유를 통해 각 당사자의 관심을 충족시킨다.
④ 당사자 사이의 이해관계보다 각 당사자의 입장에 초점을 맞춘다.
⑤ 양 당사자 모두 만족할 만큼 파이를 확대한다.

/정답/ ④

3 갈등 상황에서 자신이 원하는 것을 포기하고 상대방이 원하는 것을 충족시키는 토마스(K. Thomas)의 갈등 해결전략은?

(가맹거래사, 22)

① 회피전략　　　② 수용전략　　　③ 경쟁전략
④ 타협전략　　　⑤ 통합전략

/정답/ ②

POINT 권력(power)의 원천

1. 권력의 원천 : 프렌치(French)와 레이븐(Raven)
- **보상적 권력**(Reward Power) : 원하는 보상을 해줄 수 있는 자원과 능력을 갖추고 있을 때 발생
- **강압적 권력**(coercive power) : 불이익을 줄 수 있을 때 발생
- **합법적 권력**(legitimate power) : 지위에 기반하는 등 권력행사에 대한 정당한 권리를 가지고 있을 때 발생
- **준거적 권력**(reference power) : 권력 행사자를 존경하고 닮고자 할 때 발생
- **전문적 권력**(expert power) : 전문적인 기술이나 지식 또는 독점적 정보에 의해 발생

2. 권력의 구분
- **조직 중심적**(공식적) **권력** : 조직이나 법이나 사회가 그에게 권력을 부여했기 때문에 발생하는 권력들로, 보상적, 강압적, 합법적 권력이 이에 해당
- **개인 중심적**(비공식적) **권력** : 권력자 개인의 특성에서 비롯되었기 때문에 준거적, 전문적 권력이 이에 해당

3. 집단수준의 권력원천
- **불확실성 대처능력** : 조직 운영과정에서 예기치 못했던 문제나 사건을 처리할 수 있는 능력
- **중심성** : 한 단위조직의 직무수행 결과가 전체 조직의 최종산출물에 미치는 효과의 정도
- **대체가능성**(기능의 비대체성) : 다른 단위조직들이 특정 단위조직의 직무를 대신해낼 수 있는 정도
- **자원의 조달 및 통제 능력** : 다른 부서가 해당 부서에 자원 측면에서 얼마나 의존하느냐의 정도에 의해 권력의 크기가 결정되는 것

관련 문제

1 프렌치(J.R.P. French)와 레이븐(B. Raven)이 구분한 5가지 권력 유형이 아닌 것은?
(노무사, 16 및 경영지도사, 15, 19)

① 합법적 권력　　② 기회적 권력　　③ 강제적 권력
④ 보상적 권력　　⑤ 준거적 권력

/정답/ ②

경영지도사 15년 기출의 오답 지문은 '사회적 권력(Social power)'으로, 경영지도사 19년 기출의 오답지문은 '구조적 권력(structural power)'으로 구성되었다.

2 프렌치와 레이븐(French & Raven)의 권력원천 분류에 따라 개인적 원천의 권력에 해당하는 것을 모두 고른 것은? (노무사, 19)

```
ㄱ. 강제적 권력      ㄴ. 준거적 권력      ㄷ. 전문적 권력
ㄹ. 합법적 권력      ㅁ. 보상적 권력
```

① ㄱ, ㄴ   ② ㄴ, ㄷ   ③ ㄷ, ㄹ   ④ ㄹ, ㅁ   ⑤ ㄱ, ㄴ, ㅁ

/정답/ ②

3 프렌치(J. French)와 레이븐(B. Raven)이 제시한 권력의 원천 중 개인의 특성에 기반한 권력은? (가맹거래사, 23)

① 강제적 권력, 합법적 권력
② 강제적 권력, 보상적 권력
③ 준거적 권력, 합법적 권력
④ 준거적 권력, 전문적 권력
⑤ 전문적 권력, 합법적 권력

/정답/ ④

4 조직으로부터 나오는 권력을 모두 고른 것은? (노무사, 21)

```
ㄱ. 보상적 권력      ㄴ. 전문적 권력      ㄷ. 합법적 권력
ㄹ. 준거적 권력      ㅁ. 강제적 권력
```

① ㄱ, ㄴ, ㄷ   ② ㄱ, ㄴ, ㄹ   ③ ㄱ, ㄷ, ㅁ
④ ㄴ, ㄹ, ㅁ   ⑤ ㄷ, ㄹ, ㅁ

/정답/ ③

5 리더의 개인적인 성격특성에 기반을 둔 권력은? (가맹거래사, 11)

① 준거적 권력　　② 합법적 권력　　③ 보상적 권력
④ 강압적 권력　　⑤ 전문적 권력

/정답/ ①

6 A부장은 부하들이 자신의 지시를 성실하게 수행하지 않으면 부하들의 승진 누락, 원하지 않는 부서로의 이동, 악성 루머 확산 등의 방식으로 대응한다. 부하들은 A부장의 이러한 보복이 두려워서 A부장의 지시를 따른다. A부장이 주로 사용하는 권력은? (가맹거래사, 17)

① 강압적 권력　　② 준거적 권력　　③ 보상적 권력
④ 합법적 권력　　⑤ 전문적 권력

/정답/ ①

7 조직 내 권력의 원천 중 준거적 권력에 관한 설명으로 옳은 것은? (경영지도사, 21)

① 조직의 보상과 자원을 통제할 수 있는 능력
② 다양한 벌을 통제할 수 있는 능력
③ 조직적 직위로 타인을 통제할 수 있는 능력
④ 가치관 유사, 개인적 호감으로 통제할 수 있는 능력
⑤ 가치 있는 정보를 소유하거나 분석할 수 있는 능력

/정답/ ④

① 보상적 권력에 관한 설명
② 강압적 권력에 관한 설명
③ 합법적 권력에 관한 설명
⑤ 전문적 권력에 관한 설명

8 조직에서 권력을 강화하기 위한 전술이 아닌 것은? (노무사, 14)

① 목표관리　　　　　　② 불확실한 영역에 진입
③ 의존성 창출　　　　　④ 희소자원 제공
⑤ 전략적 상황요인 충족

/정답/ ①
목표관리는 조직에서 권력을 강화하기 위한 전술이라기보다는 조직의 동기부여나 조직의 업적 향상과 관련이 깊다.

9 조직정치에 관한 설명으로 옳지 않은 것은? (경영지도사, 17)

① 자원의 희소성이 높을수록 조직정치의 동기가 강해진다.
② 불확실한 상황에서의 의사결정시 조직정치가 발생할 가능성이 높다.
③ 조직내 기술이 복잡할수록 조직정치가 발생할 가능성이 높다.
④ 목표가 명확할수록 조직정치가 발생할 가능성이 높다.
⑤ 장기전략에 대한 결정일수록 조직정치가 발생할 가능성이 높다.

/정답/ ④
조직 내 불명확성은 조직정치의 유발요인이다.

POINT 의사소통(communication)

1. 커뮤니케이션 과정

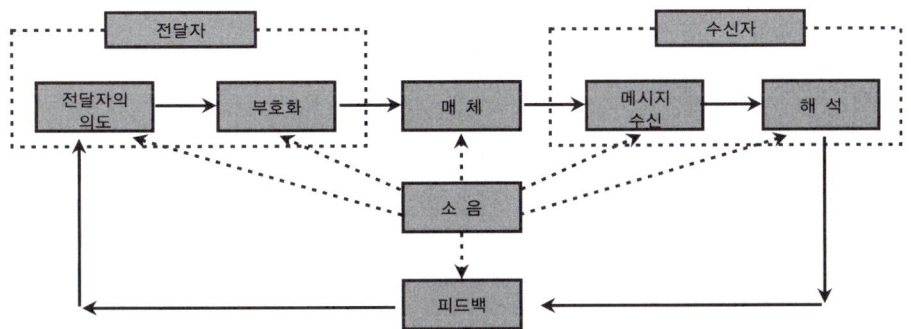

- **전달자**(communicator) : 아이디어를 제공한다든지, 정보를 전하는 등의 의사전달을 시도하는 사람
- **부호화**(encoding) : 메시지를 전달할 수 있는 상징적인 매개수단
- **메시지 및 매체**(massage & channel) : 메시지란 수신자에게 전하려는 내용이자, 부호화 결과를 의미하고, 매체란 부호화한 메시지의 내용을 전달하는 경로를 의미
- **메시지 수신 및 해석**(receiving & decoding) : 전달자가 보낸 메시지의 의미를 해석하는 것
- **피드백**(feedback) : 수신자가 전달자로부터 받은 메시지에 대해 반응하는 것
- **잡 음**(noise) : 원활한 커뮤니케이션을 방해하는 요소를 의미하는 것으로, 물리적 잡음뿐만 아니라 심리적 잡음도 포함됨

2. 커뮤니케이션 네트워크

 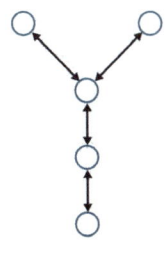 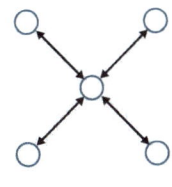 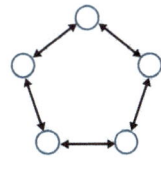 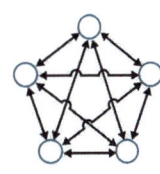

사슬(chain)형	Y형	수레바퀴(wheel)형	원(circle)형	완전연결(all channel)형
• 공식적 계통과 수직적 경로 통한 의사소통 • 라인조직, 관료적 조직 • 효율적, 정보의 왜곡 가능성	• 어느 정도 대표성 있는 인물(조정역)을 통한 의사소통 • 라인과 스텝 혼합조직, 매트릭스 조직 • 단순 문제에 있어 높은 정확성, 구성원 간 직접 의사소통 발생하지 않음	• 특정 리더에게 정보가 집중되는 의사소통 • 공장의 작업원들이 한 감독자에게 보고하고 기술을 전수받는 형태, 단순조직 • 정확하고 빠른 정보 전달, 구성원 간 정보공유 불가	• 권력의 집중, 지위고하 없이 특정 문제해결을 위해 구성원 간 정보 공유하는 형태 • 태스크포스, 위원회 조직 • 민주적 문제해결 과정, 집단사고 및 차선의 결정 위험	• 구성원 간 자유의지에 따라 완전한 정보 및 의견 교환되는 형태 • 브레인스토밍 • 창의적이고 참신한 아이디어, 부정확한 정보 공유 등 비공식 커뮤니케이션의 역기능

3. 커뮤니케이션의 유형

(1) 공식적 커뮤니케이션

- **상향식 커뮤니케이션**(bottom-up communication) : 바텀업(bottom-up) 방식으로 제안제도나 상향보고 등이 이에 해당
- **하향식 커뮤니케이션**(top-down communication) : 탑다운(top-down) 방식으로 업무지시, 메모, 정책지시, 회사 간행물, 안내서 등이 이에 해당
- **수평적 커뮤니케이션** : 같은 지위에 있는 구성원이나 동등한 부서 간 커뮤니케이션
- **대각적 커뮤니케이션** : 집단을 달리하고 계층을 달리하는 당사자 간 커뮤니케이션

(2) 비공식적 커뮤니케이션 : 그레이프바인(grapevine)

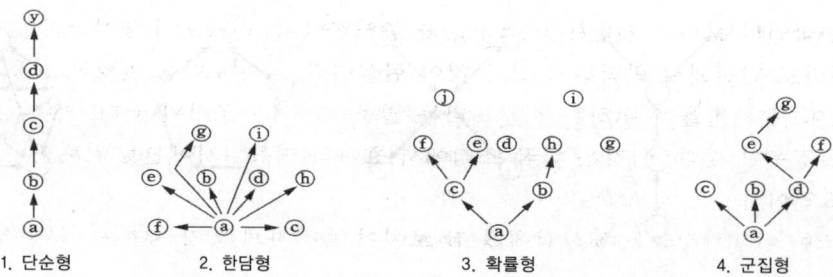

단순형	한담형	확률형	군집형
• 구성원들 사이에 단선적인 통로를 통해 정보가 전달되는 것 • 정보의 정확성은 낮지만 처음부터 마지막까지 의사소통 연결	• 한 사람에 의해 여러 사람에게 정보가 전달 • 정보의 내용은 직무와 관계는 적지만 한 사람이 관심있는 정보를 습득, 모두에게 전달	• 커뮤니케이션 대상자가 사전에 선택되는 것이 아니라 그때그때 변화 • 정보 내용에 호감은 가지만 중요하지 않은 경우의 정보전달 형태	• 정보를 전달해야 할 사람에게만 선택적으로 커뮤니케이션이 이루어지는 경우 • 한 사람이 정보를 몇 사람에게 전달, 전달받은 사람은 다른 몇 사람에게 전달

4. 커뮤니케이션 방해

- **왜 곡** : 전달자의 원래 뜻이 변형되는 것
- **생 략**(또는 누락) : 모든 정보가 완전히 전달되지 않는 경우
- **커뮤니케이션 과중** : 전달해야 하는 정보나 지식이 많아서 전달의 효과가 감소하는 경우
- **타이밍** : 수신자가 필요로 하는 때에 전달되지 못하는 경우
- **수용성** : 수신자가 정보를 받아들이지 않는 경우
- **기타 장애요인** : 준거틀(frame of reference)의 차이, 선택적 청취, 가치판단, 정보의 신뢰도, 어의상의 문제, 여과(filtering), 집단의 특수한 언어, 지위상의 차이 등

관련 문제

1 의사소통(communication) 과정이 옳은 것은? (경영지도사, 16)

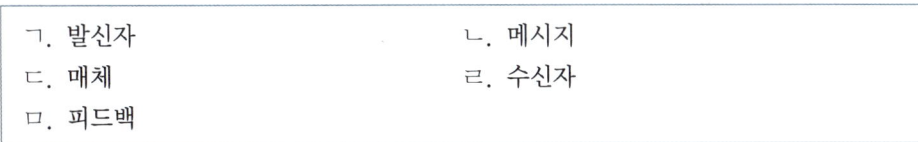

① ㄱ → ㄴ → ㄷ → ㄹ → ㅁ   ② ㄱ → ㄷ → ㄴ → ㄹ → ㅁ
③ ㄱ → ㄹ → ㄴ → ㄷ → ㅁ   ④ ㄴ → ㄱ → ㄷ → ㅁ → ㄹ
⑤ ㄴ → ㄷ → ㄱ → ㅁ → ㄹ

/정답/ ①

2 Communication에서 전달된 메시지를 자신에게 주는 의미로 변환시키는 사고과정은? (노무사, 15)

① 잡음(noise) ② 해독(decoding) ③ 반응(response)
④ 부호화(encoding) ⑤ 피드백(feedback)

/정답/ ②

3 집단 내에 강력한 리더가 있는 것은 아니지만 어느 정도 대표성 있는 인물을 통해 비교적 공식적인 계층을 따라 의사소통이 신속하게 이루어지는 의사소통 네트워크 유형은? (노무사, 10)

① 완전연결형 ② 바퀴형 ③ 원형
④ 연쇄형 ⑤ Y자형

/정답/ ⑤

4 구성원들 간 의사소통이 강력한 특정 리더에게 집중되는 유형은? (노무사, 20 및 경영지도사, 18)

① 원형 ② Y형 ③ 수레바퀴형
④ 사슬형 ⑤ 전체연결형

/정답/ ③

5 조직차원의 공식적 커뮤니케이션이 <u>아닌</u> 것은? (가맹거래사, 17)

① 군집형 커뮤니케이션 ② 대각선 커뮤니케이션 ③ 수평적 커뮤니케이션
④ 상향식 커뮤니케이션 ⑤ 하향식 커뮤니케이션

/정답/ ①
군집형은 비공식적 커뮤니케이션의 유형이다.

6 효과적인 커뮤니케이션의 장애요인에 해당하는 것을 모두 고른 것은? (가맹거래사, 23)

ㄱ. 정보과중	ㄴ. 적극적 경청
ㄷ. 선택적 지각	ㄹ. 피드백의 활용
ㅁ. 필터링(filtering)	

① ㄱ, ㄴ, ㄹ ② ㄱ, ㄴ, ㅁ ③ ㄱ, ㄷ, ㅁ
④ ㄴ, ㄷ, ㄹ ⑤ ㄷ, ㄹ, ㅁ

/정답/ ③

POINT 의사결정의 모형

1. 의사결정 유형

(1) 의사결정의 빈도 기준 – 사이먼(Simon)

① **구조화된 의사결정**(programmed decision)
- 특정 문제나 기회가 발생할 경우, 선택해야 하는 대안이 사전적으로 제시된 것으로서 일상적이고 반복적으로 일어나는 의사결정

② **비구조화된 의사결정**(nonprogrammed decision)
- 과거에 발생한 적이 없었던 문제이거나 기회에 대해 내려야 하는 의사결정

(2) 조직계층 기준 – 앤소프(Ansoff)

① **전략적 의사결정**
- 경쟁사에 대응하기 위한 의사결정으로서, 의사결정이 기업조직에 광범위하게 그리고 중장기적으로 효력을 발생시키는 것
- 대게 비구조화된 의사결정이기 때문에 의사결정의 질을 높이기 위해서 고도화된 정보 분석 능력 및 예측 능력이 요구

② **전술적 의사결정**
- 전략적 의사결정을 실행에 옮기는 데 필요한 것
- 구조화된 의사결정이 어느 정도 포함되어있지만 많은 부분은 비구조화된 의사결정의 내용을 가지고 있어서 의사결정의 질을 높이기 위해서는 의사결정자의 높은 능력이 요구

③ **운영적 의사결정**
- 조직의 일상생활에서 발생하는 여러 문제 및 기회에 대처하기 위한 것
- 운영적 의사결정은 주로 구조화된 의사결정이기 때문에 의사결정의 질을 높이기 위해서는 조직이 사전적으로 정해놓은 규정 및 절차에 의해 해결하면 됨

2. 합리성 모형(rational decision making model)

(1) 개 념

의사결정자가 '완전한 합리성(perfect rationality)'에 기초하여 '최적'(optional)의 의사결정을 한다고 간주하는 모형

(2) 합리성 모형의 가정
 i) 모든 의사결정자는 합리적 경제인이다.
 ii) 합리적인 의사결정은 완전정보와 완벽한 대안 하에서 이루어진다.

iii) 의사결정자는 일관성 있는 선호체계를 지니고 있다.
iv) 복잡한 계량화와 실제 계산이 가능하다.

3. 제한적 합리성 모형(bounded rationality model)

(1) 개 념

문제해결에 있어 객관적으로 최선책을 발견하는 것은 불가능하므로 주어진 정보와 능력 안에서 소정의 기준을 세워 이를 통과하는 첫 번째 대안을 선택한다는 것이다.

(2) 제한적 합리성 모형의 가정 : 사이먼(Simon)의 제한적 합리주의 모델

ⅰ) 합리성 모형에서의 전제를 부인, ⅱ) 실질적으로 의사결정 과정에서 작용하는 심리적, 인지적, 동기적, 시간적 제한을 중시

4. 비합리성 모형 : 휴리스틱스

(1) 개 념

어떤 사안 또는 상황에 대해 엄밀한 분석에 의하기보다 제한된 정보만으로 즉흥적·직관적으로 판단·선택하는 의사결정 방식을 의미한다. 이는 경험을 체계화하고 정형화하여 해결책을 발견하는 특징이 있다.

이러한 의사결정은 비구조화된 문제를 다루는 데 유용하고 신속한 의사결정을 가능하게 한다는 장점이 있으나, 의사결정 오류가 발생할 수 있다는 문제가 있다.

(2) 의사결정 오류 유형

① **가용성 편향**(Availability bias, 유용성)
- 자주 접하여 기억되기 쉬운 사건이 판단에 영향 미쳐서 자주 보도되는 사건은 과대평가되고 그렇지 않은 사건은 과소평가되는 경향
- 판단 현장에서 존재하는 특정한 정보나 단서(cues)가 판단에 영향을 미치기 때문에 발생하는 오류

② **고착 편향**(Anchoring & Adjustment bias, 고착과 조정)
- 특정한 값이나 수치를 근거로 미래의 값을 예측하고 난 후, 최초 값에 고착되거나, 현재 상황을 고려하여 예측치에 약간의 수정만을 가하였기 때문에 발생하는 오류
- 최초 선택되는 값에 따라 선택되는 결과에 큰 차이를 보이기 때문에 발생하는 오류

③ **확증 편향**(confirmation bias, 인지오류(framing bias))
- 인지적 편향(framing bias)이라고도 하는데, 정보를 인지적으로 처리하는 과정에서 발생하는 오류를 말하는 것으로 특정 사건 또는 문제가 제시되는 형태에 따라 의사결정이 달라

지는 것을 의미. 동일한 문제에 대해 부정적인 문장이 제시된 경우 위험 회피적(risk aversing)인 의사결정을 하고, 긍정적인 문장으로 제시될 경우에는 위험 추구적(risk-taking)인 의사결정을 한다는 것의 일종으로, 기존에 형성된 사고나 가치, 신념에 일치하는 정보들만을 받아들이려고 하는 경향
- 신념과 객관적 사실이나 상황이 배치되어 내적인 갈등이 일어나는 경우 이를 해결하기 위해 기존의 관념을 유지한 채 정보를 취사선택하는 태도를 보이기 때문에 발생하는 오류

④ **사후확신 편향**(hindsight bias)
- 어떤 일이 발생했을 때 실제로는 그 일을 예측할 수 없었음에도 예측할 수 있었다고 믿는 것으로, '그럴 줄 알았어 효과(knew-it-all-along effect)'라고도 함
- 사후확신 편향은 ⅰ)통제감을 확인하려는 동기와 자신을 지적인 모습으로 나타내고 싶은 자기과시의 동기가 작용하기 때문에 발생하기도 하고(동기적 원인) ⅱ)어떤 일의 결과가 알려지고 난 후 왜 그러한 일이 발생했는지를 설명하려고 할 때 설명을 쉽게 만들어 낼 수 있을수록 강하게 나타남(인지적 원인)

⑤ **몰입의 심화**(escalation of commitment, 몰입상승오류)
- 경영자가 어떤 의사결정이 잘못되었음을 인지한 후에도 시간, 노력, 자원을 계속 투입하여 결국에 가서는 조직에 큰 해를 입히는 경우
- 자기 합리화, 승률에 대한 착각, 지각결함, 매몰비용에 대한 집착, 실패를 인정하지 않는 태도 등으로 인하여 발생하는 오류

⑥ **기타 오류**
- **대표성**(Representativeness): 어떤 사건이나 사람이 특정 집단의 속성이 있다고 하여 진실을 확인하지 않고 그 집단의 일원으로 판별하는 성향
- **과신오류**(overconfidence bias): 의사결정자가 자신이 미래에 일어날 의사결정 결과들에 대해 예측을 충분히 할 수 있다고 자신의 능력을 과신할 때 발생하는 것으로, 이 오류를 줄이기 위해서는 의사결정을 할 때 시간을 충분히 가지고 자신의 판단을 보다 현실에 근접하게 하도록 노력해야 함

관련 문제

1 전략적 의사결정의 특징으로 옳지 <u>않은</u> 것은? (경영지도사, 15)

① 전사적　② 비반복적　③ 비구조적　④ 분권적　⑤ 비정형적

/정답/ ④

전략적 의사결정은 최고경영층에 집권화된 의사결정이다.

2 장기적인 조직의 임무, 목표, 자원배분에 관한 의사결정을 수행하는 과정은? (경영지도사, 14)

① 운영적 계획　② 전술적 계획　③ 전략적 계획
④ 지속적 계획　⑤ 산업적 계획

/정답/ ③

3 버나드(C. Barnard)와 사이먼(H. Simon)이 주장한 이론은? (경영지도사, 19)

① 과학적 관리법　② 관료제　③ 상황이론
④ 의사결정이론　⑤ 경영과학

/정답/ ④

4 기업의 경영의사결정에 관한 설명으로 옳지 <u>않은</u> 것은? (경영지도사, 16)

① 경영의사결정은 미래의 상황을 예견하고 행동방안을 선택 또는 결정하는 행위이다.
② 전략적 의사결정은 기업의 내부자원을 조직화하기 위한 의사결정이다.
③ 업무적 의사결정의 특징은 의사결정 내용이 단순하고 반복적, 분권적이다.
④ 비정형적 의사결정은 경영자의 창의력이나 직관에 의존한다.
⑤ 정형적 의사결정은 반복하여 발생하는 문제들에 대하여 적용하는 것으로 표준화된 절차에 따른다.

/정답/ ②
기업의 내부자원을 조직화하기 위한 의사결정은 관리적 의사결정에 해당한다.

5 의사결정에 관한 설명으로 옳지 않은 것은? (경영지도사, 15)

① 합리적 의사결정은 문제 식별 → 대안 개발 → 대안평가와 선정 → 실행의 단계를 거친다.
② 불확실성의 상황에서 의사결정을 할 때에도 미래 상황에서의 객관적 확률을 알 수 있다.
③ 사이먼(H. Simon)은 의사결정자의 제한된 합리성으로 인해 이상적인 대안보다는 만족할만한 대안을 찾는 것이 바람직하다는 이론을 제시했다.
④ 의사결정은 프로그램적(programmed) 의사결정과 비프로그램적(nonprogrammed) 의사결정으로 구분할 수 있다.
⑤ 경영과정 전반에 걸친 경영활동은 의사결정의 연속이라고 할 수 있다.

/정답/ ②
불확실성의 상황에서 의사결정을 할 때에는 미래 상황에서의 객관적인 확률을 알 수 없다. 이를 불확실성 하의 의사결정이라고 한다.

6 경영의사결정에 관한 설명으로 옳은 것은? (경영지도사, 23)

① 버나드(C. Barnard)는 정형적 · 비정형적 의사결정으로 분류하였다.
② 기업목표 변경, 기업성장 · 다각화 계획 등은 관리적 의사결정에 해당한다.
③ 업무적 의사결정은 조직 내 여러 자원의 변환 과정에서 효율성을 극대화하는 것과 관련되며 주로 하위경영층에 의해 이루어진다.
④ 위험성하에서의 의사결정은 발생할 수 있는 결과를 추정할 수 있으나 그 발생확률을 알 수 없는 경우에 이루어진다.
⑤ 각 대안에 대한 기대치를 계산하는 의사결정나무는 비정형적 의사결정에 속한다.

/정답/ ③
① 사이먼(Simon)의 분류에 해당한다.
② 기업목표 변경, 기업성장 · 다각화 계획 등은 전략적 의사결정에 해당한다.
⑤ 의사결정나무는 의사결정규칙(decision rule)을 나무구조로 도표화하여 분류와 예측을 수행하는 분석 방법을 의미한다. 이는 수리적 의사결정을 통하여 최선책을 선택하는 계량적 의사결정 기법 중 하나로, 의사결정에 대한 정보를 불완전하게 가지고 있는 상태이지만 의사결정 결과를 객관적 확률 통해 확실하게 예측할 수 있는 위험하의 의사결정 방법이다.

7 인간은 인지능력의 한계로 제한된 합리성을 가지게 된다고 주장한 학자는? (경영지도사, 16)

① 마이클 포터(M. Porter)　　② 허버트 사이먼(H. Simon)
③ 헨리 페이욜(H. Fayol)　　④ 존 내쉬(J. Nash)
⑤ 엘톤 메이요(E. Mayo)

/정답/ ②

8 인간 두뇌의 한계와 정보부족 등으로 인해 완전한 합리성은 불가능하므로 제한된 합리성에 근거하여 의사결정을 하게 된다는 모형은? (경영지도사, 18)

① 경제인 모형　　② 만족모형　　③ 점증모형
④ 최적모형　　⑤ 혼합모형

/정답/ ②

9 사이먼(H. Simon)이 주장한 의사결정의 제한된 합리성 모델(bounded rationality model)의 내용에 해당하지 않는 것은? (경영지도사, 20)

① 규범적 모델　　② 단순화 전략의 사용
③ 불완전하고 부정확한 정보사용　　④ 만족해(satisficing solution)를 선택
⑤ 모든 가능한 대안을 고려하지 못함

/정답/ ①

기술적(descriptive) 모델이란 조직을 정확하게 파악해서 기록하고 설명하는 이론이고, 규범적(normative) 모델이란 조직의 미래 상태를 처방적(prescriptive)으로 설정하려는 모델이다. 사이먼의 제한적 합리성 모델은 인간이 제한된 합리성 하에서 실제 의사결정을 내리는 현상을 기술한 기술적 모델이다. 반면 합리성 모형은 완전한 합리성 하에서 의사결정을 내려야 한다는 규범적 모델이다.

10 사이먼(H. Simon)의 제한된 합리성 모델(bounded rationality model)의 특성으로 옳은 것은?

(경영지도사, 22)

① 만족해 선택
② 대안에 대한 완벽한 정보
③ 우선순위 불변
④ 경제적 인간 가정
⑤ 실행 과정과 결과에 대한 완벽한 지식

/정답/ ①

②~⑤은 합리성 모델의 가정이다.

11 다음이 설명하는 기법은?

(노무사, 17)

○ 비구조적인 문제를 다루는 데 유용하다.
○ 경험을 체계화하고 정형화하여 해결책을 발견한다.

① 팀 빌딩
② 휴리스틱
③ 군집분석
④ 회귀분석
⑤ 선형계획법

/정답/ ②

POINT 집단의사결정

1. 집단의사결정의 효과

장 점	단 점
• 다양한 정보와 지식의 활용 • 충실한 대안평가, 오류 발견 용이 • 정당성과 합법성의 증대 • 의사결정에 대한 수용성 증대 • 집단구성원의 학습효과	• 과도한 시간 소모 • 지나친 순응압력, 집단사고, 창의성 부족 • 책임의 분산, 책임소재의 모호성 • 차선책의 선택 • 집단 내 갈등 야기

2. 집단의사결정의 부작용

- **집단사고**(group think) : 집단의 동질성을 유지하기 위해 집단의 결정에 반대하지 않는 경향

집단 응집력 + 구조적 결함
1. 외부로부터의 고립
2. 비민주적 리더십
3. 토의절차상의 방법부재
4. 구성원간의 사회적 배경 및 이념적 동질성

+ 촉진적 상황요건
1. 외부위험에 의한 스트레스 급증
2. 일시적으로 유발된 자존감 저하

유형 1. **집단역량의 과대평가**
1. 자기 집단은 취약성이 없다는 착각(불침투성)
2. 자기 집단의 도덕성에 대한 신념

유형 2. **폐쇄적인 아집**
3. 우리가 항상 옳다는 식의 집단적 합리화
4. 타 집단에 대한 부정적 고정관념

유형 3. **획일성 추구 압력**
5. 반대의견을 스스로 자제하려는 자기검열 심리
6. 구성원들 간에 만장일치가 이루어져 있다는 착각
7. 반대자에 대한 직접적 압력
8. 구성원들이 반대의견을 제시하지 못하도록 하기 위해서 자체 설정한 규제(집단초병)

- **집단극화**(group polarization) : 집단구성원들의 위험에 대한 태도가 토론 전에는 개인 간 차이가 별로 없었다가 토론 후에는 집단이 극단적인 입장을 지닌 사람들로 나누어지는 현상
- **결정의 지속성 오류**(escalation of commitment)(몰입상승현상) : 잘못된 결정이나 실패할 것이 확실한 일에 집착, 일의 비효율적인 진행을 계속하려는 경향(ineffective course of action)

3. 효율적 집단의사결정 기법

- **브레인스토밍**(brainstorming) : 자발적인 아이디어 제시로 가능한 한 많은 아이디어 얻어 문제를 해결하는 방법
- **명목집단법**(Nominal Group Technique: NGT) : 구성원 상호 간의 대화나 토론 없이 의사결정이 이루어지는 기법
- **델파이법**(Delphi method) : 한 문제에 대해 여러 전문가의 독립적인 의견을 우편으로 수집한 다음, 이 의견들을 요약·정리하여 다시 전문가들에게 배부, 일반적인 합의가 이루어질 때까지 서로의 아이디어에 대해 논평하게끔 하는 방법
- **반대를 위한 반대**(devil's advocate : 지명반론자법 또는 악마의 옹호자법) : 지배적 견해에 대한 고의적 반대
- **복수지지**(multiple advocacy) : 여러 의견에 대한 복수지지 인정
- **변증법적 토의**(dialectical inquiry) : 찬반 토론 후 두 입장의 장점만 취함

☐ 관련 문제

1 집단의사결정기법에 해당하지 <u>않는</u> 것은? (경영지도사, 17)

① 브레인스토밍(brainstorming)
② 명목집단법(nominal group technique)
③ 델파이법(delphi method)
④ 지명반론자법(devil's advocate method)
⑤ 그룹 다이내믹스(group dynamics)

/정답/ ⑤

그룹 다이내믹스는 집단 역학(集團力學), 또는 집단 역학적 연구를 말한다. 집단(group)이 지닌 역학적(dynamic)인 성질을 분명히 하고 이를 통제, 계획적으로 변동시켜서 그 집단의 생산성을 높이는 기술을 체계화한 것으로, 집단의사결정 기법을 말하는 것은 아니다.

2 집단의사결정의 특징이 아닌 것은? (경영지도사, 16)

① 개인의사결정에 비해 보다 정확한 경향이 있다.
② 개인의사결정에 비해 책임소재가 더 명확하다.
③ 개인의사결정에 비해 더 많은 대안을 생성할 수 있다.
④ 의사결정 시 다양한 경험과 관점을 반영할 수 있다.
⑤ 소수의 아이디어를 무시하는 경향이 일어날 수 있다.

/정답/ ②

집단의 익명성으로 인해 책임소재가 모호하다.

3 집단의사결정의 특징에 관한 설명으로 옳지 않은 것은? (노무사, 19)

① 구성원으로부터 다양한 정보를 얻을 수 있다.
② 의사결정에 참여한 구성원들의 교육효과가 높게 나타난다.
③ 구성원의 합의에 의한 것이므로 수용도와 응집력이 높아진다.
④ 서로의 의견에 비판 없이 동의하는 경향이 있다.
⑤ 차선책을 채택하는 오류가 발생하지 않는다.

/정답/ ⑤

집단의사결정은 다수결의 원칙, 의사결정 참가자들 간의 합의, 의사결정 결과에 대한 설득과 수용 등에 의해 차선책을 선택하는 오류가 발생할 수 있다.

4 집단의사결정의 장점으로 볼 수 없는 것은? (경영지도사, 20)

① 구성원으로부터 다양한 정보를 얻을 수 있다.
② 다각도로 문제에 접근할 수 있다.
③ 구성원의 수용도와 응집력이 높아진다.
④ 의사결정에 참여한 구성원들의 교육효과가 높게 나타난다.
⑤ 집단사고의 함정에 빠질 가능성이 배제된다.

/정답/ ⑤

5 극도로 응집성이 강한 집단에서 조화와 만장일치에 대한 열망이 지나쳐 집단구성원들이 집단의 결정을 현실적으로 평가하려는 노력을 묵살하는 경향을 나타내는 개념은? (가맹거래사, 09)

① 쓰레기통 모형(garbage can model)   ② 집단응집성(group cohesion)
③ 집단사고(group think)   ④ 리더십 이론(leadership theory)
⑤ 가치이론(value theory)

/정답/ ③

6 다음에서 설명하는 현상은? (가맹거래사, 21)

> ○ 응집력이 높은 집단에서 나타나기 쉽다.
> ○ 집단구성원들이 의견일치를 추구하려다가 잘못된 의사결정을 하게 된다.
> ○ 이에 대처하기 위해서는 자유로운 비판이 가능한 분위기 조성이 필요하다.

① 집단사고(groupthink)
② 조직시민행동(organizational citizenship behavior)
③ 임파워먼트(empowerment)
④ 몰입상승(escalation of commitment)
⑤ 악마의 주장(devil's advocacy)

/정답/ ①

7 집단사고(groupthink)의 증상에 해당하지 않는 것은? (노무사, 23)

① 자신의 집단은 잘못된 의사결정을 하지 않는다는 환상
② 의사결정이 만장일치로 이루어져야 한다는 환상
③ 반대의견을 스스로 자제하려는 자기검열
④ 외부집단에 대한 부정적인 상동적 태도
⑤ 개방적인 분위기를 형성해야 한다는 압력

/정답/ ⑤

집단사고는 자기 집단은 취약성이 없다는 착각, 자기 집단의 도덕성에 대한 신념, 우리가 항상 옳다는 식의 집단적 합리화, 타집단에 대한 부정적 고정관념, 반대 의견을 스스로 자제하려는 자기검열(self-censorship) 심리, 구성원들 간에 만장일치가 이루어져 있다는 착각, 반대자에 대한 직접적 압력, 구성원들이 반대의견을 제시하지 못하도록 하기 위해서 자체적 규제 설정과 같은 증상이 나타난다.

8 집단의사결정에 관한 설명으로 옳지 않은 것은? (경영지도사, 23)

① 집단사고의 위험성이 존재한다.
② 개인의 주관성을 감소시킬 수 있다.
③ 상이한 관점에서 보다 많은 대안을 생성할 수 있다.
④ 명목집단법은 집단 구성원 간 반대논쟁을 활성화하여 문제 해결안을 발견하고자 한다.
⑤ 명목집단법과 정보기술을 조화시키는 전자회의를 통해 집단의사결정의 효율성을 높일 수 있다.

/정답/ ④
명목집단법은 반대논쟁을 극소화하여 개개인의 다양한 견해를 제시하도록 하는 기법이다.

9 경영의사결정에 관한 설명으로 옳지 않은 것은? (경영지도사, 19)

① 합리적 의사결정모형은 완전한 정보를 가진 가장 합리적인 의사결정행동을 모형화하고 있다.
② 경영자가 하는 대부분의 의사결정은 최선의 대안보다는 만족할만한 대안을 선택하는 것으로 귀결되는 경우가 많다.
③ 브레인스토밍은 타인의 의견에 대한 비판을 통해 대안을 찾는 방법이다.
④ 집단응집력을 낮춤으로써 의사결정 과정에서의 집단사고 경향을 낮출 수 있다.
⑤ 명목집단법은 문제의 답에 대한 익명성을 보장하고, 반대 논쟁을 극소화하는 방식으로 문제해결을 시도하는 방법이다.

/정답/ ③
브레인스토밍의 중요한 원칙 중 하나는 비판금지의 원칙이다.

10 다음 설명에 해당하는 의사결정기법은? (노무사, 21)

> • 자유롭게 아이디어를 제시할 수 있다.
> • 타인이 제시한 아이디어에 대해 비판은 금지된다.
> • 아이디어의 질보다 양을 강조한다.

① 브레인스토밍(brainstorming)
② 명목집단법(nominal group technique)
③ 델파이법(delphi technique)
④ 지명반론자법(devil's advocacy)
⑤ 프리모텀법(premortem)

/정답/ ①

브레인스토밍의 주요 원칙으로는 ⅰ) 비판금지의 원칙, ⅱ) 자유분방의 원칙, ⅲ) 질보다 양의 원칙, ⅳ) 결합, 개선의 원칙 등이 있다.

11 브레인스토밍(brainstorming)에 관한 특징으로 옳지 않은 것은? (경영지도사, 23)

① 아이디어의 양보다는 질 우선
② 다른 구성원의 아이디어에 대한 비판 금지
③ 조직구성원의 자유로운 제안
④ 자유분방한 분위기 조성
⑤ 다른 구성원의 아이디어와 결합 가능

/정답/ ①

12 미국의 랜드연구소에서 개발한 의사결정기법으로, 전문가들을 한 장소에 대면시키지 않아 상호 간의 영향을 배제하면서 전문적인 견해를 얻는 방법은? (경영지도사, 18, 14, 13)

① 제3자조정기법(third party peace-making technique)
② 상호작용집단법(interaction group method)
③ 브레인스토밍(brain storming)
④ 델파이기법(delphi technique)
⑤ 명목집단기법(nominal group technique)

/정답/ ④

② 상호작용집단법(interaction group method) : 문제해결을 위한 집단의 역동적 교류
경영지도사 2013년도 기출 지문 중 의사결정나무(decision tree)란, 의사결정 규칙(decision rule)을 나무구조로 도표화하여 분류와 예측을 수행하는 분석 방법을 의미한다.

13 다음에서 설명하는 방법은? (가맹거래사, 16, 06)

> 합의된 예측을 달성하기 위해 이전의 조사결과로부터 작성된 일련의 설문지를 전문가들에게 반복적인 절차를 통해 예측치를 구하는 방법

① 중역의견법　　② 델파이법　　③ 회귀분석법
④ 수명주기유추법　　⑤ 판매원의견합성법

/정답/ ②

가맹거래사 06년도 문제는 '전문가 집단을 이메일이나 팩스, 또는 우편을 이용하여 질문에 응하도록 하고 그 응답의 결과를 요약한 보고서를 다시 이메일이나 팩스, 또는 우편으로 돌리는 과정을 반복함으로써 최적의 집단 의견을 도출하는 방법'으로 델파이 기법의 정의를 제시하였다.

14 델파이기법에 관한 설명으로 옳지 않은 것은? (노무사, 15)

① 전문가들을 두 그룹으로 나누어 진행한다.
② 많은 전문가들의 의견을 취합하여 재조정 과정을 거친다.
③ 의사결정 및 의견개진 과정에서 타인의 압력이 배제된다.
④ 전문가들을 공식적으로 소집하여 한 장소에 모이게 할 필요가 없다.
⑤ 미래의 불확실성에 대한 의사결정 및 장기예측에 좋은 방법이다.

/정답/ ①

① 델파이법이란 폭넓은 지식을 가진 전문가 집단을 대상으로 직접 대면접촉 없이 다양한 의견을 취합하는 방법으로, 전문가들을 두 그룹으로 나누어 진행하지 않는다.
⑤ 전문가 여러 명의 의견을 취합하여 비교적 정확한 예측을 하므로 미래의 불확실성에 대한 의사결정 및 장기예측에 좋은 방법이다.

15 델파이법에 관한 설명으로 옳지 않은 것은? (경영지도사, 19)

① 모든 토의 구성원에게 문제를 분명히 알린다.
② 전문가들에게 대안을 수집하기 때문에 신속하게 의사결정을 할 수 있다.
③ 전문가들로부터 개진된 의견을 취합하여 다시 모든 구성원과 공유한다.
④ 시간적·지리적 제약이 있는 경우 유용하게 활용될 수 있다.
⑤ 합의된 의사결정 대안의 도출까지 진행과정을 반복한다.

/정답/ ②

델파이 기법은 전문가들의 의견을 수집하고 수집한 의견을 다시 전달하는 과정을 반복하기 때문에 의사결정에 시간이 걸린다.

16 집단 의사결정기법에서 변증법적 토의법에 관한 설명으로 옳은 것은? (경영지도사, 21)

① 집단구성원들이 한 가지 문제를 두고 각자의 아이디어를 무작위로 개진하여 최선책을 찾아가는 의사결정 기법
② 집단구성원들이 회의에 참석하지만 각자 익명의 서면으로 의견을 제출하고 간략한 견해를 피력하는 개별 토의 후에 표결로 의사결정 하는 기법
③ 반론자를 지정하여 해당 주제의 약점을 제기하게 하고 이에 대한 토론 과정을 거쳐 의사결정 하는 기법
④ 전문가 의견을 독립적으로 수집하여 그들의 의견을 보고 수정된 의견을 제시하는 일련의 반복과정으로 의사결정 하는 기법
⑤ 집단구성원들을 절반으로 나누어 반대 의견을 개진하면서 토론을 거쳐 의사결정 하는 기법

/정답/ ⑤

① 브레인스토밍
② 명목집단법
③ 지명반론자법
④ 델파이기법

17 집단 의사결정기법에 관한 설명으로 옳은 것은? (경영지도사, 22)

① 브레인스토밍(brainstorming)은 새로운 아이디어에 대하여 무기명 비밀투표로 서열을 정한다.
② 지명반론자법(devil's advocate method)은 구성원들이 여러 이해관계자를 대표하여 토론하는 방법이다.
③ 델파이법(Delphi method)은 전문가들의 면대면 토론을 통해 최적 대안을 선정한다.
④ 변증법적토의법(dialectical inquiry model)은 구성원들이 대안에 대하여 공개적으로 찬성 혹은 반대하는 것을 금한다.
⑤ 명목집단법(nominal group technique)은 대안의 우선순위를 정하기 전에 구두로 지지하는 이유를 설명하는 것을 허용한다.

/정답/ ⑤

① 브레인스토밍(brainstorming)은 공개적으로 자유롭게 아이디어를 제시한다.
② 지명반론자법(devil's advocate method)은 의도적으로 계속 반대 의견을 제시하여 토론하는 방법이다.
③ 델파이법(Delphi method)은 전문가들의 대면접촉 없이 서신을 통해 의견을 개진하게 하여 최적 대안을 선정한다.
④ 변증법적토의법(dialectical inquiry model)은 구성원들이 찬성 혹은 반대로 나누어 토론하게 하고 양쪽 의견을 종합하여 의사결정을 내린다.

POINT 리더십 행위이론

1. 구조주도 및 배려 (오하이오대학 연구)

- **고 려**(배려, consideration) : 집단성원들 사이의 관계에서 우정, 신뢰, 존경 등 표시 정도
- **구조주도**(initiating structure) : 직무나 구성원들을 조직화하는 행동

고려와 구조주도의 2차원 모형

	저 ← 구조주도 → 고
고 ↑ 고려	생산에 대한 낮은 관심과 구성원에 대한 높은 관심	생산에 대한 높은 관심과 구성원에 대한 높은 관심
↓ 저	생산에 대한 낮은 관심과 구성원에 대한 낮은 관심	생산에 대한 높은 관심과 구성원에 대한 낮은 관심

신유근, 인간존중경영, 신판, p414, 그림11-1 고려와 구조주도의 2차원모형

2. 관리격자모델(Managerial Grid) - 블레이크(R. R. Blake)와 무톤(J. S. Mouton)

- 횡축을 생산에 대한 관심(과업, 생산에 초점 concern for production)의 정도를 파악할 수 있도록 9등급으로 구분, 종축을 인간에 대한 관심(관계, 팀워크와 만족에 초점 concern for people)의 정도를 파악할 수 있도록 역시 9등급으로 구분

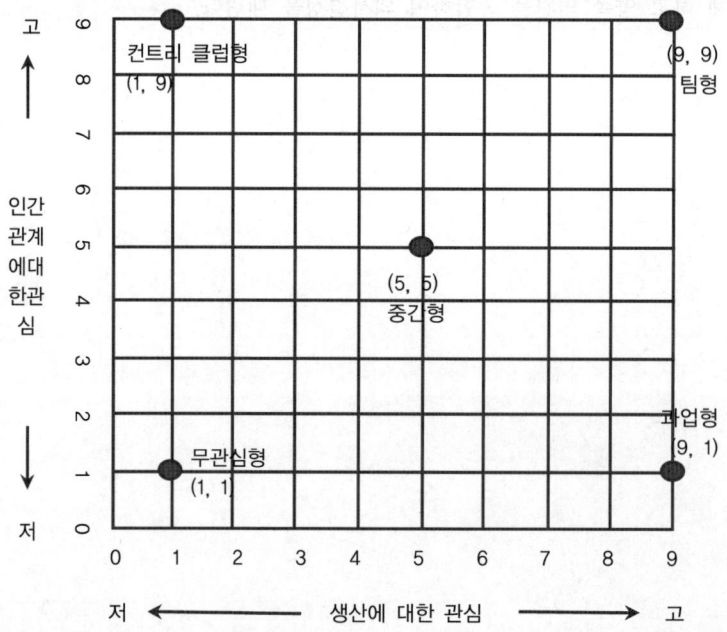

신유근, 인간존중경영, 신판, p415, 그림11-2 매니지리얼 그리드

- **(1,1)형 : 무능력(impoverished)형** : 리더는 조직구성원으로서 자리를 유지하는 데 필요한 최소한의 노력만 함
- **(9,1)형 : 과업(task)형** : 리더는 일의 효율성을 높이기 위해 작업조건을 정비하고 과업수행 능력을 가장 중요하게 생각
- **(1,9)형 : 인간관계(country club)형** : 리더는 부하와의 만족한 관계를 위하여 부하의 욕구에 관심을 두고 편안하고 우호적인 분위기 조성
- **(5,5)형 : 중간(middle of the road)형** : 리더는 과업의 능률과 인간적 요소를 절충하여 적당한 수준에서 성과를 추구
- **(9,9)형 : 이상형 또는 팀(team)형** : 리더는 구성원과 조직의 공동목표 및 상호의존 관계를 강조하고 상호 신뢰적이고 존경적인 관계에서 구성원의 몰입을 통하여 과업을 달성

관련 문제

1 오하이오 주립대학 모형의 리더십 유형구분은? (노무사, 12)

① 구조주도형 리더 - 배려형 리더
② 직무 중심적 리더 - 종업원 중심적 리더
③ 독재적 리더 - 민주적 리더
④ 이상형 리더 - 과업지향형 리더
⑤ 무관심형 리더 - 인간관계형 리더

/정답/ ①

2 블레이크(R. R. Blake)와 모우튼(J. S. Mouton)의 리더십 관리격자 모델의 리더유형에 관한 설명으로 옳지 않은 것은?
(경영지도사, 18)

① (1,1)형은 조직구성원으로서 자리를 유지하는데 필요한 최소한의 노력만을 투입하는 방관형(무관심형) 리더이다.
② (1,9)형은 구조주도 행동을 보이는 컨트리클럽형(인기형) 리더이다.
③ (9,1)형은 과업 상의 능력을 우선적으로 생각하는 과업형 리더이다.
④ (5,5)형은 과업의 능률과 인간적 요소를 절충하여 적당한 수준에서 성과를 추구하는 절충형(타협형) 리더이다.
⑤ (9,9)형은 인간과 과업에 대한 관심이 모두 높은 팀형 리더이다.

/정답/ ②

② 컨트리클럽형은 인간에 대한 관심에 의한 행위를 보인다.

3 블레이크(R. Blake)와 모튼(J. Mouton)의 리더십 관리격자 모델과 리더 유형의 연결이 옳은 것은?
(경영지도사, 23)

① 1·1형 – 친화형
② 1·9형 – 과업형
③ 5·5형 – 무능력형
④ 9·1형 – 절충형
⑤ 9·9형 – 이상형

/정답/ ⑤

① 1·1형 - 무능력형(무관심형)
② 1·9형 - 친화형(인간관계형)
③ 5·5형 - 절충형
④ 9·1형 - 과업형

POINT 리더십 상황이론

1. 피들러의 리더십 상황모델(리더십 효과성 이론 : theory of leadership effectiveness)

(1) 리더십 구분
- 리더십을 리더의 성격 특성으로 파악하고 LPC(싫어하는 동료에의 평가)를 통해 측정
- 고 LPC → 관계지향적 리더십, 저 LPC → 과업지향적 리더십

(2) 상황변수 : 상황의 호의성(favorableness)
- **리더-구성원 간의 관계**(leader-member relations) : 신뢰, 리더의 지시 따르려는 정도
- **과업구조**(task structure) : 목표명료성, 목표-경로 다양성, 검증가능성, 구체성 등
- **직위권력**(position power) : 지도, 평가, 상과 벌을 줄 수 있는 권한의 정도
- 리더와 구성원의 관계가 좋을수록, 과업이 구조화되어 있을수록, 직위권력이 많이 주어질수록 리더에게 호의적인 상황

(3) 상황에 적합한 리더십
- 상황호의성이 중간 → 관계지향적 리더십
- 상황호의성이 높거나 낮은 경우 → 과업지향적 리더십이 적합

2. 허시와 블랜차드의 상황적 리더십이론(situational leadership theory)

(1) 리더십 구분
- 리더십을 리더의 행동으로 파악하고, 2차원적으로 구분
- **과업행위** : 구조주도(initiating structure), 직무나 구성원들을 조직화하는 행동
- **관계행위** : 배려(consideration), 집단성원들 사이의 관계에서 우정, 신뢰, 존경 등 표시 정도
- **지시적 리더십**(S1) : 고 구조주도, 저 배려, 일방적 커뮤니케이션, 리더 중심 의사결정
- **설득적 리더십**(S2)(판매형, 지도형-코치형) : 고 구조주도, 고 고려, 쌍방적 커뮤니케이션, 공동의사결정
- **참여적 리더십**(S3)(지원형) : 저 구조구조, 고 배려, 아이디어 공유, 의사결정 과정을 촉진, 참여
- **위임적 리더십**(S4) : 저 구조주도, 저 배려, 의사결정과 책임을 위임, 자율적 행동과 자기통제 하에 과업수행

(2) 상황변수 : 부하의 성숙도(readiness)

하급자가 달성 가능한 범위 내에서 목표를 세울 수 있는 역량(성취욕구), 일에 대한 책임을 지려는 의지와 능력, 과업과 관련된 교육과 경험 등을 의미하는 것으로 직무상 성숙도와 심리상 성숙도로 구성

(3) 상황에 적합한 리더십
- **성숙도R1** : 능력 低, 의지 低 → 지시적
- **성숙도R2** : 능력 低, 의지 高 → 설득적(판매적, 지도형-코치형)
- **성숙도R3** : 능력 高, 의지 低 → 참여적
- **성숙도R4** : 능력 高, 의지 高 → 위임적

3. 하우스의 경로-목표이론

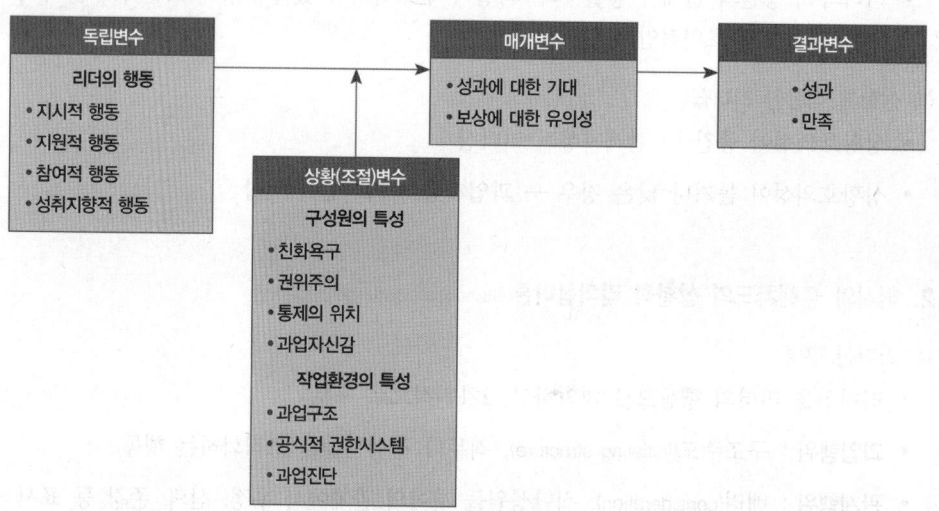

윤방섭, 리더십의 이해, p116 그림5-7 House의 경로-목표 리더십 모형

(1) 리더십 구분
- 리더십을 리더의 행동으로 파악하고 4가지 스타일 제시
- **지시적 리더십 스타일** : 도구적 리더십(instrumental leadership)으로 통제, 조직화, 감독 등과 관련된 행위
- **후원적**(지원적) **리더십 스타일** : 추종자들의 욕구와 복지에 관심을 가지고 관계를 중시하는 행위
- **참여적 리더십 스타일** : 의사결정 시 하급자의 의견을 고려해주는 행위

- **성취지향적 리더십 스타일** : 도전적 목표를 수립하고 최우수를 지향하며 자신의 능력에 자신감을 갖도록 하여 추종자들이 최고의 성과를 달성할 수 있도록 하는 리더의 행위

(2) **상황변수**
- **구성원의 특성** : 능력(ability), 통제의 위치(locus of control), 욕구와 동기(need and motivation)
- **작업환경의 특성** : 부하의 과업, 조직의 공식권한 시스템, 작업집단 등

(3) **상황에 따른 리더십 유효성**

구성원의 특성별 적합한 리더십	작업환경의 특성에 적합한 리더십
• 친화욕구가 강한 구성원들에게는 지원적 리더십이 적합 • 구성원이 권위주의적이라면 확실한 작업상황에서 편안함을 느끼기 때문에 지시적 리더십이 적합 • 구성원이 내재론자라면 스스로 결정의 주체가 되게끔 하는 참가적 리더십이 적합, 외재론자라면 지시적 리더십이 적합 • 구성원이 스스로 유능하다고 생각하여 과업에 대한 자신감이 높다면 지시적 리더십은 통제적으로 인식되어 부적합	• 과업구조에서 과업 내용이 불명확하고 모호하게 설계되었다면 지시적 리더십이 적합 • 과업이 반복적인 경우에는 과업수행을 통한 동기부여보다는 배려와 관심을 통해 동기유발이 되도록 하는 지원적 리더십이 적합 • 공식적 권한시스템이 약한 상황에서는 규칙이나 작업상의 요구를 명백히 하는 것이 구성원들을 돕는 것이기 때문에 지시적 리더십이 적합 • 작업집단 내의 집단규범이 약한 경우라면 지시적 리더십이 적합

(4) **상황에 적합한 리더십은 부하의 동기부여를 매개하여 성과로 연결**
- 브룸(Vroom)의 기대이론에 의하면 노력하면 성과로 이어진다(노력-성과)고 믿고, 그 성과를 통해 원하는 보상을 얻을 것(성과-보상)이라고 믿으며, 그 보상이 가치 있는 것이라는 믿음(유의성, Valence)이 있을 때 동기부여됨
- 경로-목표이론에서 리더의 행동은 구성원들의 위 세 가지 요소에 영향을 미쳐서 궁극적으로 높은 성과를 나타내게 하므로, 리더가 구성원들에게 노력을 기울이면 성과를 가져오게 될 것이라는 기대감을 높여주고, 성과를 나타내면 구성원들이 가치 있게 여기는 어떤 보상이 주어질 것이라는 기대감을 높여주면 구성원들은 노력을 기울여 높은 성과를 나타낼 것

관련 문제

1 리더십연구 학자와 그 리더십 이론의 연결이 옳지 않은 것은? (노무사, 11)

① 피들러(Fiedler) : 상황이론
② 허시와 블랜차드(Hersey & Blanchard) : 경로-목표이론
③ 블레이크와 머튼(Blake & Mouton) : 관리격자이론
④ 브룸과 이튼(Vroom & Yetton) : 리더-참여모형
⑤ 그린리프(Greenleaf) : 서번트(servant) 리더십

/정답/ ②

경로-목표이론을 주장한 것은 하우스(House)이다.

2 리더십이론 중 피들러(F.E. Fiedler) 모형에 관한 설명으로 옳은 것을 모두 고른 것은? (가맹거래사, 18)

ㄱ. 리더의 행동차원을 인간에 대한 관심과 과업에 대한 관심 두 가지로 나누어 다섯 가지 형태의 리더십으로 구분하였다.
ㄴ. 상황요인으로 과업이 짜여진 정도, 리더와 부하 사이의 신뢰정도, 리더 지위의 권력정도를 제시하였다.
ㄷ. 상황이 리더에게 아주 유리하거나 불리할 때는 과업주도형 리더십이 효과적이라고 주장하였다.
ㄹ. 리더의 유형을 파악하기 위해 LPC(least preferred co-worker) 점수를 측정해서 구분하였다.

① ㄱ, ㄴ   ② ㄱ, ㄹ   ③ ㄴ, ㄷ
④ ㄴ, ㄷ, ㄹ   ⑤ ㄱ, ㄴ, ㄷ, ㄹ

/정답/ ④

ㄱ. 리더의 행동차원을 인간에 대한 관심과 과업에 대한 관심 두 가지로 나누어 다섯 가지 형태의 리더십으로 구분한 것은 관리격자모형의 설명이다.

3 피들러(F. Fiedler)의 상황적합 리더십이론에 관한 설명으로 옳지 않은 것은? (노무사, 23)

① LPC 척도는 가장 선호하지 않는 동료작업자를 평가하는 것이다.
② LPC 점수를 이용하여 리더십 유형을 파악한다.
③ 상황요인 3가지는 리더-부하관계, 과업구조, 부하의 성숙도이다.
④ 상황의 호의성이 중간 정도인 경우에는 관계지향적 리더십이 효과적이다.
⑤ 상황의 호의성이 좋은 경우에는 과업지향적 리더십이 효과적이다.

/정답/ ③

피들러가 제시한 상황요인 3가지는 리더-부하관계, 과업구조, 리더의 직위 권한이다.

4 허시와 블랜차드(P. Hersey & K. H. Blanchard)의 상황적 리더십 이론에 관한 설명으로 옳은 것은? (노무사, 12)

① 부하의 성과에 따른 리더의 보상에 초점을 맞춘다.
② 리더는 부하의 성숙도에 맞는 리더십을 행사함으로써 리더십 유효성을 높일 수 있다.
③ 리더가 부하를 섬기고 봉사함으로써 조직을 이끈다.
④ 리더십 유형은 지시형, 설득형, 거래형, 희생형의 4가지로 구분된다.
⑤ 리더십에 영향을 줄 수 있는 상황적 요소는 과업구조, 리더의 지위권력 등이다.

/정답/ ②

허시와 블랜차드(Hersey&Blanchard)의 상황적 리더십은 리더십의 효과가 구성원의 성숙도라는 상황요인에 의하여 달라질 수 있다는 이론이다.

5 허쉬와 블랜차드(P. Hersey & K. Blanchard)의 상황적 리더십 이론에서 설명한 4가지 리더십 스타일이 아닌 것은? (경영지도사, 19)

① 설명형   ② 설득형   ③ 관료형
④ 참여형   ⑤ 위임형

/정답/ ③

6 허시와 브랜차드(Hersey & Blanchard)의 리더십 유형 중 낮은 지시행동과 낮은 지원행동을 보이는 유형은?

(경영지도사, 17)

① 지시형 리더 ② 지도형 리더 ③ 지원형 리더
④ 위임형 리더 ⑤ 카리스마적 리더

/정답/ ④

7 하우스(R. House)가 제시한 경로-목표이론의 리더십 유형에 해당하지 않는 것은?

(노무사, 20 및 경영지도사, 19)

① 권한위임적 리더십 ② 지시적 리더십 ③ 지원적 리더십
④ 성취지향적 리더십 ⑤ 참가적 리더십

/정답/ ①

경영지도사 19년도 기출문제는 '혁신적(innovational) 리더'를 오답 지문으로 하여 출제되었다.

8 리더십 이론에 관한 설명으로 옳지 않은 것은?

(경영지도사, 13)

① 리더십 특성이론에서는 리더가 지니는 카리스마, 결단성, 열정, 용기 등과 같은 특성을 찾아내는 데 초점을 둔다.
② 오하이오 주립대 연구에 의하면 구조주도(initiating structure)와 배려(consideration)가 모두 높은 수준인 리더가 한 요인 혹은 두 요인이 모두 낮은 수준을 보인 리더보다 높은 과업성과와 만족을 보이는 것으로 나타났다.
③ 하우스(R. House)의 경로-목표이론에 의하면 내부적 통제위치를 지닌 부하의 경우에는 참여적 리더십이 적합하다.
④ 피들러(F. Fiedler)의 상황적합 모형에 의하면 개인의 리더십 유형은 상황에 따라 변화한다고 한다.
⑤ 허쉬(P. Hersey)와 블랜차드(K. Blanchard)의 상황적 리더십 이론에서는 부하들의 준비성(readiness)을 중요한 요소로 고려하고 있다.

/정답/ ④

9 리더십 이론에 관한 설명으로 옳지 않은 것은?   (경영지도사, 16)

① 리더십 이론은 특성론적 접근, 행위론적 접근, 상황론적 접근으로 구분할 수 있다.
② 블레이크(R. Blake)와 모우튼(J. Mouton)의 관리격자이론에 의하면 (9.9)형이 이상적인 리더십 유형이다.
③ 허쉬(R. Hersey)와 블랜차드(K. Blanchard)는 부하들의 성숙도에 따른 효과적인 리더십 행동을 분석하였다.
④ 피들러(F. Fiedler)는 상황변수로서 리더와 구성원의 관계, 과업구조, 리더의 지휘권한 정도를 고려하였다.
⑤ 하우스(R. House)의 경로-목표이론에 의하면 상황이 리더에게 아주 유리하거나 불리할 때는 과업지향적인 리더십이 효과적이다.

/정답/ ⑤
상황의 호의성에 따른 효과적인 리더십에 대한 검토는 피들러의 이론이다.

10 다음 리더십 이론에 대한 설명 중 거리가 먼 것은?   (가맹거래사, 07)

① R. J. House의 경로-목표이론은 기대이론(expectancy theory)에 기반을 두고 있다.
② F. Fiedler의 상황모형(contingency model)에 의하면 리더와 부하의 관계가 좋고 리더의 지휘권력이 강한 상황에서는 과업지향적인 리더보다 관계지향적인 리더의 성과가 높다.
③ 리더십 대체물(substitute)이란 리더의 행동이 필요 없게 만드는 상황요인을 말한다.
④ P. Hersey와 K. H. Blanchard의 수명주기이론은 부하의 성숙도에 따라 리더의 관계지향적인 행동과 과업지향적인 행동의 조합 정도를 달리해야 된다는 점을 강조한다.
⑤ 리더십 행동이론을 연구한 학자들에 의하면 자유방임적 리더십은 민주적 리더십에 비하여 성과가 떨어진다.

/정답/ ②
상황이 매우 호의적이거나 매우 비호의적일 때에는 과업지향적 리더(LPC점수가 낮은 리더)가 적합하며, 호의성이 중간인 상황에서는 관계지향적 리더(LPC점수가 높은 리더)가 적합하다.

11 다음의 리더십 이론에 관련된 설명 중 가장 적절한 것은? (가맹거래사, 07)

① 특성이론(Trait Theory)에 의하면, 리더는 리더십 행사에서 상황의 영향을 받을 수 있음을 제시한다.
② 관리격자(Managerial Grid) 이론에 의하면, 중간관리자에게 가장 적절한 리더십 유형은 중간형(5.5)이다.
③ 피들러(F. Fiedler)의 상황이론에서는 리더십의 상황요인으로 리더-구성원 관계, 과업구조, 리더의 직위권한을 제시하고 있다.
④ 경로-목표 이론(Path-Goal Theory)에서는 의사결정 상황에 따라 리더의 의사결정 유형을 달리하는 의사결정나무(decision tree)를 제시하고 있다.
⑤ 허시와 블랜차드(P. Hersey & K. H. Blanchard)의 리더십 이론에 의하면, 부하의 성숙도가 높을 경우에는 판매 또는 지도형의 리더가 적합하다.

/정답/ ③
① 특성이론은 리더에게는 리더로서의 천부적인 소양과 특성이 있음을 밝히고 이를 연구하고자 하는 이론이다.
② 관리격자 이론은 팀형(9,9)을 가장 적절한 리더십이라고 본다.
④ 리더십 규범이론에 대한 설명이다.
⑤ 부하의 성숙도가 높으면 관계지향형 리더가 적합하다.

POINT 기타 리더십이론 I

1. 관계중심 리더십이론

(1) 개 요

리더 한 사람과 전체 구성원의 관계를 살펴보기보다는 리더와 개별구성원의 관계를 살펴보자 하는 것을 '리더-구성원 교환이론(Leader-Members eXchange : LMX)'이라고 한다. LMX이론은 리더십이 조직의 성과에 영향을 주는 데 있어서 리더의 특성이나 행동보다는 리더-구성원의 교환관계의 질이 더 중요하다고 주장하고, 그 리더-구성원 관계의 질을 연구하고 그것이 집단의 성과에 어떤 영향을 주는지를 연구하였다.

(2) 주요 내용

① **리더-구성원 관계유형**
- **내집단**(in group) : 역할확대(expanded role)와 역할협의(negotiated role), 즉 공식적 역할 이외의 역할(extra-roles)에 근거한 관계유형
- **외집단**(out group) : 공식적 고용계약에 명시된 역할(defined roles)에 근거한 관계유형
- 리더-멤버의 질 좋은 관계는 하급자의 직무성과, 만족도, 조직몰입, 조직시민행동을 높이고 이직의도를 낮추고, 리더와 좋은 관계를 형성하게 된 하급자는 그렇지 못한 하급자에 비해 리더가 보다 공정하다는 인식을 하게 되며, 보다 확실한 사회적 정체성(social identity)을 갖는 것으로 보고됨

③ **리더십 만들기** : 리더-구성원 간 관계발전 과정 - 그레인과 얼빙(Graen&Uhl-Bien)

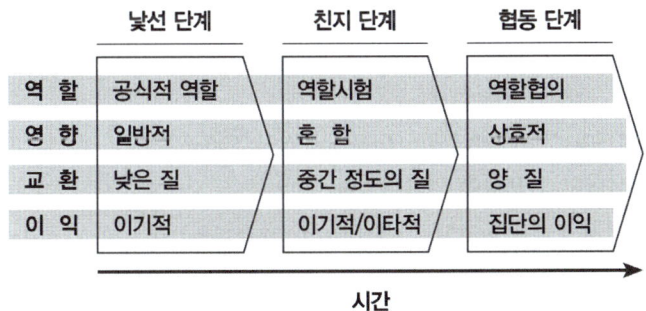

2. 카리스마 리더십

구성원이 리더가 가지고 있는 비범함(Charisma)을 지각함으로써 리더십이 발휘된다고 주장하는 이론이다.

행위요소	카리스마 리더	비카리스마 리더
현상에 대한 태도	현 상태에 근본적으로 불만족하며 변화시키려고 노력함	근본적으로 현 상태에 만족하고 그것을 유지하려 함.
미래의 목표	현 상태를 크게 뛰어넘는 이상적 비전을 제시	현 상태에서 크게 차이가 나지 않는 목표 중시
존경스러움	관점과 비전을 공유케 됨으로써 하급자들이 존경하고 동일시 또는 모방하려 함	관점을 공유하므로 하급자들이 존경케 됨
전문성	기존의 질서를 뒤엎을 수 있는 혁신적 수단을 사용하는 데 있어 전문가로 인정받음	현 질서 하에서 목표를 달성하는 데 필요한 수단을 사용함에 있어 전문가임
환경에 대한 민감성	현 상태를 변혁시키는 데 크게 필요한 환경에 대한 민감성 갖춤	현 상태 유지가 목적이므로 환경적 민감성의 필요성이 낮음
명확성	미래의 비전과 리더십 동기에 있어 매우 명확함	목표도 리더십 동기도 명확하지 않음
힘의 원천	전문성, 존경, 특출한 영웅에 대한 하급자들의 칭송에 기초한 개인적 힘에 의지함	직위권한과 개인적 힘(보상, 전문성, 친분)에 기초함
리더-추종자의 관계	엘리트, 사업가, 행동 모델/사람들을 변화시켜 급진적 변화를 수용토록 함	평범, 합의 추구 또는 지시적/자신의 관점을 공유하도록 하급자들을 몰아붙이거나 지시함.

백기복, 조직행동연구, 제6판, p316 표11-4 카리스마 vs 비카리스마 리더의 행위구분

3. 변혁적 리더십

거래적 리더십에서처럼 거래관계에만 머물러서는 추종자들을 장기적으로 동원할 수 없다고 보고 변혁적 리더십의 필요성이 역설되었다.

변혁적 리더십을, 미시적 차원에서는 개인 간의 영향력 행사과정이며 거시적 차원에서는 사회적 체계를 변화시키고 조직을 혁신하는 힘을 동원하는 과정이라고 한다. 변혁적 리더는 추종자들의 의식, 가치관, 태도의 혁신을 추구하는 리더십, 저차원 욕구에 사로잡힌 추종자들이 고차원 욕구를 갖도록 변화시키는 사람이다.

거래적 리더십 구성요소	변혁적 리더십 구성요소
• 조건적 보상(contingent reward) 리더와 추종자들은 노력에 대한 교환으로서 보상을 규정하는 계약관계에 있음 • 적극적 예외에 의한 관리(active management by exception) 리더는 정해진 규정이나 규칙에 위반되는 사례를 감시하고 찾으며 위반 발견 시 시정조치를 취함 • 소극적 예외에 의한 관리(passive management by exception) 리더는 업무표준을 충족시키지 못한 경우에만 개입 • 자유방임(laissez-faire) 리더가 책임을 지지 않으려 하고 의사결정을 회피함	• 이상적 역할모델(idealized influence) 리더가 부하들에게 더욱 희생하고 부하들에게 롤모델이 되며 높은 수준의 윤리의식을 가지고 있을 뿐만 아니라 추종자들에게 비전과 사명감, 그리고 자부심을 심어줌으로써 추종자들로부터 존경과 신뢰를 받음 • 영감적 동기부여(inspiration) 리더는 추종자들에게 높은 수준의 기대감을 심어주고, 추종자의 노력을 집중시키기 위해 상징기법을 사용하며 중요한 목적을 단순한 방법으로 표현함 • 지적자극(intellectual simulation) 리더는 추종자들의 지성, 합리성, 그리고 신중한 문제해결을 촉진하며, 혁신이고 창의적인 대안을 찾도록 유도함 • 개별 배려(individual consideration) 리더는 추종자 개인에게 관심을 가지고 주목하며, 개별 추종자를 개인적으로 상대하며 조언과 지도를 아끼지 않음. 이 과정에서 구성원의 욕구파악, 임파워먼트, 역량개발 등이 이루어짐

□ 관련 문제

1 리더십 이론에 관한 설명으로 옳지 않은 것은? (가맹거래사, 20)

① 경로-목표이론 : 리더는 구성원이 목표를 달성할 수 있도록 명확한 길을 제시해야 한다.
② 리더십 상황이론 : 리더의 행위가 주어진 상황에 적합하면 리더십의 효과가 증가한다.
③ 리더-구성원 교환이론 : 리더는 내집단-외집단을 구분하지 않고 동일한 리더십을 발휘한다.
④ 리더십 특성이론 : 리더가 지닌 신체적, 심리적, 성격적 특성 등에 따라 리더십의 효과가 달라진다.
⑤ 리더십 행동이론 : 리더가 부하들에게 어떤 행동을 보이는가에 따라 리더십의 효과가 달라진다.

/정답/ ③

2 조직구성원이 리더의 새로운 이상에 의해 태도와 동기가 변화하고 자발적으로 자신과 조직의 변화를 이끌어 낼 수 있도록 하는 리더십은? (경영지도사, 20)

① 거래적 리더십(transactional leadership)
② 수퍼 리더십(super-leadership)
③ 변혁적 리더십(transformational leadership)
④ 서번트 리더십(servant leadership)
⑤ 진성 리더십(authentic leadership)

/정답/ ③

3 현대적 리더십이론의 하나인 변혁적 리더십에서 변혁적 리더의 특성이 아닌 것은? (노무사, 11)

① 카리스마
② 영감고취(inspiration)
③ 지적인 자극
④ 개별적 배려
⑤ 예외에 의한 관리

/정답/ ⑤

예외에 의한 관리는 거래적 리더십의 특징이다.

4 변혁적 리더가 갖추어야 할 자질이 아닌 것은? (노무사, 14)

① 조건적 보상　　② 비전제시 능력　　③ 신뢰 확보
④ 비전전달 능력　　⑤ 설득력과 지도력

/정답/ ①

조건적 보상은 거래적 리더십의 특징이다.

5 배스(B. M. Bass)의 변혁적 리더십에 포함되는 4가지 특성이 아닌 것은? (경영지도사, 15)

① 카리스마(이상적 영향력)　　② 영감적 동기부여
③ 지적인 자극　　④ 개인적 배려
⑤ 성과에 대한 보상

/정답/ ⑤

성과에 대한 보상은 거래적 리더십과 관련되는 내용이다.

6 부하 개개인의 관심사와 발전적 욕구에 관심을 기울이며, 부하들의 기존 사고를 새로운 방식으로 변화시켜 나아가는 리더십은? (가맹거래사, 10, 07)

① 상황적 리더십　　② 거래적 리더십
③ 변혁적 리더십　　④ 전략적 리더십
⑤ 자유방임적 리더십

/정답/ ③

가맹거래사 07년도 기출 문제는 "추종자들에게 장기적 비전을 제시하고, 그 비전달성을 위해서 함께 매진할 것을 호소하며, 비전성취에 대한 자신감을 고취함으로써 조직에 대한 몰입을 강조하며 부하를 성장시키는 리더십"으로 정의하고 있다.

7 변혁적 리더십의 특징에 해당하지 <u>않는</u> 것을 모두 고른 것은? (경영지도사, 18)

> (ㄱ) 부하들에게 장기적인 목표를 위해 노력하도록 동기 부여한다.
> (ㄴ) 부하들을 위해 문제를 해결하거나 해답을 찾을 수 있는 곳을 알려준다.
> (ㄷ) 부하들에게 즉각적이고도 가시적인 보상으로 동기 부여한다.
> (ㄹ) 부하들에게 자아실현과 같은 높은 수준의 개인적인 목표를 동경하도록 동기 부여한다.
> (ㅁ) 질문을 하여 부하들에게 스스로 해결책을 찾도록 격려하거나 함께 일을 한다.

① (ㄱ),(ㄴ)   ② (ㄱ),(ㅁ)
③ (ㄴ),(ㄷ)   ④ (ㄷ),(ㄹ)
⑤ (ㄹ),(ㅁ)

/정답/ ③

㈜ 변혁적 리더는 지적 자극을 통해 대안을 찾도록 유도한다. 부하 대신 문제를 해결하거나 답을 직접 제시하는 리더십의 특징과는 거리가 있다.
㈜ 변혁적 리더는 고차원 욕구를 갖도록 변화시키는 사람이기에 경제적 보상을 통해 동기부여 하지 않는다. 즉각적이고 가시적인 보상을 통한 동기부여는 거래적 리더십의 특징이다.

8 변혁적 리더십에 관한 설명으로 옳지 <u>않은</u> 것은? (경영지도사, 23)

① 비전과 사명감을 부여하고, 자긍심을 높여준다.
② 뛰어난 성과에 대한 보상을 약속하고, 성취를 인정한다.
③ 개인적 관심을 보이고, 잠재력 개발을 위해 개별적 코치와 조언을 한다.
④ 이해력과 합리성을 장려하고, 기존의 틀을 벗어나 창의적 관점에서 문제를 해결하도록 촉진한다.
⑤ 높은 비전을 제시하고, 노력에 집중할 수 있도록 상징을 사용하며, 중요한 목적을 간단명료하게 표현한다.

/정답/ ②
성과에 대한 보상, 즉 조건적 보상을 이용하는 것은 거래적 리더십에 해당하는 설명이다.

9 거래적 리더십의 구성요소에 해당하는 것을 모두 고른 것은? (경영지도사, 21)

ㄱ. 자유방임	ㄴ. 개별화된 배려
ㄷ. 예외에 의한 관리	ㄹ. 보상연계

① ㄱ, ㄴ ② ㄷ, ㄹ ③ ㄱ, ㄷ, ㄹ
④ ㄴ, ㄷ, ㄹ ⑤ ㄱ, ㄴ, ㄷ, ㄹ

/정답/ ③

POINT 기타 리더십이론 Ⅱ

1. 서번트 리더십(servant leadership)

서번트 리더십은 다른 구성원들이 공동의 목표를 이루어 나가는 데 있어 정신적, 육체적으로 지치지 않도록 환경을 조성해주고 도와주는 리더십이다.

서번트 리더의 특성	
1. 경 청	• 부하들의 욕구와 열망에 대해 경청하고 명확히 파악한다.
2. 동 정	• 부하의 감정에 공감하고, 부하가 실수했을 때에는 그들의 좋은 의도에 대해 알아준다.
3. 치 유	• 부하의 실수를 해결해주기 위해 노력하며 위로해준다.
4. 인 지	• 부하의 강점과 한계에 대해서 관찰하여 알려준다.
5. 설 득	• 지시보다 설득으로 부하를 대한다.
6. 개념화	• 철학적 깊이를 가진 개념적인 사고를 기반으로 부하들을 개발하려고 노력하며, 장기적이고 폭넓은 사고방식을 가지려고 노력한다.
7. 예 견	• 현재의 행동이 어떤 결과를 가져올 것인지 예견하고 상황판단을 한다.
8. 스튜어드십(stewardship)	• 리더 자신이 조직의 물적, 인적 자원에 대한 감시자, 보호자라고 여긴다.
9. 구성원의 성장에 몰입	• 부하들의 현재 능력에 만족하지 않고 이를 개발, 발전시켜 나간다.
10. 공동체 형성	• 조직의 구성원들에게 조직 내·외부 모두 공동체 정신을 심어준다.

2. 자율적 리더십(self-leadership)

자율적 리더십 또는 셀프 리더십은 스스로를 리드하는 데 필요한 행동이나 사고에 관련된 전략을 말한다.

3. 수퍼 리더십(super leadership)

수퍼리더십은 하급자들이 셀프리더가 될 수 있도록 가르치고 이끄는 과정이다.

4. 코칭 리더십(coaching leadership)

코칭 리더십은 코치(coacher)가 피코치인(coachee)으로 하여금 자신에 내재된 잠재능력을 스스로 발견하고 그것을 스스로 개발·활용해 발전하도록 도와주는 리더십을 말한다.

5. 진성 리더십(authentic leadership)

일상생활에서 자신이 가지고 있는 핵심가치, 정체성 그리고 감정 등에서 벗어나지 않고 이를 근거로 타인과 상호작용하는 경우를 말한다.

진성 리더십의 핵심 4가지 차원은 리더의 자기인식(self-awareness), 내재화된 윤리적 관점(internalized moral perspective), 관계적 투명성(relational transparency)과 균형화된 정보처리 과정(balanced processing)이다.

관련 문제

1 서번트(servant) 리더의 특성으로 옳지 않은 것은? (노무사, 18)

① 부하의 성장을 위해 헌신한다.
② 부하의 감정에 공감하고 이해하려고 노력한다.
③ 권력이나 지시보다는 설득으로 부하를 대한다.
④ 조직의 구성원들에게 공동체 정신을 심어준다.
⑤ 비전달성을 위해 위험감수 등 비범한 행동을 보인다.

/정답/ ⑤

비범한 행동을 보이는 것은 카리스마 리더십의 특징이다.

2 부하들 스스로가 자신을 리드하도록 만드는 리더십은? (노무사, 13)

① 슈퍼 리더십
② 서번트 리더십
③ 카리스마적 리더십
④ 거래적 리더십
⑤ 코칭 리더십

/정답/ ①

3 리더십에 관한 설명으로 옳지 않은 것은? (노무사, 17)

① 거래적 리더십은 리더와 종업원 사이의 교환이나 거래관계를 통해 발휘된다.
② 서번트 리더십은 목표달성이라는 결과보다 구성원에 대한 서비스에 초점을 둔다.
③ 카리스마적 리더십은 비전달성을 위해 위험감수 등 비범한 행동을 보인다.
④ 변혁적 리더십은 장기비전을 제시하고 구성원들의 가치관 변화와 조직몰입을 증가시킨다.
⑤ 슈퍼 리더십은 리더가 종업원들을 관리하고 통제할 수 있는 힘과 기술을 가지도록 하는 데 초점을 둔다.

/정답/ ⑤

4 진성 리더십(authentic leadership)에 포함되는 것을 모두 고른 것은? (가맹거래사, 22)

ㄱ. 자아인식	ㄴ. 정서적 치유
ㄷ. 관계적 투명성	ㄹ. 균형잡힌 정보처리
ㅁ. 내면화된 도덕적 신념	

① ㄱ, ㄴ, ㄷ, ㄹ
② ㄱ, ㄴ, ㄷ, ㅁ
③ ㄱ, ㄴ, ㄹ, ㅁ
④ ㄱ, ㄷ, ㄹ, ㅁ
⑤ ㄴ, ㄷ, ㄹ, ㅁ

/정답/ ④

|제4절| 조직수준 연구

> **POINT 조직문화 모델**
>
> **1. 샤인(Schein)의 모델 : 인식수준 기준**
>
> 샤인에 따르면 조직문화란 개인의 마음속 깊은 데 존재하는 무의식적이고 무형적인 요소에서부터 우리가 보고 만질 수 있는 조직의 상징물에 이르기까지 다양한 요소들로 이루어진 총괄적 개념이다. 샤인은 구성원의 일반적 의식수준을 기준으로 3단계로 조직문화 구성요소를 구분한다.
>
> - **가공물과 창조물**(artifacts and creation) - 가시적 수준
>   표면적으로 나타나는 눈으로 볼 수 있는 물질적, 상징적, 행동적 인공창조물을 의미
> - **가치관**(values) - 인식적/의식적 수준
>   기업이 추구하고 있는 가치체계를 의미
> - **기본가정**(basic assumptions) - 잠재적 수준
>   구성원들이 인식하고 있지 않은 선의식적 가치를 의미
>
> **2. 파스칼(R. Pascale)과 피터스(T. Peters)의 7S 모형**
>
> 7S란 공유가치(shared value), 전략(strategy), 구조(structure), 관리제도(system), 구성원(staff), 관리기술(skill) 그리고 리더십 스타일(style)을 의미하는데, 이상 7가지 요소들은 밀접한 관련성과 상호의존성 하에서 전체적으로 기업체의 독특한 특성을 나타내면서 조직문화를 형성한다.
>
> **3. 조직문화의 유형 : 강한문화와 약한문화**
> - **강한문화** : 문화의 중심가치가 강하게 널리 스며들어 있는 문화로서, 구성원의 의식세계에 강렬한 모습으로 자리매김하고 있을 뿐만 아니라 구성원의 행동이 해당 조직문화와 일치되어 나타나는 경우
> - **약한문화** : 조직에 대한 특별한 이미지도 없고 신념, 상징, 로고 등의 문화적 구성요소들이 발견되지 않거나 있어도 중구난방인 경우로, 대개 신생 조직 또는 너무 오래되어 구성원들이 대거 교체되었거나 강력한 지도자 없이 수년을 지탱해 온 조직에서 흔히 발견할 수 있는 현상

관련 문제

1 파스칼(R. Pascale)과 피터스(T. Peters)의 조직문화 7S 중 다른 요소들을 연결시켜주는 핵심적인 요소는? (노무사, 20)

① 전략(strategy)
② 관리기술(skill)
③ 공유가치(shared value)
④ 관리시스템(system)
⑤ 구성원(staff)

/정답/ ③

2 맥킨지(McKinsey)가 제시한 조직문화 7S요소에 해당하지 않는 것은? (경영지도사, 20)

① 공유가치(shared value)
② 정신(spirit)
③ 구조(structure)
④ 전략(strategy)
⑤ 구성원(staff)

/정답/ ②

3 약한 문화를 가진 조직의 특성에 해당되는 것은? (노무사, 14)

① 응집력이 강하다.
② 의례의식, 상징, 이야기를 자주 사용한다.
③ 다양한 하위문화의 존재를 허용한다.
④ 조직가치의 중요성에 대한 광범위한 합의가 이루어져 있다.
⑤ 조직의 가치와 전략에 대한 구성원의 몰입을 증가시킨다.

/정답/ ③

약한 문화를 가진 조직의 경우 피동적이고 협조력이 약하며 부분적인 자기부서의 이해관계에 집착하는 단점이 있으나 다양한 하위문화의 존재를 허용하는 장점도 있다.

POINT 조직구조 설계

1. 조직구조설계 기본변수

(1) 복잡성(complexity) : 조직의 분화 정도(degree of differentiation)

① **수평적 분화 : 업무의 세분화**
- **직무의 전문화**(분업 : division of labor) : 조직의 구성원들이 책임을 지고 수행해야 할 과업의 범위와 깊이(의 축소)를 의미하는 것으로서 맡은 과업의 수를 축소하는 수평적 분업화와 재량권의 범위를 축소하는 수직적 분업화로 구분
- **부문화**(departmentation) : 분업으로 세분된 활동들을 직무와 대응시키고, 이를 다시 조직 전체 수준에서 집단별로 결합하는 과정

② **수직적 분화 : 계층의 수**
- 한 관리자가 담당하는 부하의 수를 의미하는 통제의 폭(span of control)을 기준으로 고층구조(tall structure)와 평면구조(flat structure)로 구분한다.

(2) 과업 및 부문간 연결

① **수평적 정보연결 : 통합**(integration) **및 조정**(coordination)
- 통합(integration)은 조직의 과업을 수행할 때 여러 다른 하위 체계 사이의 노력을 통일시키는 과정을, 조정(coordination)은 상호 분화된 조직의 활동을 동시화(synchronization)시키는 노력을 의미한다.

② **수직적 정보연결 : 통제**
- 조직의 상층과 하층 간의 활동을 조정하는 것으로서 일차적 목적은 통제이다.

(3) 공식화

공식화는 구성원들이 자기 업무를 어떻게 처리하는지를 통제하고 예측하기 위한 것으로서, 업무가 비교적 단순하고 반복적일 경우에는 업무처리에 대한 규정이나 절차를 표준화시켜 놓음으로써 상부와의 빈번한 의사전달이 없이도 효율적으로 업무를 수행할 수 있도록 한다.

(4) 분권화

조직계층 상하 간의 권한 분배를 기준으로 하여 의사결정 권한이 조직계층의 상부에 집중되는 집권화(centralization)와 의사결정 권한이 조직계층의 하부에 위임되는 분권화(decentralization)로 구분한다.

2. 조직구조 기본변수의 조합 : 기계적 구조와 유기적 구조

기계적 구조란 안정적 환경하에서 사전에 모든 일이 정해져 있는 고정된 조직구조를 의미하며, 유기적 구조는 환경변화에 따른 임시적 상황에 유연하게 적응하는 구조를 의미한다.

	기계적 구조	유기적 구조
• 작업의 분업화 • 공식화 • 권한의 위치 • 통제의 폭 • 커뮤니케이션 • 갈등해결 방식 • 정보의 흐름	• 높음 • 높음 • 조직의 최고층에 집중 • 좁음 • 명령, 지시 • 상급자의 의사결정 • 제한되고 하향적	• 낮음 • 낮음 • 능력과 기술을 가진 곳 • 넓음 • 충고, 자문 • 토론, 기타 상호작용 • 상하로 자유로움
• 적합한 환경	• 안정적 환경	• 동태적 환경

관련 문제

1 분권적 권한(decentralized authority)에 관한 설명으로 옳지 않은 것은? (경영지도사, 20)

① 종업원들에게 더 많은 권한위임이 발생한다.
② 의사결정이 신속하다.
③ 소비자에 대한 반응이 늦다.
④ 분배과정이 복잡하다.
⑤ 최고경영진의 통제가 약하다.

/정답/ ③
분권화는 의사결정 시간을 단축하게 해 소비자 니즈와 같은 환경변화에 빠르게 대처 가능할 수 있다.

2 조직설계 요소 중 통제범위와 관련된 설명으로 옳지 않은 것은? (가맹거래사, 16)

① 과업이 복잡할수록 통제범위는 좁아진다.
② 관리자가 스텝으로부터 업무상 조언과 지원을 많이 받을수록 통제의 범위가 좁아진다.
③ 관리자가 작업자에게 권한과 책임을 위임할수록 통제범위는 넓어진다.
④ 작업자와 관리자의 상호작용 및 피드백이 많이 필요할수록 통제범위는 좁아진다.
⑤ 작업자가 잘 훈련되고 작업 동기가 높을수록 통제범위는 넓어진다.

/정답/ ②
관리자가 스탭으로부터 업무상의 조언과 지원을 받을수록 관리부담이 경감되어 통제범위는 넓어진다.

3 기계적 조직과 유기적 조직의 비교·설명으로 옳은 것은? (노무사, 11)

① 기계적 조직은 직무 전문화가 낮고, 유기적 조직은 직무 전문화가 높다.
② 기계적 조직은 의사결정 권한이 분권화되어 있고, 유기적 조직은 의사결정 권한이 집권화되어 있다.
③ 기계적 조직은 동태적이고 복잡한 환경에 적합하며, 유기적 조직은 안정적이고 단순한 환경에 적합하다.
④ 기계적 조직은 통제범위가 넓고, 유기적 조직은 통제범위가 좁다.
⑤ 기계적 조직은 지휘계통이 길고, 유기적 조직은 지휘계통이 짧다.

/정답/ ⑤
① 기계적 조직은 직무 전문화가 높고, 유기적 조직은 직무 전문화가 낮다.
② 기계적 조직은 의사결정 권한이 집권화되어 있고, 유기적 조직은 의사결정 권한이 분권화되어 있다.
③ 기계적 조직은 안정적이고 단순한 환경에 적합하며, 유기적 조직은 동태적이고 복잡한 환경에 적합하다.
④ 기계적 조직은 통제범위가 좁고, 유기적 조직은 통제범위가 넓다.

4 기계적 조직구조의 특징이 아닌 것은? (경영지도사, 15)

① 많은 규칙
② 집중화된 의사결정
③ 경직된 위계질서
④ 비공식적 커뮤니케이션
⑤ 계층적 구조(Tall structure)

/정답/ ④
기계적 조직하에서는 비공식적 커뮤니케이션보다 계층적 구조를 통한 공식적 커뮤니케이션이 많이 일어난다.

5 기계적 조직과 유기적 조직에 관한 설명으로 옳지 않은 것은? (경영지도사, 13)

① 기계적 조직은 부문화가 엄격한 반면, 유기적 조직은 느슨하다.
② 기계적 조직은 공식화 정도가 낮은 반면, 유기적 조직은 높다.
③ 기계적 조직은 직무 전문화가 높은 반면, 유기적 조직은 낮다.
④ 기계적 조직은 의사결정 권한이 집중화되어 있는 반면, 유기적 조직은 분권화되어 있다.
⑤ 기계적 조직은 경영관리 위계가 수직적인 반면, 유기적 조직은 수평적이다.

/정답/ ②

기계적 조직은 공식화 정도가 높지만, 유기적 조직은 낮다.

6 조직구조의 설계에 있어 기계적(mechanistic) 구조와 유기적(organic) 구조를 비교한 설명으로 옳지 않은 것은? (가맹거래사, 08)

	기계적 구조	유기적 구조
① 과업분화 :	공유 가능한 업무	전문화된 업무
② 권한체계 :	집권화	분권화
③ 의사소통 :	공식적 상하간 의사소통	비공식적 상호의사소통
④ 통제방식 :	수많은 규칙과 규정	권한 위양
⑤ 환경적합 :	안정된 환경에 적합	불안정한 환경에 적합

/정답/ ①

기계적 구조에서는 전문화된 업무가 적합하며, 유기적 구조는 구성원 간 상호의사소통을 통해 공유 가능한 업무가 적합하다.

7 유기적 조직의 특성이 아닌 것은? (경영지도사, 21)

① 융통성 있는 의무   ② 많은 규칙
③ 비공식적 커뮤니케이션   ④ 탈집중화된 의사결정 권한
⑤ 수평적 구조

/정답/ ②

POINT 조직구조 형태

1. 기본조직구조 형태

	기능조직	사업부조직	팀조직
의의	내용이 유사하고 관련성이 높은 업무를 결합하는 조직설계 방법	• 제품, 서비스, 지역, 시장, 고객 등을 기준으로 조직을 설계하는 방법 • 경영 전반에 대한 자율적인 관리권한을 가지고 해당 업무에 대한 전적인 책임을 지는 이익책임단위	상호 보완적인 기능을 가진 소수의 사람이 공동의 목표를 달성하기 위해 공동의 접근 방법을 가지고 신축성 있게 상호 작용하며, 결과에 대해 공동의 책임을 지는 조직 단위
효과	(1) 장 점 • 기능별 규모의 경제 • 기능별 기술개발 용이 • 기능 목표 달성 가능 • 중간 이하 규모의 조직에 적합 • 소품종 생산에 효과적 (2) 단 점 • 환경변화에 대한 대응이 늦음 • 최고경영자의 의사결정이 지나치게 많음 • 부문 간 상호조정 곤란 • 혁신 곤란 • 전체조직목표에 대한 제한된 시각	(1) 장 점 • 불안정하고 급변하는 환경에 적합 • 제품에 대한 책임의 명료화로 고객만족 극대화 • 제품, 판매지역, 고객에 따라 적응 용이 • 대규모 조직에 적합 • 다품종 생산에 적합 (2) 단 점 • 기능부서별 규모의 경제 상실 • 제품라인 간 기능조정 곤란 • 기술전문화 추구 곤란 • 제품라인 간 통합 및 표준화 곤란	(1) 장 점 • 생산성 증가, 품질향상, 서비스 개선 • 팀원의 QWL 증진, 스트레스 감소, 이직률, 결근율 감소, 산업재해 감소 • 조직의 혁신성 및 유연성 제고 (2) 단 점 • 과정손실 발생 • 지배적이고 완고한 구성원이 팀을 통제할 가능성이 • 사회적 태만 발생 • 기존 소속부서 활동과의 조화
	매트릭스 조직	수평적 조직	가상 네트워크
의의	• 기능조직과 제품조직이 동시에 한 부서에 속하도록 설계 • 이중권한 구조 : 두 사람의 상사에게 보고하고 그들의 통제를 받는 이중적 구조	• 핵심 프로세스를 중심으로 조직화하는 설계방안 • 프로세스 : 고객을 위한 가치창출을 위해 투입물을 산출물로 변환시키는 과정에서 공동으로 작업하는 과업이나 활동으로 조직화한 집단	업무적인 상호의존성이 큼에도 불구하고 내부화하거나 자본적으로 강하게 연결됨 없이 독립성을 유지하는 조직들이 서로의 자원을 자신의 것처럼 활용하기 위해 수직, 수평, 공간적 신뢰관계로 연결
효과	(1) 장 점 • 제품의 다양한 요구에	(1) 장 점 • 고객에 대해 유연하고 신속	(1) 장 점 • 작은 조직이라도 전 세계에

- 적합
- 제품 간 인적자원 사용의 유연성
- 환경변화에 대한 복잡한 의사결정에 효과적
- 기능과 제품 간 통합기술개발의 기회

(2) 단 점
- 양 부문 간 갈등 야기
- 대인관계 훈련프로그램 필요
- 갈등 해소에 시간과 노력 필요
- 구성원의 이해 부족 시 비효과적

한 대응이 가능
- 모든 종업원의 관심사가 고객을 위한 가치 창출과 제공에 집중
- 모든 종업원이 조직목표에 대한 폭넓은 시각을 보유
- 팀워크와 협력을 증진
- 종업원들에게 책임감 공유, 의사결정 참여, 조직목적에 기여할 수 있는 기회를 제공함으로써 삶의 질을 개선

(2) 단 점
- 핵심 프로세스를 규명하는 것이 어렵고 시간이 오래 걸림
- 조직문화, 직무설계, 경영철학, 정보와 보상시스템 등에 대한 개선이 함께 이루어질 필요성 존재
- 관리자는 권력과 권한이 줄어든다는 생각으로 좌절감을 경험
- 종업원들이 효과적으로 작업하기 위해서는 상당한 훈련이 필요
- 전문적인 기능 개발에 한계

서 인력과 자원 획득 가능
- 공장, 장비, 유통 시설 등에 대한 막대한 투자가 없이도 사업 가능
- 변화하는 욕구에 매우 유연하고 신속한 대응 가능
- 관리 간접비용 절감 가능

(2) 단 점
- 많은 활동과 종업원에 대해 관리자들이 직접적 통제 못함
- 협력업체와의 관계유지 및 갈등 해결에 많은 시간이 소요
- 협력업체에 문제가 발생하면 조직 전체가 위험
- 계약에 따라 종업원이 교체될 수 있으므로 종업원의 충성심과 기업문화가 약함

2. 민츠버그의 조직구조 형태

(1) 다섯 가지 기본부문

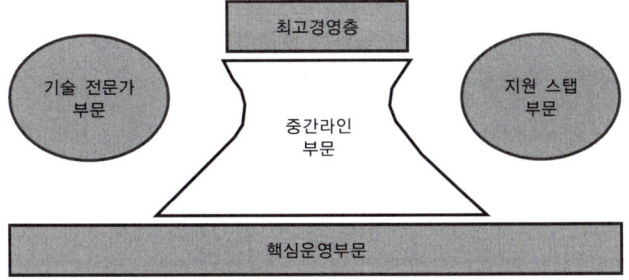

- **최고경영층**(strategic apex) : 조직 외부와의 연결 역할을 담당하고, 전체 조직목표 관점에서 조직을 관리, 전략수립하는 부문이다. 이 부문은 집권화시키는 방향으로 힘을 작용시킨다.
- **핵심 운영 부문**(technical/operating core) : 조직목표에 직결되는 업무를 실제로 담당하는 실무 작업자들 또는 기본적 과업들이 행해지는 곳을 말한다. 자신들의 논리대로 자율적으로 생산활동 하는 쪽으로 힘을 작용시킨다.
- **기술지원 부문**(technostructure) : 기술전문가 집단, 제품, 서비스의 생산과 직접 연결되는 자문을 맡은 곳이다. 작업기술을 표준화, 규정을 제정하려는 쪽으로 힘을 발휘한다.
- **중간계층 부문**(middle line) : 현장의 운영부문과 최고경영층을 연결하는 부문이다. 상급자로부터 독립하여 자율적, 독자적으로 행동, 아랫사람들에 대해 권한을 자기에게 집중시키려는 방향으로 힘을 작용한다.
- **일반지원 부문**(support staff) : 과업이 제대로 달성되도록 지원하고 기타 문제에 관한 보조기능을 맡은 스탭 부문이다. 조직 내 지원활동 범위와 영향력을 넓히려 한다.

(2) 기본적 조직구조

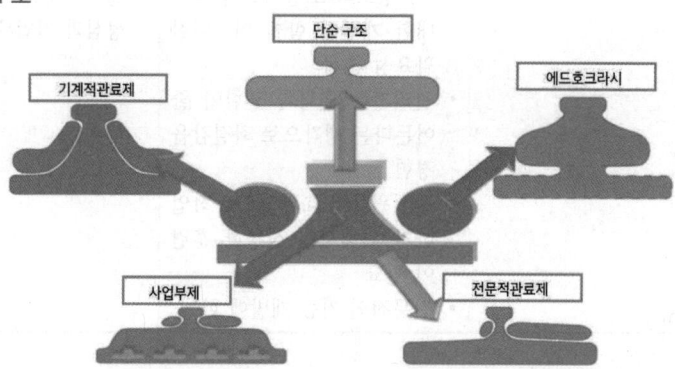

- **단순구조**(simple structure) : 권한이 최고경영자에게 집중된 집권화된 유기적 구조
- **사업부제 구조**(business unit organization) : 분권화된 이익책임단위
- **전문적 관료제 구조**(professional bureaucracy) : 집권화되지 않은 상태의 관료제 구조, 과업의 복잡성으로 고도의 기술이나 지식을 소유한 전문가들이 작업일선에서 자신의 업무에 대하여 상당한 통제력과 재량권 행사하는 구조
- **기계적 관료제 구조**(machine bureaucracy) : 베버(Weber)의 관료제구조에 가까운 형태
- **애드호크라시**(adhocracy) : 다양한 분야의 전문가들이 프로젝트를 중심으로 집단을 구성하여 문제를 해결하는, 변화가 빠르고 적응적이며 일시적인 체제

□ 관련 문제

1 다음 내용이 설명하고 있는 조직구조는? (가맹거래사, 10)

○ 테일러가 창안한 조직구조이다.
○ 수평적 분화에 중점을 두고 있다.
○ 각자의 전문분야에서 작업능률을 증대시킬 수 있다.

① 기능식조직　　② 네트워크조직　　③ 매트릭스조직
④ 사업부제조직　⑤ 오케스트라조직

/정답/ ①

⑤ 오케스트라 조직은 구성원은 모두 동등한 지위와 책임을 지며 지휘자나 악단의 경영자도 단원들 위에 군림하지 않고 그 악단이 훌륭한 연주를 하도록 지원만 해주는 조직을 말한다.

2 생산, 판매, 회계, 인사, 총무 등의 부서를 만들고 관련 과업을 할당하는 조직설계 방식은? (경영지도사, 13)

① 사업부 조직　　② 매트릭스 조직　　③ 기능별 조직
④ 팀 조직　　　　⑤ 네트워크 조직

/정답/ ③

3 이익센터와 가장 관련이 큰 조직형태는? (가맹거래사, 12)

① 스탭 조직　　② 기능식 조직　　③ 사업부제 조직
④ 매트릭스 조직　⑤ 애드호크라시

/정답/ ③

사업부제 조직의 각 사업부는 이익중심점(profit center)으로서 독립채산제로 운영된다.

4 동일한 제품이나 지역, 고객, 업무과정을 중심으로 조직을 분화하여 만든 부문별 조직(사업부제 조직)의 장점으로 옳지 않은 것은? (경영지도사, 15)

① 책임소재가 명확하다.
② 기능부서 간의 조정이 보다 쉽다.
③ 환경변화에 대해 유연하게 대처할 수 있다.
④ 특정한 제품, 지역, 고객에게 특화된 영업을 할 수 있다.
⑤ 자원의 효율적인 활용으로 규모의 경제를 기할 수 있다.

/정답/ ⑤
자원의 효율적인 활용으로 규모의 경제를 기할 수 있는 조직은 기능별 조직이다.

5 사업별 조직구조의 강점이 아닌 것은? (경영지도사, 19)

① 분권화된 의사결정
② 기능부서 간 원활한 조정
③ 불안정한 환경에서 신속한 변화에 적합
④ 명확한 책임 소재를 통한 고객만족 향상
⑤ 제품 라인 간 통합과 표준화 강화

/정답/ ⑤

6 사업부별 조직구조에 관한 설명으로 옳지 않은 것은? (경영지도사, 20)

① 오늘날 대부분의 다국적 기업들이 채택하고 있다.
② 각 사업부는 독립적인 수익단위 및 비용단위로 운영된다.
③ 성과에 대한 책임 소재가 불분명하다.
④ 시장변화 또는 소비자 욕구 변화에 비교적 빠르게 대처할 수 있다.
⑤ 사업 부문별로 권한과 책임이 부여된다.

/정답/ ③
사업부는 이익책임단위로서 제품, 시장, 고객별 성과에 대한 책임의 소재가 분명하다.

7 명령통일의 원칙이 무시되며 개인이 두 상급자의 지시를 받고 보고를 하는 조직으로 동태적이고 복잡한 환경에 적합한 조직구조는? (경영지도사, 16 및 노무사, 12 및 가맹거래사, 06)

① 사업부제 조직　　② 팀 조직　　③ 네트워크 조직
④ 매트릭스 조직　　⑤ 기능식 조직

/정답/ ④

노무사 12년도 기출문제는 '한 사람의 업무담당자가 기능부문과 제품부문의 관리자로부터 동시에 통제를 받도록 이중권한구조를 형성하는 조직구조'로 정의하고 있다.

8 매트릭스(matrix) 조직에 관한 설명으로 옳지 않은 것은? (가맹거래사, 16)

① 기술의 전문성과 제품 혁신을 동시에 추구하는 조직에 적합한 구조이다.
② 인적자원을 유연하게 공유하거나 활용할 수 있다.
③ 구성원들은 두 명의 상관에게 보고를 해야 한다.
④ 전통적인 수직적 계층 구조에 수평적인 팀을 공식화하여 양자 간의 균형을 추구한다.
⑤ 역할 분담, 권력 균형, 갈등 조정 등이 쉬워 효율적인 조직 운영이 가능하다.

/정답/ ⑤

제품관리자와 기능관리자의 통제를 동시에 받는 이중권한구조이기 때문에 양자 간 조정문제가 발생한다.

9 매트릭스 조직의 상점에 해당하시 않는 것은? (노무사, 20)

① 구성원들 간 갈등해결 용이
② 환경 불확실성에 신속한 대응
③ 인적자원의 유연한 활용
④ 제품 다양성 확보
⑤ 구성원들의 역량향상 기회 제공

/정답/ ①

10 조직 내에는 꼭 필요한 핵심 기능을 보유하고 그 외의 기능들은 상황에 따라 다른 조직을 활용함으로써 조직의 유연성을 확보하고자 하는 조직구조는? (경영지도사, 20)

① 매트릭스 조직 ② 라인-스태프 조직 ③ 사업부제 조직
④ 네트워크 조직 ⑤ 라인 조직

/정답/ ④

11 조직구조에 관한 설명으로 옳지 않은 것은? (가맹거래사, 09)

① 기능별 조직은 환경이 비교적 안정적일 때 조직관리의 효율을 높일 수 있다.
② 기능별 조직은 각 기능별로 규모의 경제를 얻을 수 있다는 장점이 있다.
③ 제품별 사업부 조직은 사업부 내의 기능 간 조정이 용이하며, 시장특성에 따라 대응함으로써 소비자의 만족을 증대시킬 수 있다.
④ 매트릭스 조직은 많은 종류의 제품을 생산하는 대규모 조직에서 효율적으로 기능한다.
⑤ 사업부제는 기업의 조직을 제품별·지역별·시장별 등 포괄성 있는 사업별 기준에 따라 제1차적으로 편성하고, 각 부분조직을 사업부로 하여 대폭적인 자유재량권을 부여하는 분권적 조직이다.

/정답/ ④
매트릭스 조직은 부서 내에서 수행되는 업무에 대하여 제품관리자와 기능관리자에게 동시에 보고하고 두 사람의 통제를 받도록 설계된 이중 명령체계를 갖고 있다. 이로 인해 조직구조가 복잡해져서 대규모 조직에서는 효율적이지 못한 구조이다.

12 조직형태에 관한 설명으로 옳은 것은? (경영지도사, 14)

① 기능별 조직은 특정 과제나 목표를 달성하기 위해 구성하는 임시조직이다.
② 부문별 조직은 업무내용이나 기능을 유사한 것끼리 묶는 조직형태를 말한다.
③ 네트워크 조직은 전통적 조직의 핵심요소를 간직하고 있으나 조직의 경계와 구조가 없다.
④ 프로젝트 조직은 동일한 제품이나 지역, 고객, 업무과정을 중심으로 분화하여 만든 조직이다.
⑤ 라인조직은 기능별 조직의 다른 형태로 기능을 중심으로 수평적으로 조직된다.

/정답/ ③
① 특정 과제나 목표를 달성하기 위해 구성하는 임시조직은 프로젝트 조직이다.
② 업무내용이나 기능을 유사한 것끼리 묶는 조직형태는 기능별 조직이다.
④ 동일한 제품이나 지역, 고객, 업무과정을 중심으로 분화하여 만든 조직은 사업부 조직이다.
⑤ 라인조직은 업무의 결정과 실행을 담당하는 부서들만 있는 조직형태로, 수직적으로 조직된다.

13 조직구조의 유형에 관한 설명으로 옳지 않은 것은? (경영지도사, 18)

① 매트릭스 조직(matrix organization)은 전통적 기능식 조직에 프로젝트 조직을 덧붙인 조직이다.
② 프로젝트 팀 조직(project team organization)은 조직 내의 여러 하위 단위의 결합된 노력이 필요한 특정과업(프로젝트)을 수행하기 위하여 형성된 임시적 조직이다.
③ 자유형 조직(free-from organization)은 조직이 생존하기 위하여 필요하면 끊임없이 형태를 변화시키는 아메바와 같은 조직이다.
④ 네트워크 조직(network organization)은 조직 외부에서 수행하던 기능들을 계약을 통하여 조직 내부에서 수행하도록 설계된 조직이다.
⑤ 팀 조직(team organization)은 팀장 중심으로 팀의 자율성과 팀원 간의 유기적 관계를 유지하면서 팀의 목표를 추구해 나가는 슬림화된 수평적 조직이다.

/정답/ ④
네트워크 조직(network organization)은 조직과의 관계를 통해 설계된 형태이다. 조직 내부에서 수행하던 기능을 계약을 통하여 조직 외부에서 수행하도록 설계된 조직이다.

14 조직구조에 관한 설명으로 옳은 것은? (경영지도사, 22)

① 위원회 조직구조는 의사결정을 빠르게 하고 책임소재를 분명히 한다는 장점이 있다.
② 네트워크 조직구조는 핵심 이외의 사업을 외주화하기 때문에 외부환경의 변화에 민활하게 대응할 수 있다.
③ 매트릭스 조직구조는 업무 수행자의 기능 및 제품에 대한 책임규명이 쉽다는 장점이 있다.
④ 사업부 조직구조는 각 사업부 간의 전문성 교류를 원활하게 함으로써 규모의 경제를 실현하게 한다.
⑤ 기능적 조직구조는 전문화보다 고객 요구에 대한 대응을 더 중요시한다.

/정답/ ②
① 위원회 조직구조는 개인 책임소재 파악이 어려워 공동책임을 부담한다.
③ 매트릭스 조직구조는 기능 및 제품간 조정이 활발하게 이루어져 각 책임 규명이 어렵다.
④ 사업부 조직구조는 각 사업부 간의 통합 및 조정, 표준화의 어려움으로 인하여 규모의 경제 효과를 상실한다.
⑤ 기능적 조직구조는 기능별 전문화를 더 중요시한다.

15 경영조직에 관한 설명으로 옳지 않은 것은? (경영지도사, 23)

① 기계적 조직은 공식화 정도가 높다.
② 유기적 조직은 환경 변화에 신속히 대응할 수 있다.
③ 라인조직은 업무수행에 있어 유사한 기술이나 지식이 요구되는 활동을 토대로 조직을 부문화시킨 것으로 내적 효율성을 기할 수 있다.
④ 매트릭스 조직은 이중적 명령계통으로 인해 중첩되는 부문 간 갈등이 야기될 수 있다.
⑤ 위원회 조직은 조직의 특정 과업 해결을 위해 조직의 일상적 업무 수행 기구와는 별도로 구성된 전문가 혹은 업무관계자들의 활동조직이다.

/정답/ ③
라인조직은 과업의 분화라든가 부문화가 진전되지 않은 매우 초보적인 조직형태이다. 일명 군대식 조직으로서 업무의 결정과 실행을 담당하는 부서들만 있는 조직형태이다.
③은 기능식 조직의 설명에 해당한다.

16 전통적 조직형태에 해당하는 것은? (경영지도사, 16)

① 사내벤처분사 조직 ② 역피라미드형 조직 ③ 라인스텝 조직
④ 가상조직 ⑤ 글로벌 네트워크 조직

/정답/ ③
조직규모가 커지고 제품계열의 수가 많아지면서 기존의 라인기능만으로는 모든 업무수행이 불가능하므로 라인업무를 지원할 수 있도록 스텝기능이 분화되어 발달하게 된다. 이것을 라인스탭조직이라 한다.

17 공간과 시간, 그리고 조직의 경계를 넘어 컴퓨터와 정보·통신기술을 이용하는 조직형태는?

(경영지도사, 21)

① 기능식 조직　　　② 사업부제 조직　　　③ 매트릭스 조직
④ 가상 조직　　　　⑤ 프로세스 조직

/정답/ ④

18 민츠버그(H. Mintzberg)가 제시한 조직의 5가지 부문이 <u>아닌</u> 것은?

(경영지도사, 15)

① 최고경영층·전략경영 부문(Strategic apex)
② 일반지원 부문(Supporting staff)
③ 중간계층 부문(Middle line)
④ 전문·기술지원 부문(Technostructure)
⑤ 사회적 네트워크 부문(Social network)

/정답/ ⑤

19 민츠버그(H. Mintzberg)의 5가지 조직유형에 해당하지 <u>않는</u> 것은?

(노무사, 23)

① 매트릭스 조직　　　② 기계적 관료제　　　③ 전문적 관료제
④ 애드호크라시　　　⑤ 사업부제 조직

/정답/ ①

POINT 상황에 적합한 조직구조 설계

1. 환경에 적합한 조직구조설계

	Burns와 Stalker의 연구	Thompson의 연구	Lawrence와 Lorsch의 연구
내용	• 안정적 환경 : 기계적 조직 • 동태적 환경 : 유기적 조직	환경불확실성이 높으면 변경조직(기술핵심 조직이 효율적으로 운영될 수 있도록 하는 부문)이 추가되고, 이들의 활동 폭이 넓어짐	산업환경불확실성 분석 결과, 환경불확실성이 높아질수록 부서 간 분화(차별화) 수준이 증가하고, 그에 따라 통합노력이 증가함을 발견

2. 기술에 적합한 조직구조 설계

	우드워드(Woodward)의 연구	페로우(Perrow)의 연구	탐슨(Thompson)의 연구
기술유형구분	(1) **기술 분류기준 : 기술의 복잡성**(technical complexity) • 생산과정의 기계화 정도와 예측 가능성 (2) **단위소량 생산기술**(small-batch and unit production) • 낮은 기술복잡성 • 특정 고객의 필요성을 충족시켜주기 위한 것으로 수공에 의존하는 기술로 비반복성을 가짐 (3) **대량 생산기술**(large-batch and mass production) • 중간 정도의 기술복잡성 • 표준화된 제품을 생산하기 위하여 여러 가지 공정으로 이루어진 긴 제조과정으로 일상적이고 반복적 특징을 가짐 (4) **연속공정(장치) 생산기술**(continuous process production) • 높은 기술복잡성 • 생산의 전 과정이 기계화되어 있고 생산방식은 연속적이고 기계적인 변환과정	(1) **기술 분류기준** • 과업의 다양성(variety) : 예외의 빈도 • 문제 분석가능성(analyzability) : 과업수행 중 발생한 문제에 대한 적절한 해결책을 찾아내는 탐색과정의 난이도 (2) **일상적**(routine) **기술** • 과업의 내용이 분명, 발생하는 대부분 분석이 가능 (3) **장인**(craft) **기술** • 과업이 다양하지 않지만 발생하는 문제가 비일상적이므로 해결 어려움 (4) **공학적 기술** • 과업수행을 하는 데 있어서 상당한 다양성이 존재하기 때문에 복잡도가 높지만 분석가능성이 높음 (5) **비일상적 기술** • 과업의 다양성이 매우 높고 이를 해결하기 위한 성공적인 방법을 발견하는 탐색절차가 매우 복잡	(1) **기술 분류기준 : 상호의존성**(interdependence) • 과업을 수행하기 위하여 다른 부서나 개인과 얼마나 의존적인 관계를 유지하는가를 나타내는 개념 (2) **집합적 상호 의존성**(pooled interdependence) • 부서 간 상호의존성이 거의 없는 형태로 각 부서는 조직의 공동목표에 독립적으로 공헌 • 중개형 기술 사용 (3) **순차적 상호의존성**(sequential interdependence) • 한 부서의 활동이 다른 부서의 활동에 직접적으로 관련, 한 부서의 산출물이 다른 부서의 투입물이 되는 형태 • 연속형 기술 사용 (4) **교호적 상호의존성**(reciprocal interdependence) • 하나의 과업을 수행하기 위해 여러 부서의 활동이 동시에 상호 관련된 것 • 집약형 기술 사용

적합한 구조	• 대량생산기술 : 기계적 구조 • 단위소량생산기술 및 연속공정 생산기술 : 유기적 구조	• 일상적 기술 : 기계적 구조 • 비일상적 기술 : 유기적 구조	• 조정비용이 가장 많이 드는 교호적 상호의존성을 가지고 있는 업무들을 묶은 후, 순차적 상호의존성 관계에 있는 업무들을 연결, 마지막으로 조정비용이 가장 적게 드는 집합적 상호의존성 관계에 있는 업무를 조직화

3. 규모에 적합한 조직구조

애스톤 그룹(Aston Group)에 따르면, 조직구성원이 추가됨에 따라 인간관계는 기하급수적으로 증가하기 때문에 조직의 규모가 커지면, 조직의 질서를 유지하기 위하여 분업화, 통합화, 권한의 위양 등이 필요하게 되고 부서의 수와 규모도 상당히 증가하여 조직을 복잡하게 만들게 된다. 즉 규모는 조직설계를 결정짓는 중요한 상황요인이다.

□ 관련 문제

1 조직을 설계할 때 영향을 미치는 요인에 해당하지 않는 것은? (경영지도사, 15, 13)

① 조직의 연혁과 규모 ② 직무 전문화와 공식화 ③ 전략
④ 경영환경 ⑤ 시장의 변화

/정답/ ②
조직구조를 설계할 때 고려하는 외부 상황변수로는 환경, 조직간 관계, 글로벌화 등이 있으며, 내부 상황변수로는 규모, 전략, 기술, 권력 등이 있다.

2 조직설계의 상황변수에 해당하는 것을 모두 고른 것은? (노무사, 22)

ㄱ. 복잡성	ㄴ. 전략	ㄷ. 공식화
ㄹ. 기술	ㅁ. 규모	

① ㄱ, ㄴ, ㄷ ② ㄱ, ㄴ, ㄹ ③ ㄱ, ㄷ, ㅁ
④ ㄴ, ㄹ, ㅁ ⑤ ㄷ, ㄹ, ㅁ

/정답/ ④
조직구조를 설계하는 데 필요한 조직구조의 기본 구성요소로는 복잡성, 공식화, 분권화 등이 있고, 이러한 조직구조는 환경, 규모, 기술, 전략, 권력 등 조직이 처한 상황에 적합하게 설계되어야 한다.

3 문제의 분석가능성과 과업다양성이라는 두 가지 차원을 이용한 페로우(C. Perrow)의 기술분류에 해당되지 않는 것은? (노무사, 10)

① 장인기술 ② 비일상적 기술 ③ 중개형 기술
④ 일상적 기술 ⑤ 공학적 기술

/정답/ ③
중개형 기술은 톰슨(Thompson)의 집합적 상호 의존성(pooled interdependence)과 관련된 기술이다.

4 페로우(C. Perrow)가 제시한 기술 분류기준으로 옳은 것을 모두 고른 것은? (노무사, 20)

| ㄱ. 기술복잡성 | ㄴ. 과업다양성 | ㄷ. 상호의존성 |
| ㄹ. 과업정체성 | ㅁ. 문제분석 가능성 | |

① ㄱ, ㄴ ② ㄴ, ㄹ ③ ㄴ, ㅁ
④ ㄷ, ㅁ ⑤ ㄱ, ㄷ, ㄹ

/정답/ ③

5 톰슨(J. Thompson)의 기술과 조직구조 관계에 대한 분류기준에 해당하는 것은? (가맹거래사, 22)

① 기술복잡성 ② 과업다양성 ③ 과업정체성
④ 분석가능성 ⑤ 상호의존성

/정답/ ⑤

|제5절| 거시조직이론 : 조직과 환경 간 관계

> **POINT 조직과 환경 간 관계**
>
> **1. 조직과 환경에 관한 조직이론 분류 - 애스틀리와 반 데 벤**(Astley & Van de Ven)
>
> | 분석수준 | 환경결정론 | 임의론 |
> |---|---|---|
> | 조직군 | **자연적 선택 관점**
- 조직경제학
- 조직군 생태학 이론 | **집단적 행동 관점**
- 공동체 생태학 이론
- 제도화 이론 |
> | 개별 조직 | **체제구조적 관점**
- 구조적 상황이론 | **전략적 선택 관점**
- 전략적 선택이론
- 자원의존이론 |
>
> 환경인식
>
> 이창원 최창현, 최천근, 새조직론, 전정3판, p482, 그림4-6-1 주요 거시조직이론의 분류
> 박계홍, 박하진, 경영조직론, p171, 표6-9 현대조직이론
>
> **2. 조직군 생태학 이론**(population ecology theory)
>
> 조직군 생태학자들은 사회 안에서 지속적으로 새로운 조직형태가 출현하여 조직군이 항상 변화하고 있다고 주장한다. 이러한 조직군의 변화와 이에 대한 개별조직의 적응 및 생존 문제를 연구한 이론이다.
>
> 조직군의 변화과정을 변이(variation), 선택(selection), 보존(retention)으로 설명한다.
>
> - **변 이**(variation) : 조직군 내에 새로운 조직형태가 조직군 안에 출현하는 것
> - **선 택**(selection) : 새로운 조직형태가 환경에 적합한 것으로 판명되어(적소 발견) 생존하는 것
> - **보 존**(retention) : 환경의 선택을 받는 조직형태가 제도화되고 유지되는 것
>
> **3. 자원의존이론**(resource dependence theory)
>
> 조직이 중요한 자원을 공급받기 위하여 환경에 의존할 수밖에 없는데, 환경에 대한 의존도를 최소화하고, 자율성과 독립성을 유지하기 위하여 환경에 영향력 행사한다고 주장하는 이론이다.

4. 제도화 이론 (institutional theory)

제도화 이론은 효율성 이상으로 이해관계자로부터 정당성을 획득하는 것이 중요하다고 보기 때문에 이해관계자를 만족시키기 위해 조직구조와 과정을 선택한다고 주장하는 이론이다.

정당성을 획득하기 위해 이해관계자의 기대를 제도로 반영하면서, 동일한 장(field)에 속한 조직들이 유사한 구조와 관점을 가지게 되는 동형화 현상이 발생한다.

	모방적	강압적	규범적
조직유사성의 원인	불확실성	의존성	의무, 책임
사 건	혁신, 가시성	법령, 규칙, 제재	전문가 인증, 심의
사회적 토대	문화적 지원	법 적	도덕적
사 례	리엔지니어링, 벤치마킹	오염 통제, 학교 규제	회계기준, 컨설턴트 훈련

데프트, 조직이론과 설계, 13판, p225, 도표5-6 제도적 적응의 메커니즘

❑ 관련 문제

1 다음에서 설명하는 조직이론은? (노무사, 17)

> ○ 조직의 환경요인들은 상호의존적인 관계를 형성하여야 한다.
> ○ 조직 생존의 핵심적인 요인은 자원을 획득하고 유지할 수 있는 능력이다.
> ○ 조직은 자율성과 독립성을 유지하기 위하여 환경에 대한 영향력을 행사해야 한다.

① 제도화 이론　　② 자원의존 이론　　③ 조직군 생태학 이론
④ 거래비용 이론　　⑤ 학습조직 이론

/정답/ ②

2 다음 주장에 해당하는 이론은? (노무사, 15)

> ㄱ. 조직의 생존을 위해 이해관계자들로부터 정당성을 얻는 것이 중요하다.
> ㄴ. 동일 산업 내의 조직형태 및 경영관행 등이 유사성을 보이는 것은 조직들이 서로 모방하기 때문이다.

① 대리인 이론　　② 제도화 이론　　③ 자원의존 이론
④ 조직군생태학 이론　　⑤ 협력적네트워크 이론

/정답/ ②

⑤ 협력적 네트워크 이론(collaborative network)이란 조직은 다른 조직과 상호의존적으로 협력적인 관계를 형성하여 쌍방의 가치를 증진할 수 있다는 이론이다. 즉 기업들은 서로 적대적인 관계에서 동반자적인 관계로 변모하면서 더욱 혁신적이고 높은 성과를 달성할 수 있다는 이론이다.

3 다음에서 설명하는 조직이론은? (노무사, 22)

> ○ 조직형태는 환경에 의하여 선택되거나 도태될 수 있다.
> ○ 기존 대규모 조직들은 급격한 환경변화에 적응하기 어려워 공룡 신세가 되기 쉽다.
> ○ 변화과정은 변이(variation), 선택(selection), 보존(retention)의 단계를 거친다.

① 자원의존 이론　　② 제도화 이론　　③ 학습조직 이론
④ 조직군 생태학 이론　　⑤ 거래비용 이론

/정답/ ④

|제6절| 조직혁신

> **POINT 조직수명주기 - 퀸과 카메론(Quin & Cameron)**
> - 조직의 자연적인 성장 과정 별로 조직구조, 리더십, 관리스타일 등을 예측하는 모델
> - 단계마다 나타나는 경영상의 문제를 해결, 변화하는 상황과 전략에 적합한 조직을 구축하는 데 해결책을 제시하기 때문에 중요

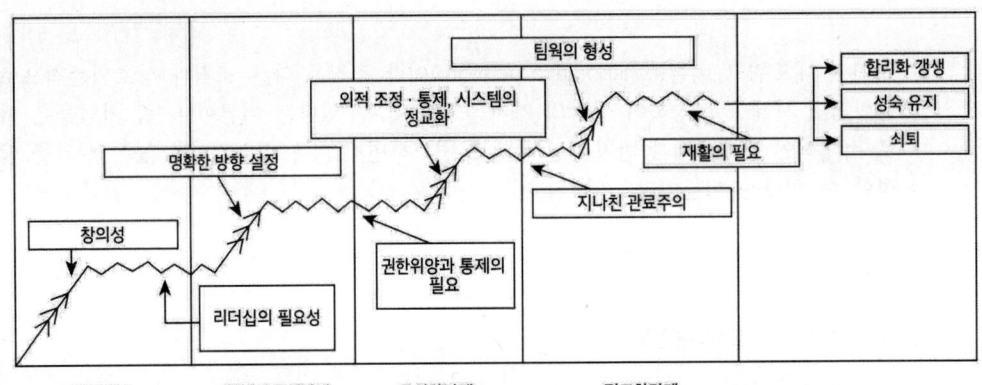

특 징	창업단계	집단공동체단계	공식화단계	정교화단계
	비관료적	준관료적	관료적	초관료적
구 조	비공식적, 1인 체제	대체로 비공식적, 부분적 절차	공식적 절차, 분업화, 전문가 영입	관료제 내의 팀 운영, 소규모 기업식 사고
제품 또는 서비스	단일제품 또는 서비스	소수의 주요 제품 또는 서비스	제품라인 또는 서비스 라인	복수의 제품라인, 또는 서비스 라인
보상과 통제시스템	개인적, 온정적	개인적, 성공에 대한 공헌	비개인적, 공식화된 시스템	포괄적, 제품과 부서의 목적에 맞춤
혁신의 주체	창업주	종업원과 관리자	독립적인 혁신집단	제도화된 R&D
목 표	생존	성장	내부안정, 시장확대	명성, 완전한 조직
최고경영자 관리스타일	개인적, 기업가적	카리스마적, 방향 제시	통제를 바탕으로 한 위임	팀 접근적, 관료화 타파
위 기	리더십의 요구 • 종업원 수 증가에 따른 관리의 문제	위임과 통제의 필요 • 강력한 리더십에 반발하여 재량권 요구	지나친 금기 • 지나친 공식화로 관료제 유발	재활의 필요 • 팀웍 자체의 관료적 속성으로 인해 팀

	발생 • 리더십 결여에 따른 위기	• 스스로 조정하고 통제할 메커니즘을 찾으려 함		육성으로 활력을 회복하더라도 성숙기에 도달하면 일시적으로 쇠퇴
극복방안	적절한 관리기법 도입, 강력한 지도자 필요	의사결정 권한위임과 통제 메커니즘 확보해주는 구조 설계 전략	소규모 혹은 정교한 구조로 조직재설계	혁신을 통한 새로운 활력 필요

관련 문제

1 퀸과 카메론(R. Quin & Cameron)이 제시한 조직수명주기 단계의 순서로 옳은 것은? (노무사, 23)

ㄱ. 창업 단계 ㄴ. 공식화 단계
ㄷ. 집단공동체 단계 ㄹ. 정교화 단계

① ㄱ→ㄴ→ㄷ→ㄹ   ② ㄱ→ㄴ→ㄹ→ㄷ   ③ ㄱ→ㄷ→ㄴ→ㄹ
④ ㄱ→ㄷ→ㄹ→ㄴ   ⑤ ㄱ→ㄹ→ㄴ→ㄷ

/정답/ ③

POINT 조직변화

1. 조직변화 요인

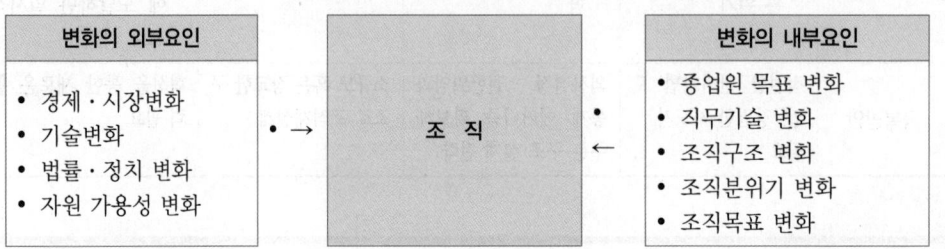

박계홍, 박하진, 경영조직론, p341, 그림10-7 조직변화요인

2. 레윈(K. Lewin)의 변화과정 이론

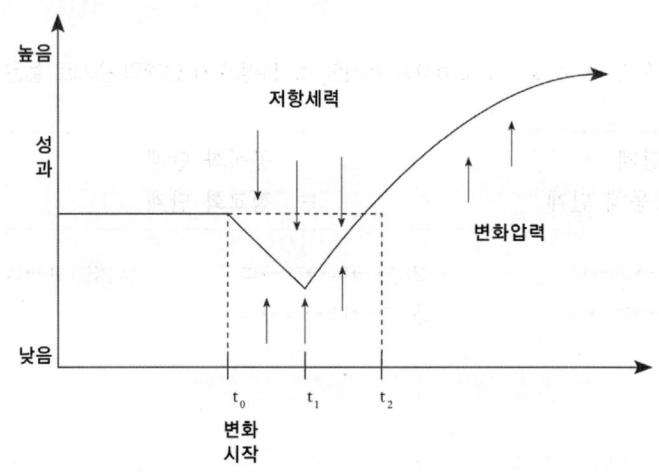

박경규, 조직행동, 제2판, p453, 그림13-15 조직변화와 성과

레윈은 조직변화를 위한 전략이 두 가지가 있다고 설명한다. 첫째는 변화에 대한 압력을 증대시키는 전략이고, 두 번째는 변화에 대한 저항을 감소시키는 전략이다. 양 힘이 균형을 이루고 있으면 조직변화는 일어나지 않으므로 이 균형상태를 깨뜨려야 한다.

레윈은 이에 관련하여 구성원의 생각, 태도, 가치 등을 바꾸는 과정인 해빙, 변화, 재동결에 관한 이론을 제시하였다.

3. 코터(J. Kotter)의 8단계 전략

레윈의 3단계 모델을 바탕으로 변화 실행을 위한 더 구체적인 방법을 제시, 변화를 실행하려고 할 때 일어나는 문제를 극복하기 위한 8단계를 고안하였다.

① 변화가 필요한 강력한 이유를 제시하여 공감대를 조성함.
② 변화를 이끌 수 있는 힘 있는 연합을 형성함.
③ 변화의 방향을 제시할 새로운 비전 및 비전을 달성할 전략을 제시함.
④ 비전을 전 조직에 전달함.
⑤ 변화에 대한 장애물을 제거함으로 다른 사람들이 비전을 달성하게 권한을 위임하고 위험 감수와 창조적 문제해결을 장려함.
⑥ 새로운 비전으로 조직을 움직여갈 단기적 "성공"을 계획, 창조, 보상함.
⑦ 개선을 통합, 변화를 재평가, 필요한 조정을 새로운 프로그램으로 실시함.
⑧ 새로운 행동을 조직의 성공과 연결시킴으로써 변화를 보강함.

4. 조직혁신 방법

- **점진적 변화** : 환경이 변화하는 대로 적응해가면서 점차로 개선해 나가는 방식
- **급진적 변화** : 조직 전체를 근본적으로, 그리고 폭넓고 빠르게 변화하는 방식
- **반응적 변화** : 변화의 촉발 사건이 일어난 후에 이에 대응하기 위하여 변화를 시도
- **예측적 변화** : 환경변화에 대비하여 미래 지향적으로 변화를 시도

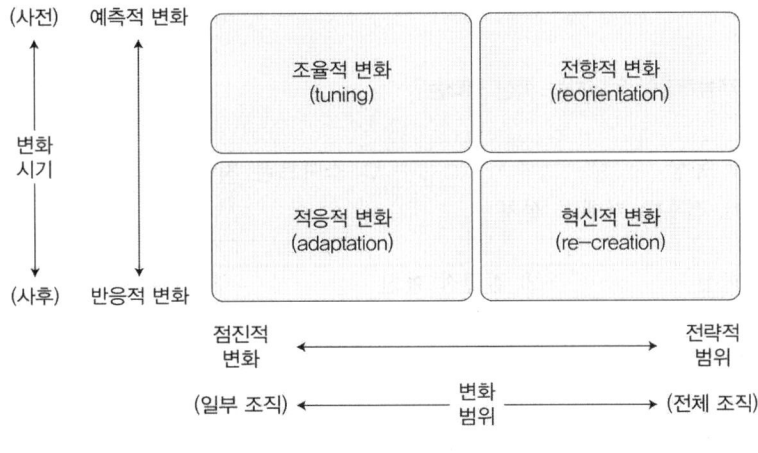

관련 문제

1 조직변화에 관한 설명으로 옳지 <u>않은</u> 것은? (경영지도사, 13)

① 조직변화를 유발하는 요인은 외부요인과 내부요인으로 나누어 볼 수 있으며, 외부 요인은 경제환경, 정치환경, 기술환경, 사회문화환경의 변화에 기인한다.
② 조직변화의 영역은 그 초점에 따라 목표, 전략, 구조, 기술, 직무, 문화, 구성원과 관련된 영역으로 구분할 수 있다.
③ 불확실성에 대한 불안감, 기득권 상실, 관점의 차이는 조직변화를 거부하는 요인이라 할 수 있다.
④ 르윈(K. Lewin)의 힘의 장이론(force field theory)에 의하면 조직의 현재 상태는 변화를 추진하는 힘과 변화를 막는 힘이 서로 겨루어 균형을 이룬 결과로 설명된다.
⑤ 르윈에 의하면, 변화추진력을 높이면 그만큼 저항하는 힘이 작아지기 때문에 효과가 크다.

/정답/ ⑤
르윈(Lewin)은 개인의 태도를 변화시키기 위해서는 변화추진 세력을 높이거나 변화에 저항하는 세력을 줄이는 방법이 있는데 그중에서도 준거집단을 통해 변화에 저항하는 세력을 감소시키는 방안이 효과적이라고 주장하였다.

2 다음과 같은 제품개발이 의미하는 혁신 형태는? (경영지도사, 22)

○ HDTV 등장　　　　　　　　○ 스마트폰 지문 기술 도입
○ 자동차 전후방 카메라 설치

① 파괴적 혁신　　② 점진적 혁신　　③ 디자인 혁신
④ 사업 혁신　　　⑤ 조직 혁신

/정답/ ②
위의 예시는 기존의 제품을 점차 개선해 나가며 개발된 제품들의 예시이다. 예를 들어 HDTV의 경우 기존 텔레비전의 해상도를 발전시킨 고선명 TV에 해당한다.

POINT 지식경영과 학습조직

1. 지식경영의 의미(Knowledge management)

기업이 가지고 있는 지적 자산뿐만 아니라 구성원 개개인의 지식이나 노하우를 체계적으로 발굴하여 조직 내부의 보편적인 지식으로 공유하고, 공유지식의 활용을 통해 조직 전체의 문제해결 능력과 기업가치를 향상시키는 경영방식

2. 지식경영을 위한 학습조직 : 셍게(P. Senge)**의 학습조직모형**

(1) 개 요

셍게는 학습조직의 변화를 통한 경영혁신과 함께 성공적인 학습조직이 이루어지기 위해서는 다섯 가지 하위요소들이 상호 간에 영향을 주면서 학습조직의 바탕을 이루어야 한다고 주장하였다.

(2) 비전공유(shared vision)

비전은 조직이 나아가야 하는 방향을 제시한다는 점에서 이에 대한 구성원들의 몰입이 반드시 요구된다.

(3) 사고모형(mental model)

사고모형이란 주변에서 발생하는 현상들을 이해하는 현실인식과 행동양식에 영향을 미치는 기본가정, 일반화된 인식기반, 그리고 인지적 심층구조로서 학습조직 구축을 위한 철학적 기반을 의미한다.

(4) 개인적 숙련(personal mastery)

개인적 숙련이란 자신의 비전과 현재 상태 사이에 존재하는 차이를 줄이기 위해 끊임없이 학습활동을 전개하고, 이를 통해 개인적 역량을 지속적으로 넓혀가고 심화시켜 삶 전반에 걸쳐 전문가적 수준이 되는 것을 의미한다.

(5) 팀 학습(team learning)

조직이 추구하는 공동의 목적을 달성하기 위해서는 조직구성원들 모두가 개인적인 전문성을 갖추어야 할 뿐만 아니라 이를 조화시킬 수도 있어야 한다.

(6) 시스템적 사고(system thinking)

시스템적 사고는 특정 현상에 대해 단편적이고 수동적으로 대응하는 것이 아니라 현상에 복잡하게 얽혀 있는 구조적 복잡성을 통찰할 수 있는 사고방식을 말한다.

3. 지식창조

(1) **지식의 유형** : 암묵지(tacit knowledge)와 형식지(explicit knowledge)

구 분	형식지	암묵지
정 의	언어로 표현 가능한 객관적 지식	언어로 표현할 수 없는 주관적 지식
특 징	• 언어를 통해 습득된 지식 • 전수가 상대적으로 쉬움	• 경험을 통해 몸에 밴 지식 • 전수하기 어려움
속 성	• 구체성 • 공식적 • 체계적	• 추상성 • 개인적 • 비체계적
예	비행기 조정매뉴얼, 프로그램	비행 체험과 훈련에 의해 생긴 것

(2) **조직의 지식창조과정** : 노나카(Nonaka)

① **이식화**(공동화 : socialization) : **암묵지 → 암묵지**
  • 암묵지를 팀(집단)이라는 공동체를 통해 서로 나누어 가지는 과정

② **표출화**(명료화 : externalization) : **암묵지 → 형식지**
  • 머릿속 지식을 실천에 옮기며 새 지식이 얻어지는 과정

③ **연결화**(통합화 : combination) : **형식지 → 형식지**
  • 기존의 지식들, 혹은 각자의 단편 지식들이 연결되면서 통합적인 새로운 지식이 생성

④ **내재화**(체화화 : internalization) : **형식지 → 암묵지**
  • 자신의 지식과 경험을 체화시키는 과정

⑤ **지식의 증폭작용** : 나선형식(spiral) 지식 확장

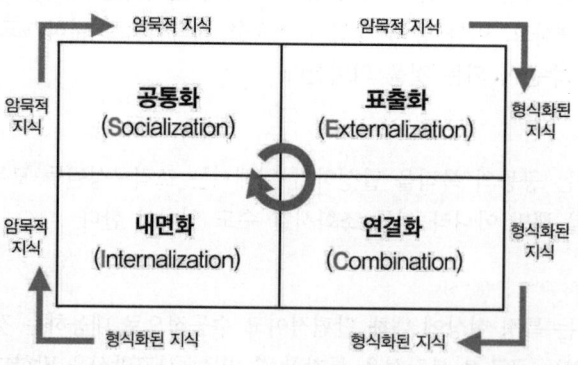

관련 문제

1 다음은 무엇에 관한 설명인가? (경영지도사, 16 및 가맹거래사, 16)

> 기업이 가지고 있는 지적 자산뿐만 아니라 구성원 개개인의 지식이나 노하우를 체계적으로 발굴하여 조직 내부의 보편적인 지식으로 공유하고, 공유지식의 활용을 통해 조직 전체의 문제해결 능력과 기업가치를 향상시키는 경영방식

① Knowledge Management
② Enterprise Resource Planning
③ Value Engineering
④ Business Process Reengineering
⑤ Executive Information Systems

/정답/ ①

가맹거래사 16년 기출문제는 '조직의 가치창출을 위해 지식을 생성, 저장, 공유, 활용하는 일련의 활동'으로 정의하고 있다.

2 지식경영과 관련한 용어에 관한 설명으로 옳은 것은? (가맹거래사, 21)

① 지식경영은 지식을 생성, 저장, 활용하는 일련의 과정을 의미한다.
② 지식은 객관적 사실, 측정된 내용, 통계를 의미한다.
③ 데이터 및 정보는 지식과 명확히 구별하기 어렵다.
④ 암묵지(tacit knowledge)는 객관적이고 이성적이며 기술적 지식을 포함한다.
⑤ 형식지(explicit knowledge)는 경험을 통해 축적한 지식으로 통찰력과 노하우를 의미한다.

/정답/ ①

② 지식 경영에서의 지식은 조직구성원이 보유하고 있는 정보나 기술, 아이디어 등을 포함해 일련의 광범위한 지적 능력을 말한다.
③ 데이터(자료, data)는 가공되지 않은 자료이고, 정보는 의사결정을 하는 데 유용하게 활용되는 조직화된 사실들의 집합체를 말한다.

3 피터 셍게(Peter Senge)가 주장한 학습조직 모형의 내용에 해당하지 않는 것은? (노무사, 11)

① 팀 학습 ② 개인적 숙련 ③ 성과에 따른 평가
④ 시스템적 사고 ⑤ 비전의 공유

/정답/ ③

4 전통적 기업과 지식기업의 특징을 비교하여 설명한 것으로 옳지 않은 것은? (경영지도사, 14)

① 전통적 기업은 계층조직인 데 비해 지식기업은 임기응변식 조직이다.
② 전통적 기업은 분업시스템인 데 비해 지식기업은 유기적 네트워크 조직이다.
③ 전통적 기업은 로테크(low-tech) 조직인 데 비해 지식기업은 하이테크(high-tech) 조직이다.
④ 전통적 기업은 자금·사람 중심인 데 비해 지식기업은 지식중심이다.
⑤ 전통적 기업의 생산원리는 유연성, 창조성, 다품종소량생산인 데 비해 지식기업의 생산원리는 효율성, 생산성, 소품종 다량생산이다.

/정답/ ⑤
지식기업의 생산원리는 유연성, 창조성, 다품종소량생산인 데 비해 전통적 기업의 생산원리는 효율성, 생산성, 소품종 다량생산이다.

5 지식을 형식지와 암묵지로 구분할 때 암묵지의 특징으로 볼 수 없는 것은? (경영지도사, 20)

① 언어로 표현 가능한 객관적 지식 ② 경험을 통해 몸에 밴 지식
③ 은유를 통한 전달 ④ 다른 사람에게 전이하기가 어려움
⑤ 노하우, 이미지, 숙련된 기능

/정답/ ①

6 암묵지(tacit knowledge)에 관한 설명으로 옳은 것은? (가맹거래사, 17)

① 다른 사람에게 전수하기 쉽다. ② 경험을 통해 쌓여진 지식이다.
③ 공식성과 체계성을 갖고 있다. ④ 제품설명서, 매뉴얼 등이 해당된다.
⑤ 객관적 지식이다.

/정답/ ②

7 비행기를 조종하는 경우 조종매뉴얼이나 프로그램에서 얻어지는 지식의 종류로 가장 타당한 것은?

(가맹거래사, 06)

① 암묵지　　　　　② 형식지　　　　　③ 반복지
④ 연결지　　　　　⑤ 분절지

/정답/ ②

8 일본의 지식 경영학자인 노나까(I. Nonaka)의 지식변환 과정에서 형식지에서 암묵지로의 전환은?

(경영지도사, 16)

① 자본화(capitalization)　　　② 연결화(combination)
③ 외부화(externalization)　　④ 내면화(internalization)
⑤ 사회화(socialization)

/정답/ ④

9 노나카(I. Nonaka)의 지식변환 과정 중 다음의 설명에 해당하는 것은?

(경영지도사, 18)

> 개인 간의 직접적인 상호작용을 통해 암묵지가 암묵지 그대로 전달되는 경우를 말한다.
> 장인들이 관찰, 모방, 지도와 같은 도제관계를 통해 장기적으로 지식을 전수하는 경우를 말한다.

① 연결화(combination)
② 외부화(externalization)
③ 사회화(socialization)
④ 내면화(internalization)
⑤ 정보화(information)

/정답/ ③

10 일반적으로 지식은 형식지(explicit knowledge)와 암묵지(tacit knowledge)로 분류된다. Nonaka 교수는 형식지와 암묵지가 상호작용하는 4개의 지식순환프로세스를 소개하였는데 이에 해당하지 않는 것은? (가맹거래사, 09)

① 협력화　　　　② 내재화　　　　③ 외재화
④ 종합화　　　　⑤ 사회화

/정답/ ①

② 내재화 : 내면화(Internalization)
③ 외재화 : 외부화 또는 표출화(Externalization)
④ 종합화 : 연결화(Combination)
⑤ 사회화 : 공동화(Socialization)

11 일반적으로 지식은 암묵지(tacit knowledge)와 형식지(explicit knowledge)로 분류한다. Nonaka 가 제시한 지식순환의 나선형 프로세스 중에서 (ㄱ)에 해당하는 것은? (가맹거래사, 10)

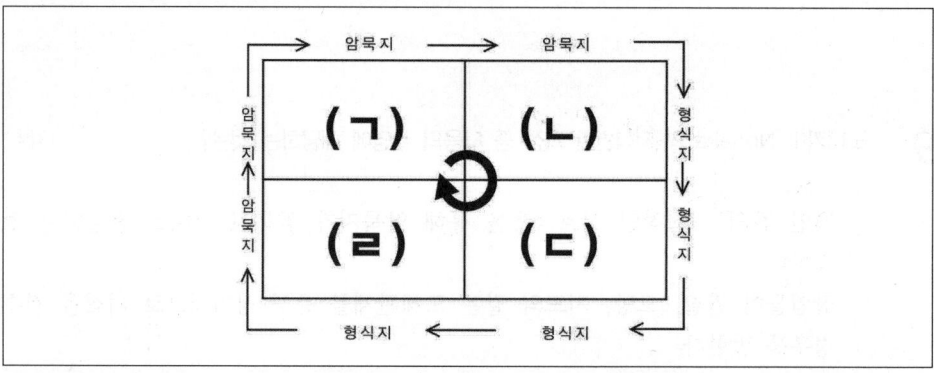

① Socialization　　② Combination　　③ Externalization
④ Collaboration　　⑤ Internalization

/정답/ ①

12 노나카(I. Nonaka)의 지식전환 모델에 관한 설명으로 옳지 않은 것은? (가맹거래사, 23)

① 암묵지(implicit knowledge)와 형식지(explicit knowledge)의 전환과정에서 지식이 공유되고 창출된다.
② 암묵지에서 형식지로 전환과정을 외재화(externalization)라 한다.
③ 형식지에서 암묵지로 전환과정을 표준화(standardization)라 한다.
④ 형식지에서 형식지로 전환과정을 결합화(combination)라 한다.
⑤ 암묵지에서 암묵지로 전환과정을 사회화(socialization)라 한다.

/정답/ ③
형식지에서 암묵지로 전환과정을 내면화(internalization)라 한다.

POINT 경영혁신 방법

1. 리엔지니어링(Business Process Reengineering : BPR)

마이클 해머(M. Hammer)가 주장한 경영혁신 기법이다. 중요한 업무 혹은 시간과 돈이 많이 드는 업무의 프로세스를 선정하여 투입·산출 과정을 분석하고 거기에 알맞은 정보기술을 파악하여 업무과정을 근본적으로 재설계하는 경영혁신기법이다.

2. 벤치마킹(benchmarking)

높은 성과를 올리고 있는 회사와 비교·분석하여 창조적 모방을 통해 개선하고자 하는 경영혁신 기법을 말한다.

3. 아웃소싱(outsourcing)

아웃소싱은 기업이 가진 핵심역량에 모든 자원을 집중시키고, 나머지 활동을 기획에서부터 운영까지 일체를 해당 분야에서 뛰어난 전문기업에 외주를 주는 것을 말한다. 기업의 경쟁력을 제고시키는 전략으로 비용 절감효과와 유연성을 확보할 수 있는 장점이 있지만 외부기업에 의존하므로 통제와 관리가 어렵다는 단점이 있다.

4. 리스트럭처링(restructuring)

사업구조 재구축을 통해 기업의 미래 지향적인 비전을 달성하고자 하는 경영기법을 말한다. 한 기업이 미래 예측을 통해 어떤 사업부를 축소·철수하고, 어떤 신규사업으로 새로이 진입할지를 정하여 사업의 구조를 바꾸는 것이다.

5. 블루오션전략(blue ocean strategy)

블루오션은 기존의 시장과 대조되는 미개척 시장을 의미하는데, 이곳에서 새로운 수요가 존재하므로 기업들은 고수익을 창출할 수 있는 새로운 기회를 얻는다. 치열한 경쟁으로 성장이 둔화하고 수익률이 하락하는 시장을 레드오션(red ocean)이라고 한다면 고객들에게 새로운 가치를 제공하여 창출한 새로운 무경쟁의 시장이 블루오션이다.

지 역	레드오션	블루오션
시 장	기존의 시장영역	경쟁이 없는 신규시장
게임의 법칙	치열한 경쟁	경쟁에서의 자유로움
특 징	• 기존의 수요시장 공략 • 가치창출이나 비용절감 중 택일 • 기업의 전체적인 활동체계가 차별화나 저비용 중 하나를 통해 이루어짐	• 새로운 수요시장 창출 • 가치창출과 비용절감 동시 추구 • 기업의 전체적인 활동체계가 차별화와 저비용 동시 추구

신유근, 이춘우, 통합경영학원론, p258

블루오션 전략이란 블루오션을 공략하기 위한 전략으로 비경쟁적인 새로운 시장을 창출하기 위한 실행전략을 포함하는 종합적인 경영전략이다. 블루오션 전략은 경쟁의 틀에서 벗어나 새로운 시장과 고객을 창출해야 한다는 시각을 제시한다는 점에서 기존의 경쟁전략과는 다르다.

6. 고성과 작업시스템의 개념

고성과를 창출할 수 있도록 조직의 자원과 기회를 최대한 활용하고자 하는 사람과 기술, 조직구조의 최적 결합체제로서 전사적 차원의 작업방식의 총체적 체계이다.

테일러리즘과 달리 노동자의 몰입과 제안 및 두뇌적 판단 작업으로 근로자의 역할을 확대하고, 통제형 인사관리와 달리 노동자의 자발적인 몰입과 헌신, 숙련향상을 지향하는 몰입형 인사관리시스템을 지향한다.

- 고성과 작업시스템의 핵심내용은 다음과 같다.
- 작업현장에서의 의사결정 과정에 일반 근로자의 참여 기회 확대
- 책임의 확대
- 근로자의 업무수행 스킬 및 직무역량 강화 훈련
- 성과주의의 평가 및 보상과 인센티브 시스템

관련 문제

1 혁신을 위한 환경요소가 <u>아닌</u> 것은? (경영지도사, 19)

① 유기적 조직구조 ② 세밀하고 철저한 일정관리
③ 긍정적 피드백 ④ 갈등에 대한 포용
⑤ 낮은 외부 통제

/정답/ ②
세밀하고 철저한 일정관리는 창의적 아이디어의 창출과 실행을 방해한다.

2 기업성과를 높이기 위해 정보통신기술을 적극적으로 활용하여 업무과정을 근본적으로 재설계하는 경영기법은? (노무사, 14 및 경영지도사, 17, 13)

① 콘커런트 엔지니어링 ② 비즈니스 프로세스 리엔지니어링
③ 조직 리스트럭처링 ④ 다운사이징
⑤ 벤치마킹

/정답/ ②

3 마이클 해머(M. Hammer)가 주장한 경영혁신 기법으로서 서비스 부문의 프로세스·공정·절차 등을 근본적으로 변혁, 개선하고자 하는 것은? (경영지도사, 15, 14)

① 리엔지니어링(Reengineering)
② 다운사이징(Downsizing)
③ 벤치마킹(Benchmarking)
④ 전사적 품질경영(TQM : Total Quality Management)
⑤ 카이젠(Kaizen)

/정답/ ①
⑤ 카이젠이란 모든 시스템 조직에서 낭비를 제거하는 데 초점을 맞추는 지속적이고 끊임없는 개선을 의미하며, 이를 통해 고품질 저비용을 달성하는 것을 목표로 한다.

4 기존의 경영활동을 무시하고 기업의 부가가치를 산출하는 활동을 완전히 백지상태에서 새롭게 구성하는 경영혁신기법은? (경영지도사, 21)

① 리스트럭처링(restructuring)
② 아웃소싱(outsourcing)
③ 목표관리(management by objective)
④ 전략사업단위(strategic business unit)
⑤ 리엔지니어링(reengineering)

/정답/ ⑤

5 경영혁신 방법론 중 하나인 비즈니스 프로세스 리엔지니어링(BPR : Business Process Reengineering)의 특징으로 볼 수 없는 것은? (가맹거래사, 07)

① 조직에서 필요로 하는 제반 정보의 통합을 지향한다.
② 품질, 비용, 속도, 서비스와 같은 업무성과의 점진적인 개선을 목표로 한다.
③ 현재의 업무절차(프로세스)를 근본적으로 다시 생각하고 완전히 새롭게 설계한다.
④ 개선안을 모색할 때 고객의 관점 및 입장을 가장 중시한다.
⑤ 부서 내(또는 기능영역 내) 업무보다는 부서 간(또는 기능영역 간) 업무의 합리화에 초점을 맞춘다.

/정답/ ②
BPR은 품질, 비용, 속도, 서비스와 같은 업무성과의 급진적인 변화를 목표로 한다.

6 비즈니스 프로세스 리엔지니어링의 특징에 관한 설명으로 옳은 것은? (가맹거래사, 19)

① 업무 프로세스 변화의 폭이 넓다.
② 업무 프로세스 변화가 점진적이다.
③ 업무 프로세스 재설계는 쉽고 빠르다.
④ 조직구조의 측면에서 상향식으로 추진한다.
⑤ 실패 가능성과 위험이 적다.

/정답/ ①

7 높은 성과를 올리고 있는 회사와 비교·분석하여 창조적 모방을 통해 개선하고자 하는 경영혁신 기법은? (경영지도사, 20)

① 동료그룹(peer group)평가
② 벤치마킹(benchmarking)
③ 구조조정(restructuring)
④ 6시그마(six sigma)
⑤ 종합적 품질경영(TQM : total quality management)

/정답/ ②

8 사업구조 재구축을 통해 기업의 미래 지향적인 비전을 달성하고자 하는 경영기법은? (경영지도사, 18)

① 가치공학(value engineering)
② 리엔지니어링(reengineering)
③ 리스트럭처링(restructuring)
④ 벤치마킹(benchmarking)
⑤ 아웃소싱(outsourcing)

/정답/ ③

9 리스트럭처링(restructuring)에 관한 특징으로 옳지 않은 것은? (경영지도사, 23)

① 무능한 경영자의 퇴출
② 업무프로세스, 절차, 공정의 재설계
③ 미래지향적 비전의 구체화
④ 비관련사업의 매각
⑤ 전사적 차원으로 진행

/정답/ ②

②는 BPR의 특징에 해당한다.

10 기업이 성공하기 위해서 경쟁이 없는 새로운 시장을 창출해야 한다는 전략은? (경영지도사, 22)

① 침투 전략(penetration strategy)
② 레드오션 전략(red ocean strategy)
③ 블루오션 전략(blue ocean strategy)
④ 창조 전략(creation strategy)
⑤ 표적시장 전략(target market strategy)

/정답/ ③

11 고성과 작업시스템이 성공적으로 이루어지기 위한 조건이 아닌 것은? (경영지도사, 20)

① 분권화된 의사결정을 배제한다.
② 종업원들이 선발에 참여한다.
③ 종업원 보상은 조직의 재무성과와 연동된다.
④ 종업원들이 다양한 기술을 사용할 수 있도록 업무가 설계된다.
⑤ 지속적인 교육훈련이 이루어진다.

/정답/ ①

12 사내 벤처비즈니스의 성공요인이 아닌 것은? (경영지도사, 21)

① 의사결정을 행사할 수 있다.
② 자원을 활용할 수 있다.
③ 실패를 두려워하지 않는다.
④ 팀원을 채용할 수 있다.
⑤ 조직경계를 넘지 않는다.

/정답/ ⑤

사내벤처란 기업이 새로운 시장에 진출하거나 새로운 제품개발을 목적으로 기업 내부에 독립된 사업체를 설치하는 것을 말한다. 사내벤처의 주요 특징은 다음과 같다.
- 새로운 산업에의 진출은 기존 사업에 비해 높은 수준의 실패 위험이 있음에도 불구하고, 매출액, 순이익, 생산성 또는 품질 등을 제고하기 위해 시도된다.
- 사내벤처는 별도 법인으로 독립하기 전까지 현 조직 내에서 새로운 활동을 하고, 조직은 자금과 마케팅, 경영자문 제공을 통해 사내벤처가 경쟁력을 갖출 수 있도록 지원한다.
- 특정한 시점에 기존 회사와 분리되어 경영되는데, 사내벤처의 분사 여부는 독립 가능성, 수익성에 따라 결정된다.

13 거시수준의 구조조정에 해당하는 것은? (경영지도사, 21)

① 산업구조조정
② 제품구조조정
③ 사업구조조정
④ 재무구조조정
⑤ 인력구조조정

/정답/ ①

산업구조조정은 국가에 의한 거시수준의 구조조정으로서 경제 여건의 변화에 따라 경쟁력이 높은 비교우위 산업은 성장시키고 동시에 경쟁력이 약한 비교열위의 산업 대상으로 업종전환, 사양산업 정리 등을 진행하는 것이다.

제4장 인적자원관리

|제1절| 인적자원관리 체계

POINT 인사관리 체계

직무(일)		
직무분석	직무평가	직무설계

기능적 차원						
	인력확보	인력평가	인력개발	인력보상	인력유지	인력방출
계획 활동 (Plan)	• 인력수요/ 공급 예측	• 평가자/평가 내용/평가목 적 설정	• 인력평가 • 교육훈련 필 요성 분석 • 경력욕구 분석	• 보상에 대한 욕구구조 분석	• 종업원의 개인목표 및 욕구구조 분석 • 노사관계 시 스템 분석	• 인력수요/ 공급 예측 • 이직원인 분석
실천 활동 (Do)	• 모집 • 선발	• 특성중심 평가 • 행위중심 평가 • 결과중심 평가	• 교육훈련 • 배치, 이동, 승진	• 임금수준 • 임금체계 • 복리후생	• 모티베이션 및 인간관계 관리 • 산업안전 • 단체교섭	• 인력감축 • 자발적 • 이직대책
통제 활동 (See)	• 모집활동의 효과분석 • 선발 활동 의 타당성 분석	• 인사평가 검증기준별 평가	• 교육훈련의 효과분석 • 배치/이동 및 승진에 대한 공정성, 만족도 분석	• 보상수준의 적정성 분석 • 임금체계의 공정성 분석 • 복리후생 프 로그램 효과 분석	• 종업원의 사 기수준 분석 • 산업재해 빈 도 및 피해 분석 • 단체교섭 결 과 분석	• 인력감축 프 로그램의 효 과분석 • 이직감소 프 로그램의 효 과분석

관련 문제

1 인적자원관리의 기본영역과 세부 관리활동의 연결이 옳은 것은? (가맹거래사, 13)

① 확보관리 – 경력관리, 이동관리, 승진관리, 교육훈련
② 개발관리 – 인간관계 관리, 근로조건 관리, 노사관계 관리
③ 평가관리 – 직무평가, 인사고과
④ 보상관리 – 계획, 모집, 선발, 배치
⑤ 유지관리 – 임금관리, 복지후생

/정답/ ③

① 확보관리 - 인력계획, 모집, 선발
② 개발관리 - 경력목표, 경력계획, 경력개발
④ 보상관리 - 임금관리, 복리후생 관리
⑤ 유지관리 - 인간관계 관리, 근로조건 관리, 노사관계 관리

2 구조적 인사관리의 기본영역에 해당하지 않는 것은? (가맹거래사, 11)

① 예산관리   ② 신분관리   ③ 평가관리
④ 보수관리   ⑤ 직무관리

/정답/ ①

예산관리는 영업, 원가관리 기본영역이며 인사관리와는 관련이 없다.

3 다음 중 현대 인적자원관리의 특징으로 옳지 않은 것은? (가맹거래사, 08)

① 경력개발 강조   ② 개인의 자발성과 자율성
③ 개인목표와 조직목표의 통합   ④ 근로생활의 질 향상
⑤ 인력의 효율적 통제 및 관리

/정답/ ⑤

인력의 통제와 관리는 전통적 인사관리 관점에서의 특징이다.

|제2절| 직무관리

> **POINT 직무분석**
>
> ### 1. 직무정보 수집 방법
> - **관찰법**(observation method) : 직무분석자가 특정 직무를 수행되고 있는 직무수행자를 직접 집중적으로 관찰하고 내용을 기록하는 방법
> - **면접법**(interview method) : 직무분석을 실시하는 담당자가 준비된 질문항목을 가지고 해당 직무 수행자에게 면접을 실시하여 직무에 관한 정보를 획득하는 방법
> - **질문지법**(questionnaire method) : 직무수행자에게 사전에 설계한 표준화된 질문지를 나누어 주어 답하게 함으로써 직무에 대한 정보를 획득하는 방법
> - **작업사건법**(employee recording : 종업원기록법) : 직무수행자가 매일 작성하는 작업일지나 메모 사항을 가지고 해당 직무에 대한 정보를 수집하는 방법
> - **중요사실기록법**(critical incidents method) : 직무수행자의 직무행동 가운데 성과와 관련하여 효과적인 행동과 비효과적인 행동을 구분하여 그 사례들을 수집하고, 이러한 사례로부터 직무성과에 효과적인 행동패턴을 추출하여 분류하는 방법
>
> ### 2. 직무분석 기법
>
> (1) **기능적 직무분석법**(Functional Job Analysis : FJA)
> 수집한 기능관련 정보를 모든 직무에 존재하는 3가지의 일반적 기능, 즉 자료(date)와 관련되는 기능, 사람(people)과 관련되는 기능, 사물(things)과 관련되는 기능의 정보로 분류하고 정리
>
> (2) **직위분석 질문지법**(Position Analysis Questionnaire : PAQ)
> 매코믹(E. J. McCormick) 등이 개발한, 작업자 활동과 관련된 187개 항목과 임금관련 7개 항목을 포함하여 총 194개의 항목으로 구성된 질문지로서 작업에 대한 표준화된 정보를 수집. 질문지 항목들은 i) 작업자가 직무를 수행하는 데 사용하는 정보의 원천 ii) 직무수행에 투입되는 정신적 과정 iii) 직무수행의 결과 나타난 성과에 관한 것 iv) 작업자의 타작업자와의 관계 v) 직무환경 내지 상황과의 관계 vi) 직무의 다른 기타 특성과 관련된 것 6개의 범주로 구분
>
> (3) **관리직위 기술 질문지법**(Management Position Description Questionnaire : MPDQ)
> 토나우(Tornnow)와 핀토(Pinto)는 과업 중심적인 방법으로 다양한 직능, 직급, 회사에 걸쳐 시

험된 208항목으로 구성된 질문지를 개발. 많은 관리자의 응답이 통계적으로 분석되어 ⅰ) 제품, 마케팅 그리고 재무전략, 계획수립 ⅱ) 다른 부서와 인력에 대한 조정 ⅲ) 내부 경영통제 ⅳ) 제품과 서비스에 대한 책임 ⅴ) 대중 및 고객과의 관계 ⅵ) 높은 수준의 컨설팅 ⅶ) 행동의 자율성 ⅷ) 재무적인 약속의 승인 ⅸ) 스탭의 서비스 ⅹ) 감독 ⅺ) 복잡성과 스트레스 ⅻ) 높아진 재무적인 책임 ⅹⅲ) 폭넓은 인력에 대한 책임 13종류의 직무기술요인들이 밝혀지고 해석됨

(4) **과업목록법**(Task Inventory procedure)

설문지를 이용하여 분석하고자 하는 직무의 모든 과업을 열거하고, 이를 상대적 소요시간, 빈도, 중요성, 난이도, 학습의 속도 등의 차원에서 평가, 특정 과업에 대한 구체적 정보를 수집하는 기법

3. 직무기술서와 직무명세서

(1) **직무기술서**
- 직무분석의 결과에 의거하여 직무수행과 관련된 과업 및 직무행동을 일정한 양식에 기술한 문서
- 직무명칭, 직무활동과 격차, 수행되는 과업, 사용되는 원재료·기계, 다른 작업자와의 공식적 감독의 성격과 범위, 작업조건, 열, 조명, 소음, 작업 장소, 물리적 위치, 위험한 조건 등

(2) **직무명세서**
- 직무분석의 결과에 의거하여 직무수행에 필요한 종업원의 행동, 기능, 능력, 지식 등을 일정한 양식에 기록한 문서
- 직무명칭, 교육(최소 교육연수, 교육의 형태, 직무와 관련된 특정 분야의 교육내용), 육체적 특성과 건강(일반적 신체적 특성, 정서적 안정성 등), 지적능력(지수화), 특수한 능력(타인과의 협동작업 능력, 손을 사용한 기능 등), 과거 작업경험(다른 분야에서 종사한 경험), 특수한 지식 혹은 기능(서류파일, 기록확인, 사료정리, 보고서 작성 등에 관한 지식, 기능), 성숙가능성(2년 이내 증가되는 책임을 담당할 수 있는 가능성), 기타(2년 이내 직무담당자가 승진할 준비가 될 수 있는가 여부)

관련 문제

1 직무분석에 관한 설명으로 옳지 않은 것은? (노무사, 12)

① 직무분석은 직무와 관련된 정보를 수집·정리하는 활동이다.
② 직무분석을 통해 얻어진 정보는 전반적인 인적자원관리 활동의 기초자료로 활용된다.
③ 직무분석을 통해 직무기술서와 직무명세서가 작성된다.
④ 직무기술서는 직무를 수행하는데 필요한 인적요건을 중심으로 작성된다.
⑤ 직무평가는 직무분석을 기초로 이루어진다.

/정답/ ④
직무기술서는 직무를 수행과 관련된 과업 및 직무행동을 직무요건을 중심으로 기술한 양식이다.

2 직무분석의 방법에 해당되지 않는 것은? (경영지도사, 16)

① 면접법 ② 중요사건법 ③ 요소비교법
④ 관찰법 ⑤ 질문지법

/정답/ ③
요소비교법은 직무평가 기법의 하나이다.

3 직무를 수행하는데 필요한 기능, 능력, 자격 등 직무수행요건(인적요건)에 초점을 두어 작성한 직무분석의 결과물은? (노무사, 10 및 경영지도사, 19)

① 직무명세서 ② 직무평가 ③ 직무표준서
④ 직무기술서 ⑤ 직무지침서

/정답/ ①

4 직무기술서에 포함되는 내용으로 옳지 않은 것은? (노무사, 16 및 가맹거래사, 16)

① 직무수행에 필요한 지식과 기술
② 직무의 구체적인 내용
③ 직무수행 절차와 방법
④ 직무수행에 필요한 자원 및 설비
⑤ 직무수행 환경

/정답/ ①

직무수행에 필요한 지식과 기술은 직무명세서의 내용이다.
공인노무사 16년도 기출은 '요구되는 지식'이 정답 지문으로 출제되었다.

5 직무기술서(job description)에 포함되는 것을 모두 고른 것은? (가맹거래사, 21)

| ㄱ. 직무내용 | ㄴ. 필요한 지식 | ㄷ. 직무수행방법 |
| ㄹ. 작업조건 | ㅁ. 요구되는 능력 | |

① ㄱ, ㄴ, ㄷ
② ㄱ, ㄴ, ㄹ
③ ㄱ, ㄷ, ㄹ
④ ㄴ, ㄷ, ㅁ
⑤ ㄷ, ㄹ, ㅁ

/정답/ ③

'필요한 지식'과 '요구되는 능력'은 직무수행에 요구되는 자격에 해당하는 사항으로서 직무명세서의 내용이 된다.

6 직무분석에 관한 설명으로 옳은 것은? (노무사, 22)

① 직무의 내용을 체계적으로 정리하여 직무명세서를 작성한다.
② 직무수행자에게 요구되는 자격요건을 정리하여 직무기술서를 작성한다.
③ 직무분석과 인력확보를 연계하는 것은 타당하지 않다.
④ 직무분석은 작업장의 안전사고 예방에 도움이 된다.
⑤ 직무분석은 직무평가 결과를 토대로 실시한다.

/정답/ ④

① 직무의 내용을 체계적으로 정리한 것은 직무기술서이다.
② 직무수행자에게 요구되는 자격요건을 정리한 것은 직무명세서이다.
③ 직무분석과 인력확보를 연계하여야 직무와 사람의 적합성을 실현할 수 있다.
④ 직무분석을 통해 작업장 내 위험요인을 발견하고 안전사고를 예방할 수 있다.
⑤ 직무평가는 직무분석 결과를 토대로 실시한다.

POINT 직무평가

1. 직무평가 요소 - Lytle 모델
- **숙 련**: 지능적 숙련(intellectual skill), 육체적 숙련(physical skill)
- **책 임**: 대인적 책임(responsibility for other), 대물적 책임(responsibility for equipment and material)
- **노 력**: 정신적 노력(mental effort), 육체적 노력(physical effort)
- **작업환경**: 위험도(hazard), 불쾌도(uncomfotableness)

2. 직무평가의 방법

(1) 서열법

평가하려는 직무들의 직무기술서 및 직무명세서를 가지고 이들 직무들의 기업의 목표달성 관련 중요도, 직무수행상의 난이도, 작업환경 등을 포괄적으로 고려하여 그 가치에 따라 서열을 매기는 방법이다.

(2) 분류법(job classification)

개별 직무의 직무기술서 및 직무명세서를 가지고 직무등급표에 기술된 등급별 내용(직무요소들의 기준)과 비교하여 어느 한 등급에 분류시켜 그 직무의 등급을 결정하는 기법이다. 등급법이라고도 한다.

(3) 점수법(Point Rating Method)

직무를 평가요소에 따라 분해하고, 각 요소 별로 그 중요도에 따라 점수를 준 후, 이 점수를 합계하여 각 직무의 가치를 평가하는 방법이다.

(4) 요소비교법(Factor Comparison Method)

서열법에서 발전된 기법으로서 직무가 가진 요소별로 직무 간의 서열을 매기고 이 요소별 서열을 가지고 임금과 직접 연결하는 방법이다.

관련 문제

1 조직 내 직무 간의 상대적 가치를 평가하는 직무평가 요소가 <u>아닌</u> 것은? (노무사, 11)

① 지식　　② 숙련　　③ 경험
④ 노력　　⑤ 성과

/정답/ ⑤

2 직무분석 및 직무평가에 관한 설명으로 옳지 않은 것은? (가맹거래사, 20)

① 직무평가란 공정한 임금구조 마련을 위해 직무의 상대적 가치평가를 하는 과정이다.
② 직무기술서는 직무에 대한 정보를 직무의 특성에 초점을 두고 작성한 문서이다.
③ 직무명세서는 직무를 수행하기 위해 직무담당자가 갖추어야 할 최소한의 인적요건을 기술한 문서이다.
④ 직무분석 방법에는 서열법, 점수법, 분류법이 있다.
⑤ 직무평가 방법에는 계량적과 비계량적 방법이 있다.

/정답/ ④

---

3 직무평가 방법이 아닌 것은? (가맹거래사, 18)

① 서열법　　② 분류법　　③ 점수법
④ 작업기록법　　⑤ 요소비교법

/정답/ ④

작업기록법은 직무정보수집기법이다.

---

4 직무평가에 대한 설명으로 옳은 것은? (가맹거래사, 08)

① 직무의 절대적 가치를 정하는 체계적인 방법이다.
② 일체의 속인적인 조건을 떠난 객관적인 직무에 대한 평가이다.
③ 동일노동 동일임금을 기본원리로 하는 직능급 제도의 기초가 된다.
④ 각 직무의 곤란도 위험도 수익성을 평가하여 타 직무와 비교한다.
⑤ 평가방법에는 서열법, 분류법, 점수법, 요소비교법이 있고 정량적 평가방법에는 서열법과 분류법을 들 수 있다.

/정답/ ②

① 직무평가는 직무의 상대적 가치를 정하는 방법이다.
③ 동일노동 동일임금을 기본원리로 하는 직무급 제도의 기초가 된다.
④ 수익성의 평가는 옳지 않은 설명이다.
⑤ 요소비교법과 점수법은 정량적 평가에 해당한다.

POINT 직무설계

1. 전통적 직무설계 : 직무전문화(job specialization)

한 작업자가 하는 여러 종류의 일(task)을 그 숫자 면에서 줄이는 것이다.

	기업 측	종업원 측
장점	• 작업자의 선발과 훈련용이 • 단순, 반복작업으로 대량생산 가능 • 높은 생산성 • 숙련공이 필요 없어 노무비 저렴 • 작업의 관리가 용이	• 작업 결과에 대한 책임부담이 적음 • 정신적 부담이 적음 • 특별한 직무교육을 받을 필요 없음 • 미숙련공의 취업이 용이

단점	• 제품 전체에 대한 책임 규명이 어려워 품질관리에 어려움
	• 작업자의 불만으로 코스트 발생
	  - 이직, 지각, 결근
	  - 생산공정의 고의적인 지체
	  - 고충 건수의 증가
		• 작업의 반복으로 권태감이 생김
		• 세분화된 작업으로 작업에 대한 만족을 느끼기 힘들며, 보다 좋은 직무를 수행할 기회가 적음
		• 작업방법이나 수단을 개선하여 능력을 발휘할 기회가 적음
		• 혹사하여 피로감 가중
		• 동료작업자 간 인간관계 형성기회가 줄어듦

2. 현대적 직무설계 : 개인수준의 직무설계

(1) **직무확대**(job enlargement)

   직무의 범위를 수평적으로 확장하는 것으로 직무를 구성하는 과업의 수를 늘리는 것

(2) **직무 충실화**(job enrichment)

  ① 개 념
   • 직무의 내용을 풍부하게(enrich) 만들어 작업상의 책임을 늘리며, 능력을 발휘할 수 있는 여지를 크게 하고, 도전적이고 보람 있는 일이 되도록 직무를 구성하는 것이다. 허츠버그의 이요인 이론을 대두배경으로 삼는다.

  ② 직무충실화를 위해 직무가 갖추어야 할 요소
   • ⅰ) 직접적 피드백, ⅱ) 고객과의 관계, ⅲ) 학습기회, ⅳ) 작업일정 수립 기회의 제공, ⅴ) 전문적 능력의 배양, ⅵ) 자원의 통제, ⅶ) 상하 간의 직접적 커뮤니케이션, ⅷ) 직무에 대한 개인적 책임의 확대

(3) **직무특성모형**(job characteristic model)−**핵크만과 올드햄**(Hackman & Oldham)

   5가지 직무특성을 확인하여 이들의 상호관련성과 종업원의 생산성, 동기유발 및 만족에 미

치는 영향관계를 설명하는 이론이다.

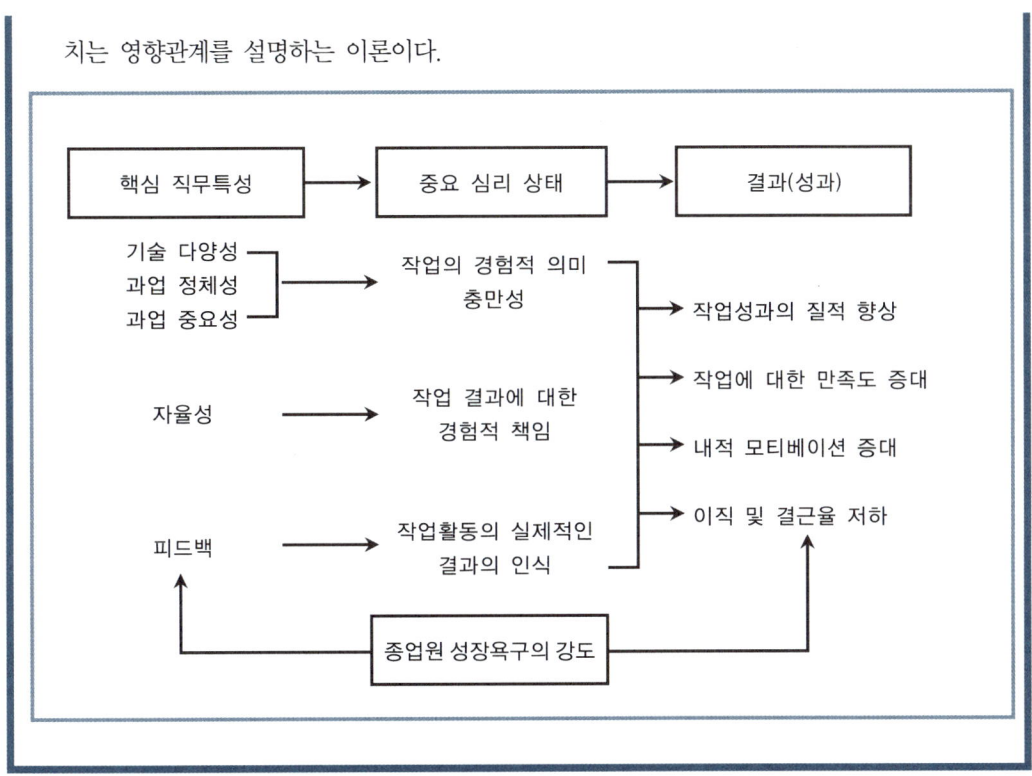

관련 문제

1 조직화 과정의 올바른 순서는? (경영지도사, 19)

> ㄱ. 과업들을 유사한 것끼리 그룹화
> ㄴ. 조직구조가 생성되면 개인과 부문의 직무를 조정
> ㄷ. 조직의 사명과 목표를 설정
> ㄹ. 직무를 개인에게 할당
> ㅁ. 조직의 사명과 목표를 달성하기 위한 작업 활동들을 과업들로 세분화

① ㄱ → ㄷ → ㅁ → ㄴ → ㄹ
② ㄷ → ㅁ → ㄴ → ㄱ → ㄹ
③ ㄷ → ㅁ → ㄹ → ㄴ → ㄱ
④ ㅁ → ㄷ → ㄱ → ㄹ → ㄴ
⑤ ㅁ → ㄷ → ㄴ → ㄹ → ㄱ

/정답/ ③

2 전통적 직무설계와 관련 없는 것은? (노무사, 21)

① 분업　　　　　　　② 과학적 관리　　　　③ 전문화
④ 표준화　　　　　　⑤ 직무순환

/정답/ ⑤

직무순환은 집단 수준의 현대적 직무설계 기법에 해당한다.

3 현대적 직무설계 방안에 해당되지 않는 것은? (경영지도사, 14, 19)

① 직무순환(job rotation)
② 직무확대(job enlargement)
③ 직무충실화(job enrichment)
④ 직무전문화(job specialization)
⑤ 준자율적 작업집단(semi-autonomous work group)

/정답/ ④

4 다음 설명에 해당하는 직무설계는? (노무사, 17)

> ○ 직무성과가 경제적 보상보다는 개인의 심리적 만족에 있다고 전제한다.
> ○ 종업원에게 직무의 정체성과 중요성을 높여주고 일의 보람과 성취감을 느끼게 한다.
> ○ 종업원에게 많은 자율성과 책임을 부여하여 직무경험의 기회를 제공한다.

① 직무 순환　　　　　② 직무 전문화　　　　③ 직무 특성화
④ 수평적 직무확대　　⑤ 직무 충실화

/정답/ ⑤

5 상사의 의사결정이나 계획 및 통제의 권한을 위양하여 부하의 재량권과 자율성을 강화하는 직무설계 방식은? (노무사, 10)

① 직무확대 ② 직무세분화 ③ 직무충실화
④ 직무전문화 ⑤ 직무특성화

/정답/ ③

---

6 직무충실화(job enrichment)에 관한 설명으로 옳지 않은 것은? (가맹거래사, 19)

① 작업자가 수행하는 직무에 자율권과 책임을 부과하는 것이다.
② 허즈버그(F. Herzberg)의 2요인 이론에 근거하고 있다.
③ 여러 직무를 여러 작업자들이 순환하며 수행하는 방식이다.
④ 성장욕구가 낮은 작업자에게는 부담스러울 수 있다.
⑤ 도입할 경우 관리자들이 반발할 수도 있다.

/정답/ ③

여러 직무를 여러 작업자가 순환하는 수행하는 방식은 직무순환이다.

---

7 직무특성모형에서 핵심직무 차원에 포함되지 않는 것은? (가맹거래사, 17, 07 및 경영지도사, 13, 19 및 노무사, 10)

① 기능의 다양성(skill variety) ② 과업의 정체성(task identity)
③ 과업의 중요성(task significance) ④ 동기부여(motivation)
⑤ 자율성(autonomy)

/정답/ ④

가맹거래사 07년 기출문제는 '성장욕구'로, 노무사 10년도 기출문제는 '직무전문성'으로, 경영지도사 13년도 기출문제는 '과업 몰입도'로. 경영지도사 19년도 기출문제는 '과업 전문성'으로 오답 지문을 구성하였다.

8 직무특성모형(job characteristics model)의 핵심직무 차원에 포함되지 않는 것은? (노무사, 21)

① 성장 욕구 강도(growth need strength)
② 과업정체성(task identity)
③ 과업중요성(task significance)
④ 자율성(autonomy)
⑤ 피드백(feedback)

/정답/ ①

9 해크먼(R. Hackman)과 올드햄(G. Oldham)의 직무특성모형에서 직무가 다른 사람의 작업이나 생활에 실질적인 영향을 미칠 수 있는 정도를 의미하는 것은? (경영지도사, 16)

① 기술다양성   ② 과업정체성   ③ 과업중요성
④ 자율성   ⑤ 피드백

/정답/ ③

10 직무특성모형에서 중요심리상태의 하나인 의미충만(meaningfulness)에 영향을 미치는 핵심직무차원을 모두 고른 것은? (노무사, 23)

ㄱ. 기술다양성	ㄴ. 과업정체성
ㄷ. 과업중요성	ㄹ. 자율성
ㅁ. 피드백	

① ㄱ, ㄴ, ㄷ   ② ㄱ, ㄴ, ㅁ   ③ ㄱ, ㄹ, ㅁ
④ ㄴ, ㄷ, ㄹ   ⑤ ㄷ, ㄹ, ㅁ

/정답/ ①
기술다양성, 과업정체성, 과업중요성이 작업자의 작업에 대한 의미감에 영향을 미치고, 자율성은 작업자의 책임감에, 피드백은 작업자의 작업결과에 대한 인식에 영향을 미친다.

11 동기부여적 직무설계 방법에 관한 설명으로 옳지 않은 것은? (경영지도사, 13)

① 직무 자체 내용은 그대로 둔 상태에서 구성원들로 하여금 여러 직무를 돌아가면서 번갈아 수행하도록 한다.
② 작업의 수를 증가시킴으로써 작업을 다양화한다.
③ 직무내용의 수직적 측면을 강화하여 직무의 중요성을 높이고 직무수행으로부터 보람을 증가시킨다.
④ 직무세분화, 전문화, 표준화를 통하여 직무의 능률을 향상시킨다.
⑤ 작업배정, 작업스케줄 결정, 능률향상 등에 대해 스스로 책임을 지는 자율적 작업집단을 운영한다.

/정답/ ④

① 직무순환(job rotation)에 관한 설명이다.
② 직무확대(job enlargement)에 관한 설명이다.
③ 직무충실화(job enrichment)에 대한 설명이다.
④ 직무전문화(job specialization)는 동기부여를 위한 직무설계가 아니라 생산성 향상을 위한 직무설계이다.
⑤ 자율적 작업집단(autonomous workgroup)에 대한 설명이다.

12 다음은 직무설계와 관련된 용어의 설명이다. 용어의 설명이 가장 잘못된 것은? (가맹거래사, 06)

① 직무설계(Job design)는 직무에 관한 정보를 수집, 분석하여 직무의 내용과 직무담당자의 자격요건을 체계화하는 것이다.
② 직무단순화는 직무담당자들이(Job simplification) 좁은 범위의 몇 가지 일을 담당하도록 직무를 설계하는 방법이다.
③ 직무순환(Job rotation)은 작업자로 하여금 여러 가지 다양한 직무에 순환 근무토록 하여 그들의 직무활동을 다각화하는 방법이다.
④ 직무확대(Job enlargement)는 직무수행자의 직무를 다양화하여 직무의 수평적 범위를 넓히는 것이다.
⑤ 직무충실화(Job enrichment)는 직무로부터 성장과 성취, 책임과 인정 등의 잠재력을 향상시키기 위하여 직무를 수직적으로 확대하는 것이다.

/정답/ ①

①은 직무분석(Job Analysis)에 관한 설명이다.

13 직무관리에 관한 설명으로 옳지 않은 것은? (경영지도사, 20)

① 직무를 수행하는데 필요한 지식과 능력, 숙련도, 책임 등과 같은 직무상의 요건을 체계적으로 결정하는 과정을 직무분석(job analysis)이라 한다.
② 직무기술서(job description)는 책임과 의무, 근로조건, 다른 직무와의 관계 등을 정리한 것이다.
③ 직무명세서(job specification)는 특정한 업무를 수행하는데 필요한 지식, 기술, 능력 등을 요약한 것이다.
④ 직무순환(job rotation)은 여러 기능의 습득을 위해 종업원들에게 다양한 직무를 수행하도록 한다.
⑤ 직무충실화(job enrichment)에서는 종업원이 수행하는 과업의 숫자는 증가하나 의사결정 권한이나 책임은 별로 증가하지 않는다.

/정답/ ⑤

제3절 확보관리

POINT 모집과 선발

1. 인력의 수요 및 공급 예측

(1) 의 의

인적자원 수급에 대한 환경분석 후 미래 특정 시점에 어떠한 자질을 갖춘 인적자원을 언제, 얼마나 필요로 할 것인가를 추정하고, 조직 내외의 노동시장에 대한 인력의 양적 및 질적 측면을 예측하는 활동이다.

(2) 수요예측기법

① **자격요건분석 기법**
- 해당 직무의 직무기술서 및 직무명세서를 가지고 미래(t_1)의 직무명세서를 예측·작성하는 기법

② **시나리오 기법**
- 전문가 집단의 브레인스토밍 및 예측 프로젝트 조직에 의해 미래에 발생할 경영환경의 변화, 해당 기업에 나타날 미래의 기회와 위협에 대한 분석 그리고 개별 직무내용의 변화에 대한 예측활동

③ **생산성 비율분석**
- 과거 해당 기업이 달성했던 생산성(단위 연도당 한 명의 직업노동 인력이 생산한 제품의 평균수량)의 변화에 대한 정보를 가지고 미래에 필요한 생산라인에 투입(적정인력)할 인력을 예측하는 기법

④ **추세분석**
- 해당 기업에서 과거에 인력변화를 가져다주었던 제반 요인들의 시간에 따른 변화 정도와 이에 따른 인력의 변화 정도를 파악하여 미래의 인력수요를 예측하는 기법

⑤ **회귀분석**(regression analysis)
- 기업의 인력수요 결정에 영향을 미치는 여러 영향요소들의 복합적인 영향력을 계산하여 회귀방정식을 통해 예측하는 기법

⑥ **노동과학적 기법**
- 작업시간연구(time study)를 기초로 하위 개별 작업장별 필요한 인력을 산출하는 기법
- 수요인력 = $\dfrac{\text{연간총작업시간}}{\text{연간1인당작업시간}}$ = $\dfrac{\text{생산단위당표준작업시간} \times \text{연간생산단위}}{\text{연간작업수} \times \text{평균출근율} \times \text{일일평균작업시간}}$

⑦ **명목집단기법**(nominal group technique : NGT)**과 델파이 기법**(delphi technique)
⑧ **화폐적 접근법**
- 미래의 어느 시점(t_1) 에서의 기업의 인건비 지불능력을 기준으로 보유할 수 있는 인원수를 예측하는 기법
- 보유가능인력 = $\dfrac{\text{허용인건비총액}}{\text{종업원1인당평균인건비}}$

(3) 인력공급예측기법

① **내부공급원 파악 : 기능목록**(skill inventories)
- 구성원들이 보유하고 있는 기능과 능력을 조사하여 결과를 요약해 놓은 자료

② **내부공급 예측 : 마코브 분석**(Markov chain method)
- 내부노동시장의 안정적 조건에서 종업원들의 승진, 이동, 이직 등의 일정 비율을 적용하여 미래 각 기간에 걸쳐 현재 인원의 변동을 예측하는 방법
- **전이행렬**(transition probability matrix)**에 기초** : 전이행렬이란 매년 초 각기 다른 직무에 종사하고 있는 사람들의 숫자를 현재의 직무에 계속 재직할 가능성, 조직 내 다른 직무로 이동할 가능성, 조직을 이탈할 가능성 등에 관한 이동 예상률과 곱한 결과

(4) 인적자원의 수급조정

초과수요 : 인력부족의 경우	초과공급 : 인력과잉의 경우
초과근로 활용 임시직 고용 파견근로 활용 아웃소싱	직무분할제 조기퇴직제도 다운사이징 정리해고

2. 모 집

	내부모집(internal search)	외부모집(external search)
개념	인력수요 발생 시 내부인력을 키워서(make) 충당	인력수요 발생 시 외부 노동시장에서 인력 사오기(buy)
방법	기능목록, 인력배치, 사내공모제도	광고, 고용에이전시, 교육기관, 전문협회 및 학회, 자발적 지원, 웹 기반 모집, 사원추천제도
장점	• 승진기회 확대로 종업원 모티베이션 향상 • 모집에 드는 비용 저렴 • 모집에 소요되는 시간 단축	• 인재 선택의 폭이 넓어짐 • 외부로부터 인력이 유입되어 조직분위기 쇄신 가능

	• 내부인력의 조직 및 직무지식 활용 가능 • 외부 인력 채용에 따르는 리스크(조직적응 실패, 기술·지식의 차이 등) 제거 • 기존의 인건비 및 급여 수준 유지 가능(외부 인력 채용 시 인건비 상승 가능) • 하급직 신규채용 수요 발생	• 인력수요에 대한 양적 충족 가능 • 인력유입으로 새로운 지식, 경험 축적 가능 • 업무능력 등 자격을 갖춘 자를 채용하게 되므로 교육훈련비 감소
단점	• 인재 선택의 폭이 좁아짐 • 조직의 폐쇄성 강화 • 부족한 업무능력 보충을 위한 교육훈련비 증가 • 능력주의와 배치되는 패거리 문화 형성 • 인력수요를 양적으로 충족시키지 못함(내부 승진으로 인해 항상 일정 수의 인력부족 현상)	• 모집에 많은 비용 요소 • 모집에 장시간 소요 • 내부 인력의 승진기회 축소 • 외부 인력 채용으로 실망한 종업원들의 이직가능성 증가 • 조직분위기에 부정적 영향 • 외부 인력의 채용에 따르는 리스크 발생(조직적응 실패, 기술·지식의 차이 등) • 경력자 채용 시 높은 급여 지급으로 인건비 상승

3. 선 발

(1) 선발도구 – 면접

① 면접의 유형

- **구조화된 면접**(structured interview)

  회사가 표준적인 질문을 미리 구성해 놓고 면접 시 모든 지원자에게 동일한 질문을 던져 그 반응을 표준적으로 측정하는 방법

- **비구조화된 면접**(unstructured interview)

  면접관이 주제에 구애되지 않고 지원자에 따라 자유롭게 질문을 던질 수 있도록 설계된 방법

② 면접의 종류

- **집단 면접**(group interview) : 피면접자가 복수가 되는 경우
- **위원회 면접**(board or panel interview) : 다수의 면접자가 한 명의 피면접자를 평가하는 경우
- **복수 면접**(multiple interview) : 지원자를 여러 시기에 걸쳐 여러 사람이 면접

(2) 선발도구에 대한 평가

① 선발도구의 신뢰성(reliability)

- 지원자의 어떤 면을 측정할 때 동일한 환경에서 측정된 결과가 서로 일치하는 정도로서 신뢰성이 높을 경우 선발도구의 측정 결과가 일관성(consistency)이 있고 안정성(stability)이 있다는 의미이다.

- **실시-재실시 신뢰성**(Test-retest Reliability) **검증** : 동일한 테스트를 동일한 집단을 대상으로 시간적 간격을 두고 재실시하여 두 측정치(첫 번째와 두 번째)가 일치하는지 정도를 검증
- **대체형식에 의한 신뢰성**(Equivalent Form Reliability) **검증** : 동일 유형의, 난이도가 유사한 시험을 재실시하여 신뢰성을 검증
- **평가자 간 신뢰성**(Inter-rater Reliability) **검증** : 복수의 평가자가 동일 시점에 동일한 평가대상을 평가할 때 평가자들이 얼마나 동일하게 평가하는지를 검증
- **내적 일관성 신뢰성**(Internal Consistency Reliability) : 특정 피평가 집단에 대해서 하나의 평가표로 측정한 결과만 있을 때 평가항목 점수 간의 관계의 일관성을 산출하는 신뢰성 검증

② 선발도구의 타당성(validity)
- 선발에 있어서 측정하고자 하는 대상을 올바르게 측정하고 있으며, 그 측정 결과가 과연 측정하고자 하는 목적에 부합되는지를 나타내는 지표
- **동시타당성**(Concurrent Validity) : 신입사원의 선발에 적용하려는 선발도구 A(예, 영어시험)를 종업원에게 실시하여 현직 종업원이 획득한 시험점수와 그들의 인사평가 점수(성과) 간의 상관관계를 조사하는 방법
- **예측타당성**(Predictive Validity) : 선발시험에서 합격한 지원자들의 시험성적과 입사 후 어느 기간이 지난 후 그들이 달성한 직무성과를 비교하여 그 상관관계를 조사하는 방법
- **내용타당성**(Contents Validity) : 선발도구가 측정하는 내용이 실제로 근무하는 데 있어서 작업상황과 직무행위에 얼마나 유사한 내용을 담고 있는지를 나타내는 것
- **구성타당성**(Construct Validity) : 선발도구의 측정치가 이론적인 구성 또는 특질을 가지고 있는 정도

관련 문제

1 질적 인력수요 예측기법에 해당하지 않는 것은? (노무사, 17)

① 브레인스토밍법　② 명목집단법　③ 시나리오 기법
④ 자격요건 분석법　⑤ 노동과학적 기법

/정답/ ⑤

2 모집 방법 중 사내공모제(job posting system)의 특징에 관한 설명으로 옳지 않은 것은?

(노무사, 19)

① 종업원의 상위직급 승진 기회가 제한된다.
② 외부 인력의 영입이 차단되어 조직이 정체될 가능성이 있다.
③ 지원자의 소속부서 상사와의 인간관계가 훼손될 수 있다.
④ 특정부서의 선발 시 연고주의를 고집할 경우 조직 내 파벌이 조성될 수 있다.
⑤ 선발과정에서 여러 번 탈락되었을 때 지원자의 심리적 위축감이 고조된다.

/정답/ ①

사내공모제도란 공석이 발생한 경우 사내 게시판을 통해 지원자를 모집하는 내부 모집기법이다.
① 공석이 상위직급일 경우 사내공모제도를 통해 종업원에게 승진 및 이동 기회를 제공할 수 있다.

3 내부노동시장에서 지원자를 모집하는 내부모집에 관한 설명으로 옳지 않은 것은? (가맹거래사, 19)

① 외부모집에 비해 비용이 적게 든다.
② 구성원의 사회화 기간을 단축시킬 수 있다.
③ 외부모집에 비해 지원자를 정확하게 평가할 가능성이 높다.
④ 빠르게 변화하는 환경에 적응하는 데 외부모집보다 효과적이다.
⑤ 모집과정에서 탈락한 직원들은 사기가 저하될 수 있다.

/정답/ ④

빠른 환경변화에 대처하기 위해서는 그때그때 필요한 인력을 외부모집(buying)하는 것이 효과적이다.

4 종업원 선발을 위한 면접에 관한 설명으로 옳은 것은? (노무사, 17)

① 비구조화 면접은 표준화된 질문지를 사용한다.
② 집단면접의 경우 맥락효과(context effect)가 발생할 수 있다.
③ 면접의 신뢰성과 타당성을 높이기 위해 면접내용 개발 단계에서 면접관이나 경영진을 배제한다.
④ 위원회 면접은 한 명의 면접자가 여러 명의 피면접자를 평가하는 방식이다.
⑤ 스트레스 면접은 여러 시기에 걸쳐 여러 사람이 면접하는 방식이다.

> /정답/ ②
>
> 맥락효과(context effect)란 처음 제시된 의견에 이후 의견들이 따라가는 현상을 말하는데, 집단면접은 여러 명의 피면접자를 대상으로 실시되기 때문에 처음 답변을 한 피면접자의 답변내용이 이후 피면접자의 답변에 영향을 미칠 수 있다.

5 인력모집과 선발에 관한 설명으로 옳지 않은 것은? (가맹거래사, 11)

① 사내공모제는 승진기회를 제공함으로써 기존구성원에게 동기부여를 제공한다.
② 클로즈드 숍(closed shop)제도의 경우 신규종업원 모집은 노동조합을 통해서만 가능하다.
③ 집단면접은 다수의 면접자가 한 명의 응모자를 평가하는 방법이다.
④ 외부모집을 통해 조직에 새로운 관점과 시각을 가진 인력을 선발할 수 있다.
⑤ 내부모집방식에서는 모집범위가 제한되고 승진을 위한 과다경쟁이 생길 수 있다.

> /정답/ ③
>
> 집단면접은 한 명의 면접자가 다수의 응모자를 평가하는 방법이다.

6 선발시험 합격자들의 시험성적과 입사 후 일정 기간이 지나서 이들이 달성한 직무성과와의 상관관계를 측정하는 지표는? (노무사, 15)

① 신뢰도　　　　② 대비효과　　　　③ 현재타당도
④ 내용타당도　　⑤ 예측타당도

> /정답/ ⑤
>
> ② 대비효과(contrast effect)는 피평가자를 평가할 때 주위의 다른 사람과 비교하여 잘못 평가하는 오류이다.

7 실무에 종사하고 있는 직원들에게 시험문제를 풀게 하여 측정한 결과와 그들이 현재 수행하고 있는 직무와의 상관관계를 나타내는 타당도는? (경영지도사, 22)

① 현재타당도(concurrent validity)　　② 예측타당도(predictive validity)
③ 구성타당도(construct validity)　　④ 내용타당도(content validity)
⑤ 외적타당도(external validity)

> /정답/ ①

|제4절| 평가관리

> **POINT** 인사평가의 구성요건 : 관리기준

1. 타당성(validity)

평가내용이 평가목적을 얼마나 잘 반영하고 있느냐에 관한 것이다. 인사평가에서 추구하는 개별목적에 맞는 평가내용을 얼마나 평가내용으로 삼느냐에 따라 타당성이 결정된다.

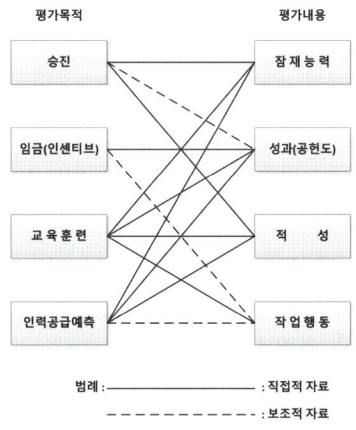

2. 신뢰성(reliability)

측정하고자 하는 평가내용(항목)이 얼마나 정확하게 측정됐느냐에 관한 것이다. 평가자의 평가오류가 신뢰성 저하의 주된 요인이다.

분 류	평가자의 의도적인 오류	평가자가 인지하지 못하는 오류	정보 부족으로 인한 오류
종 류	• 관대화 경향 • 중심화 경향 • 가혹화 경향 • 상동적 오류 • 연공 오류	• 후광효과 • 시간적 오류 • 상관편견 • 대비오류 • 유사성 오류	• 중심화 경향 • 귀속과정 오류 • 2차 평가자 오류

3. 실용성(practicability)

기업이 이러한 평가제도를 도입하는 것이 의미가 있으며 또한 현실적으로 비용보다 효과가 더 큰지를 검토하는 것이다.

4. 수용성(acceptability)

인사평가제도에 대해 피평가자들이 이를 적법하고 필요한 것이라고 믿는 정도, 평가의 공정성과 평가결과가 활용되는 평가목적에 대해 동의하는 정도를 말한다.

5. 전략적 수렴성(Strategic congruence)

조직의 전략과 목표, 그리고 조직문화에 수렴하는 직무성과와 관련된 정도를 의미한다.

6. 구체성(specificity)

피평가자가 평가측정이 기대하는 행동이나 업적, 그리고 그 기대를 충족시키기 위해서 구체적으로 어떻게 해야 할 지에 대해 알려주는 정도를 말한다.

7. 민감도(sensitivity)

해당 성과에 대해 높은 성과를 내는 사람과 낮은 성과를 내는 사람들 간에 측정치 간 차이를 충분히 차별적으로 측정할 수 있는 정도이다.

관련 문제

1 인사고과의 목적에 해당하지 <u>않는</u> 것은? (가맹거래사, 09)

① 인력배치 및 이동
② 직무의 가치평가
③ 성과측정 및 보상
④ 인력계획 및 인사기능의 타당성 측정
⑤ 조직개발 및 근로의욕 증진

/정답/ ②

직무의 상대적 가치를 평가하는 것은 직무평가이다.

2 인사평가 측정결과의 검증기준 중 '직무성과와 관련성이 있는 내용을 측정하는 정도'를 의미하는 것은? (노무사, 13)

① 신뢰성 ② 수용성 ③ 타당성
④ 구체성 ⑤ 실용성

/정답/ ③

> **POINT 인사평가 오류**(제3장 경영조직, 제2절 개인수준 연구, 지각오류 유형 참조)
>
> 1. **분배적 오류**: 관대화/중심화/가혹화 경향
> 2. **상동적 오류**(stereotyping)
> 3. **후광효과**(halo effect)
> 4. **지각방어**(perceptual defense)
> 5. **대비오류 또는 대조효과**(contrast error)
> 6. **주관의 객관화**(projection)
> 7. **근본귀인오류**(fundamental attribution error)
> 8. **행위자-관찰자 편견**(actor-observer bias)
> 9. **자존적 편견**(self-serving bias)
> 10. **통제의 환상**(illusion of control)

관련 문제

1 인사고과 시 평가자에게 흔히 나타나는 고과 상의 오류로 옳지 않은 것은? (노무사, 11)

① 후광효과(halo effect)
② 서열화 경향(ranking tendency)
③ 관대화 경향(leniency tendency)
④ 논리적 오류(logical errors)
⑤ 최근효과(recency effect)

/정답/ ②

② 서열화는 인사평가의 한 방법이 된다.
④ 논리적 오류는 평가자가 평소 논리적인 사고에 얽매여 논리적으로 관계가 없는 것을 임의로 평가해 버리는 경우를 말한다.

2 인사고과의 오류 중 피고과자가 속한 사회적 집단에 대한 평가에 기초하여 판단하는 것은? (노무사, 19)

① 상동적 오류(stereotyping errors) ② 논리적 오류(logical errors)
③ 대비오류(contrast errors) ④ 근접오류(proximity errors)
⑤ 후광효과(halo effect)

/정답/ ①

3 평가자의 사람에 대한 경직된 고정관념이 평가에 영향을 미치는 인사고과의 오류는? (경영지도사, 16)

① 관대화 경향(leniency tendency) ② 중심화 경향(central tendency)
③ 주관의 객관화(projection) ④ 최근효과(recency tendency)
⑤ 상동적 태도(stereotyping)

/정답/ ⑤

4 인사평가의 분배적 오류에 해당하는 것은? (노무사, 21)

① 후광효과 ② 상동적 태도 ③ 관대화 경향
④ 대비오류 ⑤ 확증편향

/정답/ ③

피평가자에게 평가점수를 분배할 때 발생할 수 있는 오류로는 관대화, 중심화, 가혹화 경향이 대표적이다.

5 A부장은 인사고과 시 부하들의 능력이나 성과를 실제보다 높게 평가하는 경향이 있다. 이와 관련된 인사고과 오류는? (가맹거래사, 17)

① 관대화 경향(leniency error) ② 상동적 오류(stereotyping)
③ 연공오류(seniority error) ④ 후광효과(halo effect)
⑤ 대비오류(contrast error)

/정답/ ①

6 어느 하나의 평가요소에 대한 평가의 결과가 다른 요소의 평가 결과에 영향을 미치는 평가상의 오류는?

(경영지도사, 14)

① 관대화 경향(leniency tendency)
② 상동적 평가(stereotyping)
③ 후광효과(halo effect)
④ 중심화 경향(central tendency)
⑤ 최근효과(recency tendency)

/정답/ ③

---

7 타인에 대한 평가에 평가자 자신의 감정이나 특성을 귀속 또는 전가시키는데서 발생하는 오류는?

(경영지도사, 18)

① 후광효과　　　　② 상동적 태도　　　　③ 주관의 객관화
④ 선택적 지각　　　⑤ 관대화 경향

/정답/ ③

---

8 다른 사람을 평가할 때 나타나는 오류에 대한 설명으로 가장 적합한 것은?

(가맹거래사, 06)

① 후광효과 : 사람의 배경이나 출신학교를 근거로 평가하는 경향
② 관대화 경향 : 지원자의 한 특질을 보고 현혹되어 지원자를 제대로 평가하지 못하는 경향
③ 중심화 경향 : 아주 좋거나 나쁜 점수를 주지 않고 중간점수를 주는 경향
④ 가혹화 경향 : 최근에 좋은 업적을 냈더라도 과거의 실적이 좋지 않으면 나쁘게 평가하는 경향
⑤ 스테레오타입 : 하나의 영역에서 좋은 점수를 보이면 다른 영역도 잘할 것이라고 판단하는 경향

/정답/ ③

①은 스테레오타입에 대한 설명이며, ②⑤는 후광효과를 의미한다. ④는 첫인상효과라고 부른다.

9 다음에 해당하는 인사고과 오류는? (가맹거래사, 13)

> ○ 글씨 잘 쓰는 사람을 더 좋게 평가한다.
> ○ 출근율이 높은 사람을 더 창의적이라고 평가한다.

① 후광효과 ② 중심화 경향 ③ 관대화 경향
④ 상동효과 ⑤ 최근효과

/정답/ ①
'글씨'나 '출근율'에 대한 평가결과가 다른 부분에 대한 평가에 영향을 미치고 있으므로 후광효과(halo effect)의 예시에 해당한다.

10 평가자가 평가항목의 의미를 정확하게 이해하지 못했을 때 나타나는 인사평가의 오류는? (가맹거래사, 18)

① 후광효과 ② 상관편견 ③ 시간적 오류
④ 관대화 경향 ⑤ 대비오류

/정답/ ②
② 상관편견(correlational bias)은 평가자가 평가항목을 정확하게 이해하지 못했을 때 나타나는 오류로, 성실성과 책임감을 구분하지 못하는 경우 등이 그 예이다.

11 인사고과에 관한 설명으로 옳지 않은 것은? (노무사, 12)

① 인사고과란 종업원의 능력과 업적을 평가하여 그가 보유하고 있는 현재적 및 잠재적 유용성을 조직적으로 파악하는 방법이다.
② 인사고과의 수용성은 종업원이 인사고과 결과가 정당하다고 느끼는 정도이다.
③ 인사고과의 타당성은 고과내용이 고과목적을 얼마나 잘 반영하고 있느냐에 관한 것이다.
④ 현혹효과(Halo Effect)는 피고과자의 어느 한 면을 기준으로 다른 것까지 함께 평가하는 경향을 말한다.
⑤ 대비오차(Contrast Errors)는 피고과자의 능력을 실제보다 높게 평가하는 경향을 말한다.

/정답/ ⑤
대비오차(Contrast Errors)는 면접 시 우수한 후보의 바로 뒤 순서에 면접을 보는 평범한 후보가 중간 이하의 평가점수를 받는 경우를 의미한다.

POINT 인사평가 기법

1. 서열법(ranking method)

피평가자의 업적이나 가치에 대해서 서열을 매기는 방법

- **쌍대비교법** : 피평가자를 둘씩 짝지어 상대적 서열을 정하는 방법
- **교대서열법** : 서열이 가장 높은 피평가자와 낮은 피평가자를 구분한 뒤 남은 사람 중 다시 서열이 가장 높은 사람과 낮은 사람을 구분하는 방법

2. 강제할당법

사전에 범위와 수를 결정해 놓고 피평가자를 일정한 비율에 맞추어 강제로 할당하는 평가방법

3. 평정척도법(rating scales, graphic rating scales)

피평가자의 능력과 업적 등을 일련의 연속척도 또는 비연속척도에 의하여 평가하는 방법

4. 체크리스트법(check list method)

평가내용이 되는 피평가자의 능력(잠재능력), 태도, 작업행동 그리고 성과 등에 관련되는 표준행동들을 제시하고 평가자가 해당 서술문을 체크하여 평가하는 기법

5. 에세이 방법(Narratives or Essays)

주로 일정한 능력 수준 이상의 고위직(임원급)의 평가에 주로 사용하는 방법으로 일정한 형식이 없이 에세이 방식으로 피평가자의 활동에 대한 평가를 서술식으로 기록

6. 중요사건기술법(critical incident description)

평가자가 일상 작업생활에서 관찰 등을 통해 피평가자가 보여 준 특별히 효과적인 혹은 비효과적인 행동 또는 업적을 기록하여 이를 평가시점에서 정리하여 평가

7. 행동기준평가법(behaviorally anchored rating scales : BARS)

직무를 수행하는데 나타나는 수많은 중요사실을 추출하여 몇 개의 범주로 나누고 각 범주의 중요한 사건을 척도에 의해 평가하는 기법으로 평정척도법과 중요사건기술법을 결합한 것

8. 행동관찰평가법(Behavior observation scales : BOS)

여러 성과 관련 행동패턴 중 한 개를 평가 시 채택하는 것이 아니라 개별 행동패턴마다 피평가자에게 발견되는 빈도를 체크하는 것

9. 목표관리법(MBO : Management by Objectives)

6개월 또는 1년의 기간 내에 달성할 특정 목표를 평가자와 피평가자가 협의로 설정하고, 그 기간이 종료된 후에 목표를 양적, 질적으로 얼마나 달성하였는지를 평가하는 결과 지향적 평가방법

MBO가 효과를 거두기 위해서는 목표설정에 다음과 같은 "S.M.A.R.T"원칙이 적용되어야 함

- S : Specific (목표가 구체적이어야 하고)
- M : Measurable (측정이 가능해야 하고)
- A : Aligned with organizational goals (조직목표와의 일치성)
- R : Results-oriented (결과 지향적이고)
- T : Time-bound (시간 제약적이어야 한다. 즉 1년 이내에 처리할 수 있어야 한다.)

10. 360도 다면평가

상급자가 하급자를 평가하는 하향식 평가의 단점을 보완하여 상급자에 의한 평가 이외에도 평가자 자신(자기평가), 부하직원, 동료, 고객, 외부전문가 등 다양한 시각을 가진 평가자들에 의한 평가를 하는 것

11. 인사평가센터(Human Assessment Center)

후보자들을 2~3일 동안 합숙시키면서 훈련받은 관찰자들이 이들을 집중적으로 관찰하고 평가

□ 관련 문제

1 인사고과의 방법 중 상대평가의 기법에 해당하지 <u>않는</u> 것은? (경영지도사, 17)

① 단순서열법(simple ranking method)
② 교대서열법(alternative ranking method)
③ 쌍대비교법(paired comparison method)
④ 강제할당법(forced distribution method)
⑤ 평정척도법(rating scale method)

/정답/ ⑤

평정척도법은 평가항목별 척도상 평가를 하는 절대평가 기법이다.

2 다음은 인사고과와 관련된 내용이다. 잘못 설명된 것은? (가맹거래사, 07)

① 인사고과는 직무담당자의 직무수행능력을 평가하는 과정이라고 할 수 있다.
② 최근 인사고과에는 동료들에 의한 고과, 부하에 의한 고과, 자기평가가 도입되고 있다.
③ 인사고과는 종업원의 관리적 목적뿐만 아니라 종업원의 개발적 목적으로 활용된다.
④ 인사고과 상 현혹효과(halo effect), 관대화 경향, 중심화 경향 등의 오류가 발생할 수 있다.
⑤ 개별적 고과방법의 하나인 행동평가척도법은 직무수행상태를 표시하는 고과척도에 의해 직무요건과 피고과자를 대응시키는 방법으로 기업에서 가장 많이 사용된다.

/정답/ ⑤

평정척도법이란 피평가자의 능력, 개인적 특성, 성과를 평가하기 위해서 평가요소들을 제시하고 이에 대한 단계별 차등을 두어서 평가하는 기법이다.

3 다음 설명에 해당하는 인사평가기법은? (노무사, 16)

> 평가자가 피평가자의 일상 작업생활에 대한 관찰 등을 통해 특별히 효과적이거나 비효과적인 행동, 업적 등을 기록하고 이를 평가시점에 정리하여 평가하는 기법

① 서열법　　② 평정척도법　　③ 체크리스트법
④ 중요사건기술법　　⑤ 강제선택서술법

/정답/ ④

4 인사평가 방법 중 피평가자의 능력, 태도, 작업, 성과 등에 관련된 표준행동들을 제시하고 평가자가 해당 서술문을 대조하여 평가하는 방법은? (노무사, 18)

① 서열법　　② 평정척도법　　③ 체크리스트법
④ 중요사건기술법　　⑤ 목표관리법

/정답/ ③

5 평정척도법과 중요사건기술법을 결합하여 계량적으로 수정한 인사평가기법은? (가맹거래사, 23)

① 행동기준평가법(behaviorally anchored rating scales)
② 목표관리법(management by objectives)
③ 평가센터법(assessment center method)
④ 체크리스트법(check list method)
⑤ 강제할당법(forced distribution method)

/정답/ ①

6 인사고과에서 평가문항의 발생 빈도를 근거로 피고과자를 평가하는 방법은? (노무사, 13)

① 직접서열법　　② 행위관찰평가법　　③ 분류법
④ 요인비교법　　⑤ 쌍대비교법

/정답/ ②

7 복수의 평가자가 적성검사, 심층면접, 시뮬레이션, 사례연구, 역할연기 등의 평가방법을 활용하여 지원자의 행동을 관찰 및 평가하여 선발하는 방법은? (가맹거래사, 16)

① 다면평가법(360o appraisal)
② 행동평가법(behavioral observation method)
③ 종합평가제도(assessment center)
④ 패널면접법(panel interview)
⑤ 직무적성평가법(job aptitude appraisal)

/정답/ ③

8 인사고과의 방법 중 하나인 다면평가에 관한 설명으로 옳지 않은 것은? (가맹거래사, 10)

① 2인 이상의 고과자들이 공동으로 고과에 참여하는 방식이다.
② 고과자의 주관과 편견을 감소시키는 효과가 있다.
③ 고과자들의 개인별 고과 편차를 감소시키는 데 목적이 있다.
④ 특정 계층의 고과자들에 의하여 평가가 좌우된다.
⑤ 다면평가방법 중 하나인 360도 피드백은 피평가자를 전방위적 측면에서 평가하여 피드백을 주는 기법이다.

/정답/ ④
특정 계층의 고과자들에 의하여 평가가 좌우되는 문제점을 해결코자 도입된 것이 다면평가제도이다.

9 MBO(management by objective)를 통한 목표 설정 시 충족시켜야 할 조건에 해당하지 <u>않는</u> 것은? (가맹거래사, 09)

① 사실에 근거하여 누구나 이해할 수 있는 구체적인 목표이어야 한다.
② 목표는 그 달성 정도를 측정할 수 있도록 설정되어야 한다.
③ 조직 전체, 소속부서 및 개인의 사명과 비전에 연계되어야 한다.
④ 피평가자가 통제하기 힘들 정도로 도전적이고 높은 수준으로 설정되어야 한다.
⑤ 환경과 상황의 변화가 반영되어야 한다.

/정답/ ④
MBO는 목표의 설정, 자발적 참여, 피드백을 구성요소로 하는데, 목표는 주로 단기적이고 수리적인 것으로 달성 가능한 목표를 기준으로 한다.

10 목표에 의한 관리(MBO)의 주요 특성이 <u>아닌</u> 것은? (노무사, 10)

① 목표달성 기간의 명시
② 상사와 부하 간의 협의를 통한 목표설정
③ 다면평가
④ 목표의 구체성
⑤ 실적에 대한 피드백

/정답/ ③
다양한 평가자가 평가과정에 참여하는 것은 다면평가의 설명에 가깝다.

11 목표관리에 관한 설명으로 옳지 <u>않은</u> 것은? (가맹거래사, 12)

① 목표달성 정도를 정기적으로 확인
② 목표설정 과정에 구성원 참여
③ 톱다운(top-down)방식의 목표설정
④ 목표달성 방법의 자율적 결정
⑤ 동기부여의 효과

> /정답/ ③
>
> 톱다운(top-down)방식의 목표설정은 목표설정 과정에서 당사자가 참여하지 못하기 때문에 당사자가 수용하기 어려울 수 있다. 따라서 상향(bottom-up)방식을 이용하는 것이 좋다.

12 목표관리(MBO : Management By Objective)의 주요 특성이 아닌 것은? (경영지도사, 13)

① 관리자와 구성원 간의 공동목표 설정
② 상위목표와 하위목표의 일치
③ 목표관리의 중간시점에서 경과와 진행상황을 피드백하고 향후 방향을 조정하는 중간평가
④ 상황변화에 따른 목표의 수정과 우선순위 조정
⑤ 호봉제를 통한 안정적 보상시스템 마련

> /정답/ ⑤
>
> 목표관리(MBO)는 종업원 개개인에게 목표를 부여하고, 이의 달성정도에 따라 평가하는 제도이므로, MBO와 함께 성과에 따라 차등 보상하는 성과 위주의 보상시스템이 마련되어야 한다.

13 목표관리(MBO)에서 바람직한 목표설정 방법이 아닌 것은? (경영지도사, 14)

① 약간 어려운 목표를 설정해야 한다.
② 목표설정 과정에 당사자가 참여해야 한다.
③ 목표설정에 있어서 수량, 기간, 절차, 범위를 구체적으로 설정해야 한다.
④ 경영전략에 의거하여 하향식(top-down 방식)으로 목표를 설정해야 한다.
⑤ 목표설정 후 업무가 진행되어 가는 도중에도 현재까지 수행된 업무 결과를 담당자에게 알려주어야 한다.

> /정답/ ④
>
> MBO는 목표설정 시 참여가 이루어지므로, 하향식이 아닌 상향식으로 목표를 설정한다.

14 목표관리(MBO : Management By Objectives)에 관한 설명으로 옳지 않은 것은? (경영지도사, 15)

① 단기목표를 강조하는 경향이 있다.
② 결과에 의한 평가가 이루어진다.
③ 사기와 같은 직무의 무형적인 측면을 중시한다.
④ 종업원들이 역량에 비해 더 쉬운 목표를 설정하려는 경향이 있다.
⑤ 평가와 관련하여 행정적인 서류 업무가 증가하는 경향이 있다.

/정답/ ③

MBO는 사기와 같은 직무의 무형적인 측면보다 객관적으로 나타나는 결과를 중시하는 방법이다.

15 목표관리(MBO)의 일반적 요소가 아닌 것은? (경영지도사, 19)

① 목표의 구체성(goal specificity)
② 명확한 기간(explicit time period)
③ 성과 피드백(performance feedback)
④ 참여적 의사결정(participative decision making)
⑤ 조직구조(organizational structure)

/정답/ ⑤

16 MBO에서 목표설정 시 SMART 원칙으로 옳지 않은 것은? (노무사, 20)

① 구체적(specific)이이야 힌다.
② 측정 가능(measurable)하여야 한다.
③ 조직목표와의 일치성(aligned with organizational goals)이 있어야 한다.
④ 현실적이며 결과 지향적(realistic and result-oriented)이어야 한다.
⑤ 훈련 가능(trainable)하여야 한다.

/정답/ ⑤

17 목표에 의한 관리(MBO)에 관한 설명으로 옳지 않은 것은? (가맹거래사, 20)

① 맥그리거(D. McGregor)의 X이론에 바탕을 둔다.
② 보통 1년을 주기로 한 단기목표를 설정한다.
③ 측정 가능한 목표를 설정한다.
④ 조직의 목표설정 시 구성원이 참여한다.
⑤ 목표달성 여부에 대한 피드백을 제공한다.

/정답/ ①

인간은 목표를 달성하기 위해 스스로 노력한다는 Y관점에 바탕을 둔다.

18 목표관리(MBO)에 관한 설명으로 옳지 않은 것은? (경영지도사, 22)

① 구체적이면서 실행 가능한 목표를 세운다.
② 부하는 상사와 협의하지 않고 목표를 세운다.
③ 목표의 달성 기간을 구체적으로 명시한다.
④ 성과에 대한 정보를 피드백한다.
⑤ 업무수행 후 부하가 스스로 평가하여 그 결과를 보고한다.

/정답/ ②

19 관리직 인력을 선발할 때 주로 사용하며, 다수의 지원자를 특정 장소에 모아놓고 여러 종류의 선발도구를 적용하여 지원자를 평가하는 방법은? (경영지도사, 18)

① 서열법
② 체크리스트법
③ 중요사건기술법
④ 평가센터법
⑤ 행위관찰척도평가법

/정답/ ④

20 평가센터법(assessment center)에 관한 설명으로 옳지 않은 것은? (노무사, 18)

① 평가에 대한 신뢰성이 양호하다.
② 승진에 대한 의사결정에 유용하다.
③ 교육훈련에 대한 타당성이 높다.
④ 평가센터에 초대받지 못한 종업원의 심리적 저항이 예상된다.
⑤ 다른 평가기법에 비해 상대적으로 비용과 시간이 적게 소요된다.

/정답/ ⑤

인사평가센터법은 후보자들을 2~3일 동안 합숙시키면서 훈련받은 관찰자들이 이들을 집중적으로 관찰하고 평가하는 기법으로, 평가의 신뢰성과 타당성은 높지만 시간과 비용이 많이 든다.

21 인사평가에 관련된 다음의 기술 중 옳지 않은 것은? (가맹거래사, 07)

① 평가대상자를 며칠간 합숙시키면서 각종 게임 및 토의, 심리검사 등을 통해 평가하는 방법은 중요사건서술법이다.
② 현혹효과 또는 후광효과(halo effect)는 평가자가 평가대상자의 어느 한 면을 기준으로 다른 것까지도 함께 평가해버리는 경향을 말한다.
③ 행동기준평가법(BARS)에서는 평가대상자의 능력이나 성과를 구체적으로 나타내는 중요사건의 결정 과정에 평가대상자를 참여시킨다.
④ 대비오류(contrast errors)란 평가대상 내용에 대해서 아주 뛰어나거나 너무 부족한 특정의 평가대상자에 대한 평가자 자신의 수준이 다른 평가대상자에 대한 평가에 영향을 미침으로써 발생한 오류를 말한다.
⑤ 목표에 의한 관리(MBO)는 참여이 과정을 통해 조직의 목표를 설정함으로써 관리의 효율화를 기하려는 관리방식이다.

/정답/ ①

평가대상자를 며칠간 합숙시키면서 각종 게임 및 토의, 심리검사 등을 통해 평가하는 방법은 인사평가센터법(Human Assessment Center)이다.

|제5절| 개발관리

> **POINT 교육훈련 필요성 분석기법**
>
> **1. 자료조사법**(records and reports)
>
> 자료조사법은 종업원 업적기록, 지각률, 불량률, 인사평가, 고충처리 내용, 경력개발계획, 인력계획 그리고 퇴직자 면담 자료 등 해당 기업이 보유하고 있는 제 기록들을 검토하여 교육훈련의 필요성을 밝혀내는 기법이다.
>
> **2. 작업표본법**(work samples)
>
> 작업표본법은 일선 작업장에서 종업원이 수행한 작업결과의 일부를 검토하여 해당 작업자 혹은 작업집단에 대한 교육훈련의 필요성의 여부를 판단하는 기법이다.
>
> **3. 질문지법**(questionnaires)
>
> 종업원을 대상으로 질문지를 통해 태도변화, 문제점 조사 등을 실시하여 교육훈련의 필요성을 파악하는 것이다.
>
> **4. 전문가 자문법**(key consultations)
>
> 전문가 자문법은 기업의 내부 및 외부에서 교육훈련 전문가에게 해당 기업의 교육훈련의 필요성을 파악하도록 의뢰하는 것을 말한다.
>
> **5. 면접법**(interviews)
>
> 면접법은 교육훈련 담당자가 교육훈련이 필요하다고 판단되는 종업원을 개인 혹은 집단으로 면접함으로써 교육훈련의 필요성에 관한 정보를 획득하는 기법이다.
>
> **6. 델파이 기법**(Delphi technique)
>
> 델파이 기법은 교육훈련에 대한 풍부한 경험을 가진 기업 내·외부전문가 12~16명으로 구성된 집단의 일련의 과정을 거치면서 교육훈련의 필요성을 파악하는 기법이다.

□ 관련 문제

1 교육훈련 필요성을 파악하기 위한 일반적인 분석방법이 <u>아닌</u> 것은? (노무사, 18)

① 전문가자문법　　② 역할연기법　　③ 자료조사법
④ 면접법　　　　　⑤ 델파이기법

/정답/ ②

역할연기법은 교육훈련 기법이다.

POINT 교육훈련 기법

1. 직장 내 교육훈련(On-the-job training : OJT)**과 직장 외 교육훈련**(Off-the-job training : Off JT)

	OJT	Off-JT
의의	• 업무시간 중에 실제 업무를 수행하면서 동시에 실시하는 교육으로서 상급자가 하급자에 대해 실시 • 도제식 훈련, 직무 오리엔테이션, 인턴십, 멘토링 등	• 직무가 수행되는 장소를 벗어나 시간적·공간적으로 격리된 상태에서 교육훈련을 받는 것 • 기업 연수원 교육이나 외부 위탁교육 등 • 세미나, 학회, 컴퓨터 기반교육(computer-based training : CBT), 시뮬레이션, 비디오 교육, 가상현실, 평가센터(Assessment center), 감수성 훈련 등
장점	• 일을 실제로 수행하면서 학습. • 훈련자(상급자)와 피훈련자(하급자) 간 의사소통이 원활 • 훈련받은 내용을 즉시 활용하여 성과에 반영 • 훈련비용을 절감	• 현장교육의 단점을 보완 • 전문성을 갖춘 훈련자에 의해 체계적이고 심층적인 교육훈련을 실시
단점	• 현재의 관행을 반복적으로 후임자에게 전수하므로 피훈련자들은 잘못된 교육내용을 무비판적으로 답습할 가능성이 큼 • 훈련자의 역량에 따라 훈련의 효과는 크게 달라질 수 있음 • 업무 우수자가 반드시 우수한 훈련자가 아님 • 훈련자가 전문가가 아니므로 훈련의 효과를 믿기 어려움	• 실제 업무환경을 벗어나기 때문에 업무에 지장을 줌

2. 멘토시스템

후진들(mentee : 멘토의 지원을 받는 자)에게 역할모델을 제공할 뿐만 아니라 도전적 직무부여, 상담 및 조직에 대한 지식제공 등을 통해 그의 대인관계 개발 및 경력관리에 도움을 주는 자인 멘토(mentor)를 설정해주는 교육훈련 기법이다.

3. 이러닝(E-learning)

인터넷이나 사내 인트라넷(intranet)을 사용하여 실시하는 온라인 교육. 사이버연수원 또는 원격교육이라고도 한다.

4. 액션러닝(Action learning)

교육참가자들이 소규모 집단을 구성하여 개인과 집단이 팀워크를 바탕으로 경영상의 실제 문제(real problems)를 정해진 시점까지 해결하도록 하여 문제해결 과정에 대한 성찰(reflection)을 통해 학습하도록 지원하는 교육방식이다.

5. 기타 교육훈련

- **인바스켓훈련**(in-basket training) : 모의경영상황을 '하나의 광주리에 담아' 훈련참가자에게 이를 처리하게 하는 것
- **비즈니스 게임**(business game) : '경영의사결정-결과분석-결과 피드백'이라는 과정을 여러 번 거치면서 교육 참가팀 구성원들은 경쟁상황에서 의사결정의 질을 높일 수 있는 능력을 제고시키는 교육훈련 방법
- **사례연구**(case studies) : 기업에서 일어난 일련의 사건, 기업의 현황들을 교육참가자에게 제시하고 참가자들은 이 사례에서 ⅰ) 중요한 문제점과 중요하지 않은 문제점을 구분, ⅱ) 문제점 분석 및 원인 추론, ⅲ) 문제해결을 위한 대안을 제시하는 등의 노력
- **역할연기법**(role playing) : 교육참가자는 어떤 상황을 교육실시자로부터 부여받고 가장 효과적이라고 판단되는 행동을 하고, 이때 다른 교육참가자는 그가 하는 행동을 관찰하고 연기가 끝난 후 이에 대한 평가를 공동으로 하며 이상적인 행동패턴을 찾기 위해 토의
- **행동모델법**(behavior modeling) : 관리자나 일반 종업원에게 어떤 상황에 대한 가장 이상적인 행동을 제시하고 교육참가자가 이 행동을 이해하고 그대로 모방하게 하는 것
- **교류 분석법**(transactional analysis) : 퍼스낼리티 이론을 기초로 두 사람 간에 나타나는 대화의 내용을 분석함으로써 인간관계 능력을 향상시키는 교육훈련 기법
- **대역법**(understudy) : 어떤 부서의 직속 상사 밑에서 미래에 그 자리를 계승할 예정에 있는 자가 같이 일을 하면서 그 상사로부터 업무에 관한 자세한 내용을 교육받는 제도
- **코칭**(coaching) : 교육실시자가 교육참가자(trainee)를 개인적인 접촉을 통해 새로운 역량을 전수하는 것
- **청년 중역회의법**(junior board of director) : 관리자 또는 관리자의 길을 걸을 예정인 종업원을 대상으로 모의이사회를 조직하고 조직 내 문제점을 분석, 해결하며 조직 전반에 대한 지식을 축적하는 기법

관련 문제

1 OJT(On the Job Training)에 해당하는 것은? (노무사, 13)

① 세미나 ② 사례연구 ③ 도제식 훈련
④ 시뮬레이션 ⑤ 역할연기법

/정답/ ③

2 훈련의 방법을 직장 내 훈련(OJT)과 직장 외 훈련(Off-JT)으로 구분할 때 직장 외 훈련에 해당되지 않는 것은? (경영지도사, 14)

① 강의실 강의 ② 영상과 비디오 ③ 시뮬레이션
④ 직무순환 ⑤ 연수원 교육

/정답/ ④
직무순환은 직장 내 훈련(OJT)에 해당한다.

3 직장 내 훈련(on-the-job training : OJT)에 관한 설명으로 옳지 않은 것은? (가맹거래사, 17)

① 훈련이 실무와 연결되어 매우 구체적이다.
② 일을 실제로 수행하면서 학습할 수 있다.
③ 훈련비용을 절감할 수 있다.
④ 업무 우수자가 가장 뛰어난 훈련자이다.
⑤ 훈련자와 피훈련자 간 의사소통이 원활해진다.

/정답/ ④
OJT의 훈련 실시자인 상사 또는 업무 우수자는 전문적 교육훈련 실시자가 아니기 때문에 잘못된 작업수행 방식 등이 답습될 우려가 있다.

4 고도의 전문기술이 필요한 직종에서 장기간 실무와 이론 교육을 병행하는 교육훈련 형태는?

(경영지도사, 21)

① 오리엔테이션 ② 도제제도 ③ 직무순환제도
④ 정신개발 교육 ⑤ 감수성 훈련

/정답/ ②

도제훈련은 직장 내 훈련(OJT)과 직장 외 훈련(Off-JT)을 혼용한 방법이다. 즉 교육대상자는 일정 기간 작업장 내에서 상사 내지 선배 동료로부터 기능을 배우고 이어서 직장 외의 일정한 장소에서 강의에도 참여한다.

5 교육참가자들이 소규모 집단을 구성하여 팀워크로 경영상의 실제 문제를 해결하도록 하여 문제해결 과정에 대한 성찰을 통해 학습하게 하는 교육방식은?

(노무사, 21)

① team learning ② organizational learning
③ problem based learning ④ blended learning
⑤ action learning

/정답/ ⑤

6 다음 중 인적자원관리 과정에서 개발활동과 가장 관련이 높은 평가항목은?

(가맹거래사, 08)

① 얼마나 많은 인재가 우리 기업에 지원했으며, 투입된 비용은 어느 정도인가?
② 임금결정 과정에 대해 종업원이 공정하다고 받아들이는가?
③ 기업이 실시한 교육훈련의 효과가 어느 정도 나타났는가?
④ 종업원의 사기는 타기업에 비해 높은가 낮은가?
⑤ 이직방지 프로그램을 위해 투입한 비용과 성과가 만족할 만한 수준인가?

/정답/ ③

①은 인적자원의 확보관리, ②는 보상관리, ④는 유지관리, ⑤는 이직관리에 관한 설명이다.

POINT 경력개발 프로그램

1. 수평적 이동 : 전환배치(transfer)

(1) 전환배치의 개념

종업원이 한 직무에서 다른 직무로 수평적으로 이동하는 것이다. 수평적 이동은 새로 맡은 직무가 기존의 직무와 비교해 볼 때 권한, 책임, 그리고 보상 측면에서 별다른 변화가 없는 경우를 의미한다.

(2) 전환배치의 원칙
- **적재적소적시주의**(right man, right place, right timing) : 능력(적성)-직무-시간의 적합성
- **인재육성주의** : 성장욕구-직무 간의 적합성
- **균형주의** : 개인-직무 연결의 합

(3) 전환배치의 유형

① **생산 및 판매변화에 의한 전환배치**
- 제품시장의 환경변화로 인해 생산 및 판매상황이 바뀌게 될 때, 이에 따른 내부노동시장에서의 인력수요와 공급을 조절하기 위해 도입된 것이다.

② **순환근무**(job rotation)
- 경력개발의 목적으로 실시되는 전환배치의 형태로서 종업원이 특정 직무에 오래 근무했을 경우 매너리즘에 빠지는 것을 막고 경력계획의 일환으로 새로운 직무를 수행하게 함으로써 기능다양성(skill variety) 내지 능력 신장을 할 수 있는 기회를 제공하여 해당 종업원의 경력욕구를 충족시키기 위해 도입된 것이다.

③ **교대근무**(shift transfer)
- 경력개발과 관계없이 수행하는 것으로 업무는 변화되지 않고 다만 근무시간만 바뀌는 전환배치의 한 형태이다.

④ **교정적 전환배치**(remedial transfer)
- 개인의 적성이 해당 직무와 맞지 않았을 때, 특정 개인이 작업집단 내 인간관계에 문제가 생겨 협동 분위기가 훼손될 때, 상사와 부하 간 갈등이 심화되었을 때 등의 상황에서 종업원을 다른 작업집단 혹은 직무로 전환배치함으로써 '개인-직무-작업집단' 간의 적합성을 극대화하기 위해 도입된 것이다.

2. 수직적 이동 : 승진

(1) 승진(promotion)의 개념

기업 내 개인이 현재 수행하는 것보다 더 나은 직무로의 이동을 의미하는 수직적인 직무이

동을 말한다. 수직적 직무이동은 과거보다 권한 및 책임의 크기(직무의 내용)가 및 임금, 지위 등의 보상이 증가하는 경우이다.

(2) 승진의 기본원칙
- **적정성의 원칙** : 승진기회의 크기
- **공정성의 원칙** : 승진기회의 배분
- **합리성의 원칙** : 승진기준의 내용

(3) 승진의 유형

① **직급승진**
- 종업원이 상위직급으로 이동하는 것이다. 상위직급의 특정 직무가 공석이 되어야(T/O가 나야) 실시할 수 있다.

② **자격승진**
- 종업원이 갖추고 있는 직무수행능력(직능)을 기준으로 승진시키는 제도이다. 소위 '직능자격제도'라고 하는데 기업이 직종별 직급과 직능의 수준을 분리하여 관리하는 것이다.

③ **대용승진**
- 준승진(quasi-promotion) 혹은 건조승진(dry promotion)이라고도 하는데 승진은 발생했지만 직무내용이나 보상(임금)이 변동되지 않은 경우, 즉 직무내용의 실질적인 변동 없이 직급명칭 혹은 자격명칭만 변경되는 형식적 승진을 의미한다.

관련 문제

1 샤인(Schein)이 제시한 경력 닻의 내용으로 옳지 않은 것은? (노무사, 14)

① 전문역량 닻 – 일의 실제 내용에 주된 관심이 있으며 전문분야에 종사하기를 원한다.
② 관리역량 닻 – 특정 전문영역보다 관리직에 주된 관심이 있다.
③ 자율성·독립 닻 – 조직의 규칙과 제약조건에서 벗어나려는데 주된 관심이 있으며 스스로 결정할 수 있는 경력을 선호한다.
④ 도전 닻 – 해결하기 어려운 문제나 극복 곤란한 장애를 해결하는 데 주된 관심이 있다.
⑤ 기업가 닻 – 타인을 돕는 직업에서 일함으로써 타인의 삶을 향상시키고 사회를 위해 봉사하는데 주된 관심이 있다.

/정답/ ⑤
샤인(Schein)은 개인이 추구하는 경력욕구를 경력의 닻(career anchors)이라는 표현을 빌려서 제시하였으며, 개인의 경력욕구를 관리지향, 기술-기능지향, 안전지향, 사업가적 창의성, 자율지향, 봉사지향, 도전지향, 생활지향의 8가지로 구분하였다.
⑤ 기업가 닻(사업가적 창의성)을 지향하는 유형은 신규조직, 신제품, 신규 서비스 등을 창출하는 창의성을 중시한다. 즉 무엇인가 새롭고 기발한 것을 만들어 내려고 하는 강렬한 욕구를 가지고 있다.

2 다음 설명에 해당하는 것은? (노무사, 16)

전환배치 시 해당 종업원의 '능력(적성)-직무-시간'이라는 세 가지 측면을 모두 고려하여 이들 간의 적합성을 극대화시켜야 된다는 원칙

① 연공주의 ② 균형주의 ③ 상향이동주의
④ 인재육성주의 ⑤ 적재적소적시주의

/정답/ ⑤
① 연공주의란 승진 및 보상 결정 시 연공을 기준으로 결정하는 것을 말한다.
② 균형주의란 '개인-직무' 연결의 합을, ④ 인재육성주의는 '성장욕구-직무' 간의 적합성을 의미한다.

3 인사적체가 심하여 구성원 사기저하가 발생할 때 명칭만의 형식적 승진이 이루어지는 제도는? (가맹거래사, 13)

① 직계승진 ② 자격승진 ③ 조직변화 승진
④ 대용승진 ⑤ 역직승진

/정답/ ④
③ 조직변화 승진은 승진대상에 비해 직위가 부족한 경우, 조직의 지휘계층을 늘려 종업원에게 승진의 기회를 확대하는 방법으로 종업원의 사기저하나 이직에 대한 방지대책의 성격을 지닌다.
⑤ 역직승진은 관리체계로서의 지위, 즉 라인직위계열(과장→부장→공장장 등)상의 승진을 말한다.

|제6절| 보상관리

> **POINT 임금수준 결정요인**
>
>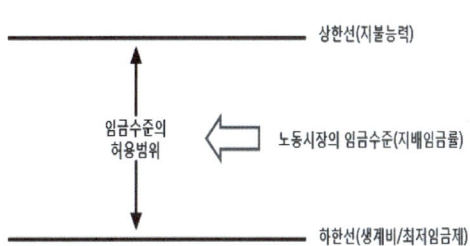
>
> **1. 상한선 : 기업의 지불능력**
>
> 기업의 지불능력이란 노사가 생산활동으로 창출한 부가가치 중에서 기업이 임금으로 어느 정도까지를 지불할 수 있는가를 나타내는 것으로, 안정적인 성장을 지속할 수 있는 범위 내에서 임금으로 지불할 수 있는 기업의 재정능력을 의미한다.
>
> 기업의 재정능력을 판단할 수 있는 자료로는 생산성과 수익성 등이 있다.
>
> **2. 하한선 : 생계비 및 최저임금**
>
> 임금은 근로자 생계의 원천적인 수입원으로서 최소한 종업원과 그 가족의 생활을 보장해줌으로써 노동력의 재생산이 가능한 수준이 되어야 하므로 종업원의 생계비는 임금수준의 하한선을 결정하는 기준이 된다.
>
> 최저임금제는 국가가 저임금 근로자의 생활을 보호하기 위하여 노·사간의 임금결정 과정에 개입하여 임금의 최저수준을 정하고 사용자에게 이 수준 이상의 임금을 지급하도록 법으로 강제하는 제도이다.
>
> - **최저임금제의 긍정적 효과** : 근로자의 저임금 해소와 빈곤퇴치, 산업간·직종 간 임금 격차의 해소, 경영합리화와 생산성 향상의 촉진, 기업 간 공정한 경쟁의 유도, 노사관계의 안정화에 기여 등
> - **최저임금제의 부정적 효과** : 노동시장에서 공급이 과잉일 때 기업은 최저임금 이하의 성과를 창출하는 근로자의 고용을 회피하여 실업률 증가, 최저임금으로 인해 상승한 비용(인건비)을 제품의 가격에 반영시켜 그 부담을 소비자에게 전가시킴
>
> **3. 노동시장 임금수준 : 지배임금률**
>
> 지배임금률은 사회 일반의 임금수준을 말하고, 지배임금률 파악을 위해서는 임금조사가 필요하다. 임금조사(wage survey)란 다른 기업들이 지급하는 임금에 대한 정보를 수집하고 판단하는 체계적인 과정을 말한다.

관련 문제

1 임금수준 결정의 기업 내적요소에 해당하는 것은? (노무사, 10 및 가맹거래사, 11)

① 생계비 ② 시장임금 ③ 기업의 지불능력
④ 경쟁기업의 임금 ⑤ 물가상승률

/정답/ ③
기업의 지불능력은 임금수준 결정의 기업 내적 요소이고, 생계비, 시장임금, 경쟁기업의 임금, 물가상승률은 임금수준 결정의 기업 외적 요소이다.
공인노무사 10년도 문제는 임금수준의 결정의 기업내적 요소가 아닌 것을 고르는 문제가 출제되었고 정답은 ④ 생계비였다.

2 임금수준의 관리에 관한 설명으로 옳지 않은 것은? (노무사, 16)

① 대외적 공정성을 확보하기 위해서는 노동시장의 임금수준 파악이 필요하다.
② 기업의 임금 지불능력을 파악하는 기준으로 생산성과 수익성을 들 수 있다.
③ 임금수준 결정 시 선도전략은 유능한 종업원을 유인하는 효과가 크다.
④ 임금수준의 관리는 적정성의 원칙을 지향한다.
⑤ 임금수준의 하한선은 기업의 지불능력에 의하여 결정된다.

/정답/ ⑤
임금수준의 상한선은 기업의 지불능력, 하한선은 생계비 수준에 의하여 결정된다.

3 최저임금제의 필요성으로 옳지 않은 것은? (노무사, 18)

① 계약자유 원칙의 한계 보완 ② 저임금 노동자 보호
③ 임금인하 경쟁 방지 ④ 유효수요 창출
⑤ 소비자 부담 완화

/정답/ ⑤
최저임금으로 인건비 부담이 늘어날 때 이러한 비용 부담을 제품가격으로 전가해 소비자의 부담을 증대시킬 수 있다.

4 우리나라의 최저임금제도 운영에서 실시되지 않았던 것은? (경영지도사, 19)

① 업종별 차등 적용 ② 지역별 차등 적용
③ 직무별 차등 적용 ④ 사업체 규모별 차등 적용
⑤ 근로자 연령별 차등 적용

/정답/ ②

①③ 직무 난이도에 따른 업종별 차등 적용했음(업종별 직무별 차등화 했음) : 최저임금법 4조 1항은 '최저임금은 사업의 종류별로 구분하여 정할 수 있다'라고 명시하고 있다. 이에 따라 최저임금 제도 시행 첫해인 1988년에는 제조업을 저임금그룹(식료품, 섬유, 신발 등 12개 업종)과 고임금 그룹(석유, 화학, 철강 등 16개 업종)으로 구분해 적용하기도 했다.
④ 규모별 차등 적용했음 : 1988년의 적용대상은 10인 이상 제조업에 한정하였다.
⑤ 연령별 차등 적용했음 : 2005년 법 개정 이후 사라졌지만 1988년 제도 시행 이후 18세 미만 근로자에게 차등 적용해온 적 있다.

5 최저임금제도와 관련이 없는 것은? (경영지도사, 17)

① 계약자유의 존중 ② 저임 근로자 보호 ③ 임금인하 경쟁 방지
④ 유효수요 창출 ⑤ 사회 안정

/정답/ ①

POINT 임금체계

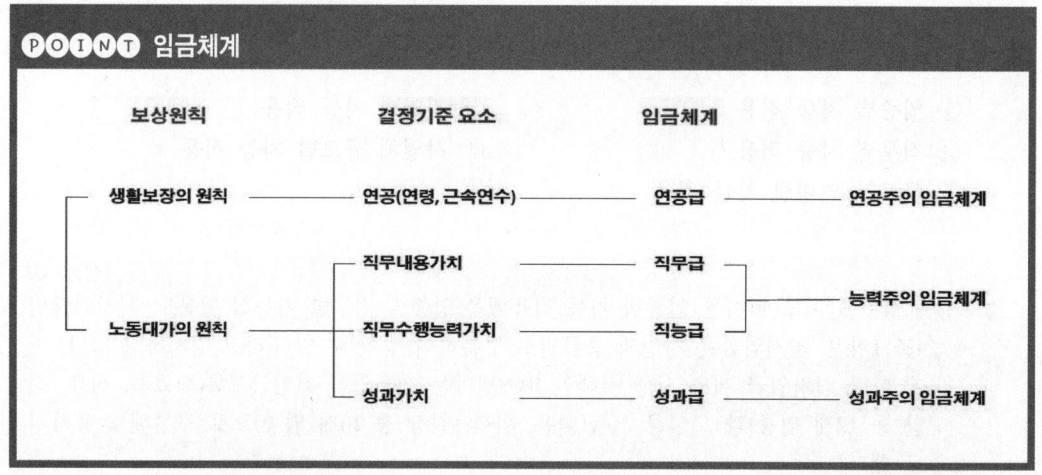

관련 문제

1 임금체계에 관한 설명으로 옳지 않은 것은? (경영지도사, 18)

① 임금체계란 기업의 임금총액을 종업원 수로 나눈 것이다.
② 직무급이란 직무들을 평가하여 직무의 상대적 가치에 따라 임금을 결정하는 것이다.
③ 연공급이란 종업원의 근속연수, 학력 등을 기준으로 임금을 결정하는 것이다.
④ 직능급은 종업원이 보유하고 있는 직무수행능력을 기준으로 임금을 결정하는 것이다.
⑤ 임금의 내부공정성은 기업이 허용 임금총액을 종업원들에게 어떻게 배분하느냐와 관련이 있다.

/정답/ ①
임금체계란 임금지급 항목의 구성내용 또는 개별 종업원의 임금을 결정하는 기준을 말한다. 기업의 임금총액을 종업원 수로 나눈 것은 임금수준의 개념이다.

2 연공주의의 장점을 모두 고른 것은? (가맹거래사, 14)

> ㄱ. 이직과 노동이동이 감소한다.
> ㄴ. 직무수행의 성과와 직무난이도가 잘 반영된다.
> ㄷ. 근로자들의 생활이 안정된다.
> ㄹ. 고급인력의 확보와 유지가 용이하다.
> ㅁ. 임금계산이 객관적이고 용이하다.

① ㄱ, ㄷ, ㄹ   ② ㄱ, ㄷ, ㅁ   ③ ㄴ, ㄷ, ㅁ
④ ㄱ, ㄴ, ㄹ, ㅁ   ⑤ ㄴ, ㄷ, ㄹ, ㅁ

/정답/ ②
ㄴ, ㄹ은 종업원의 능력에 따라 평가 및 보상이 실시되는 능력주의의 장점에 해당한다.

3 기업 내 직무들 간의 상대적 가치를 기준으로 임금을 결정하는 유형은? (경영지도사, 15)

① 직무급(Job-based pay)
② 연공급(Seniority-based pay)
③ 역량위주의 임금(Competency-based pay)
④ 스킬위주의 임금(Skill-based pay)
⑤ 개인별 인센티브(Individual incentive plan)

/정답/ ①
③ 역량급은 종업원들이 현재 담당하고 있는 직무와는 상관없이 그들이 보유하고 있는 역량(competency)의 범위와 수준에 따라 임금이 결정되는 제도이다.
④ 스킬급(기술급)은 종업원이 수행하고 있는 기술이 아니라 보유하고 있는 기술의 종류와 수준에 따라 임금이 결정되는 제도이다.

4 직무급(job-based pay)에서 중요하게 고려하는 요소는? (경영지도사, 20)

① 직무의 상대적 가치   ② 기업의 매출 성과   ③ 근속연수
④ 최저생계비   ⑤ 직무수행 능력

/정답/ ①

5 직무급에 관한 설명으로 옳지 않은 것은? (가맹거래사, 17)

① 동일노동에 대한 동일임금의 원칙에 기반한다.
② 임금을 산정하는 절차가 단순하다.
③ 능력주의 인사풍토 조성에 도움이 된다.
④ 연공주의 풍토 하에서는 직무급 도입에 저항이 크다.
⑤ 직무를 평가하여 직무의 상대적 가치를 기준으로 임금을 결정한다.

/정답/ ②
직무급을 도입하기 위해서는 직무분석 및 평가가 선행되어야 하고 적정배치가 필수이다. 따라서 그 시행과 적용이 간단하지 않다.

6 직무급의 특징에 관한 설명으로 옳지 않은 것은? (노무사, 19)

① 직무의 상대적 가치에 따라 개별임금이 결정된다.
② 능력주의 인사풍토 조성에 유리하다.
③ 인건비의 효율성이 증대된다.
④ 동일노동 동일임금 실현이 가능해진다.
⑤ 시행 절차가 간단하고 적용이 용이하다.

/정답/ ⑤

7 근로자의 직무수행 능력을 기준으로 임금을 결정하는 임금체계는? (노무사, 11)

① 직무급   ② 연공급   ③ 직능급
④ 업적급   ⑤ 성과급

/정답/ ③

8 임금관리에 관한 설명으로 옳지 않은 것은? (노무사, 15)

① 임금체계는 공정성이 중요한 관심사이다.
② 연공급은 근속연수를 기준으로 임금을 차등화하는 제도이다.
③ 직무급은 직무의 표준화와 전문화가 선행되어야 한다.
④ 직능급은 동일 직무를 수행하면 동일임금을 지급한다.
⑤ 임금수준을 결정하는 주요 요인에는 기업의 지불능력과 생산성 등이 있다.

/정답/ ④

동일 직무를 수행하면 동일임금을 지급하는 제도는 직무급(job-based pay)이다. 직능급은 동일직능-동일임금의 원칙이 적용된다.

9 정년까지 고용을 유지하는 대신 일정 연령이 되면 생산성 등을 감안하여 임금을 줄이는 제도는? (가맹거래사, 10)

① 이익분배제   ② 집단임금제   ③ 임금피크제
④ 최저임금제   ⑤ 차별성과급제

/정답/ ③

10 기업이 임금피크제를 도입하는 배경으로 볼 수 있는 것을 모두 고른 것은? (경영지도사, 17)

ㄱ. 고령화 사회
ㄴ. 세계화로 인한 무한경쟁체제로의 돌입
ㄷ. 지식집약산업의 확대에 따른 노동력 수요 증가
ㄹ. 단기적 임금 인상보다 고용안정을 선호하는 근로자의 욕구

① ㄱ, ㄴ, ㄷ   ② ㄱ, ㄴ, ㄹ   ③ ㄱ, ㄷ, ㄹ
④ ㄴ, ㄷ, ㄹ   ⑤ ㄱ, ㄴ, ㄷ, ㄹ

/정답/ ②

ㄴ. 세계화로 인한 무한경쟁체제로의 돌입으로 기업은 인건비 부담을 감소시킬 필요성이 생겼다.

POINT 임금형태 관리 - 성과급

1. 개인 성과급제도(individual incentive plan)

임금률 결정방법 생산수준과 임금률 간의 관계	일정 시간당 생산단위 (과업수행의 사이클이 짧은 과업)	제품 단위당 소요시간 (과업수행의 사이클이 긴 과업)
생산수준과 관계없이 일정 (고정임금률)	가) 단순성과급	다) 표준시간급
생산수준에 따라 변화 (변동임금률)	나) 복률성과급 - 테일러식 차별성과급 - 메리크식 복률성과급	라) 할증성과급 - 할시식 할증급 - 비도우식 할증급 - 로완식 할증급 - 간트식 할증급

2. 집단 성과급 제도(group incentive plan)

(1) 이익분배제도(profit sharing plan)

 기업이 경영활동의 결과 획득한 이익의 일정 부분을 전 종업원을 상대로 사전에 노사의 교섭으로 정해진 배분 방식에 따라 종업원들에게 상여금으로 지급하는 제도이다.

(2) 생산성 이득배분제도(productivity gain sharing plan)

 ① 개 념

  생산 또는 원가절감 효과를 측정하여 팀 또는 작업자 수준에서 배분하는 제도이다.

 ② 스캔론 플랜(Scanlon plan) : **매출액 기준 성과 배분**

  투입된 인건비에 비해 매출액이 기준보다 증가하였을 때 이를 성과배분에 반영하는 것이다. 총매출액에 대한 노무비 절약분을 인센티브 임금, 즉 상여금으로 종업원에게 배분하는 비용절감 인센티브이다.

 ③ 럭커 플랜(Rucker plan) : **부가가치 기준 성과 배분**

  투입된 인건비에 비해 기업이 창출한 부가가치가 증가하였을 때 이를 성과 배분에 반영하는 것이다. 즉 기업의 주어진 인건비로 평시보다 더 많은 부가가치를 창출하였을 경우 이 초과할 부가가치를 노사협동의 산물로 보고 기업과 종업원 간에 배분하는 제도이다.

 ④ 임프로쉐어 플랜(improshare plan)

  임프로쉐어는 Improved Productivity Through Sharing의 약자로 1973년 산업공학자인 페인(M. Fein)에 의하여 고안된 제도이다. 단위노동당 소요되는 표준노동시간과 실제 노동시간을 비교하여 절약된 노동시간을 노사가 각각 50 : 50의 비율로 배분하는 것이다.

관련 문제

1 다음과 같은 특징이 있는 임금형태는? (경영지도사, 21)

> ○ 근로자에게 합리성을 준다.
> ○ 생산성 제고, 원가절감, 근로자의 소득증대에 효과가 있다.
> ○ 근로자의 수입이 불안정하다.

① 연공급　　② 직능급　　③ 직무급　　④ 성과급　　⑤ 역량급

/정답/ ④

2 다음에서 설명하는 것은? (노무사, 18)

> 기업이 주어진 인건비로 평시보다 더 많은 부가가치를 창출하였을 경우, 이 초과된 부가가치를 노사협동의 산물로 보고 기업과 종업원 간에 배분하는 제도
> 노무비 외 원재료비 및 기타 비용의 절감액도 인센티브 산정에 반영함

① 연봉제　　　　　② 개인 성과급제　　　③ 임금피크제
④ 럭커 플랜　　　 ⑤ 스캔론 플랜

/정답/ ④

3 생산제품의 판매가치와 인건비와의 관계에서 배분액을 계산하는 집단성과급제는? (노무사, 12)

① 순응임금제　　　② 물가연동제　　　　③ 스캔론 플랜
④ 럭커 플랜　　　 ⑤ 시간급

/정답/ ③

① 순응임금제란 노사간의 협정에 의해 물가의 상승에 따라서 임금을 자동적으로 올리는 제도를 의미한다.
② 물가연동제란 물가변동에 따라 임금을 올리거나 내리는 제도이다.

4 스캔론 플랜(Scanlon Plan)에 관한 설명으로 옳지 않은 것은? (노무사, 22)

① 기업이 창출한 부가가치를 기준으로 성과급을 산정한다.
② 집단성과급제도이다.
③ 생산제품의 판매가치와 인건비의 관계에서 배분액을 결정한다.
④ 실제 인건비가 표준인건비보다 적을 때 그 차액을 보너스로 배분한다.
⑤ 산출된 보너스액 중 일정액을 적립한 후 종업원분과 회사 분으로 배분한다.

/정답/ ①

기업이 창출한 부가가치를 기준으로 성과급을 산정하는 것은 럭커플랜이다.

5 다음과 같은 특징이 있는 보상제도는? (경영지도사, 23)

○ 생산의 판매가치에 대한 인건비 절감액을 종업원에게 보너스로 지급
○ 능률개선을 위해 종업원에게 직접적인 인센티브를 제공하는 효과 기대

① 스캔론플랜(Scanlon plan)
② 럭커플랜(Rucker plan)
③ 임프로쉐어(improshare)
④ 성과배분제(profit sharing)
⑤ 직능급제(skill based pay)

/정답/ ①

6 보상관리에 관한 설명으로 옳지 않은 것은? (가맹거래사, 14)

① 임금수준의 적정성을 유지하기 위하여 경쟁사 임금을 조사할 필요가 있다.
② 직무급은 '동일노동 동일임금' 원칙에 입각하고 있으며 기업 간 노동이동이 자유로운 경우에 적합하다.
③ 직능급 도입으로 종업원들의 자기개발 노력을 유인할 수 있다.
④ 성과급 도입은 우수인력의 확보 및 유지에 도움이 될 수 있다.
⑤ 성과 배분 기준으로 스캔론 플랜에서는 부가가치를, 럭커 플랜에서는 매출액을 사용한다.

스캔론 플랜(Scanlon Plan)에서는 성과 배분의 기준으로 매출액을 사용하며, 럭커 플랜(Rucker Plan)에서는 부가가치를 기준으로 성과 배분을 한다.

/정답/ ⑤

7 단위당 소요되는 표준작업시간과 실제작업시간을 비교하여 절약된 작업시간에 대한 생산성 이득을 노사가 각각 50 : 50의 비율로 배분하는 임금제도는? (노무사, 13)

① 임프로쉐어 플랜
② 스캔론 플랜
③ 럭커 플랜
④ 메리크식 복률성과급
⑤ 테일러식 차별성과급

/정답/ ①

8 임금에 관한 설명으로 옳지 않은 것은? (노무사, 12)

① 직무급은 직무를 평가하여 상대적인 가치에 따라 임금수준을 결정한다.
② 직능급은 종업원의 직무수행능력을 기준으로 임금수준을 결정한다.
③ 메릭식 복률성과급은 임률의 종류를 두 가지로 정하고 있다.
④ 할증급은 종업원에게 작업한 시간에 대하여 성과가 낮다 하더라도 일정한 임금을 보장한다.
⑤ 연공급은 종업원의 근속연수와 학력 등을 기준으로 임금수준을 결정한다.

/정답/ ③

9 기업의 임금지급 방법 중 성과급제에 관한 설명으로 옳지 않은 것은? (경영지도사, 13)

① 개인 성과급제로는 단순 성과급제, 차등 성과급제, 할증 성과급제 등이 있다.
② 성과급제의 성공을 위해서는 표준량과 성과급률이 잘 책정되어 보상 수준이 구성원의 동기를 유인할 수 있어야 한다.
③ 성과급제의 성공을 위해서는 성과급제를 설계하고 유지하는 데 있어 경영진의 적극적 참여와 협조가 필요하다.
④ 집단성과급제는 구성원들 사이에 능력과 성과에 큰 차이가 존재할 때에도 공동협조와 집단의 동기부여가 장기적으로 지속될 수 있다는 장점이 있다.
⑤ 조직체 성과급제로서 이윤분배제도는 경기침체기에 인건비 부담을 완화함으로써 위기 극복에 도움이 될 수 있다는 장점이 있다.

/정답/ ④
④ 구성원들 사이에 능력과 성과에 큰 차이가 존재한다면 집단 내 고성과자들의 업적이 집단성과급 하에서는 정확하게 반영되지 않기 때문에 공동협조와 집단의 동기부여가 지속될 수 없다.

10 인사 및 조직관리의 체계에 관한 다음 사항 중 옳지 않은 것은? (가맹거래사, 07)

① 동기부여의 내재된 문제점 중 하나는 조직구성원들로 하여금 모든 일에 고르게 힘을 쏟게 할 것인가 아니면 몇몇 일에만 중점을 두게 할 것인가의 문제이다.
② 구성원 간의 팀웍을 고양하기 위해 가장 먼저 착수해야 할 일은 인센티브 시스템을 구축하는 일이다.
③ 인사 및 조직관리의 본질은 개별구성원의 동기유발을 통합기업목표와 비젼의 달성이다.
④ 조직의 목표달성을 위하여 구성원 간의 가치공유가 중요하다.
⑤ 누구에게 어떤 일을 언제까지 시킬 것인지를 결정하는 것이 인력의 배치문제이다.

/정답/ ②
(개인)인센티브 시스템은 개인의 차별적 성과에 대한 보상을 기본으로 하므로 경쟁을 일으키기 때문에 팀워크를 고양하기 위한 수단으로는 부적합하다.

11 임금관리와 인센티브에 관한 설명으로 옳지 않은 것은? (가맹거래사, 09)

① 팀 인센티브는 순환적 직무훈련의 습득을 장려하면서도 분배방식이 간단하여 팀 구성원의 이해를 구하기가 쉽다.
② 다기능 공의 개발과 같이 종업원의 자기개발 유도가 시급한 조직의 경우 직능급 제도가 바람직하다.
③ 근속연수에 따라 숙련도가 향상되는 현장 기술자들의 경우 연공급 제도가 바람직하다.
④ 임금수준은 생계비와 기업의 지불능력 사이에서 사회 일반이나 경쟁기업의 임금수준을 고려하여 결정한다.
⑤ 작업자의 노력과 생산량과의 관계가 명확할 경우 성과급 제도가 바람직하다.

/정답/ ①
팀 인센티브는 개개인의 노력 또는 성과와 직접적인 관계가 없고, 무임승차의 가능성으로 인해 공정성의 문제가 발생할 수 있다. 따라서 구성원 모두가 수긍할 수 있는 분배방식의 선택이 어렵다.

POINT 복리후생

1. 법정 복리후생
- 국가의 사회보장정책의 하나로 국가가 기업에 법률로서의 실시를 강제함으로써 의무화된 복리후생제도이다.
- 여기에는 의료보험, 산업재해보상보험, 연금보험, 고용보험, 유급 휴일 및 휴가제도, 퇴직금제도 및 퇴직연금제도가 포함된다.

2. 법정 외 복리후생(voluntary benefits)
- 법정 외 복리후생은 국가의 법률에 따르지 않고 기업이 자발적으로 실시하는 복리후생이다.
- ⅰ) 기업이 법정 복리후생에서 법률로 규정된 범위나 수준을 넘어 추가로 혜택을 주는 방식과 ⅱ) 법정 복리후생과는 전혀 관계없이 기업이 자율적으로 복리후생 프로그램을 도입·실시하는 방식으로 구분된다.
- 일반적으로 주거지원, 생활지원, 공제·금융 및 재산형성 지원, 의료·보건 지원, 문화·체육·레크레이션 지원 등이 해당한다.

3. 선택적 복리후생(flexible benefits plans) : **카페테리아식 복리후생제도**
- 다양한 복리후생 프로그램 중에서 자기가 원하는 것을 선택할 수 있도록 하는 복리후생제도이다.

관련 문제

1 복리후생에 관한 설명으로 옳지 <u>않은</u> 것은? (노무사, 14)

① 구성원의 직무만족 및 기업공동체 의식 제고를 위해서 임금 이외에 추가적으로 제공하는 보상이다.
② 의무와 자율, 관리 복잡성 등의 특성이 있다.
③ 통근 차량 지원, 식당 및 탁아소 운영, 체육시설 운영 등의 법정 복리후생이 있다.
④ 경제적·사회적·정치적·윤리적 이유가 있다.
⑤ 합리성, 적정성, 협력성, 공개성 등의 관리원칙이 있다.

/정답/ ③
③ 법정 복리후생이란 국민건강보험, 산재보험, 고용보험, 국민연금 등을 말한다.

2 우리나라 법정 복리후생 내 사회보험에 해당되지 <u>않는</u> 것은? (가맹거래사, 12)

① 국민연금보험　② 국민건강보험　③ 고용보험
④ 상해보험　⑤ 산업재해보상보험

/정답/ ④
국민연금보험, 국민건강보험, 고용보험, 산업재해보상보험이 법정 4대 보험에 속한다.

|제7절| 유지관리

> **POINT 근로시간 및 산업안전관리**
>
> **1. 근로시간 관리**
> - **고정적 근무시간제** : 근무의 시작과 종료 시간이 전 종업원들에게 동일하게 적용되는 제도로, 1일 또는 주당 근무시간이 고정되는 것이 보통이다.
> - **선택적 근로시간제**(flexible worktime) : 작업자 스스로 근무의 시작과 종료를 선택하는 데 많은 재량권을 기업으로부터 부여받은 제도이다.
> - **탄력적 근로시간제** : 특정일의 노동시간을 연장하는 대신 다른 날의 노동시간을 단축해 일정 기간 평균 노동시간을 법정노동시간에 맞추는 방식이다. 현행 근로기준법에 따르면 1주 최대 52시간(법정근로 40시간, 연장근로 12시간)이 기본이며, 탄력근로제 단위기간은 2주 이내 혹은 3개월 이내로 정한다.
> - **근무시간 계정제** : 근로자가 특정 기간에 발생한 계약 근무시간과 실제 근무시간의 차이를 계정에 산입하여 운영하는 제도이다.
> - **부분 근무시간제**(part-time work) : 정규 근무시간제보다도 적게 일을 하며 이에 상응하는 낮은 급여가 지급되는 경우이다.
> - **교대근무제** : 근로자들 둘 이상의 작업조를 편성하고 하루의 근무시간대를 일정한 시간대별로 구분한 다음 각 조를 교대로 근무하게 하는 제도이다.(3조 2교대제, 3조 3교대제, 4조 2교대제, 4조 3교대제 등)
> - **휴게시간** : 작업자의 피로를 해소함으로써 작업에서의 생산성 저하 방지를 위해 근로시간 중 휴게시간을 마련하는 것이다.
>
> **2. 산업안전 관리**
>
> (1) 산업재해의 원인
> ① **인적 요인** : ⅰ) 개인적 소질 ⅱ) 부주의나 불안전한 행동 등
> ② **물적 요인** : ⅰ) 건물, 기계설비·장치·공구·비품 등의 결함 ⅱ) 안전 방호장치나 보호구의 결함 ⅲ) 생산공정의 결함 ⅳ) 경계표시, 설비의 결함
> ③ **환경적 요인** : ⅰ) 물리적 요인 ⅱ) 화학적 요인
> ④ **관리적 요인** : ⅰ) 안전교육의 불충분 ⅱ) 작업관리의 불량 ⅲ) 무자격자, 체력부적격자, 생리적·심리적 결격자 등 기타 결격자의 채용 및 배치

(2) 산업재해의 예방대책

① 공학적 예방대책 : 작업환경 개선의 노력
- 불안전한 물적·환경적인 위험 및 결함요인을 제거해서 작업환경을 개선하는 활동을 의미한다.

② 관리적 차원의 예방대책
- 경영자의 근로자의 안전한 행동을 증대시키기 위한 활동이다.
- ⅰ) 재해방지 프로그램 ⅱ) 안전전담위원회 ⅲ) 안전규정 ⅳ) 적절한 종업원 선발 ⅴ) 종업원 및 관리자 훈련 ⅵ) 피드백 및 인센티브 제공 등이 해당된다.

관련 문제

1 탄력적 근로시간제를 근로자대표와 합의하에 실시할 경우 단위기간 한도는? (경영지도사, 19)

① 2주 ② 1개월 ③ 3개월
④ 6개월 ⑤ 1년

/정답/ ③

2 산업재해의 원인 중 성격이 다른 것은? (노무사, 14)

① 건물, 기계설비, 장치의 결함
② 안전보호장치, 보호구의 오작동
③ 생산공정의 결함
④ 개인의 부주의, 불안정한 행동
⑤ 경계표시, 설비의 오류

/정답/ ④

④는 인적 요인, ①②③⑤는 물적 요인에 해당한다.

POINT 노사관계 관리

1. 노동조합의 조직형태

	직업별 노동조합	산업별 노동조합	일반노동조합	기업별 노동조합
의의	동일 직업 또는 동일직종에 종사하는 근로자들이 조직하는 노동조합	동일 산업에 종사하는 근로자들이 조직하는 노동조합	직종이나 산업과 관계없이 일반 근로자, 특히 옥외노동에 종사하는 미숙련 근로자들로 조직된 노동조합	동일한 기업에 종사하는 근로자들에 의해 조직되는 노동조합
장단	• 동종근로자 집단이기 때문에 단결이 강화되고 단체교섭과 임금협상이 용이 • 조직의 배타성으로 근로자 간의 형평성을 깨기 쉽고 기업 현실을 고려함 없이 무리한 요구가 나타날 수 있음	• 기업과 직종을 초월한 거대한 조직으로서 정책활동 등에 의해 압력단체로서의 지위, 해당 산업에 있어서 교섭력의 통일화를 유지할 수 있음 • 직종 간이나 단위 기업 간의 이해차로 조직의 응집력이 약해질 가능성	• 미숙련 근로자들이 노동 생활을 영위하기 위한 최저생활의 필요조건을 확보 • 조합원구성의 이질성으로 인해 단결력이 약하고, 양적으로만 팽창했기 때문에 유동적이며, 의견종합의 곤란 등으로 인해 단체교섭 기능이 약화될 가능성	• 조직의 범위가 명확하며 조직활동이 비교적 용이. 근로조건을 획일적으로 적용하기가 용이, 노사화합이 용이 • 기업 내 직종 간의 반목과 대립이 유발될 가능성, 노조의 기능 약화 가능성, 조합 운영상의 애로

2. 숍제도(shop system)

① 개 념
- 기업이 신규인력을 채용할 때 지원자의 신분과 관련한 노동조합과의 제 관계의 형태를 말한다. 노동조합의 세력과 안정을 확보, 유지하기 위한 제도이기 때문에 노조의 안정(union security)조항으로서 단체협약의 중요한 내용이 된다.

② 클로즈드 숍
- 신규채용이나 결원보충 시에 노동조합의 조합원만이 사용자에게 고용될 수 있는 제도로서 조합원 자격이 고용의 전제조건이 된다.

③ 유니언 숍
- 사용자가 비조합원도 자유로이 고용할 수 있지만 일단 고용된 근로자는 일정한 수습 기간 내에 조합에 가입하여야 하는 제도이다. 만약 조합에 가입하지 않거나 조합을 탈퇴하

거나 제명될 경우 해고된다.

④ **오픈 숍**
- 사용자가 조합원이든 비조합원이든 차별을 두지 않고 고용할 수 있으며 조합가입이 고용의 전제조건이 아닌 제도이다. 채용시나 채용 후에 근로자의 노동조합가입여부는 전적으로 근로자 자신의 의사에 달려있다.

⑤ **대리기관 숍**(agency shop)
- 조합원이 아니더라도 모든 종업원에게 단체교섭의 당사자인 노동조합이 조합회비를 징수하는 제도
- (cf) 조합비일괄공제(check off) : 사용자가 노동조합의 조합원인 종업원의 임금에서 조합비를 공제하여 이를 일괄하여 노동조합에게 인도하는 것

⑥ **우선숍제도**(preferential shop)
- 채용에 있어서 노동조합원에게 우선순위를 주는 제도

⑦ **조합원 유지 숍제도**(maintanance shop)
- 일단 단체협약이 체결되면 협약체결일 현재 조합원인 근로자는 일정 기간 내에 노조에서 탈퇴할 수 있지만, 그 기간에 탈퇴하지 않으면 협약 기간 동안 노동조합원 자격을 유지해야 함

3. 단체교섭의 유형

- **기업별 교섭** : 특정 기업 또는 사업장 단위로 조직된 독립된 노동조합이 그 상대방인 사용자와 단체교섭을 하는 방식이다.
- **통일교섭** : 노동시장을 전국적 또는 지역적으로 지배하고 있는 산업별 또는 직업별 노동조합과 이에 대응하는 전국적 또는 지역적인 사용자단체 간에 행해지는 단체교섭을 말한다.
- **대각선교섭** : 산업별 노동조합이 개별 기업의 사용자와 개별적으로 교섭하는 방식이다.
- **집단교섭** : 수 개의 단위노동조합이 집단을 구성하여 이에 대응하는 여러 개 기업의 사용자대표와 집단으로 교섭하는 방식이다.
- **공동교섭** : 상부 단체인 산업별 및 직업별 노동조합이 하부단체인 기업별 노조 또는 기업단위의 지부와 공동으로 당해 기업의 사용자대표와 교섭하는 방식이다.

4. 쟁의행위의 유형

근로자 측 쟁의행위로는 파업, 태업·사보타지, 불매동맹, 피켓팅 등이 있고, 사용자 측 쟁의행위로는 직장폐쇄가 있다.

◻ 관련 문제

1 노사관계에 관한 설명으로 옳지 않은 것은? (노무사, 17)

① 좁은 의미의 노사관계는 집단적 노사관계를 의미한다.
② 메인트넌스 숍(maintenance shop)은 조합원이 아닌 종업원에게도 노동조합비를 징수하는 제도이다.
③ 우리나라 노동조합의 조직형태는 기업별 노조가 대부분이다.
④ 사용자는 노동조합의 파업에 대응하여 직장을 폐쇄할 수 있다.
⑤ 채용 이후 자동적으로 노동조합에 가입하는 제도는 유니온 숍(union shop)이다.

/정답/ ②

2 노동조합의 조직형태에 관한 설명으로 옳지 않은 것은? (노무사, 19)

① 직종별 노동조합은 동종근로자 집단으로 조직되어 단결이 강화되고 단체교섭과 임금협상이 용이하다.
② 일반노동조합은 숙련근로자들의 최저생활 조건을 확보하기 위한 조직으로 초기에 발달한 형태이다.
③ 기업별 노동조합은 조합원들이 동일기업에 종사하고 있으므로 근로조건을 획일적으로 적용하기가 용이하다.
④ 산업별 노동조합은 기업과 직종을 초월한 거대한 조직으로서 정책활동 등에 의해 압력 단체로서의 지위를 가진다.
⑤ 연합체 조직은 각 지역이나 기업 또는 직종별 단위조합이 단체의 자격으로 지역적 내지 전국적 조직의 구성원이 되는 형태이다.

/정답/ ②
일반노동조합은 미숙련 근로자들의 최저생활 조건을 확보하기 위한 조직이다.

3 사용자가 노동조합원이 아닌 자도 고용할 수 있지만, 일단 고용된 근로자는 일정 기간 내 노동조합에 가입해야 하는 제도는? (경영지도사, 19)

① 플렉스 숍(flex shop)
② 레이버 숍(labor shop)
③ 오픈 숍(open shop)
④ 클로즈드 숍(closed shop)
⑤ 유니온 숍(union shop)

/정답/ ⑤

4 조합원이 아니더라도 단체교섭의 당사자인 노동조합이 모든 종업원으로부터 조합비를 징수하는 제도는? (가맹거래사, 18 및 노무사, 15)

① open shop　　　② closed shop　　　③ union shop
④ agency shop　　⑤ maintenance shop

/정답/ ④

5 근로자의 임금 지급 시 조합원의 노동조합비를 일괄하여 징수하는 제도는? (노무사, 11)

① 유니온 숍(union shop)
② 오픈 숍(open shop)
③ 클로즈드 숍(closed shop)
④ 체크오프 시스템(check-off system)
⑤ 에이전시 숍(agency shop)

/정답/ ④

6 노동조합의 가입 방법에 관한 설명으로 옳지 않은 것은? (가맹거래사, 10)

① 클로즈드 숍(closed shop) 제도는 기업에 속해 있는 근로자 전체가 노동조합에 가입하여야 할 의무가 있는 제도이다.
② 클로즈드 숍(closed shop) 제도에서는 기업과 노동조합의 단체협약을 통하여 근로자의 채용·해고 등을 노동조합의 통제하에 둔다.
③ 클로즈드 숍(closed shop) 제도에서는 기업은 노동조합원만을 신규인력으로 채용해야 한다.
④ 유니언 숍(union shop) 제도에서는 신규채용된 근로자는 일정 기간이 지나도 반드시 노동조합에 가입해야 할 의무는 없다.
⑤ 오픈 숍(open shop) 제도에서는 노동조합 가입 여부가 고용 또는 해고의 조건이 되지 않는다.

/정답/ ④

7 단체교섭의 방식 중 단위노조가 소속된 상부단체와 각 단위노조에 대응하는 개별 기업의 사용자 간에 이루어지는 교섭형태는?
(가맹거래사, 18 및 노무사, 13)

① 기업별 교섭   ② 집단교섭   ③ 대각선 교섭
④ 복수사용자 교섭   ⑤ 통일교섭

/정답/ ③

노무사 13년도 기출문제는 '산업별 노동조합이 개별 기업 사용자와 개별적으로 행하는 경우의 단체교섭 방식'으로 정의하여 출제되었다.

8 전국에 걸친 산업별 노조 또는 하부단위 노조로부터 교섭권을 위임받은 연합체노조와 이에 대응하는 산업별 혹은 사용자단체 간의 단체교섭은?
(경영지도사, 17)

① 기업별 교섭   ② 집단교섭   ③ 통일교섭
④ 대각선 교섭   ⑤ 공동교섭

/정답/ ③

9 사용자가 노동조합의 정당한 활동을 방해하는 것은?
(노무사, 20)

① 태업   ② 단체교섭   ③ 부당노동행위
④ 노동쟁의   ⑤ 준법투쟁

/정답/ ③

10 파업을 효과적으로 수행하기 위하여 파업 비참가자들에게 사업장에 들어가지 말 것을 독촉하고 파업 참여에 협력할 것을 요구하는 행위는?
(가맹거래사, 22)

① 태업   ② 보이콧   ③ 피케팅   ④ 직장폐쇄   ⑤ 준법투쟁

/정답/ ③

11 집단 휴가 실시, 초과근무 거부, 정시 출·퇴근 등과 같은 근로자의 쟁의행위는? (가맹거래사, 23)

① 파업　　② 태업　　③ 준법투쟁　　④ 직장폐쇄　　⑤ 피케팅

/정답/ ③

POINT 경영참가

	자본참가	이윤참가	의사결정 참가
의의	근로자들로 하여금 자본의 출자자로서 기업경영에 참여시키고자 하는 것	기업의 생산성 향상에 노동조합이 적극적으로 참가하고 협력한 대가로 이윤의 일부를 임금 이외의 형태로 근로자에게 분배하는 방식	근로자 또는 노동조합이 경영의사결정 과정에 참여하는 것
유형	• 종업원지주제도 : 증자를 할 경우 근로자에 대해서 일정한 기준에 대한 신주를 인수케 함으로써 해당 기업의 주식을 갖게 하는 제도 • 우리사주제도 : 조직체로부터 독립된 별도의 기구를 설립하여 조직체의 주식을 구입하고 이를 구성원들에게 배정하여 신탁자산의 형태로 관리하는 제도 • 스톡옵션 : 회사가 유능한 경영자 및 종업원들에게 장래의 일정한 기간 내(권리행사 기간)에 사전 약정된 가격(권리행사 가격)으로 일정 수량의 자사주를 매입할 수 있는 권리를 부여하는 제도	• 이윤분배제도 • 생산성 이득 배분 제도	• 노사협의회 : 노사협의제란 공동협의를 기본으로 하는 것으로서 노사 쌍방에게 관심 깊은 사항으로서 보통 단체교섭에서는 취급되지 않는 사항에 대하여 노사가 협력하여 협의하는 제도 • 노사공동결정제도 : 경영에 대한 의사결정권이 노사 공동으로 행하는 것으로서 근로자 및 노동조합이 경영에 참여하여 의사교환 및 경영문제의 제기뿐만 아니라 경영에 공동결정을 하는 행위까지도 행함

관련 문제

1 조직구성원들의 경영참여와 관련이 없는 것은? (노무사, 14)

① 분임조　　　② 제안제도　　　③ 성과배분제도
④ 종업원지주제도　　　⑤ 전문경영인제도

/정답/ ⑤

⑤ 전문경영인제도란 기업의 소유자가 아닌 사람이 경영 관리에 관한 전문적 기능을 가지고 기업을 지배, 운영하는 활동을 담당하는 역할을 하게 되는 제도이다. 조직구성원들의 경영참여와 직접적인 관련이 있는 제도는 아니다.
① 분임조란 기업이 조직구성원들에게 품질에 관한 사고를 하도록 유도하는 조직론적 방법의 하나로서, 같은 직장에서 품질 경영활동을 자주적으로 행하는 소집단을 일컫는다.
② 제안제도란 작업수행 및 기타 필요한 여러 개선안을 일반 종업원이 제안하도록 하여 우수한 안에 대하여는 적당한 보상을 하는 제도이다. 이를 통해 기업은 경영상의 실익을 얻고 종업원은 창의력과 근로의욕을 높이며 경영참가의 취지가 있다.

2 우리나라에서 적용하고 있는 정리해고의 요건이 아닌 것은? (가맹거래사, 13)

① 긴박한 경영상의 필요가 있어야 한다.
② 사용자는 해고를 피하기 위한 노력을 다하여야 한다.
③ 공정한 해고의 기준을 정하고 이에 따라 그 대상을 선정하여야 한다.
④ 자질이 부족하거나 행동이 건전하지 못한 직원 해고는 인정하여야 한다.
⑤ 사용자는 해고를 피하기 위한 방법 및 해고의 기준 등에 관하여 노동조합 내지 근로자대표와 성실하게 협의하여야 한다.

/정답/ ④

자질이 부족하거나 행동이 건전하지 못한 것은 근기법 제24조의 정리해고의 요건이 아닙니다.

제5장 생산·운영관리

|제1절| 생산·운영관리

> **POINT** 생산·운영관리의 목표
>
> **1. 생산·운영관리의 목표**
>
> 가용자원의 효율적 활용을 위한 원가(Cost), 품질(Quality), 납기(Delivery), 유연성(Flexibility) 등
>
> **2. 생산·운영관리의 효과성 제고 방안 : 공급사슬관리**(supply chain management : SCM)
>
> **(1) 개 념**
>
> 공급사슬관리란 부품 공급업체와 생산업체 그리고 고객에 이르기까지 거래 관계에 있는 기업 간 IT를 이용한 실시간 정보공유를 통해 시장이나 수요자들의 요구에 기민하게 대응토록 지원하는 것이다.
>
> 제품의 성격에 따른 경쟁 우선순위를 유연성에 두느냐 또는 효율성에 두느냐에 따라 공급사슬도 반응적 공급사슬(또는 혁신적 공급사슬)과 효율적 공급사슬로 구분할 수 있다.
>
> **(2) 공급사슬관리의 목표 : 채찍효과**(bullwhip effect)**의 제거**
>
> 제품에 대한 수요정보가 공급사슬 상의 참여 주체를 하나씩 거쳐서 전달될 때마다 점차 왜곡되는 현상을 말한다.
>
> 수요의 급변동, 일괄주문, 생산업체들의 유동적 가격 정책, 공급망의 분배오류 등에 의해 발생하는데, 이의 해결을 위해서는 공급사슬 상 주체들 간 긴밀한 협조와 정보공유, 리드타임 감축 노력 등이 필요하다.

관련 문제

1 생산 운영관리의 주요 활동목표와 가장 거리가 먼 항목은? (가맹거래사, 09 및 노무사, 10, 15)

① 원가　② 품질　③ 유연성　④ 납기　⑤ 브랜드

/정답/ ⑤

브랜드는 마케팅 관리 활동이다.
공인노무사 10년도 기출문제는 '포지셔닝'을, 15년도는 '촉진강화'를 오답 지문으로 구성하여 출제되었다.

2 생산 운영관리의 전형적 목표가 아닌 것은? (가맹거래사, 12)

① 매출액 대비 제조원가 비율을 현행 60%에서 2년 뒤 50%로 낮춘다.
② 생산능력의 10% 변경 기간을 현행 6개월에서 2년 뒤 2개월로 단축한다.
③ 재가공 및 재검사 비율을 현행 0.2%에서 2년 뒤 0.1%로 낮춘다.
④ 재고보충을 위한 리드타임을 현행 2주에서 2년 뒤 1주로 단축한다.
⑤ A제품의 시장침투율을 현행 15%에서 2년 뒤 30%로 증대한다.

/정답/ ⑤

시장확대는 생산 운영관리 측면에서의 목표라기보다는 전사적 목표가 된다.

3 생산관리의 목표에 해당하지 않는 것은? (가맹거래사, 20)

① 원가우위
② 고객만족을 통한 순현가 극대화
③ 품질우위
④ 납기준수 및 단축
⑤ 생산시스템 유연성 향상

/정답/ ②

4 공급자에서 기업 내 변환과정과 유통망을 거쳐 최종 고객에 이르기까지 자재, 제품, 서비스 및 정보의 흐름을 전체 시스템 관점에서 설계하고 관리하는 것은? (노무사, 21)

① EOQ　　　　② MRP　　　　③ TQM
④ SCM　　　　⑤ FMS

/정답/ ④

---

5 원자재 조달, 제품 생산, 유통 등을 통해 상품이 고객에게 전달되는 과정을 효율적으로 관리하는 시스템은? (가맹거래사, 23)

① 공급사슬관리(SCM)　　② 고객관계관리(CRM)
③ 공급자재고관리(VMI)　　④ 전사적자원관리(ERP)
⑤ 업무프로세스리엔지니어링(BPR)

/정답/ ①

---

6 기업이 공급사슬관리(SCM)를 적극적으로 수행해야 할 필요성과 관계가 없는 것은? (노무사, 11)

① 운송비의 지속적 감소　　② 글로벌화의 진전
③ 아웃소싱의 증가　　　　④ 공급사슬의 복잡화
⑤ 전자상거래 도입의 증가

/정답/ ①

SCM(Supply Chain Management)은 물류비용이 지속해서 증가하고 글로벌화가 진전됨에 따라 생산의 각 단계를 개별적으로 관리하기보다는 단계별 지식 및 정보와 작업의 흐름을 통합할 필요성이 증가하면서 나타났다. 또한 외주화와 전자상거래의 보편화 역시 공급사슬을 복잡하게 만들고 있다.

7 공급사슬관리(SCM)의 필요성이 증대되고 있는 이유로 볼 수 없는 것은? (경영지도사, 17)

① 생산, 재무, 마케팅 등 기업기능의 독립적 수행 필요 증대
② 아웃소싱(outsourcing)의 증대
③ 고객화 요구 증대
④ 기업 간의 경쟁 치열
⑤ 글로벌화 증대

/정답/ ①

8 공급사슬관리(SCM)가 중요해지는 이유에 해당하는 것은? (경영지도사, 16)

① 경영환경의 불확실성 증가
② 물류비용의 감소
③ 채찍효과로 인한 예측의 불확실성 감소
④ 기업의 경쟁강도 약화
⑤ 리드타임의 영향력 감소

/정답/ ①

9 공급사슬관리(SCM)에 관한 설명으로 옳지 않은 것은? (가맹거래사, 20)

① 공급사슬은 제품과 서비스를 생산하여 소비자에게 제공하는 일련의 과정이다.
② 공급사슬관리란 공급사슬의 모든 활동을 조정하고 관리하는 것이다.
③ 공급사슬 성과지표에는 배송성과와 환경성과 등이 있다.
④ 반응적 공급사슬은 수요의 불확실성에 대비하여 재고의 크기와 생산능력의 위치를 설정함으로써 시장수요에 민감하게 반응하도록 설계하는 것이다.
⑤ 효율적 공급사슬의 목표는 영업비용을 최소화하기 위해 제품의 물류 및 판매시간을 단축하는 데 있다.

/정답/ ⑤

④ 반응적 공급사슬은 제품수명주기가 짧고 고객의 취향이 쉽게 변하는 패션 제품의 경우와 같이 신제품의 도입과 시장수요의 변화에 민감하게 반응하도록 설계된 공급사슬이다.

⑤ 효율적 공급사슬은 긴 제품수명주기와 안정적이고 예측 가능한 수요를 갖는 제품을 대량생산할 때 비용 절감과 효율적 운영이 이루어지도록 설계된 공급사슬이다. 효율적 공급사슬의 목표는 효율적 생산을 통한 비용 절감이다.

10 공급사슬에서 하위흐름(고객)에서 발생한 수요변동이 상위흐름(공급업체)으로 거슬러 올라가면서 그 수요변동의 폭이 증폭되어 가는 현상은?
(가맹거래사, 09)

① 네트워크효과(Network Effect)
② 강화(Reinforcement)
③ 미니맥스(Minimax)
④ 대비효과(Contrast Effect)
⑤ 채찍효과(Bullwhip Effect)

/정답/ ⑤

① 네트워크 효과란 특정 상품에 대한 어떤 사람의 수요가 다른 사람들의 수요에 의해 영향을 받는 효과를 말한다.
③ 미니맥스란, 경영자가 예측의 착오를 없애는 것보다도 안전성을 추구하는 것을 목표로 하여 실제 성과가 예상보다 낮아지지 않는 방향으로 가려는 것을 의미한다.

11 공급사슬 내에서 소비자로부터 생산자로 갈수록 수요변동 폭이 확대되는 것은?
(가맹거래사, 16 및 경영지도사, 19)

① 채찍효과(bullwhip effect)
② 크로스도킹(cross docking)
③ 동기화(synchronization)
④ 순환변동(cyclical movement)
⑤ 불규칙변동(random variation)

/정답/ ①

② 크로스도킹(cross docking) : 물류 센터로 입고되는 상품을 물류 센터에 보관하는 것이 아니라, 분류 또는 재포장의 과정을 거쳐 곧바로 다시 배송하는 물류 시스템이다. 창고에 보관되는 단계를 생략하고 체류 시간을 줄여, 배송기간과 물류비용을 단축시키고 물류의 효율성을 증대시킬 수 있는 방식이다. 입고부터 출고까지의 모든 작업의 긴밀한 동기화가 필요하다.

12 최종소비자의 수요변동 정보가 전달되는 과정에서 지연이나 왜곡현상이 발생하여 재고부족 또는 과잉 문제가 발생하고 공급사슬 상류로 갈수록 수요변동이 증폭되는 현상은? (노무사, 23)

① 채찍효과 ② 포지셔닝 효과 ③ 리스크 풀링 효과
④ 크로스 도킹 효과 ⑤ 레버리지 효과

/정답/ ①
③ 공급사슬관리에서 리스크 풀링 효과는 지역별 수요를 통합할 경우에 전체적인 수요의 변동이 작아지므로 최적재고수준이 감축된다는 것이다.

13 공급사슬의 상류로 올라갈수록 수요의 변동폭이 증폭되어 나타나는 현상인 채찍효과(bullwhip effect)의 원인에 해당하지 않는 것은? (경영지도사, 17 및 노무사, 14)

① 수요정보처리 과정의 정보왜곡   ② 배급게임(rationing game)
③ 일괄주문의 영향   ④ 가격변동의 영향
⑤ 실시간 수요정보 공유

/정답/ ⑤
노무사 14년도 기출 문제는 '전자자료 교환'을 오답 지문으로 구성하여 출제되었다. 전자자료 교환이나 실시간 수요정보 공유는 리드타임을 단축함으로써 채찍효과를 제거할 수 있다.
② 배급게임(rationing game)이란 공급량 부족이 예상되는 경우 자신이 원하는 양을 공급받을 수 있는 가능성을 높이기 위해서 실제 원하는 양보다 많은 양을 주문하는 경향을 말한다.

14 라이트(J.N. Wright)가 제시한 채찍효과(bullwhip effect)의 대처방안이 아닌 것은? (가맹거래사, 13)

① 수요에 대한 정보를 집중화하여 불확실성을 감소시킨다.
② 고객 요구 프로세스의 고유한 변동 폭을 감소시킨다.
③ 안전재고의 양을 감소시키기 위한 리드타임을 단축시킨다.
④ 뱃치(batch) 주문을 실시한다.
⑤ 공급사슬에서 재고를 관리하는 정보를 공유할 수 있는 전략적 파트너십을 구축한다.

/정답/ ④

채찍 효과를 막기 위해서는 정보를 공유하며, 뱃치식 주문을 없애야 하고, 가격 정책의 안정화와 철저한 판매예측을 거친 뒤 공급하는 방안이 필요하다. 또한 가장 크게 노출된 부품 및 장비 기업의 경우에는 시장 다변화나 사업의 다각화를 고려할 필요가 있으며, 불황에 대비하기 위해 거래처와 전략적 협조 관계를 강화할 필요도 있다.

15 공급사슬관리에서 채찍효과를 해결하기 위한 적절한 방법은? (가맹거래사, 21)

① 정보시스템을 활용한 공급사슬 구성원 간 정보 공유
② 불확실성에 대비한 대규모 재고 비축
③ 공급자들과 단기계약을 통한 원가 절감
④ 아웃소싱 최소화로 공급불확실성 해소
⑤ 불확실한 수요변화에 대응하기 위한 공급업체의 선적 지연

/정답/ ①

16 공급사슬 구조 개선방법이 아닌 것은? (가맹거래사, 18)

① 주요 제품설계 개선　　　② 공급사슬의 수직적 통합
③ 아웃소싱　　　　　　　　④ 준비 시간의 단축
⑤ 공급사슬의 네트워크의 구성과 입지개선

/정답/ ④

준비시간 단축만으로는 공급사슬 상 업체들을 유기적으로 연결하기는 어렵다.

17 생산시스템 설계에 해당하는 것은? (노무사, 16)

① 일정관리　　② 시설입지　　③ 재고관리
④ 품질관리　　⑤ 수요예측

/정답/ ②

생산시스템의 설계는 '제품결정 및 설계, 공정설계, 설비배치, 작업연구, 작업측정'이라는 5단계로 구분된다.

POINT 제품설계

- **순차설계/순차공학**(sequential engineering : SE) : 아이디어 창출로부터 시작하여 기업 내의 개별부서에서 순차적으로 기획, 개발, 설계, 생산준비, 제조 등의 과정을 거쳐 진행되는 제품설계 방법
- **동시설계/동시공학**(concurrent engineering : CE) : 관련 모든 부서가 제품의 설계 및 개발과정에 동시에 참여함으로써 제품의 개념에서부터 판매에 이르는 전 과정의 통합화를 추구하는 현대적 제품개발 방법
- **제조용이성 설계**(design for manufacturability : DFM) : 제품의 생산이 용이하고 경제적으로 이루어질 수 있도록 하기 위해 제품을 설계할 때부터 제품 생산 시를 고려하여 단순화, 표준화, 모듈러설계, 가치분석, 디자인 변경 등의 통합을 시도하는 방법
- **모듈러 생산**(modular production : MP) : 호환성 있는 최소종류의 부품(module)을 통하여 최대한 많은 종류의 제품을 생산하고자 하는 기법. 여러 가지 서로 다른 제품 조립에 널리 이용될 수 있는 모듈로 설계를 표준화한 후 최종 소비자의 기호에 따라 고객이 원하는 대로 조립하여 판매하는 방법으로 소품종 대량생산시스템의 최적화를 실현하기 위한 방식
- **가치분석**(value analysis : VA, value engineering : VE) : 비용 대비 효율성이 높은 재료나 부품을 사용하여 생산원가를 절감하려는 기법으로서 동일 비용에서 저비용을 추구하거나 동일 비용에서 고품질을 추구
- **품질기능전개**(quality function deployment : QFD) : 고객의 요구를 특정한 제품이나 서비스의 특징으로 전환하는 기법으로서 고객의 요구를 제품의 기술규격으로 전환하도록 마케팅, 설계, 제조 등의 전문가들이 협조 관계를 유지하는 현대적 제품개발기법

⇒ 품질기능전개(QFD)에 사용되는 품질의 집(HOQ)

QFD의 전체적인 전개방식은 품질의 집(House of Quality : HOQ)라고 하는 매트릭스 구조에 근거를 두고 있는데, 아래 구성요소로 구성됨

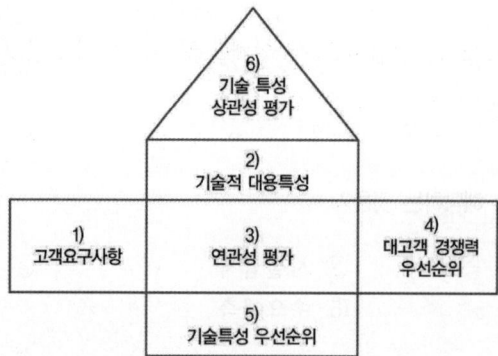

Resource: Costa, A. I. A., Dekker, M., & Jongen, W. M. F. (2001). Quality function deployment in the food industry: a review. Trends in Food Scienc & Technology, 11, p. 307.

- **컴퓨터 이용설계**(computer aided design : CAD) : 컴퓨터를 활용한 제품설계
- **환경친화형 설계**(design for environment) : 재생된 부품을 이용하거나 재생될 수 있는 부품을 이용하는 제품설계 방법이다. 폐기보다는 수리가 용이하고 불필요한 포장은 최소화하는 설계
- **로버스트**(robust)**설계** : 공정을 처음부터 환경변화의 영향을 덜 받도록 설계하는 것

관련 문제

1 제품설계과정에서 활용되는 방법과 이에 관한 설명의 연결이 옳은 것은? (가맹거래사, 19)

> ㄱ. 가치분석(VA)
> ㄴ. 품질기능전개(QFD)
> ㄷ. 모듈러 설계(modular design)

> a. 낮은 부품다양성으로 높은 제품다양성을 추구하는 방법
> b. 제품의 원가대비 기능의 비율을 개선하려는 체계적 노력
> c. 고객의 다양한 요구사항과 제품의 기능적 요소들을 상호 연결

① ㄱ : a, ㄴ : b, ㄷ : c
② ㄱ : a, ㄴ : c, ㄷ : b
③ ㄱ : b, ㄴ : a, ㄷ : c
④ ㄱ : b, ㄴ : c, ㄷ : a
⑤ ㄱ : c, ㄴ : a, ㄷ : b

/정답/ ④

2 고객의 요구를 기술적 특성과 연결시켜 제품에 반영하는 기법은? (가맹거래사, 16)

① 품질기능전개(QFD) ② 동시공학(CE) ③ 가치분석(VA)
④ 가치공학(VE) ⑤ 유연생산시스템(FMS)

/정답/ ①

3 품질의 집(house of quality) 구성요소가 <u>아닌</u> 것은? (가맹거래사, 23)

① 고객요구사항
② 제품의 기술특성
③ 기술특성에 관한 경쟁사의 설계목표
④ 고객요구사항과 기술특성의 상관관계
⑤ 고객요구사항에 관한 자사와 경쟁사 수준 평가

/정답/ ③

품질의 집 구성요소로는 고객요구사항, 기술적 대응특성, 연관성, 대고객 경쟁력 우선순위, 기술특성 우선순위, 기술 특성 상관성 평가가 있다.

4 제품의 디자인에서 생산에 이르기까지 각 과정의 설계 작업을 동시에 수행함으로써 생산 리드타임을 획기적으로 단축시키는 기법은? (가맹거래사, 13)

① 벤치마킹(benchmarking)
② 리엔지니어링(reengineering)
③ 리스트럭처링(restructuring)
④ 콘커런트 엔지니어링(concurrent engineering)
⑤ 다운사이징(downsizing)

/정답/ ④

5 제품개발과정에서 설계, 기술, 제조, 구매, 마케팅, 서비스 등의 담당자뿐만 아니라 납품업자, 소비자들이 하나의 팀을 구성하여 각 부분이 서로 제품개발에 대한 정보를 교환하면서 제품개발과정을 단축시키는 방식을 무엇이라고 하는가? (가맹거래사, 08)

① 적시생산(JIT : just-in-time)   ② 리엔지니어링(re-engineering)
③ 동시공학(concurrent engineering)   ④ 6시그마(six sigma)
⑤ 자재소요계획 (MRP : material requirement planning)

/정답/ ③

6 모듈화(modularization) 생산의 목적으로 옳지 않은 것은? (가맹거래사, 13)

① 조립시간 단축을 통한 원가절감 ② 생산성 향상
③ 다양한 고객의 요구 충족 ④ 품질과 기능의 향상
⑤ 제품개발 기간의 단축

/정답/ ③

모듈식 생산은 부품결합의 극대화로 소품종 대량생산이 가능하므로 다양한 고객의 욕구를 충족시키기는 어려운 생산방식이다.

7 다음은 무엇에 관한 설명인가? (가맹거래사, 08)

> ○ 호환성이 있는 최소종류의 부품을 통하여 최대한 많은 종류의 제품을 생산하고자 하는 기법
> ○ 고객의 다양한 욕구를 충족시키기 어렵다는 소품종 대량생산시스템의 문제점을 해결하기 위한 생산방식
> ○ 소품종 대량생산시스템의 최적화를 실현하기 위한 방식

① 집단관리기법 (GT : group technology)
② 유연생산시스템 (FMS : flexible manufacturing system)
③ 셀형제조방식 (CMS : cellular manufacturing system)
④ 수치제어가공 (NC가공 : numerically controlled machining)
⑤ 모듈러 생산 (MP : modular production)

/정답/ ⑤

8 제품설계시 제품의 변동을 일으키는 원인인 노이즈를 제거하거나 차단하는 대신에 노이즈에 대한 영향을 없애거나 줄이도록 하는 설계 방법은? (경영지도사, 17)

① 손실함수(loss function)설계 ② 로버스트(robust)설계
③ 프로젝트(project)설계 ④ 학습곡선(learning curve)설계
⑤ 동시공학(concurrent engineering)설계

/정답/ ②

9 제품설계 및 개발에 관한 설명으로 옳지 않은 것은? (가맹거래사, 18)

① 제조용이성설계(DFM) : 제품의 생산이 용이하고 경제적으로 이뤄질 수 있도록 하는 제품설계 방법
② 품질기능전개(QFD) : 고객의 요구사항을 제품이나 서비스의 설계명세에 반영하는 방법
③ 로버스트 설계(robust design) : 제품의 성능 특성이 제조 및 사용 환경의 변화에 민감하도록 설계하는 방법
④ 모듈러 설계(modular design) : 제품의 다양성을 높이면서 동시에 제품라인의 생산에 사용되는 구성품의 수를 최소화하는 제품설계 방법
⑤ 가치분석(VA) : 기능적 요구조건을 충족시키는 범위 내에서 불필요하게 원가를 유발하는 요소를 제거하고자 하는 체계적인 방법

/정답/ ③

10 제품과 서비스 설계에 관한 설명으로 옳지 않은 것은? (가맹거래사, 21)

① 동시공학(concurrent engineering)은 제품 및 서비스 개발과 관련된 다양한 부서원들이 공동 참여하는 방식이다.
② 품질기능전개(quality function deployment)는 고객의 요구사항을 설계 특성으로 변환하는 방법이다.
③ 가치분석 / 가치공학(value analysis / value engineering)은 제품의 가치를 증대시키기위한 체계적 방법이다.
④ 모듈화설계(modular design)는 구성품의 다양성을 높여 완제품의 다양성을 낮추는 방법이다.
⑤ 강건설계(robust design)는 제품이 작동환경의 영향을 덜 받고 기능하도록 하는 방법이다.

/정답/ ④

모듈화설계는 부품결합의 극대화로 소품종 대량생산을 추구하므로, 구성품의 다양성을 높여 제품의 다양성을 낮춘다는 설명은 틀린 설명이 된다.

11 제품설계 기법에 관한 설명으로 옳은 것은? (노무사, 23)

① 동시공학은 부품이나 중간 조립품의 호환성과 공용화를 높여서 생산원가를 절감하는 기법이다.
② 모듈러 설계는 불필요한 원가요인을 발굴하여 제거함으로써 제품의 가치를 높이는 기법이다.
③ 가치공학은 신제품 출시과정을 병렬적으로 진행하여 신제품 출시기간을 단축하는 기법이다.
④ 품질기능전개는 소비자의 요구사항을 체계적으로 제품의 기술적 설계에 반영하는 과정이다.
⑤ 가치분석은 제품이나 공정을 처음부터 환경변화의 영향을 덜 받도록 설계하는 것이다.

/정답/ ④

① 모듈러 설계(modular design)의 개념이다.
② 가치분석(value analysis: VA)의 개념이다.
③ 동시공학(concurrent engineering)의 개념이다.
⑤ 로버스트(robust)설계의 개념이다.

12 많은 개별 고객들의 요구를 만족시키기 위해 제품들을 맞춤화하여 생산하는 것은? (경영지도사, 20)

① 서비타이제이션(servitization)
② 가치 공학(value engineering)
③ 린 생산(lean production)
④ 매스 커스터마이제이션(mass customization)
⑤ 대량 생산(mass production)

/정답/ ④

13 대량 맞춤화(mass customization)에 관한 내용이 아닌 것은? (가맹거래사, 17)

① 개별 고객을 만족시키기 위한 제품 맞춤화
② 소프트웨어 융합을 통한 맞춤화 실현
③ 전용설비를 사용한 소품종 대량생산화
④ IT기술과 3D 프린터를 이용한 개별생산 가능
⑤ 일대일 마케팅의 현실화

/정답/ ③

대량 맞춤화는 다품종 대량생산화를 추구한다.

14 Mass customization(대량고객화)에 대한 다음 설명 중 잘못된 것은? (가맹거래사, 06)

① Mass customization은 규모의 경제를 통한 생산라인의 생산성을 추구한다.
② Mass customization 구현에는 새로운 생산공정과 기계 도입에 따른 대규모 투자가 요구될 수 있다.
③ Mass customization은 생산 수량을 필요에 따라 효율적으로 변동시킬 수 있는 생산라인을 요구한다.
④ Dell 컴퓨터는 Mass customization 전략의 대표적인 성공사례다.
⑤ Mass customization 구현을 위해서는 고도로 숙련된 작업자들이 요구된다.

/정답/ ①
대량고객화는 개별 고객의 다양한 요구와 기대를 충족시키면서도 값싸게 대량생산하는 방법을 말한다. 따라서 단순히 생산성만을 추구하는 설명은 틀린 보기이다.

POINT 공정(process)설계

1. 공정설계 방법

- **주문생산공정 또는 잡샵공정**(job shop) : 다품종 소량생산이나 고객으로부터의 소량의 주문생산처럼 제품이 서로 상이한 작업을 요하고 흐름 경로가 상이한 경우 소규모로 운영되는 생산공정
- **묶음생산공정 또는 뱃치**(batch)**공정** : 불연속적인 시간 간격에 따라 그룹 또는 묶음 단위로 끊어서 생산하는 형태
- **조립생산공정** : 수요예측을 토대로 중간조립품과 구성품을 생산하는 재고생산과 고객의 주문에 따라 최종제품을 생산하는 주문생산이 결합된 형태의 생산공정
- **연속생산공정** : 고도로 표준화된 일용품을 대량으로 생산하기 위해서 사용되는 공정형태로 고정된 생산 경로가 끊이지 않고 지속적으로 진행되는 생산공정
- **대량생산공정** : 대규모 시장을 대상으로 표준화된 제품을 생산하는 공정형태
- **프로젝트 공정** : 시일이 오래 걸리고 대규모의 자원과 인력이 투하되며, 고객의 주문에 따라 일정 기간에 단일품목만을 생산하는 공정

2. 제품 - 공정 매트릭스 : 제품수명주기×공정수명주기

- **도입기** : 낮은 표준화, 다품종 소량생산 → 주문생산공정
- **성장기** : 다품종 중간생산 → 묶음생산공정
- **성숙기** : 소품종 대량생산 → 조립생산공정
- **쇠퇴기** : 고도의 표준화, 일용품 대량생산 → 연속생산공정

□ 관련 문제

1 다음은 어떤 생산공정에 관한 설명인가? (경영지도사, 16)

> ○ 고객의 주문에 따라 일정기간 동안에 정해진 제품만을 생산한다.
> ○ 이 공정의 예로는 건축, 선박 제조, 신제품 개발 등이 있다.

① 프로젝트공정 ② 대량생산공정
③ 유연생산공정 ④ 자동생산공정
⑤ 연속생산공정

/정답/ ①

POINT 설비배치

1. 제품별 배치(product layout)
- 특정의 제품(서비스)를 생산하는 데 필요한 설비와 작업자를 제품(서비스)의 생산과정 순으로 배치하는 방식
- 장 점 : 빠른 생산, 예측생산을 통한 낮은 재고, 소품종 대량생산, 제품의 표준화, 부품의 호환성 등이 갖춰질 때 효과는 극대화, 감독과 훈련이 용이
- 단 점 : 낮은 유연성, 생산라인 별 동일 기계설비 설치로 인한 높은 투자비용

2. 공정별 배치(process layout)
- 유사한 기능을 수행하는 기계나 장비 또는 부서를 한 곳에 묶어 배치하는 형태로, 여러 가지 제품을 한 작업장에서 생산할 때 작업을 질서있게 배치하는 것
- 장 점 : 높은 유연성, 동일한 설비를 집중하여 손쉬운 설비관리 가능, 인력과 장비의 범용으로 인한 낮은 자본집약도
- 단 점 : 숙련된 노동력 요구, 제품별 공정이 상이함에 따라 전체 공정관리의 어려움 발생, 높은 자재 운반비용, 느린 작업속도, 생산계획 및 통제의 어려움, 낮은 장비 가동률

3. 위치고정형 배치(fixed-position layout)
- 제품이 매우 크고 무거우며 복잡한 경우 제품을 움직이는 대신 제품생산에 필요한 원자재, 기계설비, 작업자 등을 제품의 생산 장소로 이동하여 작업하게 하는 방식
- 장 점 : 이동 비용 미발생, 노동의 계속성
- 단 점 : 숙련된 다기능자 요구, 낮은 장비 이용률, 작업장소 및 인력 이동 비용

4. 혼합형 배치(fixed-position layout)

(1) 셀형 배치 또는 셀형 제조방식(cellular manufacturing system : CMS)(집단가공법 : Group Technology)
- 한 가지 종류 또는 많은 종류의 기계가 하나의 셀을 단위로 해서 집단화되는 공정의 한 형태로서 각 셀은 사용설비나 공구 또는 가공내용이 유사한 제품별로 생산하도록 설계됨
- 집단가공법(Group Technology)이란 다품종 소량생산에서 유사한 가공물들을 집약·가공할 수 있도록 부품설계, 작업표준, 가공 등을 계통화시켜 생산효율을 높이는 기법
- 집단가공법을 이용하여 유사한 형태나 가공을 가지는 부품을 집단화한 뒤, 한 작업장에서 생산할 수 있도록 하는 셀형 배치를 시행

(2) U자형 배치
U자 형태의 배치로 1인 또는 소수의 인원으로 작업 효율 및 공간 효율을 극대화한 배치 방식

☐ 관련 문제

1 공정별 배치의 장점에 관한 설명으로 옳지 않은 것은? (경영지도사, 14)

① 다양한 생산공정으로 신축성이 크다.
② 생산시스템의 계획 및 통제가 단순하다.
③ 범용설비는 비교적 저렴하므로 초기 투자비용이 크지 않다.
④ 하나의 기계가 고장 나도 전체 시스템은 크게 영향을 받지 않는다.
⑤ 종업원들에게 다양한 과업을 제공해 줄 수 있어서 직무의 권태감을 줄일 수 있다.

/정답/ ②
생산시스템의 계획 및 통제가 단순한 것은 제품별 배치(product layout)이다.

2 공정별 생산설비 배치(process layout)의 장점으로 옳지 않은 것은? (가맹거래사, 09)

① 제품의 수정, 수요변동, 작업순서의 변경에 대해 신축적으로 대응할 수 있다.
② 범용설비를 이용하므로 진부화의 위험 및 유지·보수비용이 적다.
③ 비숙련공들도 전문화된 설비를 사용할 수 있어 작업자 훈련 및 감독이 용이하다.
④ 적은 수량을 제조할 경우에는 제품별 배치보다 원가 면에서 유리하다.
⑤ 작업자가 작업수행 시에 융통성을 발휘할 수 있다.

/정답/ ③
공정별 배치는 기능별 배치라고도 하며 유사 기능을 갖은 기계설비를 한 곳에 모아 동일 공정이나 유사 공정의 작업을 한 곳에 집중시키는 기능별, 작업장별 배치를 말하는 것으로 숙련노동자가 필요하다.

3 공장 내 설비배치에 관한 설명으로 옳지 않은 것은? (경영지도사, 16)

① 공정별 배치는 비슷한 작업을 수행하는 기계, 활동들을 그룹별로 모아놓은 것으로 개별 주문생산시스템에 적합하다.
② 제품별 배치는 공정의 순서에 따라 배치하는 것으로 연속적인 대량생산에 적합하고, 재공품과 물류비 감소 및 생산 통제가 용이하다.
③ 위치고정형 배치는 대단위 제품들을 한 곳에 모아놓고 조립하는 형태로 프로젝트 기법을 활용하여 생산계획과 통제를 한다.
④ 혼합형 배치는 공정과 제품요소를 동시에 혼합하는 것으로 소품종 대량생산의 경우에 적합하다.
⑤ 프로세스별 배치는 특정 제품을 생산하는 일련의 고정된 순서에 의해 배치하는 것으로 주로 특수화된 공구와 장치 생산에 적합하다.

/정답/ ④
혼합형 배치는 일반적으로 서비스 생산시스템이나 유연 생산시스템에서 볼 수 있으며, 집단가공의 그룹별 배치 내지 셀형 배치 또는 JIT의 U형 배치가 대표적이다. 혼합형이기 때문에 단정하기 어렵지만 일반적으로는 다품종소량생산에 사용되는 경우가 많다.

4 셀룰러 배치(cellular layouts)의 장점으로 옳지 않은 것은? (가맹거래사, 16)

① 작업자의 전문성이 향상된다.
② 준비시간을 줄일 수 있다.
③ 재공품 재고를 줄일 수 있다.
④ 재처리 및 가공 대기시간을 줄일 수 있다.
⑤ 생산 자동화가 쉽지 않다.

/정답/ ⑤
기계가 유사한 특성을 가진 제품을 생산하는데 필요한 모든 작업을 처리할 수 있도록 배치되어 있어서 모든 부품이 동일경로를 따르게 되어 있다. 따라서 생산 자동화가 어렵지 않다.

5 GT(group technology)에 관한 설명으로 옳은 것은? (가맹거래사, 18)

① 다품종 소량생산에서 유사한 가공물들을 집약·가공할 수 있도록 부품설계, 작업표준, 가공 등을 계통화시켜 생산효율을 높이는 기법
② 설계와 관련된 엔지니어링 지식을 병렬적으로 통합하는 기법
③ 제품설계, 공정설계, 생산을 완전히 통합하는 기법
④ 원가절감과 기능개선을 목적으로 가치를 향상시키는 기법
⑤ 기업 전체의 경영자원을 최적으로 활용하기 위하여 업무 기능의 효율화를 추구하는 기법

/정답/ ①

POINT 유연적 생산기법

1. 유연 생산시스템(flexible manufacturing system : FMS)

컴퓨터에 의해 통제되는 자동화된 설비를 갖추고 동일한 생산라인에서 용이한 공정변화를 통해 다양한 종류의 제품을 생산하여 부가가치를 높이려는 자동생산 시스템

2. 컴퓨터 통합제조 시스템(computer integrated : CIM)

컴퓨터 시스템에 의하여 제품 및 서비스의 설계부터 생산 운영공정의 전 과정이 통합된 컴퓨터 네트워크 통합 시스템

3. 린 생산시스템(lean production system)

- 적은 재고, 적은 작업자, 작은 공간을 사용하여 더 큰 가치를 갖는 제품을 설계, 개발, 제조하는 시스템
- 도요타 생산 시스템(TPS : Toyota Production System)
- 재료와 부품이 공급되는 만큼 생산하는 밀어내기 방식(push system)이 아닌, 현장에서 필요한 제품의 종류와 수량 등을 결정한 다음 생산요소들이 적시에 공급될 수 있도록 하는 당기기 방식(pull system)을 사용

4. 적시생산(just in time : JIT)

- 제품생산에 요구되는 부품 등 자재를 필요한 시기에 필요한 수량만큼 조달하여 필요로 하는 제품을 필요 수량만큼 적시에 생산하는 생산시스템
- **재고 최소화와 생산준비비용 절감**
- **생산의 평준화 달성**
- **유연한 자원** : 다기능 작업자, U자형 설비배치, 품질분임조 및 제안활동
- **풀(pull) 전략 사용** : 후속작업장에서 필요할 때에 필요한 수량을 선행작업장에 요구하면 그 때 제공
- **칸반시스템** : 자재의 부품이 필요함을 알려주는 신호 또는 지시 목적의 카드를 통해 사용한 제품, 정보, 수량을 적어서 적재공간으로 보냄
- **집단가공법(GT) 도입**

> **도요타 생산방식**
>
> 도요타 생산방식은 '부가가치를 높이지 않는 각종 현상이나 결과'를 낭비라고 정의하고, 이를 줄여야 한다고 주장하였다. 아래 제시된 도요타의 대표적인 7가지 낭비는 제조원가 상승의 주요인들로 여겨지고 있다.
> ① 제작 초과(과다생산) 낭비
> ② 손 대기(작업대기) 낭비
> ③ 운반의 낭비
> ④ 가공 그 자체의 낭비
> ⑤ 재고의 낭비
> ⑥ 동작의 낭비
> ⑦ 불량을 만드는 낭비

관련 문제

1 공정의 유연화와 관련되지 않은 것은? (가맹거래사, 13)

① 컴퓨터에 의한 설계·제조(CAD/CAM)
② 통합 생산시스템(IPS)
③ 유연 생산시스템(FMS)
④ 집단 가공법(GT)
⑤ 셀룰러 생산시스템(CMS)

/정답/ ①
컴퓨터에 의한 설계·제조(CAD/CAM)는 통합생산시스템(IPS)의 구성요소이다.

2 자동화 기술과 생산관리기술을 결합하여 주문생산과 대량생산을 동시에 고려한 생산시스템은? (경영지도사, 21)

① 집단가공법   ② 수치제어가공   ③ 셀 제조방법
④ 모듈생산   ⑤ 유연생산시스템

/정답/ ⑤

제5장 생산·운영관리 **321**

3 다음 중 유연생산시스템 (Flexible Manufacturing System : FMS)에 관한 설명으로 맞는 것은?

(가맹거래사, 06)

① 유사한 설계 특성이나 제조과정 특성을 기준으로 품목을 동일품목의 군으로 구별해주는 접근방법
② 부품의 배치(Batch) 생산에서 대량생산의 효율성과 생산성을 확보하기 위해서 설계된 방식
③ 컴퓨터를 이용하여 새로운 부품이나 제품을 개발하거나 기존의 부품이나 제품을 대체하기 위해 설계하는 방식
④ 제품의 설계에서부터 유통에 이르기까지의 모든 데이터를 표준화하여 거래당사자들 간에 실시간으로 정보를 주고받을 수 있도록 하는 통합정보시스템
⑤ 공정순서가 기계구조에 의해서 고정되어 공정변화의 유연성이 없고 표준화된 제품의 대량생산에 적합한 자동화 시스템

/정답/ ②

유연생산시스템(flexible manufacturing system : FMS)은 주문생산의 유연성과 대량생산의 생산성을 동시에 달성하도록 창출된 생산시스템이다.

4 유연성을 높이는 공장자동화와 관련된 용어가 아닌 것은?

(경영지도사, 13)

① JIT   ② CAD/CAM   ③ robotics   ④ FMS   ⑤ CIM

/정답/ ①

공장자동화는 공장의 자동화, 기계화, 공작 기계나 산업용 로봇을 이용, 대량 생산을 목적으로 설계 단계에서부터 생산·검사·하역 단계까지를 전체적으로 자동화하는 시스템을 말한다.
JIT(just in time)는 공장자동화와 관련한 개념이 아니라 효율적 생산을 위한 방식이다.

5 린(lean) 생산방식의 전제조건이 아닌 것은?

(노무사, 14)

① 작업장 정비   ② 품질경영과 실수방지책 구축
③ 푸쉬 시스템 도입   ④ 생산준비시간 단축
⑤ 생산스케쥴 평준화와 안정화

/정답/ ③

린 생산방식 풀(Pull) 시스템에 해당한다.

6 생산 프로세스에서 낭비를 제거하여 부가가치를 극대화하기 위한 것은? (노무사, 22)

① 린(lean) 생산
② 자재소요계획(MRP)
③ 장인생산(craft production)
④ 대량고객화(mass customization)
⑤ 오프쇼오링(off-shoring)

/정답/ ①

⑤ 오프쇼오링(off-shoring)이란 인건비가 싼 곳으로 생산시설을 이전하는 현상을 말하고, 리쇼오링(re-shoring)은 인건비가 싼 곳으로 생산기지를 이전했던 기업이 다시 생산기지를 불러오는 현상을 말한다.

7 생산에 필요한 요소를 제때에 투입함으로써 재고가 없도록 하는 생산방식은? (경영지도사, 20)

① 유연생산시스템(FMS : flexible manufacturing system)
② 컴퓨터 통합생산(CIM : computer integrated manufacturing)
③ 스마트 팩토리(smart factory)
④ 무결점 운동(zero defects program)
⑤ 적시생산(JIT : just in time)

/정답/ ⑤

8 다음 특성에 알맞는 생산 운영관리시스템의 명칭은? (노무사, 13)

○ 칸반(Kanban) 시스템	○ 린(lean) 시스템
○ 무재고 생산 지향	○ 생산의 평준화

① JIT　　　　　　　② MRP　　　　　　　③ MRP Ⅱ
④ CIM　　　　　　　⑤ FMS

/정답/ ①

9 JIT(Just-in-time) 시스템의 특징으로 옳지 않은 것은? (노무사, 15, 11)

① 푸쉬(push) 방식이다.
② 필요한 만큼의 자재만을 생산한다.
③ 공급자와 긴밀한 관계를 유지한다.
④ 가능한 한 소량 로트(lot) 크기를 사용하여 재고를 관리한다.
⑤ 생산지시와 자재이동을 가시적으로 통제하기 위한 방법으로 간판(Kanban)을 사용한다.

/정답/ ①

JIT 시스템은 뒤 공정에서 필요할 때에 필요한 양의 부품을 앞 공정에서 끌어오는 풀 시스템(Pull System)에 해당한다.
가맹거래사 10년도 기출

10 적시생산(JIT) 시스템의 특성에 해당하지 않는 것은? (가맹거래사, 10)

① 다기능 작업자의 투입 ② 소규모 로트(lot) 크기
③ 부품과 작업 방식의 표준화 ④ 푸시(push) 방식의 자재흐름
⑤ 작업장 간 부하 균일화

/정답/ ④

11 적시 생산시스템(JIT) 구성요소에 해당하지 않는 것은? (경영지도사, 17 및 가맹거래사, 16, 08)

① 간판방식 ② 대로트 생산 ③ 생산의 평준화
④ 다기능작업 ⑤ 준비시간 최소화

/정답/ ②

JIT는 소규모 로트 생산이 특징이다.

12 적시 생산시스템(JIT)에 관한 설명으로 <u>옳지 않은</u> 것은? (경영지도사, 15)

① 유럽의 자동차회사에서부터 시작되었음
② 공간 절약을 통해 비용을 절감하고자 함
③ 재고를 최소화하고자 함
④ 이 시스템은 대량의 반복 생산체제에 적합함
⑤ 유통망의 장애를 고려하지 않는다는 단점이 존재

/정답/ ①

JIT 시스템은 일본의 도요타 자동차에서부터 시작되었다.

13 JIT(just in time) 구매방식의 특징이 <u>아닌</u> 것은? (가맹거래사, 17)

① 소량 구매
② 소수의 협력업체
③ 품질과 적정가격에 의한 장기계약
④ 구매에 관한 문서의 최소화
⑤ 적은 납품 횟수

/정답/ ⑤

대량으로 한꺼번에 자재 및 물품을 납품받지 않고 필요할 때에, 필요한 만큼 납품받기 때문에 납품 횟수가 대량으로 한꺼번에 납품할 때보다 많아진다.

14 적시 생산계획(Just In Time : JIT)에 관한 설명으로 <u>옳지 않은</u> 것은? (가맹거래사, 09)

① 적시에 적량의 필요한 부품을 생산에 공급하도록 하는 생산·재고관리 시스템이다.
② 계획생산을 통해 재고부족이나 주문지연을 방지하는 푸시 시스템(push system)이 적용된다.
③ 생산허가와 자재이동을 위한 방법으로 칸반시스템(kanban system)을 사용한다.
④ 생산 롯트의 축소(소롯트화)를 통해 재고의 낭비를 제거하고 생산을 평준화하려 한다.
⑤ 수요변동에 따라 생산시설과 작업자 수의 유연성이 요구되므로 다기능공이 필요하다.

/정답/ ②

15 적시생산시스템(JIT)이 지향하는 목표로 옳지 않은 것은? (경영지도사, 23)

① 제조 준비시간의 단축
② 충분한 재고의 확보
③ 리드타임의 단축
④ 자재취급 노력의 경감
⑤ 불량품의 최소화

/정답/ ②

16 다음 중 도요타 생산시스템에서 정의한 7가지 낭비유형에 해당하는 것을 모두 고른 것은? (노무사, 23)

> ㄱ. 과잉생산에 의한 낭비
> ㄴ. 대기시간으로 인한 낭비
> ㄷ. 재고로 인한 낭비
> ㄹ. 작업자 재교육으로 인한 낭비

① ㄱ, ㄴ
② ㄷ, ㄹ
③ ㄱ, ㄴ, ㄷ
④ ㄴ, ㄷ, ㄹ
⑤ ㄱ, ㄴ, ㄷ, ㄹ

/정답/ ③

• **도요타의 7가지 낭비**: ① 제작 초과(과다생산) 낭비 ② 손 대기(작업대기) 낭비 ③ 운반의 낭비 ④ 가공 그 자체의 낭비 ⑤ 재고의 낭비 ⑥ 동작의 낭비 ⑦ 불량을 만드는 낭비

17 JIT(just in time) 생산방식에서 제거대상으로 제시한 낭비에 해당하지 않는 것은? (가맹거래사, 23)

① 과잉생산에 의한 낭비
② 대기시간으로 인한 낭비
③ 수송으로 인한 낭비
④ 재고부족으로 인한 낭비
⑤ 제품불량에 의한 낭비

/정답/ ④

POINT 수요예측

1. 정량적 방법 : 시계열 분석법

(1) 시계열의 구성요소
- **추세변동** : 장기적·점진적 변동
- **계절변동** : 분기, 계절, 월, 일별 변동
- **순환변동** : 장기에 걸친 물결 같은 변동
- **우연변동**(불규칙 변동) : 불분명한 원인으로 인한 변동

(2) 시계열 예측방법 : 이동평균법
- 일정 기간의 수요를 평균함으로써 수요를 예측하는 방법
- **단순 이동평균법**
  가장 가까운 과거의 일정 기간에 해당하는 시계열의 평균값을 바로 다음 기간의 예측치로 사용하는 방법
  $Y_t = \dfrac{\sum Y_t - 1}{n}$ (n=기간 수)
- **가중 이동평균법**
  가까운 기간에 더 큰 가중치를 부여하여 예측하는 방법
  $Y_t = \sum W_{t-1} Y_{t-1}$ (W_{t-1}=기간(t-1)에 부여된 가중치)

(3) 시계열 예측방법 : 지수평활법
- 모든 시계열 자료를 사용하여 평균을 구하며, 시간의 흐름에 따라 최근 시계열에 더 많은 가중치를 부여하여 미래를 예측하는 방법
- **단순 지수평활법**
  $Y_t = Y_{t-1} + \alpha(Y_{t-1} - Y_{t-1})$ (당기 예측치=전기 예측치+α(전기 실제치-전기 예측치))
  "α=지수평활계수(0<α<1)" 또는 평활상수가 커질수록 최근의 자료가 더 많이 반영되어 수요변화에 더 민감하게 반응하고, 평활상수가 작아질수록 평활효과가 더 커짐

(4) 추세분석법
  시계열을 관통하는 추세선을 구한 다음 그 추세선 상에서 미래의 수요를 예측하는 방법

2. 인과관계 분석법 : 회귀방정식

수요에 영향을 주는 요인을 파악하여 수요와 요인의 관계를 나타내는 회귀식을 추정하여 수요를 예측하는 방법

3. 정성적 방법 : 질적 방법

- **델파이법** : 전문가 집단의 각 구성원에게 설문을 보내고 이에 대한 응답을 모아 요약정리한 후, 다시 전문가에게 보내는 과정을 반복함으로써 수요예측을 하는 방법
- **전문가패널법** : 전문가들이 한자리에 모여 의견을 자유롭게 교환하여 일치된 예측 결과를 얻는 기법
- **자료유추법** : 유사한 기존 제품의 과거 자료를 기초로 하여 예측하는 방법
- **패널동의법** : 개인보다는 집단의 의견이 더 나은 예측을 한다는 가정으로 경영자, 판매원, 소비자 등으로 패널을 구성하여 예측치를 구하는 방법
- **시장조사법** : 설문지, 인터뷰 등을 통하여 소비자의 의견을 조사하여 수요를 예측하는 방법

관련 문제

1 수요예측 방법 중 정성적(qualitative) 예측법이 아닌 것은?

(가맹거래사, 17 및 노무사, 12 및 가맹거래사, 11)

① 경영자 판단 ② 델파이법 ③ 회귀분석
④ 소비자조사법 ⑤ 판매원 의견종합법

/정답/ ③

회귀분석은 인과관계를 분석을 통한 예측기법이다.
노무사 12년도 기출문제는 '시계열 분석'을, 가맹거래사 11년도 기출문제는 '지수평활법'을 오답 지문으로 구성하여 출제되었다.

2 공급사슬계획에서 활용하는 정성적 수요예측기법을 모두 고른 것은?

(경영지도사, 23)

ㄱ. 선형회귀분석	ㄴ. 지수평활법
ㄷ. 시장조사	ㄹ. 패널동의법
ㅁ. 이동평균법	ㅂ. 델파이기법

① ㄱ, ㄴ, ㄷ ② ㄱ, ㄹ, ㅁ ③ ㄴ, ㄷ, ㅁ
④ ㄴ, ㅁ, ㅂ ⑤ ㄷ, ㄹ, ㅂ

/정답/ ⑤

3 생산관리에서 수요예측 방법 중 양적 기법(quantitative method)이 <u>아닌</u> 것은? (경영지도사, 20)

① 이동평균법(moving average)
② 델파이(Delphi) 기법
③ 지수평활법(exponential average)
④ 회귀모형(regression model)
⑤ 시계열분해법(decomposition of a time series)

/정답/ ②

4 다음 수요예측기법 중 시계열 분석기법이 <u>아닌</u> 것은? (가맹거래사, 14)

① 이동평균법 ② 지수평활법 ③ 추세분석법
④ 선도지표법 ⑤ 전기수요법

/정답/ ④

선도지표법은 인과형 예측기법에 해당된다.

5 다음 수요예측 기법 중 성격이 다른 것은? (가맹거래사, 08)

① 델파이기법(delphi method)
② 역사적 유추법(historical analogy)
③ 위원회방법(panel consensus)
④ 리이프사이클 유추법(life-cycle analogy)
⑤ 시계열분석방법(time series analysis)

/정답/ ⑤

①, ②, ③, ④는 정성적 기법이며, ⑤는 정량적 기법이다.

6 다음의 수요예측기법 중 시계열(time series) 예측기법에 해당하는 것을 모두 고른 것은? (노무사, 23)

| ㄱ. 이동평균법 | ㄴ. 지수평활법 | ㄷ. 델파이 기법 |

① ㄱ ② ㄴ ③ ㄱ, ㄴ
④ ㄴ, ㄷ ⑤ ㄱ, ㄴ, ㄷ

/정답/ ③

델파이 기법은 정성적 예측기법에 해당한다.

---

7 수요예측기법 중 인과형 예측기법(causal forecasting methods)에 해당하는 것은? (노무사, 19)

① 델파이법 ② 패널동의법 ③ 회귀분석법
④ 판매원 의견종합법 ⑤ 자료유추법

/정답/ ③

---

8 생산활동에서 수요예측기법에 관한 설명으로 옳은 것은? (가맹거래사, 20)

① 델파이법은 공개적으로 진행되며, 과반수로 결정하는 방법이다.
② 전문가패널법은 비공개적으로 진행되며, 만장일치제로 결정하는 방법이다.
③ 추세분석법, 자료유추법 등은 대표적 시계열 분석기법에 해당한다.
④ 가중 이동평균법은 단순 이동평균법에 비해 환경변화를 민감하게 반영하게 된다.
⑤ 지수평활법은 비교적 장기 자료만으로 수요예측이 가능한 정성적 기법이다.

/정답/ ④

① 델파이법은 전문가로 구성된 위원회가 익명으로 의견을 받고, 집단의 의견을 조정·통합·개선하는 기법이다.
② 전문가패널법은 전문가, 담당자, 소비자 등을 중심으로 모임을 구성하여 의견을 수렴하는 기법으로 공개적으로 진행된다.
③ 자료유추법은 정성적 예측방법에 해당한다.
⑤ 지수평활법과 이동평균법은 작업 일정과 재고 수준 관련 6개월 이내의 월별, 주별, 일별 예측을 하는 단기예측 기법이다.

9 시계열(time series) 분해법은 시계열변동을 4가지 구성요소로 분해하여 수요를 예측하는 방법이다. 4가지 구성요소에 해당하지 <u>않는</u> 것은?　　　　　　　　　　　　　　　　　　　　　(노무사, 13)

① 계절(seasonal) 변동　　② 추세(trend) 변동　　③ 불규칙(irregular) 변동
④ 순환(cyclical) 변동　　⑤ 인과(causal) 변동

/정답/ ⑤

---

10 시계열(time-series)분석기법은 시계열의 구성요소를 4가지로 정의한다. 구성요소에 해당하지 <u>않는</u> 것은?　　　　　　　　　　　　　　　　　　　　　　　　　　　　　　(가맹거래사, 11)

① 추세(trend)
② 회귀적 요인(regressional element)
③ 계절적 변동(seasonal variation)
④ 불규칙 변동(irregular variation)
⑤ 순환 요인(cyclical element)

/정답/ ②

회귀적 요인(regressional element)은 회귀분석기법의 구성요소이다.

---

11 수요예측기법 중 시계열(time-series)과 시계열 분석기법에 관한 설명으로 옳지 <u>않은</u> 것은?　　　　　　　　　　　　　　　　　　　　　　　　　　　　　　(가맹거래사, 12)

① 시계열은 특정 현상을 일정 시간 간격으로 관찰하여 얻어지는 일련의 관측치이다.
② 시계열 분석기법은 과거의 수요패턴이 미래에도 계속될 것이라는 가정하에 수요를 예측한다.
③ 대표적인 시계열 분석기법에는 이동평균법, 지수평활법, 추세분석법이 있다.
④ 시계열 분석기법은 수요패턴의 전환점이나 근본적 변화를 예측할 수 있다.
⑤ 시계열은 추세, 계절적 변동, 순환요인 및 불규칙변동과 같은 패턴을 가지고 있다.

/정답/ ④

시계열 분석기법은 과거의 수요패턴이 미래에도 계속될 것이라는 가정하에 수요를 예측하기 때문에 수요패턴의 변화를 예측하기는 어렵다.

12 최근 3개월 자료로 가중 이동평균법을 적용할 때, 5월의 예측생산량은? (단, 가중치는 0.5, 0.3, 0.2를 적용한다.)
(노무사, 17)

구 분	1월	2월	3월	4월
제품생산량(개)	90만	70만	90만	110만

① 87만개 ② 90만개 ③ 93만개 ④ 96만개 ⑤ 99만개

/정답/ ④

5월 예측치 = 110*0.5 + 90*0.3 + 70*0.2 = 55 + 27 + 14 = 96

---

13 ㈜한국의 연도별 제품 판매량은 다음과 같다. 과거 3년간의 데이터를 바탕으로 단순 이동평균법을 적용하였을 때 2020년도의 수요예측량은?
(노무사, 20)

연 도	판매량(개)
2014	2,260
2015	2,090
2016	2,110
2017	2,150
2018	2,310
2019	2,410

① 2,270 ② 2,280 ③ 2,290 ④ 2,300 ⑤ 2,310

/정답/ ③

$$\frac{2410 + 2310 + 2150}{3} = 2290$$

---

14 다음과 같은 과거의 자료를 근거로 3개월 단순 이동평균법에 의해 6차 연도의 예측치를 구하면 얼마인가?
(가맹거래사, 06)

연도	1차	2차	3차	4차	5차
수요	200	240	230	250	240

① 230 ② 240 ③ 250 ④ 260 ⑤ 270

/정답/ ②

$$\frac{230+250+240}{3}=240$$

15 A자동차 회사의 3월 판매예측치는 20,000대, 3월 판매실적치는 21,000대이며 지수평활계수는 0.3일 때, 지수평활법을 활용한 4월의 판매예측치는 얼마인가?   (경영지도사, 17)

① 20,000대 ② 20,100대 ③ 20,200대
④ 20,300대 ⑤ 20,400대

/정답/ ④

20000 + 0.3(21000 − 20000) = 20300

16 다음 자료를 이용하여 지수평활법에 의해 계산한 6월의 판매예측치는?   (가맹거래사, 16)

○ 5월 예측치	10,000대
○ 5월 실제치	11,000대
○ α(평활상수)	0.3

① 10,100대 ② 10,200대 ③ 10,300대
④ 10,400대 ⑤ 10,500대

/정답/ ③

10000 + 0.3(11000 − 10000) = 10300

17 지난달의 수요예측치가 300개이고, 실제 수요치가 250개로 나타났다. 평활계수가 0.1인 경우 단순 지수평활법을 이용하여 계산한 이번 달의 수요예측치는?   (경영지도사, 14)

① 280개 ② 285개 ③ 290개 ④ 295개 ⑤ 300개

/정답/ ④

$300 + 0.1(250 - 300) = 295$

18 지난달의 수요예측치가 200개, 실제 수요치가 220개, 그리고 평활계수 a가 0.2이다. 단순 지수평활법으로 산출한 이번 달의 수요예측치는 얼마인가? (가맹거래사, 08)

① 200개　　　　② 204개　　　　③ 206개
④ 214개　　　　⑤ 220개

/정답/ ②

$200 + 0.2(220 - 200) = 204$개

19 A제품의 지난달 수요예측치가 200개였는데, 지난달 실제 수요는 150개 였다. 평활상수가 0.3이라면, 단순지수평활법(simple exponential smoothing)에 의한 A제품의 이번 달 수요예측치는? (가맹거래사, 12)

① 165개　　　　② 175개　　　　③ 185개
④ 195개　　　　⑤ 215개

/정답/ ③

$200 + 0.3(150 - 200) = 185$

20 대리점의 4월 판매예측치는 1,000대, 4월 판매 실제치는 1,100대이다. 지수평활법에 의한 5월의 판매예측치가 1,030대인 경우 평활상수는? (가맹거래사, 18)

① 0.2　　　　② 0.3　　　　③ 0.4
④ 0.5　　　　⑤ 0.6

/정답/ ②

$1,000 + a(1,100-1,000) = 1,030$
$a = 0.3$

21 ㈜가맹의 지난달 A품목 예측 수요가 2,200개이고, 실제 수요가 2,100개로 나타났을 때, 지수평활법으로 이번 달 수요를 예측하니 2,180개가 되었다. 이때 사용한 지수 평활계수는? (가맹거래사, 22)

① 0.05　　② 0.1　　③ 0.15　　④ 0.2　　⑤ 0.25

/정답/ ④

2200 -100α =2180
20=100α
α=0.2

22 인과관계 예측기법으로 옳지 않은 것은? (경영지도사, 14)

① 회귀분석법   ② 계량경제모형   ③ 박스-젠킨스모형
④ 투입-산출모형   ⑤ 시뮬레이션모형

/정답/ ③

③ 박스-젠킨스 모형이란 시계열 자료들 간의 상관관계를 예측에 이용하는 방법으로, 자기회기요인과 이동평균요인으로 구성된다.
② 계량경제모형이란 각 경제변수에 수치를 부여해 정량화하고 각 변수 간에 관계를 설정한 후 경기예측모형을 만들어 경기를 예측하는 방법을 말한다.

23 다음 수요예측기법 중 인과형(causal) 모형에 속하는 것은? (가맹거래사, 10)

① 시계열분해법   ② 지수평활법   ③ 다중선형회귀분석
④ 이동평균법   ⑤ 추세분석법

/정답/ ③

다중선형회귀분석은 설명변수 X가 여러 개인 경우 요인 간의 관계를 설명하는 분석방법이다.

POINT 예측오차(Forecast Error)

1. 예측오차

(1) 개 념
- 실제값과 예측값의 차이
- 예측오차가 낮을수록(0에 가까울수록) 예측이 정확함을 의미함
- 수요패턴 중 하나를 무시하거나 정확하게 추정하지 못하였을 경우 발생

(2) 오차 종류
- **편향오차** : 지속적인 실수에 의해 발생
- **불규칙 오차** : 예측모형으로 설명할 수 없는 오차
- **확률적 오차** : 예측 불가능한 요인으로 인한 오차

2. 오차의 측정방법

(1) 예측의 치우침 내지 편의(bias) 또는 편량오차(bias error)

① **개 념**
- 예측치가 실제치에 비해 전반적으로 낮거나 높은 것으로, 예측편의가 낮을수록 예측이 정확함
- 구조적 오류에 의하거나, 계절적·주기적 패턴 등의 수요 패턴 중 하나를 무시하거나, 정확하게 추정하지 못하였을 경우 발생

② **누적 예측 오차**(cumulative forecast error: CFE, running sum of forecast: RSFE)
- 전체 예측 기간 동안 실제치와 예측치의 차이를 합친 값으로, 0에 가까울수록 예측 정확도가 높음
- CFE=$\sum$(실제치 – 예측치)

③ **평균예측오차**(mean forecast error: MFE)
- 일정 기간 동안 실제치와 예측치 차이의 평균을 의미하는 것으로, 0에 가까울수록 예측은 정확함
- MFE=$\dfrac{\sum(실제치 - 예측치)}{n}$

④ **평균오차**(mean error: ME)
- 각 기간의 오차를 모두 더하여 예측 기간의 수로 나눈 값으로, 편의(bias)라고도 함
- ME<0인 경우, 실제치보다 예측치가 더 큰 경우로 낙관적 예측을 의미하고, ME>0인 경우, 실제치보다 예측치가 더 작은 경우로 비관적 예측을 의미

⑤ **평균제곱(자승) 오차**(mean squared error: MSE)
- 각 기간의 오차의 제곱을 모두 합하여 예측 기간의 수로 나눈 값
- $\text{MSE} = \dfrac{\sum(\text{실제치} - \text{예측치})^2}{n}$

(2) **오차의 크기**(magnitude)

① **개 념**
- 실제치와 예측치의 차이인 오차의 크기

② **절대 평균오차**(mean absolute deviation: MAD)
- 실제치와 예측치 차이의 절대값을 합하여 예측 기간의 수로 나눈 값
- $\text{MAD} = \dfrac{\sum|\text{실제치} - \text{예측치}|}{n}$

③ **평균 절대 비율 오차 또는 절대 평균 백분율 오차**(mean absolute percent error: MAPE)
- 예측된 각 기간의 오차 절대치를 실제치로 나누어 퍼센트를 계산하고 예측 기간 수로 나눈 값
- 기간에 따라 수요의 크기가 크게 달라질 때 유용한 예측 오차의 측정 방법
- $\text{MAPE} = \dfrac{\sum \dfrac{|\text{실제치} - \text{예측치}|}{\text{실제치}} \times 100}{n}$

(3) **절대편차** : 예측치와 실제치와 차이

3. 예측오차 통제

(1) **개 념**
- 수요예측의 적정성 확인
- 실제치와 예측치의 시각적 비교를 통해 예측과정을 관리하는 예측오차 추적기법으로 추적지표와 관리도 존재

(2) **추적지표**(tracking signal: TS)
- 예측치의 평균이 일정한 진로를 유지하고 있는지를 나타내는 척도로, 예측의 정확도를 나타내주는 신호임
- $\text{TS} = \dfrac{CFE}{MAD}$
- 음수의 값이 나오는 경우 예측치가 실제치보다 큼을 의미하고, 양수의 값이 나오는 경우 예측치가 실제치보다 낮은 것을 의미

관련 문제

1 ㈜한국의 4개월간 제품 실제 수요량과 예측치가 다음과 같다고 할 때, 평균절대오차(MAD)는?

(노무사, 22)

월(t)	실제수요량(D_t)	예측치(F_t)
1월	200개	225개
2월	240개	220개
3월	300개	285개
4월	270개	290개

① 2.5 ② 10 ③ 20 ④ 412.5 ⑤ 1650

/정답/ ③

$$MAD = \frac{\sum_{t=1}^{n}|실제치 - 예측치|}{n} = \frac{25 + 20 + 15 + 20}{4} = 20$$

2 예측방법이 실제수요의 변화를 정확하게 예측하는지 판단하기 위해 관리한계를 활용하는 예측오차측정방법은?

(가맹거래사, 23)

① 추적지표(tracking signal)
② 평균자승오차(mean squared error)
③ 평균절대편차(mean absolute deviation)
④ 평균절대비율오차(mean absolute percentage error)
⑤ 평균오차(mean error)

/정답/ ①

POINT 생산계획 : 생산시스템의 운영

1. 총괄생산계획(aggregate production planning)

(1) 개 념

보통 2개월에서 1년까지의 중기 또는 중·단기 계획으로서 수요나 주문의 시간적·수량적 요건을 만족시킬 수 있도록 월별 생산시스템의 능력을 조정해 나가는 계획

(2) 총괄생산계획 시 고려사항
- **고용수준** : 고용 관련 비용, 해고 관련 비용 등
- **생산수준** : 유휴시간 발생, 초과근무수당 발생, 피로 누적으로 불량품 발생 등
- **재고수준** : 재고 유지비, 재고 부족비 등
- **하청수준** : 외부가공비, 운송비 등

2. 주일정계획(master production schedule : MPS)

총괄생산계획을 제품별·기간별로 분해하는 것이다. 개별제품이 언제 얼 만큼 만들어져야 하는지를 알 수 있어서 노동시간과 기계시간 및 무게와 용량단위 등으로 세분화시킨 생산계획

3. 자재소요계획(Material requirement planning : MRP)

(1) 개 념

주일정계획(MPS)에 따라 독립수요품의 조립에 필요한 자재나 주품(종속수요품)의 소요량 및 소요계획을 역산하여 자재조달 계획을 수립함으로써 종속수요품의 일정관리와 함께 효율적인 재고 통제관리를 하고자 하는 기법

(2) 구성요소
- **주일정계획**(MPS)
- **자재명세서**(bill of material : BOM) : 최종품목 한 단위를 생산하는데 필요한 원자재, 부품, 중간조립품, 조립품 등의 조립순서와 함께 요구되는 수량을 보여주는 파일
- **재고기록철**(inventory record : IR) : 부품별 현재 재고상태와 발주량 및 총 소요량 등을 정리한 문서

(3) 관련 개념
- **전사적 자원관리**(enterprise resource planning : ERP) : 구매와 생산관리, 물류, 판매, 회계 등의 기업 활동 전반에 걸친 업무를 통합한 기업 정보시스템
- **생산능력 소요계획**(capacity requirement planning : CRP) : 생산능력의 측면에서 MRP의 실행가능성을 검토하여 생산계획의 수정과 보완 여부를 판단하는 과정

관련 문제

1 변동적 수요에 효과적으로 대처하기 위해 생산자원을 효율적으로 분배하고 비용 최소화를 목적으로 장래 일정 기간의 생산율, 고용수준, 재고수준, 잔업 및 하청 등을 중심으로 수립하는 계획은?
(경영지도사, 17)

① 일정계획　　② 자재소요계획　　③ 총괄생산계획
④ 주일정계획　　⑤ 전략적 능력계획

/정답/ ③

---

2 계획기간 내에 변화하는 수요를 가장 경제적으로 충족시킬 수 있도록 기업이 보유한 생산능력의 범위 내에서 생산수준, 고용수준, 재고수준, 하청수준 등을 결정하는 것은?
(경영지도사, 14)

① 기준생산계획　　② 능력소요계획　　③ 총괄생산계획
④ 자재소요계획　　⑤ 생산일정계획

/정답/ ③

① 기준생산계획은 End Item 또는 중요 부품에 대한 생산계획(또는 구매계획)을 수립하는 활동을 말한다.
② 능력소요계획은 기업의 현실적인 생산능력을 맞추기 위하여 자재소요계획과 공정생산능력을 조화시켜 작업장의 시간대별 능력소요량을 예측하는 것을 말한다.

---

3 총괄생산계획에서 선택할 수 있는 공급능력의 대안으로 옳지 않은 것은?
(가맹거래사, 16)

① 노동력의 규모를 조정하는 전략
② 노동력의 이용률을 조정하는 전략
③ 재고수준을 조정하는 전략
④ 추후납품(back-order)을 통해 조정하는 전략
⑤ 하청(subcontracting)을 이용하는 전략

/정답/ ④

①은 고용수준, ②는 생산수준, ③은 재고수준, ⑤는 하청수준과 관련된다.

4 최종품목 또는 완제품의 주생산일정계획(master production schedule)을 기반으로 제품생산에 필요한 각종 원자재, 부품, 중간조립품의 주문량과 주문시기를 결정하는 재고관리 방법은? (노무사, 18)

① 자재소요계획(MRP)　② 적시(JIT) 생산시스템　③ 린(lean) 생산
④ 공급사슬관리(SCM)　⑤ 칸반(khanban) 시스템

/정답/ ①

5 생산 수량과 일정을 토대로 필요한 자재조달 계획을 수립하는 관리시스템은? (노무사, 17)

① CIM　② FMS　③ MRP　④ SCM　⑤ TQM

/정답/ ③

6 다음은 어떤 생산시스템에 관한 설명인가? (경영지도사, 16)

> ○ 원재료·부품·반제품 등과 같은 종속적 수요의 재고에 대한 주문 및 생산계획을 처리하도록 만들어진 정보시스템
> ○ 재고관리, 일정계획과 통제의 두 가지 기능을 동시에 수행하는 기법

① 공급사슬관리(SCM)　② 자재소요계획(MRP)　③ 적시생산시스템(JIT)
④ 컴퓨터통합생산(CIM)　⑤ 유연제조시스템(FMS)

/정답/ ②

7 자재소요계획(MRP)을 효과적으로 수립하고 원활히 실행하기 위해서 직접적으로 필요한 정보가 아닌 것은? (경영지도사, 18)

① 총괄생산계획(aggregate production planning)
② 자재명세서(bill of materials)
③ 재고기록철(inventory record file)
④ 자재조달기간(lead time)
⑤ 주일정계획(master production scheduling)

/정답/ ①
총괄생산계획은 간접적으로 필요한 정보는 될 수 있을 것이다.

8 자재소요계획(MRP)의 입력자료를 모두 고른 것은? (가맹거래사, 23)

> ㄱ. 주일정계획(MPS)　　　ㄴ. 자재명세서(BOM)
> ㄷ. 재고기록철　　　　　　ㄹ. 발주계획 보고서
> ㅁ. 예외 보고

① ㄱ, ㄴ, ㄷ　　② ㄱ, ㄴ, ㄹ　　③ ㄱ, ㄷ, ㅁ
④ ㄴ, ㄹ, ㅁ　　⑤ ㄷ, ㄹ, ㅁ

/정답/ ①

MRP의 구성요소는 **주일정계획**(MPS), **자재명세서**(bill of material : BOM), **재고기록철**(inventory record : IR)이다.

9 JIT 및 MRP 시스템에 관한 설명으로 옳은 것은? (가맹거래사, 20)

① JIT는 재고를 자산으로 인식한다.
② JIT는 계획추진시스템이다.
③ MRP의 관리목표는 재고의 최소화이다.
④ JIT는 생산준비시간과 로트크기를 최소화하고자 한다.
⑤ MRP는 무결점을 지향한다.

/정답/ ④

구 분	JIT	MRP
목 표	낭비의 제거	계획의 수행
시스템	풀(pull) 시스템	푸쉬(push) 시스템
관리방식	눈으로 보는 관리(칸반 이용)	컴퓨터로 처리
생산계획	안정된 MPS	변경이 잦은 MPS
재 고	부채	자산
재고수준	최소한의 재고	조달기간 중의 재고 인정
로트크기	즉시 필요한 양의 크기	일정계획에 의거한 경제적 로트
조달기간	짧게 유지	길수록 좋음
생산준비시간	최소	무관심
품 질	무결점	불량품 인정
적용분야	반복생산	비반복생산

10 MRP(material requirements planning) 시스템의 3대 입력자료 중 하나로 최종제품으로부터 시작하여 각 상위품목을 한 단위 생산하는데 필요한 자재명과 소요량을 보여 주는 것은? (가맹거래사, 12)

① 주일정계획(master production schedule)
② 재고기록철(inventory records file)
③ 생선뼈 다이어그램(fishbone diagram)
④ 공급사슬(supply chain)
⑤ 자재명세서(bill of materials)

/정답/ ⑤

11 반제품에 대한 수요패턴 및 재고통제에 관한 설명으로 옳은 것은? (경영지도사, 22)

① 독립적인 재고수요를 따른다.
② 경제적 주문량에 따라 주문을 하여 재고를 통제한다.
③ 자재소요계획을 이용한 단위주문량에 의해 재고를 통제한다.
④ 수요를 파악하기 위해 정교한 예측 기법을 사용한다.
⑤ 수요의 발생 원천이 회사의 통제권 밖에 있기 때문에 기업에서 관리하는 것은 불가능하다.

/정답/ ③

①②④⑤는 완제품에 대한 수요패턴 및 재고통제에 관한 설명에 해당한다.
반제품은 중간생산품을 말하므로 자재소요계획을 통해 수요패턴 파악 및 재고통제가 가능하다.

12 최종제품 V의 자재명세서(BOM)가 아래의 그림과 같을 경우, 제품 V를 100개 생산하는데 소요되는 부품 Z의 소요량은?   (가맹거래사, 11)

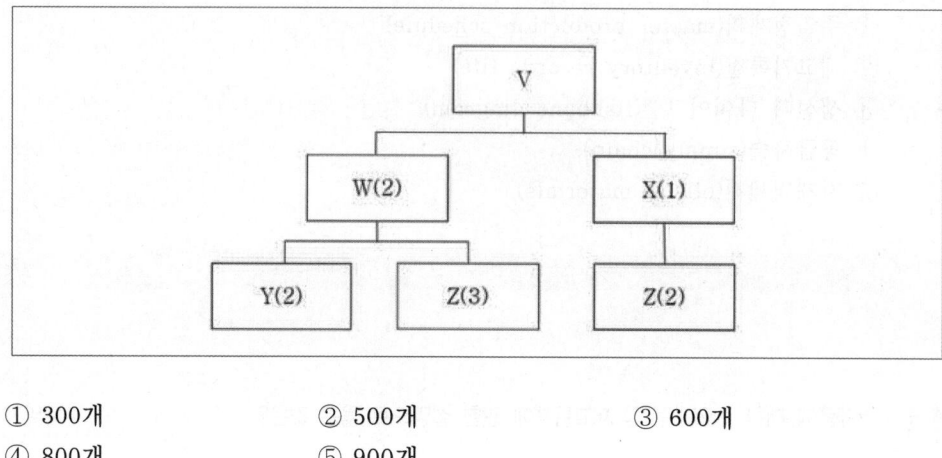

① 300개　　　　　　② 500개　　　　　　③ 600개
④ 800개　　　　　　⑤ 900개

/정답/ ④

상기 그림에서 V 1개 생산을 위해서 W가 2개 필요하고, X가 1개 필요하며, W 2개는 Y 2개 Z 3개가 필요하며, X 1개는 Z 2개가 필요하다.
따라서, 문제에서 V 100개 생산에 필요한 Z 부품 수량은
[W(2) × Z(3) + X(1) × Z(2)] × 100개 = 800개

13 최종제품 A의 자재명세서(BOM)는 아래의 그림과 같다. A를 100단위 생산하는데 소요되는 부품 E의 양은?   (가맹거래사, 10)

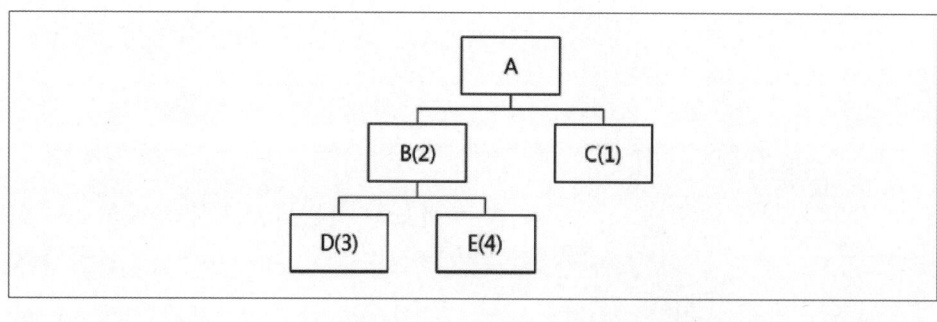

① 100단위　　　　　② 200단위　　　　　③ 400단위
④ 600단위　　　　　⑤ 800단위

/정답/ ⑤

자재명세서는 제품 1개를 생산하는데 필요한 부품들을 도식화한 명세서를 말한다. 상기 그림에서 A 1개 생산을 위해서 B가 2개 필요하고, C가 1개 필요하며, B 2개는 D 3개 E 4개가 필요하다.
따라서, 문제에서 A 100개 생산에 필요한 E 부품 수량은 B(2)×E(4)×100개 = 800개가 필요하다.

14 제품 A를 1개 만들기 위해서는 2개의 부품 B와 3개의 부품 C가 필요하다. 그리고 1개의 부품 B에는 1개의 부품 D와 2개의 부품 E가 필요하며, 1개의 부품 C에는 3개의 부품 D와 1개의 부품 E가 필요하다. 제품 A를 100개 생산하기 위해 필요한 부품 D와 부품 E의 수량은? (가맹거래사, 21)

① D : 800개, E : 500개　　② D : 800개, E : 600개
③ D : 1,000개, E : 600개　　④ D : 1,100개, E : 700개
⑤ D : 1,300개, E : 800개

/정답/ ④

```
            A
          ┌─┴─┐
        B(2)  C(3)
        ┌┴┐   ┌┴┐
      D(1) E(2) D(3) E(1)
```

필요한 D의 개수 = B(2)×D(1)×100 + C(3)×D(3)×100 = 1100개
필요한 E의 개수 = B(2)×E(2)×100 + C(3)×E(1)×100 = 700개

POINT 작업일정계획(operation scheduling)

1. 개념
작업이 직접적으로 이루어지는 생산라인, 기계, 작업장에서의 생산일정을 구체적으로 계획하는 과정

2. 작업순서의 결정

(1) 하나의 작업장인 경우

선착순에 따라, 최소작업시간에 따라, 최소 납기일부터, 최소 여유시간부터, 최소 긴급률 ($\frac{납기일}{작업처리시간}$) 부터 작업

(2) 두 개의 작업장인 경우: 존슨법(Johnson's rule) 적용
- **선(先)작업장의 경우** : 작업시간이 짧은 작업부터 순서대로 배치
- **후(後)작업장의 경우** : 작업시간이 짧은 작업을 마지막부터 배치
- 남아있는 작업에 대해서도 위 과정을 반복하여 작업순서를 정함

관련 문제

1 작업 우선순위를 결정하기 위한 규칙에 관한 설명으로 옳지 않은 것은? (가맹거래사, 21)

① 최소작업시간(SPT) : 작업시간이 짧은 순서대로 처리
② 최소여유시간(STR) : 납기일까지 남은 시간이 작은 순서대로 처리
③ 최소납기일(EDD) : 납기일이 빠른 순서대로 처리
④ 선입선출(FCFS) : 먼저 도착한 순서대로 처리
⑤ 후입선출(LCFS) : 늦게 도착한 순서대로 처리

/정답/ ②
여유시간이란 남아있는 납기 일수와 작업을 완료하는데 소요되는 일수와의 차이를 말한다. 이 여유시간이 짧은 것부터 처리하는 것이 최소여유시간의 규칙이다.

2 존슨의 규칙(Johnson's Rule)은 모든 작업이 동일한 순서로 2개의 작업장을 거치는 경우에 최종작업이 두 번째 작업장에서 완료되는 시간, 즉 모든 작업이 끝나는 총완료시간(makespan)이 최소가 되도록 작업순서를 결정하는 방법이다. 존슨의 규칙에서 사용하는 작업의 우선순위 규칙은?

(가맹거래사, 14)

① 선착순규칙(first-come, first-served)
② 최소납기일규칙(earliest due date)
③ 최단처리시간규칙(shortest processing time)
④ 최소여유시간규칙(slack time remaining)
⑤ 긴급률규칙(critical ratio)

/정답/ ③

총 완료시간을 최소로 하기 위해서는 처리시간이 작은 순서로 작업을 하게 되는 최단처리시간규칙을 따르는 게 바람직하다.

3 5개 작업이 동일한 순서(기계1 → 기계2)로 두 대의 기계에서 처리되는 경우, 존슨의 규칙(Johnson's rule)을 적용하여 모든 작업의 완료시간을 최소화할 수 있는 작업순서는?

(가맹거래사, 23)

작 업	작업시간	
	기계1	기계2
A	3	5
B	4	2
C	6	4
D	6	6
E	5	7

① A - B - C - D - E
② A - B - E - C - D
③ A - E - D - C - B
④ B - A - C - E - D
⑤ B - C - A - D - E

/정답/ ③

- **기계1** : 선(先)작업장이므로 작업시간이 짧은 작업부터 순서대로 배치
- **기계2** : 후(後)작업장이므로 작업시간이 짧은 작업을 마지막부터 배치

∴ A-E-D-C-B

POINT 생산시스템의 통제

1. PERT(project evaluation and review technique)**/CPM**(critical path method)

(1) 개 념
- 프로젝트 관리에 활용되는 기법
- 프로젝트란 일정기간 내에 최소의 비용으로 완료하고자 하는 일련의 관련 활동들의 집합

(2) **주경로**(critical path) **찾기**
- 주경로란 프로젝트를 완성하는데 가장 긴 작업시간이 소요되는 경로
- 동일 프로젝트에는 다양한 주공정이 존재하는데, 가장 오랜 시간이 소요되는 주공정을 찾고 이 경로가 지체되지 않도록 관리하는 것이 본 기법의 목적임

(3) **활동소요시간** : $\frac{a+4m+b}{6}$
- **낙관적 시간**(optimistic time, a로 표시) : 모든 상황이 순조롭게 진행될 때 걸릴 최단 시간
- **최빈시간**(most likely time, m으로 표시) : 정상조건에서 가장 많이 나타날 활동시간, 분포의 최빈값(mode)에 해당하는 시간
- **비관적 시간**(pessimistic time, b로 표시) : 가장 불리한 상황이 전개될 때 걸릴 최장 시간

(4) **활동여유시간**(slack time)
- 전체 프로젝트를 지연시키지 않는 범위 내에서 활동이 지연될 수 있는 최대의 시간으로서 주경로에 대해서는 여유시간이 존재하지 않음
- **가장 빠른 착수 시간**(ES : earliest start time) : 직전 선행활동의 가장 빠른 완료시간으로 직전 선행활동이 여러 개이면 선행활동의 가장 빠른 완료시간 중에서 가장 늦은 것과 동일
- **가장 빠른 완료 시간**(EF : earliest finish time) = 가장 빠른 착수 시간(ES) + 예상소요시간(t)
- **가장 늦은 착수 시간**(LS : latest start time) = 가장 늦은 완료 시간(LS)-예상소요시간(t)
- **가장 늦은 완료 시간**(LF : latest finish time) : 직후 활동의 가장 늦은 착수시간과 같고, 직후 활동이 여러 개이면 직후 활동들의 가장 늦은 착수 시간 중에서 가장 빠른 것과 동일

2. 제약이론 -골드렛(Goldratt)

(1) 개 요
- 조직의 목표를 달성하는 데 제약이 되는 요인을 찾아 집중적으로 개선하는 프로세스 중심의 경영혁신 기법
- 공장 전체의 실제 생산능력은 병목공정에 의해 결정되는 것이기 때문에 이 병목지점을 선별해서 버퍼를 설치하여 공정 전체의 효율성을 향상시킬 수 있다는 것

(2) **병목공정 통제방법 – 드럼 – 버퍼 – 로프 시스템**(DBR)
- 각 단계 간 생산흐름이 균형을 이루고 재고가 최소로 유지되도록 생산활동을 조정하는 메커니즘
- **드럼** : 병목공정
- **버퍼** : 병목공정 전후의 공정이 쉼 없이 지속되도록 여유자원 및 용량을 축적하여 시간완충역할 수행
- **로프** : 병목공정의 처리 속도에 맞추어 비병목공정 및 자재발주의 속도를 연계시키는 것

관련 문제

1 수학적 모델을 기초로 선형계획법과 같은 계량적 방법을 이용하여 조직 내 문제를 해결하고자 하는 경영이론은? (경영지도사, 22)

① 시스템이론　　② 상황이론　　③ XY이론
④ Z이론　　⑤ 경영과학이론

/정답/ ⑤

2 계량경영학의 주요 기법으로 옳지 않은 것은? (경영지도사, 14)

① 재고모형　　② 대기이론　　③ 시뮬레이션
④ 선형계획법　　⑤ 과학적 관리법

/정답/ ⑤

계량경영학 또는 경영과학은 불확실한 경영환경 하에서 최적의 의사결정을 하기 위하여 수학적 모형이나 통계적 모형을 활용하는 기법이다.
이는 생산계획, 판매 계획 등 다양한 경영계획에 대해 가장 효율적인 해법을 도출하기 위한 기법으로, 대기이론, 선형계획법, 시뮬레이션, 재고모형 등이 이에 해당한다.
과학적 관리법은 공장내부 관리방법이다.

3 다음 분석 기법을 설명하는 용어는? (경영지도사, 19)

> ○ 프로젝트 내 각 활동들의 시간 추정에 확률적 모형을 사용하며, 단계보다 활동을 중심으로 하는 시스템
> ○ 프로젝트 완료를 위한 활동순서를 표시하고, 각 활동과 관련하여 시간과 비용을 나타내는 흐름도표

① Markov chain analysis
② Gantt chart
③ LP(linear programming)
④ PERT(program evaluation & review technique)
⑤ VE(value engineering)

해석 ④

4 다음은 제조공정의 리드타임을 구성하는 요소들을 정리해 놓은 것이다. 이 중 바르게 설명한 것은? (가맹거래사, 07)

① 생산준비시간은 리드타임 중 차지하는 비율이 가장 높은 요소로서 평균적으로 충분한 능력을 가지더라도 작업량이 심하게 변동하면 그 값은 커진다.
② 설비의 배치가 제품별로 되어 있으면 공정별로 배치되어 있을 때보다 대기시간이 증가한다.
③ 생산준비작업에 긴 시간이 소요되면 제조공정의 신축성을 떨어뜨리고 재공품 재고를 증가시킨다.
④ 셀이나 흐름라인을 도입하면 부품주문 소요시간을 줄일 수 있다.
⑤ 리드타임의 축소가 제품원가의 절감으로 이어지지는 않는다.

/정답/ ③
① 평균적으로 충분한 능력을 갖췄다면 작업량이 심하게 변동하여도 그 값은 일정하다.
② 제품별 배치는 공정별 배치보다 대기시간이 적다.
④ 셀이나 흐름라인의 도입은 부품주문 소요시간과 관련이 없다.
⑤ 리드타임의 축소는 제품원가의 절감으로 이어진다.

5 아래 프로젝트에서 주공정(critical path)에 속하지 <u>않는</u> 작업은? (가맹거래사, 10)

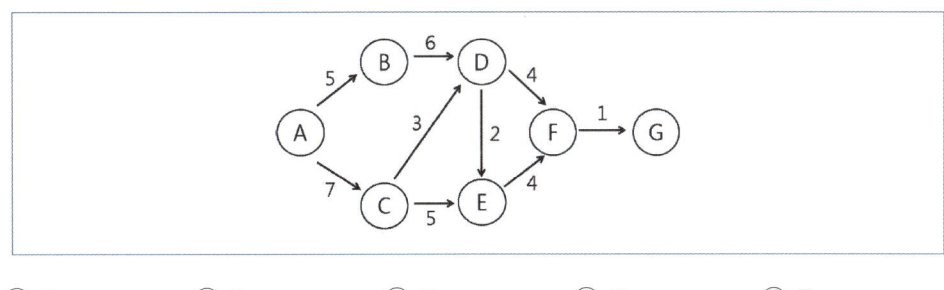

① B   ② C   ③ D   ④ E   ⑤ F

/정답/ ②

주공정은 공정소요시간이 가장 긴 공정을 말한다.
상기 문제에서 주공정은 A(5) → B(6) → D(2) → E(4) → F(1) → G 18시간이 걸리는 공정이 가장 긴 공정이고 C는 주공정이 아니다.

6 다음 프로젝트의 주공정(결정적 경로 : critical path)을 찾으면? (가맹거래사, 08)

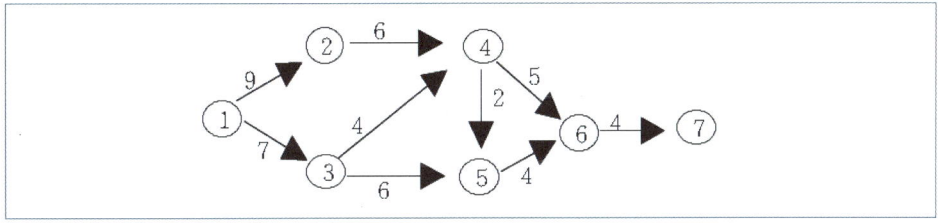

① ① → ② → ④ → ⑥ → ⑦
② ① → ③ → ④ → ⑥ → ⑦
③ ① → ② → ④ → ⑤ → ⑥ → ⑦
④ ① → ③ → ④ → ⑤ → ⑥ → ⑦
⑤ ① → ③ → ⑤ → ⑥ → ⑦

/정답/ ③

주경로는 총 작업시간이 가장 긴 경로를 말한다. ③으로 연결된 경로의 총 작업시간이 25시간으로 가장 길다.

7 PERT/CPM의 확률적 모형에서 각 활동시간은 낙관적 시간, 비관적 시간, 최빈시간의 3가지로 추정한다. 또한, 각 활동시간은 베타분포(beta distribution)를 따른다고 가정한다. 활동 K의 낙관적 시간이 3일, 비관적 시간이 11일, 최빈시간이 7일이라고 추정될 경우에, 활동 K의 완료에 소요되는 시간의 기대치는 며칠인가? (가맹거래사, 11)

① 4일 ② 5일 ③ 6일
④ 7일 ⑤ 8일

/정답/ ④

$$예측소요시간 = \frac{낙관적시간 + 4 \times 최빈시간 + 비관적시간}{6}$$
$$= \frac{3 + 4 \times 7 + 11}{6} = 7일$$

8 활동 A의 활동시간에 대한 낙관적 시간이 5일, 비관적 시간이 27일, 최빈시간이 7일로 추정되는 경우에 PERT/CPM의 확률적 모형에 따른 활동 A의 활동시간에 대한 기대치는? (단, 각 활동시간은 베타분포에 따른다.) (가맹거래사, 14)

① 7일 ② 9일 ③ 10일
④ 13일 ⑤ 15일

/정답/ ③

$$\frac{5 + 7 \times 4 + 27}{6} = 10$$

9 다음 중 제약이론(Theory of Constraint)에 관한 설명인 것은? (가맹거래사, 07)

① 비병목공정의 가동률은 시스템 내의 투입물의 속도에 의해 결정된다.
② 병목공정에서 1시간을 상실했다면, 이는 곧 생산시스템 전체에서 1시간을 상실한 것이다.
③ 생산시스템의 산출률과 재고는 최종 작업공정에 의해 결정된다.
④ 모든 공정에서 골고루 작업처리 시간을 줄여야 한다.
⑤ 생산시스템의 산출률과 재고는 생산능력이 가장 큰 비병목 작업공정에 의해 결정된다.

/정답/ ②

|제2절| 재고관리

> **POINT 재고관리**
>
> **1. 재고의 유형**
> - **안전재고**(safety stock) : 불확실한 수요에 대처하기 위한 재고로서 완충재고 또는 비축재고라고도 함
> - **예상재고**(예비재고, anticipation stock) : 계절적 수요와 같이 불규칙한 수요를 예상해서 제품이나 자재를 비축하는 것
> - **수송재고**(pipe line stock) : 물품대금은 지급하였으나 아직 회사 창고에는 입고되지 않은 상태로 수송 중인 상태의 재고
> - **주기재고**(cycle stock) : 생산준비비용이나 주문비용을 줄이기 위해 주문기간 당 평균재고량을 보유하는 경우, 즉 경제성을 위해 필요 이상 구입하거나 생산하여 남은 재고
>
> **2. 재고관련 비용**
> - **재고 유지비**(carrying cost) : 재고를 물품창고에 보관하는데 소요되는 비용으로 재고관련 자본비용, 저장비, 진부화 및 파손비 등이 해당
> - **재고 주문비**(ordering cost) : 재고보충을 하거나 신규로 주문할 때 소요되는 비용으로 입고비용, 입하품의 검사비, 거래선 및 가격조사비용 등이 해당
> - **생산 준비비**(set up cost) : 생산라인을 set-up하는데 소요되는 비용으로 set-up 관련 노무비용, 유휴시간 비용, 종업원의 재배치 비용 등이 해당
> - **재고 부족비**(shortage cost) : 재고가 부족하여 발생하는 비용으로 판매기회 상실, 고객의 신뢰 하락 등이 해당

□ 관련 문제

1 재고유형과 이에 관한 설명이 다음과 같을 때, (A), (B), (C)의 내용으로 옳은 것은?

(가맹거래사, 19)

재고유형	설 명
파이프라인 재고	공장, 유통센터, 고객 간에 이동 중인 재고
(A)	경제성을 위해 필요 이상 구입하거나 생산하여 남은 재고
(B)	수요나 생산의 불확실성에 대비하여 보유하는 재고
(C)	향후 급격한 수요증가에 대비하여 사전에 확보한 재고

① A : 주기재고, B : 안전재고, C : 예비재고
② A : 주기재고, B : 대응재고, C : 예비재고
③ A : 주기재고, B : 예비재고, C : 수요재고
④ A : 필요재고, B : 안전재고, C : 예비재고
⑤ A : 필요재고, B : 예비재고, C : 대응재고

해석 ①

2 다음 중 재고의 필요성으로 옳지 않은 것은? (가맹거래사, 07)

① 재고는 투입물을 항상 보유하여 경제적 생산량을 보장하여 줌으로써 연속적 생산을 촉진시킬 수 있다.
② 재고는 한 공정의 중단이 전체 공정에 영향을 주지 않도록 계속되는 공정 사이의 충격을 흡수한다.
③ 재고는 생산활동을 평준화시키고 고용을 안정화시킨다.
④ 재고는 장기적이고 안정적인 수요에 적절히 대비할 수 있도록 해준다.
⑤ 재고는 경제적 로트의 크기와 수량 할인을 얻을 수 있도록 도와준다.

/정답/ ④

재고는 단기적이고 불규칙한 수요에 대비할 수 있도록 돕는 역할을 한다.

3 다음 중 재고부족시 발생할 수 있는 비용에 해당하지 않는 것은? (가맹거래사, 07)

① 회사브랜드 가치 하락 비용 ② 생산독촉비용
③ 보험료 ④ 납품지연비용
⑤ 기회손실비용

/정답/ ③

보험료는 재고를 보유하고 있을 때 발생하는 재고유지비용이다.

POINT 재고관리 모형

1. 고정주문량 모형(Q-system)과 정기주문 모형(P-system)
- **고정주문량 모형**(Q-system) : 바람직한 재고상태 수준인 재주문점을 정해놓고 재고상태가 이보다 낮아지는 순간 고정량(Q)을 주문하는 경우
- **정기주문 모형**(P-system) : 주문주기는 일정하지만 주문량은 매번 변동하는 경우로, 주문시점에 주문량을 정하기 위하여 재고수준의 정기실사가 필요한 경우

2. 양자 특징

	Q-system	P-system
주문량	정량	부정량
주문시점	부정기적	정기적
재고조사	계속실사, 조사비용이 많이 소요	정기실사, 상대적으로 적은 조사비용
적용품목	• 단위당 가격이 비싼 품목 • 수요변동이 작은 품목	• 단위당 가격이 저렴한 품목 • 수요변동이 크고 동일 공급업자로부터 대량 공급받는 품목

☐ 관련 문제

1 고정주문량모형(Q-모형)과 고정기간모형(P-모형)을 비교한 설명으로 옳지 않은 것은? (가맹거래사, 23)

① Q-모형은 주문량이 일정하고, P-모형은 주문량이 변동한다.
② Q-모형은 재고량이 재주문점에 이를 때 주문하고, P-모형은 정기적으로 주문한다.
③ Q-모형은 반입·반출 시 재고량을 파악하고, P-모형은 점검시기에 재고량을 파악한다.
④ Q-모형의 재고량이 P-모형의 재고량보다 상대적으로 많다.
⑤ Q-모형은 고가이고 중요한 품목에 활용되고, P-모형은 저가 품목에 활용된다.

/정답/ ④
Q-모형은 주문할 때마다 주문량이 동일하여 수요변동이 적은 품목의 재고관리에 사용되지만, P-모형은 주문량이 변동되어 수요변동이 크거나 동일 공급업자로부터 대량공급을 받는 경우에 사용된다.

2 수요와 리드타임이 일정하다면 재주문점은? (단, 연간 수요의 작업 일수는 250일이다.)

(가맹거래사, 22)

○ 연간 수요: 10,000개 ○ 1회당 주문비용: 50,000원
○ 단위당 연간 재고 비용: 1,250원 ○ 리드타임: 7일
○ 제품단가: 150원

① 40개   ② 220개   ③ 280개   ④ 894개   ⑤ 6,258개

/정답/ ③

재주문점 = 일간 소요량 * 리드타임
일간 소요량 = 연간수요/작업일수
∴ 일간 소요량 = 10,000/250 = 40
  재주문점 = 40 * 7 = 280

POINT 재고관리모형 – 경제적 주문량(economic order quantity : EOQ) 모델

1. 가 정

ⅰ) 단일품목을 대상으로 하고 해당 품목의 수요율이 일정하여 연간수요량이 확실함

ⅱ) 로트크기에 제한이 없고 수량 할인은 인정되지 않음

ⅲ) 관련된 비용은 재고유지비용과 고정비용(주문비용이나 가동준비비용)밖에 없음

ⅳ) 재고조달기간과 단위 기간당 재고사용량 및 1회 주문비용이 일정함

2. 계산방법

- 최적주문량 계산 방법

$$EOQ = \sqrt{\frac{2DO}{C}}$$

(Q=최적주문량, C=단위당 연간 재고유지비용, D=연간수요량, O=1회 주문비용)

- 총재고비용 계산 방법

$$TC = C \times \frac{Q}{2} + O \times \frac{D}{Q}$$

(평균재고=$\frac{Q}{2}$, 주문횟수=$\frac{D}{Q}$, 재고유지비=$C \times \frac{Q}{2}$, 재고주문비=$O \times \frac{D}{Q}$)

관련 문제

1 재고관리에 관한 설명으로 옳지 않은 것은? (가맹거래사, 19)

① 동일 공급자로부터 여러 품목을 납품받는 경우에 고정주문간격모형이 많이 사용된다.
② 다른 조건이 일정할 때 연간 수요가 증가하면 경제적 주문량은 감소한다.
③ 고정주문간격모형은 주문할 때마다 주문량이 일정하지 않을 수 있다.
④ 고정주문량모형은 재고수준이 재주문점에 도달하면 주문하고, 고정주문간격모형은 정해진 시기에 주문한다.
⑤ 고정주문량모형은 주문할 때마다 주문량이 동일하다.

해석 ②

2 해리스(F.W. Harris)가 제시한 EOQ(경제적 주문량) 모형의 가정으로 옳은 것은? (노무사, 16)

① 단일품목만을 대상으로 한다.
② 조달기간은 분기 단위로 변동한다.
③ 수량할인이 적용된다.
④ 연간수요량은 알 수 없다.
⑤ 주문비용은 주문량에 정비례한다.

/정답/ ①

② 조달기간은 일정하다
③ 수량할인은 인정되지 않는다.
④ 연간수요량이 확실하다.
⑤ 주문비용은 고정된다.

3 경제적 주문량(EOQ) 모형을 도출하기 위한 가정이 아닌 것은? (가맹거래사, 13)

① 재고조달기간은 일정하다.
② 단위 기간당 재고사용량이 일정하다.
③ 연간수요량이 알려져 있다.
④ 수량 할인이 인정되지 않는다.
⑤ 1회 주문비용은 주문량에 비례하여 커진다.

/정답/ ⑤
경제적 주문량(EOQ)모형에서는 1회 주문비용은 주문량의 크기와 관계없이 일정함을 가정하고 있다.

4 확정적 정기주문모형인 경제적 주문량 모형(economic order quantity : EOQ)에서 경제적 주문량은 다음의 산식으로 구한다.

$$EOQ = \sqrt{\frac{2(ㄴ)(ㄷ)}{(ㄱ)}}$$

여기에서 (ㄱ), (ㄴ), (ㄷ)에 해당하는 변수를 바르게 나열한 것은? (가맹거래사, 12)

	(ㄱ)	(ㄴ)	(ㄷ)
①	1회 주문비용	연간 단위당 재고유지비용	연간 수요
②	연간 수요	단위당 구입가격	연간 단위당 재고유지비용
③	연간 단위당 재고유지비용	단위당 구입가격	1회 주문비용
④	연간 단위당 재고유지비용	연간 수요	1회 주문비용
⑤	1회 주문비용	단위당 구입가격	연간 단위당 재고유지비용

/정답/ ④

5 제품 P의 연간 수요는 10,000개로 예상된다. 이 제품의 연간 재고유지비용이 단위당 100원이고, 주문 1회당 소요되는 주문비용은 200원이다. 이 경우 경제적 주문량(EOQ)는? (노무사, 10)

① 100 ② 150 ③ 200 ④ 250 ⑤ 300

/정답/ ③

$$Q = \sqrt{\frac{2 \times 10,000 \times 200}{100}} = 200$$

6 A기업은 1년간 400개의 부품을 사용한다. 부품가격은 개당 1,000원, 주문비용은 회당 10,000원, 단위당 연간 재고유지비용은 부품가격의 20%라면 이 부품의 경제적 주문량(EOQ)은? (노무사, 15)

① 100개 ② 150개 ③ 200개 ④ 250개 ⑤ 300개

/정답/ ③

$$Q = \sqrt{\frac{2 \times 400 \times 10,000}{1,000 \times 20\%}} = \sqrt{\frac{8,000,000}{200}} = 200$$

7 ㈜경지사의 연간 수요는 10,000단위, 회당 주문비용은 200원, 연간 단위당 재고유지비용은 400원일 경우 경제적 주문량(EOQ)은? (단, 주어진 조건 외에 다른 조건은 고려하지 않음) (경영지도사, 20)

① 100단위 ② 200단위 ③ 300단위 ④ 400단위 ⑤ 500단위

/정답/ ①

$$Q = \sqrt{\frac{2 \times 10000 \times 200}{400}} = 100$$

8 개당 10,000원에 판매되는 제품 A의 연간수요는 400개로 일정하게 발생하고 있으며, 1회 주문비용은 5,000원, 개당 연간 재고유지비용은 판매가격의 25% 정도로 추산하고 있다. 경제적 주문량(EOQ) 모형을 적용하여도 큰 무리가 없다고 가정할 때, 경제적 주문량은? (경영지도사, 15)

① 25개 ② 30개 ③ 35개 ④ 40개 ⑤ 50개

/정답/ ④

$$Q = \sqrt{\frac{2 \times 5,000 \times 400}{2,500}} = 40$$

9 어느 식료품점의 물품 P는 1년간 1,000개 팔릴 것으로 예상된다. 이 물품의 연간 재고유지비용이 단위당 100원이고, 주문 1회당 소요되는 주문비용은 2,000원이다. 이때의 경제적 주문량(EOQ)은 얼마인가? (가맹거래사, 06)

① 200 ② 150 ③ 50 ④ 250 ⑤ 400

/정답/ ①

$$Q = \sqrt{\frac{2 \times 2,000 \times 1,000}{100}} = 200$$

10 제품 P는 1년간 1,210개가 판매될 것으로 예측된다. 제품 P의 연간 재고유지비용은 개당 100원이고, 주문 1회당 소요되는 주문비용은 500원이다. 이 경우 제품 P의 경제적 주문량(EOQ)은 얼마인가? (가맹거래사, 09)

① 95개 ② 100개 ③ 105개 ④ 110개 ⑤ 120개

$$Q=\sqrt{\frac{2\times 500\times 1{,}210}{100}}=110$$

/정답/ ④

11 제품 X의 연간수요량이 10,000개, 1회당 주문비용이 10,000원, 단위당 재고유지비용이 50원이면 제품 X의 경제적 주문량(EOQ)은? (가맹거래사, 14)

① 500개   ② 1,000개   ③ 1,500개
④ 2,000개   ⑤ 2,500개

/정답/ ④

$$Q=\sqrt{\frac{2\times 10{,}000\times 10{,}000}{50}}=2{,}000$$

12 ㈜한국의 A부품에 대한 연간 수요는 4,000개이며, A부품 구입가격은 단위당 8,000원이다. 1회당 주문비용은 4,000원이고, 단위당 연간 재고유지비용은 구입가격의 10%일 때 A부품의 경제적 주문량(EOQ)은? (노무사, 19)

① 100개   ② 200개   ③ 300개   ④ 400개   ⑤ 600개

/정답/ ②

$$Q=\sqrt{\frac{2\times 4{,}000\times 4{,}000}{800}}=200 \text{ 이다.}$$

단위당 연간재고 유지비(C)가 A부품 구입가격의 10%이므로 800원이다.

13 ㈜경지사에서는 연중 일정하게 판매되고 있는 A제품에 대하여 해리스(F. W. Harris)의 경제적 주문량 모형을 활용하여 최적의 주문량을 결정하고 있다. 연간 수요는 2,000개이며, 1회 주문비용은 2500원, 개당 연간 재고유지비용은 250원으로 추산하고 있을 때의 평균재고수준은? (경영지도사, 18)

① 50개   ② 100개   ③ 150개   ④ 200개   ⑤ 250개

/정답/ ②

$$Q=\sqrt{\frac{2\times 2{,}000\times 2500}{250}}=200$$

평균재고수준 $=\dfrac{EOQ}{2}=100$

14 A 기업의 X 부품에 대한 연간 수요는 2,000개이다. X 부품의 1회 주문비용은 1,000원, 연간 단위당 재고 유지비용은 400원일 때 경제적 주문량 모형을 이용하여 1회 경제적 주문량과 이때의 연간 총비용을 구하면?
(노무사, 12)

① 50개, 20,000원 ② 50개, 40,000원
③ 100개, 20,000원 ④ 100개, 40,000원
⑤ 150개, 60,000원

/정답/ ④

$$Q = \sqrt{\frac{2 \times 2,000 \times 1,000}{400}} = 100$$

연간 총비용 = 연간재고 유지비용$(\frac{Q}{2} \times C)$ ×연간 주문비용$(\frac{D}{Q} \times O)$

연간 총비용 $TC = \frac{100}{2} \times 400 + \frac{2,000}{100} \times 1,000 = 40,000$

15 제품 A의 연간 수요는 10,000개로 예상된다. 이 제품의 연간 재고유지비용이 단위당 200원이고 주문 1회당 소요되는 주문비용은 100원이다. 이 경우 경제적주문량(EOQ)에 의한 최적 주문 횟수는?
(노무사, 13)

① 50회 ② 75회 ③ 100회 ④ 150회 ⑤ 200회

/정답/ ③

$$Q = \sqrt{\frac{2 \times 100 \times 10,000}{200}} = 100 \text{ 이다.}$$

∴ 최적 주문횟수 = 연간수요량 ÷ 최적 주문량 = 100회

16 A점포의 연간 자전거 판매수량은 500대이고, 한 번 주문할 때 소요되는 주문비용은 10만원이다. 자전거 한 대의 구입가격은 15만원이며, 재고 유지를 위해 매년 부담하는 비용은 대당 1만원이다. A점포의 경제적 주문량(EOQ)과 최적 주문횟수는 각각 얼마인가?
(노무사, 18)

① 50대, 5회 ② 50대, 10회 ③ 100대, 5회
④ 100대, 7회 ⑤ 250대, 2회

/정답/ ③

$$Q = \sqrt{\frac{2 \times 10 \times 500}{1}} = 100 \text{이다.}$$

∴ 최적 주문횟수 = 연간 수요량 ÷ 최적 주문량 = 500 ÷ 100 = 5

17 제품 A의 연간 수요는 10,000개로 예측된다. 제품 A의 구입단가는 1,000원, 1회당 주문비용은 2,500원, 연간 재고유지비용은 단위당 200원이다. 제품 A의 경제적주문량(EOQ)으로 산출한 연간 최적 주문횟수는? (가맹거래사, 11)

① 5회　　② 10회　　③ 15회　　④ 20회　　⑤ 25회

/정답/ ④

$$Q = \sqrt{\frac{2 \times 10,000 \times 2,500}{200}} = 500$$

연간 최적주문횟수 $= \dfrac{\text{연간수요량}}{\text{경제적주문량}} = \dfrac{10,000}{500} = 20$회

18 대리점의 연간 타이어 수요량은 1,000개이다. 타이어의 단위당 재고유지비는 100원이고 1회 주문비는 2,000원이다. 발주량을 경제적발주량(EOQ)으로 하는 경우 연간 주문횟수는? (가맹거래사, 18)

① 5　　② 10　　③ 12　　④ 15　　⑤ 24

/정답/ ①

$$Q = \sqrt{\frac{2 \times 1,000 \times 2,000}{100}} = 200 \text{이다.}$$

∴ 최적 주문횟수 = 연간 수요량 ÷ 최적 주문량 = 1000 ÷ 200 = 5

19 연간 수요가 1,000개, 1회당 주문비용은 50원, 단위당 연간 재고유지비용은 40원이다. 경제적 주문량(EOQ)과 연간 주문비용은 얼마인가? (가맹거래사, 21)

① 50개, 100원　　② 50개, 500원　　③ 50개, 1,000원
④ 100개, 500원　　⑤ 100개, 1,000

/정답/ ③

$$Q = \sqrt{\frac{2 \times 1,000 \times 50}{40}} = 50$$

연간 주문비용 $= O \times \dfrac{D}{Q} = 50 \times \dfrac{1000}{50} = 1000(\text{원})$

20 재고관리에 관한 설명으로 옳지 <u>않은</u> 것은? (경영지도사, 13)

① 경제적 주문량(EOQ) 모형에서 다른 요인이 일정하다고 가정할 때 주문비용이 4배 증가하면 경제적 주문량은 8배 증가한다.
② 가능한 완제품의 재고수준을 높게 유지할수록 고객수요에 신속하게 대응할 수 있다.
③ 안전재고(safety inventory)를 감소시키기 위해서는 공급량의 불규칙성을 감소시킬 필요가 있다.
④ 재고회전율(inventory turnover)이 높다는 것은 기업이 평균적으로 낮은 수준의 재고를 보유하고 있어 금융자산의 활용도가 높음을 의미한다.
⑤ ABC재고관리에서 A품목은 가능한 철저한 통제를 위해 1회 주문당 주문량은 줄이고 주문횟수는 늘리는 것이 보통이다.

/정답/ ①

① $EOQ = \sqrt{\dfrac{2DO}{C}}$ 인데, 주문비용이 4배 증가하면 $\sqrt{\dfrac{2D4O}{C}} = 2\sqrt{\dfrac{2DO}{C}} = 2EOQ$ 이므로 EOQ는 2배 증가한다.

21 경제적 주문량(EOQ)에 관한 설명으로 옳지 <u>않은</u> 것은? (노무사, 22)

① 연간 재고유지비용과 연간 주문비용의 합이 최소화되는 주문량을 결정하는 것이다.
② 연간 재고유지비용과 연간 주문비용이 같아지는 지점에서 결정된다.
③ 연간 주문비용이 감소하면 경제적 주문량이 감소한다.
④ 연간 재고유지비용이 감소하면 경제적 주문량이 감소한다.
⑤ 연간 수요량이 증가하면 경제적 주문량이 증가한다.

/정답/ ④

$EOQ = \sqrt{\dfrac{2DO}{C}}$ 에서 연간 재고유지비용(C)이 감소하면 분모가 작아져서 경제적 주문량은 증가한다.

> **POINT** ABC관리법
>
> - 20 : 80 법칙으로 불리는 파레토법칙에 근거하여 재고품목의 가치와 상대적 중요도에 따라 관리의 중점을 달리하는 것
> - 품목의 수는 적지만 그 가치가 가장 큰 품목을 A품목, 그다음을 B, C로 분류하고, A품목은 통제의 필요성과 정도가 가장 강하고 주문순위도 높으므로 평균로트 크기를 줄이고 주문주기를 줄임으로써 재고회전율을 높일 필요가 있음

관련 문제

1 재고관리의 ABC관리법에서 품목을 분류할 때 가장 많이 사용되는 분석방법은?

(노무사, 10 및 가맹거래사, 09)

① 민감도분석 ② 추세분석 ③ 비용-편익 분석
④ 파레토분석 ⑤ 인과분석

/정답/ ④

2 재고품목을 가치나 상대적 중요도에 따라 차별화하여 관리하는 ABC재고관리에 관한 설명으로 옳은 것은?

(노무사, 18)

① A등급은 재고가치가 낮은 품목들이 속한다.
② A등급 품목은 로트크기를 크게 유지한다.
③ C등급 품목은 재고유지비가 높다.
④ ABC등급 분석을 위해 롱테일(long tail) 법칙을 활용한다.
⑤ 가격, 사용량 등을 기준으로 등급을 구분한다.

/정답/ ⑤

> ④ 롱테일(long tail) 법칙 : '결과물의 80%는 조직의 20%에 의하여 생산된다'라는 파레토법칙에 배치하는 것으로, 80%의 '사소한 다수'가 20%의 '핵심 소수'보다 뛰어난 가치를 창출한다는 이론이다.

3 재고 및 재고관리에 관한 설명으로 옳지 않은 것은? (가맹거래사, 10)

① 작업의 독립성을 유지하고 생산활동을 용이하게 하기 위해 재고가 필요하다.
② 고객의 불확실한 예상수요에 대비하기 위한 재고를 안전재고(safety stock)라고 한다.
③ 경제적 주문량모형(EOQ)은 재고모형의 확정적 모형 중 고정주문량모형에 속한다.
④ 고정주문량모형(Q시스템)에서는 재고수준이 미리 정해진 재주문점에 도달하면 일정량 Q만큼 주문한다.
⑤ ABC재고관리에서는 재고품목을 연간 사용량에 따라 A등급, B등급, C등급의 세 가지 유형으로 구분한다.

/정답/ ⑤

ABC재고관리에서는 재고품목을 중요도에 따라 A등급, B등급, C등급의 세 가지 유형으로 구분한다.

4 인터넷 비즈니스에서 성공한 기업들이 20%의 히트상품보다 80%의 틈새상품을 통해 더 많은 매출을 창출하는 현상과 관련된 용어는? (가맹거래사, 19)

① 파레토(pareto)법칙
② 폭소노미(folksonomy)
③ 네트워크 효과(network effect)
④ 롱테일(long tail)
⑤ 확장성(scalability)

/정답/ ④

5 재고회전율에 관한 설명으로 옳지 않은 것은? (가맹거래사, 22)

① 재고회전율을 높이면 재고가 늘어나 현금성 자산의 소요가 증가한다.
② 재고회전율을 이용한 재고수준 평가방법 중 하나는 업계 선두기업과 비교하는 것이다.
③ 재고회전율은 연간 매출원가에 연간 평균총재고액을 나눈 값이다.
④ 매출원가 계산 기준은 제품의 판매가격이 아닌 제조원가이다.
⑤ 총자산 중 재고비율은 일반적으로 도·소매업이 제조업보다 높다.

/정답/ ①

① 재고회전율 = $\dfrac{\text{매출액 또는 매출원가}}{\text{평균재고}}$ 이므로, 재고회전율의 증가는 평균재고의 감소를 가져와 현금성 자산의 소요가 감소한다.

|제3절| 품질관리

> **POINT 품질비용의 유형**
>
> **1. 통제비용**
> - 원재료 검사, 공정의 관리비용 등 생산흐름으로부터 불량품을 제거하는 활동과 관련된 비용
> - **예방비용** : 각종 불량을 사전에 방지하기 위하여 소요되는 비용. 종업원 품질관리 교육비용
> - **평가비용**(검사비용) : 제품이 품질기준을 만족시키는지를 검사하고 평가하기 위하여 발생하는 비용. 품질검사비용, 검사장비유지비 등
>
> **2. 실패비용**
> - 불량품의 원가, 판매 후 서비스 원가 등 생산된 제품의 품질이 일정 수준에 미달함으로써 발생하는 비용이다.
> - **내부실패비용** : 불량품이 소비자에게 전달되기 전에 발견됨으로써 발생하는 비용. 폐품원가, 재가공원가 등
> - **외부실패비용** : 고객이 제품을 인도받은 후에 품질의 결함이 발견되어 발생하는 원가, 반품비용, 판매기회상실로 인한 기회비용 등

관련 문제

1 품질비용에 속하지 <u>않는</u> 것은? (가맹거래사, 11)

① 예방비용(prevention cost)
② 내적 실패비용(internal failure cost)
③ 품절비용(stockout cost)
④ 평가비용(appraisal cost)
⑤ 외적 실패비용(external failure cost)

/정답/ ③

2 원자재의 수입(收入)검사, 공정검사, 완제품검사, 품질연구실 운영 등에 소요되는 품질비용을 지칭하는 용어는?
(가맹거래사, 12)

① 내부 실패비용(internal failure cost)
② 외부 실패비용(external failure cost)
③ 평가비용(appraisal cost)
④ 예방비용(prevention cost)
⑤ 준비비용(setup cost)

/정답/ ③

3 품질비용에 관한 설명으로 옳지 않은 것은?
(가맹거래사, 21)

① 품질비용은 100% 완전하지 못한 제품생산으로 인한 비용이다.
② 평가비용은 검사, 측정, 시험 등과 관련한 비용이다.
③ 통제비용은 생산흐름으로부터 불량을 제거하기 위한 활동과 관련된 비용이다.
④ 실패비용은 완성된 제품의 품질이 일정한 수준에 미달함으로써 발생하는 비용이다.
⑤ 외부실패비용은 폐기, 재작업, 등급저하와 관련한 비용이다.

/정답/ ⑤

폐기, 재작업, 등급저하와 관련한 비용은 내부실패비용이다.

POINT 통계적 품질관리 기법

1. 표본검사법
각 제품 단위(lot, 로트)로부터 한정된 표본을 무작위로 추출해 합격 여부를 판정하는 방법

2. 관리도법(control chart) - 공정검사

(1) 개 념

공정상에 이상이 발생하는지를 확인하고 이를 바로 잡기 위해 사용하는 품질관리의 도해적 방법

(2) 관리도의 종류

① **변량관리도**(정규분포)
- 표본평균 및 표본 값의 범위를 타점으로 기록하여 공정품질을 검토하는 관리도
- $\overline{X}$-관리도 : 표본의 평균을 타점으로 기록
- R-관리도 : 표본 값의 범위(프로세스의 변동성) 크기를 타점으로 기록

② **속성관리도**(이상분포)
- 생산제품의 불량률 및 결정의 수를 타점으로 기록하여 공정의 품질을 검토하는 관리도
- p-관리도 : 제품의 불량률을 타점으로 기록, 표본의 크기가 일정하지 않을 때 불량률 관리도
- np-관리도 : 제품의 불량 수를 타점으로 기록, 표본의 크기가 일정할 때 불량개수 관리도
- c-관리도 : 설정된 품질 수준에 미치지 못하는 결점의 수를 타점으로 기록
- u-관리도 : 특정한 제품이나 자재의 한 단위당 결점 수
- U-관리도 : 단위당 평균 결점수, 결점 비율

관련 문제

1 품질의 산포가 우연원인에 의한 것인지, 이상원인에 의한 것인지를 밝혀주는 역할을 하며, 제조공정의 상태를 파악하기 위해 공정관리에 이용되는 것은? (노무사, 20)

① 파레토도 ② 관리도 ③ 산포도
④ 특성요인도 ⑤ 히스토그램

/정답/ ②

2 관리도(control chart)에 관한 설명으로 옳은 것은? (가맹거래사, 22)

① 두 변수 간의 상관관계를 분석하는 도표
② 변동의 공통원인과 이상원인을 구분하는 도표
③ 데이터의 누락이나 오류 제거를 위한 데이터 정리 도표
④ 중요한 원인 요소를 구분하기 위한 도표
⑤ 두 개 또는 그 이상의 특성, 기능, 아이디어 상호 관련 도표

/정답/ ②

관리도는 표본으로부터 얻어낸 품질 측정값이 정상적인지, 비정상적인지 시간 순서에 따라 표시하는 도표이므로 변동의 공통원인과 이상원인을 구분하는 도표이다.

3 통계적 품질관리기법 중에서 산출물의 일정 단위당 결점 수를 측정하는데 사용되는 관리도(control chart)는? (가맹거래사, 12)

① p 관리도 ② R 관리도 ③ $\overline{X}$ 관리도
④ c 관리도 ⑤ $\overline{X}$-R 관리도

/정답/ ④

⑤ $\overline{X}$-R 관리도는 평균치와 범위 관리도로 가장 많이 이용된다.

제5장 생산·운영관리

4 통계적 품질관리(statistical quality control) 기법에 해당하지 않는 것은? (경영지도사, 22)

① 관리도 ② 파레토 도표 ③ 표본검사
④ QC 써클(circle) ⑤ 도수분포

/정답/ ④

5 다음 자료를 이용하여 계산한 전구의 신뢰도는? (가맹거래사, 13)

> ○ 샘플전구 수 100개
> ○ 검사시간(전구를 밝혀두는 시간) 20시간
> ○ 고장발생 전구 수(불이 꺼지는 수) 5개

① 0.0025 ② 0.2375 ③ 0.4275 ④ 0.5725 ⑤ 0.9975

/정답/ ⑤

100개 × 20시간 = 2,000시간
5개(고장발생 전구수)/2,000 = 0.0025
신뢰도 : 1 - 0.0025 = 0.9975

POINT 6시그마

1. 개 념
모든 프로세스의 품질 수준을 표준편차의 6배 범위 수준(100만개당 3.4개의 불량률을 의미)으로 유지하고자 하는 전사적 품질개선 전략

2. 진행 프로세스 : DMAIC 과정
- **문제정의**(define) : 문제가 무엇이고 소비자가 원하는 것은 무엇인지 정의
- **측 정**(measure) : 현재 상태가 어느 정도인지 파악
- **분 석**(analysis) : 문제발생 원인이 무엇인가 분석
- **개 선**(improve) : 현재 상태에서 문제원인에 따른 개선안을 도출하여 문제의 원인 제거
- **통 제**(control) : 문제를 해결한 후 개선 결과를 유지

3. 6시그마 조직과 추진체계
- **챔피언** : 6시그마를 감독하고 주체가 되는 임원, 사업부 최고책임자
- **마스터 블랙벨트** : 6시그마에 정통한 인력으로 블랙벨트를 지도하고 자문 및 여러 개의 팀을 지도함, 블랙벨트의 리더
- **블랙벨트** : 6시그마 개선팀을 지도 및 실질적으로 팀을 이끌어가는 사람, 6시그마 개선팀의 감독 및 조정자
- **그린벨트** : 6시그마 개선 활동의 전문가로 담당업무를 수행하는 실무자, 6시그마에 대하여 훈련을 받은 자
- **화이트벨트** : 품질관리의 기초단계를 수행하는 사람

관련 문제

1 다음에서 설명하는 경영혁신 기법으로 옳은 것은? (노무사, 16)

> 통계적 품질관리를 기반으로 품질혁신과 고객만족을 달성하기 위하여 전사적으로 실행하는 경영혁신 기법이며 제조과정뿐만 아니라 제품개발, 판매, 서비스, 사무 업무 등 거의 모든 분야에서 활용 가능함

① 학습조직(learning organization) ② 다운사이징(downsizing)
③ 리스트럭처링(restructuring) ④ 리엔지니어링(reengineering)
⑤ 6 시그마(six sigma)

/정답/ ⑤

2 생산품의 결함 발생률을 백만 개 중 3-4개 수준으로 낮추려는 데서 시작된 경영혁신 운동으로 '측정'–'분석'–'개선'–'관리'(MAIC)의 과정을 통하여 문제를 찾아 개선해가는 과정은? (경영지도사, 16, 15)

① 학습조직(Learning organization) ② 리엔지니어링(Reengineering)
③ 식스 시그마(6-sigma) ④ ERP(Enterprise resource planning)
⑤ BSC(Balanced score card)

/정답/ ③

3 6 시그마의 프로세스 개선 5단계에 해당되지 않는 것은? (노무사, 12)

① 정의 ② 측정 ③ 분석
④ 계획 ⑤ 통제

/정답/ ④

4 6시그마 프로젝트의 과정을 순서대로 나열한 것은? (가맹거래사, 17)

① 정의(define) → 분석(analyze) → 측정(measure) → 개선(improve) → 통제(control)
② 정의(define) → 분석(analyze) → 개선(improve) → 통제(control) → 측정(measure)
③ 정의(define) → 분석(analyze) → 개선(improve) → 측정(measure) → 통제(control)
④ 정의(define) → 측정(measure) → 개선(improve) → 분석(analyze) → 통제(control)
⑤ 정의(define) → 측정(measure) → 분석(analyze) → 개선(improve) → 통제(control)

/정답/ ⑤

---

5 식스시그마의 성공적 수행을 위한 5단계 활동으로 옳은 순서는? (노무사, 21)

① 계획 → 분석 → 측정 → 개선 → 평가
② 계획 → 분석 → 측정 → 평가 → 개선
③ 계획 → 측정 → 평가 → 통제 → 개선
④ 정의 → 측정 → 분석 → 개선 → 통제
⑤ 정의 → 측정 → 평가 → 통제 → 개선

/정답/ ④

---

6 식스시그마 방법론(DMAIC)의 단계와 수행활동의 연결로 옳은 것은? (가맹거래사, 23)

① 정의 – 결함원인을 제거하기 위한 방법 규명
② 측정 – 프로세스 변동을 야기하는 핵심변수를 파악함으로써 결함원인 규명
③ 분석 – 프로세스 측정 및 운영 방법 결정
④ 개선 – 고객이 품질에 가장 큰 영향을 미칠 것이라고 생각하는 품질핵심요인 파악
⑤ 통제 – 개선을 유지할 방법 결정

/정답/ ⑤

지문별 정의는 다음과 같다. ① 개선 ② 분석 ③ 측정 ④ 정의

7 6시그마 방법론에 관한 설명으로 옳은 것은? (가맹거래사, 22)

① 정의 → 측정 → 개선 → 분석 → 통제의 순서로 이루어진다.
② 품질 개선을 위해 개발된 경영철학으로 정성적인 도구를 주로 사용한다.
③ 6시그마 품질 수준은 100 DPMO(Defects Per Million Opportunities)이다.
④ 6시그마는 기업이 원하는 품질 목표를 달성하는 것이다.
⑤ 6시그마의 성공을 위해서는 최고 경영자의 참여가 필수적이다.

/정답/ ⑤

① 정의 → 측정 → 분석 → 개선 → 통제의 순서로 이루어진다.
② 품질 개선을 위해 정량적인 도구를 주로 사용한다.
③ 6시그마 품질 수준은 3.4 DPMO(Defects Per Million Opportunities), 즉 100만 개 당 3.4개의 불량률이다.
④ 6시그마는 품질혁신과 고객만족 달성을 위해 품질목표를 달성하는 것이다.

8 공정중심이 100이고, 규격하한과 규격상한이 각각 88과 112이며, 표준편차가 4인 공정의 시그마 수준은? (가맹거래사, 19)

① 1　　② 3　　③ 4　　④ 6　　⑤ 10

/정답/ ②

공정능력지수=(규격상한-규격하한) ÷ (6×표준편차),
따라서 (112-88) ÷ (6×4) = 1

시그마수준=3×공정능력지수,
따라서 3×1 = 3

※ 다른 풀이 방법
시그마 수준 = (상한규격 - 평균) ÷ 표준편차
따라서 (112 - 100) ÷ 4 = 3

POINT 전사적 품질 경영

1. 종합적 품질관리(total quality control : TQC)

(1) 개 념

고객에게 최대의 만족을 주는 가장 경제적인 품질을 생산하고 서비스할 수 있도록 사내 각 부문의 활동을 품질개발, 품질유지, 품질향상을 위해 전사적으로 조정·통합하는 시스템

(2) 동기부여에 의한 품질향상 운동

① **완전무결운동 : ZD(Zero Defects) 운동 – 크로스비(Crosby)**
  - 작업자를 계속적으로 동기를 부여함으로써 업무 수행상 결점을 영(zero)으로 하고 제품의 품질향상, 신뢰성 제고, 납기 엄수, 원가절감 등의 목적을 달성하려는 노력
  - ⅰ) 직접 작업에 종사하는 작업자 자신이 각자의 부주의 및 오류발생 원인을 제거하도록 하는 자기제안제도(error cause removal : ECR), ⅱ) 종업원이 자발적으로 자신들의 개선목표를 설정하고 ZD집단을 편성하도록 하는 동기부여, ⅲ) ZD목표를 달성한 집단이나 목표달성에 공헌한 종업원에게 내리는 표창

② **품질관리분임조(QC서클)**
  - 같은 부서 또는 작업장에서 근무하는 보통 8~10명이 품질, 생산성, 원가, 기타 작업환경 등 품질과 관련된 문제를 분석하고 상호 해결하기 위하여 정기적으로 모임을 하는 소집단

2. 전사적 품질경영(total quality management : TQM)

(1) 개 념

경영자가 소비자 지향적인 품질방침을 세워 최고경영진은 물론 모든 종업원이 전사적으로 참여하여 품질향상을 꾀하는 활동으로써 고객 위주의 전사적인 품질향상 운동이며 고객지향의 제품개발 및 품질보증체계의 확보를 중시

(2) 특 징 : TQC와 비교

	TQC	TQM
경영이념	기업이익	고객만족
경영목표	제품의 불량률 감소	총체적 품질향상–장기적인 성장
초 점	공급자(생산자) 위주	구매자(고객) 위주
개 념	품질요구를 만족게 하는 기법과 활동	품질방침에 따라 실시하는 모든 부분 활동

사 고	생산중심적, 제품중심적 사고 및 관리기법	고객중심, 고객감동, 고객지향의 기업문화와 구성원의 행동의식 변화
품질책임	생산현장 중심의 QC전문가	최고경영자, 관리자, 작업자
동 기	기업 자체의 필요성에 의해 자율적으로 추진	ISO에 의해 국제규격으로 정해져 있으며 강제성은 없으나 구매자가 요구하면 이행

관련 문제

1 다음 중 품질관리의 기법이 <u>아닌</u> 것은? (가맹거래사, 10)

① ZD 프로그램
② 100PPM 운동
③ 식스 시그마(six sigma)
④ QC 서클
⑤ 간트 차트(Gantt Chart)

/정답/ ⑤

간트 차트(Gantt Chart)는 미국의 간트(Henry Laurence Gantt)가 1919년에 창안한 작업진도 도표로 생산계획 및 일정관리의 기법이다.

2 다음 중 전사적 품질관리(Total Quality Management)에서 강조되지 <u>않는</u> 것은? (가맹거래사, 07)

① 지속적인 개선(continuous improvement)
② 품질관리 기법에 대한 종업원 훈련
③ 조직문화 개선
④ 목표에 의한 관리(MBO)의 폐지
⑤ 과학적 분업의 강화

/정답/ ⑤

POINT 다양한 품질관리 기법

- **물고기뼈 다이어그램**(fishbone diagram) : 특정 문제나 결과에 대한 근본 원인을 찾기 위해 사용되는 도구로써 물고기 머리로 나타나는 문제 상황의 원인을 여러 가시를 이용하여 브레인스토밍으로 찾아가는 방식
- **카이젠**(Kaisen) : 지속적 개선을 뜻하는 일본어
- **데밍의 수레바퀴**(P-D-C-A) : 카이젠을 실천하기 위한 작업순서로, 계획(plan)-실행(do)-검토(check)-조치(act)를 의미
- **다구치** : 제품 품질을 제품에 의해 야기되는 사회적 손실로 정의하고 지속적 품질개선과 원가절감은 기업이 경쟁 사회에서 존속하기 위한 필수요건이며 품질개선을 위해 목표치와의 편차를 지속해서 줄여 나가야 함을 역설
- **싱고시스템**(Shingo system) : 작업자의 오류 통제를 통한 품질향상 시스템으로써 피드백을 통해 빠른 시간 내 오류를 시정할 수 있도록 하는 프로그램

관련 문제

1 품질관리를 위해 사용되는 물고기뼈 다이어그램(fishbone diagram)의 주요 원천이 아닌 것은?
(가맹거래사, 08)

① 원자재 ② 인력 ③ 생산방법 ④ 기계 ⑤ 정보

/정답/ ⑤
물고기뼈 다이어그램의 주요 원천으로는 원자재, 인력, 생산방법, 기계장치 등이 있다.

2 특성요인도(cause-and-effect diagram)에 관한 설명으로 옳은 것은?
(가맹거래사, 21)

① SIPOC(공급자, 투입, 변환, 산출, 고객) 분석의 일부로 프로세스 단계를 묘사하는 도구
② 품질특성의 발생 빈도를 기록하는 데 사용되는 양식
③ 연속적으로 측정되는 품질특성치의 빈도분포
④ 불량의 원인을 세분화하여 원인별 중요도를 파악하는 도구
⑤ 개선하려는 문제의 잠재적 원인을 파악하는 도구

/정답/ ⑤
특성요인도는 품질특성에 영향을 주는 품질요인이 무엇이 있는지 일목요연하게 그림으로 보여주는 도구로서 추구하는 결과에 대한 원인을 파악하는 도구에 해당한다.

POINT ISO 인증

국제표준협회(international organization for standardization)에서 품질 관련 인증제도 시행

- ISO 9000 : 일반적인 품질경영에 대한 인증
- ISO 14000 : 환경경영에 대한 인증
- ISO 18000 : 국제 환경표준화 인증규격
- ISO 20000 : IT서비스관리(ITSM) 국제표준
- ISO 26000 : 지속가능 경영에 대한 인증
- ISO 31000 : 국제리스크관리
- ISO 50001 : 에너지 경영
- ISO/IEC 27000 : 정보기술-보안기법-정보 보안 관리시스템

관련 문제

1 국제표준화기구(ISO)에서 제정한 기업의 사회적 책임에 관한 국제표준은? (경영지도사, 18)

① ISO 9000　　② ISO 14000　　③ ISO 22000
④ ISO 26000　　⑤ ISO/IEC 27000

/정답/ ④

2 국제표준화기구(ISO)에서 제정한 환경경영시스템의 국제표준은? (가맹거래사, 18 및 경영지도사, 15, 19)

① ISO 9000　　② ISO 14000　　③ ISO 26000
④ ISO 37001　　⑤ ISO 50001

/정답/ ②

3 ISO 인증제도에 관한 설명으로 옳지 않은 것은? (가맹거래사, 09)

① ISO 9000시리즈는 품질경영에 관한 인증표준이다.
② ISO 14000시리즈는 환경경영에 관한 인증표준이다.
③ ISO 9000시리즈는 공산품에 한정된 인증표준이다.
④ ISO 9000시리즈는 완제품 자체에 대한 품질보증보다는 생산과정에 대한 신뢰를 평가한다.
⑤ ISO 9000시리즈는 생산자 중심의 규격보다는 구매자 중심의 규격을 중시한다.

/정답/ ③
ISO 9000시리즈는 제조업, 건설업뿐만 아니라 서비스 분야에 이르기까지 각 분야에 적용하여 고객 모두가 신뢰할만한 서비스를 받도록 하는 국제인증이다.

4 ISO 환경경영표준 인증제도로서 제품의 설계, 생산, 사용, 폐기 등 제품의 생애주기 과정에서 환경에 미치는 영향 및 개선사항을 평가하는 규정을 포함하는 것은? (가맹거래사, 14)

① ISO 9000   ② ISO 14000   ③ ISO 26000
④ ISO 31000   ⑤ ISO 50001

/정답/ ②

5 ISO에서 제정한 환경경영시스템에 관한 국제표준규격은? (가맹거래사, 20)

① ISO 5000   ② ISO 9000   ③ ISO 14000
④ ISO 18000   ⑤ ISO20000

/정답/ ③

6 식품의 원재료 생산부터 최종 소비자가 섭취하기 전까지 발생할 수 있는 모든 위해요소를 관리함으로써 식품의 안전성을 확보하기 위한 관리체계는? (가맹거래사, 19)

① HACCP   ② QS 9000   ③ ISO 9001
④ ISO 14000   ⑤ TL 9000

/정답/ ①
⑤ TL 9000란 Telecommunication Leader 9000의 약어 정보통신업계의 품질시스템 규격을 의미

|제4절| 서비스 관리

> **POINT 서비스 특징**
>
> - **무형성** : 서비스는 보거나 만질 수 없다.
> - **비분리성** : 서비스는 생산과 소비가 동시에 발생한다.
> - **소멸성** : 서비스는 재고로 보관될 수 없다.
> - **변동성 또는 비표준화** : 서비스의 품질은 표준화가 어렵다.
> - **노동집약성**

관련 문제

1 서비스의 특성으로 옳지 <u>않은</u> 것은? (경영지도사, 18)

① 노동집약성　　② 무형성　　③ 비분리성
④ 소멸성　　　　⑤ 동질성

/정답/ ⑤
서비스는 고객의 니즈에 따라 다르게 제공된다.

2 서비스의 특성으로 옳지 <u>않은</u> 것은? (노무사, 21)

① 무형성　　　　② 비분리성　　③ 반응성
④ 소멸성　　　　⑤ 변동성(이질성)

/정답/ ③

3 서비스의 특성에 해당되는 것을 모두 고른 것은? (가맹거래사, 21)

> ㄱ. 무형성 : 서비스는 보거나 만질 수 없다.
> ㄴ. 비분리성 : 서비스는 생산과 소비가 동시에 발생한다.
> ㄷ. 소멸성 : 서비스는 재고로 보관될 수 없다.
> ㄹ. 변동성 : 서비스의 품질은 표준화가 어렵다

① ㄱ, ㄴ, ㄷ ② ㄱ, ㄴ, ㄹ ③ ㄱ, ㄷ, ㄹ
④ ㄴ, ㄷ, ㄹ ⑤ ㄱ, ㄴ, ㄷ, ㄹ

/정답/ ⑤

---

4 서비스 마케팅에 관한 설명으로 옳지 않은 것은? (가맹거래사, 18)

① 서비스 비분리성이란 서비스가 서비스제공자와 분리될 수 없음을 의미한다.
② 서비스 변동성은 누가, 언제, 어디서, 어떻게 서비스를 제공하느냐에 따라 서비스 품질이 달라지는 것을 의미한다.
③ 서비스 소멸성은 나중에 판매하거나 사용하기 위해 서비스를 저장할 수 없음을 의미한다.
④ 외부마케팅은 현장 종업원들의 사기를 증진시켜 외부 고객을 만족시키는 것을 말한다.
⑤ 상호작용 마케팅은 서비스 접점에서 구매자-판매자 상호작용의 품질을 제고시켜 우수한 서비스 품질을 실현하는 활동을 말한다.

/정답/ ④

내부마케팅에 대한 설명이다. 내부마케팅은 서비스를 제공하는 직원을 지원 및 교육하는 것을 말한다. 이와 달리 외부마케팅은 기업의 고객에 대한 마케팅을 의미하고, 현장 직원과 고객 간의 마케팅은 상호작용 마케팅이라 한다.

POINT 서비스 품질측정 - SERVQUAL

1. 개 념
SERVICE와 QUALITY의 합성어로서 서비스 품질에 대한 기대 수준과 실제 제공되는 서비스와의 차이를 분석한 모형

2. 측정항목
- **신뢰성** : 서비스에 대한 신뢰를 바탕으로 정확하게 업무를 수행하는 능력
- **확신성** : 고객에 대해 능력, 예절 등을 전달하는 능력
- **유형성** : 눈으로 구분 가능한 설비나 장비 등 물리적으로 구성된 외향
- **공감성** : 고객에게 제공하는 개별적인 배려와 관심
- **대응성** : 고객에게 언제든지 준비된 서비스를 제공하는지 여부

□ 관련 문제

1 SERVQUAL 모형의 서비스 품질을 측정하는 5가지 차원이 <u>아닌</u> 것은? (가맹거래사, 18)

① 유형성　　　② 신뢰성　　　③ 공감성
④ 확신성　　　⑤ 무결성

/정답/ ⑤

2 서비스 품질평가에 사용되는 SERVQUAL 모형의 서비스 차원이 <u>아닌</u> 것은? (노무사, 22)

① 유형성(tangibles)　　② 신뢰성(reliability)　　③ 반응성(responsiveness)
④ 공감성(empathy)　　⑤ 소멸성(perishability)

/정답/ ⑤

제6장 마케팅

|제1절| 마케팅 개념

> **POINT 마케팅 개념의 진화**
>
> **1. 생산중심 철학 : 생산 컨셉**(production concept)
> - 소비자는 손쉽게 이용할 수 있고 원가가 낮은 제품을 선호한다고 주장
> - 대량생산을 통한 원가절감, 생산 효율성 증대 및 유통범위 확장에 집중
>
> **2. 제품중심철학 : 제품 컨셉**(product concept)
> - 소비자는 품질, 성능, 디자인 등에서 최고인 제품을 선호한다고 주장
> - 더 좋은 제품 개발, 품질향상에 집중
> - **마케팅 근시안**(marketing myopia : 기업이 소비자의 편익 위주로 생각하는 것이 아니라 자사의 제품과 서비스를 중심으로 기업의 사명을 정의하는 것)을 주의
>
> **3. 판매중심철학 : 판매 컨셉**(selling concept)
> - 소비자는 그대로 두면 기업의 제품을 많이 구입하지 않으므로 효과적인 판매활동과 촉진(promotion) 활동을 펼쳐야 고객이 구매한다고 주장
> - 판매 및 촉진에 노력을 집중
>
> **4. 마케팅 및 고객 맞춤 철학 : 마케팅 컨셉**(marketing concept)
> - 고객의 욕구를 잘 충족시켜주어야 한다고 주장
> - 구매자 욕구, 소비자의 행동 이해에 집중
> - **인디비주얼 마케팅** : 고객 개인의 욕구에 맞는 적합한 마케팅 믹스전략을 구사
>
> **5. 사회 지향적 마케팅 중심철학 : 사회적 마케팅 컨셉**(societal marketing concept)
> - 사회의 이익을 반하여서는 안 된다고 주장
> - 사회적 마케팅(그린 마케팅, 계몽 마케팅). 지속가능 성장, 사회적 책임(CSR) 등 강조

- **그린 마케팅**(green marketing) : 환경 관련 이슈 역시 중시하는 마케팅
- **계몽 마케팅**(enlighted marketing) : 고객의 욕구와 필요를 사회 공동선에 일치시키는 마케팅

6. 관계마케팅(고객관계관리(CRM))

- IT 기술 등을 활용하여 기존 고객과의 관계를 체계적으로 관리함으로써 고객 생애가치의 극대화를 추구하는 것. 신규고객 확보보다 기존 고객을 유지에 더 집중
- **데이터베이스 마케팅**(database marketing) 필요 : 컴퓨터에 수록된 고객 데이터베이스를 바탕으로 고객과의 장기적인 관계구축을 위한 마케팅 전략을 수립하고 집행하는 모든 활동
- 고객관계관리(CRM)는 기업이 고객과 관련된 내·외부 자료를 분석·통합해 고객 중심 자원을 극대화하고 이를 토대로 고객 특성에 맞게 마케팅 활동 전개·운영하는 것이므로 운영적 CRM과 분석적 CRM이 기본적 구성요소가 됨

관련 문제

1 기업의 시장지향성 정도에 따른 마케팅 관련 개념의 발전 흐름으로 옳은 것은? (가맹거래사, 09, 16)

① 생산개념 → 판매개념 → 총체적 마케팅개념 → 마케팅개념
② 판매개념 → 생산개념 → 총체적 마케팅개념 → 마케팅개념
③ 마케팅개념 → 생산개념 → 판매개념 → 총체적 마케팅개념
④ 생산개념 → 판매개념 → 마케팅개념 → 총체적 마케팅개념
⑤ 판매개념 → 생산개념 → 마케팅개념 → 총체적 마케팅개념

/정답/ ④

2 기업 경영에서 마케팅 개념(marketing concept)이 발전해 온 순서로 옳은 것은? (노무사, 23)

① 생산 개념 → 제품 개념 → 판매 개념 → 마케팅 개념
② 생산 개념 → 판매 개념 → 제품 개념 → 마케팅 개념
③ 제품 개념 → 생산 개념 → 판매 개념 → 마케팅 개념
④ 제품 개념 → 판매 개념 → 생산 개념 → 마케팅 개념
⑤ 판매 개념 → 제품 개념 → 생산 개념 → 마케팅 개념

/정답/ ????????????????

3 특정 상품에 대한 수요가 공급을 초과하는 상황에서 강조되는 마케팅 컨셉은? (가맹거래사, 10)

① 생산컨셉
② 제품컨셉
③ 판매컨셉
④ 고객중심 마케팅컨셉
⑤ 사회지향적 마케팅컨셉

/정답/ ①

4 생산성을 높이고, 유통을 효율화시키는 등 주로 원가절감에 관심을 갖는 마케팅 개념은? (노무사, 19)

① 판매 개념
② 생산 개념
③ 관계마케팅 개념
④ 통합마케팅 개념
⑤ 내부마케팅 개념

/정답/ ②

5 다음 중 현대적 마케팅 또는 마케팅 관리의 개념을 옳게 설명하지 못한 것은? (가맹거래사, 07)

① 고객을 잘 이해하여 고객에게 꼭 맞는 제품을 개발하여 잘 팔리도록 만드는 활동이다.
② 고객만족의 극대화를 통해 기업의 목표를 추구하는 활동이다.
③ 고객이 받아들이는 가치를 높게 만드는 과정을 통해서 제품의 가격에 대한 선택의 폭을 넓혀줌으로써 기업이 존재할 수 있는 가능성을 높게 만드는 활동이다.
④ 고객으로부터 시작하여 고객으로 끝난다는 관점에 기초를 두고 있는 활동이다.
⑤ 생산이 종료된 시점 이후의 제품의 판매에서 시작되는 활동이다.

/정답/ ⑤
현대의 마케팅은 생산이 시작되기 이전부터 제품의 홍보 및 판매활동이 시작되기도 한다.

6 고객과의 지속적이고 개별적인 유대를 통하여 마케팅 네트워크라는 기업자산을 구축하고자 하는 마케팅 전략은? (가맹거래사, 13)

① 대량 마케팅
② 니치 마케팅
③ 관계 마케팅
④ 차별화 마케팅
⑤ 테스트 마케팅

/정답/ ③

7 관계마케팅의 등장배경으로 옳지 않은 것은? (노무사, 14)

① 정보통신기술의 급격한 발전
② 구매자 중심시장에서 판매자 중심시장으로 전환
③ 고객욕구 다양화로 고객만족이 더욱 어려워짐
④ 시장 규제 완화로 신시장 진입기회 증가에 따른 경쟁자의 증가
⑤ 마케팅 커뮤니케이션의 효율성을 높이기 위해 표적 고객들에게 차별화된 메시지 전달이 필요해짐

/정답/ ②

판매자 중심시장에서 구매자 중심시장으로 전환되었다.

8 관계마케팅의 등장이유로 옳지 않은 것은? (경영지도사, 16)

① SNS 등 정보통신기술의 발전과 다양화
② 고객욕구의 다양화
③ 시장규제 강화에 따른 경쟁자의 감소
④ 표적 고객들에게 차별화된 메시지 전달 필요
⑤ 판매자에서 소비자 중심시장으로 전환

/정답/ ③

시장 내 경쟁이 치열해짐에 따라 기존 고객을 계속 유지할 필요성이 증대되며 관계마케팅이 중요해졌다.

9 관계 마케팅에 대한 다음 설명 중 옳지 않은 것은? (가맹거래사, 07)

① 기존 고객과의 우호적 관계를 중시한다.
② 시장점유율보다는 고객점유율을 강조한다.
③ 고객관리에 있어 경작형보다는 수렵형 고객관리를 강조한다.
④ 관계마케팅의 실행을 위해 고객의 수익성을 평가한다.
⑤ 고객의 수가 적고 고객당 마진이 적은 경우 대부분의 기업은 고객관계 구축에 최저수준의 투자를 한다.

/정답/ ③

한 명의 잠재적 소비자를 기업(브랜드)의 상품/서비스를 구매한 소비자로 만드는데 집중하는 마케팅을 수렵형이라고 하고, 장기간 노력으로 가꾸고 키워나가는 마케팅을 경작형 마케팅이라고 하는데, 관계마케팅은 경작형에 해당한다.

10 고객관계관리(CRM)의 성공 전제조건이 <u>아닌</u> 것은? (경영지도사, 19)

① 고객을 분석할 수 있는 데이터마이닝 도구가 필요하다.
② 고객관계관리를 위하여 인적 네트워크가 필수적이다.
③ 대용량 데이터분석을 위한 대용량 컴퓨터가 필요하다.
④ 전략실행을 위한 다양한 마케팅채널과 연계되어야 한다.
⑤ 고객통합 데이터베이스가 구축되어야 한다.

/정답/ ②

CRM은 고객의 정보, 즉 데이터베이스를 기초로 고객을 세부적으로 분류하여 효과적이고 효율적인 마케팅 전략을 개발하는 경영 전반에 걸친 관리체계며, 정보기술이 이의 밑받침이 된다.

11 고객관계관리(CRM)시스템의 2가지 기본적 구성요소는? (가맹거래사, 22)

① 기술적 CRM과 분석적 CRM
② 운영적 CRM과 분석적 CRM
③ 기술적 CRM과 전술적 CRM
④ 운영적 CRM과 전술적 CRM
⑤ 운영적 CRM과 기술적 CRM

/정답/ ②

12 다음 중 고객관계관리(Customer Relationship Management)에 관한 설명으로 가장 적절한 것은?

(가맹거래사, 06)

① 대용량의 데이터 내에 존재하는 관계, 패턴, 규칙 등을 탐색하고 찾아내어 모형화함으로써 유용한 지식을 추출하는 일련의 과정이다.
② 고객에서부터 공장에 이르기까지의 공급과정 전체를 고객관점에서 단순화, 표준화하고 정보시스템의 지원을 통해 통합적으로 관리하고자 한다.
③ 기업이 보유하고 있는 다양한 데이터를 사용자의 요구에 따라 체계적으로 분류하여 기업의 의사결정 및 경영활동을 지원하기 위한 시스템이다.
④ 고객에 대한 정확한 이해를 바탕으로 고객이 원하는 제품과 서비스를 지속적으로 제공하여 고객의 평생가치를 극대화한다.
⑤ 지식의 획득에서 축적, 공유, 재사용 및 새로운 지식의 창출에 이르는 지식의 전체 생명주기를 효과적으로 관리한다.

/정답/ ④

고객생애가치(Customer Lifetime Value : LTV)란 고객 한 사람이 기업에 평생 얼마(매출액)나 기여하는지를 수치로 나타내는 척도이다. 과거의 기업들은 기업의 목적을 단순히 이윤추구에만 주력하였다면, 이제는 시장중심과 고객중심의 사고가 중요한 현대기업들은 고객만족을 통한 이윤추구 즉, 고객생애가치를 높이고 그를 통한 기업가치를 극대화하는 것이 진정한 기업의 목적으로 보고 있다.

POINT 마케팅 관련 개념

1. 고압적 마케팅과 저압적 마케팅
- **고압적 마케팅**(high pressure marketing) : 기업의 입장에서 생산 가능한 제품을 생산하여 강압적, 고압적으로 판매하는 형태
- **저압적 마케팅**(low pressure marketing) : 소비자의 욕구를 고려하여 판매될 수 있는 제품을 생산하여 판매하는 형태

2. 수요상황에 따른 마케팅 관리

마케팅	개 념	수요상황	마케팅 결과
전환마케팅 (conversional marketing)	부정적 수요를 긍정적 수요로 전환	부정적 수요	수요 전환
자극마케팅 (stimulation marketing)	무지·무관심 등으로 인한 무수요를 자극	무수요	수요 창출
개발 마케팅 (development marketing)	현존 제품에서 무언가 더 바라는 잠재욕구를 개발	잠재 수요	수요 개발
재마케팅 (remarketing)	감소하는 소비자의 관심과 수요의 부활	감소 수요	수요 부활
동시화 마케팅 (synchro marketing)	계절별·일별·시간별 변화하는 수요의 평준화	불규칙 수요	수요와 공급 시기 일치
유지 마케팅 (maintenance marketing)	충분히 판매되지만 소비자 니즈변화, 경쟁심화 등으로 인한 수요 잠식을 막고 현상을 유지	충분 수요	수요 유지
디마케팅 (demarketing)	초과수요의 감소	초과 수요	수요 감소
대항 마케팅 (counter marketing)	제품 수요를 자제시키는 것	불건전 수요	수요 파괴

3. 기타 개념
- **다이렉트 마케팅**(direct marketing) : 측정 가능한 하나 혹은 여러 개의 광고매체를 쓰는 마케팅
- **리텐션 마케팅**(retention marketing) : 이탈고객을 대상으로 원인조사를 하여 대책 수립에 활용
- **내부마케팅** : 종업원을 고객으로 인정하고 이들의 만족을 제고시키는 마케팅
- **매스마케팅**(mass marketing) : 대량생산방식의 마케팅

- **로열티 마케팅**(royalty marketing) : 고객 데이터베이스를 기반으로 장기적으로 고객 충성심을 구축하고 기업 수익성을 극대화한 마케팅
- **맥시마케팅**(maxi marketing) : 고객 한 사람으로부터의 매출을 극대화하기 위한 마케팅
- **애프터 마케팅**(after marketing) : 구매 후 제품에 대한 확신과 만족을 높이는 마케팅
- **공생마케팅**(symbiotic marketing) : 심바이오 마케팅이라고도 하는데, 자사와 타사의 강점을 결합, 활용하는 마케팅 활동
- **니치마케팅**(niche marketing) : 틈새시장을 목표로 한 다량 소품종의 마케팅 전략
- **서비스 마케팅**(service marketing) : 서비스를 통해 고객의 필요와 욕구를 충족시킴으로써 마케팅 목표를 달성하려는 기업활동
- **퍼미션 마케팅**(permission marketing) : 소비자가 제공한 개인정보를 바탕으로, 소비자에게 특정 대상을 목표로 하는 광고를 받을지를 물어보는 마케팅 유형
- **옵트인**(opt-in marketing) : 수신자의 사전 동의를 얻어야 메일을 발송할 수 있도록 하는 방식
- **옵트아웃**(opt-out marketing) : 수신자가 발송자에게 수신거부 의사를 밝혀야만 메일 발송이 안 되는 방식
- **터보마케팅**(turbo marketing) : 제품개발, 생산, 마케팅, 유통 등의 활동과 흐름을 컴퓨터 커뮤니케이션과 오토메이션으로 전개해 필요한 시간을 단축시키는(just in time) 마케팅으로, 터보마케팅이 성립하기 위해서는 컴퓨터, 커뮤니케이션, 오토메이션 3가지가 요구

관련 문제

1 마약퇴치 운동과 같이 불건전한 수요를 파괴시키는 데 활용되는 마케팅은? (노무사, 20)

① 동시화 마케팅(synchro marketing)
② 재마케팅(remarketing)
③ 디마케팅(demarketing)
④ 대항 마케팅(counger marketing)
⑤ 터보 마케팅(turbo marketing)

/정답/ ④

2 수요가 공급을 초과할 때 수요를 감소시키는 것을 목적으로 하는 마케팅 관리기법은? (노무사, 19)

① 전환적 마케팅(conversional marketing)
② 동시화 마케팅(synchro marketing)
③ 자극적 마케팅(stimulative marketing)
④ 개발적 마케팅(developmental marketing)
⑤ 디마케팅(demarketing)

/정답/ ⑤

3 불건전한 수요상황에서 지나친 수요를 가급적 억제하거나 소멸시키기 위하여 필요한 마케팅은? (경영지도사, 18)

① 전환마케팅(conversional marketing)
② 자극마케팅(stimulation marketing)
③ 재마케팅(remarketing)
④ 유지마케팅(maintenance marketing)
⑤ 대항마케팅(counter marketing)

/정답/ ⑤

4 술, 담배, 해로운 약품 등 불건전한 수요를 제거하기 위한 마케팅 관리에 해당하는 것은? (가맹거래사, 20)

① 전환적 마케팅　　② 재마케팅　　③ 동시화 마케팅
④ 디마케팅　　⑤ 카운터 마케팅

/정답/ ⑤

제6장 마케팅　393

5 고객들로 하여금 인터넷을 통해 자발적으로 친구나 주변 사람들에게 제품을 홍보하도록 함으로써 제품홍보가 더 많은 네티즌 사이에 저절로 퍼져나가도록 하는 것은? (가맹거래사, 17)

① 다이렉트 마케팅 ② 텔레 마케팅 ③ 바이럴 마케팅
④ 데이터베이스 마케팅 ⑤ 심바이오틱 마케팅

/정답/ ③

6 甲은 산행을 가기로 하였는데, A 대형마트 인터넷 쇼핑몰에서 품질 좋은 등산화를 싸게 판다는 얘기를 친구들로부터 들은 후 그 쇼핑몰에서 등산화를 구입하였다. 이러한 마케팅을 일컫는 말은? (경영지도사, 15)

① 퍼미션 마케팅(Permission marketing)
② 박리다매 마케팅(薄利多賣 marketing)
③ 옵트인 마케팅(Opt-in marketing)
④ 바이럴 마케팅(Viral marketing)
⑤ 옵트아웃 마케팅(Opt-out marketing)

/정답/ ④

7 소비자들로 하여금 온라인을 통해 다른 사람에게 오디오, 비디오, 문서로 된 정보 또는 기업이 개발한 제품이나 서비스를 전달하도록 고무시키는 방법은? (경영지도사, 17)

① 소문 마케팅(buzz marketing)
② PPL(product placement)광고
③ 팟캐스팅(podcasting)
④ 바이러스성 마케팅(viral marketing)
⑤ 홍보(publicity)

/정답/ ④

|제2절| 마케팅 조사(시장조사)

> **POINT 마케팅 조사**

1. 개 요
- 마케팅 조사란 기업이 시장과 고객에 대한 각종 정보를 얻는 것
- **과 정**: 문제 정의와 조사목표 설정 → 조사방법 설계 → 자료수집 및 분석 → 의사결정

2. 조사방법

	탐색조사 (exploratory research)	기술조사 (descriptive research)	인과관계 조사 (causal research)
개념	조사 문제가 명확하지 않을 때 조사 문제를 찾거나 분석대상에 대한 가설을 도출하기 위한 조사	어떤 현상을 기술하기 위하여 자료를 수집하고 결과를 기술하는 조사	어떤 가설의 원인과 결과를 검증하기 위한 조사
방법	• 1차 자료(primary data) : 연구자가 직접 수집한 자료 • 2차 자료(secondary data) : 연구자가 아닌 다른 사람들에 의해 이미 정리된 자료	• 종단조사(longitudinal analysis) : 특정 대상을 시간적 간격을 두고 반복 측정하여 자료를 획득 • 횡단조사(cross-sectional analysis) : 연구대상이 되는 모집단에서 일정 표본을 측정 시점에서 추출하여 자료를 획득	• 순수실험 : 무작위로 실험대상을 선정하고 독립변수 조작하여 인과관계를 검증 • 유사실험 : 준실험 또는 현장실험, 실제 상황에서 독립변수를 조작하여 연구하는 방법

3. 측정과 척도

측정이란 관찰된 현상의 속성에 대해 일정한 규칙에 따라 수치를 부여하는 것을 말하고, 척도는 측정의 도구를 의미

	명목척도 (nominal scale)	서열척도 (ordinal scale)	등간척도 (interval scale)	비율척도 (ration scale)
개념	• 측정대상이 속한 범주나 종류를 구분하기 위해 부여한 척도 • 분류	• 측정대상 간 구분뿐 아니라 순위관계를 나타내는 척도 • 분류, 순위	• 측정대상 간 구분과 순위뿐 아니라 숫자 간 간격이 산술적 의미를 갖는 척도	• 관심 속성이 전혀 존재하지 않는 상태를 절대기준으로 삼아 크기에 따라 배열한 숫자체계로서

			• 분류, 순위, 등간격	측정대상 간 구분과 순위, 산술적 의미뿐만 아니라 숫자 간 비율계산이 가능한 척도 • 분류, 순위, 등간격, 절대영점
예시	성별, 혈액, 주문등록번호 뒷자리 수, 남자와 여자를 구분하는 수(남자1, 여자2)	석차, 상/중/하	온도, 지능지수	연령, 길이, 무게, 출생률

4. 표본조사 시 표본추출의 방법

	비확률표본추출(non-probability sampling)	확률표본추출법(probability sampling)
개념	• 모집단의 속성을 대표할 수 있는 표본을 추출하기가 어렵거나, 표본을 추출할 때 연구자 및 연구 참여자의 주관적 판단이 개입되어 표본의 대상이 되는 개체가 추출될 확률을 알 수 없는 경우 • 표본으로 추출될 확률이 일정하지 않은 것으로 연구조사자가 연구대상에 대해 잘 알고 있을 때 일부를 표본에서 제외하는 주관적 추출(subjective sampling)방법이 기본	• 각 표본이 모집단으로부터 추출될 확률이 동일하여 그 확률을 알 수 있는 경우 • 무작위 추출이 기본
방법	• 단순표본추출 : 각 세분집단 별로 동일한 인원을 추출 • 편의추출법 : 연구자 마음대로 대상자 축출 • 판단표본추출법 : 조사 문제를 잘 알고 있거나 모집단의 의견을 반영할 수 있을 것으로 판단되는 특정 집단을 표본으로 선택 • 할당표본추출방법 : 모집단을 구성하고 있는 범주의 비율대로 샘플링	• 단순무작위 표본추출 : 표본프레임 내의 각 표본들에 대해 일련번호를 부여하고, 이를 이용해 일정 수의 표본을 무작위로 추출하는 방법 • 체계적 표본추출 : 전체표본에 대해 일정한 간격을 두고 표본단위를 선정하는 방법 • 층화추출법 : 상호배타적인 집단군으로 구분한 뒤 각 소집단으로부터 단순 무작위로 표본추출 • 군집추출법 : 상호배타적인 집단 가운데 어느 하나를 랜덤으로 선택하여 그 집단 내 구성원들을 전수조사

5. 마케팅 조사 분석

- **요인분석** : 문항이나 변인 간의 상호관계를 분석하여 상관이 높은 문항이나 변인을 모아 요인으로 규명하고 그 요인의 의미를 부여하는 통계적 방법. 정보의 손실을 최소화하면서 다수의 변수들을 몇 개의 요인으로 압축하기 위해 사용하는 기법
- **상관관계 분석**: 두 변수 간의 인과관계를 측정하는 기법은 인과관계조사
- **편상관분석** : 다른 변수들을 통제하고 변수들의 선형적 관련성을 측정하는 분석방법
- **분산분석** : 2개 이상 집단들 간에 특정변수의 평균값이 서로 차이가 있는지를 검정하는 기법
- **회귀분석** : 둘 이상의 독립변수 상호 간에 미치는 영향의 정도를 파악하는 것이 아니라, 독립변수가 종속변수에 미치는 영향의 정도를 파악하는 것
- **결합분석** : 둘 이상의 독립변수를 고려
- **교차분석** : 명목이나 서열 수준과 같은 범주형 수준의 변인 간 관계를 보는 방법
- **두 모집단 t분석** : 알 수 없는 두 그룹 모집단 평균이 같은지 여부를 검정하는 방법
- **스피어만 상관분석** : 서열척도로 측정한 두 변수 간 상관관계를 분석하는 방법
- **피어슨 상관분석** : 두 변수의 순위 사이의 통계적 의존성을 측정하는 방법

□ 관련 문제

1 마케팅 전략에 영향을 미치는 거시적 환경에 해당하지 <u>않는</u> 것은? (가맹거래사, 21)

① 인구통계적 환경 ② 기업내부 환경
③ 경제적 환경 ④ 기술적 환경
⑤ 문화적 환경

/정답/ ②

2 다음 중 마케팅 조사에서 2차 자료 수집방법에 해당하는 것은? (가맹거래사, 08)

① 시장에서 발생하는 여러 현상을 관찰, 분석함으로써 객관적인 시장정보를 수집한다.
② 소비자 행동을 설명할 수 있는 모형을 토대로 설문지를 만들어 고객으로부터 자료를 조사한다.
③ 신속한 정보 수집을 위해 관련 협회나 컨설팅회사로부터 국내외 시장통계자료를 입수한다.
④ 공급망 전체에서 발생하는 수요조사를 위해 POS시스템을 이용하여 실시간으로 판매량 데이터를 수집한다.
⑤ 새로 출시한 상품의 성공가능성을 평가하기 위해 구매 고객에게 신상품 만족도 평가를 위한 간단한 설문을 작성하게 한다.

/정답/ ③
①②④⑤는 모두 1차 자료의 수집방법이다.

3 소수의 응답자들을 대상으로 한 장소에서 주어진 주제에 대하여 자유롭게 토론을 하여 자료를 수집하는 방법은? (가맹거래사, 14)

① 표적집단면접법 ② 문헌조사 ③ 델파이법
④ 사례조사 ⑤ 기술조사

/정답/ ①
② 문헌조사는 문헌적 원천에서 얻은 자료를 기록하고 분석하는 연구방법이다.
④ 사례조사는 특정 조사대상을 조사목적과 관련된 가능한 한 모든 각도에서 종합적으로 연구하여 문제를 전체적으로 파악하고 전체와의 관련성을 파악하는 조사이다.
⑤ 기술조사는 표본조사를 통해 모집단의 모수를 추정하기 위한 조사를 의미한다.

4 마케팅 조사 자료수집 시 다음에 해당하는 표본추출방법은? (가맹거래사, 20)

> ○ 추출된 표본이 모집단을 대표하지 못할 수도 있다.
> ○ 표본추출 비용이 거의 발생하지 않고 절차가 간단하다.
> ○ 조사자나 면접원이 편리한 장소와 시간에 접촉하기 쉬운 대상들을 표본으로 추출한다.

① 편의표본추출 ② 군집표본추출 ③ 층화표본추출
④ 할당표본추출 ⑤ 판단표본추출

/정답/ ①

5 비확률표본추출방법에 해당하는 것은? (가맹거래사, 23)

① 할당표본추출법 ② 단순무작위표본추출법 ③ 체계적표본추출법
④ 층화표본추출법 ⑤ 군집표본추출법

/정답/ ①

확률표본추출법	비확률표본추출법
단순무작위표본추출법	단순표본추출법
층화표본추출법	편의추출법
군집표본추출법	판단표본추출법
체계적표본추출법	할당표본추출법

6 마케팅 조사의 분석기법에 관한 설명으로 옳은 것은? (가맹거래사, 18)

① 요인분석 : 정보의 손실을 최소화하면서 다수의 변수들을 몇 개의 요인으로 압축하기 위해 사용하는 기법
② 상관관계분석 : 두 변수들 간의 인과관계를 측정하는 기법
③ 분산분석 : 집단들 간에 특정변수의 분산 값이 서로 차이가 있는지를 검정하는 기법
④ 회귀분석 : 둘 이상의 독립변수 상호 간에 미치는 영향의 정도를 파악하는 기법
⑤ 결합분석 : 한 개의 독립변수가 둘 이상의 종속변수 순위를 결정하는 기법

② 두 변수 간의 인과관계를 측정하는 기법은 인과관계조사이다.
③ 분산분석은 집단들 간에 특정변수의 평균값이 서로 차이가 있는지를 검정하는 기법이다.
④ 회귀분석은 둘 이상의 독립변수 상호 간에 미치는 영향의 정도를 파악하는 것이 아니라, 독립변수가 종속변수에 미치는 영향의 정도를 파악하는 것이다.
⑤ 결합분석은 둘 이상의 독립변수를 고려한다.

/정답/ ①

7 ㈜가맹은 성별에 따른 제품 선호도(좋음, 나쁨으로 구분)에 차이가 있는지를 파악하기 위해 소비자 250명을 대상으로 시장조사를 실시하였다. 마케팅 조사를 위한 올바른 분석기법은? (가맹거래사, 22)

① 선형 회귀분석 ② 분산분석 ③ 요인분석
④ 교차분석 ⑤ 두 모집단 t분석

/정답/ ④

8 서열척도로 측정한 두 변수 간 상관관계를 분석하는 방법은? (가맹거래사, 23)

① 교차분석 ② 스피어만 상관분석 ③ 피어슨 상관분석
④ 편상관분석 ⑤ 회귀분석

/정답/ ②

|제3절| 마케팅 전략 : STP전략

> **POINT** STP 전략
>
> **1. 시장세분화**(segmentation) : **소비자집단 세분화**
>
> (1) 시장세분화의 성공조건
> - 내부적 동질성, 외부적 이질성
> - **측정가능성** : 세분시장의 규모와 구매력 등 측정가능성
> - **접근가능성** : 세분시장에 접근하여 활동할 수 있는 정도
> - **실체성** : 세분시장의 규모가 수익을 내기에 충분
> - **유효타당성** : 세분시장이 분류기준이 타당하여야 함
> - **신뢰성** : 일정 기간 일관성 있는 특질을 지녀야 함
> - **차별적 반응** : 각각 세분시장은 마케팅 믹스에 대하여 서로 다른 반응을 나타내야 함
> - **실행가능성** : 세분시장 공략을 위한 마케팅 믹스의 개발가능성
>
> (2) 시장세분화의 기준
> - **지리적 세분화** : 지역, 도시 규모, 인구밀도, 기후 등
> - **인구통계학적 세분화** : 연령, 성별, 가족 수, 소득, 직업, 학교, 종교, 인종, 세대, 국적 등
> - **사회 심리적 세분화** : 사회계층, 생활양식, 개성 등
> - **(구매)행동적 세분화** : 사용상황, 추구하는 이점, 사용자 상태, 사용률, 충성도, 준비단계, 제품에 대한 태도 등
>
> **2. 목표시장 선정**(targeting)
>
> (1) 시장 매력도와 해당 기업에의 적합도 평가
> - **시장의 매력도** : 시장의 성장률, 경쟁상황, 크기, 소비자 충성도, 가능 시장점유율, 손익분기점, 예상수익 등
> - **예상 기업 적합도** : 경쟁자에 비해 우수한 가치를 고객에게 전할 수 있는지, 회사의 이미지에 미치는 영향은 어떤지, 요구되는 투자자금을 기업이 감당할 수 있는지, 유통은 가능한지 등

(2) 표적시장의 선정

① **비차별적 마케팅**
- 하나의 제품을 가지고 전체 시장을 공략하는 접근방식
- 제품의 도입기에 적합
- 생산표준화와 원가절감에 효과가 있지만 제품 및 고객 니즈에 대한 개별적 접근이 어려움

② **차별적 마케팅**
- 전체 시장을 몇 개의 세분시장으로 나누어 각각에 맞는 제품을 공급하는 접근방식
- 제품의 특성이 차이가 나거나 시장이 이질적인 경우, 경쟁업자가 적극적으로 차별화 전략을 사용하는 경우, 제품이 쇠퇴기에 접어든 경우, 자원과 능력이 매우 많은 대기업의 경우에 적합
- 재무적 차원의 시너지로 인해 총매출액이 증대하고 소비자의 욕구 충족 측면에서 효과적이지만 마케팅 믹스의 개발비용과 판관비 등이 증가

③ **집중적 마케팅**
- 전체 시장을 몇 개의 세분시장으로 나누되 그중 하나의 세분시장에만 참여하는 접근방식
- 전문화에 의한 강력한 입지확보 가능성은 있지만 상대적으로 높은 위험을 부담

3. 포지셔닝(positioning)

(1) 개 념

해당 기업의 제품, 브랜드 혹은 조직을 위해서 목표시장의 고객의 마음(mind)속에 경쟁상품과 구별되는 어떤 이미지 혹은 정체성을 창조해 내려는 과정

(2) 포지셔닝 유형
- **제품 및 속성 편익에 의한 포지셔닝** : 차별적인 제품 속성(가격, 품질, 스타일, 성능 등), 특징으로 인해 편익을 제공한다고 고객에게 인식시키는 것
- **제품군에 의한 포지셔닝** : 특정 제품군에 대해서 좋게 평가하고 있는 경우 자사의 제품을 그 제품군과 동일한 것으로 포지셔닝 하고 반대의 경우에는 자사의 제품을 그 제품군과 다른 것으로 포지셔닝시키는 것
- **니치시장에 대한 포지셔닝** : 경쟁적 포지셔닝의 한 방법으로 기존의 제품이 충족시키지 못하는 시장 기회를 이용하는 것
- **사용상황 포지셔닝** : 제품의 적절한 사용상황을 묘사하거나 제시함으로써 포지셔닝 하는 것
- **제품 사용자 포지셔닝** : 특정한 고객층에게 해당 제품이 적합하다고 포지셔닝하는 방법

- **경쟁에 의한 포지셔닝** : 고객의 지각 속에 자리 잡고 있는 경쟁제품과 명시적 혹은 묵시적으로 비교함으로써 자사 제품의 혜택을 부각시키는 방법

관련 문제

1 STP전략의 활동을 순서대로 나열한 것은? (가맹거래사, 13, 06)

① 위치 정립 → 표적시장 선정 → 시장세분화
② 위치 정립 → 시장세분화 → 표적시장 선정
③ 표적시장 선정 → 위치 정립 → 시장세분화
④ 시장세분화 → 표적시장 선정 → 위치 정립
⑤ 시장세분화 → 위치 정립 → 표적시장 선정

/정답/ ④

2 효과적인 시장세분화를 위한 요건으로 옳지 않은 것은? (노무사, 18)

① 측정가능성
② 충분한 시장 규모
③ 접근가능성
④ 세분시장 간의 동질성
⑤ 실행가능성

/정답/ ④

3 시장세분화에 관한 설명으로 옳지 않은 것은? (노무사, 17)

① 세분화된 시장 내에서는 이질성이 극대화되도록 해야 한다.
② 효과적인 시장세분화를 위해서는 시장의 규모가 측정 가능해야 한다.
③ 나이, 성별, 소득은 인구통계학적 세분화 기준에 속한다.
④ 제품사용 상황, 추구편익은 행동적 세분화 기준에 속한다.
⑤ 라이프스타일, 성격은 심리도식적 세분화 기준에 속한다.

/정답/ ①

4 세분시장을 결정할 때 고려해야 할 요인이 아닌 것은? (경영지도사, 19)

① 수익 및 성장의 잠재력
② 세분시장 내 욕구의 동질성 정도와 세분시장 간 욕구의 상이성 정도
③ 세분시장에 대한 접근가능성의 정도
④ 시장세분화에 소요되는 비용
⑤ 세분시장의 인지부조화

/정답/ ⑤

5 다음 중 시장세분화의 전제조건이 아닌 것은? (가맹거래사, 07)

① 각 세분시장은 일정 기간에 걸쳐 일관성 있는 특성을 지녀야 한다.
② 소비자들의 기호, 구매행위 등 개별적인 특징을 파악할 수 있어야 한다.
③ 전체적 시장점유율이 고려되어야 한다.
④ 목표세분시장에 제품에 대한 메시지 전달이 가능해야 한다.
⑤ 독자적인 마케팅 활동을 위한 재무적 가치가 보장되어야 한다.

/정답/ ③
①은 내부적 동질성, ②는 측정가능성, ④는 접근가능성, ⑤는 유효정당성에 관한 설명이다.

6 시장세분화가 유용하게 사용되기 위해 갖추어야 할 요건이 아닌 것은? (가맹거래사, 11)

① 측정 가능성(measurability)
② 소멸 가능성(perishability)
③ 충분한 규모의 시장성(substantiality)
④ 차별화 가능성(differentiability)
⑤ 접근 가능성(accessibility)

/정답/ ②

7 효과적 시장세분화에 관한 설명으로 옳지 않은 것은? (가맹거래사, 12)

① 세분시장의 규모가 측정 가능해야 한다.
② 행태적 세분화를 위한 기준으로 제품 사용상황, 사용량, 추구편익 등을 활용한다.
③ 동일한 세분시장 내에 있는 소비자들의 이질성이 극대화되도록 해야 한다.
④ 특정한 시장세분화 기준변수가 모든 상황에서 가장 효과적인 것은 아니다.
⑤ 세분시장의 규모가 수익을 창출할 수 있도록 커야 한다.

/정답/ ③

세분시장 내에서는 동질성이 극대화되어야 하고, 세분시장 상호 간에는 이질성이 극대화되어야 한다.

8 시장세분화를 위한 소비자의 행동분석적 요인에 해당되지 않는 것은? (노무사, 10)

① 편익
② 제품사용경험
③ 제품의 사용정도
④ 상표애호도
⑤ 가족생애주기

/정답/ ⑤

9 시장세분화의 유형 중 인구 통계적 세분화에 포함되는 요소가 <u>아닌</u> 것은?

(경영지도사, 15, 18 및 가맹거래사, 10, 23)

① 사용률　　　　② 연령　　　　③ 직업
④ 교육수준　　　⑤ 소득

/정답/ ①

사용률은 구매 행동적 세분화 요소이다.
경영지도사 15년, 가맹거래사 10년도, 23년도 기출문제는 '라이프 스타일'이 정답으로 제시되었다. 라이프 스타일은 사회 심리적 세분화 요소에 해당하다.

10 차별적 마케팅의 일환으로 서로 다른 특성을 지닌 소비자집단을 다양한 기준으로 세분화할 필요가 있다. 그 한 가지 기준인 행동적 변수에 해당하지 <u>않는</u> 것은?　(경영지도사, 13 및 가맹거래사, 11, 18)

① 구매 또는 사용상황　　　　② 소비자가 추구하는 편익
③ 소비자의 라이프스타일　　④ 상표충성도
⑤ 제품사용경험

/정답/ ③

행동적 세분화는 구매자의 사용상황, 사용경험, 상표 애호도 등으로 시장을 나누는 것이다. 가맹거래사 11년도 기출은 '라이프 스타일'이, 가맹거래사 18년도 기출문제는 '소비자들의 성격'이 정답 지문으로 제시되었다.

11 시장세분화에 관한 설명으로 옳은 것은?　(노무사, 13)

① 인구 통계적 세분화는 나이, 성별, 가족규모, 소득, 직업, 종교, 교육수준 등을 바탕으로 시장을 나누는 것이다.
② 사회 심리적 세분화는 추구하는 편익, 사용량, 상표 애호도, 사용 여부 등을 바탕으로 시장을 나누는 것이다.
③ 시장표적화는 시장 내에서 우월한 위치를 차지하도록 고객을 위한 제품·서비스 및 마케팅 믹스를 개발하는 것이다.
④ 시장포지셔닝은 세분화된 시장의 좋은 점을 분석한 후 진입할 세분시장을 선택하는 것이다.
⑤ 행동적 세분화는 구매자의 사회적 위치, 생활 습관, 개인 성격 등을 바탕으로 시장을 나누는 것이다.

② 행동적 세분화에 해당한다.
③ 포지셔닝의 설명에 해당한다.
④ 목표시장 선정의 설명에 해당한다.
⑤ 사회 심리적 세분화의 설명에 해당한다.

/정답/ ①

12 다음의 사례에서 사용되지 않은 시장세분화 방법은? (경영지도사, 17)

> A수프(soup)회사는 남아메리카의 경제성과 편의성을 중시하는 중류층 젊은 인구가 성장하고 있고 전국적으로 도시마다 라틴계 커뮤니티가 증가하고 있다는 사실을 알아차리고, 남미 시장에서는 크레올 수프를, 라틴계 시장에서는 레드 빈 수프를 소개했으며, 외향적이며 자극적인 음식을 즐기는 캘리포니아주와 텍사스주에서는 미국 내 다른 지역보다 나초 치즈 수프를 더 맵게 만들었다.

① 지역적 세분화   ② 인구통계학적 세분화   ③ 심리적 세분화
④ 편의 세분화   ⑤ 사용량 세분화

/정답/ ⑤

13 STP전략에 관한 설명으로 옳지 않은 것은? (경영지도사, 16)

① 인구 통계적 세분화는 나이, 성별, 가족규모, 소득, 직업, 교육수준 등을 바탕으로 시장을 나누는 것이다.
② 행동적 세분화는 추구하는 편익, 사용량 등을 바탕으로 시장을 나누는 것이다.
③ 사회 심리적 세분화는 제품사용 경험, 제품에 대한 태도, 충성도, 종교 등을 바탕으로 시장을 나누는 것이다.
④ 시장표적화는 세분화된 시장의 좋은 점을 분석한 후 진입할 세분시장을 선택하는 것이다.
⑤ 시장 포지셔닝은 시장 내에서 우월한 위치를 차지하도록 고객을 위한 제품·서비스 및 마케팅 믹스를 개발하는 것이다.

/정답/ ③
제품사용 경험, 제품에 대한 태도, 충성도, 종교 등을 바탕으로 시장을 나누는 것은 행동적 세분화의 설명에 해당한다.

14 표적 마케팅(target marketing)을 실행하는 단계가 바르게 배열된 것은? (가맹거래사, 09)

① 시장세분화 → 표적시장 선정 → 포지셔닝
② 포지셔닝 → 표적시장 선정 → 시장세분화
③ 시장세분화 → 포지셔닝 → 표적시장 선정
④ 표적시장 선정 → 시장세분화 → 포지셔닝
⑤ 표적시장 선정 → 포지셔닝 → 시장세분화

/정답/ ①

15 표적시장에 관한 설명으로 옳지 않은 것은? (노무사, 15)

① 단일표적시장에는 집중적 마케팅 전략을 구사한다.
② 다수표적시장에는 순환적 마케팅 전략을 구사한다.
③ 통합표적시장에는 역세분화 마케팅 전략을 구사한다.
④ 인적, 물적, 기술적 자원이 부족한 기업은 보통 집중적 마케팅 전략을 구사한다.
⑤ 세분시장 평가 시에는 세분시장의 매력도, 기업의 목표와 자원 등을 고려해야 한다.

/정답/ ②

순환적 마케팅이란 고객이 원하는 것을 먼저 파악하고 그 욕구를 충족시킬 수 있는 제품을 생산하여 판매하고 고객의 제품사용 후의 평가 또는 느낌을 다시 기존 제품의 수정 또는 개선 그리고 또 다른 신제품 개발에 활용하는 마케팅 방식을 말한다.

16 다음 표적시장에 관한 설명 중 맞게 기술된 것은? (가맹거래사, 07)

① 전체 시장을 대상으로 하여 단일 제품을 판매하고자 하는 전략은 차별적인 마케팅 전략이다.
② 시장의 이질성이 클수록 비차별적인 마케팅이 적절하다.
③ 경쟁자의 수가 적어 경쟁 정도가 약할수록 차별적인 마케팅이 적절하다.
④ 기업의 기존 마케팅 및 조직문화와의 이질성이 큰 시장을 표적시장으로 선택하는 것이 좋다.
⑤ 설탕, 벽돌, 철강 등의 제품은 비차별적인 마케팅이 적합하다.

> /정답/ ⑤
> ① 전체 시장을 대상으로 하여 단일 제품을 판매하고자 하는 전략은 무차별적인 마케팅 전략이다.
> ② 시장의 이질성이 클수록 차별적인 마케팅이 적절하다.
> ③ 경쟁 정도가 약할수록 비차별적인 마케팅으로 생산원가를 절감하는 것이 유리하다.
> ④ 기업의 조직문화와 유사한 시장을 표적시장으로 선정하는 것이 좋다.

17 목표시장 선정에 관한 설명으로 옳지 않은 것은? (가맹거래사, 14)

① 동질적 제품에 대해서는 무차별적 마케팅이 유리하다.
② 기업자원이 제한되어 있는 경우에는 집중적 마케팅이 유리하다.
③ 경쟁자 수가 많을수록 차별적 마케팅이 유리하다.
④ 제품수명주기에서 도입기에는 차별적 마케팅이 유리하다.
⑤ 소비자들의 욕구가 유사할 경우에는 무차별적 마케팅이 유리하다.

> /정답/ ④
> 제품수명주기에서 도입기에는 유통경로를 확보하여 소비자들에게 제품인지와 시용 구매를 창출하는 상표구축 전략이 유리하다. 차별적 마케팅은 상대적으로 성숙기에 유리한 마케팅 전략이다.

18 다음은 무엇에 관한 설명인가? (가맹거래사, 08)

> ○ 다수 구매자에게 소구(appeal)하기 위하여 하나의 마케팅 프로그램으로 시장을 공략
> ○ 소비자들 간의 차이보다는 공통점에 대하여 중점을 둠
> ○ 세분시장 간의 차이를 무시하고 하나의 제품으로 전체 시장을 공략

① 차별적 마케팅(differentiated marketing)
② 집중 마케팅(concentrated marketing)
③ 표적시장 마케팅(target marketing)
④ 무차별 마케팅(undifferentiated marketing)
⑤ 제품다양화 마케팅(product-variety marketing)

> /정답/ ④

19 특정 기업이 자사 제품을 경쟁제품과 비교하여 유리하고 독특한 위치를 차지하도록 하는 마케팅 전략은?   (노무사, 12)

① 관계마케팅 ② 포지셔닝 ③ 표적시장 선정
④ 일대일 마케팅 ⑤ 시장세분화

/정답/ ②
④ 일대일 마케팅은 기업과 개별 고객 간 직접적인 의사소통을 통한 마케팅이다.

20 경쟁제품과의 차별성을 목표고객에게 인식시키기 위한 마케팅 전략은?   (가맹거래사, 10)

① 유지전략 ② 철수전략 ③ 포지셔닝전략
④ 성장전략 ⑤ 유통전략

/정답/ ③

21 포지셔닝 전략의 유형에 관한 설명으로 옳지 않은 것은?   (가맹거래사, 17)

① 제품속성에 의한 포지셔닝은 자사 브랜드를 주요 제품속성이나 편익과 연계하는 것이다.
② 제품군에 의한 포지셔닝은 자사 제품을 대체 가능한 다른 제품군과 연계하여 소비자의 제품 전환을 유도하는 것이다.
③ 제품사용자에 의한 포지셔닝은 제품을 특정 사용자나 사용자계층과 연계하는 것이다.
④ 범주 포지셔닝은 제품을 그 사용상황에 연계하는 것이다.
⑤ 경쟁적 포지셔닝은 자사 브랜드를 경쟁제품과 직접 혹은 암시적으로 연계하는 것이다.

/정답/ ④
제품을 그 사용상황과 연계하는 것은 사용상황에 의한 포지셔닝이다.

22 마케팅 전략에 관한 설명으로 옳은 것은? (노무사, 20)

① 마케팅 비용을 절감하기 위해 차별화 마케팅 전략을 도입한다.
② 제품 전문화 전략은 표적시장 선정전략의 일종이다.
③ 포지셔닝은 전체 시장을 목표로 하는 마케팅 전략이다.
④ 제품의 확장속성이란 판매자가 제공하거나 구매자가 추구하는 본질적 편익을 말한다.
⑤ 시장세분화 전제조건으로서의 실질성이란 세분시장의 구매력 등이 측정 가능해야 함을 의미한다.

/정답/ ②

① 차별적 마케팅은 재무적 차원의 시너지로 인해 총매출액이 증대하고 소비자의 욕구 충족 측면에서 효과적이지만 마케팅 믹스의 개발비용과 판관비 등이 증가한다.
③ 포지셔닝은 목표시장의 고객의 마음(mind)속에 경쟁상품과 구별되는 어떤 이미지 혹은 정체성을 창조해 내려는 과정을 말한다.
④ 코틀러(Kotler)에 의하면 확장제품(augmented product)이란 유형제품에 덧붙여 제공할 수 있는 개발, 보증, 애프터 서비스, 설치 등과 같은 부가적인 효익을 의미한다. 판매자가 제공하거나 구매자가 추구하는 본질적인 편익은 핵심제품(core product)이다.
⑤ 실질성은 세분시장의 규모가 수익을 내기에 충분하여야 한다는 전제조건이고, 세분시장의 구매력 등이 측정 가능해야 한다는 전제조건은 측정가능성을 말한다.

|제4절| 마케팅믹스 전략 : 4P전략

> **POINT 마케팅믹스 전략**
>
> **1. 마케팅믹스의 개념**
>   일정한 환경적 조건과 일정한 시점 내에서 여러 가지 형태의 마케팅 수단들을 경영자가 적절하게 조화시키는 전략
>
> **2. 4P믹스**
> - **제품(Product)전략** : 브랜드, 품질, 신제품 등
> - **가격(Price)전략**
> - **유통(Place)전략** : 유통경로 설계 및 운영
> - **촉진(Promotion)전략** : 광고, 홍보, 인적판매, 판매촉진 등 고객과의 커뮤니케이션
>
> **3. 7P 믹스**
>   4P에 people(사람), physical evidence(물리적 증거), process(절차)를 포함
>
> **4. 4C 믹스**
> - 1993년 로터본(Lauterborn)에 의해 제시된 개념으로서 판매자 측 시점의 4P에 대응하여 소비자의 시점으로 마케팅 믹스를 파악한 것
> - 소비자의 요구(consumer, customer solution, customer value)
> - 소비자 가격(customer cost)
> - 커뮤니케이션(communication)
> - 유통 편리성(convenience)

□ 관련 문제

1 마케팅의 4P에 해당하지 <u>않는</u> 것은? (경영지도사, 20 및 가맹거래사, 09, 23)

① 가격　　② 제품　　③ 유통　　④ 소비자　　⑤ 촉진

/정답/ ④

2009년 및 2023년가맹거래사 기출문제에서는 "사람(People)"이 정답

2 서비스 마케팅믹스의 구성요소로 제안되고 있는 7가지에 포함되지 <u>않는</u> 것은? (가맹거래사, 06)

① 소비자　　② 프로세스　　③ 물리적 증거
④ 경로　　⑤ 제품

/정답/ ①

3 마케팅믹스 4P와 로터본(Lauterborn)의 4C의 대응 관계로 <u>옳지 않은</u> 것은? (가맹거래사, 21)

① 4P : 기업관점, 4C : 소비자관점　　② 4P : 제품, 4C : 소비자문제해결
③ 4P : 가격, 4C : 소비자비용　　④ 4P : 유통, 4C : 유통의 편리성
⑤ 4P : 촉진, 4C : 제품접근성

/정답/ ⑤

4 마케팅 전략에 관한 설명으로 <u>옳지 않은</u> 것은? (경영지도사, 14)

① STP 전략이란 시장세분화, 목표시장선정, 제품 포지셔닝을 의미한다.
② 시장세분화는 하나의 시장을 다양한 특성에 따라 구분하는 것이다.
③ 마케팅믹스 전략은 제품, 가격, 유통경로, 촉진의 4P 전략으로 구성된다.
④ 유통경로는 직접 유통경로와 간접 유통경로로 구분하는 것이 가능하다.
⑤ 촉진수단에는 상표결정과 포장결정 등이 있다.

/정답/ ⑤

⑤ 촉진수단에는 광고, 홍보, 판매촉진, 인적판매 등이 있다.

POINT 제품의 종류 : 제품의 계층구조 – 코틀러(Kotler)

1. 핵심제품(core product)
- 고객이 제품구매에서 얻으려고 하는 근본적인 서비스나 효용
- 핵심편익

2. 유형제품(formal product)
- 고객이 제품으로부터 추구하는 핵심적인 편익을 구체적인 물리적 속성들의 집합으로 유형화한 것
- 실제 제품. 디자인, 품질 수준, 브랜드 네임, 패키징, 포장 등

3. 확장제품(augmented product)
- 유형제품에 덧붙여 제공할 수 있는 개발, 보증, 에프터 서비스, 설치 등과 같은 부가적인 효익
- 판매 후 서비스, 보증, 설치, 배달, A.S 등

□ 관련 문제

1 제품 구성요소 중 유형제품(tangible product)에 해당하는 것은? (노무사, 17)

① 보증(guarantee)
② 상표명(brand name)
③ 대금결제방식(payment)
④ 배달(delivery)
⑤ 애프터 서비스(after service)

/정답/ ②

2 필립 코틀러(Philip Kotler)에 의하면 제품은 핵심제품(core product), 유형제품(tangible product), 확장제품(augmented product)으로 구성된다. 유형제품의 관리와 관련되는 것은? (가맹거래사, 08)

① 제품의 포장   ② 보증   ③ 대금결제방식
④ 배달   ⑤ A/S(after-sale service)

/정답/ ①

3 제품개념 중 확장제품에 해당되지 <u>않는</u> 것은? (가맹거래사, 11)

① 품질보증   ② 애프터 서비스   ③ 배달
④ 설치   ⑤ 포장

/정답/ ⑤

⑤ 유형제품에 해당한다.

4 판매후 서비스 (after service)는 어느 제품개념에 속하는가? (가맹거래사, 06)

① 확장제품   ② 서비스제품   ③ 물리적제품
④ 핵심제품   ⑤ 유형제품

/정답/ ①

5 제품은 핵심제품, 유형제품, 확장제품으로 구성된다. 이에 관한 설명으로 옳은 것은? (가맹거래사, 18)

① 핵심제품의 관점에서 보면 소비자들은 제품의 상표를 구매하고 있는 것이다.
② 핵심제품은 확장제품에 의해 구체화된다.
③ 유형적 제품 특성에서 소비자는 서로 다른 여러 제품들 중 하나를 구매할 수 있다.
④ 확장제품은 포장, 상표 등으로 구성된다.
⑤ 유형제품에는 제품의 설치, 배달 등이 포함된다.

/정답/ ③

① 핵심제품의 관점에서 보면 소비자들은 제품의 효용을 구매하는 것이다.
② 핵심제품은 유형제품에 의해 구체화된다.
④ 포장, 상표 등으로 구성되는 것은 유형제품이다.
⑤ 제품의 설치, 배달 등은 확장제품에 포함된다.

POINT 산업재와 소비재

	산업재(industrial product)	소비재(customer product)
개념	산업시장에서 구매되기에 특정 소수로서 수요의 집중도가 높은 제품, 조직이나 개인이 업무용으로 구입하는 제품	불특정 다수를 대상으로 하며 수요의 집중도가 낮은 제품으로, 개인적 소비를 위해 최종 소비자가 구매하는 제품
유형	• 원재료 : 자연상태에서 추출한 것으로 다른 상품으로 가공하기 위해 투입되는 상품 • 부분품 : 1차 가공을 한 제품으로 형태의 변환 없이 다른 상품을 만들기 위해 투입되는 상품 • 설비품 : 다른 제품을 가공하기 위해 사용되는 제품 • 소모품 : 완제품에는 전혀 투입되지 않는 것	• 편의품 : 소비자가 최소의 노력을 투입하여 필요를 느낄 때 수시로 구매할 수 있는 제품(담배, 비누, 신문, 식료품 등) • 선매품 : 편의품보다는 구매 빈도가 약간 떨어지는 제품으로 상품 선택에 있어서 적합성, 품질, 가격, 디자인 등을 비교 구매하는 상품(가구, 의류, 장신구류 등) • 전문품 : 특수한 매력에 끌려 구매하거나 독특한 특징과 차별화되는 브랜드 정체성을 가진 제품 (피아노, 자동차, 고급의류 등) • 미탐제품 : 소비자가 잘 알지 못하거나 알더라도 관심이 없는 제품

□ 관련 문제

1 다음에서 설명하는 소비재는? (노무사, 18)

○ 특정 브랜드에 대한 고객 충성도가 높다.
○ 제품마다 고유한 특성을 지니고 있다.
○ 브랜드마다 차이가 크다.
○ 구매 시 많은 시간과 노력을 필요로 한다.

① 편의품(convenience goods) ② 선매품(shopping goods)
③ 전문품(specialty goods) ④ 자본재(capital items)
⑤ 원자재(raw materials)

/정답/ ③

2 소비재의 제품유형 중 다음에 해당하는 것은? (가맹거래사, 20)

> ○ 제품구매 시 타제품과의 비교를 위해 상당한 시간과 노력이 투입된다.
> ○ 지역별로 소수의 판매점을 통해 유통되는 선택적 유통경로 전략이 유리하다.
> ○ 불특정 다수에 대한 광고와 특정 구매자집단을 표적으로 하는 인적판매를 사용한다.

① 전문품 ② 소모품 ③ 자재와 부품 ④ 선매품 ⑤ 편의품

/정답/ ④

---

3 선매품(shopping goods)이 아닌 것은? (가맹거래사, 16)

① 가구 ② 의류 ③ 중고차 ④ 사탕 ⑤ 가전제품

/정답/ ④

식료품은 편의품에 속한다.

---

4 선매품(shopping goods)에 관한 설명으로 옳은 것은? (노무사, 21)

① 소비자가 필요하다고 느낄 때 수시로 구매하는 경향을 보인다.
② 소비자는 가격, 품질, 스타일 등 다양한 정보를 수집하여 신중하게 비교하는 경향을 보인다.
③ 소비자는 잘 알지 못하거나 알고 있어도 능동적으로 구매하려 하지 않는다.
④ 일상생활에서 빈번히 구매하는 저관여 제품들이 많다.
⑤ 독특한 특징을 지니거나 브랜드 차별성을 지니는 제품들이 많다.

/정답/ ②

①④ 편의품
③ 미탐제품
⑤ 전문품

5 소비재의 각 유형에 관한 일반적인 설명으로 옳은 것은? (가맹거래사, 11)

① 편의품은 대체제품 수용도가 낮다.
② 선매품은 선택적 유통경로 전략이 유리하다.
③ 선매품은 구매 빈도가 매우 높은 편이다.
④ 전문품은 대체제품 수용도가 높다.
⑤ 전문품은 불특정 다수에 대한 광고가 효과적이다.

/정답/ ②

② 선매품은 선뜻 구매하기 어려운 제품이므로 선택적 유통경로 전략이 유리하다.
① 편의품은 주로 일상생활에서 소비 빈도가 가장 높으며 가장 인접해있는 점포에서 구매하는 상품을 의미하며 대체제품 수용도가 높다.
③ 선매품은 구매 빈도가 매우 높지 않다.
④⑤ 전문품은 상당한 수의 구매자집단이 특정적으로 애착심을 가지며 또한 그것을 위해서는 특수한 구매 노력을 하고자 하는 소비용품으로 대체제품 수용도가 낮다.

6 소비재의 제품유형에 관한 설명으로 옳지 않은 것은? (가맹거래사, 19)

① 편의품은 소비자가 제품구매를 위해 많은 노력을 기울이지 않는 제품이다.
② 전문품은 소비자가 제품구매를 위해 특별한 노력을 기울이는 제품이다.
③ 설탕이나 화장지 같이 자주 구매되는 필수품은 편의품에 포함된다.
④ 선매품의 경우 소비자가 구매계획과 정보탐색에 많은 시간을 할애한다.
⑤ 전문품의 경우 소비자들의 브랜드 충성도는 높지 않다.

/정답/ ⑤

POINT 제품수명주기 모형

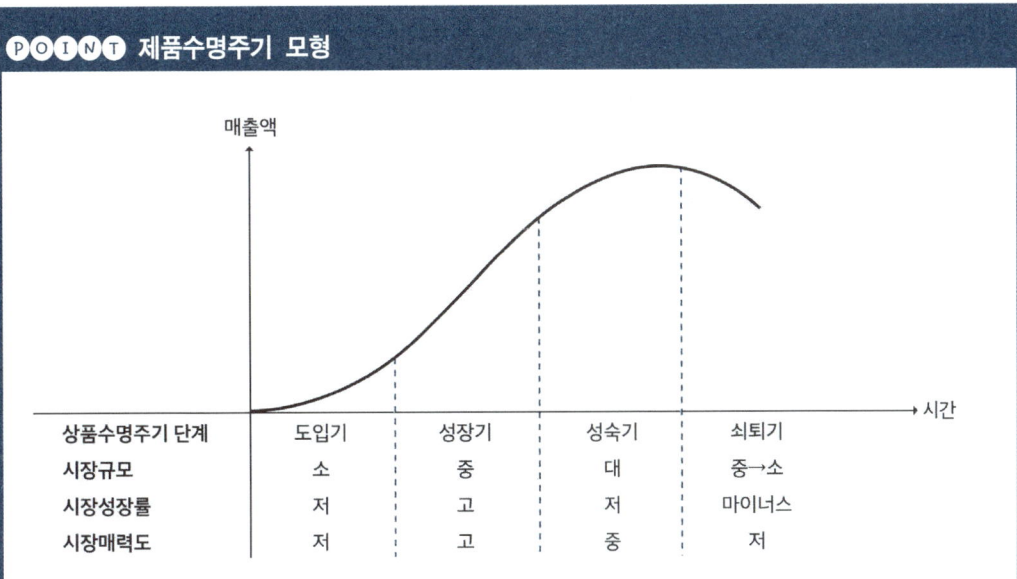

	도입기	성장기	성숙기	쇠퇴기
매출이익 고객경쟁자	낮음 적자 혁신층 소수	급속성장 증대 조기수용층 점차증대	최대매출 최대/점차감소 중간다수층 최대/점차감소	매출쇠퇴 감소 최후수용층 쇠퇴
마케팅 목표	제품의 인지 사용증대	시장점유율 극대화전략	시장점유율 방어 이익극대화	비용절감 투자회수
제품전략	기본제품	제품과 서비스 확대	모델 다양화	경쟁력 없는 제품 철수
가격전략	원가가산가격	시장침투가격	경쟁대응가격	가격인하
경로전략	선택적 유통	집중적 유통	집중적 유통 강화	선택적 유통
광고전략	정보전달형	설득형 광고	차별화광고	상기광고

관련 문제

1 제품수명주기의 발전단계로 옳은 것은? (가맹거래사, 09 및 노무사, 14)

① 도입기 → 성숙기 → 성장기 → 쇠퇴기
② 성장기 → 도입기 → 성숙기 → 쇠퇴기
③ 도입기 → 성장기 → 쇠퇴기 → 성숙기
④ 도입기 → 쇠퇴기 → 성장기 → 성숙기
⑤ 도입기 → 성장기 → 성숙기 → 쇠퇴기

/정답/ ⑤

2 제품수명주기(PLC)의 단계별 특성에 관한 설명으로 옳지 않은 것은? (노무사, 11)

① 도입기에는 경쟁자의 수가 적다.   ② 성장기에는 매출 성장이 빠르다.
③ 성숙기에는 이익이 점점 증가한다.   ④ 쇠퇴기에는 경쟁자의 수가 감소한다.
⑤ 쇠퇴기에는 비용지출이 감소한다.

/정답/ ③
성숙기에서는 치열한 경쟁으로 인해 가격 인하가 시작되어 이익이 감소하기 시작한다.

3 전형적인 제품수명주기(PLC)에 관한 설명으로 옳지 않은 것은? (노무사, 15)

① 도입기, 성장기, 성숙기, 쇠퇴기의 4단계로 나누어진다.
② 성장기에는 제품선호형 광고에서 정보제공형 광고로 전환한다.
③ 도입기에는 제품인지도를 높이기 위해 광고비가 많이 소요된다.
④ 성숙기에는 제품의 매출성장률이 점차적으로 둔화되기 시작한다.
⑤ 쇠퇴기에는 제품에 대해 유지전략, 수확전략, 철수전략 등을 고려할 수 있다.

/정답/ ②
성장기에는 설득형 광고로 전환해야 하며, 정보제공형 광고는 도입기에 주로 이용해야 한다.

4 제품수명주기에 관한 설명으로 옳은 것은? (경영지도사, 14)

① 도입기는 신제품이 시장에 처음 나타나는 시기로 이때 매출은 적고 상표를 강조하는 광고를 하며 경쟁자가 진입한다.
② 성장기는 시장에서 어느 정도 알려져서 매출이 급상승하는 시기이며, 이때 본원적 수요를 자극하기 위한 광고를 하며 상품을 알리는 데 주력해야 한다.
③ 안정기는 매출도 많지만 안정에 접어든 시기로 이때 이익도 가장 많이 난다.
④ 성숙기는 매출이 최고조에 달하는 시기이며 이때 경쟁이 심하고 상표의 차별성을 강조하며 마케팅 전략의 수정이 필요하다.
⑤ 쇠퇴기에는 새로운 신상품이 나타나지만 매출이 줄지 않고 이익이 계속 발생하므로 이를 유지하는 전략을 구사하는 것이 필요하다.

/정답/ ④
① 경쟁자가 진입하기 시작하는 시기는 도입기가 아니라 성장기이다.
② 성장기의 광고는 상표를 강조하는 광고를 해야 한다.
③ 안정기라는 단계는 존재하지 않는다.
⑤ 쇠퇴기는 제품판매가 감소하는 단계로 신제품 출시보다는 제품의 수를 줄이는 것이 좋으며, 투자를 회수하는 전략이나 철수하는 전략을 고려해야 한다.

5 제품수명주기에서 성장기의 특성에 관한 설명으로 옳지 않은 것은? (경영지도사, 15)

① 수요가 급증하기 시작한다.
② 새로운 경쟁자들이 증가한다.
③ 유통경로가 확대되고 시장규모가 커진다.
④ 제품 인지도를 높여 새로운 구매수요를 발굴한다.
⑤ 제조원가가 급속히 감소함에 따라 이윤이 증가한다.

/정답/ ④
제품 인지도를 높여 새로운 구매수요를 발굴하는 시기는 도입기다.

6 일반적으로 도입-성장-성숙-쇠퇴의 단계를 거치는 제품수명주기 (Product Life Cycle : PLC) 의 설명과 가장 거리가 먼 것은? (가맹거래사, 06)

① 시간의 흐름에 따른 제품 판매량의 변화를 나타낸 것이다.
② 일반적으로 각 단계의 지속기간은 거의 일정하다.
③ 성장단계에서는 판매량과 이익이 모두 증가한다.
④ 성숙단계에서는 판매량이 안정되나 단위당 이익은 감소하는 경향이 있다.
⑤ 쇠퇴단계는 그 제품에 대한 소비자의 욕구가 사라지거나 대체제품이 개발되기 때문이다.

/정답/ ②
각 단계의 지속기간은 모두 다르며 일반적으로 성숙기가 도입기나 성장기에 비해 긴 편이다.

7 제품수명주기에 관한 설명으로 옳지 않은 것은? (가맹거래사, 12)

① 시장개발, 제품개선, 마케팅믹스 수정 시기는 성숙기이다.
② 제품 수 축소 및 철수 시기는 쇠퇴기이다.
③ 매출액과 순이익의 성장률이 둔화되는 시기는 성장기이다.
④ 입소문 유포자는 도입기와 관련이 있다.
⑤ 고소득층이나 혁신층을 대상으로 마케팅 활동을 하는 시기는 도입기이다.

/정답/ ③
매출액과 순이익의 성장률이 둔화하는 시기는 쇠퇴기이다.

8 제품수명주기에 관한 설명으로 옳지 않은 것은? (가맹거래사, 13)

① 시간의 경과에 따라 제품의 수명을 도입기, 성장기, 성숙기, 쇠퇴기로 나눈 것이다.
② 도입기에는 제품에 대한 인지도가 낮고 유통이 한정되어 있어 제품판매는 저조하고 낮은 판매성장률을 보인다.
③ 성숙기에는 시장점유율을 확보하려고 노력하여 매출이 급상승한다.
④ 선진국에서 이미 쇠퇴한 제품이라도 후진국에서는 성장기의 제품이 될 수도 있다.
⑤ 쇠퇴기에는 과거 투자에 대한 회수를 극대화하고자 한다.

/정답/ ③

성숙기는 매출액은 높은 상태이지만 제품판매 성장률은 점차로 감소하고 어느 시점에 이르면 수요는 정체 및 감소하게 된다. 마케팅관리자는 시장점유율을 확대하려 하기보다는 이윤을 극대화해서 쇠퇴기를 대비하게 되며 이 단계에서는 시장점유율을 유지시키는게 목표이다.

9 제품수명주기전략에 관한 설명으로 옳지 않은 것은? (가맹거래사, 14)

① 도입기에는 소비자 욕구를 충족시켜주는 기본적 기능을 갖춘 제품을 판매한다.
② 소비재와 산업재의 도입기 유통전략은 중간상 활용 및 직접유통 등에서 유사하다.
③ 성장기에는 소비자 욕구의 다양화에 대처하기 위해 제품차별화 방안을 모색한다.
④ 성장기에는 시장점유율을 극대화하는 전략을 택한다.
⑤ 성숙기에는 시장점유율을 유지하는 전략을 택한다.

/정답/ ②

중간상 활용 및 직접 유통은 소비재 도입기의 유통전략에 해당한다.

10 제품수명주기에 관한 설명으로 옳지 않은 것은? (가맹거래사, 19)

① 도입기에는 소비자의 시용 구매를 유도하기 위한 많은 노력이 요구된다.
② 도입기에는 적자이거나 이익이 나더라도 매우 낮다.
③ 성장기에는 판매가 급속히 확대되고 경쟁기업들이 진입한다.
④ 성숙기에는 조기수용자(early adoptors)의 구매가 시장 확대에 중요하다.
⑤ 쇠퇴기에는 경쟁력이 약한 제품들을 제거한다.

/정답/ ④

- 기업은 도입기에 소비자의 니즈를 파악하여 제품을 시판하고 빈번하게 변경한다. 이때 혁신자와 조기수용자는 그들의 개인적 특성이나 경제적 여유로 인해 구매에 따르는 위험을 기꺼이 감수한다.
- 성장기에는 보다 많은 제품이 시장에 선보이게 되면서 소비자들은 제품 선택을 위해 제품 간 특성을 비교하고 신모델을 검토한다. 이때에는 조기다수자가 관심을 가진다.
- 성숙기에는 안정된 시장에서 시장점유율을 높이기 위해 가격경쟁이 일어나고, 성장기에서 중요했던 제품의 특성은 표준화되어 제품 간 특성 구별이 힘들어지게 된다. 이 단계에서는 후기다수자가 구매를 한다.
- 쇠퇴기에는 경쟁기업들이 비슷한 제품을 판매하게 되고 최후수용자라 하더라도 제품의 구매에 대해 부담을 느끼지 않게 된다.

POINT 신제품 개발

1. 신제품의 종류
- **혁신적 신제품** : 완전히 새로운 제품
- **개량적 신제품** : 기업에서 의미하는 신제품으로 기존 제품이 개선된 경우
- **자사 입장의 신제품** : 시장에 이미 출시된 제품을 자사가 후발 업체로서 출시하는 제품으로, 시장에서는 신제품이 아니지만 자사 입장에서는 처음 도입하는 신제품

2. 신제품 개발 프로세스
아이디어 창출 → 아이디어 평가 → 제품개념 개발과 시험 → 마케팅 전략 개발 및 사업성 분석 → 제품개발 → 시험판매 → 상품화

3. 아이디어 창출기법
- **속성열거법**(attribute listing) : 특정 문제를 해결하기 위한 아이디어들을 열거·나열하여 새로운 아이디어를 도출
- **관계강화법**(forced relationships) : 기존의 아이디어들을 간의 새로운 결합을 통해 새로운 아이디어를 생성
- **브레인스토밍**(brainstorming) : 자유롭게 새로운 아이디어를 최대한 많이 제시하는 방법
- **마음지도법**(mind mapping) : 중심 개념에서부터 관련된 아이디어를 시각적으로 표시해 나가는 활동

4. 로저스(Rogers) 혁신의 수용과 확산모형

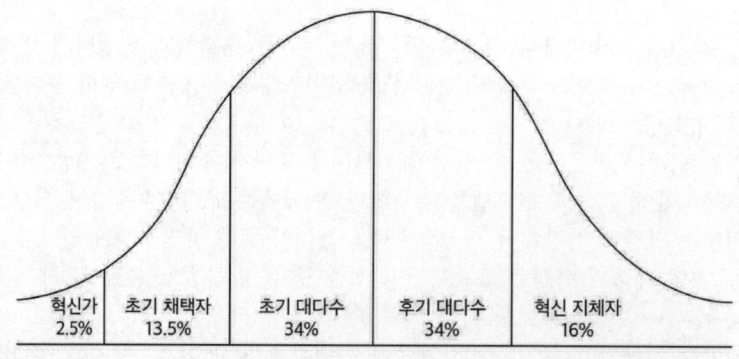

관련 문제

1 신제품개발과정의 단계로 옳은 것은? (가맹거래사, 16)

① 소비자요구분석 → 컨셉도출 → 아이디어창출 → 제품개발 → 신제품사업성 확인 → 상품화
② 소비자요구분석 → 아이디어창출 → 컨셉도출 → 신제품사업성 확인 → 제품개발 → 상품화
③ 소비자요구분석 → 컨셉도출 → 아이디어창출 → 신제품사업성 확인 → 제품개발 → 상품화
④ 아이디어창출 → 소비자요구분석 → 컨셉도출 → 신제품사업성 확인 → 제품개발 → 상품화
⑤ 아이디어창출 → 소비자요구분석 → 컨셉도출 → 제품개발 → 신제품사업성 확인 → 상품화

/정답/ ②

2 신제품 개발과정 중 아이디어 창출단계에서 사용하는 기법이 <u>아닌</u> 것은? (가맹거래사, 17)

① 속성열거법(attribute listing)
② 관계강화법(forced relationships)
③ 결합분석법(conjoint analysis)
④ 브레인스토밍(brainstorming)
⑤ 마음지도법(mind mapping)

/정답/ ③
결합분석법(conjoint analysis)은 제품 속성에 고객이 부여하는 효용을 추정하여 고객이 어떠한 제품을 선택할지 예측하는 기법이다.

3 기업이 신제품을 출시하기 전 고려해야 할 윤리적·법적 의무에 해당되지 <u>않는</u> 것은? (가맹거래사, 12)

① 안전성 시험(safety test)
② 제품회수(product recall)
③ 제품기능(product performance)
④ 가격인하(price discount)
⑤ 제품정보(product information)

/정답/ ④
가격인하는 신제품을 출시하기 전 고려해야 하는 윤리적·법적 의무에 해당하지 않는다.

4 신제품을 가장 먼저 받아들이는 그룹에 이어 두 번째로 신제품의 정보를 수집하여 신중하게 수용하는 그룹은? (노무사, 13)

① 조기수용자(early adopters)
② 혁신자(innovators)
③ 조기다수자(early majority)
④ 후기다수자(late majority)
⑤ 최후수용자(laggards)

/정답/ ①
신제품 수용의은 혁신자 → 조기수용자 → 조기다수자 → 후기다수자 → 최후수용자의 순으로 이루어진다.

5 로저스(Rogers)가 주장한 혁신의 수용과 확산모형에서 신제품을 수용하는 소비자 분포의 비율로 옳지 않은 것은? (노무사, 14)

① 혁신자(innovators) – 2.5 %
② 조기수용자(early adopters) – 16 %
③ 전기다수자(early majorities) – 34 %
④ 후기다수자(late majorities) – 34 %
⑤ 최후수용자(laggards) – 16 %

/정답/ ②
② 조기수용자(early adopters) - 13.5 %

6 로저스(E. Rogers)의 혁신에 대한 수용자 유형이 아닌 것은? (노무사, 23)

① 혁신자(innovators)
② 조기수용자(early adopters)
③ 후기수용자(late adopters)
④ 조기다수자(early majority)
⑤ 후기다수자(late majority)

/정답/ ③

7 모험적으로 위험을 감수하고 새로운 아이디어를 적극적으로 수용하는 계층은? (경영지도사, 19)

① 혁신자(innovator)
② 조기수용자(early adopter)
③ 조기다수자(early majority)
④ 후기다수자(late majority)
⑤ 지각수용자(laggard)

/정답/ ①

8 신제품의 수용과 확산 시 다음 특성을 나타내는 집단은? (가맹거래사, 20)

○ 소속된 집단에서 존경을 받는다.
○ 주로 사회에서 의견 선도자 내지 여론 주도자의 역할을 한다.
○ 전체 소비자집단의 약 13.5%를 차지한다.

① 혁신층
② 조기 수용층
③ 조기 다수층
④ 후기 다수층
⑤ 최후 수용층

/정답/ ②

POINT 브랜드

1. 상표의 구성요소

- **네임**(name) : 경쟁사와 구별하도록 소비자들에게 브랜드 이미지를 인식시키는 숫자·글자·언어 등으로서 소비자들이 쉽게 받아들일 수 있도록 친숙성, 차별성, 독특성을 중요하게 고려해야 함
- **로고**(logo) : 기업, 상품, 서비스 등의 이름이 독특하게 드러나도록 만들어주는 글자체로서 소비자들에게 시각적으로 전달되어 이미지를 쉽게 전달하는 것이 중요
- **심볼**(symbol) : 로고와 함께 브랜드를 대표하는 시각적 상징물로서 기호화된 모양이나 색 등 시각적 정보를 담고 있는 것
- **캐릭터**(character) : 브랜드를 의인화하여 만든 것으로서 브랜드의 인지와 회상, 브랜드의 메시지 및 커뮤니케이션 전달 역할을 수행하도록 제작하는 것이 중요
- **슬로건**(slogan) : 브랜드를 설명하거나 브랜드에 대한 정보를 전달하기 위해 사용하는 문장을 의미하는 것으로서 네임, 로고, 심볼 등이 전달하지 못하는 부분을 적극적으로 전달하는 역할을 수행
- **패키지**(package) : 유통과정에서 상품의 가치 및 상태를 보호하기 위하여 상품을 싸는 방법 및 상태로서 상품과 서비스의 이미지는 전달하는 역할 수행
- **징글**(jingle) : 브랜드와 관련한 소리나 음악과 같은 사운드로서 브랜드의 인지와 회상 작용을 수행

2. 브랜드 전략

(1) **개별상표**(individual brand)

각각의 개별제품마다 독립적인 브랜드를 부여하는 방식

(2) **가족상표**(family brand, 공동브랜드)

하나의 상표를 몇 개 또는 여러 개의 제품에 공통으로 사용하는 경우

- **수직적 패밀리브랜드 전략** : 기업명을 모든 제품에 사용, 성공한 제품명을 기업명으로 사용
- **수평적 패밀리브랜드 전략** : 라인확장, 카테고리확장

(3) 주체에 따른 브랜드 전략

- **제조업자 브랜드** : 제조업체가 스스로 만들어 사용하는 브랜드
- **유통업자 브랜드** : 유통업체가 스스로 만들어 사용하는 브랜드

- **라이센스 브랜드** : 제조업체 또는 유통업체가 비용을 지불하고 사용하는 다른 기업의 브랜드
- **복합브랜드**(cooperative brand) : 복수의 기업이 함께 사용하는 브랜드, 공동브랜드
- **주문자 상표 부착 방식**(OEM : original equipment manufacture) : 계약을 통해 자사의 상품 제조를 타사에 위탁하고 자사의 브랜드로 판매하는 방식

3. 브랜드 개발 전략

브랜드명		제품군	
		기 존	신 규
	현 존	라인확장	상표연장
	신 규	복수상표	신규상표

- **라인확장** : 기존 브랜드와 같은 상품범주 내에서 추가된 신상품에 기존 브랜드를 사용하는 전략
- **상표연장**(Brand Extension, 범주확장) : 동일한 브랜드를 새로운 상품군에 적용하는 전략
- **복수상표**(multi brand) : 동일한 제품범주 내에서 여러 개의 브랜드를 사용하는 전략으로 멀티브랜드라고도 함
- **신규상표** : 새로운 제품범주에 새로운 브랜드를 적용하는 전략

관련 문제

1 브랜드의 구성요소가 <u>아닌</u> 것은? (가맹거래사, 17)

① 라벨(label) ② 캐릭터(character) ③ 슬로건(slogan)
④ 심벌(symbol) ⑤ 로고(logo)

/정답/ ①

2 브랜드(brand) 요소를 모두 고른 것은? (노무사, 21)

ㄱ. 징글(jingle)	ㄴ. 캐릭터(character)
ㄷ. 슬로건(slogan)	ㄹ. 심볼(symbol)

① ㄱ, ㄴ　　　　② ㄷ, ㄹ　　　　③ ㄱ, ㄴ, ㄷ
④ ㄴ, ㄷ, ㄹ　　　⑤ ㄱ, ㄴ, ㄷ, ㄹ

/정답/ ⑤
브랜드의 요소는 네임(name), 로고(logo), 심볼(symbol), 캐릭터(character), 슬로건(slogan), 패키지(package), 징글(jingle) 등이 있다.

3 제약회사 등에서 많이 사용하는 상표전략으로 각 제품마다 다른 상표를 적용하는 전략은? (노무사, 12)

① 개별상표　　　② 가족상표　　　③ 상표확장
④ 복수상표　　　⑤ 사적상표

/정답/ ①
⑤ 사적상표는 중간상인이 스스로 생산하든 다른 기업으로부터 납품받아 자신의 확인수단을 부여하는 상표를 의미한다.

4 한 제품시장에서 성공을 거둔 기존 브랜드를 다른 제품범주의 신제품에도 사용하는 전략은?

(가맹거래사, 21)

① 수평적 라인확장전략(horizontal line extension strategy)
② 수직적 라인확장전략(vertical line extension strategy)
③ 개별브랜드전략(individual brand strategy)
④ 브랜드확장전략(brand extension strategy)
⑤ 공동브랜드전략(family brand strategy)

/정답/ ④

5 어린이 식품을 생산하여 판매하는 A사가 A라는 브랜드를 가지고 전국에 10개의 'A 어린이집'을 열고자 한다. A가 사용하려는 브랜드 전략은? (노무사, 10)

① 라인확장 (Line Extension)   ② 차별화 (Differentiation)
③ 공동브랜드 (Co-brand)   ④ 리포지셔닝 (Repositioning)
⑤ 범주확장 (Category Extension)

/정답/ ⑤
④ 리포지셔닝은 소비자의 욕구 및 경쟁환경 변화에 따라 기존 제품이 가지고 있던 포지션을 분석하여 새롭게 조정하는 활동이다.

6 A기업에서 화장품으로 성공한 '그린러브' 상표를 세제와 치약에도 사용하려고 하는 전략은? (노무사, 13)

① 메가상표(mega brand)   ② 개별상표(individual brand)
③ 상표연장(brand extension)   ④ 복수상표(multi brand)
⑤ 상표자산(brand equity)

/정답/ ③
① 메가상표(mega brand)는 기존의 자산가치가 높은 브랜드를 중심으로 신제품에 기존 브랜드명을 그대로 사용하는 전략이다.
⑤ 상표자산(brand equity)은 브랜드 네임이나 심벌에 연결되어 제품이나 서비스에 부가되거나 감소된 브랜드 자산 또는 부채 모두를 의미한다.

7 제품 개발 시 기존의 브랜드 자산이 크다고 판단되는 경우, 기존 제품범주에 속하는 신제품에 그 브랜드명을 그대로 사용하는 전략은? (가맹거래사, 09)

① 라인확장   ② 복수상표   ③ 상향확장
④ 채널확장   ⑤ 통합적 브랜드 세분화

/정답/ ①
③ 상향확장이란 신제품 개발 시 고가 브랜드화하는 전략이다.

8 기존 브랜드명을 새로운 제품범주의 신제품에 사용하는 것은? (노무사, 22)

① 공동 브랜딩(co-branding)　　② 복수 브랜딩(multi-branding)
③ 신규 브랜드(new brand)　　④ 라인 확장(line extension)
⑤ 브랜드 확장(brand extension)

/정답/ ⑤

---

9 제품에 부착되어 상표명을 보여주고 제조회사, 제조날짜, 성분, 사용법 등 제품정보를 소비자에게 전달하는 것은? (가맹거래사, 13)

① 브랜딩　　② 패키징　　③ 포지셔닝
④ 레이블링　　⑤ 제품지원서비스

/정답/ ④

① 브랜딩은 브랜드의 이미지와 느낌, 아이덴티티를 불어넣는 과정을 의미한다.
② 패키징은 제품을 담고 포장하는 기능뿐만 아니라, 특정 브랜드를 다른 브랜드로부터 구분시켜 주고 레이블에 의하여 상표명, 제조업자명, 제품속성 등에 대한 정보를 제공하는 기능이다.

---

10 브랜드 인지도의 구축과 관련된 다음 설명 중 가장 거리가 먼 것은? (가맹거래사, 06)

① 브랜드 인지도를 높이기 위해서는 자사 브랜드와 제품 범주 간의 연상관계를 확립해야 한다.
② 브랜드의 경쟁우위가 강할수록 브랜드의 회상(recall)이 높아진다.
③ 브랜드 인지도를 높이기 위해서는 심볼, 슬로건, 단서, 이벤트 등을 활용한다.
④ 브랜드 인지도의 계층 구조에서 볼 때 브랜드 재인(recognition)은 브랜드 회상보다 높은 수준에 있다.
⑤ 구매 빈도가 높은 제품인 경우에는 브랜드 재인이나 최초 브랜드 회상이 브랜드 선택에 큰 영향을 미친다.

/정답/ ④

브랜드 재인이란 광고를 본 후 소비자의 기억 속에 광고에 대한 기억이 저장되어 있는지 확인하는 과정을 말하며, 브랜드 회상은 소비자가 저장한 정보를 인출해내는 과정을 말하는 것으로 브랜드 회상이 브랜드 인지도 측면에서 보다 높은 수준이다.

POINT 가격전략

1. 가격 결정 시 고려요인

(1) 수요기준
- 소비자의 지각가치(perceived-value) 및 수요 강도를 중심으로 가격을 설정하는 전략
- **가격차별법** : 제품을 두 개 이상의 다른 가격으로 판매하는 것
- **지각가치결정법** : 소비자에게 지각되고 있는 자사의 상대적 가치를 파악하여 가격을 결정

(2) 원가기준
- 기업의 원가는 가격의 하한선을 결정
- **원가가산 가격결정법** : 제품의 원가에 정률의 표준이익을 가산하여 가격 산정
- **목표이익법** : 기업이 목표로 하는 이익을 얻을 수 있는 가격을 찾는 방법

(3) 경쟁기준
- 경쟁자 가격, 기업의 가격에 대한 경쟁자의 반응이 가격결정에 영향
- **모방가격결정법** : 가격결정 시 주요 경쟁업자의 가격과 동일하게 하거나 경우에 따라서는 조금 높게 또는 낮게 유지
- **입찰가격** : 입찰에서 낙찰을 목적으로 경쟁자보다 저가로 설정하는 가격

(4) 기업의 가격목표
기업이 가격을 통해 어떠한 목표를 추구하는가가 일차적으로 가격설정에 영향

(5) 법적요인
정부의 가격규제 정책 등

2. 가격전략

(1) 목표별 가격전략

	상대적 고가격전략	대등가격전략	상대적 저가격전략
목 표	조기 현금회수(상층흡수가격)와 품질선도(제품차별화)	경쟁기업과 대등한 경쟁력	생존, 시장점유율 극대화 (침투가격/손실 유인가격)
적합한 상황	• 수요의 가격탄력성이 낮을 경우 • 진입장벽이 높을 때 • 가격 – 품질 연상효과 • 차별화 전략	• 시장 수요가 비탄력적일 경우 • 경쟁기업에 대해 확고한 원가우위를 갖고 있지 못할 경우 • 규모의 경제 효과가 별로 없을 경우	• 수요의 가격탄력성이 높을 경우 • 규모의 경제 효과가 클 때 • 절대적 비용우위 효과가 클 때 • 원가우위전략

(2) 신제품 가격전략

① **초기 고가전략**(스키밍 가격전략 : market skimming pricing)

- 초기에는 고가를 책정함으로써 특정 목표시장만을 목표로 하는 전략
- **적합한 경우** : 독보적인 기술 또는 특허 기술 등으로 제품이 보호되고 있을 때, 경쟁자에 의한 시장진입장벽이 높을 때, 잠재적인 구매자들이 가격-품질에 대한 연상이 강한 경우, 대체품에 비해서 신제품의 가치가 높은 경우, 혁신성이 큰 경우, 생산 및 마케팅 비용이 높은 경우, 수요의 가격탄력성이 낮은 경우

② 초기 저가전략(시장침투 가격전략 : market penetration pricing)
- 낮은 가격을 매겨 시장확산 속도를 신속하게 끌어 올리고, 시간이 흐름에 따라 점차 가격을 높여가는 가격전략
- **적합한 경우** : 대량판매에 의한 원가절감을 통해 높은 총이익을 확보할 수 있는 경우, 단기적 매출 증대보다 시장점유율 확대를 통해 장기적 이익을 확보하려는 경우, 고객이 가격에 민감하게 반응하는 경우, 저가격으로 경쟁자들의 반응을 무력화할 수 있는 경우

(3) 집합제품 가격전략
- **제품라인 가격결정**(product line pricing) : 여러 제품라인을 보유하고 있을 때 제품 간 성능, 품질의 차이 등을 고려해서 가격을 차등화하는 것
- **결합제품 가격결정**(포획제품가격, 종속제품가격 captive-product pricing) : 보완재 중 어떤 제품은 싸게 판 후 그 제품에 필요한 소모품이나 부품을 비싸게 팔아 수익을 남기는 전략
- **묶음제품 가격결정**(번들링, bundling price) : 기본적인 제품과 선택사양 등을 묶어서 하나의 가격으로 제시하는 것
- **옵션제품 가격결정**(optional product pricing) : 주력제품에 추가되는 각종 부가제품 및 액세서리에 부과하는 가격
- **부산물 가격결정**(by-product pricing) : 제품의 생산과정에서 발생하는 부산물에 대한 가격책정 방법

3. 심리적 가격조정
- **단수가격**(odd pricing) : 정수가 아닌 단수로 가격을 매겨 훨씬 싸다는 느낌과 가격을 정확히 책정했다는 인식을 받도록 하는 전략(예 : 9900원)
- **층화가격 또는 가격계층화**(price lining) : 구매자가 약간의 가격 차이는 별로 인식하지 못하고 큰 차이가 있는 경우에만 반응을 나타낸다고 보아서 몇 가지의 가격 층으로 가격을 책정하는 것(예 : 35000원, 40000원, 45000원의 세 가지 가격수준으로 가격을 설정)
- **명성가격 또는 긍지가격**(prestige pricing) : 제품을 구매하는 고객들의 사회적 명성 혹은 긍지를 노려 고품질을 유지하는 대신 아주 높은 가격을 책정하는 것
- **준거가격** : 소비자들이 특정 제품을 구매할 때 싸다, 비싸다의 기준이 되는 가격으로 유보

가격(max)과 최저수용가격(min) 사이에 존재
- **관습가격** : 사회적으로 일반적으로 인정하는 가격을 받아들이는 것

□ 관련 문제

1 수요의 가격탄력성이 가장 높은 경우는? (노무사, 14)

① 대체재나 경쟁자가 거의 없을 때
② 구매자들이 높은 가격을 쉽게 지각하지 못할 때
③ 구매자들이 구매 습관을 바꾸기 어려울 때
④ 구매자들이 대체품의 가격을 쉽게 비교할 수 있을 때
⑤ 구매자들이 높은 가격이 그만한 이유가 있다고 생각할 때

/정답/ ④
구매자들이 대체품의 가격을 쉽게 비교할 수 있을 때는 대체품의 가격에 따라 수요량이 쉽게 변할 수 있다.

2 원가 중심적 가격결정방법에 해당하는 것은? (가맹거래사, 22)

① 경쟁입찰 가격결정방법
② 부가가치 가격결정방법
③ 시장가치 가격결정방법
④ 목표이익 가격결정방법
⑤ 항시저가 가격결정방법

/정답/ ④
원가 기준 가격결정법에는 원가가산 가격결정법과 목표이익 가격결정법이 포함된다.

3 가격결정의 주요 목표로 옳지 않은 것은? (경영지도사, 22)

① 시장침투
② 수익의 안정
③ 제품의 판매 촉진
④ 경쟁에 대한 대응 및 예방
⑤ 신제품 개발 역량 촉진

/정답/ ⑤
시장침투, 제품 판매촉진 등을 목표로 할 경우 상대적 저가격 전략을, 조기 현금회수, 품질선도 등을 목표로 할 경우에는 상대적 고가격 전략을, 경쟁기업과의 대등한 경쟁력을 목표로 할 경우 대등가격 전략을 취할 수 있다.

4 가격차별화 전략에 관한 설명 중 옳지 않은 것은? (가맹거래사, 08)

① 가격차별화란 동일한 상품에 대하여 개별 고객 또는 세분시장 별로 가격 책정을 달리하는 것을 말한다.
② 가격 민감도가 높은 집단에게는 높은 가격을, 가격 민감도가 낮은 집단에게는 낮은 가격을 매긴다.
③ 유보가격이 높은 집단에게는 높은 가격을 매긴다.
④ 높은 가치를 느끼는 집단에게는 높은 가격을 매긴다.
⑤ 상품의 종류가 많고, 개별 상품에 대한 고객들이 지각하는 가치의 차이가 클수록 가격차별화 전략이 효과적이다.

/정답/ ②
가격 민감도가 높은 집단에게는 낮은 가격을, 가격 민감도가 낮은 집단에게는 높은 가격을 매긴다.

5 다음에서 설명하는 가격정책은? (가맹거래사, 07)

유표품(branded goods)의 제조업자가 도매상 및 소매상과의 계약에 의하여 자기 회사제품의 도 소매 가격을 사전에 설정해 놓고, 이 가격으로 자사 제품을 판매하는 전략으로 유표품이 도 소매상의 손실 유인상품(loss leader)으로 이용되는 것을 방지하여, 가격안정과 명성유지를 도모하고자 하는 정책이다.

① 상대적 저가격전략　　　　　② 상층흡수가격정책
③ 대등가격전략　　　　　　　　④ 상대적 고가격전략
⑤ 재판매가격 유지정책

/정답/ ⑤
재판매가격 유지정책은 제조업자가 자사 제품이 loss leader가 되는 것을 막기 위해 유통업체와 계약을 통해 일정 가격에 거래되도록 하는 것이다.
② 상층흡수가격정책은 스키밍 가격전략을 말한다.

6 가격전략에 관한 설명으로 옳지 않은 것은? (경영지도사, 23)

① 기업의 마케팅 목표 및 마케팅 믹스와의 조화를 고려하여 수립할 필요성이 있다.
② 수요의 가격탄력성이 높지 않을 경우, 상대적 고가격전략이 적합하다.
③ 시장침투(market-penetration) 가격전략은 신제품 출시 초기에 높은 가격을 책정하고, 추후 점차적으로 가격을 인하하여 시장점유율을 확대하고자 하는 전략이다.
④ 진입장벽이 높아 경쟁자의 시장 진입이 어려운 경우, 스키밍(market-skimming) 가격 전략이 적합하다.
⑤ 소비자들의 본원적 수요를 자극하고자 하는 경우, 상대적 저가격전략이 적합하다.

/정답/ ③
③은 스키밍(skimming) 가격전략의 설명에 해당한다.

7 가격에 관한 설명 중 옳지 않은 것은? (가맹거래사, 23)

① 준거가격은 구매자가 가격이 비싼지 싼지를 판단하는 기준으로 삼는 가격이다.
② 스키밍가격전략은 신상품이 처음 나왔을 때 낮은 가격을 책정하고 이후 시간의 흐름에 따라 가격을 높이는 방식이다.
③ 최저수용금액은 구매자가 의심하지 않고 구매할 수 있는 최저금액이다.
④ 단수가격조정은 끝자리를 미세한 단위(~ 9원)로 정하는 방식이다.
⑤ 유인가격은 일부 제품에 대해 원가와 무관하게 낮은 가격을 제시하는 것이다.

/정답/ ②
②는 시장침투 가격전략의 설명에 해당한다.

8 신상품 도입기에 사용할 수 있는 가격전략에 관한 설명으로 옳지 않은 것은? (가맹거래사, 10)

① 스키밍(skimming) 가격전략이란 상품이 시장에 도입되는 초기단계에 고가로 출시하여 점차 가격을 하락시켜 나가는 방법이다.
② 시장침투 가격전략이란 시장에 도입되는 초기단계에 저가로 시작하여 점차 가격을 높여 나가는 방법이다.
③ 제품단위당 변동비용의 비중이 높은 경우 스키밍 가격전략이 효과적이다.
④ 혁신적인 기능이 추가된 신제품의 경우 시장침투 가격전략이 효과적이다.
⑤ 고객들의 가격민감도가 높은 경우 시장침투 가격전략이 효과적이다.

/정답/ ④

9 경쟁이 거의 없는 동안 최적 이익을 얻기 위하여 신제품 가격을 높게 책정하는 전략은?

(경영지도사, 17)

① 스키밍 가격전략(skimming price strategy)
② 침투 전략(penetration strategy)
③ 항시저가책정전략(everyday low pricing strategy)
④ 고-저 가격책정전략(high-low pricing strategy)
⑤ 심리적 가격책정전략(psychological pricing strategy)

/정답/ ①

10 스키밍(skimming) 가격 책정은 주로 언제, 어떻게 하는 전략인가?

(가맹거래사, 12)

① 도입기-고가격　　② 도입기-저가격　　③ 성장기-저가격
④ 성숙기-고가격　　⑤ 성숙기-저가격

/정답/ ①

11 신제품 가격결정방법 중 초기 고가전략(skimming pricing)을 채택하기 어려운 경우는?

(노무사, 18)

① 수요의 가격탄력성이 높은 경우
② 생산 및 마케팅 비용이 높은 경우
③ 경쟁자의 시장진입이 어려운 경우
④ 제품의 혁신성이 큰 경우
⑤ 독보적인 기술이 있는 경우

/정답/ ①
수요의 가격탄력성이 높은 경우 소비자들이 가격에 민감하게 반응하므로 초기 고가전략은 적합하지 않다.

12 제품수명주기상 도입기에 고가격 전략을 적용하는 경우로 옳지 않은 것은? (가맹거래사, 16)

① 초기에 높은 시장점유율을 확보하려 할 때
② 특허 기술 등의 이유로 제품이 보호되고 있을 때
③ 잠재적 고객들이 가격-품질의 연상이 강할 때
④ 경쟁자에 대한 시장 진입장벽이 높을 때
⑤ 대체품에 비해 신제품의 가치가 높을 때

/정답/ ①

높은 시장점유율을 위해서는 저가격 전략이 적합하다.

13 우수한 품질에 저렴한 가격을 책정하는 전략은? (가맹거래사, 12)

① 고가격(premium pricing) 전략
② 침투가격(penetration pricing) 전략
③ 초과가격(overcharging pricing) 전략
④ 평균가격(average pricing) 전략
⑤ 저렴한 가치(cheap value) 전략

/정답/ ②

14 시장침투가격결정(penetration pricing)에 관한 설명으로 옳지 않은 것은? (가맹거래사, 19)

① 신제품 출시 때, 빠른 시간 내에 매출 및 시장점유율을 확대하고자 하는 경우 적합한 방식이다.
② 경쟁자의 진입을 방지하고자 할 때 효과적인 방식이다.
③ 가격에 민감하지 않은 혁신소비자층(innovators)을 대상으로 하는 것이 적절하다.
④ 단위당 이익이 낮더라도 대량판매를 통해 높은 총이익을 얻을 수 있을 때 활용할 수 있는 방식이다.
⑤ 대체적으로 소비자들이 가격에 민감할 때 적합한 방식이다.

/정답/ ③

15 가격책정에 관한 설명으로 옳지 않은 것은? (가맹거래사, 18)

① 묶음가격책정(bundling pricing)은 함께 사용하는 제품에 대해 각각의 가격을 설정하는 것이다.
② 시장침투가격책정(penetration pricing)은 빠른 시간 내에 매출 및 시장점유율을 확대하기 위해 신제품 도입 초기에 낮은 가격을 설정하는 것이다.
③ 초기고가책정(skimming pricing)은 신제품을 시장에 출시할 때 신제품이 지니고 있는 편익을 수용하고자 하는 소비자층을 상대로 가격을 높게 설정하는 것이다.
④ 단수가격책정(odd pricing)은 제품가격을 단수로 책정함으로써 실제보다 제품가격이 저렴한 것으로 느끼도록 가격을 설정하는 것이다.
⑤ 가격계열화(price lining)는 품질이나 디자인의 차이에 따라 가격대를 설정하고 그 가격대 내에서 개별제품에 대한 구체적인 가격을 설정하는 것이다.

/정답/ ①
묶음가격정책은 제품 각각에 개별적으로 가격을 설정하는 것이 아닌 여러 개 제품 묶음에 하나의 가격을 설정하는 것이다.

16 제품의 기본가격을 조정하여 세분시장별로 가격을 달리하는 가격 결정이 아닌 것은? (노무사, 22)

① 고객집단 가격결정
② 묶음제품 가격결정
③ 제품형태 가격결정
④ 입지 가격결정
⑤ 시간 가격결정

/정답/ ②
묶음제품 가격결정은 고객, 제품, 입지, 시간별로 제품의 기본가격을 결정하는 전략이 아니고, 기본제품과 선택사양 등을 묶어서 하나의 가격을 제시하는 집합제품에 대한 가격전략이다.

17 A사가 프린터를 저렴하게 판매한 후, 그 프린터의 토너를 비싼 가격으로 결정하는 방법은? (노무사, 17)

① 종속제품 가격결정(captive product pricing)
② 묶음 가격결정(bundle pricing)
③ 단수 가격결정(odd pricing)
④ 침투 가격결정(penetration pricing)
⑤ 스키밍 가격결정(skimming pricing)

/정답/ ①

18 소비자들에게 프린터를 저렴한 가격으로 구매하게 한 다음 프린터 카트리지를 비싼 가격으로 판매하는 제품믹스 가격전략은? (가맹거래사, 13)

① 제품라인 가격결정
② 선택사양제품 가격결정
③ 부산물 가격결정
④ 묶음제품 가격결정
⑤ 종속제품 가격결정

/정답/ ⑤

19 소비자 심리에 근거한 가격결정 방법으로 옳지 않은 것은? (노무사, 19)

① 종속가격(captive pricing)
② 단수가격(odd pricing)
③ 준거가격(reference pricing)
④ 긍지가격(prestige pricing)
⑤ 관습가격(customary pricing)

/정답/ ①

20 가격조정 방식 중 심리적 조정방식으로 옳지 않은 것은? (가맹거래사, 16, 17)

① 단수(odd)가격
② 관습(customary)가격
③ 기점(basing-point)가격
④ 준거(reference)가격
⑤ 명성(prestige)가격

/정답/ ③

21 소비자들이 제품가격의 높고 낮음을 평가할 때 비교기준으로 사용하는 가격은? (노무사, 11)

① 유보가격
② 최저수용가격
③ 관습가격
④ 준거가격
⑤ 단수가격

/정답/ ④

① 유보가격이란 소비자가 한 품목에 대해 지불할 용의가 있는 최고가격을 의미한다.
② 최저수용가격이란 구매자들이 품질을 의심하지 않고 구매할 수 있는 최저 가격을 뜻한다.

22 소비자에게 제품의 가격이 낮게 책정되었다는 인식을 심어주기 위해 이용하는 가격설정 방법은?

(가맹거래사, 21)

① 단수가격(odd pricing)
② 준거가격(reference pricing)
③ 명성가격(prestige pricing)
④ 관습가격(customary pricing)
⑤ 기점가격(basing-point pricing)

/정답/ ①

23 이 가격설정 방법은 가격을 십진수 단위체계보다 통상 1~2 단위 낮춘 체계로 책정하는 것으로서, 예를 들어 100만원 대신에 99만원으로 가격을 정한다. 소비자로 하여금 기업이 제품가격을 정확하게 계산하여 최대한 낮추었다는 인상을 주는 심리적 가격설정 방법은?

(경영지도사, 15)

① 초기고가가격
② 위신가격(긍지가격)
③ 단수가격
④ 관습가격
⑤ 준거가격

/정답/ ③

② 위신가격이란 명성 또는 고품질 이미지를 전달하기 위해 인위적으로 높은 가격을 매기는 것을 의미한다.

24 원래 가격이 100,000원인 제품을 99,000원으로 할인하여 판매하면 소비자들은 이를 90,000원대의 제품으로 지각하여 구매할 수 있다. 이러한 가격전략은?

(가맹거래사, 14 및 노무사, 20)

① 관습가격
② 준거가격
③ 촉진가격
④ 단수가격
⑤ 특별행사가격

/정답/ ④

③⑤ 촉진가격과 특별행사가격은 판매촉진을 위해 보통 판매하던 가격보다 낮춘 가격이다.

25 어떤 제품을 구매하고자 할 때 소비자들 자신이 심리적으로 적정하다고 생각하는 가격결정 방법은?

(가맹거래사, 20)

① 단수가격　　② 관습가격　　③ 준거가격
④ 명성가격　　⑤ 단계가격

/정답/ ③

26 가격이 높으면 품질이 좋다는 판단을 유도하는 가격전략은?

(경영지도사, 21)

① 심리가격　　② 명성가격　　③ 유보가격
④ 습관가격　　⑤ 준거가격

/정답/ ②

POINT 유통전략

1. 유통의 기능

- **상적기능**(교환기능 또는 상거래 기능) : 도매상이나 소매상의 구매 및 판매활동으로 상품의 매매과정이 이루어지는 기능 수행
- **물적유통기능** : 운송업자나 창고업자 등에 의해 수행되는 활동으로 생산과 소비 사이의 장소적, 시간적 거리를 조절하는 기능
- **조성기능** : 상품의 전달 과정에서의 위험이 유통업체에 의해 분산되는 기능

2. 유통경로의 설계

유통경로의 길이는 유통경로에 참여하는 중간상(도매상과 소매상)의 단계를 결정하는 것

고려요인	통합적 유통경로	독립적 유통경로
	경로 기능을 제조업자가 수행하는 짧은 유통경로	경로 기능을 독립적 유통업자에게 맡기는 긴 유통경로
시장요인	기업고객, 지리적 집중, 장기적 기술지원 필요, 대량 주문 시	개인소비자, 지리적 분산, 기술지원 불필요, 소량주문 시
제품요인	부패성 제품, 복잡한 제품, 고가 제품의 경우	내구성 제품, 표준화된 제품, 중저가 제품의 경우
자사요인	풍부한 자원, 넓은 제품믹스, 유통경로 통제력 미보유 시	불충한 자원, 좁은 제품믹스, 유통경로 통제력 보유 시
중간상 요인	경로 기능 수행을 위한 중간상의 경제적 활용이 어려운 경우	경로 기능 수행을 위한 중간상의 경제적 활용이 어려운 경우

3. 유통경로 커버리지 결정

(1) 집약적 유통
- 최대한 많은 수의 유통업자를 활용하는 경우
- 편의품, 저관여 제품
- 통제력 약함

(2) 전속적 유통
- 한 상권 내에서의 하나의 유통업자에게 독점적 지위를 보장해주는 경우
- 전문품, 고관여 제품
- 통제력 강함

(3) **선택적 유통**
- 절충형으로서 제조사가 한 시장 내 소수의 중간상을 선정하여 자사 제품을 판매할 수 있게 하는 경우
- 선매품

4. 유통계열화 : 유통경로 형태 결정
- 한 유통기관이 다른 유통기관을 그들의 영향력 아래에 두고 통제하는 것
- **전통적 유통경로** : 개개인의 경로 구성원들이 타 구성원의 기능이나 역할에는 관여하지 않고 경로상에서 자신의 역할에만 집중
- **수평적 유통경로** : 동일한 경로 단계에 있는 두 개 이상의 기업이 대등한 입장에서 자원과 프로그램을 결합하여 일종의 연맹을 구성하고 시너지 효과를 얻으며 공생하는 시스템
- **수직적 유통경로**(Vertical Marketing System) : 생산에서 소비에 이르기까지의 유통과정을 체계적으로 통합하고 조정하여 하나의 통합된 체제를 유지하는 것. 경로 선도자(channel leader : 경로 구성원 간의 기능분업과 조정을 담당)에 유통경로 시스템 내의 주도권이 집중된 형태

	구 분	내 용
수직적 유통경로	기업형 VMS	• 소유권의 구속(주식취득, 흡수합병 등 전후방 통합) • 한 경로 구성원이 다른 구성원을 소유하는 것
	계약형 VMS	• 계약에 의존하여 협력(프랜차이즈 계약 등) • 경로 의사결정과 권한은 해당 상위조직에서 담당하며 중간 정도의 경로몰입 수준을 가짐
	관리형 VMS	• 친분, 자율적인 이해관계, 힘의 우열 등 • 전체 경로목표의 달성을 위해 비공식적으로 협력하는 형태로서 낮은 몰입도를 가짐

5. 유통기구

(1) **소매상**(retailers)
- 유통경로의 마지막 단계에서 최종 소비자와 접촉하는 유통기구
- **점포형 소매상** : 재래시장, 전문점, 백화점, 슈퍼마켓, 편의점, 대형마트(미국의 슈퍼마켓이나, 유럽의 하이퍼마켓은 슈퍼마켓과 할인점을 결합한 형태), 전문할인점(카테고리 킬러), 양판점 등
- **무점포 소매상** : 방문판매, 다이렉트 마케팅(우편, 전화, 팩스, 이메일, 인터넷 등 이용), 자동판매기 등

(2) 도매상(wholesaler)

- 재판매 또는 사업을 목적으로 하는 고객에게 상품이나 서비스를 판매하는 유통기구
- **제조업자 도매상** : 제조업자가 소유하고 운영하는 도매상으로서 재고를 보유하고 있는 판매지점(sales branches)과 재고를 보유하지 않은 판매 사무소(sales offices)로 구분
- **상인 도매상** : 상품에 대한 소유권을 가진 독립된 사업체를 가진 도매상
- **완전 서비스 도매상** : 서비스 대상이 누구인지에 따라 도매상인과 산업재 상인으로 구분
- **한정 서비스 도매상** : 현금거래 도매상, 트럭 도매상, 직송 도매상, 진열도매상 등으로 구분
- **대리점(agent)** : 제품에 대한 소유권 없이 거래를 성사시키고 수수료를 받는 업체로써 제조업자 대리점, 판매 대리점, 구매 대리점, 수수료 상인 등 해당
- **브로커(broker)** : 대리점과 마찬가지로 제품에 대한 소유권 없이 거래를 성사시키고 수수료를 받는 업체이지만, 한 번의 거래로 끝나는 단기적 관계를 전제로 함

관련 문제

1 제조업체의 마케터가 중간상(intermediaries)을 이용하는 이점 중 소유 효용에 해당하는 것은?

(가맹거래사, 22)

① 유통경로가 축소되어 소비자와의 직접 거래로 인한 번거로움을 줄일 수 있다.
② 소비자가 상품을 원할 때 구매하도록 할 수 있다.
③ 소비자가 원하는 장소에서 구매하도록 할 수 있다.
④ 소비자가 원하는 가격으로 구매하도록 할 수 있다.
⑤ 소비자가 원하는 형태로 구매하도록 할 수 있다.

/정답/ ⑤

중간상을 이용할 경우의 이점
- 거래의 경제성 : 소비자가 원하는 양 또는 형태로 제품을 공급
- 시간효용 : 소비자가 원하는 구매 시간에 제품을 공급
- 장소효용 : 소비자가 편리한 장소에서 제품을 구매
- 소유효용 : 신용판매, 할부판매 등 소유자가 소유하기 용이하게 제품을 판매

2 유통경로 전략을 수립할 때 일반적으로 직접 유통경로(또는 유통단계의 축소)를 선택하는 경우가 아닌 것은?
(경영지도사, 15)

① 제품의 기술적 복잡성이 클수록
② 경쟁의 차별화를 시도할수록
③ 제품이 표준화되어 있을수록
④ 소비자의 지리적 분산 정도가 낮을수록
⑤ 제품의 부패 가능성이 높을수록

/정답/ ③

제품이 표준화 되어있으면 제품에 대한 설명이 필요하지 않기 때문에 직접 유통경로가 이용되지 않는다.

3 유통경로전략에 관한 설명 중 옳은 것은?
(가맹거래사, 07)

① 모든 나라에서 통용될 유통전략을 필요로 한다.
② 다른 마케팅믹스에 비해 가장 낮은 탄력성을 보유한다.
③ 개방적 유통경로란 제조회사가 선별한 소매점에게만 자사 제품을 취급할 수 있게 한다.
④ 유통커버리지의 결정과, 특정 지역의 소매점들의 밀집도를 결정하는 2단계의 의사결정이 요구된다.
⑤ 집중적 유통경로란 일정 상권 내에 자사의 제품만을 취급할 수 있는 제한된 수의 소매점을 가지는 유통경로를 의미한다.

/정답/ ②

① 유통전략은 각 나라의 특성에 맞게 조정되어야 한다.
③ 개방적(집중적) 유통경로란 최대한 많은 소매상에게 자사 제품을 취급하도록 하는 전략이다.
④ 유통 커버리지가 곧 소매점들의 밀집도를 말한다.
⑤ 선택적 유통경로란 일정 상권 내에 자사의 제품만을 취급할 수 있는 제한된 수의 소매점을 가지는 유통경로를 의미한다.

4 제조업자가 중간상들로 하여금 제품을 최종사용자에게 전달, 촉진 및 판매하도록 권유하기 위해 자사의 판매원을 이용하는 유통경로(channel) 전략은?
(가맹거래사, 08)

① 집중적 경로전략
② 전속적 경로전략
③ 선택적 경로전략
④ 푸쉬(push)전략
⑤ 풀(pull)전략

> /정답/ ④
>
> ④⑤ 푸시전략은 주로 제조업체가 유통업체를 대상으로 판촉과 인적판매 수단을 동원해 마케팅 활동을 집중하는 것을 의미하지만, 풀전략은 최종구매자를 대상으로 직접 프로모션을 전개하는 것으로, 광고나 PR 등이 대표적인 풀 전략에 해당한다.

5 마케팅 활동과 관련된 푸시(push) 및 풀(pull) 전략에 관한 설명으로 옳지 <u>않은</u> 것은? (가맹거래사, 19)

① 푸시 전략은 생산자가 유통경로를 통하여 소비자에게 제품을 밀어 넣는 방식이다.
② 풀 전략은 생산자가 소비자를 대상으로 마케팅 활동을 펼쳐 이들이 제품을 구매하도록 유도하는 방식이다.
③ 풀 전략이 효과적으로 작용하게 되면, 소비자들은 중간상에 가서 자발적으로 제품을 구매하게 된다.
④ 푸시 전략에서는 생산자가 중간상을 대상으로 판매촉진과 인적판매 수단을 많이 활용한다.
⑤ A기업이 소비자들을 대상으로 광고를 하여 소비자들이 점포에서 A기업 제품을 주문하도록 유인한다면 이는 푸시 전략의 사례에 해당된다.

> /정답/ ⑤
>
> 소비자의 주문을 유인하는 것은 풀 전략이다.

6 유통경로의 설계전략에 관한 ( )안의 용어가 올바르게 묶인 것은? (가맹거래사, 09)

> ○ (ㄱ)유통은 가능한 많은 중간상들에게 자사의 제품을 취급하도록 하는 것으로 과자, 저가 소비재 등과 같이 소비자들이 구매의 편의성을 중시하는 품목에서 채택하는 방식
> ○ (ㄴ)유통은 제품의 이미지를 유지하고 중간상들의 협조를 얻기 위해 일정 지역 내에서의 독점 판매권을 중간상에게 부여하는 방식
> ○ (ㄷ)유통은 앞의 두 유통 대안의 중간 형태로 각 지역별로 복수의 중간상에게 자사의 제품을 취급할 수 있도록 하는 방식

① ㄱ - 전속적, ㄴ - 집중적, ㄷ - 선택적
② ㄱ - 집중적, ㄴ - 전속적, ㄷ - 선택적
③ ㄱ - 선택적, ㄴ - 전속적, ㄷ - 집중적
④ ㄱ - 선택적, ㄴ - 집중적, ㄷ - 전속적
⑤ ㄱ - 전속적, ㄴ - 선택적, ㄷ - 집중적

> /정답/ ②

7 유통과정에서 중간상의 역할로 옳지 않은 것은? (가맹거래사, 13)

① 정보탐색비용 등 거래비용을 줄이는 역할을 한다.
② 생산자에게 적정 이윤을 보장하는 역할을 한다.
③ 생산자와 소비자 사이의 접촉 횟수를 줄이는 역할을 한다.
④ 생산자와 소비자 사이의 교환과정을 촉진하는 역할을 한다.
⑤ 생산자와 소비자 사이에서 수요와 공급을 조절하는 역할을 한다.

/정답/ ②

생산자에게 적정 이윤을 보장하는 것은 중간상의 역할이 아니다.

8 수직적 마케팅시스템(vertical marketing system : VMS)에 관한 설명으로 옳은 것을 모두 고른 것은? (가맹거래사, 17)

> ㄱ. 수직적 마케팅시스템은 유통조직의 생산시점과 소비시점을 하나의 고리 형태로 유통계열화하는 것이다.
> ㄴ. 수직적 마케팅시스템은 유통경로 구성원인 제조업자, 도매상, 소매상, 소비자를 각각 별개로 파악하여 운영한다.
> ㄷ. 유통경로 구성원의 행동은 시스템 전체보다는 각자의 이익을 극대화하는 방향으로 조정된다.
> ㄹ. 수직적 마케팅시스템의 유형에는 기업적 VMS, 관리적 VMS, 계약적 VMS 등이 있다.
> ㅁ. 프랜차이즈 시스템은 계약에 의해 통합된 수직적 마케팅시스템이다.

① ㄱ, ㄴ, ㄷ
② ㄱ, ㄴ, ㄹ
③ ㄱ, ㄹ, ㅁ
④ ㄴ, ㄷ, ㄹ
⑤ ㄴ, ㄹ, ㅁ

/정답/ ③

ㄴ. 수직적 유통경로는 생산에서 소비에 이르기까지의 유통과정을 체계적으로 통합하고 조정하여 하나의 통합된 체제를 유지하는 것이다.
ㄷ. 수직적 유통경로는 경로 내의 높은 조정과 통합을 통해 더 높은 경로성과를 기대할 수 있다.

9 수직적 마케팅시스템(Vertical Marketing System) 중 소유권의 정도와 통제력이 강한 유형에 해당하는 것은?
(노무사, 19)

① 계약형 VMS ② 기업형 VMS ③ 관리형 VMS
④ 협력형 VMS ⑤ 혼합형 VMS

/정답/ ②

10 새로운 마케팅 기회를 확보하기 위해 동일한 유통경로 단계에 있는 둘 이상의 기업이 제휴하는 시스템은?
(노무사, 22)

① 혁신 마케팅시스템 ② 수평적 마케팅시스템
③ 계약형 수직적 마케팅시스템 ④ 관리형 수직적 마케팅시스템
⑤ 기업형 수직적 마케팅시스템

/정답/ ②

동일한 유통경로 단계에 있는 둘 이상의 기업이 대등한 입장에서 제휴하는 것을 수평적 유통경로라고 한다.

11 기업계열화 형태 중 부산물을 가공하거나 혹은 보조적 서비스를 행하는 기업을 계열화하는 형태는?
(경영지도사, 13)

① 수직적 계열화 ② 수평적 계열화 ③ 사행적 계열화
④ 분기적 계열화 ⑤ 카르텔

/정답/ ③

① 수직적 계열화는 생산단계에 종사하는 각 기업을 집단화하는 것을 말한다.
② 수평적 계열화 동일한 생산단계에 종사하는 각 기업을 집단화하는 것을 의미한다.
④ 분기적 계열화란 동일공정 및 원료를 이종공정으로 분기화되는 기술적 관련을 갖는 계열화를 말한다.
⑤ 카르텔은 기업 상호 간의 경쟁의 제한이나 완화를 목적으로, 동종 또는 유사 산업 분야의 기업 간에 결성되는 기업담합 형태이다.

12 다음 중 3PL을 이용함으로써 기대할 수 있는 효과와 가장 거리가 먼 것은? (가맹거래사, 06)

① 물류에 대한 통제를 더 강화할 수 있다.
② 물류 아닌 다른 핵심역량에 집중할 수 있게 된다.
③ 물류관리에 대한 유연성이 증가한다.
④ 물류관리의 지역적 확대가 가능하다.
⑤ 물류관련 기존의 고정비를 변동비로 전환 가능하다.

/정답/ ①

3PL이란 기업이 물류 관련 분야 전체업무를 특정 물류전문업체에 위탁하는 것을 말한다. 생산자와 판매자 사이에 제3자가 물류를 대행하는 것으로, 제3자 물류·계약물류(contract logistics) 또는 TPL(third party logistics)이라고 한다. 물류 업무를 아웃소싱하는 것으로 통제력이 약화된다.

13 상품라인(상품계열)의 깊이가 깊고 폭이 좁은 상품구색을 지닐 가능성이 높은 소매업 형태는? (가맹거래사, 06)

① 일반 소매점　　② 슈퍼마켓　　③ 할인점
④ 전문점　　⑤ 편의점

/정답/ ④

전문점은 제품계열이 한정되어 있지만 해당 계열 내에서는 매우 다양한 것을 취급한다. 전문점은 취급하는 제품계열 폭의 정도에 따라 더 세분될 수 있다.

14 슈퍼마켓과 할인점 등의 장점을 결합한 대형화된 소매업태로 주로 유럽을 중심으로 발전한 유형은? (가맹거래사, 18)

① 회원제 도매클럽　　② 하이퍼마켓　　③ 전문할인점
④ 양판점　　⑤ 전문점

/정답/ ②

15 한 가지 또는 한정된 상품군을 깊게 취급하며 저렴한 가격으로 판매하여 동종의 제품을 취급하는 업태들을 제압하는 소매업태는? (가맹거래사, 19)

① 편의점　　　　　② 상설할인매장　　　　③ 카테고리 킬러
④ 회원제 도매클럽　⑤ 슈퍼마켓

/정답/ ③

카테고리 킬러(category killer)란 백화점이나 슈퍼마켓 등과 달리 상품 분야별로 전문매장을 특화해 상품을 판매하는 소매점을 말한다. 카테고리 킬러의 주요 특징으로는 ① 체인화를 통한 현금 매입과 대량 매입 ② 목표 고객을 통한 차별화된 서비스 제공 ③ 체계적인 고객관리 ④ 셀프서비스와 낮은 가격 등을 들 수 있다.

16 창고나 물류센터로 입고되는 상품이 곧바로 소매 점포로 배송되는 방식은? (가맹거래사, 18)

① 동기화　　　　　② 채찍효과　　　　　③ 최적화 분석
④ 자동발주시스템　⑤ 크로스 도킹시스템

/정답/ ⑤

④ 소비자 수요에 영향을 미치는 외부요인에 대한 정보, 재고에 대한 정보, 상품 수령에 대한 정보 등을 컴퓨터를 이용하여 통합·분석하여 일정 조건에 해당하면 기계적으로 발주가 이루어지는 시스템이다.
⑤ 크로스 도킹은 창고에 보관되는 단계를 생략하고 체류 시간을 줄여, 배송기간과 물류비용을 단축시키고 물류의 효율성을 증대시킬 수 있는 방식이다. 입고부터 출고까지의 모든 작업의 긴밀한 동기화가 필요하다.

POINT 촉진전략

1. 광 고(advertising)

(1) 개 념

명시된 광고주에 의해 아이디어, 상품 및 서비스를 어떤 형태로든 대가를 지불하면서 비(非)인적 방법으로 제시하고 구매를 촉진하는 것

(2) 특 징

- 비(非) 인적 대중매체를 사용
- 짧은 시간 안에 많은 사람에게 접근
- 불특정 다수 대상
- 저렴한 고객당 소요촉진 비용
- 제공되는 정보량의 제한, 표준화된 정보제공
- 소비재 및 저관여 제품에 적용 시 유리

(3) 광고예산 책정

상향식 접근법	목표과업법(objective and task method) : 광고의 목표를 설정하고, 이를 달성하기 위한 과업을 결정한 뒤, 과업을 수행하는 데 필요한 예산을 추정하는 상향식 접근 방법
하향식 접근법	• 가용예산 할당법(affordable method) : 가용 예산 내에서 최대한의 액수를 광고예산으로 할당하는 방법 • 매출액 비율법(percentage of sales method) : 현재 또는 예상되는 매출액의 일정 비율을 광고예산으로 할당하는 방법 • 경쟁자 기준법(competitive parity method) : 경쟁자들의 매출액 대비 광고예산 비율을 그대로 사용하는 방법 • 임의할당법(arbitrary allocation) : 최고경영자가 임의로 광고예산을 할당하는 방법
실험법 (experimentation method)	위의 광고예산 결정 방법을 이용하여 광고비를 지출하고 그 결과를 비교한 뒤 광고예산 방법을 결정하는 방법

(4) 광고의 효과

① **판매반응함수**(sales response function) : 광고비와 매출액 간의 관계를 나타내는 함수

오목증가형	• 광고비 지출이 증가할수록 매출은 체감률로 증가, 광고효과는 처음부터 현저하게 발생하므로 초기의 적절한 광고비용 지출이 충분한 매출액의 증가를 가져올 수 있음 • 가속점은 존재하지 않으나 포화점은 존재
S형	• 광고비 지출이 적을 때는 매출에 대한 영향이 미미하지만 일정 수준을 넘어서면 매출이 급속히 증가, 하지만 일정 수준을 넘어선 너무 과다한 광고비 역시 매출 증가에 미치는 효과가 크지 않음 • 가속점과 포화점이 존재

② **시간의 흐름에 따른 광고효과**
- 과거에 이루어진 광고의 효과가 미래의 매출에 영향을 미치는 이월효과(carryover effect)가 발생하고, 광고를 중단할 경우 당장의 매출액은 거의 영향을 받지 않지만, 서서히 감소

(5) 광고의 유형

- **구매시점광고**(POP : point of purchase) : 광고상품이 소비자에게 최종적으로 구매되는 장소, 즉 소매점 등에서 광고물을 제작, 직접적인 광고효과를 얻게 하는 구매시점광고. 소매점의 옥외에 각종 간판 설치, 점내에 디스플레이를 통해 벌이는 광고활동 등.
- **고유판매제안/제품 장점 중심광고**(USP : unique selling point) : 상품을 구매함으로써 얻을 수 있는 특출한 이점을 반복 전달하는 것으로, 상품의 독특한 이점이 없다면, 광고주는 상품의 고유판매제안을 창출해야 함
- **직접우편광고**(DM) : 예상되는 특정 고객에게 우편물을 발송
- **스팟광고**(spot) : 스팟은 정규 프로그램 광고 외의 것을 지칭하는 것으로 정규 프로그램 광고를 제외한 자투리 공간이나 시간대를 활용하는 광고
- **배너광고** : 인기 있는 인터넷 홈페이지의 한쪽에 특정 웹사이트의 이름이나 내용을 부착하여 홍보하는 그래픽 이미지
- **구전마케팅**(WOM : word of mouth) : 소비자의 입소문
- **PPL**(product placement) : 영화나 드라마상에 특정한 상품을 노출시키거나 사용상황을 보여줌으로써 광고효과를 도모하는 광고
- **POS**(point of sale) : 판매, 회계의 거점에 컴퓨터 단말을 설치하여 판매정보 등을 시스테마틱하게 관리하는 방법
- **네거티브광고** : 부정적이거나 터부시되는 소재(죽음, 화재 등)를 활용하여 오래 기억되게 하는 광고

- **서브리미널 광고** : 잠재의식에 호소하는 광고(영화 속 한 컷 삽입 등)
- **티저광고** : 처음에는 중요 부분을 감추어 두어 소비자의 호기심을 자극한 후 점차 전체의 모습을 명확히 해가는 광고 형태
- **인포머셜**(information+commercial) : 정보전달형 광고

(6) **광고매체의 효율성 검토 : CPM**(cost per millennium)
- 1000명의 청중에게 도달하는데 필요한 광고비를 의미하는 것
- CPM = $\dfrac{광고비용}{노출인원수} \times 1000$
- 광고예산 = $\dfrac{CPM}{1000} \times 희망노출인원수$

(7) **광고모델**
- 모델의 신뢰성(전문성, 진실성)은 소비자의 내면화 반응을, 광고모델의 매력성(유사성, 친숙성, 호감성)은 소비자의 동일화 반응을 통해 메시지를 전달

구 분	특 징
유명인 모델	• 매력성이 있어 소비자들에게 동일화를 일으킴 • 그림자 효과 발생 • 다양한 제품에 중복출현할 경우 간섭현상 발생
전문가 모델	• 정보원천에 대한 신뢰성 확보
일반인 모델	• 저관여 제품에 효과적
최고경영자 모델	• 정보의 신뢰성과 수용성을 높임

(8) **메시지 소구방식**
- **비교광고**(comparative advertising) : 경쟁사 제품과의 비교를 통해 메시지를 전달하는 방식
- **증언형 광고**(testimonial advertising) : 표적 고객과 유사한 일반인이나 유명인이 등장하여 제품의 사용 결과를 이야기하며 제품의 구매를 유도
- **유머소구**(humor advertising) : 메시지 전달에 유머를 이용하는 방식으로서 소비자의 주의와 긍정적인 태도를 유발
- **공포소구**(fear advertising) : 제품을 사용하지 않을 경우의 불이익을 전달하는 방법
- **성적소구**(sex advertising) : 성에 대한 관심을 상품과 연계시키는 방법
- **온정소구**(warmth appeal) : 광고를 통해 온화하고 긍정적인 감정을 불러일으키는 방법
- 이성적 소구란 논리적인 광고 메시지로 소비자의 지적 이해를 구하는 광고기법으로 비교

광고, 증언광고, 직접적 표현광고, 암시적 표현 광고 등이 이에 해당

2. 인적판매(personal selling, 영업)

(1) 개 념
판매원을 매개로 하는 촉진수단으로 한 사람 또는 그 이상의 예상 구매자들과 대화를 통해서 상품이나 서비스를 제시하는 활동

(2) 특 징
- 인적매체를 사용
- 특정 소수를 대상으로 함
- 1인당 비용 고가
- 무제한적 정보제공, 개별화된 정보제공
- 산업재 및 고관여 제품, 대 중간상 촉진에 유리

3. 판매촉진(sale promotion)

(1) 개 념
광고, 인적판매, 홍보 이외의 잡다한 촉진수단을 이용하여, 규칙적·반복적이지 않은 방식으로 소비자의 구매를 촉진하고 중간상의 능률을 증진시키는 것

(2) 특 징
- 구매시점에서 구매행동을 유발하기 위해 사용
- 단기적이고 직접적, 장기간 판매촉진 시도할 경우 브랜드 이미지가 하락할 가능
- 다양한 형태의 촉진수단이 존재
- 판촉 중단 시 원래의 상표로 다시 회귀할 가능성 존재

(3) 판매촉진 수단

	소비자 판촉	유통업자 판촉
가격수단	할인쿠폰, 리베이트(일정 기간 어떤 상품을 구매한 사람에게 구매가격의 일부를 금품으로 보상), 보너스팩, 보상 판매, 세일	중간상 공제, 광고 공제, 진열 공제, 대금 지급조건 완화, 판매장려금(보조금) 등
비가격수단	샘플, 무료 시용, 사은품, 현상경품, 추첨 응모권, 고정고객 우대 프로그램, 구매시점 디스플레이 등	판매원 훈련, 판매 보조자료 제공, 판촉물 제공, 인센티브, 반품 회수 등

4. 홍 보(PR)

(1) 개 념
매체사가 특정 회사나 그 회사의 상품을 기사의 형태로 다루어 촉진효과를 내는 것

(2) 특 징 : 광고와의 차이
- 매체 사용료의 지불 불요
- 높은 신뢰성
- 통제의 어려움

5. 관련 문제 : 통합적 마케팅 커뮤니케이션(Integrated Marketing Communication : IMC)
다양한 커뮤니케이션 방법들을 사용하여 소비자들에게 메시지를 명확하고 효율적으로 전달할 수 있는 커뮤니케이션을 수립하는 과정

관련 문제

1 촉진믹스(promotion mix) 활동에 해당되지 않는 것은? (노무사, 18)

① 옥외광고 ② 방문판매 ③ 홍보
④ 가격할인 ⑤ 개방적 유통

/정답/ ⑤
⑤은 유통(place) 관련 활동이다.

2 촉진믹스(promotion mix)의 수단에 해당하지 않는 것은? (가맹거래사, 20)

① 광고 ② 제품개발 ③ 공중관계(PR)
④ 판매촉진 ⑤ 인적판매

/정답/ ②
제품개발은 제품(product) 관련 활동이다.

3 마케팅 커뮤니케이션 활동인 촉진믹스(promotion mix)의 구성요소와 관련이 없는 것은? (노무사, 16)

① 선별적 유통점포 개설　② 구매시점 진열　③ PR(public relations)
④ 광고　⑤ 인적판매

/정답/ ①

---

4 마케팅 믹스(4P) 중 촉진활동(promotion)이 아닌 것은?

(노무사, 10 및 경영지도사, 15 및 가맹거래사, 18, 11, 08)

① 광고　② 홍보　③ 재고관리
④ 인적판매　⑤ 판매촉진

/정답/ ③

노무사 10년도 기출은 '구전'이, 가맹거래사 11년도 기출은 '수요예측'이, 경영지도사 15년도 기출은 '포지셔닝'이 정답 지문이었다.

---

5 광고에 관한 설명으로 옳은 것을 모두 고른 것은? (가맹거래사, 12)

> ㄱ. 소비자의 광고제품에 대한 관여도가 낮을수록 해당 광고에 대한 인지적 반응(cognitive response)의 양이 많아진다.
> ㄴ. 광고 모델이 매력적일 경우에 모델 자체는 주의를 끌 수 있으나 메시지에 대한 주의가 흐트러질 가능성이 있다.
> ㄷ. 광고의 판매효과를 측정하기 힘든 이유로 광고의 이월효과(carryover effect)를 들 수 있다.

① ㄱ　② ㄴ　③ ㄱ, ㄴ　④ ㄴ, ㄷ　⑤ ㄱ, ㄴ, ㄷ

/정답/ ④

ㄱ. 광고제품에 대한 관여도가 낮으면 해당 광고에 대한 인지적 반응의 양은 적어진다.

6 소비자가 사랑, 가족애, 우정 등을 경험하게 함으로써 긍정적이고 온화한 감정을 불러일으키는 광고 실행 전략은?
(가맹거래사, 13)

① 증언형 광고 ② 비교광고 ③ 유머소구
④ 온정소구 ⑤ 이성적 소구

/정답/ ④

7 광고예산의 결정방식은 크게 상향식 접근방법과 하향식 접근방법으로 나눌 수 있다. 다음 중 상향식 접근방법에 속하는 것은?
(가맹거래사, 06)

① 가용자금법(affordable method)
② 목표과업법(objective and task method)
③ 매출비율법(percent-of-sales method)
④ 경쟁사기준법(competitive parity method)
⑤ 임의할당법(arbitrary allocation method)

/정답/ ②
①③④⑤의 방법은 매출액이나 가용자금 등의 총합에서 적정 광고비 수준을 책정하는 하향식 접근방법이다.

8 구전효과에 관한 설명으로 옳지 않은 것은?
(가맹거래사, 08)

① 구전효과는 소비자 만족에는 별다른 영향을 미치지 않지만 브랜드 확장에는 상당한 기여를 함
② 오피니언(opinion) 리더와 추종자가 발생됨
③ 동일한 커뮤니티에 속한 사람들 간의 정보교환에서 발생함
④ 서로 비슷한 사회적 지위가 유지되는 경우 접촉할 기회가 많아지며 흥미, 생활유형, 사고방식도 서로 비슷해지는 경향이 있음
⑤ 상호의사소통과정에서 전문적 의견이 나타나지 않으며 새로운 오피니언 리더를 찾고자 노력함

/정답/ ①
구전효과는 신뢰성이라는 특성으로 소비자 만족에 큰 영향을 미치기 때문에 기업은 구전 관리에 큰 노력을 기울여야 한다.

9 직접적인 대면접촉에 의한 전통적인 구전(word of mouth)과 비교할 때, 인터넷을 매개로 하는 온라인 구전의 특성에 해당하는 것을 모두 고른 것은? (경영지도사, 20)

> ㄱ. 불특정 다수에게 정보의 전달이 가능
> ㄴ. 더 많은 대상에게 정보의 전달이 가능
> ㄷ. 직접적인 연관성이 낮은 대상에게도 정보의 전달이 가능

① ㄱ　　② ㄱ, ㄴ　　③ ㄱ, ㄷ　　④ ㄴ, ㄷ　　⑤ ㄱ, ㄴ, ㄷ

/정답/ ⑤

10 영화나 드라마상에 특정한 상품을 노출시키거나 사용상황을 보여줌으로써 광고효과를 도모하는 광고 기법은? (가맹거래사, 11)

① POP(point of purchase)　　② USP(unique selling point)
③ PPL(product placement)　　④ POS(point of sale)
⑤ WOM(word of mouth)

/정답/ ③

11 현재 보고 있는 인터넷 창에 새로운 창이 나타나면서 행하여지는 온라인 광고 형태는? (가맹거래사, 13)

① 스팟광고　　② 배너광고　　③ 팝업광고
④ PPL광고　　⑤ POP광고

/정답/ ③
① 스팟은 정규 프로그램 광고 외의 것을 지칭하는 것으로 정규 프로그램 광고를 제외한 자투리 공간이나 시간대를 활용하는 광고를 스팟광고라고 한다.

12 진실의 순간(Moments of Truth)에 관한 설명으로 옳지 않은 것은? (가맹거래사, 22)

① 고객이 기업의 광고를 볼 때도 발생한다.
② 대형 항공사와 중소 부품업체의 연간 고객 접점 횟수에는 차이가 없다.
③ 잘 관리된 진실의 순간 활동은 열악한 기술적 품질(technical quality)의 부정적 인상을 극복하는 데 도움을 준다.
④ 표준적 기대, 경험 손상 요소, 그리고 경험 강화 요소가 진실의 순간 영향 분석에 활용된다.
⑤ 안내원, 경비원, 전화 교환원 등의 접객 태도 중요성이 부각되었다.

/정답/ ②
진실의 순간(Moments of Truth)이란 고객이 기업과 접촉하는 순간으로, 기업의 서비스 품질에 대해 고객이 어떤 인상을 받는 접점을 말한다. 고객들은 기업을 만나는 짧은 시간 동안 그 기업에 대한 인상을 결정하고 다시 이용할지를 결정하기에, 고객으로서는 구매 의사를 결정하는 최후의 순간일 수 있고, 기업으로서는 고객과 만나는 최초의 순간일 수 있다.
② 고객과 직접 접촉하는 대형 항공사의 연간 고객 접점 횟수가 중소 부품업체의 그것보다 많다.

13 판매자가 비용을 지불하거나 통제하지 않고 개인, 제품, 조직에 대한 정보를 언론 매체가 일반 보도로 다루도록 함으로써 무료 광고 효과를 얻는 것은? (경영지도사, 20)

① PPL(product placement) 광고
② 바이럴 마케팅(viral marketing)
③ 블로깅(blogging)
④ 퍼블리시티(publicity)
⑤ 팟캐스팅(podcasting)

/정답/ ④

14 다음은 광의의 판매촉진 활동 중 무엇에 관한 설명인가? (가맹거래사, 09)

다양한 미디어(신문, TV, 인터넷 등)에 제품이나 서비스, 기업활동의 인지 수준을 높이고 수요를 환기시키도록 하는 자극을 말하며, 전달되는 메시지에 대해 잠재적 소비자들이 '인식상 방어현상(perceptual defense)'을 가지기보다는 오히려 호기심을 갖고 받아들이는 경향 즉, '경계 의식의 해제(off-guard)'를 활용하는 판매촉진 활동이다.

① 광고(advertising) ② 인적 판매(personal selling)
③ 거래촉진(trade promotion) ④ 홍보활동(publicity)
⑤ 판매원 촉진(sales force promotion)

/정답/ ④

15. 기업에서 수행하는 PR(public relations)에 해당하는 것을 모두 고른 것은? (가맹거래사, 17)

ㄱ. 제품홍보   ㄴ. 로비활동   ㄷ. 교차촉진   ㄹ. 언론관계

① ㄱ, ㄴ   ② ㄱ, ㄷ   ③ ㄱ, ㄴ, ㄷ
④ ㄱ, ㄴ, ㄹ ⑤ ㄴ, ㄷ, ㄹ

/정답/ ④

홍보(PR)에는 제품홍보, 미디어 등에 대한 로비, 언론과의 우호적 관계 형성 등의 방법이 있다. 교차촉진은 판매촉진에 해당한다.

16. 광고(advertising)와 홍보(publicity)에 관한 설명으로 옳지 않은 것은? (노무사, 23)

① 광고는 홍보와 달리 매체 비용을 지불한다.
② 홍보는 일반적으로 광고보다 신뢰성이 높다.
③ 광고는 일반적으로 홍보보다 기업이 통제할 수 있는 영역이 많다.
④ 홍보는 언론의 기사나 뉴스 형태로 많이 이루어진다.
⑤ 홍보의 세부 유형으로 PR(Public Relations)이 있다.

/정답/ ⑤

광고는 매체료를 지불하고 제품 등의 표준화된 정보를 제공하지만 홍보는 제품 등의 정보를 언론 매체가 일반보도로 다루도록 함으로써 광고 효과를 얻는 것이다. 따라서 홍보는 광고보다 일반적으로 신뢰성이 높고 기업이 통제할 수 없는 영역이 많다.
⑤ PR(Public Relations, 공중관계)은 마케팅 주체가 대중(공중)과의 호의적인 관계를 위해 하는 모든 활동을 지칭하고, 홍보(Publicity)는 매스미디어 중심의 언론에 한정된다. 오히려 PR의 한 수단이 홍보이다.

17 광고와 판매촉진의 비교에 관한 설명으로 옳지 않은 것은? (가맹거래사, 22)

① 광고의 기본 목표는 매출 신장이지만, 판매촉진의 기본 목표는 소비자 태도 변화이다.
② 광고는 중장기적인 효과를 추구하지만, 판매촉진은 단기적인 효과를 추구한다.
③ 광고는 브랜드 관련 기억증가의 효과를 추구하지만, 판매촉진은 판매의 즉각적인 증가 효과를 추구한다.
④ 광고는 간접적이고 보통 수준의 당기 이익에 공헌하지만, 판매촉진은 직접적이고 높은 수준의 당기 이익에 공헌한다.
⑤ 광고는 브랜드를 인식하지 못한 소비자를 목표 고객으로 하지만, 판매촉진은 타사 브랜드 애용자를 목표 고객으로 한다.

/정답/ ①
광고의 목표는 소비자 태도변화, 인지도 향상, 매출증대 등이고, 판매촉진의 기본 목표는 단기적 매출증대이다.

18 촉진믹스(promotion mix) 중 판매촉진(sales promotion) 활동에 해당하지 않는 것은? (노무사, 11)

① 적극적인 광고 및 홍보 ② 샘플 제공 ③ 가격 할인
④ 상품전시회 개최 ⑤ 할인권 제공

/정답/ ①

19 소비자 판촉수단이 아닌 것은? (가맹거래사, 19)

① 소비자에게 무료로 제공하는 샘플
② 제품 구입 시 소비자에게 일정 금액을 할인해주는 쿠폰
③ 제품 구입 시 소비자에게 무료로 제공되는 사은품
④ 자사 제품의 활용을 소비자들에게 보여주는 시연회
⑤ 자사의 제품을 적극적으로 판매하도록 하기 위해 중간상에게 제공하는 영업지원금

/정답/ ⑤

20 유통업자 판매촉진에 해당하지 않는 것은? (가맹거래사, 21)

① 판매량에 대한 콘테스트(contest) 실시
② 구매시점광고(point-of-purchase advertising)의 지원
③ 자사 제품을 소비자에게 잘 보이는 곳에 배치했을 때 제공하는 진열보조금
④ 소비자에게 특정 제품을 소량으로 포장하여 무료로 제공하는 샘플
⑤ 소매업자의 광고비용을 보상해주는 광고 공제

/정답/ ④

21 통합적 마케팅 커뮤니케이션에 관한 설명 중 옳지 않은 것은? (노무사, 15)

① 강화광고는 기존 사용자에게 브랜드에 대한 확신과 만족도를 높여준다.
② 가족 브랜딩(family branding)은 개별 브랜딩과는 달리 한 제품을 촉진하면 나머지 제품도 촉진된다는 이점이 있다.
③ 촉진에서 풀(pull) 정책은 제품에 대한 강한 수요를 유발할 목적으로 광고나 판매촉진 등을 활용하는 정책이다.
④ PR은 조직의 이해관계자들에게 호의적인 인상을 심어주기 위하여 홍보, 후원, 이벤트, 웹사이트 등을 사용하는 커뮤니케이션 방법이다.
⑤ 버즈(buzz) 마케팅은 소비자에게 메시지를 빨리 전파할 수 있게 이메일이나 모바일을 통하여 메시지를 공유한다.

/정답/ ⑤
버즈 마케팅(buzz marketing)이란 상품을 이용해 본 소비자가 자발적으로 그 상품에 대해 주위 사람들에게 긍정적인 메시지 전달케 함으로써 긍정적인 입소문을 퍼트리도록 유도하는 마케팅 방식을 의미한다.

22 디지털마케팅 커뮤니케이션에 관한 설명으로 옳지 않은 것은? (가맹거래사, 22)

① 디지털 기술의 발전으로 인해 마케팅 전달매체는 파편화되기보다는 통합화되었다.
② 대원칙은 각 매체의 믹스(mix)와 서로 다른 매체의 메시지 통합이다.
③ 디지털마케팅의 출발은 인터넷의 보급과 이용에서 촉발되었다.
④ 사용기기는 PC, 스마트폰, 태블릿 PC 등을 포함한다.
⑤ 인터넷마케팅 커뮤니케이션의 대표적 수단은 디스플레이(노출형) 광고와 검색 광고이다.

/정답/ ①
① 디지털 기술의 발전으로 인해 마케팅 전달매체는 파편화·다양화되었다.

|제5절| 소비자 행동 분석

> **POINT 소비자 행동**
>
> **1. 관여도**
>
> (1) 개 념
>
> 어떤 제품이나 서비스의 구매에 대해 소비자가 얼마나 관심을 두는지, 소비자에게 얼마나 중요하게 여겨지는지를 의미
>
> (2) 관여도의 종류
>
> ① 관여도의 정도 기준
> - **고관여** : 특정 제품에 대하여 관심을 많이 두고 관련된 정보를 많이 수집한 후 구매
> - **저관여** : 특정 제품에 대하여 관심이 별로 없고 관련된 정보를 크게 수집하지 않고 구매
>
> ② 관여도의 지속성
> - **지속적 관여도** : 특정 제품에 대하여 오랫동안 지속해서 관심을 두는 상태
> - **상황적 관여도** : 특정 상황에서 특정 제품에 대하여 일시적으로 관심을 두는 상태
>
> **2. 소비자의 정보처리과정**
> - **노 출** : 자극이 감각기관에 들어오는 것(감지)
> - **주 의** : 정보처리자원을 특정 자극에 집중하는 인지작용
> - **이 해**(해석) : 유입된 정보를 조직하고 그 의미를 해석하는 것
> - **수 용**(기억) : 처리된 정보를 저장
>
> **3. 구매 의사결정 과정**
>
> (1) 과 정
>
> 필요인식 → 정보탐색 → 대안평가 → 구매 → 구매 후 행동
>
> (2) 대안의 평가 모델
>
> ① 보완적 방식
> - 대안의 강점과 약점을 종합적으로 고려하여 대안을 평가하는 방식
> - **피쉬베인**(Fishbein)**의 다속성 태도모형** : 각 속성의 중요도에다 각 속성의 평가 값을 곱한 각 속성의 값
>
> $$A_0 = \sum_{i=1}^{n} b_i \cdot e_i$$
>
> (A_0 = 대상에 대한 태도, b_i = 대상이 속성$_i$를 갖는다는 신념의 강도, e_i = 속성$_i$의 평가)

② 비보완적 방식
- 특정 평가기준에서의 약점이 다른 평가기준에서의 강점에 의하여 보완되지 않는다는 관점
- **사전편찬식**(lexicographic rule) : 가장 중요하다고 여기는 평가기준에서 최상으로 평가되는 브랜드를 구매하는 방식
- **순차제거식**(elimination by aspect) : 소비자가 가장 중요시하는 속성에 대해 수용기준을 설정하고 수용기준을 만족시키지 못하는 상표를 제거해 나가는 방식
- **결합식**(conjunctive rule) : 고객이 중요하게 여기는 각각의 속성에 대한 평가점수의 최소치를 제시하고 이를 만족시키지 못하는 대안을 제거하는 방법
- **분할식**(disjunctive rule) : 복수의 속성에 대한 수용기준이 있되 그중 하나라도 만족하는 것이 있으면 그 대안을 선택하는 방법

(3) 구매 후 행동

① **구매 후 부조화**(인지부조화)
- 소비자가 제품구매 이후 만족 또는 불만족을 느끼기 전에 자신의 선택이 과연 옳은 것이었는가에 대하여 느끼는 불안감
- **인지부조화 유발요인** : 구매결정을 취소할 수 없을 때, 선택하지 않은 대안이 장점을 가질 때, 대안이 여러 가지일 때, 심리적 중요성을 가지고 결정할 때, 아무런 압력 없이 선택할 때, 고관여 제품을 구매할 때
- **인지부조화 감소노력** : 선택한 대안의 장점을 의식적으로 생각하고 단점은 무시, 선택하지 않은 대안의 단점을 생각하고 장점은 무시, 자신의 선택을 지지하는 정보를 탐색하고 그렇지 않은 정보는 회피, 의사결정 자체를 중요하지 않은 것으로 여김

② **올리버**(Oliver)**의 기대-성과 불일치 모형**(expectancy-performance disconfirmation model)
- 긍정적 불일치(구매 전 기대 < 구매 후 성과)가 발생하면 만족하고 부정적 불일치(구매 전 기대 > 구매 후 성과)가 발생하면 불만족 반응이 나타남

관련 문제

1 다음 중 소비자 관여도에 관한 것으로 가장 옳은 것은? (가맹거래사, 06)

① 고관여도 제품은 낮은 수준의 지각된 위험을 수반한다.
② 고관여도 제품은 비교적 구매주기가 짧다.
③ 관여도는 특정 소비자가 주어진 상황에서 지각하는 관련성 혹은 중요성을 말한다.
④ 관여도가 낮은 제품일수록 사회적 가시성은 높다.
⑤ 관여도는 상황에 따라 변할 수 있으므로 지속적 관여도는 존재하지 않는다.

/정답/ ③

① 고관여도 제품은 높은 수준의 지각된 위험을 수반한다.
② 고관여도 제품은 대체로 구매주기가 길다.
④ 관여도가 높은 제품일수록 사회적 신분이나 지위를 나타내는 사회적 가시성이 높다.
⑤ 관여도는 상황에 따라 변할 수 있으나 지속적 관여도가 존재할 수도 있다.

2 소비자의 관여도(involvement)에 관한 설명으로 옳지 않은 것은? (가맹거래사, 19)

① 제품에 대한 관심이 많을수록 관여도가 높아진다.
② 제품의 구매가 중요하고 지각된 위험이 높을수록 관여도가 높아진다.
③ 관여도가 높을수록 소비자는 신중하게 의사결정을 하려고 한다.
④ 다양성 추구(variety seeking) 구매행동은 관여도가 높을 때 나타날 수 있다.
⑤ 인지부조화 감소(dissonance reduction) 구매행동은 관여도가 높을 때 나타날 수 있다.

/정답/ ④

관여도가 낮으면 다양성을 추구한다.

3 소비자 구매행태를 고관여와 저관여로 구분한 설명으로 옳지 않은 것은? (가맹거래사, 12)

① 다양성을 추구하는 행태를 보인다면 저관여 구매행태이다.
② 복잡한 구매행태를 보인다면 고관여 구매행태이다.
③ 구매 후 부조화 감소는 주로 고관여 구매행태에서 나타난다.
④ 습관적 구매는 저관여 구매행태에 속한다.
⑤ 충동구매는 고관여 구매행태이다.

/정답/ ⑤

충동구매는 저관여 구매행태이다.

4 저관여(low involvement) 제품에 해당하는 것은? (가맹거래사, 13)

① 비누　　　　　② 자동차　　　　　③ 가구
④ TV　　　　　　⑤ 컴퓨터

/정답/ ①

②③④⑤는 비누보다 상대적으로 고관여 제품에 해당한다.

5 소비자의 지각과정 순서로 옳은 것은? (가맹거래사, 16)

① 주의 → 노출 → 해석 → 수용
② 주의 → 노출 → 수용 → 해석
③ 노출 → 해석 → 주의 → 수용
④ 노출 → 주의 → 수용 → 해석
⑤ 노출 → 주의 → 해석 → 수용

/정답/ ⑤

6 소비자의 정보처리과정에 관한 설명 중 옳지 <u>않은</u> 것은? (가맹거래사, 23)

① 정보처리과정은 노출 → 이해(해석) → 주의 → 기억 순으로 진행된다.
② 노출은 자극이 감각기관에 들어오는 것이다.
③ 이해(해석)는 유입된 정보를 조직하고 그 의미를 해석하는 것이다.
④ 주의는 정보처리자원을 특정 자극에 집중하는 인지작용이다.
⑤ 기억은 처리된 정보를 저장하는 것이다.

/정답/ ①

소비자의 정보처리과정은 노출 → 주의 → 이해(해석) → 기억(수용) 순이다.

7 전통적 소비자 행동연구 모델에서 인지심리학의 정보처리이론에 근거한 소비자의 정보처리 순서로서 맞는 것은? (가맹거래사, 08)

① 자극 → 감정 → 인지 → 구매 → 구매 후 행동
② 자극 → 인지 → 감정 → 구매 → 구매 후 행동
③ 자극 → 감정 → 구매 → 인지 → 구매 후 행동
④ 자극 → 구매 → 감정 → 인지 → 구매 후 행동
⑤ 자극 → 인지 → 구매 → 감정 → 구매 후 행동

/정답/ ②

8 일본의 광고대행사 덴쯔(Dentsu)가 AIDMA 모델을 활용하여 새롭게 제시한 소비자 구매행동 모델의 과정을 순서대로 나열한 것은? (가맹거래사, 17)

① 검색(search) → 흥미(interest) → 구매(action) → 공유(share) → 주의(attention)
② 검색(search) → 구매(action) → 공유(share) → 주의(attention) → 흥미(interest)
③ 검색(search) → 공유(share) → 주의(attention) → 흥미(interest) → 구매(action)
④ 주의(attention) → 흥미(interest) → 검색(search) → 공유(share) → 구매(action)
⑤ 주의(attention) → 흥미(interest) → 검색(search) → 구매(action) → 공유(share)

/정답/ ⑤

9 소비자의 구매 의사결정과정을 순서대로 나열한 것은? (가맹거래사, 21, 14, 10 및 노무사16)

① 정보탐색 → 문제인식 → 구매 → 대안평가 → 구매후 행동
② 문제인식 → 정보탐색 → 대안평가 → 구매 → 구매후 행동
③ 문제인식 → 대안평가 → 구매 → 정보탐색 → 구매후 행동
④ 정보탐색 → 문제인식 → 대안평가 → 구매 → 구매후 행동
⑤ 대안평가 → 정보탐색 → 문제인식 → 구매 → 구매후 행동

/정답/ ②

10 제품구매에 대한 심리적 불편을 겪게 되는 인지부조화(cognitive dissonance)에 관한 설명으로 옳은 것은? (노무사, 16)

① 반품이나 환불이 가능할 때 많이 발생한다.
② 구매제품의 만족 수준에 정비례하여 발생한다.
③ 고관여 제품에서 많이 발생한다.
④ 제품구매 전에 경험하는 긴장감과 걱정의 감정을 뜻한다.
⑤ 사후서비스(A/S)가 좋을수록 많이 발생한다.

/정답/ ③

11 소비자 보호에 관한 설명으로 옳지 않은 것은? (경영지도사, 16)

① 소비자보호운동은 판매자와 소비자 사이에서 야기되는 소비자의 불만에 대한 시민과 정부의 대응행동이다.
② 소비자보호운동은 판매자와 소비자 간의 거래관계에서 힘의 균형이 소비자에게 기울어지게 됨에 따라 이를 균등화시키기 위한 노력이다.
③ 소비자 보호 관련법은 소비자 권리, 제품안전 규제의 강화 및 개인정보 보호 등을 포함하고 있다.
④ 소비자 보호에는 안전, 피해보상, 깨끗한 환경에서 살 권리 등이 있다.
⑤ 소비자보호운동은 기업이 경제와 사회에 해악을 미칠 수도 있다고 보는 시각에서 비롯되었다.

/정답/ ②
소비자보호운동은 판매자와 소비자 간의 거래관계에서 힘의 균형이 판매자에게 기울어지게 됨에 따라 이를 균등화시키기 위한 노력이다.

제7장 재무·회계 관리

|제1절| 회계관리

> **POINT** 회계정보의 질적 특성
>
> **1. 목적 적합성**
> - 회계정보가 의사결정 시점에 이용가능하도록 적시에 제공되며 미래를 예측하는 데 사용되며 정보이용자의 의사결정에 영향을 미칠 수 있어야 함
> - **예측가치** : 미래의 재무정보 등을 예측하는 데 활용되는 정보
> - **피드백가치** : 애초 예측치를 확인, 수정하는 데 영향을 미치는 정보
> - **적시성** : 의사결정 시점에 제공되는 정보
>
> **2. 신뢰성**
> - 회계정보는 대상을 충실히 표현하고 객관적으로 검증 가능하며 중립적이어야 함
> - **표현의 충실성** : 자산과 부채 및 자본의 변동을 충실하게 표현한 정보
> - **검증가능성** : 동일한 측정 방법(객관적)으로 다수측정자가 유사 결론에 도달하는 정보
> - **중립성** : 의도된 결과를 유도할 목적이 아닌 편의 없이 중립적인 정보
>
> **3. 비교 가능성**
>
>   회계정보는 기간별 비교가 가능해야 하고 기업 실체 간의 비교 가능성도 있어야 함
>
> **4. 이해 가능성**
>
> **5. 중요성의 기준**
>
>   회계처리와 재무제표 작성에 있어서 과목과 금액은 그 중요성에 따라 실용적인 방법에 따라 결정되어야 함. 회계상 중요성은 관련 회계정보가 회계정보 이용자의 의사결정에 영향을 미치는 정도를 의미함

관련 문제

1 재무정보의 질적 특성이 <u>아닌</u> 것은? (가맹거래사, 19)

① 충실한 표현 ② 비교가능성 ③ 발생주의
④ 적시성 ⑤ 이해가능성

/정답/ ③

2 회계정보 또는 재무정보의 질적 특성 중 정보이용자가 항목 간의 유사점과 차이점을 식별하고 이해할 수 있도록 하는 것은? (가맹거래사, 17)

① 적시성(timeliness) ② 비교가능성(comparability)
③ 목적적합성(relevance) ④ 검증가능성(verifiability)
⑤ 표현충실성(representational faithfulness)

/정답/ ②

3 회계정보가 정보로서 가치가 있기 위해 갖추어야 할 질적 특성에 관한 설명으로 옳은 것은? (가맹거래사, 18)

① 신뢰성 있는 정보란 주관적으로 검증 가능하여야 한다.
② 회계정보가 중립적이려면 편의(bias)가 있어야 한다.
③ 중립적이라 함은 회계정보가 의도된 결과를 유도할 목적으로 정보이용자의 의사결정이나 판단에 영향을 미쳐야 함을 뜻한다.
④ 분기재무제표는 연차재무제표에 비해 적시성 있는 정보를 제공하기 때문에 목적적합성을 높일 수 있다.
⑤ 연차재무제표는 분기재무제표에 비해 신뢰성과 목적 적합성이 높은 정보를 제공할 수 있다.

/정답/ ④

분기별 재무제표, 반기별 재무제표와 같은 중간 제무재표 작성은 목적 적합성을 높이지만, 연차재무제표는 신뢰성을 높인다.

POINT 재무회계의 이해

1. 재무회계 개념체계(conceptual framework for financial accounting)

	재무회계	관리회계
목 적	재무제표 작성	경영자에게 정보제공
이용자	외부이해관계자	내부이해관계자
규 정	기업회계기준	내부규정
보고서	재무제표	정해진 보고서 없음
강제성	있음	없음
정보내용	재무상태, 경영성과, 현금흐름 등	미래현금흐름 등
정보본질	객관성, 일관성	예측성
정보특성	과거자료	현재와 미래예측자료

2. 재무회계의 기본가정

- **기업 실체의 가정**(business entity assumption) : 기업은 소유주와 별개인 독립된 하나의 실체로 존재
- **계속기업의 가정**(going concern assumption)
- **기간별 보고의 가정**(accounting period assumption)
- **발생주의 회계 가정** : 거래와 관련된 수익과 비용을 현금유출 및 유입이 있는 기간이 아니라 그 거래가 발생한 기간에 인식하는 것
- **역사적 원가주의** : 자산을 취득하였을 때 취득 시의 원가로 기록
- **수익 및 비용 대응 원칙** : 비용은 당해 수익이 인식된 회계기간과 동일한 기간에 인식되어야 함
- **보수주의** : 거래에 관한 선택 가능한 대체적 인식 방법이 있을 경우 기업의 재무적 견고함을 위해 이익이나 자산을 감소시키고 부채나 비용을 증가시키는 방향으로, 즉 순이익이나 재무상태에 불리한 방향으로 회계처리 방법을 선택하는 것

관련 문제

1 관리회계에 관한 설명으로 옳지 않은 것은? (노무사, 12)

① 내부정보이용자에게 유용한 정보이다.
② 재무제표 작성을 주목적으로 한다.
③ 경영자에게 당면한 문제를 해결하기 위한 정보를 제공한다.
④ 경영계획이나 통제를 위한 정보를 제공한다.
⑤ 법적 강제력이 없다.

/정답/ ②
재무제표 작성을 주목적으로 하는 것은 재무회계이며, 관리회계는 기업 내부의 이해관계자인 경영자가 의사결정을 하는데 유용한 정보를 제공하는 것을 목적으로 한다.

2 경영자가 기업 내의 투자 및 운영 등에 관한 의사결정을 할 때 필요한 정보를 제공하는 회계분야는? (가맹거래사, 18)

① 고급회계 ② 재무회계 ③ 관리회계 ④ 세무회계 ⑤ 정부회계

/정답/ ③

3 재무회계의 한계점에 관한 설명으로 옳지 않은 것은? (가맹거래사, 09)

① 계량적인 자료를 중심으로 정보를 분석하므로, 비계량적 요소와 질적 요소를 반영할 수 없다.
② 과거의 정보를 분석하므로 의사결정을 위한 미래정보의 제공이 어렵다.
③ 회계처리에 여러 대체적인 방법이 존재하여 기업 간 비교가능성이 저하되므로 정보 자체의 유용성이 떨어질 수 있다.
④ 기업 내부정보이용자를 위한 회계시스템이므로 외부정보이용자에게 인정받기 어렵다.
⑤ 용인된 회계원칙안에도 주관성이 개입될 수 있어 불확실성이 내재되어 있다.

/정답/ ④
재무회계는 주주나 채권자와 같은 외부이해관계자의 경제적 의사결정에 유용한 정보의 제공을 위한 목적이다.

4 역사적 원가주의 회계의 한계로서 옳지 않은 것은? (가맹거래사, 07)

① 자산의 보유 손익에 관한 정보를 구분하여 제공하지 못한다.
② 자산가치는 계속 변동하므로 취득 시점 이후에는 그 의미가 상실될 수 있다.
③ 취득 시점의 자산가치를 반영하므로 수탁책임회계에는 적합지 않다.
④ 화폐가치의 변동으로 인해 각기 다른 시점에서 취득한 자산들의 금액을 가감함은 무의미하다.
⑤ 화폐가치가 변동하는 경우 수익과 비용이 각각 다른 시점의 화폐가치로 측정되므로 수익 비용의 적절한 대응이 불가능하다.

/정답/ ③

> 경영자는 소유자(주주)로부터 위탁경영을 하는 것이므로 위탁받은 자원을 효율적으로 운용하여 그 결과를 이해관계자에게 보고할 의무가 있는데, 이를 수탁책임회계라 한다. 수탁책임회계에서는 신뢰성 있는 회계자료의 보고가 필수적이므로 역사적 원가주의가 타당하다.

5 '수익의 인식을 외상대금 회수시점이 아니라 상품 판매시점으로 본다'는 것은 주요 회계원칙 중 무엇에 해당하는가? (가맹거래사, 09)

① 현금주의   ② 발생주의   ③ 계속성의 원칙
④ 역사적 원가주의   ⑤ 완전공시의 원칙

/정답/ ②

POINT 회계 순환과정

1. 회계의 순환과정

거래 인식 → 분개 → 전기 → 총계정원장 → 수정전 시산표 작성 → 기말수정 분개 → 수정후 시산표 작성 → 장부마감 → 손익계산서 작성 → 재무상태표 작성 → 마감 분개 → 이월시산표 작성 순

2. 거래(transaction)의 인식

거래는 재무상태에 변화를 일으키는 경제적 사건으로서 반드시 재무적으로 실현된 결과이어야 하고, 거래의 인식이란 거래와 사건의 경제적 효과를 자산, 부채, 자본, 수익, 비용 등으로 구분하여 재무보고서에 화폐단위로 기록하는 것

회계상 거래		회계상 거래가 아님
• 화재, 도난, 훼손, 분실 • 유형자산의 감가상각 • 채권의 대손	• 상품의 매매 • 채권, 채무의 발생 소멸 • 현금의 수입과 지출 • 금전대차 • 비용 지급 • 각종 손익의 발생	• 상품의 주문 • 건물, 토지, 점포 등의 임대차 계약 • 담보설정
일반적 거래가 아님	일반적 거래	

3. 거래의 이중성과 복식부기(duality of transaction)

회계상의 거래로 인해 거래의 8요소(자산증가, 자산감소, 부채증가, 부채감소, 자본증가, 자본감소, 수익발생, 비용발생)가 발생하는데, 이를 계정별로 분개할 때 대립하는 두 개의 거래는 같은 화폐 금액으로 장부상의 양편(차변과 대변)에 기록되고 차변 합계금액과 대변 합계금액이 일치되어야 함(대차 평균의 원리)

4. 회계 감사의견

- **적 정**: 회사가 기업회계 기준에 맞게 재무제표를 작성했으며, 감사에 필요한 자료를 회사로부터 충분히 받았다는 의미
- **한 정**: 감사 범위가 제한되고 회계기준 위반 사항은 있었지만, '부적정'이나 '의견 거절'까지 갈 수준은 아니라는 의미
- **부적정**: 중요한 사안에 대해 기업회계 기준을 위배하여 재무제표를 작성하였다는 의미
- **의견 거절**: 회계감사가 불가능한 상황에서 제시하는 의견

❑ 관련 문제

1 회계시스템에 인식·측정될 수 있는 거래로 분류될 수 없는 것은? (노무사, 11)

① 상품을 구입하다. ② 용역을 제공하다.
③ 돈을 빌려오다. ④ 도난을 당하다.
⑤ 계약을 체결하다.

/정답/ ⑤
계약을 체결한 것은 현재 미실현된 사건으로 재무적으로 실현이 이루어지는 것이 없으므로 거래라고 할 수 없다.

2 다음의 사건 중 회계시스템에서 인식되기 가장 어려운 것은? (가맹거래사, 06)

① 사무실에서 사용하기 위한 비품 및 용품의 구입
② 태풍으로 인한 공장시설물의 파손
③ 생산사업장에서 노동쟁의의 발생
④ 무기명 사채의 분실
⑤ 보유하고 있는 재고자산의 순실현가능 가치가 장부가 이하로 가격하락

/정답/ ④
무기명 사채란 사채권자의 성명을 사채권면 및 발행회사의 사채원부에 기재하지 않은 사채를 말한다. 따라서 무기명 사채의 분실 시에는 회계시스템으로 파악이 어렵다.

3 부기상의 거래이기는 하지만 일반적인 거래가 아닌 것은? (가맹거래사, 09)

① 건물의 임대차계약 ② 재고상품의 화재
③ 건물, 토지 등의 담보설정 ④ 상품의 매매계약
⑤ 매출채권의 양도

/정답/ ②
재고상품의 화재는 자산의 감소를 일으키는 거래로써 일반적인 거래는 아니지만 부기상 거래로 식별된다.

4 회계상 거래가 <u>아닌</u> 것은? (가맹거래사, 18)

① 은행에서 현금 300,000원을 인출하였다.
② 상품 150,000원을 도난당하였다.
③ 급료 18,000원을 현금으로 지급하였다.
④ 거래처의 파산으로 외상채권 3,000원이 회수불능이 되었다.
⑤ 다른 회사와 2,000,000원의 상품 판매계약을 체결하였으나 계약금 등을 받지 않았고 아직 상품을 판매하지 않았다.

/정답/ ⑤

계약은 회계상 거래가 아닌 일반적인 거래에 해당한다.

5 회계상 거래가 <u>아닌</u> 것은? (가맹거래사, 19)

① 상품 3,000만원을 구입하면서 전액 현금으로 지급하였다.
② 태풍으로 인해 창고에 보관되어 있는 상품 1,000만원이 훼손되었다.
③ 신규 프로젝트를 위해 매월 급여 200만원을 지급하기로 하고 종업원을 채용하였으며, 그 종업원은 다음 달부터 출근하기로 하였다.
④ 단기간 자금 운영을 위하여 은행으로부터 2,000만원을 차입하였다.
⑤ 영업 목적으로 취득한 자동차의 연간 보험료 120만원을 미리 납부하였다.

/정답/ ③

아직 급여가 지급된 것은 아니다.

6 회계상 거래가 <u>아닌</u> 것은? (가맹거래사, 21)

① 상품 30만원을 주문하였다.
② 5월분 종업원 급여 20만원을 5월 31일 현재 회사 경영 악화로 인해 지급하지 못하고 있다.
③ 화재로 인하여 상품 10만원이 소실되었다.
④ 영업 목적으로 취득한 화물차 연간 보험료 100만원을 미리 지급하였다.
⑤ 업무용 건물을 50만원에 구입하였다.

/정답/ ①

주문으로 인하여 재무상태 변화가 일어나지 않는다.

7 다음 중 회계처리(분개)의 대상이 <u>아닌</u> 항목은? (가맹거래사, 10)

① 현금배당　　　② 주식배당　　　③ 주식분할
④ 무상증자　　　⑤ 자기주식의 취득

/정답/ ③
주식분할은 주식 수와 주당 액면가액의 변동만 발생할 뿐이다.

8 회계상의 거래로 인식할 수 <u>없는</u> 것은? (가맹거래사, 11)

① 화재로 창고가 소실되었다.
② 상품을 외상으로 구입하였다.
③ 은행에서 자금을 차입하였다.
④ 사무실을 임차하는 구두계약을 체결하였다.
⑤ 주주에게 현금으로 배당금을 지급하였다.

/정답/ ④
구두계약은 법적·경제적 구속력이 없기에 회계상의 거래로 인식할 수 없다.

9 회계상의 거래가 <u>아닌</u> 것은? (가맹거래사, 15)

① 의자를 ₩300,000에 현금으로 구입하다.
② 화재로 재고 ₩100,000이 소실되다.
③ 은행에 현금 ₩100,000을 예금하다.
④ 책상을 ₩500,000에 주문하다.
⑤ 비품을 ₩600,000에 외상으로 구입하다.

/정답/ ④
책상을 주문한 사실만으로는 현금이나 자산의 유출, 유입이 이루어진 것이 아니기 때문에 장부에 기록할 수 없어 회계상의 거래로 볼 수 없다.

10 회계의 순환과정을 순서대로 나열한 것은? (노무사, 13, 가맹거래사, 13)

| ㄱ. 수정분개 | ㄴ. 거래발생 | ㄷ. 분개 |
| ㄹ. 수정전 시산표 작성 | ㅁ. 원장 전기 | ㅂ. 재무제표 작성 |

① ㄴ-ㄷ-ㄱ-ㅁ-ㄹ-ㅂ
② ㅁ-ㄴ-ㄷ-ㄱ-ㄹ-ㅂ
③ ㅁ-ㄴ-ㄷ-ㄹ-ㅂ-ㄱ
④ ㄴ-ㄷ-ㅁ-ㄹ-ㄱ-ㅂ
⑤ ㄴ-ㄷ-ㄹ-ㅁ-ㅂ-ㄱ

/정답/ ④

회계는 거래 인식 → 분개 → 전기 → 총계정원장 → 수정전 시산표 작성 → 기말수정 분개 → 수정후 시산표 작성 → 장부마감 → 손익계산서 작성 → 재무상태표 작성 → 마감분개 → 이월시산표 작성 순

11 회계순환과정(accounting cycle)의 필수적인 절차가 <u>아닌</u> 것은? (가맹거래사, 10)

① 분개　　② 시산표작성　　③ 전기
④ 수정분개　　⑤ 마감분개

/정답/ ②

시산표 작성은 회계순환과정의 선택적 절차이다.

12 복식부기 제도의 핵심인 거래의 이중성(duality of transactions)을 의미하는 것은? (가맹거래사, 07)

① 한번 발생한 거래는 두 번 기장하게 된다.
② 한번 발생한 거래는 두 번 분개해야 한다.
③ 모든 회계상의 거래가 항상 차변과 대변 항목을 갖는다.
④ 모든 회계상의 거래가 항상 두 계정 이상에 영향을 미친다.
⑤ 모든 분개는 실제 거래와 다를 수 있다.

/정답/ ③

거래의 이중성이란 거래가 발생하면 반드시 차변요소와 대변요소가 서로 결합하여 나타난다는 의미이다. 반드시 차변요소와 대변요소가 같은 금액으로 발생하여 차변 합계금액과 대변 합계금액도 일치하게 되는데 이를 대차평균의 원리라 하며 복식부기의 근본원리이다.

13 회계감사의 감사의견에 포함되지 않는 것은? (노무사, 17)

① 적정 의견　　② 부적정 의견　　③ 한정 의견
④ 불한정 의견　　⑤ 의견 거절

/정답/ ④

> **POINT** 재무제표의 구성

1. 재무상태표(statement of financial position, 대차대조표)

일정 시점에 있어서 기업의 재무상태(financial position), 즉 자산, 부채 및 자본의 상태를 보여주는 보고서(자산＝자본＋부채)

2. 손익계산서(statement of comprehensive income)

일정 기간 중에 발생한 모든 수익과 이를 얻기 위해 소요된 비용 및 손실을 대비함으로써 그 기간의 순 손익을 확정하는 동시에 그 순 손익이 발생한 원인 및 과정을 명확하게 보여주는 것

재무상태표	손익계산서
일정 시점	일정 기간
재무상태	영업성과
정태보고서	동태보고서
유동성, 재무탄력성, 자본구조를 나타냄	수익성, 활동성을 나타냄
자산, 부채, 자본으로 구성	수익, 비용으로 구성

3. 자본변동표(statement of charges in equity)

기업 실체에 대한 자본의 크기와 그 변동에 관한 정보를 제공하는 재무보고서

기초자본
자본금
자본잉여금
이익잉여금
자본조정

자본의 증감 →

기말자본
자본금
자본잉여금
이익잉여금
자본조정

4. 현금흐름표(statement of cash flows)

한 회계기간의 현금의 유입과 유출내용을 적정하게 표시함으로써 현금의 변동 내용을 설명해주는 회계보고서

5. 이익잉여금처분계산서(statement of retained earning)

일정 기간의 이익잉여금이 어떻게 변화하였는지를 표시

관련 문제

1 현행 K-IFRS에 의한 재무제표에 해당하지 않는 것은? (노무사, 23)

① 재무상태변동표　② 포괄손익계산서　③ 자본변동표
④ 현금흐름표　⑤ 주석

/정답/ ①

재무제표의 구성요소는 재무상태표, 포괄손익계산서, 자본변동표, 현금흐르표, 주석이다. 재무상태변동표란 기업재무자원의 원천과 운용 및 순운전자본의 증가 또는 감소를 명확하게 하기 위하여 당해 회계기간 중의 총재무자원의 변동사태를 표시한 재무제표이다. 일정기간 동안에 발생한 기업의 자금흐름에 관한 정보를 제공하는 동태적 보고서이다.

2 일정 시점에서 기업이 보유하고 있는 자산, 부채, 자본의 구성 및 금액을 보고하고자 작성되는 재무보고서는? (가맹거래사, 19 및 08)

① 재무상태표　② 포괄손익계산서　③ 현금흐름표
④ 자본변동표　⑤ 이익잉여금처분계산서

/정답/ ①

3 재무상태표와 관련되는 것을 모두 고른 것은? (노무사, 20)

ㄱ. 수익・비용 대응의 원칙	ㄴ. 일정 시점의 재무상태
ㄷ. 유동성 배열법	ㄹ. 일정 기간의 경영성과
ㅁ. 자산, 부채 및 자본	

① ㄱ, ㄴ　② ㄱ, ㄹ　③ ㄴ, ㄷ, ㄹ
④ ㄴ, ㄷ, ㅁ　⑤ ㄷ, ㄹ, ㅁ

/정답/ ④

유동성배열법이란 재무상태표를 작성하는 방법의 하나이다. 재무상태표를 작성할 때에 고정성 자산을 먼저 배열할 것인가 아니면 유동성 자산을 먼저 배열할 것인가에 대한 것으로 자금을 환금성이 빠른 계정부터 순차로 배열하고 부채는 지급기일의 도래가 빠른 것부터 순차로 배열하는 방법을 말한다.

4 다음의 재무제표 또는 그 구성요소에 대한 설명 중 <u>틀린</u> 것은? (가맹거래사, 07)

① 손익계산서는 한 기간의 경영성과를 나타낸다.
② 이익잉여금처분계산서는 한 기간의 이익잉여금의 변동을 보여준다.
③ 대차대조표는 일시적 기간 개념이나, 손익계산서는 영구적 시점 개념이다.
④ 자산을 증가시키는 기본적인 세 가지 요인은 차입, 유상증자, 그리고 이익의 창출 이다.
⑤ 자본변동표는 한 기간의 이익잉여금뿐만 아니라 다른 모든 자본 항목 각각의 변동을 보여준다.

/정답/ ③
재무상태표는 특정 시점(영구적 시점) 개념이며, 포괄 손익계산서는 일시적 기간 개념이다.

POINT 재무상태표(statement of financial position) 구성항목

차 변	대 변
자 산	부 채
	자 본

유동 자산	당좌자산	• 가장 빨리 현금화할 수 있는 자산 • 현금 및 현금성 자산 : 현금예금, 유가증권 • 단기투자자산, 단기대여금 • 매출채권 : 재고자산 판매로 인해 발생한 채권. 외상 매출금, 받을어음 등 • 선급금 : 상품·원재료 등의 매입을 위해 인도 전 미리 지급한 대금 • 미수금 : 상품·제품 이외의 자산을 매각하였을 경우 미수된 대금
	재고자산	• 차기 제조에 투입되거나 판매될 재화 • 상품, 제품, 반제품, 재공품, 원재료, 저장품 등
비유동 자산	투자자산	• 투자이윤이나 타 기업을 지배하는 목적으로 소유한 자산 • 장기성 예금, 투자 유가증권, 장기대여금, 장기성 매출채권, 투자부동산, 보증금 등
	유형자산	• 장기간 영업활동에 사용하는 자산으로 물리적 형태가 있는 자산 • 토지, 건물, 구축물, 기계장치, 차량 운반구, 비품, 건설 중인 자산 등
	무형자산	• 회사의 수익 창출에 기여하거나 형체가 없는 자산 • 영업권[1], 산업재산권, 개발비, 공업소유권, 광업권 및 어업권 등
	기타 비유동자산	• 이연법인세자산, 임차보증금, 장기매출채권

- 국제회계기준에서는 금융자산과 비금융자산으로 구분
- **금융자산** : 현금 및 현금성 자산, 다른 기업의 지분상품, 금융자산을 수취하기로 한 계약상의 권리(매출채권, 미수금, 대여금, 채무상품 등) 등
- **비금융자산** : 금융자산이 아닌 자산(재고자산, 유형자산, 무형자산, 투자부동산, 선급비용, 선급금[2])

2. 부 채

유동 부채	단기금융부채(단기차입금 등), 매입채무(외상 매입금, 지급어음), 미지급금, 선수금(미리 받은 공사대금 등), 예수금(최종 수령자인 제3자를 대신해 일시로 받아두는 금액), 기타 유동부채 등
비유동 부채	장기금융부채(사채, 장기차입금 등), 장기성 매입채무, 장기충당부채, 이연법인세대(나중에 더 내야 할 법인세액), 기타 비유동부채 등

- 국제회계기준에서는 금융부채와 비금융부채로 구분
- **금융부채** : 현금 등 금융자산을 지불하는 계약상 의무가 있는 부채 (예 매입채무, 미지급금, 차입금, 미지급비용, 미지급배당금, 사채 등)
- **비금융부채** : 금융부채가 아닌 부채 (예 각종 충당부채, 미지급법인세, 선수수익, 선수금, 예수금 등)

3. 자 본

자본금	• 주식회사의 경우 발행주식의 총액, 개인회사의 경우 개인이 납입한 총액 • 1주당 액면가액 × 발행주식 수
자본 잉여금	• 주식에 의한 자본거래로부터 발생한 잉여금 • 자본준비금 : 주식발행초과금, 감자차익, 자기주식처분이익 등 • 재평가적립금 • 배당의 재원이 될 수 없으며 자본전입 및 결손금의 보전 이외의 목적으로 사용될 수 없음
이익 잉여금	• 영업활동의 결과로 얻어진 수익이 회사 내 유보된 잉여금 • 이익준비금, 기타 법정적립금, 임의적립금, 차기이월이익잉여금 등
자본 조정	• 특성상 자본에 부가하거나 차감해야 하는 계정 또는 자본의 구성항목 중 어느 계정에 계상해야 하는지 불분명하여 회계상 자본총액에서 가감하는 형식으로 기재하는 항목 • 차감계정 : 주식할인발행차금, 감자차손, 자기주식처분손실, 자기주식 • 가산계정 : 미교부주식배당금

관련 문제

1 재무상태표 등식은? (가맹거래사, 15)

① 자산 = 부채 + 자본
② 자산 = 부채 – 자본
③ 자본 = 부채 + 자산
④ 자산 + 부채 = 수익 + 비용
⑤ 자산 + 비용 = 부채 + 수익

/정답/ ①

---

1) 영업권 중 사업결합에서 발생한 매입영업권은 식별 가능성이 인정되어 무형자산의 정의를 충족한다.
2) 선급비용이나 선급금은 재화나 용역을 수취하는 것이지 현금을 수취할 권리가 있는 것이 아니므로 비금융자산에 해당한다.

2 재무상태표의 구성요소가 <u>아닌</u> 것은? (가맹거래사, 12)

① 자산　② 부채　③ 청구권　④ 비용　⑤ 지분

/정답/ ④

비용은 손익계산서의 구성요소이다.

3 재무상태표의 항목에 해당되지 <u>않는</u> 것은? (노무사, 18, 13)

① 차입금　② 이익잉여금　③ 매출채권　④ 판매비　⑤ 재고자산

/정답/ ④

판매비는 손익계산서의 비용 구성항목이다. 노무사 13년 기출문제는 '매출원가'를 오답 지문으로 구성하여 출제되었다.

4 다음 중 자산계정과목이 <u>아닌</u> 것은? (가맹거래사, 10)

① 매출채권　② 장기대여금　③ 미수금
④ 선급비용　⑤ 예수금

/정답/ ⑤

예수금이란 거래에 관계된 선금이나 보증금으로서 임시로 받아서 나중에 돌려줄 금액으로 부채계정에 해당한다.

5 재무상태표의 자산 항목에 해당하지 <u>않는</u> 것은? (노무사, 22)

① 미수금　② 단기대여금　③ 선급금
④ 이익준비금　⑤ 선급비용

/정답/ ④

이익준비금은 재무상태표의 자본 항목 중 이익잉여금에 해당한다.

6 당좌자산에 해당하는 것을 모두 고른 것은? (노무사, 18)

> (ㄱ) 현금 (ㄴ) 보통예금
> (ㄷ) 투자부동산 (ㄹ) 단기금융상품

① (ㄱ) (ㄴ) ② (ㄷ) (ㄹ) ③ (ㄱ) (ㄴ) (ㄹ)
④ (ㄴ) (ㄷ) (ㄹ) ⑤ (ㄱ) (ㄴ) (ㄷ) (ㄹ)

/정답/ ③
당좌자산은 가장 빨리 현금화할 수 있는 자산, 현금 및 현금성 자산, 단기투자자산, 매출채권, 선급비용 등을 말한다.

7 재무상태표의 현금 및 현금성 자산에 해당하지 <u>않는</u> 것은? (가맹거래사, 17)

① 사채 ② 보통예금 ③ 우편환
④ 배당금지급통지표 ⑤ 당좌수표

/정답/ ①
사채는 부채 항목이다.

8 다음 중 현금 및 현금성 자산인 것은? (가맹거래사, 12)

① 차용증 ② 주식 ③ 부도수표 ④ 보통예금 ⑤ 당좌차월

/정답/ ④

9 유동성이 가장 높은 자산항목은? (가맹거래사, 12)

① 건물 ② 당좌예금 ③ 제품 ④ 매출채권 ⑤ 영업권

/정답/ ②
①은 고정자산이며, ③은 재고자산, ④ 유동자산, ⑤는 무형자산에 해당한다.

10 유동자산에 속하는 항목은? (가맹거래사, 15)

① 투자자산　② 유형자산　③ 무형자산　④ 매입채무　⑤ 매출채권

/정답/ ⑤

- 당좌자산 : 현금 및 현금등가물, 단기금융상품, 유가증권, 매출채권, 단기대여금, 미수금, 미수수익, 선급금, 선급비용, 기타의 당좌자산
- 재고자산 : 상품, 제품, 반제품, 재공품, 원재료, 저장품, 기타의 재고자산

11 유동자산 항목에 해당되는 것은? (노무사, 10)

① 재고자산　② 유형자산　③ 기계장치　④ 차량운반구　⑤ 무형자산

/정답/ ①

12 재무상태표의 재고자산에 관한 설명으로 옳지 않은 것은? (가맹거래사, 22)

① 원재료는 제품의 생산 시에 투입되는 원자재를 말한다.
② 제품은 기업이 자체적으로 또는 일부 외주로 가공하여 생산한 재화를 말한다.
③ 반제품은 기업이 자체적으로 생산한 중간제품과 부분품을 말한다.
④ 소모품은 내용연수가 1년 미만인 예비부품과 수선용구를 말한다.
⑤ 재공품은 제품의 생산에 보조적으로 사용하는 소모성 재료를 말한다.

/정답/ ⑤

재고자산의 종류
- 상품 : 기업이 판매를 목적으로 구입한 물건
- 제품 : 기업이 판매를 위한 목적으로 생산한 물건
- 반제품 : 여러 공정 과정 중 하나의 공정 완료 후 다음 공정으로 인도될 완성품 또는 부분품으로서 완전한 제품이 된 것은 아니지만 저장이나 판매가 가능한 상태의 부품
- 재공품 : 기업이 판매를 위한 목적으로 생산 중인 물건
- 원재료 : 제품생산을 위해 필요한 기본재료
- 저장품 : 소모품, 소모성 공기구(내용연수 1년 미만이나 가액이 비교적 낮은 공구, 기구, 비품), 수선용 부품
- 미착품 : 구매를 했으나 아직 운송 중인 재고자산
- 적송품 : 판매를 위해 발송한 재고자산
- 시공품 : 일정 기간 이후 구매자가 구매를 최종 확정하는 재고자산

13 재무상태표 상의 유동자산에 포함되지 않는 것은? (가맹거래사, 18)

① 특허권 등의 산업재산권
② 건설회사가 판매목적으로 건설하였으나 아직 판매되지 않은 아파트
③ 생산에 사용할 목적으로 보유하고 있는 원재료
④ 만기가 6개월 이내에 도래하는 받을어음
⑤ 3개월 이내에 받기로 약정되어 있는 외상매출금

/정답/ ①

특허권 등은 무형자산으로 비유동자산에 해당한다.

14 다음 항목들을 이용하여 유동자산 합계액을 산출하면 얼마인가? (가맹거래사, 06)

현금	₩ 1,000,000
상품	₩ 1,20,000
단기매매증권	₩ 1,500,000
매출채권	₩ 500,000
사채상환기금	₩ 700,000

① ₩ 1,120,000   ② ₩ 1,620,000   ③ ₩ 2,320,000
④ ₩ 3,120,000   ⑤ ₩ 3,820,000

/정답/ ④

현금 ₩ 1,000,000 + 상품 ₩ 120,000 + 단기매매증권 ₩ 1,500,000 + 매출채권 ₩ 500,000 = ₩ 3,120,000

사채란 일반대중으로부터 장기자금을 조달하는 방법을 의미한다. 감채기금(減債基金) 또는 사채상환기금은 기업의 장기금융자산(장기금융상품)에 해당하는 것으로 비유동 자산이다. 이는 현금(보통예금이나 당좌예금 포함)을 사채 등 장기부채의 만기에 맞게 장기금융상품에 투자하고, 그 투자금액을 사채 등의 장기부채의 만기에 상환재원으로 사용하는 것이다.

15 재무상태표에서 비유동자산에 해당하는 계정과목은? (노무사, 15)

① 영업권   ② 매입채무   ③ 매출채권   ④ 자기주식   ⑤ 법정적립금

/정답/ ①

16 부채총계 4억원, 자본총계 6억원, 유동자산 3억원인 기업의 비유동자산은? (가맹거래사, 17)

① 7억원　② 9억원　③ 11억원　④ 13억원　⑤ 15억원

/정답/ ①

자산 = 부채 + 자본 = 4억 + 6억 = 10억
자산 = 유동자산 + 비유동자산
10억 = 3억 + 비유동자산
비유동자산 = 7억

17 유형자산에 해당하는 항목을 모두 고른 것은? (노무사, 21)

ㄱ. 특허권　ㄴ. 건물　ㄷ. 비품　ㄹ. 라이선스

① ㄱ, ㄴ　② ㄴ, ㄷ　③ ㄱ, ㄴ, ㄷ
④ ㄴ, ㄷ, ㄹ　⑤ ㄱ, ㄴ, ㄷ, ㄹ

/정답/ ②

유형자산은 기업이 재화나 용역의 생산이나 제공, 타인에 대한 임대 또는 관리활동에 사용할 목적으로 보유하는 물리적 형태가 있는 자산을 말하며 건물, 기계장치, 비품, 차량운반구, 토지, 건설 중인 자산 등이 있다

18 유형자산의 취득 후 발생되는 지출 중 수익적 지출에 해당하는 것은? (가맹거래사, 19)

① 상당한 원가절감을 가져오는 지출
② 생산력 증대를 가져오는 지출
③ 경제적 내용연수를 연장시키는 지출
④ 마모된 자산의 원상복구에 사용된 지출
⑤ 품질향상을 가져오는 지출

/정답/ ④

〈유형자산의 자본적 지출과 수익적 지출〉
• **자본적 지출** : 자산의 가치를 증가시키는 지출 (예 내용연수 증가, 원가절감 등)
• **수익적 지출** : 자산의 본래 기능을 유지하기 위한 지출 (예 파손된 유리창 교체 등)
설문에서 ④는 수익적 지출이고 나머지는 자본적 지출에 해당

19 회계 계정 중 유형자산에 관한 설명으로 옳은 것은? (가맹거래사, 22)

① 유형자산은 판매 목적의 보유 자산으로 물리적 형태가 있는 자산이다.
② 유형자산의 취득원가에는 구입가격만 포함되고 유형자산의 운송비, 설치비 등의 부대비용은 제외된다.
③ 모든 유형자산은 감가상각 대상 자산이므로 감가상각 누계액이 표시된다.
④ 유형자산의 내용연수에 걸쳐 매 회계기간 마다 일정한 감가상각비를 인식하는 상각방법은 정률법이다.
⑤ 유형자산의 처분으로 인한 손익은 처분 시점의 장부가액과 순매각 금액의 차액으로 결정된다.

/정답/ ⑤
① 유형자산은 물리적 형태가 있는 자산이다.
② 취득원가는 물건구매가격과 운반비, 수수로, 하역비 등 매입 부대비용을 합친 것이다.
③ 모든 유형자산이 아닌 토지와 건설 중인 자산을 제외한 자산을 감가상각한다.
④ 일정한 감가상각비를 인식하는 상각방법은 정액법이다.

20 식별 가능성(identifiability)을 충족하는 무형자산이 <u>아닌</u> 것은? (가맹거래사, 17, 10)

① 영업권   ② 프랜차이즈   ③ 라이선스   ④ 저작권   ⑤ 산업재산권

/정답/ ①
영업권은 우수한 경영능력 및 인적자원·높은 대외적 신용과 명성·지역적 우위 등에 의해서 결정된다고 볼 수 있는데, 이러한 점에서 개별적으로 식별할 수 없는 무형자산이다.

21 무형자산의 회계처리에 대한 설명 중 옳지 <u>않은</u> 것은? (가맹거래사, 07)

① 무형자산의 잔존가치는 통상 ₩0으로 간주한다.
② 자가 창출된 영업권은 인식하지 않는다.
③ 무형자산의 상각은 직접 상각법을 사용한다.
④ 무형자산은 법적 내용연수와 실제의 경제적 내용연수 중 짧은 기간을 상각기간으로 한다.
⑤ 특허권은 미래의 배타적 수익창출력을 현재가치로 측정하여 인식한다.

/정답/ ⑤
무형자산의 취득원가는 개별취득하였다면 취득원가로, 내부창출 하였다면 개발 단계에서 발생한 지출을 무형자산으로 인정한다.

22 재무상태표의 부채에 해당하지 않는 것은? (노무사, 21)

① 매입채무 ② 선급비용 ③ 선수금 ④ 사채 ⑤ 예수금

> /정답/ ②
> 부채는 유동부채와 비유동부채로 나뉘며, 유동부채에는 매입채무, 미지급금, 미지급비용, 선수수익, 단기차입금, 선수금, 미지급배당금, 예수금 등이 있으며 비유동부채에는 사채, 장기차입금, 임대보증금, 퇴직급여충당부채 등이 있다.
> ② 선급비용은 자산(당좌자산)에 해당하며 부채에 해당하지 않는다.

23 유동부채(current liabilities) 항목에 해당하지 않는 계정과목은? (가맹거래사, 09)

① 미지급금 ② 유동성장기부채 ③ 퇴직급여충당금
④ 미지급법인세 ⑤ 단기차입금

> /정답/ ③
> 퇴직급여충당금은 1년 이후에 상환일이 도래하는 비유동부채에 해당한다.

24 계정과목 중 비유동부채에 해당하는 것은? (가맹거래사, 11)

① 사채(社債) ② 선수금 ③ 매입채무
④ 미지급비용 ⑤ 단기차입금

> /정답/ ①

25 부채에 관한 설명으로 옳지 않은 것은? (노무사, 20)

① 매입채무는 일반적인 상거래에서 발생한 외상매입금과 지급어음을 말한다.
② 예수금은 거래처나 종업원을 대신하여 납부기관에 납부할 때 소멸하는 부채이다.
③ 미지급금은 비유동자산의 취득 등 일반적인 상거래 이외에서 발생한 채무를 말한다.
④ 장기차입금의 상환기일이 결산일로부터 1년 이내에 도래하는 경우 유동성 장기차입금으로 대체하고 유동부채로 분류한다.
⑤ 매입채무, 차입금, 선수금, 사채 등은 금융부채에 속한다.

/정답/ ⑤

금융부채란 현금 및 기타 금융자산을 지불하는 계약상 의무가 있는 부채를 의미한다.
- 금융부채 : 매입채무, 미지급금, 차입금, 미지급비용, 미지급배당금, 사채 등
- 비금융부채 : 선수금, 선수수익, 미지급 법인세, 충당부채

26 금융부채로 분류되는 항목은? (가맹거래사, 14)

① 미지급금 ② 선수금 ③ 미지급법인세
④ 예수금 ⑤ 선수수익

/정답/ ①

미지급금은 과거의 계약을 수행한 결과 발생하는 지급의무를 뜻한다.

27 일반적인 상거래에서 발생한 외상매입금과 지급어음에 해당하는 계정과목은? (가맹거래사, 22)

① 선수금 ② 예수금 ③ 매입채무
④ 미지급금 ⑤ 장기차입금

/정답/ ③

28 자본 항목에 해당하는 것은? (노무사, 17)

① 이익잉여금 ② 사채 ③ 영업권
④ 미수수익 ⑤ 선수수익

/정답/ ①

29 자본계정 과목이 아닌 것은? (가맹거래사, 11)

① 감자차익 ② 주식발행초과금 ③ 임의적립금
④ 자기주식처분이익 ⑤ 미수금

/정답/ ⑤

미수금은 자산을 매각하였을 경우 그 대금 중 미수된 금액으로 자산계정에 해당한다.

30 자본 항목으로 옳지 않은 것은? (가맹거래사, 21)

① 우선주 자본금　② 미지급배당금　③ 자기주식
④ 기타포괄손익누계액　⑤ 이익잉여금

/정답/ ②
현금배당을 결의하고 미지급배당금을 지급한 경우 자산감소(현금이 감소)로 회계 처리한다.

31 자본잉여금에 해당하는 것은? (가맹거래사, 17)

① 이익준비금　② 결손보전적립금　③ 사업확장적립금
④ 감채적립금　⑤ 주식발행초과금

/정답/ ⑤

32 다음 중 자본잉여금에 해당하는 항목은? (노무사, 19)

① 미교부주식배당금　② 법정적립금　③ 임의적립금
④ 미처분이익잉여금　⑤ 주식발행초과금

/정답/ ⑤

33 자본항목의 분류가 다른 것은? (노무사, 20)

① 주식할인발행차금　② 감자차손　③ 자기주식
④ 미교부주식배당금　⑤ 자기주식처분이익

/정답/ ⑤
자기주식처분이익은 자본잉여금 항목으로, 나머지는 자본조정 항목으로 분류된다.

34 이익잉여금에 해당하지 않는 것은? (가맹거래사, 20)

① 시설확장적립금 ② 차기이월이익잉여금 ③ 이익준비금
④ 주식발행초과금 ⑤ 임의적립금

/정답/ ④

주식발행초과금은 자본계정의 자본잉여금에 해당한다.

35 ㈜가맹의 자본 항목이 다음과 같은 경우, 자본잉여금의 합계는? (가맹거래사, 20)

○ 이익준비금 : 80,000원	○ 자기주식 : 100,000원
○ 주식할인발행차금 : 200,000원	○ 주식발행초과금 : 100,000원
○ 자기주식처분이익 : 50,000원	○ 자기주식처분손실 : 350,000원
○ 감자차익 : 20,000원	

① 120,000원 ② 150,000원 ③ 170,000원
④ 270,000원 ⑤ 370,000원

/정답/ ③

자본잉여금 종류에는 주식발행초과금, 감자차익, 자기주식처분이익, 전환권 대가, 신주인수권 대가 등이 있다.
주식발행초과금 + 자기주식처분이익 + 감자차익 = 170,000원

36 재무제표의 구성요소에 관한 설명으로 옳지 않은 것은? (노무사, 11)

① 자산은 기업이 소유하고 있는 토지, 건물, 기계, 채권 등과 같은 경제적 자원을 말한다.
② 부채에는 외상매입금이나 차입금 등이 포함된다.
③ 수익은 자산의 유입이나 증가 또는 부채의 감소에 따라 자본의 증가를 초래하는 특정 회계기간 동안에 발생한 경제적 효익의 증가이다.
④ 부채는 상환될 때까지 지급할 금액을 기준으로 유동부채와 비유동부채로 분류된다.
⑤ 이익 또는 손실은 수익에서 비용을 차감하여 구한다.

/정답/ ④

④ 부채는 1년 이내에 상환할 의무가 있는 유동부채와 그렇지 않은 비유동부채로 구분된다.

37 재무제표에 관한 설명으로 옳지 않은 것은? (가맹거래사, 12)

① 외상매출금과 외상매입금은 일반적 상거래에서 발생한 채권, 채무로서 어음상의 채권, 채무가 아닌 것을 말한다.
② 받을어음과 지급어음은 일반적 상거래에서 발생한 어음상의 채권, 채무를 말한다.
③ 미수금이나 미지급금은 토지, 건물, 비품 등 상품 이외의 자산을 매각하거나 취득하는 과정에서 발생한 채권, 채무를 말한다.
④ 대여금이나 차입금은 자금을 대여하거나 차입하고 그 대가로 차용증서를 주고받는 경우에 발생하는 채권, 채무를 말한다.
⑤ 외상매출금과 받을어음 등 일반적으로 상거래에서 발생한 채권은 매출채권이라는 계정과목과 별도로 분류하여 보고해야 한다.

/정답/ ⑤

외상매출금과 받을어음 등 일반적인 상거래에서 발생한 채권은 매출채권으로 분류하여 보고해야 한다.

38 ㈜가맹의 다음 자료에서 당기 총수익은? (단, 당기 중에 발생한 자본 거래는 없다.) (가맹거래사, 23)

기초자산	기초부채	기초자본	기말자산	기말부채	기말자본	총수익	총비용	순이익(순손실)
5,000원	2,800원		4,300원	2,300원		?	7,000원	

① 6,200원 ② 6,800원 ③ 7,200원 ④ 7,400원 ⑤ 7,800원

/정답/ ②

- 기초자본=기초자산-기초부채=5,000원-2,800원=2,200원
  기말자본=기말자산-기말부채=4,300원-2,3000원=2,000원
  당기순이익 또는 당기순손실=기말자본-기초자본=-200원 ∴당기순손실 200원
- 기말자본=기초자본+당기자본증가액
  위 자료에 의하면 별도의 거래가 없기 때문에 당기자본증가액은 당기순이익(또는 당기순손실)과 일치
  ∴2,000원=2,200원-200원
  당기순이익(또는 당기순손실)=총수익-총비용
  -200원=총수익-7,000원
  ∴총수익=6,800원

39 다음의 주어진 자료를 이용하여 산출한 기말자본액은? (노무사, 22)

〈자료〉
기초자산: 380,000원   기초부채: 180,000원
당기 중 유상증자: 80,000원   당기 중 현금배당: 40,000원
당기순이익: 100,000원

① 260,000원 ② 300,000원 ③ 340,000원 ④ 380,000원 ⑤ 420,000원

/정답/ ③

i) 기초자산 = 기초자본액 + 기초부채
   380,000 = 기초자본액 + 180,000
   따라서, 기초자본액 = 200,000원
ii) 당기순이익 = 기말자본액 - 기초자본액
   100,000 = 기말자본액 - 200,000
   따라서 기말자본액 = 300,000원
iii) 유상증자의 경우 자본 증가, 현금배당의 경우 자본 감소
   300,000 + 80,000 - 40,000 = 340,000
   따라서 당기 기말자본액 = 340,000원

40 다음 자료를 이용하여 계산한 자본의 합계는? (가맹거래사, 18)

○ 외상매출금 : 150,000원   ○ 비 품 : 450,000원
○ 현 금 : 600,000원   ○ 차 입 금 : 750,000원
○ 건 물 : 570,000원   ○ 대 여 금 : 300,000원
○ 외상매입금 : 360,000원   ○ 받을어음 : 240,000원
○ 지 급 어 음 : 150,000원   ○ 당좌예금 : 600,000원

① 1,550,000원 ② 1,650,000원 ③ 2,150,000원
④ 2,950,000원 ⑤ 3,150,000원

/정답/ ②

자본 = 자산 - 부채
자산 = 외상매출금 + 비품 + 현금 + 건물 + 대여금 + 받을어음 + 당좌예금 = 2,910,000
부채 = 차입금 + 외상매입금 + 지급어음 = 1,260,000

41 ㈜가맹은 영업 개시 후 첫 회계연도 말에 자산합계와 부채합계를 각각 250억원과 100억원으로 보고 하였다. 첫 회계연도에 이 회사의 순이익은 80억원이었으며 현금 지급된 배당금이 20억원이었을 경우, 첫 회계연도에 주주가 출자한 납입자본의 총액은? (가맹거래사, 19)

① 50억원 ② 90억원 ③ 110억원 ④ 150억원 ⑤ 210억원

/정답/ ②

자산합계 = 자본합계 + 부채합계
250억 = 자본합계 + 100억, 따라서 기말 자본합계는 150억
납입자본 + 순이익 - 배당금 = 기말자본
납입자본 + 80억원 - 20억원 = 150억, 따라서 납입자본은 90억원

POINT 손익계산서(statement of comprehensive income)

차 변	대 변
총비용	총수익
순이익	

1. 수 익

매출액	• 주된 영업활동에서 발생한 순자산 증가 • 매출액=총매출액-매출에누리 및 환입-매출할인
영업외수익	• 사업의 원래 목적인 제품판매 이외의 수익 • 이자수익, 배당금수익, 임대료, 유가증권처분이익, 외환차익, 유형자산처분이익 등
특별이익	• 경영활동과는 전혀 관계없이 발생하는 자산수증이익 등 • 자산수증이익, 채무면제이익, 보험차익, 전기오류수정 이익 등

2. 비 용

매출원가	• 도소매업의 경우에는 판매된 상품의 취득원가를 말하며 제조업의 경우에는 생산한 제품 중 판매된 제품의 생산원가를 의미 • 매출원가 = 기초 상품재고액+당기 상품매입액-기말 상품재고액
판매비 및 일반관리비	• 상품 또는 제품을 판매하기 위한 일반관리 및 판매관련 비용 • 사무관리 직원의 급료, 여비교통비, 접대비, 광고선전비, 차량유지비, 사무용품비 등
영업외비용	• 사업의 원래 목적인 제품판매를 위한 비용(판매비와 일반관리비 등) 외의 비용 • 이자비용, 유가증권처분손실, 외화차손, 기부금, 투자자산 및 고정자산 처분손실 등
특별손실	• 경영활동과는 전혀 관계없이 발생하는 재해손실 등 • 재해손실, 전기오류수정손실 등
법인세비용	• 회사가 부담하는 세액

3. 순이익

- 매출총이익 = 매출액 - 매출원가
- 영업이익 = 매출총이익 - 판매 및 일반관리비
- 경상이익 = 영업이익 + 영업외수익 - 영업외비용
- 법인세 차감 전 순이익 = 경상이익 + 특별이익 - 특별손실
- 당기순이익 = 법인세 차감 전 순이익 - 법인세 등

❑ 관련 문제

1 손익계산서 작성기준으로 옳지 않은 것은? (가맹거래사, 12)

① 발생주의　　② 실현주의　　③ 현금주의
④ 수익-비용 대응의 원칙　⑤ 총액주의

> /정답/ ③
> ①, ② 모든 수익과 비용은 그것이 발생한 기간에 정당하게 배분되도록 처리해야 한다.
> ④ 정확한 기간 손익을 산출하기 위해서는 비용은 동일한 기간의 수익을 얻기 위하여 희생된 재화나 용역의 원가여야 한다.
> ⑤ 손익계산서의 수익과 비용은 총액에 의하여 기재함을 원칙으로 한다.

2 포괄손익계산서상의 '판매비와 관리비'에 해당하지 않는 것은? (노무사, 13)

① 급여　　② 임차료　　③ 법인세비용
④ 감가상각비　⑤ 광고선전비

> /정답/ ③
> 법인세비용은 판매비와 관리비에 해당하지 않는 독립적인 구성항목이다.

3 포괄손익계산서의 계정에 해당하지 않는 것은? (노무사, 19)

① 감가상각비　　② 광고비　　③ 매출원가
④ 자기주식처분이익　⑤ 유형자산처분이익

> /정답/ ④
> 자기주식처분이익은 자본항목에 해당한다.

4 포괄손익계산서의 구성항목에 해당되는 것은? (가맹거래사, 14)

① 유동부채　　② 유동자산　　③ 매출원가
④ 자본금　　　⑤ 이익잉여금

/정답/ ③

매출원가는 포괄손익계산서의 구성항목에 해당한다.

5 기업의 비용을 고정비와 변동비로 나누고자 할 때 변동비의 성격이 강한 비용항목은? (가맹거래사, 08)

① 감가상각비　② 임대료　　③ 보험료
④ 부채이자　　⑤ 판매수수료

/정답/ ⑤

판매수수료는 판매되는 상품 1단위당 부과되므로 변동비의 성격이 강하고 나머지는 판매수량과 상관없이 발생하는 고정비의 성격이 강하다.

6 장부 마감 후 잔액을 가지지 않는 임시계정에 해당하지 않는 것은? (가맹거래사, 23)

① 임차료　② 운송비　③ 미수수익　④ 배당금　⑤ 종업원급여

/정답/ ③

장부 마감 시 수익과 비용의 잔액들을 집합손익계정으로 전부 계상하고, 이 집합손익 잔액만큼이 이익잉여금이 된다. 따라서 손익계산서에 포함되는 수익과 비용에 해당하는 항목은 장부 마감 시 잔액을 가지지 않는다.
③ 미수수익은 자산에 해당하는 것으로 재무상태표에 포함된다.

7 당기순이익을 구하기 위한 공식으로 옳은 것은? (가맹거래사, 21)

① 기말자산 + 기말부채 + 기초부채　　② 기말자산 + 기말부채 + 기초자본
③ 기말자산 − 기말부채 + 기초자본　　④ 기말자산 + 기말부채 − 기초자본
⑤ 기말자산 − 기말부채 − 기초자본

/정답/ ⑤

8 ㈜가맹의 20×1년 기초상품 재고는 120만원이며, 20×1년 중에 2,830만원의 상품을 매입하였으나 대량구매로 인하여 도매상에서 30만원의 매입할인을 받아 실제 지불한 상품매입대금은 2,800만원이다. ㈜가맹은 상품매입 시 운반비로 10만원을 운송회사에 별도 지불하였다. 20×1년 판매 가능한 상품 중에서 150만원이 기말재고로 남아있다. 제시된 자료만을 사용하였을 때, ㈜가맹의 20×1년 매출원가는? (가맹거래사, 21)

① 2,530만원 ② 2,770만원 ③ 2,780만원
④ 2,800만원 ⑤ 2,810만원

/정답/ ③

매출원가 = 기초상품재고액 + 당기매입액 - 기말상품재고액
120만원 + 2800만원 + 10만원 - 150만원 = 2780만원

9 ㈜가맹의 20×1년 기초상품 재고는 400만원이며, 20×1년 중에 총 3,460만원의 상품을 매입하였으나 110만원의 매입할인을 받아 실제 지불한 상품매입대금은 3,350만원이었다. 20×1년에 판매 가능한 상품 중에서 410만원이 기말재고로 남아있다. 제시된 자료만을 사용하였을 때, ㈜가맹의 20×1년의 매출원가는? (가맹거래사, 18)

① 3,340만원 ② 3,450만원 ③ 3,750만원 ④ 3,860만원 ⑤ 3,960만원

/정답/ ①

매출원가 = 기초재고자산 + 당기매입액 - 기말재고자산
= 400 + 3460 - 110 - 410

10 다음 자료를 이용하여 계산한 A사의 2010년 매출원가는? (가맹거래사, 11)

〈A사 2010년 자료〉

당기매입액	₩500,000	기초상품재고액	₩70,000
매입환출	₩40,000	매입에누리	₩30,000
매입할인	₩10,000	기말상품재고액	₩30,000

① ₩400,000 ② ₩420,000 ③ ₩440,000
④ ₩450,000 ⑤ ₩460,000

/정답/ ⑤

매출원가 = 기초재고자산 + 당기매입액 - 매입환출 - 매입에누리 - 매입할인 - 기말재고자산
= 460,000

재고자산			
기초재고자산	70,000	매출원가	?
당기매입액	500,000		
매입환출	(40,000)		
매입에누리	(30,000)		
매입할인	(10,000)	기말재고자산	30,000
합계	490,000	계	490,000

11 ㈜가맹의 20×2년 회계자료는 다음과 같다. ㈜가맹의 20×2년 기말 재고자산은? (가맹거래사, 23)

○ 총매출액 45,000원, 매출에누리 5,000원
○ 총매입액 27,000원, 매입에누리 1,000원
○ 기초재고원가 10,000원
○ 20×2년 매출총이익률 20 %

① 1,000원　② 2,000원　③ 3,000원　④ 4,000원　⑤ 5,000원

/정답/ ④

• 매출총이익률 = $\dfrac{\text{순매출액} - \text{매출원가}}{\text{순매출액}}$, 순매출액 = 총매출액 - 매출에누리 = 45,000 - 5,000

∴ 20% = $\dfrac{40,000 - \text{매출원가}}{40,000}$, 매출원가 = 32,000원

• 매출원가 = 기초재고자산 + 당기매입액 - 기말재고자산
32,000 = 10,000 + (27,000 - 1,000) - 기말재고자산
∴ 기말재고자산 = 4,000원

12 다음 자료를 이용하여 계산한 매출총이익은? (가맹거래사, 13)

○ 기초재고	₩100,000	○ 총매입	₩730,000
○ 총매출	1,000,000	○ 매입환출	50,000
○ 매출환입	30,000	○ 매입에누리	10,000
○ 매출에누리	20,000	○ 기말재고	380,000

① ₩270,000 ② ₩550,000 ③ ₩560,000
④ ₩570,000 ⑤ ₩580,000

/정답/ ③

순매출액 : 1,000,000(총매출) - 30,000(매출환입) - 20,000(매출에누리) = 950,000
순매입액 : 730,000(총매입) - 50,000(매입환출) - 10,000(매입에누리) = 670,000
매출원가 : 100,000(기초재고) + 670,000(순매입액) - 380,000(기말재고) = 390,000
매출총이익 : 950,000(순매출액) - 390,000(매출원가) = 560,000원

13 도소매업을 영위하는 ㈜한국의 재고 관련 자료가 다음과 같을 때, 매출이익은? (노무사, 23)

총매출액	₩10,000	총매입액	₩7,000
매출환입액	50	매입에누리액	80
기초재고액	200	매입운임액	20
기말재고액	250		

① ₩2,980 ② ₩3,030 ③ ₩3,060 ④ ₩3,080 ⑤ ₩3,110

/정답/ ③

매출총이익 = 매출액 - 매출원가
매출액 = 총매출액-매출에누리 및 환입-매출할인 = 10,000-50 = 9,950
매출원가 = 기초상품재고액 + 당기상품매입액 - 기말상품재고액
      = 200 + 7,000 + 20 - 80 - 250 = 6,890
(※당기상품매입액 = 총매입액 + 매입운임액 - 매입에누리액)
매출총이익 = 9,950 - 6,890 = 3,060

14 다음은 ㈜가맹의 20X2년 회계자료이다. ㈜가맹의 20X2년도 포괄손익계산서에 보고될 매출액은?

(가맹거래사, 22)

- 기초 매출채권: 35,000원
- 기초 상품재고: 15,000원
- 당기 상품매입: 200,000원
- 기말 매출채권: 25,000원
- 기말 상품재고: 50,000원
- 매출총이익: 10,000원

① 175,000원 ② 190,000원 ③ 215,000원
④ 235,000원 ⑤ 240,000원

/정답/ ①

매출원가 = 기초 상품재고 + 당기 상품매입 - 기말 상품 재고
        = 15,000 + 200,000 - 50,000
        = 165,000
매출총이익 = 매출액 - 매출원가
10,000 = 매출액 - 165,000
∴ 매출액 = 175,000원

15 ㈜가맹의 20X2년 기초 선급보험료가 25,000원이고, 기말 선급보험료가 36,000원이며, 20X2년 당기에 지급한 보험료가 165,000원이다. ㈜가맹의 20X2년도 포괄손익계산서에 계상될 보험료는?

(가맹거래사, 22)

① 104,000원 ② 154,000원 ③ 165,000원
④ 176,000원 ⑤ 226,000원

/정답/ ②

기초 선급보험료 + 당기에 지급한 보험료 - 기말 선급보험료
25,000+165,000-36,000=154,000

16 다음 자료를 이용하여 계산한 영업이익은? (가맹거래사, 13)

○ 판매량 5,000 단위
○ 단위당 판매가격 ₩1,000
○ 단위당 변동비 ₩500
○ 고정비 ₩1,000,000

① ₩500,000 ② ₩1,500,000 ③ ₩2,500,000
④ ₩4,000,000 ⑤ ₩5,000,000

/정답/ ②

매출총이익 - 판매 및 일반관리비 = 영업이익
(1,000원 - 500원) × 5,000단위 - 1,000,000(고정비) = 1,500,000원

17 다음 자료를 이용하여 세탁업을 영위하는 하이세탁㈜의 영업이익을 계산한 것으로 옳은 것은? (가맹거래사, 06)

- 광고선전비 ₩ 180,000
- 이자비용 ₩ 37,500
- 임차료 ₩ 375,000
- 운반비 ₩ 225,000
- 전기료 ₩ 127,500
- 매출 ₩ 2,812,500
- 급여 ₩ 1,267,500

① ₩ 1,170,000 ② ₩ 990,000 ③ ₩ 862,500
④ ₩ 637,500 ⑤ ₩ 633,800

/정답/ ④

매출 ₩2,812,500 - 판매비와 관리비(광고선전비 ₩180,000 + 임차료 ₩375,000 + 운반비 ₩225,000 + 전기료 ₩127,500 + 급여 ₩1,267,500) = 637,500

18 다음 자료를 이용하여 당기순이익을 구하면? (단, 회계기간은 1월1일부터 12월31일까지이다.)

(노무사, 16)

영업이익	300,000원
이자비용	10,000원
영업외수익	50,000원
법인세비용	15,000원

① 275,000원　　　② 290,000원　　　③ 325,000원
④ 335,000원　　　⑤ 340,000원

/정답/ ③

- 경상이익 = 영업이익 + 영업외수익 - 영업외비용
- 법인세 차감 전 순이익 = 경상이익 + 특별이익 - 특별손실
- 당기순이익 = 법인세 차감 전 순이익 - 법인세 등

- 법인세 차감 전 순이익 = 300,000 + 50,000 - 10,000 = 340,000
- 당기순이익 = 340,000 - 15,000 = 325000

19 A는 20×1년 3월에 커피전문점을 창업하였다. 창업일로부터 20×1년 12월 31일까지의 다음 자료를 이용하여 계산한 당기순이익은? (단, 다른 거래는 없다고 가정한다.)

(가맹거래사, 21)

○ 커피판매액 : 1,500,000원	○ 기타음료판매액 : 300,000원
○ 외상매입금 : 390,000원	○ 커피 및 음료 재료비 : 450,000원
○ 임차료 : 180,000원	○ 미지급금 : 190,000원
○ 은행차입금 : 1,000,000원	○ 커피메이커 기계 : 1,050,000원
○ 지급이자 : 50,000원	○ 직원급료 : 300,000원
○ 외상매출금 : 50,000원	○ 임차보증금 : 180,000원

① 370,000원　　　② 640,000원　　　③ 650,000원
④ 820,000원　　　⑤ 870,000

/정답/ ④

당기순이익 = 총수익 - 총비용
총수익 = 커피판매액 + 기타음료판매액 + 외상매출금 = 185만원
총비용 = 외상매입금 + 커피 및 음료 재료비 + 미지급금 = 103만원
185만원 - 103만원 = 82만원

POINT 시산표와 분개

〈재무상태표 구성요소와 포괄손익계산서 구성요소를 한 곳에 집계한 표〉

재무상태표	
차 변	대 변
자 산	부 채
	자 본

손익계산서	
차 변	대 변
총비용	총수익
순이익	

차 변	대 변
자산의 증가 부채의 감소 자본의 감소 비용의 발생	자산의 감소 부채의 증가 자본의 증가 수익의 발생

관련 문제

1 시산표는 재무상태표 구성요소와 포괄손익계산서 구성요소를 한 곳에 집계한 표이다. 다음 시산표 등식에서 ( )안에 들어갈 항목으로 옳은 것은? (노무사, 18)

자산 + 비용 = 부채 + ( ) + 수익

① 매출액 ② 자본 ③ 법인세
④ 미지급금 ⑤ 감가상각비

/정답/ ②

2 거래의 분개에 있어서 거래의 결합관계로 <u>옳지 않은</u> 것은? (가맹거래사, 13 및 노무사, 12)

〈차변〉	〈대변〉
① 자산증가	부채증가
② 자산증가	자산감소
③ 부채감소	자산감소
④ 자본증가	수익발생
⑤ 비용발생	자산감소

/정답/ ④

자본증가는 대변에 분개한다.

3 거래 8요소의 차변과 대변의 결합 관계로 옳은 것은? (가맹거래사, 20)

① (차변)부채감소, (대변)자본감소
② (차변)자산증가, (대변)자본발생
③ (차변)자본증가, (대변)수익발생
④ (차변)비용발생, (대변)자산증가
⑤ (차변)자산감소, (대변)부채감소

/정답/ ②

4 회계처리 요소 중 차변요소로 <u>옳지 않은</u> 것은? (가맹거래사, 16)

① 비용의 발생
② 부채의 감소
③ 자본의 감소
④ 자산의 증가
⑤ 수익의 발생

/정답/ ⑤

수익의 발생은 대변에 기록한다.

5 계정과 장부기록의 방법으로 옳지 <u>않은</u> 것은? (가맹거래사, 11)

① 선수수익의 증가는 차변에 기록한다.
② 미수수익의 증가는 차변에 기록한다.
③ 선급비용의 증가는 차변에 기록한다.
④ 미지급비용의 증가는 대변에 기록한다.
⑤ 미지급금의 증가는 대변에 기록한다.

/정답/ ①

선수수익은 부채계정이고, 부채의 증가는 대변에 기록한다.

6 분개할 때 차변에 기록할 거래는? (가맹거래사, 23)

① 매입채무 감소 ② 매출채권 감소 ③ 자본금 증가
④ 차입금 증가 ⑤ 선급금 감소

/정답/ ①

① 매입채무의 감소는 부채의 감소로 차변에 기록한다.
② 매출채권의 감소는 자산의 감소로 대변에 기록한다.
③ 자본금 증가는 대변에 기록한다.
④ 차입금 증가는 부채의 증가로 대변에 기록한다.
⑤ 선급금의 감소는 자산의 감소로 대변에 기록한다.

7 다음은 A기업에서 발생한 거래를 분개한 것이다. 분개가 옳지 <u>않은</u> 것은? (가맹거래사, 12)

① 장부금액이 20,000,000원인 건물을 현금 18,000,000원에 판매처분하였다.
  (차) 현금 18,000,000   (대) 건물 20,000,000
      유형자산처분손실 2,000,000
② 유상증자를 통하여 현금 6,000,000원을 조달하였다.
  (차) 현금 6,000,000   (대) 차입금 6,000,000
③ 토지를 현금 7,000,000원에 구매하였다.
  (차) 토지 7,000,000   (대) 현금 7,000,000
④ 매출채권 2,000,000원을 현금으로 회수하였다.
  (차) 현금 2,000,000   (대) 매출채권 2,000,000
⑤ 은행에서 현금 10,000,000원을 차입하였다.
  (차) 현금 10,000,000   (대) 차입금 10,000,000

> 차입금 6,000,000 → 자본금 6,000,000
>
> /정답/ ②

8 차량을 200만원에 구입하여 40만원은 현금 지급하고 잔액은 외상으로 하였다. 이 거래결과로 옳은 것을 모두 고른 것은? (노무사, 14)

> ㄱ. 총자산 감소   ㄴ. 총자산 증가   ㄷ. 총부채 감소   ㄹ. 총부채 증가

① ㄱ, ㄷ   ② ㄱ, ㄹ   ③ ㄴ, ㄷ   ④ ㄴ, ㄹ   ⑤ ㄷ, ㄹ

> /정답/ ④
>
> 차량을 200만원에 구입하고 40만원을 지급한 상태이므로 총자산은 증가하였으며, 잔액 160만원이 외상으로 존재하므로 총부채 역시 증가하였다.

9 토지를 10,000,000원에 구입하고 대금은 1개월 후 지급하기로 하고 구입시 중개수수료 등의 제비용 100,000원을 현금지급한 경우 발생하는 거래요소들은? (가맹거래사, 14)

① 자산의 증가, 부채의 증가, 자산의 감소
② 자산의 증가, 부채의 감소, 비용의 발생
③ 자산의 증가, 부채의 증가, 비용의 발생
④ 자산의 감소, 부채의 감소, 비용의 발생
⑤ 자산의 감소, 부채의 증가, 부채의 감소

> /정답/ ①
>
> 토지 10,100,000원 : 구입시 제비용은 매입원가에 포함 : 자산의 증가
> 미지급금 10,000,000 : 부채의 증가
> 현금 : 100,000원 : 자산의 감소
> (차) 토지   10,100,000   (대) 미지급금   10,000,000
>   현   금   100,000

10 액면가액 5,000원인 주식 100주를 발행하여 회사를 설립할 경우 올바른 분개는? (노무사, 15)

① (차) 현금 500,000 (대) 부채 500,000
② (차) 자본금 500,000 (대) 부채 500,000
③ (차) 자본금 500,000 (대) 현금 500,000
④ (차) 현금 500,000 (대) 자본금 500,000
⑤ (차) 부채 500,000 (대) 자본금 500,000

/정답/ ④

액면가 5,000원에 주식 100주 발행하였으므로 회사에 자본 항목으로 대변에 500,000원을 분개해야하며, 이는 회사의 자산으로 유입되므로 차변에도 500,000원을 분개해야 한다.

11 공장을 신축하고자 1억원의 토지를 현금으로 취득한 거래가 재무제표 요소에 미치는 영향은? (노무사, 21)

① 자본의 감소, 자산의 감소
② 자산의 증가, 자산의 감소
③ 자산의 증가, 자본의 증가
④ 자산의 증가, 부채의 증가
⑤ 비용의 증가, 자산의 감소

/정답/ ②

토지(유형자산)라는 자산증가, 현금(당좌자산)이라는 자산감소

12 회계거래 분개에 관한 설명으로 옳은 것은? (노무사, 22)

① 매입채무의 증가는 차변에 기록한다.
② 장기대여금의 증가는 대변에 기록한다.
③ 자본금의 감소는 차변에 기록한다.
④ 임대료 수익의 발생은 차변에 기록한다.
⑤ 급여의 지급은 대변에 기록한다.

/정답/ ③

① 매입채무의 증가는 부채의 증가로 대변에 기록한다.
② 장기대여금의 증가는 자산의 증가로 차변에 기록한다.
④ 임대료 수익의 발생은 수익의 발생으로 대변에 기록한다.
⑤ 급여의 지급은 비용의 발생으로 차변에 기록한다.

13 ㈜가맹은 20×2년 2월 1일에 사무실 임차계약을 체결하고 보증금 1천만원을 현금으로 지급하였다. 이 거래에 대한 분석으로 옳은 것은? (가맹거래사, 22)

① (차변) 자산증가, (대변) 수익발생
② (차변) 자산증가, (대변) 자산감소
③ (차변) 비용발생, (대변) 자산감소
④ (차변) 자산증가, (대변) 부채증가
⑤ (차변) 부채감소, (대변) 자본증가

/정답/ ②

차변		대변	
임차보증금(선급금)	1천만원	현금	1천만원

14 다음 중 자본총계를 변화시키는 사건은? (가맹거래사, 06)

① 무상증자 실시
② 무상감자 실시
③ 주식배당 실시
④ 자기주식 취득
⑤ 액면분할 실시

/정답/ ④

자사주 매입은 기업이 발행한 보통주를 다시 매입하여 금고주(treasury stock)의 형태로 소유하는 것이다.
  (차) 자기주식 ×××   (대) 현금 ×××
      (자본조정-자본감소)   (자산감소)

15 다음 중 회계 기말에 행할 수정분개에 해당하지 않는 것은? (가맹거래사, 07)

① (차) 감가상각비 ×××   (대) 감가상각누계액 ×××
② (차) 선급임차료 ×××   (대) 임차료 ×××
③ (차) 미수이자 ×××   (대) 이자수익 ×××
④ (차) 소모품 ×××   (대) 소모품비 ×××
⑤ (차) 현금 ×××   (대) 대손충당금 ×××

/정답/ ⑤

대손충당금이란 기말까지 미회수된 매출채권 중 회수가 불가능할 것으로 예상되는 금액을 비용으로 처리하기 위해 설정하는 계정을 말한다. ⑤번과 같은 분개는 대손회계처리 후 채권이 회수되었을 때 하는 것으로 기말 수정분개와는 관련이 없다.

16 대손충당금의 과소설정이 재무제표에 미치는 영향으로 옳은 것은? (가맹거래사, 15)

① 자산 감소
② 자본 감소
③ 부채 증가
④ 당기순이익 증가
⑤ 당기순이익 감소

/정답/ ④

대손충당금을 과소설정하게 되면 대손상각비의 과소계상으로 인해 당기순이익과 매출채권이 과대계상된다. 따라서 당기순이익과 자본이 증가한다.

17 회계 거래에 관한 설명으로 옳지 않은 것은? (가맹거래사, 21)

① 건물을 양도하고 대금 중 일부를 받지 못한 경우 미수금으로 기록한다.
② 상품대금의 일부를 계약금으로 지급한 경우 선급금으로 기록한다.
③ 현금을 지급하였으나 지급할 금액이나 거래내용이 확정되지 않은 경우에는 전도금으로 기록한다.
④ 이자수익이 발생하였으나 아직 현금으로 지급받지 못한 경우 미수수익으로 기록한다.
⑤ 결산일 현재 기간이 경과되지 않은 보험료는 선급보험료로 기록한다.

/정답/ ③

거래가 분명하지 않거나 금액이 확정되지도 않았는데 현금을 지급한 경우에는 가지급금으로 기록한다. 반면 거래의 성격이 불명확한 한데 현금이 유입된 경우에는 가수금으로 기록한다.
전도금이란 회사의 사업장이 여러 개인 경우 사업장의 운영비를 충당하기 위해서 본사에서 사업장에 보내주는 경비를 말한다.

18 거래의 결합관계가 비용의 발생과 부채의 증가에 해당하는 것은? (단, 거래금액은 고려하지 않는다.) (노무사, 23)

① 외상으로 구입한 업무용 컴퓨터를 현금으로 결제하였다.
② 종업원 급여가 발생하였으나 아직 지급하지 않았다.
③ 대여금에 대한 이자를 현금으로 수령하지 못하였으나 결산기말에 인식하였다.
④ 거래처에서 영업용 상품을 외상으로 구입하였다.
⑤ 은행으로부터 빌린 차입금을 상환하였다.

① 부채 감소, 자산 감소
② 비용 증가, 부채 증가
③ 자산 증가, 수익 증가: 미수수익, 이자수익
④ 자산 증가, 부채 증가
⑤ 자산 감소, 부채 감소

/정답/ ②

19 ㈜가맹은 20×2년 4월 1일에 1년 보험료 12,000원을 현금으로 지급하고 전액 비용 처리하였다. 이와 관련한 20×2년 결산일(12월 31일)의 수정분개는? (단, 필요한 경우 월할 계산한다.)

(가맹거래사, 23)

① (차변) 보험료 9,000   (대변) 선급보험료 9,000
② (차변) 보험료 3,000   (대변) 선급보험료 3,000
③ (차변) 선급보험료 3,000   (대변) 보험료 3,000
④ (차변) 선급보험료 9,000   (대변) 보험료 9,000
⑤ 수정분개 할 필요 없다.

/정답/ ③

1년 보험료가 12,000원이라면 1개월 보험료는 1,000원이다.
20×2말에 비용으로 처리되어야 하는 9개월치(4월~12월 분)의 보험료는 9,000원임에도 불구하고 12,000원을 비용(보험료는 비용항목)으로 처리하였다. 따라서 3,000원은 비용에서 빼고 선급보험료를 3,000원 증가시켜야 한다.

> **POINT** 현금흐름표(statement of cash flows)

1. 현금흐름

현금의 유입 - 현금의 유출 = 현금의 증가(감소)

2. 현금흐름의 유형

- **영업활동 현금흐름**: 제품의 생산과 판매활동, 상품과 용역의 구매와 판매활동 및 관리활동을 포함한 영업활동으로부터 필요한 현금을 얼마나 창출하였는지에 대한 정보 제공
- **투자활동 현금흐름**: 미래이익과 미래현금흐름을 창출할 자원의 확보와 처분에 관련된 현금흐름에 대한 정보제공
- **재무활동 현금흐름**: 주주 및 채권자 등이 미래현금흐름에 대한 청구권을 예측하는 데 유용

3. 현금흐름표의 작성 : 직접법과 간접법

- **직접법**: 영업활동과 관련한 현금유입을 주요 원천별로 분류하고 현금유출은 주요 용도별로 일일이 분류하여 표시하는 방법
- **간접법**: 당기순손익에 현금이 수반되지 않는 수익과 비용, 그리고 영업활동 관련 자산과 부채의 증감을 가감 조정하여 표시하는 방법

	현금흐름 처리
당기순이익	+
감가상각비	+
매출채권	−
재고자산	−
매입채무	+
선급비용	−
미지급비용	+
미수수익	−
선수수익	+

□ 관련 문제

1 현금흐름에 관한 다음 사항 중 옳은 것은? (가맹거래사, 07)

① 기업의 정상적인 생산, 판매와 관련된 현금흐름을 영업활동 관련 현금흐름(operating cash flow)이라 한다.
② 영업활동 관련 현금흐름은 감가상각 등 비현금 관련 수입이나 비용 등이 포함된다.
③ 투자를 위해서 현금이 필요하면 새로운 주식을 발행하거나 은행으로부터 차입금 규모를 줄여야 한다.
④ 자본예산(capital budgeting)은 비교적 단기투자의 성격을 가진 변동자산에 투자하는 방법이다.
⑤ 기업의 유가증권투자와 같은 투자활동으로부터의 현금흐름도 영업활동 관련 현금흐름이다.

/정답/ ①

② 영업활동 관련 현금흐름은 비현금 관련 수입이나 비용이 포함되어있지 않다.
③ 신주를 발행하거나 차입금 규모를 늘려야 한다.
④ 투자로 인한 수익이 앞으로 1년 이상 걸쳐 장기적으로 실현될 투자결정에 관련된 계획과정의 수립을 자본예산이라고 한다. 이는 장기간의 대규모 투자에 사용되는 방법이다.
⑤ 유가증권투자는 투자활동으로 인한 현금흐름에 해당한다.

2 다음 중 현금의 유출로 볼 수 없는 것은? (가맹거래사, 08)

① 토지의 매입   ② 관계사 주식매입   ③ 임금의 지급
④ 매입채무의 증가   ⑤ 이자의 지급

/정답/ ④

매입채무는 구매행위에 대한 대금 미지급의 부채를 말한다

3 기업의 현금유입에 해당하는 현금흐름으로만 묶인 것은? (가맹거래사, 09)

> ㄱ. 대여금이자 수취　　　　ㄴ. 유가증권의 판매
> ㄷ. 법인세 납부　　　　　　ㄹ. 투자자산의 처분
> ㅁ. 유상감자　　　　　　　ㅂ. 미지급금 결제

① ㄱ, ㄴ, ㄷ　　② ㄱ, ㄴ, ㄹ　　③ ㄴ, ㄷ, ㄹ
④ ㄱ, ㄷ, ㅁ　　⑤ ㄹ, ㅁ, ㅂ

/정답/ ②

법인세 납부와 자본의 감소를 의미하는 유상감자, 미지급금의 결제 시에는 현금이 유출된다.

4 투자활동으로 인한 현금흐름에 해당하는 것은? (가맹거래사, 11)

① 현금 대여　　② 주식 발행　　③ 사채(社債) 발행
④ 차입금 상환　　⑤ 배당금 지급

/정답/ ①

주식발행, 사채발행, 유상감자, 차입금상환, 배당금지급은 재무활동으로 인한 현금흐름이다.

5 재무활동으로 인한 현금흐름에 해당하는 것은? (가맹거래사, 15)

① 차입금의 상환에 따른 현금유출
② 무형자산의 처분에 따른 현금유입
③ 재화의 판매와 용역제공에 따른 현금유입
④ 재화와 용역의 구입에 따른 현금유출
⑤ 유형자산의 취득에 따른 현금유출

/정답/ ①

차입금의 상환은 빚을 갚는 것으로 재무활동으로 인한 현금흐름에 해당한다.

6 영업활동을 통한 현금흐름에 해당되는 것은? (노무사, 10)

① 재화와 용역의 구입에 따른 현금유출
② 유형자산 처분에 따른 현금유입
③ 제3자에 대한 대여금
④ 주식이나 기타 지분상품의 발행에 따른 현금유입
⑤ 차입금의 상환에 따른 현금유출

/정답/ ①

영업활동 현금흐름은 사업 활동의 지속, 차입금 상환, 배당금 지급 및 신규투자 등에 필요한 현금을 외부로부터 조달하지 않고 자체적인 영업활동으로부터 얼마나 창출하였는지에 대한 정보를 제공한다.

---

7 다음 자료를 이용하여 영업활동으로 인한 현금흐름을 계산한 것으로 옳은 것은? (가맹거래사, 06)

• 당기순이익	₩ 120,000
• 매출채권(기초, 순액)	₩ 127,500
• 매출채권(기말, 순액)	₩ 157,500
• 재고자산(기초)	₩ 180,000
• 재고자산(기말)	₩ 300,000
• 매입채무(기초)	₩ 135,000
• 매입채무(기말)	₩ 217,500
• 감가상각비	₩ 101,250

① ₩ 52,500   ② ₩ 71,250   ③ ₩ 153,750
④ ₩ 191,250   ⑤ ₩ 221,250

/정답/ ③

* 현금흐름표상 영업활동으로 인한 순현금 흐름
  1. 당기순이익 → 120,000
  2. (+) 현금유출이 없는 비용 : 대손상각비, 감가상각비 등 → (+) 101,250
  3. (-) 현금 유입이 없는 수익 → 단기매매증권 평가이익 등 0
  4. 영업활동으로 인한 자산, 부채의 변동
     (-)매출채권 증가 / (+)매출채권 감소 → (-)30,000
     (-)재고자산 증가 / (+)재고자산 감소 → (-)120,000
     (-)매입채무 감소 / (+)매입채무 증가 → (+)82,500
     ∴ 153,750

8 다음 자료를 이용하여 계산한 재무활동으로 인한 현금흐름은? (가맹거래사, 13)

○ 기초현금	₩1,000
○ 영업활동으로 인한 현금흐름	₩400
○ 투자활동으로 인한 현금흐름	₩200
○ 기말현금	₩1,800

① ₩0 ② ₩200 ③ ₩400 ④ ₩600 ⑤ ₩800

/정답/ ②

1,000(기초현금) + 400(영업활동현금흐름) + 200(투자활동현금흐름) = 1,600
1,800(기말현금) - 1,600 = 200(재무활동으로 인한 현금흐름)

9 다음 자료를 이용하여 계산한 재무활동으로 인한 현금흐름은? (가맹거래사, 16)

○ 기초현금	2,000,000원
○ 기말현금	2,700,000원
○ 영업활동으로 인한 현금흐름	200,000원
○ 투자활동으로 인한 현금흐름	100,000원

① 100,000원 ② 200,000원 ③ 300,000원
④ 400,000원 ⑤ 500,000원

/정답/ ④

2,000,000(기초현금) + 200,000원(영업활동 현금흐름) + 100,000원(투자활동 현금흐름)
= 2,300,000
2,700,000원(기말현금) - 2,300,000 = 400,000원

10 A 기업의 관련 자료가 아래와 같을 때 간접법을 적용하여 영업활동으로 인한 현금흐름을 구하면?

(노무사, 12)

당기순이익	10,000원	감가상각비	5,000원
매출채권 증가	5,000원	재고자산 감소	1,000원
매입채무 증가	3,000원	유형자산 증가	10,000원
장기차입금 증가	4,000원		

① 12,000원 ② 13,000원 ③ 14,000원 ④ 18,000원 ⑤ 22,000원

/정답/ ③

간접법이란 당기순손익에 현금이 수반되지 않는 수익과 비용, 그리고 영업활동 관련 자산과 부채의 증감을 가감조정하여 표시하는 방법이다. 유형자산 증가는 투자활동으로 인한 현금흐름이고, 장기차입금 증가는 재무활동으로 인한 현금흐름이므로 이를 제외하고 계산하면 된다.

```
당기순이익      +10,000원
감가상각비       +5,000원
매출채권증가     -5,000원
재고자산감소     +1,000원
매입채무증가     +3,000원
------------------------
계              14,000원
```

11 자본예산시 현금흐름을 추정할 때 포함해야 할 항목으로 옳은 것은?

(가맹거래사, 21)

① 이자비용 ② 감가상각비 ③ 배당금 지급
④ 매몰비용 ⑤ 기회비용

/정답/ ⑤

현금흐름 추정 시 잠식비용, 자산의 기회비용, 추가적인 운전자본, 투자세액공제는 포함하여 계산한다.

12 자본예산(capital budgeting)을 수행하기 위한 현금흐름 추정에 관한 설명으로 옳은 것을 모두 고른 것은?　　　　　　　　　　　　　　　　　　　　　　　　　　　　　　　　　　　(가맹거래사, 17)

> ㄱ. 감가상각비는 현금유출에 포함한다.
> ㄴ. 감가상각비로 인한 법인세 절감효과는 현금유입에 포함한다.
> ㄷ. 주주에게 지급하는 배당금은 현금유출에 포함한다.
> ㄹ. 매몰비용(sunk cost)은 현금유출에 포함하지 않는다.

① ㄱ, ㄴ　　　　② ㄱ, ㄷ　　　　③ ㄴ, ㄷ
④ ㄴ, ㄹ　　　　⑤ ㄴ, ㄷ, ㄹ

/정답/ ④

> ㄱ, ㄴ. 감가상각비 그 자체는 현금유출이 아니지만, 감가상각비로 인한 절세효과는 현금유입으로 처리한다.
> ㄷ. 주주에게 지급하는 배당금은 비용에 포함하지 않는다.
> ㄹ. 매몰비용(sunk cost)은 회수할 수 없는 비용으로, 현재 투자의사결정에 더 이상 영향을 미치지 않는다. 따라서 현금유출에 포함하지 않는다.

13 자본예산의 현금흐름 추정에 관한 설명으로 옳지 않은 것은?　　　　　　　(가맹거래사, 22)

① 현금흐름은 증분기준(incremental basis)으로 측정한다.
② 매몰비용은 현금유출에 포함하지 않는다.
③ 기회비용은 현금유출에 포함한다.
④ 감가상각비와 같은 비현금성 지출은 현금유출에 포함하지 않는다.
⑤ 이자비용은 현금유출에 포함하지만 배당금은 현금유출에 포함하지 않는다.

/정답/ ⑤

> ⑤ 이자비용과 배당금은 투자안의 현재가치를 평가할 때 분모에 할인율을 고려하여 평가하므로 현금흐름에 포함할 경우 이중반영이 되어버린다. 따라서 이자비용과 배당금은 현금유출이 발생하지만 현금유출로 처리하지 않는다.

POINT 재무비율 분석

목 적	비 율	의 미	공 식
유동성 비율 (liquidity ratio)	유동비율	기업의 단기채무를 지급하기 위하여 단기에 현금으로 회수될 수 있는 자산의 정도를 측정	$\frac{유동자산}{유동부채} \times 100$ 〈비교〉 비유동비율= $\frac{비유동자산}{자기자본} \times 100$ 비유동장기적합률= $\frac{비유동자산}{자기자본 + 비유동부채} \times 100$
	당좌비율	유동자산 중 용이하게 현금화할 수 있는 당좌자산만으로 단기채무에 충당할 수 있는 정도를 측정	$\frac{당좌자산}{유동부채} \times 100$ $= \frac{(유동자산 - 재고자산)}{유동부채} \times 100$
레버리지 비율 (leverage ratio)	부채비율	자기자본으로 부채를 어느 정도 충당할 수 있는가를 표시해주는 비율	$\frac{부채}{자기자본} \times 100$
	자기자본 비율	총자산 대비 자기자본이 차지하는 비율	$\frac{자기자본}{총자산} \times 100$
	이자보상 비율	영업이익이 타인자본의 사용으로부터 발생하는 금융비용, 즉 지급 이자의 몇 배에 해당하는가를 나타내는 비율, 기업이 부채사용에 따른 이자비용을 지급할 능력이 있느냐를 파악하는 데 이용	$\frac{영업이익}{지급이자} \times 100$
활동성 비율 (activity ratio)	매출채권 회전율	매출채권의 현금화 속도를 측정하는 비율	$\frac{매출액}{매출채권(기초및기말평균)}$ 〈참조〉 평균회수기간= $\frac{365}{매출채권회전율}$
	재고자산 회전율	재고자산의 회전속도, 즉 재고자산이 당좌자산으로 변화하는 속도를 나타내는 비율	$\frac{매출액}{재고자산}$ 〈참조〉 재고자산평균처리일수 (재고일수) $= \frac{365}{재고자산회전율}$
	유형자산 회전율	유형자산의 효율적 이용도를 나타내는 비율	$\frac{매출액}{유형자산}$

수익성 비율 (profitability ratio)	총자산 회전율	투자한 총자산이 일정한 매출을 실현하기 위해 1년 동안 몇 번 반복하여 사용되었는가를 나타내는 비율	$\dfrac{매출액}{총자산}$
	매출액 순이익률	매출액에 대한 당기순이익의 비율로서 기업의 최종적인 이익획득의 비율	$\dfrac{순이익}{매출액}\times100$
	매출액 영업이익률	기업의 주된 영업활동에 의한 경영성과를 판단하기 위한 지표	$\dfrac{영업이익}{매출액}\times100$
	매출액 총이익률	총이익(매출액-매출원가)이 매출액에서 차지하는 비율	$\dfrac{매출총이익}{매출액}\times100$
	총자본 영업이익률	기업이 투자한 총자본에 대한 영업활동으로부터 얻는 이익의 비율	$\dfrac{영업이익}{총자본}\times100$
	총자본 순이익률	기업에 투하된 총자본이 어느 정도의 순이익을 실현하였는가를 나타내는 비율	$\dfrac{순이익}{총자본(기초 및 기말평균)}\times100$
	자기자본 이익률 (ROE)	주주가 기업에 투자한 자본에 대한 수익성	$\dfrac{당기순이익}{자기자본}\times100$

▢ 관련 문제

1 다음 중 자산이용의 물리적 효율성을 측정하는 재무비율로 가장 적합한 것은? (가맹거래사, 06)

① 수익성비율 ② 활동성비율 ③ 성장성비율
④ 유동성비율 ⑤ 레버리지비율

/정답/ ②
활동성비율(activity ratios)이란 자산의 효율적 이용도를 측정하는 비율로 회전율에 의하여 측정된다.

2 기업의 장기채무지급능력을 나타내는 레버리지비율(자본구조비율)에 해당되지 않는 것은?

(경영지도사, 18)

① 당좌비율　　　② 부채비율　　　③ 자기자본비율
④ 비유동비율　　⑤ 이자보상비율

/정답/ ①

레버리지 조사란 기업의 타인자본에 대한 의존도를 측정하는 것이다. 당좌비율은 유동성 조사를위한 재무비율이다.

3 자기자본과 부채와의 구성 비율로서 기업의 타인자본 의존도를 나타내는 것은?

(경영지도사, 22)

① 유동성 비율　　② 레버리지 비율　　③ 활동성 비율
④ 수익성 비율　　⑤ 시장가치 비율

/정답/ ②

4 기업의 단기채무 지급능력을 측정하기 위해 가장 많이 이용하는 재무비율은?

(경영지도사, 17)

① 부채비율　　　　② 유동비율　　　③ 매출액순이익률
④ 자기자본순이익률　⑤ 총자산회전율

/정답/ ②

5 유동성 비율(liquidity ratio)의 산식으로 옳은 것은?

(가맹거래사, 09)

① 비유동자산/유동자산　　② 유동자산/총자산
③ 유동자산/유동부채　　　④ 유동부채/유동자산
⑤ 총자산/유동자산

/정답/ ③

$$\text{유동비율}(\%) = \frac{\text{유동자산}}{\text{유동부채}} \times 100$$

6 유동비율 = $\dfrac{(A)}{유동부채} \times 100$, 자기자본순이익률(ROE) = (1+부채비율)×(B)일 때, 각각 옳게 짝지어진 것은?

〈노무사, 17〉

① A : 유동자산, B : 총자본순이익률
② A : 유동자산, B : 매출액순이익률
③ A : 유동자산, B : 총자본회전율
④ A : 유형자산, B : 총자본회전율
⑤ A : 유형자산, B : 매출액영업이익률

/정답/ ①

7 ㈜한국의 총자산이 40억원, 비유동자산이 25억원, 유동부채가 10억원인 경우 유동비율은?

〈노무사, 20〉

① 50% ② 70% ③ 100% ④ 150% ⑤ 200%

/정답/ ④

유동비율 = $\dfrac{유동자산}{유동부채} \times 100 = \dfrac{40-25}{10} \times 100 = 150$

8 A기업의 유동자산은 300억원, 유동부채 200억원, 자본 500억원이다. 이 기업의 유동비율은?

〈가맹거래사, 11〉

① 100% ② 150% ③ 200% ④ 250% ⑤ 300%

/정답/ ②

유동비율 = 유동자산 / 유동부채 × 100
= 300 / 200 × 100 = 150%

9 ㈜가맹의 20x7년도 말의 재무자료는 다음과 같다. ㈜가맹의 유동자산은? (가맹거래사, 17)

> ○ 자산총계 : 100,000,000원
> ○ 자본총계 : 40,000,000원
> ○ 유동부채 : 20,000,000원
> ○ 유동비율 : 150%

① 15,000,000원　　② 20,000,000원　　③ 25,000,000원
④ 30,000,000원　　⑤ 35,000,000원

/정답/ ④

$$유동성 비율 = \frac{유동자산}{유동부채} \times 100$$

$$150\% = \frac{유동자산}{20,000,000} \times 100$$

$$3,000,000,000 = 유동자산 \times 100$$

$$유동자산 = 30,000,000(원)$$

10 ㈜한국의 유동자산은 1,200,000원이고, 유동비율과 당좌비율은 각각 200%와 150%이다. ㈜한국의 재고자산은? (노무사, 19)

① 300,000원　　② 600,000원　　③ 900,000원
④ 1,800,000원　　⑤ 2,400,000원

/정답/ ①

$$유동비율 = \frac{유동자산}{유동부채} \times 100 \text{ 이므로 } 200 = \frac{1,200,000}{유동부채} \times 100, \text{ 따라서 유동부채} = 600,000$$

$$당좌비율 = \frac{유동자산 - 재고자산}{유동부채} \times 100 \text{ 이므로 } 150 = \frac{1,200,000 - 재고자산}{600,000} \times 100,$$

따라서, 재고자산 = 300,000

11 유동비율 120%, 유동부채 100억원, 재고자산 40억원이면 당좌비율은? (노무사, 14)

① 70%　　② 80%　　③ 90%　　④ 100%　　⑤ 110%

/정답/ ②

유동비율이 120%일 때 유동부채가 100억이라고 주어지면 유동자산을 구할 수 있다.

유동비율 = $\frac{유동자산}{유동부채} \times 100$ 이므로 유동자산은 120억이라는 것을 알 수 있다.

당좌비율 = $\frac{유동자산 - 재고자산}{유동부채} \times 100$ 이므로

$= \frac{120-40}{100} \times 100 = 80$

따라서 당좌비율은 80%이다.

12 유동자산 20억원, 유동부채 10억원, 재고자산 5억원인 경우 당좌비율은? (경영지도사, 16)

① 50% ② 80% ③ 100% ④ 150% ⑤ 200%

/정답/ ④

$\frac{당좌자산}{유동부채} \times 100 = \frac{(유동자산 - 재고자산)}{유동부채} \times 100$

따라서 (20억-5억)/10억 *100 = 150%

13 유동자산 1,200,000원, 유동부채 1,000,000원, 당좌비율이 80%인 경우 재고자산은? (단, 유동자산은 당좌자산과 재고자산으로만 구성된다고 가정한다.) (가맹거래사, 15)

① 200,000원 ② 300,000원 ③ 400,000원
④ 500,000원 ⑤ 800,000원

/정답/ ③

당좌비율 = $\frac{당좌자산}{유동부채} \times 100 = \frac{1,200,000 - x}{1,000,000} \times 100 = 80$

∴ $x = 400,000$

14 유동자산 1억원, 유동부채 1억원, 총부채 6억원, 자기자본 2억원, 총자본 8억원인 ㈜우리 기업의 부채비율은? (경영지도사, 21)

① 50% ② 100% ③ 200% ④ 300% ⑤ 400%

$$\frac{총부채}{자기자본} \times 100 = \frac{6억원}{2억원} \times 100 = 300(\%)$$

/정답/ ④

15 ㈜가맹의 회계담당자가 실수로 외상매출거래의 일부를 누락하였으나, 기말재고는 올바르게 기록하였다. 이로 인해 영향을 받지 않은 재무비율로 옳은 것은?　　(가맹거래사, 21)

① 부채비율　　② 당좌비율　　③ 유동비율
④ 매출채권회전율　　⑤ 자기자본비율

/정답/ ①

매출채권의 회계처리는 매출발생 시점과 현금회수 시점 2번에 나눠 복식부기를 진행

	차 변	대 변
매출 발생 시	매출채권(유동자산 증가)	매출(수익 증가)
현금 회수 시	현금(유동자산 증가)	매출채권(유동자산 감소)

따라서 당좌자산, 총자산의 변화를 가져오게 되므로, 부채비율($\frac{부채}{자기자본}$)은 영향을 받지 않는다.

16 총자산회전율의 산식은?　　(노무사, 16)

① 매출액/매출채권　　② 매출액/총자산　　③ 순이익/자기자본
④ 총자산/매출액　　⑤ 자기자본/순이익

/정답/ ②

총자산회전율이란 투자한 총자산이 일정한 매출을 실현하기 위해 1년 동안 몇 번 반복하여 사용되었는가를 나타내는 비율을 말한다.
10년도 노무사 시험에서는 총자산회전율의 분자에 해당하는 항목을 묻는 문제가 출제되었다.

17 매출원가 1,000,000원이고 매출총이익률이 20%일 때 매출총이익률법에 의한 매출액은?
　　(가맹거래사, 14)

① 1,000,000원　　② 1,200,000원　　③ 1,250,000원
④ 1,500,000원　　⑤ 5,000,000원

/정답/ ③

$$매출총이익률 = \frac{매출총이익(매출액-매출원가)}{매출액} \times 100$$

$$\therefore 20\% = \frac{x-1,000,000}{x} \times 100$$

$$\therefore x = 1,250,000$$

18 ㈜가맹의 20×1년도 자료는 다음과 같다.

○ 매출액   1,600,000원
○ 기초매출채권 120,000원
○ 기말매출채권 200,000원

매출채권이 1회전 하는데 소요되는 기간은? (단, 회계기간은 1월 1일부터 12월 31일까지이다.)

(가맹거래사, 15)

① 28.5일   ② 32.5일   ③ 36.5일   ④ 42.5일   ⑤ 48.5일

/정답/ ③

$$매출채권회전율 = \frac{매출액}{평균매출채권} = \frac{1,600,000}{160,000} = 10$$

$$매출채권회전기간 = \frac{365일}{10} = 36.5일$$

19 ㈜가맹의 매출액 48,000,000원, 매출채권 8,000,000원인 경우, 매출채권을 회수하는데 걸리는 평균기간은? (단, 매출채권은 매출액 발생연도의 기초와 기말의 평균값이며, 1년은 360일로 가정한다.)

(가맹거래사, 20)

① 40일   ② 45일   ③ 50일   ④ 55일   ⑤ 60일

/정답/ ⑤

$$매출채권회전율 = \frac{매출액}{평균매출채권} = \frac{48,000,000}{8,000,000} = 6$$

$$매출채권회전기간 = \frac{360일}{6} = 60일$$

20 ㈜한국의 매출 및 매출채권 자료가 다음과 같을 때, 매출채권의 평균회수기간은? (단, 1년은 360일로 가정한다.)

(노무사, 23)

매출액	₩3,000,000
기초매출채권	150,000
기말매출채권	100,000

① 10일　② 15일　③ 18일　④ 20일　⑤ 24일

/정답/ ②

매출채권 평균 회수기간은 매출채권이 현금으로 회수되는데 평균적으로 소요되는 기간을 의미한다. 평균회수기간 = $\frac{365}{\text{매출채권회전율}}$

매출채권의 현금화 속도를 측정하는 비율을 매출채권회전율이라 한다.

매출채권회전율 = $\frac{\text{매출액}}{\text{매출채권(기초 및 기말평균)}}$

㈜한국 매출채권회전율 = $\frac{\text{매출액}}{\text{매출채권(기초 및 기말평균)}} = \frac{3,000,000}{\frac{150,000+100,000}{2}} = \frac{3,000,000}{125,000} = 24$

㈜한국 매출채권 평균회수기간 = $\frac{360}{\text{매출채권회전율}} = \frac{360}{24} = 15$

21 (ㄱ)에 해당하는 재무비율은?

(가맹거래사, 11)

총자본순이익률 = (ㄱ) × 매출액순이익률

① 총자본회전율　② 자기자본회전율　③ 유동자산회전율
④ 비유동자산회전율　⑤ 매출채권회전율

/정답/ ①

총자본순이익률 = 순이익률 / 총자본
　　　　　　 = (순이익률/매출액) / (총자본/매출액)
　　　　　　 = (순이익률/매출액) × (매출액/총자본)
　　　　　　 = 매출액순이익률 × 총자본회전율

22 매출액순이익률이 2%이고 총자본회전율이 5인 기업의 총자본순이익률은? (노무사, 15)

① 1%   ② 2.5%   ③ 5%   ④ 7%   ⑤ 10%

/정답/ ⑤

$$총자본수익률 = \frac{순이익}{매출액} \times \frac{매출액}{총자본}$$
$$= 매출액순이익률 \times 총자본회전율 = 2 \times 5 = 10$$

23 다음 (   )에 해당하는 비율은? (가맹거래사, 12)

자기자본순이익율 = (   ) × 총자본/자기자본

① 총자본순이익율   ② 총자본회전율   ③ 매출액순이익율
④ 총자산영업이익율   ⑤ 총자산회전율

/정답/ ①

자기자본순이익율(ROE) = 순이익 / 자기자본
  = (순이익/총자본) × (총자본/자기자본)
  = 총자본순이익율 × (총자본/자기자본)
  = (순이익/매출액) × (매출액/총자산) × (총자산/자기자본)
  = 매출순이익율 × 총자산회전율 × 재무레버리지

24 이자보상비율 = (ㄱ)/이자비용에서 (ㄱ)에 해당하는 것은? (가맹거래사, 10)

① 순이익   ② 영업이익   ③ 유동부채
④ 매출총이익   ⑤ 매출액

/정답/ ②

이자보상비율 = 영업이익/이자비용으로 영업이익으로 이자비용을 얼마나 충당할 수 있는지에 대한 비율로 1보다 클수록 재무안정성이 높다.

25 비유동(고정)장기적합률을 나타내는 산식은? (가맹거래사, 13)

① 비유동자산/자기자본+비유동부채 × 100
② 비유동자산/자기자본+유동부채 × 100
③ 비유동자산/자기자본+유동부채 × 100
④ 총자산/유동부채+비유동부채 × 100
⑤ 총자산/비유동부채 × 100

/정답/ ①

비유동(고정)장기적합률은 유동비율의 높고 낮은 정도를 비유동자산과 비유동부채 및 자기자본의 비율을 통해 따져보는 것으로 이 비율이 낮다는 것은 곧 유동비율이 높다는 의미이다.

26 다음 재무비율 공식 중 옳은 것은? (가맹거래사, 08)

① 유동비율 = 유동자산/유동부채 × 100
② 당좌비율 = 당좌자산/유동자산 × 100
③ 부채비율 = 총부채/총자본 × 100
④ 매출채권회전율 = 매출총액/자기자본 × 100
⑤ 자본회전율 = 매출액/총자산 × 100

/정답/ ①

② 당좌비율 = 당좌자산/유동부채 × 100
③ 부채비율 = 총부채/자기자본 × 100
④ 매출채권회전율 = 매출총액/매출채권
⑤ 자본회전율 = 매출총액/자본

27 재무비율에 관한 설명으로 옳지 않은 것은? (노무사, 11)

① 수익성 비율은 한 기업이 이익을 얻기 위해 다양한 자원들을 얼마나 효율적으로 사용하는지를 측정한다.
② 주가수익비율(PER)은 기업의 현재 주가를 주당순이익(EPS)으로 나누어 산출한다.
③ 활동성 비율은 기업의 자산을 얼마나 효율적으로 사용했는지를 측정한다.
④ 레버리지 비율은 기업의 장기채무 지급능력을 측정한다.
⑤ 재고자산회전율이 산업평균보다 낮은 경우 재고부족으로 인한 기회비용이 나타난다.

/정답/ ⑤
재고자산회전율이 산업평균보다 낮다는 것은 매출원가 대비 재고자산 평균잔액이 산업평균보다 높다는 의미로 재고가 많다는 뜻이다.

28 재무비율에 관한 설명으로 옳지 않은 것은? (경영지도사, 13)

① 유동성 비율은 단기에 지급해야 할 기업의 채무를 갚을 수 있는 기업의 능력을 측정하는 것이다.
② 수익성 비율이란 기업이 경영활동을 하면서 어느 정도의 수익을 발생시키는지를 나타내는 지표이다.
③ 부채비율은 기업이 조달한 자본 중에서 자기자본에 의존하고 있는 정도를 나타내는 지표이다.
④ 활동성 비율은 기업의 자산이 효율적으로 관리되고 있는 정도를 나타내는 지표로서, 주로 기업의 자산과 자본회전율에 의해 측정된다.
⑤ 레버리지 비율을 통해 기업의 채무불이행 위험을 평가할 수 있다.

/정답/ ③
③ 기업이 조달한 자본 중에서 자기자본에 의존하고 있는 정도를 나타내는 지표는 자기자본비율($\frac{자기자본}{총자본}$)이다. 부채비율은 기업의 부채를 자기자본으로 나누어 계산한다.

29 재무비율에 관한 설명으로 옳지 않은 것은? (가맹거래사, 16)

① 자기자본이익률은 당기순이익을 높이면 향상된다.
② 매출채권회전율은 매출채권이 현금으로 회수되는 기간을 나타낸다.
③ 부채비율은 재무적 안정성을 평가하는 비율 중 하나이다.
④ 유동비율은 유동자산을 유동부채로 나누어 측정한다.
⑤ 기업의 위험이 동일한 경우, 성장성이 높은 기업일수록 주가수익비율이 높게 나타나는 경향이 있다.

/정답/ ②
매출채권회전율은 매출채권의 현금화 속도를 측정하는 비율을 말한다.

POINT 원가-조업도-이익분석(cost-volume-profit : CVP 분석)

1. 개 념
- 손익분기점을 결정하기 위한 원가와 조업도(판매량) 및 이익과의 관계를 분석대상으로 하는 경영통제기법
- 손익분기점이란 총수익과 총비용이 일치하는 조업도(판매량) 상의 점으로서 이 점에서는 이익도 손실도 발생하지 않는데, 여기서 판매량과 매출액을 계산하는 것이 손익분기점 분석의 내용임

2. CVP 분석에 대한 이해

(1) 기본가정
- 원가는 변동원가와 고정원가로 구분된다.
- 원가와 수익은 조업도에 의하여 결정된다.
- 수익과 원가의 행태는 관련 범위 내에서 선형이다.
- 생산량과 판매량은 일치한다.
- 제품의 종류가 복수인 경우 매출 배합은 일정하다.

(2) CVP 기본 등식
- 총수익 = 총비용 + 이익
  = 총변동비 + 총고정비 + 이익
- 단위당 판매가격(P) × 판매량(Q)
  = 단위당 변동원가(uVC) × 판매량 + 고정원가(FC) + 이익

3. 공헌이익 분석

(1) 개 념
- 단위당 공헌이익(UCM : unit contribution margin) = 단위당 판매가격 - 단위당 변동비
  제품 한 단위를 판매할 경우 이익창출에 기여하는 금액
- 총 공헌이익(TCM : total contribution margin) = 총수익 - 총변동원가
- 공헌이익률 = $\dfrac{공헌이익}{매출액}$ = $\dfrac{단위당공헌이익}{단위당판매가격}$ = 1 - 변동원가율

(2) 공헌이익 등식
- 총수익 = 변동비 + 고정비 + 이익
- 총수익 - 변동비 = 고정비 + 이익

- 공헌이익 = 고정비 + 이익
- 단위당 공헌이익(uCM)×판매량(Q) = 고정비(FC)+이익

4. 손익분기점(BEP : break even point)

(1) 수량에 따른 손익분기점
- 총수익 = 매출액(s) = 판매단가(p) × 판매량(q)
- 총비용 = 변동비(VC) + 고정비(FC) = 단위당변동비(v) × 판매량(q) + 고정비(FC)
- 손익분기점 수량$(q) = \dfrac{고정비}{판매단가 - 단위당 변동비} = \dfrac{고정비}{공헌이익}$

(2) 금액에 따른 손익분기점
- 순이익(P) = 매출액(S) - 변동비(VC) - 고정비(FC)
- 매출액(S) = 변동비(VC) + 고정비(FC) + 순이익(P)
- r을 손익분기점에서의 매출액이라고 하면, 이때의 순이익은 0이 되고 변동비는 VC/S*r이 됨
- 손익분기점 금액$(r) = \dfrac{고정비}{1 - \dfrac{변동비}{판매비}}$

5. 목표이익분석

(1) 세전목표이익
- 매출액 = 변동비 + 고정비 + 세전목표이익
- 단위당 판매가격 × 판매량 = 단위당 변동비 × 판매량 + 고정비 + 세전목표이익
- 공헌이익 = 고정비 + 세전목표이익
- 단위당 공헌이익 × 판매량 = 고정비 + 세전목표이익
- 매출액 × 공헌이익률 = 고정비 + 세전목표이익

(2) 세후목표이익
- 세후목표이익 = 세전목표이익 - 세금
- 세금 = 세전목표이익 × 세율
- 세후목표이익 = 세전목표이익 - 세전목표이익 × 세율
- 세후목표이익 = 세전목표이익 × $(1-t_x)$
- 세전목표이익 = $\dfrac{세후목표이익}{(1-t_x)}$

관련 문제

1 손익분기점(break-even point)이란? (경영지도사, 20)

① 고정비와 변동비가 일치하는 점
② 부채와 자본이 일치하는 점
③ 부채와 자산이 일치하는 점
④ 총비용과 총수익이 일치하는 점
⑤ 총비용과 총이익이 일치하는 점

/정답/ ④

2 ( )에 들어갈 용어로 옳은 것은? (가맹거래사, 17)

( )은 영업이익이 0원이 될 때의 판매량 또는 생산량을 말한다.

① 손익분기점 ② 자본조달분기점 ③ 목표판매량
④ 경제적 주문량 ⑤ 최적 재고량

/정답/ ①

3 손익분기점(BEP) 분석에 관한 설명으로 옳지 않은 것은? (가맹거래사, 20)

① 총수익과 총비용이 일치하는 매출액 수준을 의미한다.
② 비용은 변동비와 고정비로 분류해야 한다.
③ 공헌이익으로 고정비를 모두 충당할 경우의 매출액 수준이다.
④ 공헌이익률은 '1-변동비율'을 의미한다.
⑤ 매출총이익이 '0'이 되는 판매량 수준을 말한다.

/정답/ ⑤
손익분기점은 영업이익이 0이 될 때의 판매량 또는 생산량을 말한다.

4 어느 회사 제품의 단위당 판매가격이 10만원, 단위당 변동비가 5만원, 총고정비가 500만원이라면 손익분기점(BEP) 매출량은? (경영지도사, 13)

① 100개   ② 150개   ③ 200개   ④ 250개   ⑤ 300개

/정답/ ①

$$손익분기점매출량 = \frac{고정비}{가격 - 변동비} = \frac{5,000,000}{100,000 - 50,000} = 100개$$

5 다음과 같은 조건에서 손익분기점에 도달하기 위한 판매수량(단위)은? (노무사, 16)

단위당 판매가격	20,000원
단위당 변동비	14,000원
총고정비	48,000,000원

① 5,000   ② 6,000   ③ 7,000   ④ 8,000   ⑤ 9,000

/정답/ ④

$$손익분기점 수량(q) = \frac{고정비}{판매단가 - 단위당 변동비} = \frac{48,000,000}{20,000 - 14,000}$$

6 ㈜가맹의 20×2년 회계자료는 다음과 같다. ㈜가맹의 손익분기점 판매수량은? (단, 제시된 자료 외에는 고려 사항이 없다.) (가맹거래사, 23)

○ 매출액 800,000원 ○ 단위당 판매가격 100원
○ 단위당 변동원가 60원 ○ 단위당 고정원가 25

① 5,000개   ② 6,000개   ③ 7,000개   ④ 8,000개   ⑤ 9,000개

/정답/ ①

- 매출액 = 단위당 판매가격 × 판매량
  800,000원 = 100원 × 판매량
  ∴ 판매량=8,000개
- 고정비 = 판매량 × 단위당 고정원가 = 8000 × 25 = 200,000
  ∴ 고정비=200,000원

- 손익분기점 판매수량 = $\dfrac{\text{고정비}}{\text{판매단가} - \text{단위당 변동비}} = \dfrac{200000}{100-60} = 5000$

∴ 손익분기점 판매수량 = 5,000개

7 상품 A의 단위당 가격이 20,000원이고, 단위당 변동영업비용이 14,000원이다. 고정영업비용이 48,000,000원이라면 상품 A의 손익분기점에 해당하는 매출액은? (노무사, 10)

① 140,000,000원 ② 150,000,000원 ③ 160,000,000원
④ 170,000,000원 ⑤ 180,000,000원

/정답/ ③

손익분기점 = $\dfrac{\text{고정비}}{\text{판매단가} - \text{단위당변동비}} = \dfrac{48,000,000}{20,000 - 14,000} = 8,000$

손익분기점이 되는 매출량이 8,000이므로 매출액은 8,000 × 20,000 = 160,000,000원

8 다음 자료를 이용하여 계산한 손익분기점의 판매량과 매출액은? (가맹거래사, 16)

○ 총고정비용	20,000,000원
○ 단위당 가격	50,000원
○ 단위당 변동비용	10,000원

	판매량	매출액
①	400개	20,000,000원
②	500개	25,000,000원
③	600개	30,000,000원
④	700개	35,000,000원
⑤	800개	40,000,000원

/정답/ ②

손익분기점 수량(q) = $\dfrac{\text{고정비}}{\text{판매단가} - \text{단위당 변동비}} = \dfrac{20,000,000}{50,000 - 10,000} = 500$개

손익분기점 매출액 = 500 * 50,000 = 25,000,000원

9 ㈜가맹의 손익분기점 매출액은 360,000원이고 공헌이익률은 30%이다. ㈜가맹이 90,000원의 영업이익을 달성하고자 할 때, 총매출액은?
(가맹거래사, 21)

① 300,000원 ② 480,000원 ③ 560,000원
④ 660,000원 ⑤ 680,000원

/정답/ ④

손익분기점 매출액 = $\dfrac{\text{고정비}}{\text{공헌이익}}$ 이므로

360,000원 = $\dfrac{x}{30\%}$, 따라서 고정비 = 108,000원

총매출액 = $\dfrac{\text{고정비} + \text{영업이익}}{\text{공헌이익률}}$ 이므로,

$\dfrac{108,000 + 90,000}{30\%}$, 따라서 총매출액 = 660,000원

10 어느 제품의 가격은 10만원이며, 이를 생산하기 위한 변동비용은 6만원이고, 고정비용은 100만원이라 한다. 200만원의 이익을 실현하기 위해서는 몇 개를 팔아야 하는가?
(가맹거래사, 08)

① 25개 ② 50개 ③ 75개 ④ 100개 ⑤ 125개

/정답/ ③

$Q^{**} = \dfrac{\text{고정비} + \text{이익}}{\text{단위당 가격} - \text{단위당변동비}} = \dfrac{100만원 + 200만원}{10만원 - 6만원} = 75개$

11 고정영업비 5억 원, 5,000단위가 판매된 경우 영업이익이 5억 원이라면 단위당 판매가격과 단위당 변동영업비의 차이는?
(가맹거래사, 15)

① 100,000원 ② 200,000원 ③ 300,000원
④ 400,000원 ⑤ 500,000원

/정답/ ②

$5,000x - 5억원 - 5,000y = 5억원 \ (x = \text{판매가격}, y = \text{변동영업비})$
$x - y = 200,000$

12 A기업은 단일품목을 생산하여 판매하고 있다. 변동비는 판매가의 60%이고 고정비가 600,000원일 때, 손익분기점(BEP)에 해당하는 매출액은? (가맹거래사, 10)

① 1,000,000원 ② 1,250,000원 ③ 1,500,000원
④ 1,800,000원 ⑤ 2,000,000원

/정답/ ③

이익 = 매출액 - 변동비 - 고정비
     = 매출액 - 매출액대비변동비율 × 매출액 - 고정비
     = (1 - 매출액대비변동비율) × 매출액 - 고정비
손익분기점은 이익이 0인 매출액 또는 판매량을 말함.
따라서, 0 = (1-60%) × 매출액 - 600,000
매출액 = 600,000/0/5 = 1,500,000원

13 A기업이 생산하는 제품의 단위당 판매가격이 3만원, 단위당 변동비용이 1만원, 고정비가 1,000만원일 경우, 목표 영업이익 500만원을 달성하기 위한 매출량은? (가맹거래사, 11)

① 550개 ② 650개 ③ 750개 ④ 850개 ⑤ 950개

/정답/ ③

목표영업이익 = 매출액 - 변동비 - 고정비
          = (단위당 판매가격-단위당 변동비)×매출량-고정비
500만원 = (3만원-1만원)×매출량-1,000만원
매출량 = (1,000만원+500만원)/(3만원-1만원) = 750개

14 ㈜가맹은 20×1년에 3가지 제품을 생산하여 판매하였는데, 각 제품의 판매단가, 단위당 변동비, 각 제품의 매출액이 총매출액에서 차지하는 비율은 아래와 같다. 이 회사의 20×1년 연간 총고정비용은 550,000원이며, 원가-조업도-이익분석의 일반적인 가정에 추가하여 각 제품의 매출액 구성 비율은 변하지 않는다고 가정한다. ㈜가맹의 20×1년 손익분기점에서 3가지 제품 A, B, C의 매출액 합계는? (가맹거래사, 18)

제품	판매단가(원)	단위당 변동비(원)	매출액 구성 비율(%)
A	500	400	20
B	1,100	880	30
C	2,000	1,300	50

① 1,000,000원 ② 1,250,000원 ③ 1,500,000원
④ 1,750,000원 ⑤ 2,000,000원

/정답/ ⑤

- 단위당 공헌이익 = 단위당 판매가격 - 단위당 변동비
  → 양변을 단위당 판매가격으로 나누면
- $\dfrac{\text{단위당공헌이익}}{\text{단위당판매가격}} = 1 - \dfrac{\text{단위당변동비}}{\text{단위당판매가격}}$
- 공헌이익률 = 1-변동비율 = $\dfrac{\text{단위당공헌이익}}{\text{단위당판매가격}}$
- 가중평균공헌이익률 = 제품별 공헌이익률 × 매출액구성비율
- 손익분기점 매출액 = $\dfrac{\text{고정비}}{\text{가중평균공헌이익률}}$

☞ 각 제품 별 가중평균공헌이익률 산출

A제품 = $(1-\dfrac{400}{500}) \times 20\% = 0.04$

B제품 = $(1-\dfrac{880}{1100}) \times 30\% = 0.06$

C제품 = $(1-\dfrac{1300}{2000}) \times 50\% = 0.175$

합계 = 0.275

☞ 손익분기점매출액 = $\dfrac{550,000}{0.275} = 2,000,000$

POINT 원가회계

1. 감가상각

- **정액법** : $D = \dfrac{A-B}{n} = \dfrac{취득가격 - 잔존가격}{내용연수}$

- **정률법** : $x = 1 - n\dfrac{B}{A}$ (x=상각비율, 초기에 상각이 많이 되고 기간 경과에 따라 상각액 감소)

- **연수합계법** : D = (취득원가 - 잔존가치) × $\dfrac{당해연도수}{내용연수의 합계}$

  = (취득원가 - 잔존가치) × $\dfrac{내용년수}{내용년수 + (내용년수 - 1) \cdots (내용년수 - 내용년수)}$

2. 재고자산 평가

(1) 개 념
- 기말재고자산의 금액(수량×단가)과 출고금액을 파악하는 절차
- 기말재고의 금액이 결정되면 출고금액이 결정되므로 기말재고를 구하기 위한 수량과 단가를 결정하는 것이 중요

(2) 재고자산 평가의 종류
- **개별법** : 판매된 재고자산의 단가와 기말에 잔존하는 재고자산의 단가를 개별적으로 식별, 그 단가를 각각의 수량에 곱하여 기말재고 자산금액을 계산해내는 방법
- **총평균법**(weighted average) : 원가계산기간 중의 총입고금액(총매입원가)을 총입고 수량으로 나눈 총평균단가(가중평균단가)를 적용하는 방법
- **이동평균법**(moving average) : 실시간 이동평균법이라고 하는데, 새로운 구매가 이루어질 때마다 남아있는 재고와 신규입고된 재고를 기준으로 실시간으로 재고의 평균단가를 계산하고 기록하였다가 생산, 판매, 기타 출고 또는 기말재고에 최근 평가된 평균단가를 적용하는 방법
- **선입선출법**(First In First Out : FIFO) : 먼저 구입한 상품이 먼저 판매되는 것으로 가정하여 단가를 결정하는 방법
- **후입선출법** : 실제 물량 흐름과 관계없이 나중에 구입한 상품부터 먼저 매출이 된다는 가정하에서 단가를 결정하는 방법

3. 원가계산

(1) 활동원가계산
- 원가의 발생을 유발하는 원가동인을 활동을 중심으로 규명하여 활동을 기준으로 제조간접원가를 배부하는 원가계산시스템

(2) 도입배경
- 제조원가 중 생산량과 관계없는 제조간접원가의 비중이 커짐
- **다품종 소량생산체제로의 전환** : 제품생산을 지원하는 다양한 활동이 빈번하게 발생
- **원가개념의 확대** : 연구개발, 설계, 마케팅, 유통, 고객서비스 등의 원가가 크게 증가
- **정보수집기술의 발달** : 적은 비용으로 원가동인분석에 필요한 많은 정보의 수집이 가능

(3) 도입배경

구 분	전통적 원가계산	활동기준 원가계산
기본가정	• 각 제품이 자원을 소비한다. • 제조간접원가는 생산량에 비례하여 발생한다.	• 활동은 자원을 소비하고 제품은 활동을 소비한다. • 제조간접원가에는 생산량 이외의 다른 원가동인에 의하여 발생되는 원가들이 많이 포함되어 있다.
원가대상	• 공장, 부문, 제품 또는 서비스	• 활동, 제품 또는 서비스
제조간접원가 배부기준	• 생산량관련 배부기준 (직접노동시간, 직접노무원가, 기계시간 등)	• 원가동인 • 비단위수준 원가동인도 많이 사용됨 (작업준비횟수, 원재료구배횟수, 검사기간)
제조간접원가 배부율	• 공장전체 또는 제조부문별 제조간접원가 배부율	• 활동별 제조간접원가 배부율
원가계산의 정확성	• 낮음	• 높음
소요되는 시간과 비용	• 적음	• 많음

□ 관련 문제

1 A주식회사는 2008년 초에 영업용 화물차 1대를 6,000만원에 구입하였다. 이 화물차를 연수합계법에 의하여 상각할 경우 2차년도인 2009년의 감가상각비는 얼마인가? (단, 화물차 내용연수 5년, 잔존가치 0원)
(가맹거래사, 09)

① 1,600만원 ② 1,700만원 ③ 1,800만원
④ 1,900만원 ⑤ 2,000만원

/정답/ ①

연수합계법에 의한 감가상각비

$= (취득원가 - 잔존가치) \times \dfrac{당해연도수}{내용연수의 합계}$

1차년도 감가상각비 : $(6,000만원 - 0) \times \dfrac{5}{(1+2+3+4+5)} = 2,000만원$

2차년도 감가상각비 : $(6,000만원 - 0) \times \dfrac{4}{(1+2+3+4+5)} = 1,600만원$

2 A기업은 20x1년 1월 1일에 기계장치를 5억원에 취득하였다. 이 기계장치의 내용년수는 3년이고, 잔존가치는 없는 것으로 추정된다. 연수합계법으로 감가상각을 한다면, 20x1년의 감가상각액은 얼마인가? (단, A기업의 회계기간은 매년 1월 1일부터 12월 31일까지임)
(가맹거래사, 10)

① 1억원 ② 1억 5천만원 ③ 2억원
④ 2억 5천만원 ⑤ 3억원

/정답/ ④

연수합계법의 감가상각 산식 :

$(취득원가 - 잔존가치) \times \dfrac{내용년수}{내용년수 + (내용년수-1) \cdots (내용년수-내용년수)}$

20X1년도 감가상각액 : 5억원*3/(3+2+1) = 2억5천만원

3 ㈜가맹은 20×1년 초에 기계장치를 10,000원에 취득하였다. 이 기계장치의 내용연수는 4년, 잔존가치는 1,000원으로 추정되고, 감가상각은 연수합계법으로 한다. 이 회사는 감가상각누계액 계정을 사용하며, 이외 다른 유형자산은 없는 것으로 가정한다. 다음 설명 중 옳은 것은? (가맹거래사, 23)

① 20×1년 포괄손익계산서에 계상될 감가상각누계액은 3,600원이다.
② 20×1년 말 재무상태표에 계상될 감가상각누계액은 2,250원이다.
③ 20×1년 말 재무상태표에 계상될 감가상각누계액은 2,500원이다.
④ 20×2년 포괄손익계산서에 계상될 감가상각누계액은 5,000원이다.
⑤ 20×2년 말 재무상태표에 계상될 감가상각누계액은 6,300원이다.

/정답/ ⑤

- 감가상각누계액은 재무상태표에 반영된다.
- 연수합계법에 의한 감가상각비 = (취득원가 − 잔존가치) × $\dfrac{당해연도수}{내용연수의 합계}$

  1차년도 감가상각비 : $(10,000원 - 1,000원) \times \dfrac{4}{(1+2+3+4)} = 3,600원$

  2차년도 감가상각비 : $(10,000원 - 1,000원) \times \dfrac{3}{(1+2+3+4)} = 2,700원$

  ∴ 2차년도 감가상각누계액은 6,300원

4 ㈜가맹은 20×1년 1월 1일 기계장치를 600,000원에 취득하였다. 기계장치의 내용연수는 3년이고 잔존가치는 없으며 정액법으로 감가상각한다고 할 때 ㈜가맹의 20×1년도 감가상각비는? (단, ㈜가맹의 회계기간은 매년 1월 1일부터 12월 31일까지이다.) (가맹거래사, 14)

① 100,000원 ② 150,000원 ③ 200,000원
④ 300,000원 ⑤ 600,000원

/정답/ ③

감가상각비 = (기계장치 원가-잔존가치) / 내용연수
= (600,000-0) / 3 = 200,000

5 ㈜가맹은 2016년 1월 1일 건물을 5,000,000원에 취득하고, 취득세 300,000원과 등록세 200,000원을 현금으로 지급하였다. 감가상각방법은 정액법이고 건물 내용연수는 10년, 10년 후 잔존가액이 취득원가의 10%라면 2016년 감가상각비는? (가맹거래사, 16)

① 450,000원 ② 495,000원 ③ 500,000원
④ 50,000원   ⑤ 620,000원

정액법 : $D=\frac{A-B}{n}=\frac{취득가격-잔존가격}{내용연수}$ = (5,000,000+500,000)-550,000 / 10

= 495,000

/정답/ ②

6 ㈜한국(결산일 : 12월 31일)은 2017년 초 기계장치를 2,000,000원에 취득하고, 잔존가치 200,000원, 내용연수 5년, 정액법으로 감가상각하였다. ㈜한국은 2019년 초 이 기계장치를 1,300,000원에 처분하였다. ㈜한국의 기계장치 처분으로 인한 손익은? (노무사, 19)

① 처분이익 20,000원 ② 처분손실 20,000원 ③ 처분이익 100,000원
④ 처분손실 100,000원 ⑤ 처분손실 300,000원

/정답/ ①

- 정액법 : $D=\frac{A-B}{n}=\frac{취득가격-잔존가격}{내용연수}=\frac{2,000,000-200,000}{5}$
  =360,000
- 한 해마다 감각상각되는 비용이 360,000원인데, 위 회사는 해당 기계를 2,000,000원에 취득하여 2년을 사용하였으므로 해당 기계의 잔존가치는 1,2800,000원(2,000,000 - 720,000)
- 1,280,000원의 가치가 있는 기계를 1,300,000원에 처분하였으므로 처분이익은 20,000원

7 내용연수를 기준으로 초기에 비용을 많이 계상하는 감가상각방법은? (노무사, 15)

① 정액법 ② 정률법 ③ 선입선출법 ④ 후입선출법 ⑤ 저가법

/정답/ ②

① 정액법이란 해마다 일정액의 감가상각비를 계상하는 방법을 말한다.

8 ㈜가맹은 20×1년 1월 1일에 캐드용 기자재 1대를 구입하였다. 정률법에 의하여 감가상각하는 경우 20×2년의 감가상각비는? (단, 회계기간은 매년 1월 1일부터 12월31일까지 이다.) (가맹거래사, 20)

○ 취득원가 : 20,000,000원   ○ 내용연수 : 7년
○ 잔존가치 : 3,500,000원   ○ 정   률 : 20%

① 2,560,000원   ② 3,000,000원   ③ 3,200,000원
④ 4,000,000원   ⑤ 4,500,000원

/정답/ ③

감가상각비 = (취득원가 - 감가상각누계액) × 정률
20x1년의 감가상각비 = (20,000,000) × 0.2 = 4,000,000 (감가상각누계액 없음)
20×2년의 감가상각비 = (20,000,000 - 4,000,000) × 0.2 = 3,200,000원

9 감가상각에 관한 설명으로 옳지 않은 것은? (가맹거래사, 19)

① 감가상각은 자산의 내용연수 동안 체계적인 방법에 의해 감가상각대상금액을 회계기간별로 배분하는 절차이다.
② 감가상각비의 결정요소는 감가상각대상금액, 내용연수, 감가상각방법이다.
③ 감가상각누계액은 자산의 취득원가 중 비용으로 계상되어 현재까지 소멸된 원가를 누계한 값이다.
④ 취득원가에서 감가상각누계액을 차감한 값을 장부가액이라 한다.
⑤ 정률법은 매 회계기간에 동일한 금액을 상각하는 방법으로 균등액상각법이라고도 한다.

/정답/ ⑤

10 ㈜가맹은 20×1년 1월 1일에 만기 3년, 액면이자율 연 8%, 액면금액 10,000,000원의 사채를 발행하였다. 사채발행 시의 유효이자율은 연 10%이고, 이를 적용한 사채 발행금액은 9,502,440원이었다. ㈜가맹이 유효이자율법에 따라 사채할인발행차금을 상각하는 경우, 결산일인 20×1년 12월 31일 사채의 장부가액은? (가맹거래사, 19)

① 9,115,124원 ② 9,652,684원 ③ 9,849,756원
④ 10,722,353원 ⑤ 11,035,462원

/정답/ ②

유효이자율은 금융상품의 기대 존속기간이나 적절하다면 더 짧은 기간에 예상되는 미래 현금유출과 유입의 현재가치를 금융자산 또는 금융부채의 순장부금액과 정확히 일치시키는 이자율이고, 유효이자율법은 사채의 장부가액에 유효이자율을 곱하여 매기의 수입이자를 계산하는 방법으로서 사채 할인발행과 할증발행에서 구한 '사채할인발행차금'이나 '사채할증발행차금'을 상각해주는 것이다.
액면이자율(표시이자율)이 유효이자율(시장이자율)보다 작기 때문에 사채할인발행이다.
기초 장부가액 + 사채할인발행차금 상각액 = 기말 장부가액
사채할인발행차금 상각액 = 유효이자 - 액면이자
유효이자(시장이자) = 기초 장부금액 × 유효이자율

액면이자(표시이자) = 사채액면금액 × 액면이자율
따라서, 기말 장부가액은
9,502,440원 + (9,502,440 × 0.1 - 10,000,000 × 0.08) = 9,652,684

11 단일종류의 상품을 취급하는 ㈜가맹의 당기 재고자산 관련 자료는 다음과 같다. 이 회사가 실지재고조사법 하에서 가중평균법을 사용하는 경우 당기 매출원가는? (가맹거래사, 19)

구 분		수량(개)	단 가
1월1일	기초재고	100	11,000원(구입가)
3월15일	매입	120	12,000원(구입가)
5월19일	매출	160	20,000원(판매가)
12월11일	매입	140	14,000원(구입가)

① 1,847,200원　　② 2,000,000원　　③ 2,247,200원
④ 3,400,000원　　⑤ 4,500,000원

/정답/ ②

가중평균법은 기초 재고자산과 회계기간 중에 매입 또는 생산된 재고자산의 원가를 가중평균하여 재고항목의 단위원가를 결정하는 방법이다. 기업의 상황에 따라 주기적으로 계산하거나 매입 또는 생산할 때마다 계산할 수 있으며, 총평균법, 이동평균법 등이 있다. 총평균법은 일정 기간(회계기간) 단위로 품목별 총평균원가를 산출하는 방법이고, 이동평균법은 자산을 취득할 때마다 장부상 재고금액을 장부상 재고수량으로 나누어 평균단가를 산출하고 그 평균단가에 의하여 산출한 취득가액을 자산의 평가액으로 하는 방법이다.

〈가중평균매입단가〉
(100 × 11,000 + 120 × 12,000 + 140 × 14,000) ÷ (100 + 120 + 140) = 12,500원

〈당기 매출원가〉
12,500원 × 160개 = 2,000,000원

12 ㈜가맹은 상품매매 기업으로 20×1년도 재고자산 관련 자료는 다음과 같다. 이 회사가 선입선출법을 사용할 경우, 20×1년도 매출원가와 당기순이익은? (단, 다른 거래는 없다고 가정한다.)

(가맹거래사, 20)

구 분		수 량	단 가
1월 1일	기초재고	200개	2,000원 (구입가)
4월 20일	매입	240개	2,300원 (구입가)
6월 20일	매출	320개	3,000원 (판매가)
12월 15일	매입	280개	2,400원 (구입가)

① 매출원가 676,000원, 당기순이익 284,000원
② 매출원가 692,480원, 당기순이익 267,520원
③ 매출원가 712,000원, 당기순이익 248,000원
④ 매출원가 734,400원, 당기순이익 225,600원
⑤ 매출원가 792,000원, 당기순이익 168,000원

/정답/ ①

매출원가 : 20×1년도 총 매출 수량 320개, 선입선출법을 사용하므로 판매된 320개 중 200개는 단가 2,000원, 120개는 2,300원으로 계산
  (200 × 2,000) + (120 × 2,300) = 676,000원
당기순이익 : 총매출액 - 매출원가
  (320 × 3,000) - (676,000) = 284,000원

13 재고자산의 단가평가 방법인 후입선출법에 관한 설명으로 옳지 않은 것은? (단, 판매량이 급증하여 기초재고가 판매되는 재고청산의 문제는 발생하지 않는다고 가정한다.)

(가맹거래사, 20)

① 물가가 상승하는 경우 세금이 줄어든다.
② 나중에 매입한 상품이 먼저 판매되는 것으로 가정한다.
③ 물가가 상승하는 경우 기말재고자산금액은 시가인 현행원가에 근접한다.
④ 물가가 상승하는 경우 기말재고자산금액이 선입선출법에 비해 낮게 평가된다.
⑤ 물가가 상승하는 경우 재무적 관점에서 보수적인 회계처리 방법이다.

/정답/ ③

①②④⑤ 후입선출법에 관한 설명
③ 선입선출법에 관한 설명

14 ㈜가맹이 전자제품 조립공장 입지를 선정하기 위해 다음과 같이 3가지 대안에 관한 정보를 파악하였을 때, 입지대안 비교 결과로 옳지 않은 것은? (가맹거래사, 19)

대안	고정비(원)	단위당 변동비(원)
1	4,000	10
2	2,000	20
3	1,000	40

① 생산량이 40단위라면 대안 2와 대안 3의 입지비용은 동일하다.
② 생산량이 70단위라면 대안 2가 가장 유리하다.
③ 생산량이 100단위라면 대안 1과 대안 3의 입지비용은 동일하다.
④ 생산량이 200단위라면 대안 1과 대안 2의 입지비용은 동일하다.
⑤ 생산량이 210단위라면 대안 1이 가장 유리하다.

/정답/ ①

3가지 대안의 입지비용
대안 1 : 4,000 + 10 × 생산량
대안 2 : 2,000 + 20 × 생산량
대안 3 : 1,000 + 40 × 생산량

① 대안 2의 입지비용 2,800원, 대안 3의 입지비용 2,600원
② 대안 1의 입지비용 4,700원, 대안 2의 입지비용 3,400원, 대안 3의 입지비용은 3,800원. 따라서 대안 2가 가장 유리하다.
③ 대안 1과 대안 3 모두 5,000원으로 동일하다.
④ 대안 1과 대안 2 모두 6,000원으로 동일하다.
⑤ 대안 1의 입지비용 6,100원 대안 2의 입지비용 6,200원, 대안 3의 입지비용은 9,400원. 따라서 대안 1이 가장 유리하다.

15 활동원가계산에 관한 설명으로 옳은 것은? (가맹거래사, 23)

① 다품종 소량생산에 적합하지 않다.
② 제조간접비는 생산량이나 조업도에 비례한다.
③ 제조간접비 비중이 높은 기업에 적합하지 않다.
④ 판매관리비에 적용이 가능하지 않다.
⑤ 시스템 유지와 업데이트 비용이 크다.

/정답/ ⑤

활동원가계산은 활동을 생산량이 아닌 활동을 기준으로 제조간접원가를 계산한다. 따라서 다품종 소량생산체제 하에서 제품생산을 지원하는 다양한 활동이 빈번하게 발생할 때, 제조원가 중 제조간접비 비중이 높을 때, 판매관리비 등으로 원가개념이 확대될 때 적합하다. 다만 원가동인분석에 필요한 많은 정보를 수집하여야 하기 때문에 정보시스템 등의 유지 및 관리 비용이 소요된다.

|제2절| 재무관리

> **POINT 재무관리(finance)**
>
> 기업의 자금흐름과 관련된 제반 활동, 즉 자금조달과 운영 그리고 그와 관련된 각종 활동들의 계획과 통제 등을 다루는 영역
>
> | 구 분 | 투자의사결정 | 자본조달의사결정 | 배당의사결정 |
> |---|---|---|---|
> | 의 의 | 어떤 자산에 얼마나 투자할 것인가에 대한 의사결정 | 자기자본과 타인자본의 구성을 최적화하는 의사결정 | 재투자비율 및 배당비율에 대한 의사결정 |
> | 방 법 | • 최적의 자산구성을 취하고자 하는 것으로서, 주로 재무상태표의 차변에 나타나는 항목을 결정 | • 자기자본 조달방법
주식을 발행하여 주주로부터 자금을 조달하는 것으로서 보통주를 발행할 것인지 또는 우선주를 발행할 것인지를 결정
• 타인자본 조달방법
금융기관이나 채권투자자 등 채권자로부터 차입하는 것으로서 장기차입을 할 것인지 또는 단기차입을 할 것인지를 결정 | • 주주에게 얼마만큼의 배당을 지급할 것인지에 대한 의사결정으로 채권자에 대한 이자나 원금 지급은 의사결정 대상이 아님 |

관련 문제

1 재무의사결정의 기초적 원리에 관한 설명으로 옳지 않은 것은? (경영지도사, 13)

① 오늘의 1원은 내일의 1원보다 가치가 크다.
② 위험이 높아지면 기대수익률은 낮아진다.
③ 투자안 평가는 회계상의 이익이 아닌 현금흐름을 기초로 이루어진다.
④ 자본시장에서 모든 정보는 신속히 반영되며, 주가는 기업의 진정한 가치를 반영한 적정가격이다.
⑤ 재무적 의사결정의 궁극적 목표는 기업가치 극대화에 있다.

② 위험이 높아지면 기대수익률은 높아진다.
⑤ 재무적 의사결정의 궁극적 목표는 이익 극대화가 아니라 기업가치 극대화, 즉 주가의 극대화에 있다.

/정답/ ②

2 재무관리의 주요한 영역에 포함되지 <u>않는</u> 것은? (가맹거래사, 18)

① 투자결정 ② 종업원 관리 ③ 위험관리
④ 운전자본관리 ⑤ 자본조달결정

/정답/ ②

3 현대 재무관리의 궁극적인 장기 목표는? (가맹거래사, 18)

① 종업원 만족 극대화 ② 기업가치 극대화 ③ 고객만족 극대화
④ 조세납부 최소화 ⑤ 협력업체 만족 극대화

/정답/ ②

POINT 가치평가

1. 화폐의 시간가치

(1) 개 념

같은 금액이라고 하더라도 현금흐름이 실현되는 시간의 차이에 따라 현금흐름의 가치가 서로 다르게 평가되는 것

(2) 미래가치(future value : FV)

- 현재의 일정 금액을 미래 특정 시점의 가치로 환산한 금액
- **단리법** : 화폐의 미래가치 = 원금 + (원금×이자율×n)
- **복리법** : 화폐의 미래가치 = 원금×(1+이자율)^n = 원금× 미래가치이자요소(또는 복리이자요소, FVIF)

(3) 현재가치(present value : PV)

- 미래에 발생하게 될 현금흐름을 현재 시점의 가치로 환산한 금액
- **화폐의 현재가치** = $\dfrac{미래가치}{(1+이자율)^n}$ = 미래가치 × 현재가치이자요소(또는 할인요소, PVIF)

2. 연금의 가치

(1) 개 념

일정 기간에 동일한 현금흐름이 매기 반복하여 발생하는 것

(2) 연금의 미래가치(future value of annuity : FVA)

- 동일한 금액의 현금흐름이 일정 기간 매기 반복하여 발생할 경우 매 기간 현금흐름의 미래가치를 모두 합한 금액
- **연금의 미래가치** = $A \times \dfrac{(1+r)^{t}-1}{r}$ = A×FVIFA

(3) 연금의 현재가치(present value of annuity : PVA)

- 미래 일정 기간에 매년 일정 금액을 받는 경우 미래에 받게 될 금액 전체의 현재가치
- **현재가치** = $A \times \dfrac{(1+r)^{t}-1}{r(1+r)^{t}}$ = A×PVIFA

(4) 영구연금의 현재가치

- 만기가 무한대인 연금의 현재가치

- 현재가치 = $\dfrac{A}{r}$

- 연간연금수령액 = 영구연금의현재가치 × 연간이자율

3. 채권의 가격결정

(1) **이표채**(coupon bond)
- 만기까지 매 기간 일정액의 이자를 지급받고 만기일에 마지막 기의 이자와 액면가를 받는 채권
- 채권가격 = $\dfrac{C}{(1+r_1)} + \dfrac{C}{(1+r_2)^2} + \cdots \dfrac{C+F}{(1+r_t)^t}$ (T :만기시점, F : 액면가, C :표면이자)

(2) **영구채**(perpetual bond)
- 만기가 없이 영원히 이자만을 받는 채권
- 채권가격 = $\dfrac{C}{r}$

4. 채권의 가치

- 채권의 액면이자율은 고정된 반면, 시장이자율은 변하기 때문에 채권의 가치는 시간에 따라 증감함 : 시장이자율이 액면이자율보다 높은 경우 채권의 가치 하락, 액면이자율보다 낮은 경우 채권의 가치 상승

- 채권가격과 채권수익률의 관계 :

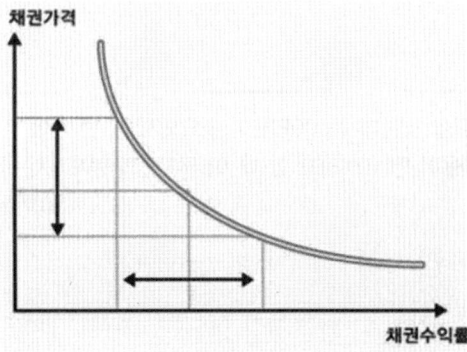

- **만기가 길수록, 액면이자율이 낮을수록 위험증가** : 이자가 늘어날수록 시장이자율에 따른 영향이 더 커지고, 액면이자율이 낮을수록 나중에 더 많은 현금흐름을 불러오기 때문임

관련 문제

1 할인율이 20%라고 할 때, 1년 후에 600만원, 2년 후에 720만원의 현금흐름이 발생하는 투자안의 현재가치(PV)는 얼마인가?
(가맹거래사, 09)

① 1,000만원　　② 1,100만원　　③ 1,200만원
④ 1,300만원　　⑤ 1,320만원

/정답/ ①

$$PV = \frac{600만원}{(1+0.2)^1} + \frac{720만원}{(1+0.2)^2} = 1,000만원$$

2 현금유입이 1년 후에는 500만원, 2년 후에는 800만원, 3년 후에는 900만원이 예상되는 투자안이 있다. 할인율이 20%라고 할 때, 이 투자안의 현재가치는? (단, 가장 근사치를 선택한다.)
(가맹거래사, 16)

① 1,293만원　　② 1,393만원　　③ 1,493만원
④ 1,550만원　　⑤ 1,833만원

/정답/ ③

$$PV = \frac{500만원}{(1+0.2)^1} + \frac{800만원}{(1+0.2)^2} + \frac{900만원}{(1+0.2)^3}$$
$$= 416여만원 + 550여만원 + 520여만원 = 1480여만원$$

3 A씨는 건물을 지어 분양하려고 한다. 이 건물을 짓는데 7,000만원이 소요되지만 1년 후에 7,865만원의 현금을 받고 매각할 수 있다. 시장 이자율이 연 10%라고 할 때 이 투자안의 현재가치는?
(경영지도사, 14)

① 7,100만원　　② 7,150만원　　③ 7,200만원
④ 7,250만원　　⑤ 7,300만원

/정답/ ②

$$투자안의 현재가치 = \frac{7,865}{1+0.1} = 7,150$$

4 ㈜한국은 다음과 같은 조건의 사채(액면금액 ₩1,000,000, 액면이자율 8%, 만기 5년, 이자는 매년 말 지급)를 발행하였다. 시장이자율이 10%일 경우, 사채의 발행 금액은? (단, 사채발행비는 없으며, 현가계수는 주어진 자료를 이용한다.)   (노무사, 23)

기간(년)	단일금액 ₩1의 현가계수		정상연금 ₩1의 현가계수	
	8%	10%	8%	10%
5	0.68	0.62	3.99	3.79

① ₩896,800 ② ₩923,200 ③ ₩939,800
④ ₩983,200 ⑤ ₩999,200

/정답/ ②

㈜한국이 발행하는 사채의 현재가치를 구하는 문제이다.

	1년	2년	3년	4년	5년
미래가치(이자)	80,000	80,000	80,000	80,000	80,000
미래가치(원금)					1,000,000
현재가치 환산	80,000/1.1	80,000/1.1²	80,000/1.1³	80,000/1.1⁴	1,080,000/1.1⁵

이자의 현재가치 = 80,000 × 3.79 = 303,200
원금의 현재가치 = 1,000,000 × 0.62 = 620,000
사채의 현재가치 = 303,200 + 620,000 = 923,200

5 연간이자율이 10%인 경우, 단리계산에 의한 현재 100,000원의 2년 후 미래가치는? (가맹거래사, 10)

① 100,000원 ② 110,000원 ③ 120,000원
④ 121,000원 ⑤ 133,100원

/정답/ ③

100,000 + (100,000×10%×2) = 120,000원

6 현재 1,000,000원을 연 3% 복리이자로 은행에 정기예금하였을 때 2년 후 미래가치는?
(가맹거래사, 14)

① 1,050,900원 ② 1,060,000원 ③ 1,060,900원
④ 1,100,900원 ⑤ 1,130,900원

$$1,000,000 \times 1.03^2 = 1,060,900$$

/정답/ ③

7 이자율이 10% 일 때 매년 말 100만원을 지급하는 영구채권의 현재가치는? (가맹거래사, 06)

① 5백만원　　　　② 1천만원　　　　③ 2천 5백만원
④ 5천만원　　　　⑤ 7천5백만원

/정답/ ②

$$PV(영구채권) = \frac{C}{r} = \frac{100만원}{10\%} = 1천만원$$

8 현재 100,000원을 연 10% 확정된 복리이자로 은행에 예금할 경우 2년 후 미래 가치는? (노무사, 13)

① 110,000원　　　② 111,000원　　　③ 120,000원
④ 121,000원　　　⑤ 122,000원

/정답/ ④

원금이 a, 연이자율이 r일 때 n년 후의 미래가치는 다음과 같다.
미래가치 $= a = (1+r)^n$
$100,000 \times (1+0.1)^2 = 121,000$

9 매년 말 200만원을 영원히 지급받는 영구연금의 현재가치는? (단, 연간이자율은 10%) (노무사, 15)

① 1,400만원　　　② 1,600만원　　　③ 1,800만원
④ 2,000만원　　　⑤ 2,200만원

/정답/ ④

$$\frac{200만원}{10\%} = 2,000만원$$

10 A기업은 액면가액 10,000원, 만기 2년, 액면이자율 연 3%인 채권을 발행하였다. 시장이자율이 연 2%라면, 이 채권의 이론 가격은? (단, 가격은 소수점 첫째 자리에서 반올림한다.) (노무사, 18)

① 9,194원 ② 9,594원 ③ 10,194원
④ 10,594원 ⑤ 10,994원

/정답/ ③

채권가격 $= \dfrac{C}{(1+r_1)} + \dfrac{C}{(1+r_2)^2} + \cdots \dfrac{C+F}{(1+r_t)^t}$ (T :만기시점, F : 액면가, C :표면이자)

$= \dfrac{300}{(1+0.02)} + \dfrac{300+10,000}{(1+0.02)^2} = 294 + 9,900 = 10,194$

11 채권의 가치평가에 관한 설명으로 옳지 않은 것은? (가맹거래사, 21)

① 채권수익률이 하락하면 채권가격은 상승한다.
② 액면이자율이 낮은 채권은 높은 채권보다 이자율 변화에 따라 더 작은 채권가격변동율을 보인다.
③ 채권의 이자율변동에 대한 위험은 만기가 길수록 더 크다.
④ 채권수익률이 액면이자율과 동일하면 채권의 가치는 액면가와 동일하다.
⑤ 채권의 가치는 만기가 가까워질수록 액면가에 접근한다.

/정답/ ②

액면이자율이 낮을수록 나중에 더 많은 현금흐름을 불러오기 때문에 위험(채권가격변동율)이 커진다.

12 채권의 만기수익률(yield to maturity)에 관한 설명으로 옳은 것은? (가맹거래사, 19)

① 액면가(face value)보다 높게 발행된 할증채권의 만기수익률은 액면이자율(coupon rate)과 같다.
② 만기수익률은 액면이자(coupon)를 채권가격으로 나누어 구한다.
③ 만기수익률은 채무불이행위험과 무관하다.
④ 만기수익률은 액면가의 현재가치와 채권가격을 일치시키는 할인율을 의미한다.
⑤ 만기수익률이 상승하면 채권가격은 하락한다.

/정답/ ⑤

① 액면가(face value)보다 높게 발행된 할증채권은 액면이자율(coupon rate)이 만기수익률보다 더 크다.
   tip. 할증발행인지 할인발행인지 여부는 액면이자율과 같다.
       액면이자율이 더 크면 할증발행, 액면이자율이 더 작으면 할인발행이다.
       설문에서 할증채권이므로 액면이자율이 더 크다.
② 만기수익률은 채권거래의 내부수익률법(IRR)을 이용하여 구한다.
③ 만기수익률과 채무불이행 위험은 밀접한 관련이 있다. 채무불이행 위험이 높을수록 그에 따른 만기수익률은 높아진다. (도박으로 비유하면 위험할수록 배당률이 올라가는 것이다.)
④ 만기수익률은 채권을 만기까지 보유했을 때 얻게 될 현금흐름(이자, 액면가)의 현재가치가 채권의 현재 시장가격과 일치시켜주는 할인율(내부수익률)을 말한다.

POINT 투자안 평가방법

1. 순현재가치법(net present value method : NPV)

(1) 개 념
- 투자의 결과 발생하는 현금유입의 현가에서 현금유출의 현가를 차감한 것
- NPV는 현금흐름을 사용한다.
- NPV는 투자안의 모든 현금흐름을 사용한다.
- NPV는 현금흐름을 적절한 할인율로 할인한다. 즉 화폐의 시간적 가치를 고려한다.
- 가치가산원리가 성립한다. 즉 NPV는 모두 현재 시점의 가치를 의미하므로 합할 수 있다.
  (NPV(A+B) = NPV(A) + NPV(B))

(2) 투자안의 의사결정
- 독립적인 투자안 또는 단일투자의 경우 : NPV〉0일 경우 투자안 채택, NPV〈0일 경우 투자안 기각
- 상호배타적인 투자안의 경우 : NPV〉0인 투자안 중에서 NPV가 가장 큰 투자안 채택

2. 내부수익률법(internal rate of return method : IRR)

- 투자의 결과 발생하는 현금유입의 현가와 현금유출의 현가를 같아지게 하는 할인율(미래현금의 순현가를 0으로 만드는 할인율)로서 평균 투자수익률을 의미
- **독립적인 투자안 또는 단일투자의 경우** : IRR〉r일 경우 투자안 채택, IRR〈r 경우에는 기각
- **상호배타적인 투자안의 경우** : IRR〉r일 경우 IRR이 가장 큰 투자안 채택
- **상호배타적 투자안의 경우** : NPV와 IRR의 의사결정 상이
  이유1 : NPV는 자본비용을 기준으로 재투자한다고 가정하고 IRR은 IRR을 기준으로 재투자한다고 가정하므로
  이유2 : NPV는 절대적인 금액(현금)을 기준으로 결정하고 IRR은 상대적인 비율(IRR)을 기준으로 결정하기 때문
- **순현재가치법의 비교우위** : NPV와 IRR의 의사결정이 상이할 경우 NPV에 따라 의사결정을 내리는 것이 더 합리적

3. 수익성지수법(probability index method : PI)

- 수익성지수(PI) = $\dfrac{현금유입의 현재가치}{현금유출의 현재가치} = \dfrac{투자안의\ NPV}{현금유출의 현재가치} + 1$

- **독립적인 투자안 또는 단일투자의 경우** : PI〉1일 경우 투자안 채택, 이외의 경우에는 기각
- **상호배타적인 투자안의 경우** : PI가 가장 큰 투자안 채택

4. 회계이익률(accounting rate of return method : ARR)

- **회계적 이익률(ARR)** = $\dfrac{\text{연평균 순이익}}{\text{연평균 투자액}}$

- **독립적인 투자안 또는 단일투자의 경우** : 투자안ARR〉목표ARR일 경우 채택, 투자안ARR〈목표ARR일 경우 기각
- **상호배타적인 투자안의 경우** : 투자안ARR 〉 목표ARR인 경우 중 ARR이 가장 높은 투자안 선택

5. 회수기간법(payback period method)

- **회수기간** = $\dfrac{\text{투자액(연초투자액)}}{\text{현금유입액(연간이익 + 감가상각비)}}$

- **현금회수율**(회수기간의 역수) = $\dfrac{\text{현금유입액}}{\text{투자액}}$

- **독립적인 투자안 또는 단일투자의 경우** : 투자안의 회수기간 〈 목표회수기간일 경우 채택, 투자안의 회수기간 〉 목표회수기간일 경우 기각
- **상호배타적인 투자안의 경우** : 투자안의 회수기간 〈 목표회수기간 중에 회수기간이 가장 짧은 투자안 선택

□ 관련 문제

1 자본예산은 투자로 인한 수익이 1년 이상에 걸쳐 장기적으로 실현될 투자결정에 관한 일련의 과정을 말한다. 투자안의 평가방법에 해당하지 않는 것은? (노무사, 18)

① 유동성분석법　　② 수익성지수법　　③ 순현재가치법
④ 내부수익률법　　⑤ 회수기간법

/정답/ ①

2 투자안 평가방법에 해당하지 않는 것은? (경영지도사, 17)

① 순현가법　　② 회수기간법　　③ 매출액백분율법
④ 회계적 이익률법　　⑤ 내부수익률법

/정답/ ③
매출액백분율법은 재무상태표의 항목을 매출액에 대한 백분율로 표시하고 매출액의 변화에 따른 각 항목의 변화를 추정하여 기업의 소요자금을 예측하는 방법이다.

3 투자안의 경제성 평가에 이용되는 지표 중 현금유입의 현재가치에서 현금유출의 현재가치를 차감한 것은? (가맹거래사, 17)

① 내부수익률　　② 순현재가치　　③ 회수기간
④ 수익성지수　　⑤ 평균회계이익률

/정답/ ②

4 투자안 분석기법으로서의 순현가(NPV)법에 관한 설명으로 옳은 것은? (노무사, 13)

① 순현가는 투자의 결과 발생하는 현금유입의 현재가치에서 현금유입의 미래가치를 차감한 것이다.
② 순현가법에서는 수익과 비용에 의하여 계산한 회계적 이익을 사용한다.
③ 순현가법에서는 투자안의 내용연수 동안 발생할 미래의 모든 현금흐름을 반영한다.
④ 순현가법에서는 현금흐름을 최대한 큰 할인율로 할인한다.
⑤ 순현가법에서는 투자의 결과 발생하는 현금유입이 투자안의 내부수익률로 재투자될 수 있다고 가정한다.

/정답/ ③
① 순현가는 현금유입의 현가에서 현금유출의 현가를 뺀 값이다.
④ 최대한 큰 할인율이 아니라 적절한 할인율로 할인한다.
⑤ 투자의 결과 발생하는 현금유입이 투자안의 내부수익률로 재투자 될 수 있다고 가정하는 것은 내부수익률법이다.

5 A 기업이 현금 1,000 만원을 투자하여 1년 후 2,000 만원의 현금유입이 발생하였다. 투자 안의 순현재가치(NPV)는 약 얼마인가? (단, 요구수익률은 10%이다.) (경영지도사, 19)

① 618 만원 ② 668 만원 ③ 718 만원
④ 768 만원 ⑤ 818 만원

/정답/ ⑤

순현가(NPV) = 현금유입의 현가(PI) - 현금유출의 현가(PV)
= 1년 후 받게 되는 2000만 원의 현가 - 현재투자하는 비용
= 2000/(1+0.1) - 1000 = 1818.18 - 1000 = 818

6 A기업은 2019년 1월 1일에 150만원을 투자하여 2019년 12월 31일과 2020년 12월 31일에 각각 100만원을 회수하는 투자안을 고려하고 있다. A기업의 요구수익률이 연 10%일 때, 이 투자안의 순현재가치(NPV)는 약 얼마인가? (단, 연 10% 기간이자율에 대한 2기간 단일현가계수와 연금현가계수는 각각 0.8264, 1.7355이다.) (노무사, 18)

① 90,910원 ② 173,550원 ③ 182,640원
④ 235,500원 ⑤ 256,190원

/정답/ ④

순현가(NPV) = 현금유입의 현가(PI)-현금유출의 현가(PV)
= 2년 동안 받게 되는 200만 원의 현가-현재투자하는 비용
= 100만 원×1.7355 - 150만 원 = 23만5천5백만 원

7 다음 투자안의 순현재가치(NPV)는? (경영지도사, 22)

○ A는 올해 초 신사업에 10억원을 투자하였다. 이 투자는 1년 후 1억원의 현금유입이 발생하고, 앞으로 현금유입이 영구히 5%씩 성장할 것으로 예상된다. (단, 요구수익률이 10%이다.)

① 0원 ② 1억원 ③ 5억원
④ 10억원 ⑤ 20억원

/정답/ ④

1년 뒤 1억원의 현금유입이 발생한 후 현금유입이 영구히 5%씩 성장할 것으로 예상되므로, 정률성장연구연금의 현재가치 계산 필요

정률성장연구연금의 현재가치 = $\dfrac{A}{r-g}$ (A: 연금액, g: 성장률)

현금유입의 현가 = 1억/1.1 + 1억/0.05 = 2,090,909,090
순현가 = 현금유입의 현가 - 현금유출의 현가
　　　　2,090,909,090 - 1,000,000,000 = 1,090,909,090 ≒ 10억원

8 다음에서 설명하는 투자안의 경제적 평가방법은? (노무사, 20)

> 투자안으로부터 예상되는 미래 기대현금 유입액의 현재가치와 기대현금 유출액의 현재가치를 일치시키는 할인율을 구한다.
> 산출된 할인율, 즉 투자수익률을 최소한의 요구수익률인 자본비용 또는 기회비용과 비교하여 투자안의 채택여부를 결정한다.

① 순현가법　　　　② 수익성지수법　　　③ 회수기간법
④ 내부수익률법　　⑤ 평균회계이익률법

/정답/ ④

9 투자안의 순현가를 0으로 만드는 수익률(할인율)은? (노무사, 15)

① 초과수익률　　② 실질수익률　　③ 경상수익률
④ 내부수익률　　⑤ 명목수익률

/정답/ ④

②⑤ 실질수익률이란 인플레이션율이 고려되어 조정된 투자수익률을 뜻한다. 반면, 명목수익률은 인플레이션에 의한 화폐가치의 변동을 고려하지 않은 투자수익률이다.
③ 경상수익률은 채권매입가격 대비 표면이자의 비율을 뜻하며, 현행이자 수익률이라고도 한다.

10 내부수익률법에 관한 설명으로 옳은 것은? (가맹거래사, 16)

① 수익률은 순현재가치를 0으로 만드는 할인율이다.
② 수익률이 1보다 크면 투자안을 채택하고, 1보다 작으면 기각한다.
③ 투자안의 현재가치를 초기 투자비용으로 나누어 구한다.
④ 상호배타적인 투자 안을 쉽게 분별할 수 있게 한다.
⑤ 화폐의 시간적 가치를 고려하지 않는다.

/정답/ ①

11 자본예산 기법 중 내부수익률(IRR)법에 관한 설명으로 옳지 않은 것은? (가맹거래사, 23)

① 투자안의 연평균수익률을 의미한다.
② 순현가(NPV)가 0이 되는 할인율이다.
③ 내부수익률이 자본비용보다 크면 투자한다.
④ 자본비용으로 재투자된다고 가정한다.
⑤ 화폐의 시간적 가치를 고려한다.

/정답/ ④

순현가법(NPV)은 자본비용을 기준으로 재투자한다고 가정하고 내부수익률(IRR)은 IRR을 기준으로 재투자한다고 가정한다.

12 투자안의 경제성 분석에 관한 설명으로 옳지 않은 것은? (가맹거래사, 22)

① 순현재가치법은 화폐의 시간적 가치를 반영한 평가방법이다.
② 순현재가치법은 가치가산의 원리가 성립한다.
③ 내부수익률은 투자안의 현금유입의 현재가치와 현금유출의 현재가치를 일치시키는 할인율이다.
④ 상호배타적 투자안 평가 시 내부수익률법과 순현재가치법의 평가결과는 항상 서로 일치한다.
⑤ 수익성지수가 1인 투자안의 순현재가치는 0이 된다.

/정답/ ④

상호배타적 투자안의 경우 NPV와 IRR의 의사결정 상이하다. 그 이유로는 첫째, NPV는 자본비용을 기준으로 재투자한다고 가정하는 반면 IRR은 IRR을 기준으로 재투자한다고 가정하고, 둘째, NPV는 절대적인 금액(현금)을 기준으로 결정하고 IRR은 상대적인 비율(IRR)을 기준으로 결정하기 때문이다.

13 A 투자안의 현재 투자금액은 1억원이며, 1년 후에 1억 2,000만원이 발생하고 투자는 종결된다. 현재 이 투자안의 위험을 감안한 요구수익률은 12%라 하면 A 투자안의 내부수익률(IRR)은 얼마인가?

(가맹거래사, 09)

① 8% ② 12% ③ 16% ④ 18% ⑤ 20%

/정답/ ⑤

$$\frac{1억2천만원}{(1+IRR)^1} = 1억원$$

$$\therefore R = 20\%$$

14 K사는 A, B, C 세 투자안을 검토하고 있다. 모든 투자안의 내용연수는 1년으로 동일하며, 투자안의 자본비용은 10%이다. 투자액은 투자 실행 시 일시에 지출되며 모든 현금흐름은 기간 말에 발생한다. 투자안의 투자액과 순현재가치(NPV)가 다음과 같을 경우 내부수익률(IRR)이 높은 순서대로 나열한 것은?

(노무사, 21)

투자안	A	B	C
투자액	100억 원	200억 원	250억 원
순현재가치	20억 원	30억 원	40억 원

① A, B, C ② A, C, B ③ B, A, C
④ C, A, B ⑤ C, B, A

/정답/ ②

내부수익률(IRR) : 미래의 현금흐름의 현재가치와 투자비용을 일치시키는 할인율
순현재가치(NPV) : 투자의 결과 새로이 창출되는 증분가치

〈투자안 A의 내부수익률(IRR)〉
NPV (20억) = (기간말 현금흐름) ÷ 1.1 - 100억
따라서, (기간말 현금흐름) = (100억 + 20억) × 1.1
(기간말 현금흐름) ÷ (1 + IRR) = 100억
(1 + IRR) = 120억 × 1.1 ÷ 100억 = 1.32
따라서 IRR은 32%

같은 방법으로
⟨투자안 B의 내부수익률(IRR)⟩
(1 + IRR) = 230억 × 1.1 ÷ 200억 = 1.265
즉, 26.5%
⟨투자안 C의 내부수익률(IRR)⟩
(1 + IRR) = 290억 × 1.1 ÷ 250억 = 1.276
즉 27.6%

15 화폐의 시간적 가치를 고려하지 않는 투자안의 경제성 평가방법을 모두 고른 것은? (가맹거래사, 11)

ㄱ. 내부수익률법　　　　　ㄴ. 회계적이익률법
ㄷ. 순현재가치법　　　　　ㄹ. 회수기간법

① ㄱ, ㄴ　② ㄱ, ㄷ　③ ㄴ, ㄷ　④ ㄴ, ㄹ　⑤ ㄷ, ㄹ

/정답/ ④

화폐의 시간가치 고려함	화폐의 시간가치 고려하지 않음
순현재가치법 내부수익률법 수익성지수	회수기간법 회계적이익률법

16 투자안의 경제성분석방법 중 화폐의 시간가치를 고려한 방법을 모두 고른 것은? (노무사, 19)

ㄱ. 회수기간법　　ㄴ. 수익성지수법　　ㄷ. 회계적이익률법
ㄹ. 순현재가치법　　ㅁ. 내부수익률법

① ㄱ, ㄴ　② ㄱ, ㄹ　③ ㄴ, ㄷ　④ ㄴ, ㄹ, ㅁ　⑤ ㄷ, ㄹ, ㅁ

/정답/ ④

17 투자안의 평가방법 중 화폐의 시간가치를 고려한 현금흐름할인법을 모두 고른 것은?

(가맹거래사, 20, 08)

> ㄱ. 회수기간법　　　　　　　ㄴ. 내부수익률법
> ㄷ. 순현가법　　　　　　　　ㄹ. 회계적이익률법
> ㅁ. 수익성지수법

① ㄱㄴ　　② ㄱㄷㄹ　　③ ㄴㄷㅁ　　④ ㄴㄹㅁ　　⑤ ㄷㄹㅁ

/정답/ ③

---

18 투자안의 경제성 분석을 위한 자본예산기법에 관한 설명 중 적절하지 못한 것은? (가맹거래사, 07)

① 회계적 이익률법과 수익성 지수법은 화폐적 시간가치를 고려하지 못하고 있다.
② 독립적인 투자안의 경우, 순현재가치법에서는 투자안의 NPV가 0보다 크면 채택한다.
③ 상호배타적인 투자안의 경우, 회수기간법에서는 투자안의 회수기간이 기업에서 설정한 목표회수기간보다 짧은 투자안 중 가장 짧은 투자안을 선택한다.
④ 내부수익률법은 투자로부터 기대되는 현금유입의 현가와 현금유출의 현가를 같게 하는 할인율로 투자안을 평가하는 방법이다.
⑤ 독립적인 투자안에 대한 채택여부를 결정할 때에는 NPV와 IRR이 동일한 결론을 내린다.

/정답/ ①

수익성지수법은 화폐의 시간가치를 고려한다.

19 투자안의 경제성 분석을 위한 자본예산기법에 관한 설명으로 옳은 것을 모두 고른 것은? (노무사, 10)

> ㄱ. 독립적인 투자안의 경우, 순현재가치법에서는 투자안의 순현재가치가 투자비용보다 크면 채택한다.
> ㄴ. 순현재가치법과 내부수익률법은 화폐의 시간적 가치를 고려한다.
> ㄷ. 내부수익률법에서 내부수익률은 투자로부터 기대되는 현금유입의 현가와 현금유출의 현가를 같게 하는 할인율이다.
> ㄹ. 상호배타적인 투자안의 경우 순현재가치법과 내부수익률법은 상반된 결론이 나올 수도 있다.

① ㄱ, ㄴ ② ㄴ, ㄷ ③ ㄱ, ㄷ, ㄹ
④ ㄴ, ㄷ, ㄹ ⑤ ㄱ, ㄴ, ㄷ, ㄹ

/정답/ ④
ㄱ. 독립적인 투자안의 경우 순현재가치법에서는 투자안의 순현재가치가 0보다 큰 투자안을 선택한다.

20 투자안의 평가방법에 관한 설명으로 옳지 않은 것은? (노무사, 11)

① 순현재가치(NPV)법에서 투자안의 NPV가 0보다 크면 투자안을 채택한다.
② 수익성지수(PI)법에서 투자안의 PI가 0보다 크면 투자안을 채택한다.
③ 내부수익률(IRR)법에서 투자안의 IRR이 자본비용보다 크면 투자안을 채택한다.
④ 회계이익률법에서 투자안의 회계이익률이 목표회계이익률보다 크면 투자안을 채택한다.
⑤ 회수기간법에서 투자안의 회수기간이 목표회수기간보다 짧으면 투자안을 채택한다.

/정답/ ②
수익성지수(PI)법에서는 총현금수입합계의 현재가치가 총현금투자지출의 합계보다 크면(즉, 수익성지수)1 이면) 투자가치가 있는 투자안이라고 본다.

21 투자안의 경제성 평가 방법에 관한 설명으로 옳지 않은 것은? (가맹거래사, 12)

① 회수기간법과 회계적 이익률법은 화폐의 시간적 가치를 무시한다.
② 순현가법의 경우 순현가는 현금유입의 현재가치에서 현금유출의 현재가치를 차감하여 구한다.
③ 수익성지수법은 현금유입의 현재가치와 현금유출의 현재가치의 비율로 구한다.
④ 순현가법과 내부수익률법에 의한 개별투자안의 경제성 평가결과는 상이할 수 있다.
⑤ 순현가법이 내부수익률법에 비해 재투자수익률에 대한 가정이 더 합리적이다.

/정답/ ④

④ 독립적인 단일투자안을 평가하는 경우에는 순현가법과 내부수익률법에 의한 개별투자안의 경제성 평가 결과는 동일하다.
⑤ 순현재가치법은 투자안으로부터 유입되는 현금이 자본비용과 동일한 수익률로 재투자된다고 가정하고, 내부수익률법은 내부수익률로 재투자된다고 가정한다. 그런데 투자안 수행시점에서 산출된 내부수익률은 수행과정에서 경쟁기업의 출현과 같은 환경변화로 계속 일정하게 유지된다고 보기 어렵다. 따라서 시장에서 공통적으로 평가하는 자본 비용수준의 수익률로 재투자된다고 보는 것이 합리적이며 현실적이다.

22 자본예산기법에 관한 설명으로 옳은 것은? (가맹거래사, 13)

① 회계적이익률법은 화폐의 시간적 가치를 고려한다.
② 회수기간법은 회수기간 이후의 현금흐름을 고려한다.
③ 순현가법은 개별투자안의 경우 순현가가 0보다 크면 경제성이 있다.
④ 내부수익률법은 화폐의 시간적 가치를 고려하지 않는다.
⑤ 수익성지수법은 개별투자안의 경우 수이성지수가 1보다 작으면 경제성이 있다.

/정답/ ③

①② 회계적이익률법(ARR)과 회수기간법은 화폐의 시간적 가치를 고려하지 못하는 기법이다.
④ 내부수익률법은 순현가법과 더불어 화폐의 시간가치를 고려하는 평가방법이다.
⑤ 수익성지수(IP)법은 투자액 단위당 효율성을 측정하는 지표로서 1보다 클 때 경제성이 있다고 파악한다.

23 투자안의 경제적 평가방법에 관한 설명으로 옳지 않은 것은? (가맹거래사, 14)

① 현재가치지수가 1보다 작으면 투자안을 채택한다.
② 회계적 이익률이 높을수록 양호하다고 판단한다.
③ 회수기간이 짧을수록 유리하다고 판단한다.
④ 순현재가치가 0보다 크면 경제성이 있는 것으로 판단한다.
⑤ 내부수익률이 기회비용보다 크면 채택한다.

/정답/ ①

현재가치지수가 1보다 작은 투자안은 미래에 발생하는 현금흐름이 현재의 가치보다 작은 투자안이다. 그러므로 이 투자안은 기각하는 것이 바람직하다.

24 투자안의 경제성 평가방법에 관한 설명으로 옳은 것은? (노무사, 14)

① 회계적이익률법은 화폐의 시간적 가치를 고려한다.
② 회수기간법은 회수기간 이후의 현금흐름을 고려한다.
③ 내부수익률법은 평균이익률법이라고도 한다.
④ 순현재가치법에서는 가치의 가산원리가 적용된다.
⑤ 수익성지수법은 수익성지수가 0보다 커야 경제성이 있다.

/정답/ ④

① 회계적이익률법은 화폐의 시간적 가치를 고려하지 않는다.
② 회수기간법은 자본 회수 기간 이후의 현금흐름을 전혀 고려하지 않는다.
③ 내부수익률법이란 투자에 관한 의사결정에서 내부수익률을 고려하는 방법으로 내부수익률과 자본비용을 비교하여 수익률이 높으면 투자로부터 수익을 얻을 수 있다.
⑤ 수익성지수법은 수익성지수가 1보다 큰 투자안(PI〉1)을 채택하는 방법이다.

25 투자안의 경제성 평가방법에 관한 설명으로 옳은 것은? (경영지도사, 16)

① 회수기간법은 회수기간 이후의 현금흐름을 고려한다.
② 회계적이익률법은 화폐의 시간적 가치를 고려한다.
③ 수익성지수법에 의하면 수익성지수는 투자비/현금유입액의 현재가치이다.
④ 순현재가치법에 의하면 순현재가치는 현금유입액의 현재가치에다 투자비를 더한 것이다.
⑤ 내부수익률법에 의하면 개별투자안의 경우 내부수익률이 자본비용보다 커야 경제성이 있다.

/정답/ ⑤

26 투자안의 경제성 평가에 사용하는 자본예산기법에 관한 설명으로 옳은 것은? (가맹거래사, 18)

① 회수기간법은 화폐의 시간가치를 고려한 자본예산기법이다.
② 회수기간의 역수는 항상 내부수익률의 대용치로 사용해야 한다.
③ 순현재가치법은 'NPV(A+B)=NPV(A)+NPV(B)'와 같은 가치가산의 원리가 성립하지 않는다.
④ 수익성지수는 현금유출액의 현재가치를 현금유입액의 현재가치로 나누어 산출한다.
⑤ 내부수익률은 현금유입액의 현재가치와 현금유출액의 현재가치를 일치시켜주는 할인율을 의미한다.

/정답/ ⑤

② 회수기간의 역수는 현금회수율로, 다음과 같이 계산한다.

현금회수율(회수기간의 역수) = $\dfrac{\text{현금유입액}}{\text{투자액}}$

27 투자안의 경제성 평가방법에 관한 설명으로 옳은 것은? (경영지도사, 19)

① 회수기간법은 시간적 가치를 고려한다.
② 순현가법은 투자를 하여 얻은 현금흐름의 현재가치와 초기 투자금액을 비교하여 투자의 적정성을 평가한다.
③ 내부수익률은 미래의 현금흐름의 순현가를 1로 만드는 할인율이다.
④ 회계적이익률법에서 회계적이익률은 연평균 투자액을 연평균 순이익으로 나눈 것이다.
⑤ 수익성지수법에서 수익성지수는 투자비를 현금유출액으로 나눈 것이다.

/정답/ ②

28 자본예산에 관한 설명으로 옳지 <u>않은</u> 것은? (가맹거래사, 19)

① 순현재가치는 현금유입의 현재가치에서 현금유출의 현재가치를 차감한 값이다.
② 상호배타적 투자안 평가 시 순현재가치법과 내부수익률법에 의한 평가 결과는 서로 다를 수 있다.
③ 내부수익률법을 이용한 상호배타적 투자안 평가 시 최적의 투자결정은 내부수익률이 가장 큰 투자안을 선택하는 것이다.
④ 수익성지수가 1보다 큰 투자안의 순현재가치는 0보다 크다.
⑤ 회수기간법은 사용하기에 간편하나 현금흐름에 대한 화폐의 시간적 가치를 반영하지 못한다.

/정답/ ③

③ **상호배타적인 투자안의 경우** : IRR〉r인 경우 IRR이 가장 큰 투자안 채택
④ 수익성지수(PI) = $\dfrac{현금유입의 현재가치}{현금유출의 현재가치}$ = $\dfrac{투자안의\ NPV}{현금유출의 현재가치}$ +1 이므로, 수익성지수가 1보다 크다는 것은 현금유입의 현재가치가 0보다 크다는 것을 의미

29 투자안의 경제성 평가 방법에 관한 설명으로 옳은 것은? (노무사, 22)

① 회계적이익률법의 회계적 이익률은 연평균 영업이익을 연평균 매출액으로 나누어 산출한다.
② 회수기간법은 회수기간 이후의 현금흐름을 고려한다.
③ 순현재가치법은 재투자수익률을 내부수익률로 가정한다.
④ 내부수익률법에서 개별투자안의 경우 내부수익률이 0보다 크면 경제성이 있다.
⑤ 수익성지수법에서 개별투자안의 경우 수익성 지수가 1보다 크면 경제성이 있다.

/정답/ ⑤

① 회계적이익률 = $\dfrac{연평균\ 순이익}{연평균\ 투자액}$
② 회수기간법은 회수기간 내의 현금흐름을 고려한다.
③ 순현재가치법은 평균투자수익률을 내부수익률로 가정한다.
④ 내부수익률법에서 개별투자안의 경우 내부수익률이 r보다 크면 경제성이 있다.

POINT 자산가격결정모형

1. 포트폴리오 이론

(1) 개 념

여러 투자대상의 집합

(2) 포트폴리오의 위험분산 효과

① 체계적 위험과 비체계적 위험

- **체계적 위험**: 어떤 자산의 총위험 중에서 자본시장의 전반적인 변동 때문에 발생하는 위험
- **비체계적 위험**: 시장 전체의 변동과 무관하게 기업 고유의 요인 때문에 발생하는 위험
- 비체계적 위험은 여러 종류의 자산에 분산투자함으로써 감소될 수 있는 분산가능위험에 해당
- **포트폴리오 효과**(분산효과) : 포트폴리오 구성을 통해 위험이 줄어들어 자산에 대한 기댓값이 증가하는 현상

② 주식수의 증가와 분산효과의 한계

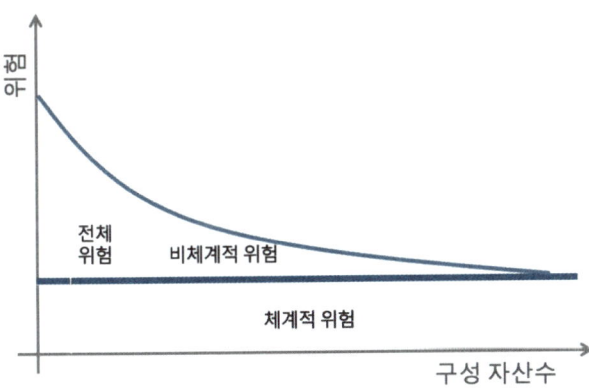

- 포트폴리오에 포함된 자산(주식)의 수가 증가함에 따라 포트폴리오의 위험은 감소
- 포트폴리오에 포함된 주식의 수를 무한대로 증가시키면 포트폴리오의 위험은 개별 주식들 간의 공분산을 평균한 값이 됨
- 분산효과의 한계 : 아무리 많은 자산을 포트폴리오에 편입시켜도 포트폴리오의 위험이 평균공분산 아래로 떨어지지 않는 현상

(3) 포트폴리오의 기대수익률과 위험: 두 자산 포트폴리오의 경우

① **포트폴리오의 기대수익률** : $E(r_p)$

$$E(r_p) = w_1 E(r_1) + w_2 E(r_2)$$

($E(r_p)$=포트폴리오 기대수익률, w_i=개별자산의 구성비율, $E(r_i)$=개별자산의 기대수익률)

② 포트폴리오의 위험

$$\sigma_P^2 = Var(r_P) = Var(w_1r_1 + w_2r_2) = w_1^2\sigma_1^2 + w_2^2\sigma_2^2 + 2w_1w_2\sigma_{12} = w_1^2\sigma_1^2 + w_2^2\sigma_2^2 + 2w_1w_2p_{12}\sigma_1\sigma_2$$

$$\sigma_1 = E[r_1 - E(r_1)]^2$$
$$\sigma_2 = E[r_2 - E(r_2)]^2$$
$$\sigma_{12} = E[\{r_1 - E(r_1)\}\{r_2 - E(r_2)\}] = p_{12}\sigma_1\sigma_2$$

③ 상관계수 : p
- 상관계수 : 공분산을 표준화한 값으로, 두 자산 간의 밀접도 의미
- 공분산을 각 투자안의 표준편차로 나누어 두 투자안의 수익률의 상관관계를 보다 분명하게 측정할 수 있도록 한 것
- $p_{12} = \dfrac{\sigma_{12}}{\sigma_1\sigma_2}$ (-1≤p≤1)
- 상관관계가 1인 경우 두 투자안의 수익률은 양(+)의 기울기를 갖는 완전한 직선관계이고, -1인 경우에는 음(-)의 기울기를 갖는 완전한 직선관계이며, 0인 경우 일정한 관계없이 독립적임
- 상관계수가 1인 경우 : 위험분산 효과가 발생하지 않음
  상관계수가 1보다 작을 경우 : 위험분산효과가 발생

(4) 평균-분산 포트폴리오 이론

① 마코위츠의 포트폴리오 이론
- 불확실성 하의 문제를 평균 및 분산에 의해 계량화하고, 또 자산 간의 상관관계를 고려한 분산투자의 이점 등을 제시한 것

② 마코위츠 투자이론의 기본가정
- 모든 투자자의 투자기간은 단일기간이다. (1기간 동안의 투자수익률 분석)
- 모든 투자자는 자신의 미래 수익률 분포(기대수익률, 분산, 공분산)에 대해 동일한 기대를 한다.
- 모든 투자자는 위험회피형이며 기대효용 극대화를 위한 투자를 한다.
- 모든 투자자는 투자대상의 기대수익률과 표준편차에 의존하며 평균-분산 모형(지배원리)에 따라 투자한다. 여기서 지배원리란 기대수익률이 같다면 위험이 낮은 포트폴리오를 선택하고, 위험이 같다면 기대수익률이 높은 포트폴리오를 선택하는 포트폴리오 선택기준을 말한다.
- 자본시장에 마찰요인(제도적 장애요인)이 없어 거래비용과 세금이 없으며, 모든 투자자가 동일한 무위험 이자율로 대출과 차입을 무한정 할 수 있다.

③ 평균-분산모형의 적용
- 첫 단계는 지배원리를 적용하여 선택대상이 되는 포트폴리오의 범위를 좁히고, 다음 단계에서는 무차별곡선을 이용하여 최적 포트폴리오를 선택
- 지배원리란 기대수익률이 같다면 위험이 낮은 포트폴리오를 선택하고, 위험이 같다면 기대수익률이 높은 포트폴리오를 선택한다는 선호체계
- 지배원리를 만족시키는 포트폴리오를 효율적 포트폴리오(efficient portfolio)라고 하며 모든 효율적 포트폴리오의 집합을 효율적 투자선(efficient frontier)이라고 함

2. 자본자산 가격 결정모형(capital asset pricing model : CAPM)

(1) 개 요

자산의 위험에 따라 기대수익률이 어떻게 결정되는지, 해당 자산의 균형가격이 어떻게 결정되는지를 보여주는 이론

(2) 기본가정
- 평균-분산 포트폴리오 이론의 가정에 아래의 가정이 추가된다.
- 증권시장은 완전경쟁시장(완전자본시장)이며 증권의 공급은 고정되어 있다.
- 미래의 어떠한 상황에서도 동일한 수익률을 가져다주는 무위험자산이 존재하며 포트폴리오는 무위험자산과 위험자산의 결합으로 구성된다.

(3) 자본시장선(capital market line : CML)

① 개 념
- 시장포트폴리오와 무위험자산에 대한 자산배분을 통하여 구성된 자본배분선으로서 무위험자산이 있는 경우 효율적 투자자가 어떻게 투자를 하는지를 표시하는 수익률-위험 간 관계선
- $E(r_p) = r_f + [\dfrac{E(r_m) - r_f}{\sigma_m}] * \sigma_p$

    (r_f=무위험이자율, $E(r_m)$=시장 포트폴리오의 기대수익률, σ_m = 표준편차)

② 자본시장선 상에 있는 포트폴리오의 특성
- 무위험자산과 시장 포트폴리오로 구성된 포트폴리오이다.
- 무위험자산이 존재할 때 다른 자산에 지배당하지 않는 효율적 포트폴리오이다.
- 완전 분산투자된 포트폴리오, 즉 비체계적 위험은 모두 제거되고 체계적 위험만 남아있는 포트폴리오이다.
- 시장 포트폴리오 수익률과의 상관계수가 1인 포트폴리오이다.

(4) 증권시장선(security market line : SML)

① 개 념
- 균형상태에서 자산의 체계적 위험인 베타와 기대수익률 사이의 관계(선형적 관계)를 나타내는 것
- 증권시장선을 이용하면 효율적인 포트폴리오뿐만 아니라 비효율적인 포트폴리오와 개별자산을 포함한 모든 자산의 위험과 기대수익률의 관계를 설명할 수 있게 됨
- 베타(β_i)의 의미 : 개별주식의 시장포트폴리오 위험에 대한 절대적 기여도를 표준화 한 것으로, 개별주식과 시장포트폴리오의 공분산 위험을 시장포트폴리오 위험으로 나누어서 계산

$$\beta_i = \frac{\sigma_{im}}{\sigma_m^2} = \frac{P_{im} \times \sigma_i \times \sigma_m}{\sigma_m^2} = \frac{P_{im} \times \sigma_i}{\sigma_m}$$

(β_i = 개별 자산의 베타, P_{im} = 포트폴리오와의 상관계수, σ_i = 개별 자산의 표준편차)

- $E(r_i) = r_f + [E(r_m) - r_f] * \beta_i$
  (r_f = 무위험이자율, $E(r_m)-r_f$ = 시장위험프리미엄, β_i = 체계적 위험(베타 값))

② 증권시장선의 특징
- 증권의 기대수익률을 결정하는 데 오직 베타만이 중요한 영향을 미친다. 비체계적 위험 등은 증권가격에 반영되지 않는다.
- 증권의 기대수익률은 베타와 선형관계를 갖는다.
- SML의 기울기인 시장 위험프리미엄 $[E(r_m) - r_f]$은 양(+)의 값을 갖는다. 모든 투자자가 위험회피형이므로 위험부담에 대한 대가를 요구하기 때문이다.
- SML의 절편은 명목 무위험 이자율을 나타내므로 이의 크기는 실질 무위험 이자율과 예상 인플레이션율에 의해 결정된다.
- 주식의 기대수익률은 증권시장선에서 결정된다. 주식이 증권시장선의 위쪽에 위치한다면 동일 위험을 가진 타 주식에 비해 높은 수익률을 제공한다고 볼 수 있으므로 과소평가된 주식(NPV>0, 경제성 있는 자산)이라 할 수 있으며, 증권시장선의 아래쪽에 위치한다면 그 반대로 과대평가된 주식(NPV<0, 경제성 없는 자산)이라 할 수 있다.

(5) CAPM의 이용

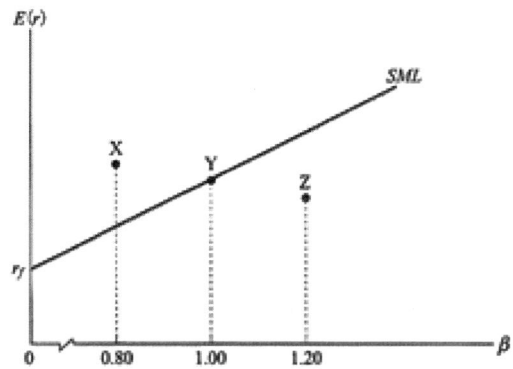

- **주식 Y** : 증권시장선 상에 존재하는 주식은 적정하게 평가된 것

- **증권시장선 위쪽에 위치하는 주식X** : 과소평가된 상태
  시장참여자들의 예상수익률이 CAPM이 예측하는 기대수익률(요구수익률)보다 더 높다는 것인데, 이는 시장가격이 균형가격보다 낮다는 것을 의미(수익률과 가격은 항상 역의 관계를 갖기 때문)

- **증권시장선 아래에 위치하는 주식Z** : 과대평가된 상태
  시장의 예상수익률이 요구수익률보다 낮다는 것인데, 이는 시장가격이 균형가격보다 높다는 것

관련 문제

1 "계란을 한 바구니에 담지 말라"는 격언과 관련 있는 것은? (가맹거래사, 09)

① EVA ② Portfolio ③ Leverage
④ Future Value ⑤ Systematic Risk

/정답/ ②

① EVA는 경제적 부가가치로 기업이 벌어들인 영업이익 가운데 세금과 자본비용을 뺀 금액, 즉 해당 기업이 투하자본과 비용으로 실제로 얼마나 이익을 많이 벌었는가를 나타내는 지표이다.
③ Leverage는 레버리지 효과로 차입금 등 타인자본을 지렛대로 삼아 자기자본이익률을 높이는 것으로 '지렛대 효과'라고도 한다.
⑤ Systematic Risk 체계적 위험이란 시장 전체의 변동위험으로서 이에 영향을 미치는 요인은 경기변동, 인플레이션, 경상수지, 사회·정치적 환경 등 거시적 변수를 말한다.

2 여러 자산에 분산투자하는 목적은? (경영지도사, 22)

① 자본비용 감소 ② 자본조달 용이 ③ 투자비용 감소
④ 투자위험 감소 ⑤ 거래비용 감소

/정답/ ④

3 다음 중 적절한 분산투자를 통해서 제거할 수 있는 위험은? (가맹거래사, 07)

① 포트폴리오 위험 ② 체계적 위험 ③ 비체계적 위험
④ 총 위험 ⑤ 시장 위험

/정답/ ③

총위험은 체계적 위험과 비체계적 위험을 합한 것을 말한다.

4 주식투자 시 분산투자를 통해 회피할 수 있는 위험은? (가맹거래사, 18)

① 시장위험　　　　　② 마케팅 위험　　　　③ 체계적 위험
④ 비체계적 위험　　　⑤ 분산불가능 위험

/정답/ ④

5 분산투자를 함으로써 제거할 수 있는 위험은? (경영지도사, 17)

① 베타위험(beta risk)　　　　　　② 시장위험(market risk)
③ 체계적 위험(systematic risk)　　④ 비체계적 위험(unsystematic risk)
⑤ 분산불가능 위험(non-diversifiable risk)

/정답/ ④

6 포트폴리오 이론에 관한 설명으로 옳지 않은 것은? (가맹거래사, 21)

① 체계적 위험을 측정하는 방법으로 베타계수를 사용할 수 있다.
② '계란을 한 바구니에 담지 말라'는 포트폴리오 투자를 대표하는 격언이다.
③ 포트폴리오의 구성자산 수를 늘릴수록 제거할 수 있는 위험을 체계적 위험이라고 한다.
④ 구성자산들 간의 상관계수가 낮을수록 분산투자 효과가 높은 편이다.
⑤ KODEX200 ETF에 투자하는 것은 분산투자의 일종이다.

/정답/ ③

포트폴리오 분산투자를 통해 제거할 수 있는 위험은 비체계적 위험이다.

7 분산투자 효과가 가장 크게 나타나는 두 자산 간 상관계수는? (가맹거래사, 23)

① 1　　② 0.5　　③ 0　　④ -0.5　　⑤ -1

/정답/ ⑤

• 상관계수가 1인 경우 : 위험분산 효과가 발생하지 않음
• 상관계수가 1보다 작을 경우 : 위험분산효과가 발생

8 마코위츠(Markowitz)가 제시한 포트폴리오 이론의 가정으로 옳은 것은? (노무사, 14)

① 투자자들은 기대수익 극대화를 추구한다.
② 거래비용과 세금을 고려한다.
③ 투자자들은 포트폴리오 구성 시 무위험자산을 고려한다.
④ 완전자본시장이 고려된다.
⑤ 투자자들은 투자대상의 미래수익률 확률분포에 대하여 같은 예측을 한다.

/정답/ ⑤
투자자는 위험회피 성향을 가지고 있으며, 기대효용 극대화를 추구한다고 가정한다.

9 자본예산기법과 포트폴리오에 관한 설명으로 옳지 않은 것은? (노무사, 12)

① 포트폴리오의 분산은 각 구성주식의 분산을 투자비율로 가중평균하여 산출한다.
② 비체계적 위험은 분산투자를 통해 제거할 수 있는 위험이다.
③ 단일투자안의 경우 순현가법과 내부수익률법의 경제성 평가 결과는 동일하다.
④ 포트폴리오 기대수익률은 각 구성주식의 기대수익률을 투자비율로 가중평균하여 산출한다.
⑤ 두 투자안 중 하나의 투자안을 선택해야 하는 경우 순현가법과 내부수익률법의 선택 결과가 다를 수 있다.

/정답/ ①
포트폴리오의 분산은 각 구성자산과 포트폴리오 간의 공분산을 각 자산의 투자비율로 가중평균하여 계산한다.

10 자본시장에 다음과 같은 포트폴리오(A~E)가 존재한다.

구 분	A	B	C	D	E
기대수익률	25%	25%	15%	15%	10%
분 산	0.2	0.1	0.2	0.1	0.1

위 포트폴리오 중 효율적(efficient) 포트폴리오에 해당하는 것은? (단, 평균-분산 기준의 포트폴리오 이론이 성립한다고 가정함) (가맹거래사, 17)

① A ② B ③ C
④ D ⑤ E

/정답/ ②

개별증권 또는 2개 이상의 개별증권으로 구성된 포트폴리오 중 효율적 포트폴리오는
i) 동일한 기대수익률을 가진 서로 다른 투자안의 경우 수익률의 분산, 즉 위험이 작은 투자안
ii) 같은 분산(위험)을 가진 서로 다른 투자안의 경우 기대수익률이 높은 투자안을 말한다.

11 상호배타적 포트폴리오인 A, B, C, D, E의 기대수익률과 수익률의 표준편차는 다음과 같다.

구 분	A	B	C	D	E
기대수익률	9%	15%	19%	12%	19%
수익률의 표준편차	3%	5%	8%	5%	10%

평균-분산(mean-variance) 기준의 포트폴리오 이론이 성립하며 투자자는 위험회피형(risk averse)이라고 가정할 경우, 효율적(efficient) 포트폴리오에 해당하는 것을 모두 고른 것은?

(가맹거래사, 22)

① A, B ② A, D ③ C, E
④ A, B, C ⑤ B, C, E

/정답/ ④

- 위험수준(표준편차)이 가장 낮은 자산 선택
  ∴A선택
- 위험수준(표준편차)이 같다면 기대수익률이 높은 자산을 선택
  ∴B와 D 중 B선택
- 기대수익률이 같다면 위험수준(표준편차)가 가장 낮은 자산을 선택
  ∴C와 E 중 C선택

12 위험회피형 투자자의 평균-분산 무차별곡선에 관한 설명으로 옳지 않은 것은? (가맹거래사, 12)

① 우상방으로 올라갈수록 더 큰 효용을 나타낸다.
② 특정 개인의 무차별곡선은 서로 교차하지 않는다.
③ 무차별곡선은 양(+)의 기울기를 가지며 원점에 대하여 볼록하다.
④ 위험회피 성향이 큰 투자자는 작은 투자자에 비하여 무차별곡선의 기울기가 더 커진다.
⑤ 동일한 효용을 갖기 위해 위험이 한 단위 증가할 때마다 요구하는 기대수익률의 크기는 증가한다.

> /정답/ ①
> ① 우상방으로 올라갈수록 위험이 커지면서 기대수익률이 높아진다.
> ③ 효용을 결정하는 두 가지 변수가 모두 정상재라면 무차별곡선이 원점에 대해서 볼록한 형태로 나타나지만 위험(분산)은 비재화이기 때문에 우상향하는 형태를 보인다.
> ④ 위험회피 성향이 큰 투자자일수록 위험이 한 단위 증가할 때보다 더 큰 기대수익률을 요구하므로 무차별곡선의 기울기가 더 가파르다.
> ⑤ 위험회피형 투자자의 가정이다.

13 A주식의 기대수익률은 10%이고, B주식의 기대수익률은 20%이다. A주식에 40%, B주식에 60%를 투자한 포트폴리오의 기대수익률은? (가맹거래사, 10)

① 13%   ② 15%   ③ 16%   ④ 18%   ⑤ 20%

> /정답/ ③
> $E(R_P) = E(R_A) \cdot A/P + E(R_B) \cdot B/P$
> * $P = A + B$
> 따라서 $10\% \times 40\% + 20\% \times 60\% = 16\%$

14 주식 A와 B의 기대수익률은 각각 10%, 20%이다. 총 투자자금 중 40%를 주식 A에, 60%를 주식 B에 투자하여 구성한 포트폴리오 P의 기대수익률은? (노무사, 21)

① 15%   ② 16%   ③ 17%   ④ 18%   ⑤ 19%

> /정답/ ②
> 기대수익률 $= 0.4 \times 10\% + 0.6 \times 20\% = 16\%$

15 ㈜가맹 주식은 현재 주당 10,000원에 거래되고 있다. 미래 경기상황에 따른 ㈜가맹 주식의 수익률 확률분포가 다음과 같을 때, 이 주식의 기대수익률은? (가맹거래사, 19)

경기상황	㈜가맹 주식의 수익률	확률
호황	20%	40%
불황	5%	60%

① 10 %   ② 11 %   ③ 12 %   ④ 13 %   ⑤ 14 %

/정답/ ②

$20\% \times 40\% + 5\% \times 60\% = 0.08 + 0.03 = 0.11 = 11\%$

16 A주식에 대한 분산은 0.06이고, B주식에 대한 분산은 0.08이다. A주식의 수익률과 B주식의 수익률 간의 상관계수가 0인 경우, 총 투자자금 중 A주식과 B주식에 절반씩 투자한 포트폴리오의 분산은? (노무사, 22)

① 0.025 ② 0.035 ③ 0.045 ④ 0.055 ⑤ 0.065

/정답/ ②

$\sigma_P^2 = Var(r_P) = Var(w_1 r_1 + w_2 r_2) = w_1^2 \sigma_1^2 + w_2^2 \sigma_2^2 + 2w_1 w_2 \sigma_{12} = w_1^2 \sigma_1^2 + w_2^2 \sigma_2^2 + 2w_1 w_2 p_{12} \sigma_1 \sigma_2$
$= 0.5^2 \times 0.06 + 0.5^2 \times 0.08 + 0 = 0.035$

17 자본자산가격결정모형(CAPM)의 가정으로 옳지 않은 것은? (노무사, 17)

① 투자자는 위험회피형 투자자이며 기대효용 극대화를 추구한다.
② 무위험 자산이 존재하며, 무위험 이자율로 무제한 차입 또는 대출이 가능하다.
③ 세금과 거래비용이 존재하는 불완전 자본시장이다.
④ 투자자는 평균 – 분산 기준에 따라 포트폴리오를 선택한다.
⑤ 모든 투자자는 투자대상의 미래 수익률의 확률분포에 대하여 동질적 예측을 한다.

/정답/ ③

자본자산가격결정모형은 완전자본시장을 가정으로 한다.

18 자본자산가격결정모형의 가정으로 틀린 것은? (가맹거래사, 07)

① 무위험 자산이 존재하며 또한 무위험 이자율로 무제한 차입과 대출이 가능하다.
② 자본시장은 완전시장이다.
③ 투자자는 합리적이다.
④ 투자자는 투자대상을 평균-분산 원칙에 의하여 평가한다.
⑤ 투자자들은 투자대상의 미래수익률의 확률분포에 대하여 이질적 예측을 한다.

/정답/ ⑤

투자자들은 투자대상의 미래수익률의 확률분포에 대하여 동질적 예측을 한다.

19 자본구조결정에 관한 설명으로 옳은 것은? (가맹거래사, 08)

① 자본구조결정의 첫 번째 단계인 자본비용은 투자안의 경제성을 분석하는 단계로서 어느 투자안을 선택할 것인가의 문제를 해결하는 것이다.
② 자본비용 단계에서 타인자본과 자기자본을 혼용해 조달할 경우에는 산술평균하여 자본비용을 구한다.
③ 자본구조결정의 기본과제는 자기자본 비율을 높여서 기업가치를 최대로 하는 것이다.
④ 기업은 타인자본으로 인하여 발생하는 재무위험과 자기자본을 이용함으로써 발생하는 재무위험을 서로 비교하여 적절한 타인자본과 타인자본 비율을 산출하는 것이 필요하다.
⑤ 기업이 투자를 하는 경우는 투자를 위해 치러야 할 비용(현금유출)보다 담보로 잡은 대가(미래현금유입)가 더 크기 때문이다.

/정답/ ⑤

① 자본비용(최저필수수익률)을 구하는 것은 투자안 선택을 위한 기준을 설정하기 위한 목적이다.
② 자본비용 단계에서 타인자본과 자기자본을 혼용해 조달할 경우에는 가중평균하여 자본비용을 구한다.
③ 자본구조결정의 기본과제는 적정한 부채비율을 유지함으로써 자본비용을 낮추어 기업가치를 높이는 것이다.
④ 재무위험이란 기업이 타인자본을 사용할 때 부채의 원금상환과 이익귀속 불확실성과 관련된 위험을 말하므로 자기자본의 재무위험은 없다.

20 자본자산가격결정모형(CAPM)의 가정으로 옳지 않은 것은? (가맹거래사, 15)

① 투자자들은 기대효용을 극대화하고자 하는 위험회피자이다.
② 투자자들의 투자기간은 1기간이다.
③ 투자자들은 투자대상의 미래수익률 확률분포에 대하여 동질적으로 예측(homogeneous expectation)한다.
④ 세금과 거래비용이 존재한다.
⑤ 투자자들은 무위험 이자율로 아무런 제한 없이 차입과 대출이 가능하다.

/정답/ ④

CAPM 모델은 완전시장의 조건 중에서 특히 세금과 거래비용이 없다는 것과 자산이 무한히 분할가능하다는 조건이 필요하다.

21 자본자산가격결정모형(CAPM)에 관한 설명으로 옳은 것을 모두 고른 것은? (가맹거래사, 19)

> ㄱ. 증권시장선(SML)은 위험자산의 총위험과 기대수익률 간의 선형적인 관계를 나타낸다.
> ㄴ. 증권시장선의 균형기대수익률보다 낮은 수익률이 기대되는 자산은 과대평가된 자산이다.
> ㄷ. 무위험자산의 베타는 0이다.
> ㄹ. 증권시장선에 위치한 위험자산과 시장포트폴리오 간의 상관계수는 항상 1이다.

① ㄱ, ㄴ ② ㄴ, ㄷ ③ ㄱ, ㄴ, ㄷ
④ ㄱ, ㄷ, ㄹ ⑤ ㄱ, ㄴ, ㄷ, ㄹ

/정답/ ②
> ㄱ. 증권시장선(SML)은 위험자산의 체계적 위험과 기대수익률 간의 선형적인 관계를 말한다. 자본시장선(CML)은 위험자산의 총위험과 기대수익률 간의 선형적인 관계를 나타낸다.
> ㄹ. 자본시장선(CML)에 위치한 위험자산과 시장포트폴리오 간의 상관계수는 항상 1이다.

22 포트폴리오의 기대수익률과 표준편차 간의 선형관계를 나타내는 선은? (가맹거래사, 15)

① 자본시장선 ② 증권시장선 ③ 증권특성선
④ 순현가곡선 ⑤ 무차별곡선

/정답/ ①
> ③ 증권특성선은 시장수익률의 변화율에 대한 개별증권의 가격변화율을 나타낸다.
> ⑤ 무차별곡선(indifference curve)은 동일한 효용(동일한 만족도)을 주는 상품묶음을 선으로 이은 것을 뜻한다.

23 자본시장선에 관한 설명으로 옳은 것은? (가맹거래사, 13)

① 위험자산과 무위험자산을 모두 고려할 경우 효율적 투자기회선이다.
② 포트폴리오 기대수익률과 시장수익률 간의 선형관계를 나타낸다.
③ 개별주식의 기대수익률과 체계적 위험 간의 선형관계를 나타낸다.
④ 모든 포트폴리오들의 균형가격을 산출할 수 있다.
⑤ 개별주식의 균형가격을 산출할 수 있다.

/정답/ ①

① 자본시장선(CML : capital market line) : 무위험자산이 존재할 때의 효율적 투자선(무위험자산을 투자 대상에 포함)
② 효율적 포트폴리오의 기대수익률과 위험의 선형적 관계를 보여줌
③ 개별주식이 아니라 효율적 포트폴리오의 기대수익률이다.
④, ⑤ 자본시장선은 모든 포트폴리오나 개별주식이 아닌 효율적 포트폴리오만을 대상으로 한다.

24 자본시장선(CML)에 관한 설명으로 옳은 것을 모두 고른 것은? (노무사, 17)

ㄱ. 위험자산과 무위험자산을 둘 다 고려할 경우의 효율적 투자 기회선이다.
ㄴ. 자본시장선 아래에 위치하는 주식은 주가가 과소평가된 주식이다.
ㄷ. 개별주식의 기대수익률과 체계적 위험 간의 선형관계를 나타낸다.
ㄹ. 효율적 포트폴리오의 균형가격을 산출하는데 필요한 할인율을 제공한다.

① ㄱ, ㄴ   ② ㄴ, ㄷ   ③ ㄱ, ㄹ
④ ㄷ, ㄹ   ⑤ ㄴ, ㄷ, ㄹ

/정답/ ③

ㄱ. 자본시장선은 무위험자산이 있는 경우 효율적 투자자가 어떻게 투자를 하는지를 표시하는 수익률-위험간 관계선이다.
ㄴ. 증권시장선과 관련된 설명이다.
ㄷ. 포트폴리오의 기대수익률과 표준편차 간의 선형관계를 나타낸다.
ㄹ. CAPM의 기대수익률은 요구수익률이므로 투자안에 대한 할인율 및 자본비용으로 사용된다.

25 시장포트폴리오 수익률의 표준편차가 0.10이고, 주식A의 수익률과 시장포트폴리오 수익률간의 공분산이 0.02일 경우 주식A의 베타(β)는? (가맹거래사, 15)

① 0.8   ② 1   ③ 2   ④ 2.5   ⑤ 3

/정답/ ③

A주식의 베타 = (A 주식과 전체 시장 주식들과의 공분산) / 시장 전체의 분산
$$= \frac{0.02}{(0.1)^2} = 2$$

26 개별주식의 기대수익률과 체계적 위험(베타)간의 선형관계를 나타내는 선은? (가맹거래사, 07)

① 증권특성선 ② 자본시장선 ③ 증권시장선
④ 무차별곡선 ⑤ 효율적 프론티어

/정답/ ③

⑤ 가장 작은 분산을 갖는 포트폴리오를 범 최소분산 포트폴리오(Minimum Variance Portfolio)라고 하는데 MVP를 포함한 포물선 효율적 프론티어라고 한다.

27 증권시장선(security market line)이 성립한다고 할 경우 시장포트폴리오(market portfolio)의 베타(β)는? (가맹거래사, 17)

① -1 ② -0.5 ③ 0
④ 0.5 ⑤ 1

/정답/ ⑤

체계적 위험인 베타에 비례하는 위험프리미엄을 측정하여 기대수익률을 도출하는데, 베타가 1일 때 기대수익률과 시장기대수익률이 동일하므로, 증권시장선이 성립한다고 할 경우 시장포트폴리오의 베타는 1이다.

28 자본자산가격결정모형(CAPM)에서 베타계수(β)에 관한 설명 중 옳지 않은 것은? (가맹거래사, 23)

① 시장포트폴리오 베타 값은 1이다.
② 증권시장선(SML)의 기울기를 의미한다.
③ 개별 주식의 체계적 위험을 계산할 때 사용한다.
④ 베타 값이 1보다 크면 공격적 자산, 1보다 작으면 방어적 자산이라 한다.
⑤ 개별 주식과 시장포트폴리오의 공분산을 시장포트폴리오의 분산으로 나눈 값이다.

/정답/ ②

증권시장선(SML)의 기울기는 시장위험프리미엄(시장포트폴리오의 기대수익률-무위험이자율)이다.

29 증권시장선에 관한 설명으로 옳은 것은? (가맹거래사, 10)

① 증권시장선에 의하면 주식의 균형수익률을 결정하는 것은 배당수익률이다.
② 어떤 주식이 증권시장선보다 위쪽에 위치하면 이 주식은 저평가된 것이다.
③ 증권시장선을 이용하더라도 비효율적 포트폴리오의 균형가격은 구할 수 없다.
④ 증권시장선은 시장포트폴리오 수익률과 개별주식 수익률 간의 선형관계를 나타내는 선이다.
⑤ 증권시장선은 포트폴리오 수익률의 표준편차와 포트폴리오 기대수익률간의 선형관계를 나타내는 선이다.

/정답/ ②

① 증권시장선에 의하면 주식의 균형수익률을 결정하는 것은 무위험 이자율, 시장포트폴리오 기대수익율 및 주식의 체계적 위험이다.
③ 증권시장선을 이용 시 비효율적 포트폴리오의 균형가격은 구할 수 있다.
④ 증권시장선은 개별주식 및 개별포트폴리오의 체계적 위험과 기대수익률 간의 선형관계를 나타내는 선이다.
⑤ 자본시장선은 포트폴리오 수익률의 표준편차와 포트폴리오 기대수익률 간의 선형관계를 나타내는 선이다.

30 증권시장선(SML)에 관한 설명으로 옳지 않은 것은? (가맹거래사, 20)

① 균형시장에서 자산의 체계적 위험(β)과 기대수익률은 선형관계를 갖는다.
② 어떠한 경우에도 과소 또는 과대평가된 증권은 존재할 수 없다.
③ 투자자들에게 중요한 위험은 분산투자에 의해 제거되지 않는 체계적 위험이다.
④ 개별 위험자산의 위험프리미엄은 시장위험프리미엄에 개별 위험자산의 베타(β)를 곱한 것이다.
⑤ 증권시장선 상의 개별증권 가격은 증권의 수요와 공급을 일치시키는 균형가격이다.

/정답/ ②

31 증권시장선(SML)에 관한 설명으로 옳은 것을 모두 고른 것은? (노무사, 22)

> ㄱ. 개별주식의 기대수익률과 체계적 위험 간의 선형관계를 나타낸다.
> ㄴ. 효율적 포트폴리오에 한정하여 균형가격을 산출할 수 있다.
> ㄷ. 증권시장선보다 상단에 위치하는 주식은 주가가 과소평가된 주식이다.
> ㄹ. 증권시장선은 위험자산만을 고려할 경우 효율적 투자기회선이다.

① ㄱ, ㄴ   ② ㄱ, ㄷ   ③ ㄱ, ㄹ   ④ ㄴ, ㄷ   ⑤ ㄷ, ㄹ

/정답/ ②

> ㄴ. 증권시장선을 이용하면 효율적인 포트폴리오뿐만 아니라 비효율적인 포트폴리오와 개별자산을 포함한 모든 자산의 위험과 기대수익률의 관계를 설명할 수 있다.
> ㄹ. 증권시장선 상에 있는 포트폴리오는 무위험자산과 체계적 위험을 부담하는 시장포트폴리오로 구성된다.

32 자본시장선(CML)과 증권시장선(SML)에 관한 설명으로 옳은 것은? (노무사, ,12)

① 자본시장선을 이용하여 타인자본 비용을 산출할 수 있다.
② 자본시장선을 이용하여 비효율적 포트폴리오의 균형가격을 산출할 수 있다.
③ 자본시장선은 위험자산만을 고려할 경우의 효율적 투자기회선이다.
④ 증권시장선은 포트폴리오 기대수익률과 포트폴리오 표준편차간의 선형관계를 나타낸다.
⑤ 증권시장선 위에 존재하는 주식은 주가가 과소평가된 주식이다.

/정답/ ⑤

① 자본시장선은 시장포트폴리오와 무위험자산에 대한 자산배분을 통하여 구성된 자본배분선을 말한다. 부채를 사용할 때 지급하는 대가인 타인자본 비용과는 관계가 없다.
② 자본배분선은 무위험자산이 있는 경우 효율적 투자자가 어떻게 투자를 하는지를 표시한 수익률-위험 간 관계선이다.
③ 자본시장선은 무위험자산을 고려한다.
④ 증권시장선은 비효율적인 포트폴리오 혹은 개별증권들에 대한 위험과 수익률 간의 관계를 결정해준다.

33 증권시장선(SML)과 자본시장선(CML)에 관한 설명으로 옳지 않은 것은? (노무사, 21)

① 증권시장선의 기울기는 표준편차로 측정된 위험 1단위에 대한 균형가격을 의미한다.
② 증권시장선 아래에 위치한 자산은 과대평가된 자산이다.
③ 자본시장선은 효율적 자산의 기대수익률과 표준편차의 선형관계를 나타낸다.
④ 자본시장선에 위치한 위험자산은 무위험자산과 시장포트폴리오의 결합으로 구성된 자산이다.
⑤ 자본시장선에 위치한 위험자산과 시장포트폴리오의 상관계수는 1이다.

/정답/ ①

증권시장선의 기울기는 시장포트폴리오의 위험프리미엄을 의미한다.

34 다음 자료를 이용한 주식 A의 체계적 위험과 비체계적 위험의 크기는? (가맹거래사, 23)

○ 주식 A의 표준편차 20%   ○ 주식 A의 베타계수 1.2
○ 시장포트폴리오 표준편차 10%   ○ 무위험 이자율 5%

	체계적 위험	비체계적 위험
①	0.24	0.04
②	0.12	0.08
③	0.048	0.152
④	0.0144	0.0256
⑤	0.0576	0.0176

/정답/ ④

• 체계적 위험의 크기

$$\beta_i = \frac{\sigma_{im}}{\sigma_m^2} = \frac{P_{im} \times \sigma_i \times \sigma_m}{\sigma_m^2} = \frac{P_{im} \times \sigma_i}{\sigma_m},$$

∴

$$1.2 = \frac{체계적\ 위험만\ 고려한\ 주식 A의\ 표준편차}{시장포트폴리오\ 표준편차} = \frac{체계적\ 위험만\ 고려한\ 주식 A의\ 표준편차}{10\%}$$

체계적 위험만 고려한 주식A의 표준편차=12%
체계적 위험은 이를 제곱한 값이므로, 0.0144
• 비체계적 위험의 크기
총위험을 고려한 주식A의 표준편차=20%
총위험은 이를 제곱한 값이므로 0.04
총위험=체계적 위험+비체계적 위험이므로, 0.04=0.0144+비체계적 위험
∴ 비체계적 위험은 0.04-0.0144=0.0256

35 다음에서 증권시장선(SML)을 이용하여 A주식의 균형기대수익률을 구한 값은? (노무사, 17)

> ○ 무위험 이자율 : 5%
> ○ 시장포트폴리오 기대수익률 : 10%
> ○ A주식의 베타 : 1.2

① 5%　　② 7%　　③ 9%　　④ 11%　　⑤ 13%

/정답/ ④

$E(r_i) = r_f + [E(r_m) - r_f] * \beta_i$
기대수익률 = 무위험 이자율 + β(시장포트폴리오의 기대수익률-무위험 이자율)
5% + (10% - 5%) * 1.2 = 11%

36 시장포트폴리오 기대수익률이 12%이고 무위험 수익률은 6%이다. A주식의 베타가 1.5라면 증권시장선(SML)에 의한 이 주식의 균형수익률은? (가맹거래사, 11)

① 10%　　② 11%　　③ 12%　　④ 15%　　⑤ 16%

/정답/ ④

기대수익률 = 무위험이자율 + β(시장포트폴리오의 기대수익률-무위험이자율)
0.06 + [0.12 - 0.06] × 1.5 = 15%

37 ㈜가맹 주식의 베타가 1.4, 무위험 이자율이 4%, 시장포트폴리오의 기대수익률이 8%일 때, 증권시장선(SML)을 이용하여 산출한 ㈜가맹 주식의 기대수익률은? (단, 문제에서 주어지지 않은 조건은 고려하지 않는다.) (가맹거래사, 18)

① 6.4%　　② 7.6%　　③ 9.6%　　④ 10.4%　　⑤ 12.0%

/정답/ ③

기대수익률 = 무위험 이자율 + β(시장포트폴리오의 기대수익률-무위험 이자율)
4% + (8% - 4%) × 1.4 = 4% + 5.6% = 9.6%

38 시장포트폴리오의 기대수익률이 5%, 무위험 이자율이 3%, 주식 A의 기대수익률이 8%이다. 증권시장선(SML)이 성립할 때 주식 A의 베타는? (가맹거래사, 19)

① 0.5   ② 1.0   ③ 1.5   ④ 2.0   ⑤ 2.5

/정답/ ⑤

기대수익률 = 무위험 이자율 + β(시장포트폴리오의 기대수익률-무위험 이자율)
3% + (5% - 3%) * β_i = 8%
β_i = 2.5

39 자본자산가격결정모형(CAPM)이 성립하며 시장이 균형인 상태에서 포트폴리오 A와 B의 기대수익률과 베타(체계적 위험)는 다음과 같다. 시장포트폴리오의 기대수익률은? (가맹거래사, 22)

구 분	기대수익률	베 타
A	10%	0.5
B	20%	1.5

① 15%   ② 16%   ③ 17%   ④ 18%   ⑤ 19%

/정답/ ①

기대수익률 = 무위험 이자율 + β(시장포트폴리오의 기대수익률-무위험 이자율)
무위험이자율 = X, 시장포트폴리오의 기대수익률 = Y로 두고 연립방정식 적용
A포트폴리오의 경우 : 10% = X + 0.5(Y-X)
　　　　　　　　　　0.1 = X + 0.5Y - 0.5X
　　　　　　　　　　5Y = 1-5X
B포트폴리오의 경우 : 20% = X + 1.5(Y-X)
　　　　　　　　　　0.2 = X + 1.5Y - 0.5X
　　　　　　　　　　15Y = 2 + 5X

$+\begin{vmatrix} 5Y=1-5X \\ 15Y=2+5X \end{vmatrix}$
　　20Y = 3
∴ 시장포트폴리오 기대수익률 = 15%

POINT 자본조달 결정(financing decision)

1. 자본조달 결정(financing decision)의 의의

필요한 자본을 어디에서 조달할 것인가와 조달한다면 각 원천으로부터의 조달비율은 어느 정도로 하는 것이 해당 기업에 있어 바람직한가를 결정하는 것

2. 자본조달 방법

(1) 구성요소
- **자기자본** : 자기자본을 구성하는 자본(적립금, 주식발행 등)
- **타인자본** : 부채를 구성하는 자본(매입채무, 차입금, 회사채 발행 등)

(2) 사용기간
- **단기자본** : 만기가 1년 미만인 자본(매입채무, 단기차입금, 매출채권 양도, 매출채권 팩토링 등)
- **장기자본** : 만기가 1년 이상인 자본(장기차입금, 회사채 발행, 자기자본 등)

(3) 조달장소
- 기업 내부에서 조달하는 자본
- 기업 외부에서 조달하는 자본

(4) 조달방식
- **직접금융** : 증권 발행으로 자금 조달(신주발행, 회사채 발행)
- **간접금융** : 중개 기관을 통하여 자금 조달(차입금)

3. 자본비용 : 가중평균자본비용(weighted average cost of capital : WACC)

$$WACC = 타인자본비용 \times \frac{타인자본}{타인자본 + 자기자본}(1 - 법인세율) + 자기자본비용 \times \frac{자기자본}{타인자본 + 자기자본}$$

4. 레버리지 분석

(1) 개 념
- **레버리지** : 고정비용을 발생시키는 자산이나 자금의 사용을 의미하는 것으로, 기업이 부담하는 고정비는 마치 지렛대처럼 이익의 변동성을 확대시키는 효과가 있기에 고정비의 부담을 레버리지라 하는 것
- **레버리지 분석** : 유·무형의 자산(고정자산)의 사용으로 인한 고정영업비용이나 타인자본의 사용으로 인한 이자비용이 기업의 영업이익이나 순이익에 미치는 영향을 분석하는 것

(2) 영업레버리지(DOL) 분석

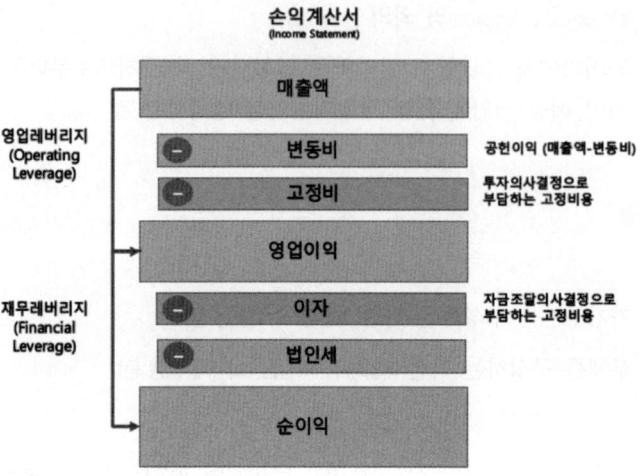

- 기업이 유·무형자산을 투자하여 보유함으로써 고정영업비용을 부담하는 것으로, 영업 고정비의 부담으로 인한 변동성의 크기를 측정하는 것
- 고정영업비용이 매출액의 변화에 따른 영업이익의 변동에 어떠한 영향을 미치는지를 분석함
- 영업레버리지가 크다는 것은 공격적인 투자확대로 고정비 부담이 크게 되면서 동시에 영업이익의 변동도 확대된다는 것을 의미
- 영업레버리지도 = $\dfrac{\text{영업이익변화율}}{\text{매출액변화율}} = \dfrac{\text{매출액} - \text{변동비}}{\text{매출액} - \text{변동비} - \text{고정비}}$

(3) 재무레버리지(DFL) 분석
- 타인자본(부채)을 사용함으로써 고정재무비용(이자비용)을 부담하는 것으로, 이자비용의 부담으로 인한 변동성의 크기는 측정하는 것
- 부채에 따른 고정재무비용이 영업이익의 변화에 따른 순이익의 변동에 어떤 영향을 미치는지를 분석함
- 재무레버리지도 = $\dfrac{\text{순이익변화율}}{\text{영업이익변화율}} = \dfrac{\text{영업이익}}{\text{세전이익}}$

(이때 법인세는 세전이익에 비례하여 변하는 것으로 고정비용이 아니므로 재무레버리지분석에 영향을 주지 않음)

(4) 결합레버리지(DCL)
- 고정자산과 타인자본 사용으로 인하여 매출액 변화율보다 주당순이익의 변화율이 커지는 현상

- 결합레버리지도 = $\dfrac{\text{순이익변화율}}{\text{매출액변화율}}$ = 영업레버리지도 × 재무레버리지도

관련 문제

1 자금의 조달관리에서 고려할 사항으로 가장 거리가 먼 것은? (가맹거래사, 09)

① 자본조달의 원천
② 배당이나 이자 등의 자본비용
③ 자본조달 기간
④ 경영권
⑤ 투자 포트폴리오 관리

/정답/ ⑤

자금 조달관리는 기업의 투자재원을 어떻게 확보할 것인가에 대한 관리를 의미하며, 투자 포트폴리오 관리는 투자의사결정 시 고려할 사항이다.

2 다음 금융시장 중 자본시장에 해당하지 않는 것은? (가맹거래사, 08)

① 발행시장
② 유통시장
③ 화폐시장
④ 거래소시장
⑤ 장외시장

/정답/ ③

```
금융시장 - 단기금융시장(화폐시장)
        - 장기금융시장(자본시장)
            - 채권시장
            - 주식시장
                - 발행시장
                - 유통시장
                    - 거래소시장
                    - 코스닥시장
                    - 장외시장
```

3 증권유통시장을 적절하게 설명하고 있지 <u>않는</u> 것은? (가맹거래사, 07)

① 증권이 다른 금융자산에 비하여 유리한 점은 유통시장에서 자유롭게 거래될 수 있다는 점이다.
② 거래소 시장과 장외시장으로 나뉘어진다.
③ 거래에 따른 마찰적 요인이 적을수록 유통시장은 효율적 시장이 된다.
④ 우리나라에서 대부분의 회사채는 거래소 시장에서 거래되고 있다.
⑤ 우리나라에서는 증권선물거래소에서 유가증권, 코스닥 그리고 선물옵션이 거래된다.

/정답/ ④
우리나라에서 대부분의 회사채는 장외시장(over-the-counter)에서 거래되고 있다.

4 기업이 보유하고 있는 매출채권을 매도하는 방식으로 이루어지는 단기 자금조달 방법은? (경영지도사, 20)

① 신용거래(trade credit)
② 회전신용약정(revolving credit agreement)
③ 팩토링(factoring)
④ 상업어음(commercial paper)
⑤ 무담보대출(unsecured loan)

/정답/ ③
③ 팩토링(factoring) 제도 : 금융기관이 기업의 외상매출금이나 받을어음 등 매출채권을 매입하여 이를 바탕으로 자금을 빌려주는 제도
② 회전신용약정 : 중기자금의 조달방법의 하나로 융자계약기간 내라면 계약기간 내에서 어음의 재발행으로 차입을 계속할 수 있는 제도로서 미리 계약한 융자한도의 범위까지 추가 차입 가능

5 매출채권 신용분석의 5C에 해당하지 <u>않는</u> 것은? (가맹거래사, 21)

① 상환능력(capacity)　② 자본(capital)　③ 담보(collateral)
④ 경제상황(condition)　⑤ 부실(claims)

/정답/ ⑤
매출채권 신용분석의 5C에는 인격(Character), 상환능력(Capacity), 자본력(Capital), 담보력(Collateral), 경제상황(Condition)이 있다.

6

주식에 관한 설명으로 옳지 않은 것은? (노무사, 16)

① 기업의 이익 중 일부를 주주에게 분배하는 것을 배당이라 한다.
② 기업은 발행한 보통주에 대한 상환의무를 갖지 않는다.
③ 주식은 자금조달이 필요한 경우 추가로 발행될 수 있다.
④ 모든 주식은 채권과 달리 액면가가 없다.
⑤ 주주는 투자한 금액 내에서 유한책임을 진다.

/정답/ ④

자본의 증권화가 주식의 대표적인 특징이다.

7

보통주 발행의 단점으로 가장 적절하지 않은 것은? (가맹거래사, 06)

① 정보 비대칭 하에서 보통주 발행은 투자자들에게 부정적인 신호로 해석될 우려가 있다.
② 보통주 발행은 기업의 소유 구조와 지배구조에 영향을 준다.
③ 주식투자자들은 회사채 투자자보다 높은 법인 개인 소득세율을 적용받는다.
④ 보통주 발행은 인수 및 분배에 따른 발행비용이 우선주보다 높다.
⑤ 보통주 발행은 회사채 발행보다 신속하지 못하다.

/정답/ ③

주식투자자는 증권거래세와 배당소득세를 지급하여야 하고 회사채 투자자는 이자소득에 대한 이자소득세를 지급하여야 하는데 이자소득세의 세율이 훨씬 높기 때문에 주식투자자들이 더 높은 소득세율을 적용받는다는 보기는 틀린 설명이다.

8

보통주에 관한 설명으로 옳지 않은 것은? (가맹거래사, 14)

① 장기자금을 안정적으로 조달할 수 있다.
② 이자와 같은 고정재무비용을 발생시키지 않는다.
③ 보통주 발행비용은 부채발행비용보다 낮다.
④ 기업의 재무구조를 개선시킨다.
⑤ 보통주에 대한 배당실시 의무규정은 없다.

/정답/ ③

보통주 발행비용은 우선주나 부채 발행비용보다 높다.

9 보통주 발행의 단점으로 가장 적절하지 않은 것은? (가맹거래사, 06)

① 정보 비대칭 하에서 보통주 발행은 투자자들에게 부정적인 신호로 해석될 우려가 있다.
② 보통주 발행은 기업의 소유 구조와 지배구조에 영향을 준다.
③ 주식투자자들은 회사채 투자자보다 높은 법인 개인 소득세율을 적용받는다.
④ 보통주 발행은 인수 및 분배에 따른 발행비용이 우선주보다 높다.
⑤ 보통주 발행은 회사채 발행보다 신속하지 못하다.

/정답/ ③

주식투자자는 증권거래세와 배당소득세를 지급하여야 하고 회사채 투자자는 이자소득에 대한 이자소득세를 지급하여야 하는데 이자소득세의 세율이 훨씬 높기 때문에 주식투자자들이 더 높은 소득세율을 적용받는다는 보기는 틀린 설명이다.

10 ㈜한국의 자기자본 시장가치와 타인자본 시장가치는 각각 5억원이다. 자기자본비용은 16%이고, 세전 타인자본비용은 12%이다. 법인세율이 50%일 때 ㈜한국의 가중평균자본비용(WACC)은? (노무사, 19)

① 6% ② 8% ③ 11% ④ 13% ⑤ 15%

/정답/ ③

$$16\frac{5}{5+5}+12(1-0.5)\frac{5}{5+5}=11$$

11 자기자본과 타인자본이 차지하는 비중이 5 : 5이며, 자기자본비용은 12%이고, 타인자본비용은 10%이다. 법인세율 50%를 가정하여 가중평균자본비용(WACC)을 계산하면? (단, 이자비용의 세금절감 효과는 자본비용에 반영함) (노무사, 11)

① 8.5% ② 9.5% ③ 10.5% ④ 12.5% ⑤ 14.5%

/정답/ ①

$$12\frac{5}{5+5}+10(1-0.5)\frac{5}{5+5}=8.5\%$$

12 기업의 세후 타인자본비용 5%, 자기자본비용 10%, 타인자본의 시장가치 20억원, 자기자본의 시장가치 80억원인 경우 가중평균자본비용은? (경영지도사, 16)

① 5 % ② 7 % ③ 9 % ④ 11 % ⑤ 13 %

/정답/ ③

$$10\frac{80}{20+80} + 5\frac{20}{20+80} = 8 + 1 = 9$$

13 A사는 타인자본 500억원, 자기자본 500억원을 조달하였다. A사의 자본비용은 타인자본이 10 %, 자기자본이 20 %일 때, 가중평균자본비용(WACC)은? (단, 법인세는 고려하지 않음) (경영지도사, 23)

① 5% ② 10% ③ 15% ④ 20% ⑤ 25%

/정답/ ③

$$10\% \times \frac{500}{500+500}(1-0\%) + 20\% \times \frac{500}{500+500} = 5\% + 10\% = 15\%$$

14 ㈜가맹의 부채비율이 200%일 때 법인세 절세효과를 차감한 세후타인자본(부채) 비용이 9%, 자기자본비용이 12%이다. ㈜가맹의 가중평균자본비용(WACC)은? (가맹거래사, 23)

① 9.5% ② 10% ③ 10.5% ④ 11% ⑤ 11.5%

/정답/ ②

부채비율 = $\frac{타인자본}{자기자본}$ 이므로, 부채비율이 200%란 것은 타인자본과 자기자본이 2:1의 관계라는 것을 의미한다.

$$\therefore 9\% \times \frac{2}{3} + 12\% \times \frac{1}{3} = 6\% + 4\% = 10\%$$

15 보통주(자기자본)와 회사채(타인자본)만으로 구성된 어느 기업은 부채비율(타인자본/자기자본)을 항상 100%로 유지하고 있다. 자기자본비용이 20%, 세전타인자본비용이 16%, 법인세율이 50%인 경우 가중평균자본비용을 산출하면? (가맹거래사, 07)

① 10% ② 12% ③ 14% ④ 16% ⑤ 18%

$$16\% \times \frac{100}{100+100}(1-50\%) + 20\% \times \frac{100}{100+100} = 14\%$$

/정답/ ③

16 A기업은 자기자본 100억원, 부채 200억원으로 구성된 회사이다. 자기자본비용은 12%, 부채의 평균 이자율은 15%이다. 이 기업 총자산의 가중평균자본비용(WACC)은 얼마인가? (가맹거래사, 09)

① 10% ② 11% ③ 12% ④ 14% ⑤ 15%

/정답/ ④

$$15\% \times \frac{200}{200+100}(1-0\%) + 12\% \times \frac{100}{200+100} = 14\%$$

17 ㈜가맹은 부채와 자기자본의 비율이 1 : 1이고 자기자본비용은 12%, 부채비용은 10%이다. 법인세율이 40%라고 할 때 가중평균자본비용(WACC)은? (가맹거래사, 21)

① 9 % ② 8 % ③ 7 % ④ 6 % ⑤ 5 %

/정답/ ①

$$10\% \times \frac{50}{50+50}(1-40\%) + 12\% \times \frac{50}{50+50} = 3\% + 6\% = 9\%$$

18 다음 자료를 이용하여 계산한 가중평균자본비용은? (가맹거래사, 13)

○ 타인자본 시장가치 2억원
○ 자기자본 시장가치 3억원
○ 세전타인자본비용 10%
○ 자기자본비용 20%
○ 법인세율 50%

① 10% ② 12% ③ 14% ④ 16% ⑤ 18%

/정답/ ③

$$10\% \times \frac{2}{2+3}(1-50\%) + 20\% \times \frac{3}{2+3} = 14\%$$

19 A기업 부채의 평균이자율은 10%라 한다. 이 기업의 법인세율이 30%라면 이자의 감세효과를 고려한 세후 타인자본비용은 얼마나 되겠는가? (가맹거래사, 08)

① 3% ② 7% ③ 10% ④ 13% ⑤ 20%

/정답/ ②

부채의 감세효과를 고려한 후 세후 타인자본비용을 구하는 문제이다.
10% - (10% × 30%) = 7%

20 다음 자료를 이용하여 가중평균자본비용을 구하면? (가맹거래사, 15)

구 분	가치(억원)	자본비용(%)
부 채	300	6
우선주	200	8
보통주	500	10
합 계	1,000	-

① 6.4 % ② 7.4 % ③ 8.4 % ④ 9.4 % ⑤ 10.4 %

/정답/ ③

$$6\% \times \frac{300}{300+700}(1-0\%) + 8\% \times \frac{200}{300+700} + 10\% \times \frac{500}{300+700}$$
$$= 1.8\% + 1.6\% + 5\% = 8.4\%$$

21 ㈜가맹은 20×1년도 점포창업을 위하여 필요한 자금 1억원을 다음과 같이 조달하였다. 가중평균자본비용(WACC)은? (가맹거래사, 20)

자금조달 원천	금 액	세후 자본비용
차입금	50,000,000원	4%
보통주	30,000,000원	5%
우선주	15,000,000원	6%
사내유보금	5,000,000원	5%
합계	100,000,000원	

① 2% ② 3.5% ③ 4.4% ④ 4.65% ⑤ 5%

차입금(4%×0.5) + 보통주(5%×0.3) + 우선주(6%×0.15) + 사내유보금(5%×0.05)
= 4.65%
※ 각 자본의 비율 = (각 자본의 금액 ÷ 총자본 금액)
ex) 차입금의 비율 = 50,0000,000 ÷ 100,000,000 = 0.5

22 영업부분에서 손익확대효과가 존재하지 않는 기업의 영업레버리지도는? (가맹거래사, 17)

① 0 ② 1 ③ 2 ④ 3 ⑤ 4

/정답/ ②

영업레버리지는 고정자산 등을 보유함으로써 고정영업비용을 부담하는 것을 말한다. 고정비용이 0일 때 영업레버리지는 1이 되고, 이때에는 손익 확대효과가 나타나지 않는다.

23 A사의 제품 단위당 판매가격 2,000원, 제품 단위당 변동영업비 1,000원, 고정영업비 8,000,000원일 경우 10,000개를 판매하면 A사의 영업레버리지도는? (가맹거래사, 15)

① 1 ② 2 ③ 3 ④ 4 ⑤ 5

/정답/ ⑤

$$영업레버리지도 = \frac{영업이익변화율}{매출액변화율} = \frac{매출액 - 변동비}{매출액 - 변동비 - 고정비}$$

$$\frac{2,000 \times 10,000 - 1,000 \times 10,000}{2,000 \times 10,000 - 1,000 \times 10,000 - 8,000,000} = \frac{10,000,000}{2,000,000} = 5$$

24 ㈜가맹의 영업레버리지도(DOL)가 3이고 매출액 증가율이 5% 변동하는 경우, 영업이익 증가율은? (가맹거래사, 20)

① 1% ② 5% ③ 10% ④ 15% ⑤ 25%

/정답/ ④

영업레버리지도(DOL) = 영업이익 변화율 ÷ 매출액 변화율이므로,
영업레버리지도(DOL) × 매출액 변화율 = 영업이익 변화율
3 × 5% = 15%

25 영업레버리지도가 3이고 재무레버리지도가 2인 경우, 매출액이 10% 상승하면 순이익은 얼마나 상승하는가?

(가맹거래사, 10)

① 20% ② 30% ③ 50% ④ 60% ⑤ 100%

/정답/ ④

- 결합레버리지도 = 영업레버리지도 × 재무레버리지도 = $\dfrac{\text{순이익변화율}}{\text{매출액 변화율}}$
- $3 \times 2 = \dfrac{\text{순이익변화율}}{10\%}$

  $\therefore 10\% \times 3 \times 2 = 60\%$

POINT 주식가치 평가모형

1. 배당평가모형

(1) 제로성장모형(zero-growth model)
- 배당금이 일정하여 증가하지 않는 경우에 적용되는 주가 결정 식
- $P_0 = \dfrac{d_1}{k}$ (P_0=주식가격, d_1=배당금, k=할인율(요구수익률))
- 배당금에 일정한 수를 곱하여 주식가격이 산출될 때, 그 수를 배당승수(1/k)라고 함

(2) 고든(M. J. Gordon)의 항상성장모형
- 기업의 이익과 배당이 매년 g% 만큼 일정하게 성장한다고 가정할 경우 주식의 이론적 가치를 나타내는 모형이다.
- $P_0 = \dfrac{d_1}{k-g}$
  P_0 : 당기 1주당 현재가치(주가)
  d_1 : 차기주당배당금
  k : 할인율(요구수익률)
  g : 성장률

2. 이익평가모형
- 주주가치에 대한 미래현금흐름을 배당금과 유보이익을 합한 순이익으로 보고 주식가격을 평가
- 주당순이익$(EPS) = \dfrac{당기순이익}{발행주식수}$

3. 주가배수모형
- 주가배수란 현재 주가를 주요 재무지표로 나눈 값
- 주가이익비율$(PER : price\ earning\ ratio) = \dfrac{현재주가(P_0)}{주당순이익(EPS)}$

  PER를 통해 어떤 주식의 주가가 과대 또는 과소평가되어 있는지 알 수 있으며, 높은 성장이 기대되는 기업은 높은 PER를 보임

- 주가장부가치비율$(PBR) = \dfrac{현재주가(P_0)}{주당장부가치}$

□ 관련 문제

1 기업의 배당정책에 영향을 미치는 요인으로 가장 거리가 먼 것은? (노무사, 11)

① 기업의 유동성　　② 시장의 경쟁상태　　③ 새로운 투자기회
④ 부채상환의 의무　　⑤ 기업의 지배권

/정답/ ②

배당정책이란 기업이 벌어들인 이익을 주주에게 줄 배당금과 회사에 남겨줄 유보이익으로 나누는 결정을 말한다. 기업에서 배당정책을 시행하는 데 영향을 미치는 요인으로는 당기순이익, 기업의 유동성, 새로운 투자기회, 부채상환의무, 기업의 지배권 등이 있다.

2 배당정책에 관한 설명으로 옳지 않은 것은? (가맹거래사, 21)

① 고든(M. Gordon)의 '손안에 있는 새'는 배당유관설과 관련이 있다.
② 밀러(M. Miller)와 모딜리아니(F. Modigliani)는 배당무관설을 주장했다.
③ 액면분할은 이론상 기업의 가치에 아무런 영향을 주지 않는다.
④ 주식배당은 기업의 이익 중 주식배당금만큼 자본금으로 편입시키기 때문에 주주의 부를 증가시킨다.
⑤ 현금배당은 배당락이 있으나 자사주 매입은 배당락이 없는 배당의 특수형태라고 할 수 있다.

/정답/ ④

주식배당은 신주를 발행하여 주주에게 지급하는 것으로서 신주발행으로 총발행주식 수는 늘어나지만 기존 주주의 지분율은 그대로 유지되어 주주의 실질적인 부의 증가를 가져오지 못한다.

3 매년 1,200원의 주당 배당금을 영구히 지급하여야 하는 우선주가 현재 주당 12,000원에 거래된다. 이 우선주의 자본비용은? (가맹거래사, 17)

① 6%　　② 8%　　③ 10%　　④ 12%　　⑤ 14%

/정답/ ③

우선주 자본비용 = $\dfrac{1,200}{12,000} \times 100 = 10\%$

4 올해 말(t=1)에 예상되는 A사 보통주의 주당 배당금은 1,000원이며, 이후 배당금은 매년 10%씩 영구히 증가할 것으로 기대된다. 현재(t=0) A사 보통주의 주가(내재가치)가 10,000원이라고 할 경우 이 주식의 자본비용은? (노무사, 21)

① 10%　　② 15%　　③ 20%　　④ 25%　　⑤ 30%

/정답/ ③

$$\frac{1,000원}{자본비용-0.1(배당성장률)}=10,000원, \text{ 따라서 } 자본비용=0.2\ (20\%)$$

5 재무비율을 계산하는 방법으로 옳지 않은 것은? (가맹거래사, 18)

① 배당수익률(%) = $\frac{총배당액}{당기순이익} \times 100$

② 당좌비율(%) = $\frac{당좌자산}{유동부채} \times 100$

③ 비유동장기적합율(%) = $\frac{비유동자산}{자기자본+비유동부채} \times 100$

④ 유동비율(%) = $\frac{유동자산}{유동부채} \times 100$

⑤ 주가수익비율(배) = $\frac{주당주가}{주당순이익}$

/정답/ ①

① 배당수익률(%) = $\frac{주당배당금}{주식가격} \times 100$

③ 비유동장기적합률은 비유동자산을 취득하기 위해 고정성 자금(자기자본과 비유동부채)을 어느 정도 조달하였는지를 나타내는 지표로 비유동비율의 보조지표로 사용된다.

6 배당수익률을 계산하는 산식은? (가맹거래사, 11)

① 총배당액/주식수　　② 주당배당액/주가　　③ 주당순이익/총배당액
④ 총배당액/주당순이익　　⑤ 주당배당액/주식수

/정답/ ②

① 총배당액/주식수은 주당배당액이다.

7 A기업은 주당 1,000원의 배당을 지급하고 있고, 이는 향후 변하지 않을 것으로 예상된다. 이 주식의 기대수익률이 10%이면, 배당평가모형에 의한 이 주식의 적정가격은? (가맹거래사, 10)

① 10,000원 ② 15,000원 ③ 20,000원
④ 25,000원 ⑤ 30,000원

/정답/ ①

주가 = 주당배당금 / 기대수익률
     = 1,000 / 0.1 = 10,000원

8 주가수익비율(Price Earning Ratio)에 관한 설명 중 가장 옳은 것은? (가맹거래사, 06)

① 주당순이익의 몇 배가 주식가격으로 형성되는가를 보여준다.
② 실증분석의 결과 이 비율이 높을수록 투자수익률이 증가한다.
③ 주가를 주당 매출액으로 나눈 값이다.
④ 자기자본의 시장가격을 장부가액으로 나눈 값이다.
⑤ 주가 수익 비율은 매일매일 변하지 않고 결산기마다 변한다.

/정답/ ①

9 어떤 투자가가 주식 100주를 주당 1,000원에 매수하고, 1년 후 주당 1,200원에 처분했으며, 보유기간 중에 주당 100원의 배당금을 받았다. 이 투자자의 주식수익률은 얼마인가? (가맹거래사, 08)

① 5% ② 15% ③ 20% ④ 30% ⑤ 40%

/정답/ ④

$$\frac{(1,200원 - 1,000원) \times 100주 + 100원 \times 100주}{1,000원 \times 100주} = 30\%$$

10 A 주식의 금년도 말 1주당 배당금은 1,100원으로 추정되며, 이후 배당금은 매년 10%씩 증가할 것으로 예상된다. A 주식에 대한 요구수익률이 15%일 경우, 고든(M. J. Gordon)의 항상성장모형에 의한 A 주식의 1주당 현재가치는? (노무사, 12)

① 4,400원 ② 7,333원 ③ 11,000원 ④ 22,000원 ⑤ 23,000원

/정답/ ④

$$주가(P) = \frac{주당배당금}{할인율-성장률} = \frac{1,100}{0.15-0.10} = 22,000$$

∴ 항상성장모형에 의한 A주식의 1주당 현재가치는 22,000원이다.

11 A기업의 적정 주가는 3,000원이다. 1년 후 150원의 배당금을 지급하고 이 배당금은 매년 10%씩 영구히 성장한다고 한다. 고든(Gordon)의 항상성장모형을 이용하여 구한 할인율은? (가맹거래사, 12)

① 8%   ② 10%   ③ 12%   ④ 13%   ⑤ 15%

/정답/ ⑤

$$주가(P) = \frac{1년후배당금}{할인율-성장률} \quad (단, 성장률 < 할인율)$$

$$3,000 = \frac{150}{할인율-0.1}$$

∴ 할인율 = 0.15(15%)

12 A기업 주식의 내년 주당 예상배당액은 1만원이고, 향후 연 5%씩 일정하게 성장할 것으로 기대된다. 이 주식의 요구수익률이 15%일 때, 고든(Gordon)의 배당평가모형 중 항상성장모형에 의한 적정주가는? (가맹거래사, 11)

① 4만원   ② 6만원   ③ 8만원   ④ 10만원   ⑤ 12만원

/정답/ ④

$$주가(P) = \frac{주당배당금}{할인율-성장률} = \frac{1만원}{0.15-0.5} = 10만원$$

13 ㈜가맹은 당해연도 말(t=1)에 주당 1,500원의 배당을 실시할 예정이며, 이러한 배당금은 매년 10%의 성장률로 계속 증가할 것으로 기대된다. 현재 ㈜가맹의 주가가 10,000원이라고 할 경우, 이 주식의 자본비용(요구수익률)은? (가맹거래사, 22)

① 10%   ② 15%   ③ 20%   ④ 25%   ⑤ 30%

/정답/ ④

$$주가(P) = \frac{주당배당금}{할인율-성장률}$$

$$10000 = \frac{1500}{x-0.1}$$

∴ x = 25%

14 ㈜가맹의 올해 말 주당순이익은 1,000원으로 예상되며, 주주들의 요구수익률은 20%이다. 성장이 없다고 가정하는 무성장모형(zero growth model)을 적용할 경우, ㈜가맹의 현재주가는?

(가맹거래사, 18)

① 2,000원   ② 4,000원   ③ 5,000원   ④ 7,000원   ⑤ 10,000원

/정답/ ③

성장이 없다고 가정하는 무성장 모형의 수식은 $V_0 = \dfrac{D_1}{k}$

$V_0 = \dfrac{D_1}{k} = \dfrac{1,000}{0.2} = 5,000$

15 ㈜가맹은 지난해 말에 주당 1,500원의 현금배당을 실시하였다. 그리고 이 회사 배당금의 성장률은 매년 5%이며, 이러한 성장률은 앞으로도 계속 유지될 것으로 기대된다. 이 회사 주식의 요구수익률이 15%라고 할 경우 주식의 현재가치는?

(가맹거래사, 19)

① 15,000원   ② 15,750원   ③ 16,000원   ④ 16,250원   ⑤ 16,500원

/정답/ ②

올해 말 현금배당액 $1,500 \times 1.05 = 1,575$원

주식의 현재가치 $= \dfrac{1,575}{0.15 - 0.05} = 15,750$원

16 ㈜경지사의 보통주 주가는 100원, 순이익 10,000원, 평균 발행주식(보통주) 500주, 우선주 배당금은 없을 경우의 주가수익비율(PER)은? (단, 주어진 조건 외에 다른 조건은 가정하지 않음)

(경영지도사, 18)

① 1(배)   ② 2(배)   ③ 3(배)   ④ 4(배)   ⑤ 5(배)

/정답/ ⑤

주가이익비율$(PER : price\ earning\ ratio) = \dfrac{보통주1주당시가(P)}{주당순이익(EPS)} = \dfrac{100}{10,000/500} = 5$

17 ㈜가맹의 기말 현재 당기순이익 100억원, 발행주식 수 200만주, 주가수익비율(PER)이 10인 경우 주가는? (단, 발행주식 수는 가중평균 유통 보통주식 수를 말하며, 우선주 및 우선주 배당금은 없는 것으로 한다.)

(가맹거래사, 20)

① 30,000원 ② 35,000원 ③ 40,000원
④ 45,000원 ⑤ 50,000원

/정답/ ⑤

우선주 및 우선주 배당금 없는 것을 고려하여,

$$주당순이익(EPS) = \frac{당기순이익}{발행주식수} = \frac{100억원}{200만주} = 5,000원$$

$$주가이익비율(PER) = \frac{보통주1주당시가(P)}{주당순이익(EPS)}, \; 즉 \; 10 = \frac{보통주1주당시가(P)}{5,000}$$

따라서 주가 = 5,000원 × 10 = 50,000원

POINT 파생금융상품 : 기초자산으로부터 파생된 금융상품

1. 선 물(future)

(1) 의 의
- 파생상품의 한 종류로 선매후물(선매매, 후물건 인수도)의 거래방식
- 상품이나 금융자산을 미리 결정된 가격으로 미래 일정 시점에 인도, 인수할 것을 약속하는 거래로서 매매가 이루어진 후 일정 시점이 지나야 대금결제와 물건의 인수가 동시에 이루어짐
- 선물거래와 선도거래(forward transaction)는 동일한 거래방식을 가지고 있는데, 선물거래는 거래소 내에서 거래할 수 있지만 선도거래는 거래소 밖에서 이루어진다는 차이가 있음

(2) 특 징
- 표준화된 상품을 정형화된 계약조건에 따라 공인된 선물거래소에서 거래
- 미래 일정 시점의 대상물의 가격수준과 관계없이 현재 시점에서 매매가격을 고정
- 계약이행에 대한 의무가 거래상대방 모두에게 부여되는 쌍무계약
- 만기 이전에 거래소에서 형성된 선물가격으로 중도청산 가능

2. 옵 션(option)

(1) 의 의

미리 정해진 조건에 따라 일정한 기간 내에 상품이나 유가증권 등의 특정 자산을 사거나 팔 수 있는 권리

(2) 특 징 : 선물거래와의 차이

구 분	선물거래	옵 션
권리 및 의무관계	매입자와 매도자 모두 계약이행에 대한 의무를 부담	매입자는 권리만 가지며 매도자는 매입자의 권리행사에 응해야 하는 의무만 부담
대가의 수급	매입자와 매도자 모두 증거금만 납부할 뿐 매입자와 매도자 사이에 주고받는 대가는 없음	매입자는 매도자에게 옵션의 대가를 지급하고, 매도자는 증거금을 납부
위험의 범위	매입자와 매도자 모두 반드시 계약을 이행해야 하는 의무를 부담하므로 위험에 한계가 없음	매입자는 불리할 경우 권리행사를 포기하여 위험을 한정시킬 수 있음

(3) 옵션의 구분

① 기초자산의 종류에 따른 구분
- 주식옵션, 금리옵션(채권이 기초자산), 통화옵션(외국통화가 기초자산), 주가지수옵션(주가지수가 기초자산), 선물옵션(선물계약이 기초자산)

② 권리의 내용에 따른 구분
- **콜옵션**(call) : 정해진 가격으로 기초자산을 살 수 있는 권리
- **풋옵션**(put) : 정해진 가격으로 기초자산을 팔 수 있는 권리

③ 행사가능시점에 따른 구분
- **유럽형 옵션** : 만기일에만 행사가능한 옵션
- **미국형 옵션** : 만기일 이전에도 행사가능한 옵션

□ 관련 문제

1 미리 정해놓은 일정한 시점에 양, 등급, 가격, 만기일 등에 대하여 계약을 맺고, 이 계약의 만기일 이전에 반대매매를 행하거나 또는 만기일에 현물을 인수 및 인도함으로써 그 계약을 종결하는 거래 형태는? (가맹거래사, 16)

① 교환사채(exchangeable bond) 거래   ② 선물(futures) 거래
③ 스왑(swap) 거래   ④ 워런트(warrant) 거래
⑤ 주식(stock) 거래

/정답/ ②

2 선물거래에 관한 설명으로 옳은 것은? (노무사, 14)

① 계약당사자 간 직접거래가 이루어진다.
② 계약조건이 표준화되어 있지 않다.
③ 결제소에 의해 일일정산이 이루어진다.
④ 장외시장에서 거래가 이루어진다.
⑤ 계약불이행 위험이 커서 계약당사자의 신용이 중요하다.

①④ 공인된 선물거래소에서 거래가 이루어진다.
② 계약조건이 표준화되어 있다.
⑤ 결제소가 계약이행을 보증해주므로 계약불이행의 위험이 없다.

/정답/ ③

3 선물거래의 특성에 해당되는 것은? (가맹거래사, 12)

① 장외거래
② 당사자 간 직접거래
③ 계약조건 합의 가능
④ 낮은 유동성
⑤ 결제소에 의한 일일정산

/정답/ ⑤

선물거래의 특징으로는 표준화된 계약, 시장구조(거래소, 청산소, 선물중개회사), 일일결제시스템, 증거금제도 등이 있다.

4 선물거래에 관한 설명으로 옳지 않은 것은? (노무사, 20)

① 조직화된 공식시장에서 거래가 이루어진다.
② 다수의 불특정 참가자가 자유롭게 시장에 참여한다.
③ 거래대상, 거래단위 등의 거래조건이 표준화되어 있다.
④ 계약의 이행을 보증하려는 제도적 장치로 일일정산, 증거금 등이 있다.
⑤ 반대매매를 통한 중도청산이 어려워 만기일에 실물의 인수·인도가 이루어진다.

/정답/ ⑤

계약체결은 거래소 형태의 특정한 장소에서 일정 시간 동안 경쟁매매 방식으로 이루어지며, 계약만기 전이라도 반대매매를 통해 중도 청산할 수 있는 상거래의 일종이다.

5 선물거래의 특징에 해당하지 않는 것은? (가맹거래사, 20)

① 규제기관에 의한 공식적 규제
② 1일 가격변동폭의 무제한
③ 거래대상, 단위 등 거래조건의 표준화
④ 청산소의 거래이행 보증
⑤ 증거금의 납입과 유지

/정답/ ②
선물가격은 미래가격에 대한 시장의 합의이므로 미래가격에 대한 예측이 가능하다.

6 선도거래에 관한 설명으로 옳은 것을 모두 고른 것은? (가맹거래사, 13)

> ㄱ. 계약조건이 표준화되어 있다.
> ㄴ. 장외시장에서 거래가 이루어진다.
> ㄷ. 만기일에 결제가 이루어진다.
> ㄹ. 청산소에 의해 일일정산이 이루어진다.
> ㅁ. 거래상대방의 신용리스크가 직접적으로 노출된다.

① ㄱ, ㄴ, ㄷ ② ㄱ, ㄷ, ㄹ ③ ㄴ, ㄷ, ㄹ
④ ㄴ, ㄷ, ㅁ ⑤ ㄷ, ㄹ, ㅁ

/정답/ ④
선도거래(forward)란 특정 자산의 가격 및 거래 시기를 계약하는 시점에서 미리 결정해두고, 만기 시점에서 자산을 인도하고 이에 대한 대금을 지급하는 형태의 거래를 말한다. 거래형식은 개별적이고 계약내용은 당사자 간의 합의에 의하며 결제형식은 당사자 간의 현물인도에 의한다.
ㄱ, ㄹ은 선물거래의 설명이다.

7 특정 자산을 만기일 또는 그 이전에 미리 정해진 가격으로 사거나 팔 수 있는 권리가 부여된 증권은? (가맹거래사, 22)

① 주식(stock)   ② 채권(bond)   ③ 옵션(option)
④ 스왑(swap)   ⑤ 선물(futures)

/정답/ ③

8 옵션에 관한 설명으로 옳지 않은 것은? (노무사, 13)

① 옵션이란 약정된 기간 동안에 미리 정해진 가격으로 약정된 증권이나 상품 등을 사거나 팔 수 있는 권리이다.
② 콜옵션은 약정된 증권이나 상품 등을 팔 수 있는 권리이다.
③ 유럽형 옵션은 만기에만 권리를 행사할 수 있다.
④ 옵션은 위험회피를 위한 유용한 수단이다.
⑤ 기초자산이란 옵션의 근간이 되는 자산을 의미한다.

/정답/ ②

콜옵션(call option)이란 정해진 가격으로 기초자산을 살 수 있는 권리가 부여된 옵션을 말한다. 반면, 풋옵션(put option)은 기초자산을 약정한 만기일에 약정된 행사가격을 받고 매도할 수 있는 권리를 뜻한다.

9 파생금융상품 중 옵션에 관한 다음 설명 중 옳지 않은 것은? (가맹거래사, 08)

① 정해진 기간 내 또는 정해진 시점에 미리 약정된 가격으로 특정 자산을 사거나 팔 수 있는 권리가 부여된 계약을 말한다.
② 기초자산의 가격에 따라 그 가치가 변화하는 조건부청구권의 성격을 갖는다.
③ 콜옵션은 기초자산을 살 수 있는 권리이므로 만기일이 도래했을 때 기초자산의 시장가격이 행사가격보다 낮으면 시장에서 매입하는 것이 유리하므로 권리를 행사하지 않을 것이다.
④ 풋옵션은 기초자산을 팔 수 있는 권리이므로 만기일에 기초자산의 시장가격이 행사가격보다 낮으면 그 권리를 행사하여 시장가격보다 비싼 가격으로 팔 수 있다.
⑤ 농축산물, 주요 원자재 등을 안정적으로 확보함으로써 가격변동에 따른 위험을 헤징(hedging)하기 위함이다.

/정답/ ⑤

⑤는 선물에 관한 설명이다.

10 다음 중 옵션의 가격을 결정하는 변수로 가장 적합하지 않은 것은? (가맹거래사, 06)

① 무위험이자율
② 잔존만기
③ 행사가격
④ 기초자산 가격의 변동성
⑤ 위험조정할인율

/정답/ ⑤
옵션가격의 결정변수는 기초자산의 현재가격, 행사가격, 기초자산 가격의 분산, 옵션 만기까지의 잔존기간, 무위험 이자율이 있다.
⑤ 불확실성에 대해 투자자들이 추가로 요구하는 위험의 대가(risk premium)를 할인율에 더해 주어야 하는데, 이처럼 위험의 대가가 추가되어 조정된 할인율을 위험조정할인율이라고 한다.

11 파생상품 중 옵션에 관한 설명으로 옳지 않은 것은? (가맹거래사, 13)

① 주식을 기초자산으로 하는 유럽형 콜옵션의 경우 만기 시점에서 주식의 가격이 행사가격보다 낮으면 행사한다.
② 현재의 주식가격이 높을수록 주식을 기초자산으로 하는 유럽형 콜옵션 가격은 높아진다.
③ 유럽형 옵션은 만기일에 옵션 행사가 가능하다.
④ 옵션 프리미엄은 옵션의 가격을 말한다.
⑤ 행사가격이 높을수록 주식을 기초자산으로 하는 유럽형 풋옵션의 가격은 높아진다.

/정답/ ①
유럽형 콜옵션은 만기에 특정주식을 일정한 가격으로 매입할 수 있는 권리이며, 만기 시점에서 주식의 가격이 행사가격(매입가격)보다 높으면 행사한다.

12 옵션에 관한 설명으로 옳은 것은? (가맹거래사, 15)

① 풋옵션은 기초자산을 살 수 있는 권리가 부여된 옵션이다.
② 유럽형 옵션은 만기 시점 이전이라도 유리할 경우 행사가 가능한 옵션이다.
③ 콜옵션은 기초자산의 가격이 낮을수록 유리하다.
④ 풋옵션의 경우 행사가격이 낮을수록 유리하다.
⑤ 콜옵션의 경우 기초자산의 현재 가격이 행사가격보다 작을 경우 내재가치는 0이다.

/정답/ ⑤

13 ㈜가맹의 주식을 기초자산으로 하며, 만기가 1개월이고 행사가격이 10,000원인 유럽형 콜옵션이 있다. 이 옵션의 만기일에 ㈜가맹의 주가가 12,000원인 경우 만기일의 옵션 가치는? (가맹거래사, 17)

① −2,000원 ② 0원 ③ 2,000원
④ 10,000원 ⑤ 12,000원

/정답/ ③

콜옵션의 가치=콜옵션의 행사주식 가격- 옵션 프리미엄-옵션의 행사가격
12,000 - 10,000 = 2,000(원)

14 상품이나 유가증권 등 기초자산을 미리 정해진 가격으로 팔 수 있는 권리는? (가맹거래사, 10)

① 콜옵션(call option) ② 공매도(short-selling)
③ 스왑(swap) ④ 선도거래(forward transaction)
⑤ 풋옵션(put option)

/정답/ ⑤

② 공매도(short-selling)는 주식이나 채권을 가지고 있지 않은 상태에서 행사하는 매도주문을 말한다.
③ 스왑(swap)은 서로 다른 금리 또는 통화로 표시된 채권을 상호 교환하는 거래를 말한다.

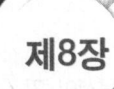

경영정보시스템

> **POINT 데이터와 정보의 개념**
>
> - 데이터(자료, data)는 가공되지 않은 자료
> - 정보란 의사결정을 하는 데 유용하게 활용되는 조직화된 사실들의 집합체
> - **정보의 속성** : 정확성, 경제성, 완전성, 적시성, 관련성, 간편성, 검증가능성, 형태성 등

□ 관련 문제

1 정보가 지녀야 할 바람직한 가치 및 특성 중 가장 거리가 먼 것은? (노무사, 10)

① 적시성　　　　② 완전성　　　　③ 검증 가능성
④ 관련성　　　　⑤ 복잡성

/정답/ ⑤
정보는 복잡한 것보다는 단순한 것이 바람직하다.

2 정보의 가치와 특성으로 옳지 않은 것은? (가맹거래사, 11)

① 정확성　　　　② 적시성　　　　③ 관련성
④ 완전성　　　　⑤ 휘발성

/정답/ ⑤
휘발성이 있는 정보는 정보가 쉽게 사라진다는 의미이고 정보와 가치와 특성에 적합하지 않다.

3 기업경영에서 정보의 가치를 결정하는 요인으로 옳지 <u>않은</u> 것은? (경영지도사, 14)

① 적합성　　② 정확성　　③ 적시성
④ 형태성　　⑤ 접근성

/정답/ ⑤

- 적합성(relevance) : 관리자가 의사결정을 해야 하는 상황에서 제공되는 정보가 얼마나 적절한가, 의사결정 내용과 얼마나 연관되어 있는가
- 정확성(accuracy) : 정보에 오류가 어느 정도 포함되어있는지, 정보의 정확성을 확인할 수 있는 정도
- 적시성(timeless) : 정보가 필요한 시기에 얼마나 제때 공급되는지의 정도
- 형태성(presentability) : 의사결정자의 요구에 정보가 얼마나 부합되는 형태로 제공되는지에 관한 정도

> **POINT** 놀란(Richard L. Nolan)의 정보기술 성장의 6단계 모델
>
> - **착 수**(initiation) : 정보기술 시스템이 도입되는 단계로서 사용자 교육을 통해 기술을 전달하는 것이 목표
> - **전 파**(contagion) : 성장하는 단계
> - **통 제**(control) : 비용과 이점을 비교하여 통제
> - **통 합**(integration) : 기존 시스템을 새로운 기술을 이용하여 통합·개선
> - 1974년 성장 4단계를 제시한 후 1979년 '데이터관리(data administration)와 성숙(maturity)' 단계를 추가

□ 관련 문제

1 다음은 놀란(Richard L. Nolan)이 제시한 정보기술 성장의 6단계 모델을 나열한 것이다. 빈칸의 (ㄱ), (ㄴ), (ㄷ) 에 해당하는 단계를 바르게 나열한 것은? (가맹거래사, 14, 12, 10)

> 착수 → (ㄱ) → (ㄴ) → (ㄷ) → 데이터관리 → 성숙

	(ㄱ)	(ㄴ)	(ㄷ)
①	전파	통합	통제
②	전파	통제	통합
③	통제	전파	통합
④	통제	통합	전파
⑤	통합	통제	전파

/정답/ ②

POINT 경영정보시스템

1. 거래처리시스템(transaction processing system : TPS)

하위경영층이나 거래로부터 발생하는 데이터를 획득, 저장 및 관리하는 시스템으로서 업무처리의 효율성을 향상시키는 것이 주요 목적인 시스템이다.

2. 경영정보시스템(MIS) **또는 정보 보고시스템**(information reporting system : IRS)

조직 전체의 효율적인 관리에 도움을 주는 역할을 수행한다. 즉 계획, 조직, 관리 및 평가의 과정에 있어서 최고경영층의 의사결정에 유용한 정보를 제공하게 된다.

3. 의사결정지원시스템(decision support system : DSS)

반구조적이거나 비구조적인 의사결정에 있어서 다양한 의사결정 모델을 사용하여 경영자의 의사결정을 돕는 시스템을 말한다.

4. 전문가시스템(expert system : ES)

의사결정지원시스템에 인공지능(AI)을 도입하여 방대한 전문가의 지식을 데이터베이스화한 시스템이다. 단순히 전문지식을 전달하는 것보다 발전하여 추론을 행하는 추론기관(IE)이 있고, 추론기관의 결과를 설명하는 설명기관(EU), 시스템과의 의사소통 기능을 담당하는 사용자 인터페이스(UIU) 등으로 구성된다.

5. 중역정보시스템(executive information system : EIS)

최고경영진의 의사결정에 도움이 되는 정보를 제공하기 위한 시스템이다. EIS는 외부환경에 관한 정보도 제공하며 최고경영진이 필요한 정보를 정확하고 빠르게 얻을 수 있도록 돕는다.

6. 전략정보시스템(strategic information system : SIS)

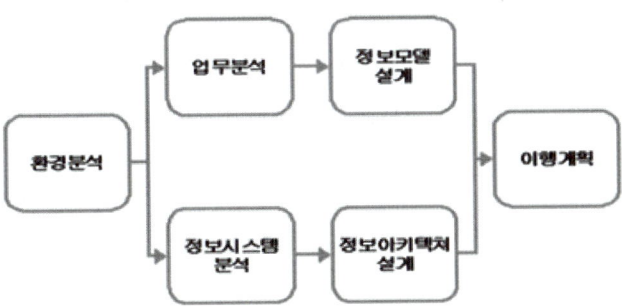

정보시스템을 이용하여 경쟁사보다 정보우위와 경쟁우위를 달성하는 자원으로서의 정보의

역할이 중요시되는 시스템이다.

7. 정보전략계획(Information Strategy Planning : ISP)

정보기술을 조직의 전략수행이나 경쟁우위 확보를 위해 활용하고자 하는 정보시스템으로 회사의 제품, 서비스, 비즈니스 처리 과정에서의 정보기술이 경쟁사에 비해 전략적 우위를 점하도록 돕는다.

8. 지식관리시스템(Knowledge Management System)

기업 내 조직구성원들의 다양한 개인적 경험 중에서 다른 이들도 사용할 수 있는, 즉 일반화 될 수 있는 경험을 다른 이들이 활용할 수 있는 형태로 변환하여 공유할 수 있도록 지원하는 시스템이다.

□ 관련 문제

1 정보시스템으로 인한 조직변화에 관한 설명으로 옳은 것은? (가맹거래사, 16)

① 중간관리자의 역할이 늘어난다.
② 권위적인 리더십이 필요해진다.
③ 경영자층과 하위층의 의사소통이 더욱 쉬워진다.
④ 조직계층의 수가 늘어난다.
⑤ 조직 내의 의사결정 권한이 상위계층에 집중된다.

/정답/ ③

① 정보시스템으로 조직 상하 간의 직접 연결이 가능해져 중간관리자의 역할이 감소한다.
② 민주적 리더십이 필요해진다.
④ 계층간 정보이동이 자유로워 조직계층의 수가 감소한다.
⑤ 정보의 공유로 인해 조직 내의 의사결정 권한이 분권화된다.

2 정보시스템의 유형은 분류하는 기준에 따라서 다르게 분류될 수 있다. 다음 중 나머지 넷과 다른 분류기준이 적용된 것은?   (가맹거래사, 06)

① 마케팅정보시스템 ② 인사정보시스템 ③ 재무정보시스템
④ 사무자동화시스템 ⑤ 제조정보시스템

/정답/ ④
사무자동화시스템이란 사무실에서 일상적으로 수행하는 정보처리 업무를 자동화시켜 주는 정보시스템을 말한다. 이 시스템은 문서편집기·표 계산기·프레젠테이션패키지 등 여러 가지 사무자동화 도구로 이루어진다. 나머지 넷은 경영정보시스템의 유형에 포함된다.

3 경영정보시스템(MIS)에 관한 설명으로 옳지 않은 것은?   (노무사, 11)

① MIS는 경영시스템의 하위 시스템 중 하나이다.
② MIS는 경영자에게 데이터보다 정보를 제공하는 데 중점을 둔다.
③ MIS는 정보시스템을 통해 기업의 경영목표를 달성하도록 지원하는 시스템이다.
④ 정보는 숫자, 이름 또는 수량과 같이 분석되지 않은 사실을 말한다.
⑤ 정보시스템은 데이터를 입력받아 이를 정보로 변화시키는 시스템이다.

/정답/ ④
정보(information)는 실제 문제에 도움이 될 수 있는 형태로 정리한 지식과 자료를 의미하며, 분석되지 않은 있는 그대로의 사실은 데이터(data)이다.

4 경영정보시스템(MIS)의 설계와 이용에 있어서 조심하여야 할 오류로 옳게 묶여진 것은?   (가맹거래사, 07)

a. 컴퓨터가 모든 것을 할 수 있다는 가정
b. 경영자가 MIS의 운영과정을 이해할 필요가 없다는 가정
c. 보다 많은 의사소통이 경영성과를 향상시킨다는 가정
d. 경영자에게 필요한 모든 정보를 제공한다면 그들의 의사결정이 향상될 것이라는 가정
e. 보다 많은 정보가 항상 좋다는 가정

① a ② a, b ③ a, b, c
④ a, b, c, d ⑤ a, b, c, d, e

/정답/ ⑤

5 다음 중 경영정보시스템(MIS) 설계자 및 이용자에 의해 발생하는 오류가 <u>아닌</u> 것은? (가맹거래사, 08)

① 모든 정보가 필요하다는 가정
② 관련된 모든 업무담당자가 충분히 참여해야 한다는 가정
③ 보다 많은 정보가 좋다는 가정
④ 경영자가 경영정보시스템(MIS)의 운영과정을 이해할 필요가 없다는 가정
⑤ 경영자에게 필요한 정보를 모두 제공한다면 그들의 의사결정 기능이 향상될 것이라는 가정

/정답/ ②

경영정보시스템의 설계자 및 이용자는 보다 많은 정보를 의사결정에 고려하도록 함으로써 오히려 적시성을 떨어뜨리고 비효율성을 일으키는 우를 범하기 쉽다.

6 조직의 말단부에서 이루어지는 일상적인 업무처리를 자동화하여 처리해주는 시스템은?
(경영지도사, 15 및 가맹거래사, 13 및 노무사, 11)

① 전략계획시스템(Strategic planning system)
② 운영통제시스템(Operational control system)
③ 거래처리시스템(Transactional processing system)
④ 관리통제시스템(Managerial control system)
⑤ 의사결정지원시스템(Decision support system)

/정답/ ③

④ 관리통제시스템(managerial control system)은 기업경영에 있어 계획, 실행, 그리고 성과평가 등 의사결정을 위하여 경영자에게 다양한 정보를 제공하는 시스템이다.

7 급여계산, 고객주문처리, 재고관리 등 일상적이고 반복적인 과업을 주로 수행하는 정보시스템은?
(노무사, 21)

① EIS   ② DSS   ③ ES   ④ SIS   ⑤ TPS

/정답/ ⑤

8 다음의 설명에 가장 적합한 경영정보시스템의 명칭은? (가맹거래사, 12)

> ○ 반구조적(semi-structured) 경영문제
> ○ Ad-hoc 질의
> ○ 모델베이스
> ○ 대화기반(dialog-based) 사용자 인터페이스

① TPS ② DSS ③ ERP ④ POS ⑤ SCM

/정답/ ②

④ POS(Point Of Sales)는 금전등록기와 컴퓨터 단말기의 기능을 결합한 시스템으로 매상 금액을 정산해 줄 뿐만 아니라 동시에 소매경영에 필요한 각종 정보와 자료를 수집·처리해주는 시스템으로 판매시점 관리시스템이라고 한다.

9 ISP(information strategy planning)의 일반적인 수행 단계에 해당하지 않는 것은? (가맹거래사, 10, 06)

① 조직이 보유하고 있는 제반 자원의 기준정보(master data)체계 구축
② 조직의 경영전략과 정보시스템 전략 간의 연계
③ 조직의 정보요구사항을 반영하는 정보시스템 아키텍처 설계
④ 정보시스템 구축·운영에 필요한 자원의 합리적 배분계획 수립
⑤ 정보시스템 개발 프로젝트에 대한 적정한 일정 및 예산 계획수립

/정답/ ①

조직이 보유하고 있는 제반 자원의 기준정보(master data)체계 구축은 일반적인 수행 단계가 아니다.
기준정보(Master Data)는 기업의 업무 프로세스와 정보시스템에서 동일한 기준으로 사용되는 정보를 말한다. 기준정보의 품질과 일관성을 유지하고 업무 변화에 대응할 수 있도록 표준 관리방식과 거버넌스를 수립하고 정비하는 체계를 'MDM(Master Data Management)'이라고 한다.

10 다음은 무엇에 관한 설명인가? (가맹거래사, 11)

> ○ 조직의 경영전략과 정보시스템 전략을 정렬(alignment)한다.
> ○ 조직의 정보요구사항을 반영하는 정보 아키텍처를 설계한다.
> ○ 정보시스템 개발을 위한 통합 프레임워크를 제공한다.

① ERP ② MRP ③ ISP
④ KMS ⑤ ASP

/정답/ ③

11 ISP(information strategy planning)의 목표에 관한 설명으로 옳지 않은 것은? (가맹거래사, 12)

① 국지적 차원의 정보시스템 부문의 최적화를 통해서 미래지향적 시스템 계획을 마련한다.
② 현행 정보시스템과 정보시스템 조직을 분석, 진단, 평가한다.
③ 정보시스템의 구축과 운영에 소요되는 자원의 효율적 활용을 위한 프로젝트 계획을 수립한다.
④ 경영전략을 체계적으로 검토하고 경영전략에 부합하는 정보전략을 도출한다.
⑤ 통합정보시스템에 대한 아키텍처와 이를 구성하는 핵심요소를 기술한 마스터플랜을 작성한다.

/정답/ ①
ISP는 국지적 차원의 정보시스템 부문이 아니라 전체적인 정보시스템 부문의 최적화에 그 목표가 있다.

12 1980년대 이후 논의되고 있는 개념으로서 정보시스템을 이용하여 경쟁사보다 정보우위와 경쟁우위를 달성하는 자원으로서의 정보의 역할을 강조한 시스템은? (가맹거래사, 08)

① TPS(transaction processing system)
② SIS(strategic information system)
③ ES(expert system)
④ DSS(decision support system)
⑤ IRS(information reporting system)

/정답/ ②

전략정보시스템(SIS, Strategic Information System)이란 정보기술을 조직의 전략수행이나 경쟁우위 확보를 위해 활용하고자 하는 정보시스템으로 회사의 제품, 서비스, 비즈니스 처리 과정에서의 정보기술이 경쟁사에 비해 전략적 우위를 점하도록 돕는다.

13 1980년대 이후 최고경영진의 의사결정에 도움이 되는 정보를 제공하기 위한 목적으로 등장한 경영정보시스템은?

(가맹거래사, 09)

① TPS(Transaction Processing System)
② SIS(Strategic Information System)
③ IRS(Information Reporting System)
④ DSS(Decision Support System)
⑤ EIS(Executive Information System)

/정답/ ⑤

14 최고경영자층의 의사결정을 지원하기 위한 목적으로 개발된 경영정보시스템은?

(가맹거래사, 14 및 노무사, 13)

① EDI ② POS ③ TPS ④ SCM ⑤ EIS

/정답/ ⑤

15 전문가시스템(ES)의 구성요소에 해당되지 않는 것은?

(노무사, 12)

① 지식베이스 ② 추론기관 ③ 계획기관
④ 설명기관 ⑤ 사용자인터페이스

/정답/ ③

전문가시스템(ES)은 지식 베이스(knowledge base), 추론 기구(inference engine), 설명 기능(explanation facility), 사용자 인터페이스로 구성된다.

16 경영정보시스템 관련 용어에 대한 설명으로 옳은 것은? (노무사, 12)

① 데이터베이스 관리시스템은 비즈니스 수행에 필요한 일상적인 거래를 처리하는 정보시스템이다.
② 전문가시스템은 일반적인 업무를 지원하는 정보시스템이다.
③ 전사적 자원관리시스템은 공급자와 공급기업을 연계하여 활용하는 정보시스템이다.
④ 의사결정지원시스템은 데이터를 저장하고 관리하는 정보시스템이다.
⑤ 중역정보시스템은 최고경영자층이 전략적인 의사결정을 하도록 도와주는 정보시스템이다.

/정답/ ⑤

① 데이터베이스 관리시스템(DBMS : Database Management System)은 데이터베이스를 관리하는데 필요한 수행과정인 데이터의 추가, 변경, 삭제, 검색 등의 기능을 집대성한 소프트웨어 패키지이다.

17 정보기술을 전략수행이나 경쟁우위 확보를 위해 활용하는 정보시스템은? (경영지도사, 21)

① EDP(electronic data processing) ② ES(expert system)
③ SIS(strategic information system) ④ DSS(decision support system)
⑤ TPS(transactional processing system)

/정답/ ③

18 조직 내의 인적자원들이 보유하고 있는 지식을 체계화하고 서로가 공유하기 위하여 구축하는 시스템은? (경영지도사, 18)

① CRM ② FMS ③ ERP ④ KMS ⑤ SCM

/정답/ ④

① CRM : 고객관계관리(Customer Relationship Management). 기업이 고객관련 내·외부자료를 분석·통합하여 고객 특성에 맞는 경영활동을 계획·지원·평가하는 과정
② FMS : Flexible Manufacturing System으로 다품종 소량생산을 가능하게 하는 생산시스템을 의미
③ ERP : 전사적 자원관리
⑤ SCM : 공급사슬관리(Supply Chain Management)

POINT 데이터베이스 관리시스템과 데이터웨어하우스

1. 데이터베이스 관리시스템(database management system : DBMS)

다수의 컴퓨터 사용자들이 컴퓨터에 수록한 수많은 자료를 쉽고 빠르게 추가·수정·삭제할 수 있도록 해주는 소프트웨어

2. 관계형 DBMS

(1) 개 념

일련의 정형화된 테이블로 구성된 데이터 항목들의 집합체로서, 그 데이터들은 데이터베이스 테이블을 재구성하지 않더라도 다양한 방법으로 접근하거나 조합될 수 있음

(2) 관계형 데이터베이스 설계

① **정규화**(normalization)
- 데이터중복을 최소화하고 무결성을 극대화하며, 최상의 성능을 달성할 수 있도록 관계형 데이터베이스를 분석하고 효율화하는 과정
- 한 테이블에서 불필요하게 중복되는 데이터를 분리하여 새로운 단순한 형태를 가지는 여러 개의 테이블로 나누는 것으로서 이를 통해 분리된 테이블은 조인(join) 연산을 통해 손실 없이 모든 데이터를 표현

② **무결성**(integrity)
- 데이터의 정확성, 일관성, 유효성이 유지되는 것을 말한다.
- **개체무결성**(entity integrity) : 모든 테이블이 기본 키(primary key)로 선택된 필드(column)를 가지는 것
- **참조 무결성**(referential integrity) : 참조 관계에 있는 두 테이블의 데이터가 항상 일관된 값을 갖도록 유지되는 것
- **도메인 무결성**(domain integrity) : 테이블에 존재하는 필드의 무결성을 보장하기 위한 것으로 올바른 데이터의 입력 되었는지를 확인하는 것
- **무결성 규칙**(integrity rule) : 데이터의 무결성을 지키기 위한 모든 제약 사항들로서 데이터베이스 전체에 공통으로 적용되는 규칙

3. 데이터웨어하우스

(1) 개 념
- 정보(data)와 창고(warehouse)의 합성어

- 데이터베이스가 여기저기 흩어져 있는 데이터 테이블을 연결하여 관리하는 방법론이라면, 데이터웨어하우스는 방대한 조직 내에서 분산 운영되는 각각의 데이터베이스 관리시스템들을 효율적으로 통합하여 조정·관리하며, 효율적인 의사 결정 시스템을 위한 기초를 제공하는 실무적인 활용 방법론

(2) 특 징
- **주제 지향성**(subject-orientation) : 데이터를 주제별로 구성함으로써 최종 사용자(end user)와 전산에 약한 분석자라도 이해하기 쉬운 형태로 유지한다.
- **통합성**(integration) : 데이터가 데이터웨어하우스에 들어갈 때는 일관적인 형태(데이터의 일관된 이름짓기, 일관된 변수 측정, 일관된 코드화 구조 등)로 변환되어 데이터의 통합성이 유지된다.
- **시계열성**(time-variancy) : 데이터웨어하우스의 데이터는 일정 기간 정확성을 유지한다.
- **비휘발성**(nonvolatilization) : 데이터웨어하우스에 일단 데이터가 적재되면 일괄 처리(batch) 작업에 의한 갱신 이외에는 「Insert」나 「Delete」 등의 변경이 수행되지 않는다.

□ 관련 문제

1 전통적인 파일 관리시스템의 한계를 극복하기 위해 등장한 것이 데이터베이스 관리시스템(database management system : DBMS)이다. DBMS 도입의 장점으로 옳지 않은 것은? (가맹거래사, 12)

① 데이터 중복성(redundancy)을 최소화할 수 있다.
② 데이터 무결성(integrity) 제어가 용이하다.
③ 데이터와 프로그램 사이의 의존성(dependency)을 증대시켜 준다.
④ 데이터 동시성(concurrency) 제어가 가능하다.
⑤ 데이터 불일치성(inconsistency)을 최소화할 수 있다.

/정답/ ③
데이터베이스 관리시스템의 장점으로는 데이터중복의 최소화, 데이터의 공유, 데이터 보안, 무결성 유지, 일관성 유지, 표준화 등이 있다.

2 데이터중복을 최소화하고 무결성을 극대화하며, 최상의 성능을 달성할 수 있도록 관계형 데이터베이스를 분석하고 효율화하는 과정을 지칭하는 용어는? (노무사, 15)

① 통합화(integration)
② 최적화(optimization)
③ 정규화(normalization)
④ 집중화(centralization)
⑤ 표준화(standardization)

/정답/ ③

3 관계형 데이터베이스 설계에서 연관된 테이블들 간의 관계성이 일관성 있게 유지될 수 있도록 해주는 규칙은? (가맹거래사, 19)

① 정규화
② 핵심업무 무결성 제약조건
③ 개념적 데이터 설계
④ 참조 무결성
⑤ 자료 중복성

/정답/ ④

4 데이터베이스 관리시스템(DBMS)에 관한 설명으로 옳지 않은 것은? (가맹거래사, 11)

① 파일 처리방식에서 발생할 수 있는 데이터의 중복성과 불일치성을 감소시킨다.
② 다수의 응용프로그램에서 데이터를 공유할 수 있다.
③ 응용프로그램과 데이터 간의 의존성을 높여준다.
④ 파일 처리방식보다 데이터 보안을 강화할 수 있다.
⑤ 데이터의 표준화 작업을 용이하게 한다.

/정답/ ③
DBMS로 인해 데이터들은 데이터베이스 테이블을 재구성하지 않더라도 다양한 방법으로 접근하거나 조합될 수 있다. 따라서 응용프로그램과 데이터 간의 의존성을 높인다는 설명은 바람직하지 않다.

5 데이터베이스 관리시스템(DBMS)의 주요 이점으로 옳지 않은 것은? (가맹거래사, 22)

① 데이터의 중복성 제거 ② 데이터의 무결성 향상
③ 데이터와 프로그램 간 독립성 유지 ④ 데이터의 공유 촉진
⑤ 데이터 접근의 복잡화

/정답/ ⑤

6 데이터베이스의 보안관리, 장애복구, 무결성, 사용자 허가 및 비허가 사용자의 접근통제 등의 업무를 수행하며, 데이터베이스의 정의, 갱신 및 유지에 대한 책임을 지는 사람을 지칭하는 용어는? (가맹거래사, 12)

① Database Operator ② Database Designer
③ Database Manager ④ Database Officer
⑤ Database Administrator

/정답/ ⑤

⑤ DBA(데이터베이스 관리책임자)란 데이터베이스를 가장 좋은 상태로 관리하는 책임을 지는 개인 또는 집단으로서 데이터베이스 정보 내용의 정확성이나 통합성을 결정하고 데이터베이스의 내부 저장 구조와 접근 관리 대책을 결정하며, 데이터의 보안 대책을 수립하고 점검하는 등 데이터베이스의 성능을 감시하며 변화하는 요구에 대응하는 책임을 진다.

7 여러 개의 데이터베이스를 통합한 보다 큰 데이터베이스로서 의사결정에 필요한 정보를 제공하는 것은? (가맹거래사, 16)

① 아웃소싱관계관리 ② 데이터 웨어하우스 ③ 중역정보시스템
④ 거래처리시스템 ⑤ 경영지원시스템

/정답/ ②

8 다양한 업무 데이터베이스로부터 정보를 모아 비즈니스 분석활동과 의사결정 업무를 지원하는 것은?

(경영지도사, 22)

① 자료중심적 웹사이트(data-focused website)
② 데이터웨어하우스(data warehouse)
③ 비즈니스 프로세스 관리시스템(business process management system)
④ 의사결정지원시스템(decision support system)
⑤ 관리통제시스템(managerial control system)

/정답/ ②

9 데이터 웨어하우스의 특성으로 옳지 않은 것은?

(가맹거래사, 14, 10)

① 주제지향성(subject-oriented)
② 통합성(integrated)
③ 시간 가변성(time-variant)
④ 비휘발성(non-volatile)
⑤ 정규성(normalized)

/정답/ ⑤

10 데이터 웨어하우스에 관한 설명으로 옳지 않은 것은?

(가맹거래사, 19)

① 데이터는 의사결정 주제 영역별로 분류되어 저장된다.
② 대용량 데이터에 숨겨져 있는 데이터 간 관계와 패턴을 탐색하고 모형화한다.
③ 데이터는 통일된 형식으로 변환 및 저장된다.
④ 데이터는 읽기 전용으로 보관되며, 더 이상 갱신되지 않는다.
⑤ 데이터는 시간정보와 함께 저장된다.

/정답/ ②

데이터 마이닝 (Data Mining)의 설명에 해당한다.

11 데이터웨어하우스의 활용방안으로 가장 거리가 먼 것은? (가맹거래사, 11)

① TPS ② OLAP ③ 데이터마이닝
④ DSS ⑤ EIS

/정답/ ①

① TPS는 자재 구입, 상품 판매, 영수증 발행, 급여 지급, 온라인 입·출금, 신용도 관리, 상품의 주문·발송 등 거래와 관련된 데이터가 발생할 때마다 단말기에서 발신된 데이터를 수신·처리하여 그 결과를 즉시 보내주는 시스템을 말하며, 정보를 조회, 분석, 저장하는 데이터웨어하우스 활용과는 거리가 멀다.

POINT ERP(Enterprise Resource Planning)

1. 개 념
ERP란 기업 내 생산, 물류, 재무, 회계, 영업과 구매, 재고 등 경영활동 프로세스들을 통합적으로 연계해 관리해 주며, 기업에서 발생하는 정보들을 공유하고 새로운 정보의 생성과 빠른 의사결정을 도와주는 전사적 통합시스템을 의미한다.

2. 특 징
- 다국적, 다통화, 다언어 등을 이용한 글로벌 대응
- 중복 업무 배제 및 실시간 정보처리체계 구축 등 BPR지원
- 경영정보 제공 및 경영 조기경보체계 구축
- 투명경영의 수단
- 픈 멀티벤더를 사용하는 개방형 시스템

□ 관련 문제

1 다음에서 설명하는 것은? (노무사, 16)

> 기업의 자재, 회계, 구매, 생산, 판매, 인사 등 모든 업무의 흐름을 효율적으로 지원하기 위한 통합정보 시스템

① CRM   ② SCM   ③ DSS   ④ KMS   ⑤ ERP

/정답/ ⑤

2 기업 내 판매, 생산, 회계, 인사 등 여러 부문의 데이터를 일원화하여 관리함으로써 경영자원을 효율적으로 운용할 수 있도록 하는 기법은? (경영지도사, 20)

① 전사적 자원관리(ERP : enterprise resource planning)
② 공급사슬관리(SCM : supply chain management)
③ 자재소요계획(MRP : material requirements planning)
④ PERT(program evaluation and review technique)
⑤ 컴퓨터지원생산(CAM : computer-aided manufacturing)

/정답/ ①

3 다음에서 공통으로 설명하는 개념은? (경영지도사, 19)

> ○ MRP, MRP II를 거치면서 등장하였으며, 전체 기업 내부의 운영 효율화를 위해 정보시스템을 활용한다.
> ○ 기업 내 구매, 생산, 물류, 판매, 회계영역의 프로세스를 개선하기 위해 통합된 데이터베이스를 운영한다.

① business intelligence
② customer relationship management
③ enterprise resource planning
④ supplier relationship management
⑤ supply chain management

/정답/ ③

---

4 조직의 구매, 인적자원, 생산, 판매, 회계 활동 등에 대한 모든 데이터를 하나의 시스템으로 통합한 것은? (가맹거래사, 20, 14)

① 경영정보시스템(MIS)
② 그룹의사결정지원시스템(GDSS)
③ 공급사슬관리시스템(SCM)
④ 고객관리시스템(CRM)
⑤ 전사적자원관리(ERP)

/정답/ ⑤

---

5 전사적 자원관리(ERP)에 관한 정의로 옳은 것은? (가맹거래사, 08)

① 조직이 데이터를 중앙에 집중시키고 효율적으로 관리하며, 응용프로그램을 통하여 저장된 데이터를 편리하게 사용할 수 있게 해주는 소프트웨어
② 고객만족, 고객유지의 효율화를 극대화시키기 위해 고객을 관리하는 시스템
③ 통합된 소프트웨어에 모듈과 중앙 데이터베이스를 기반으로 하여 재무, 회계, 판매, 마케팅, 인적자원관리, 생산과 구매 등과 연관된 자원을 전사적으로 관리하는 시스템
④ 새로운 지식을 창출하고 공유하도록 과학자, 기술자 및 근로자를 지원하는 시스템
⑤ 최고경영층이 전략적인 의사결정을 보다 빠르게 하도록 도와주는 것을 주목적으로 하는 시스템

/정답/ ③

6 조직의 제반 업무기능영역을 포괄적으로 통합하여 하나의 솔루션으로 지원하는 정보시스템 유형은?

(가맹거래사, 07)

① ERP 시스템
② Simulation 시스템
③ CRM 시스템
④ SCM 시스템
⑤ Expert 시스템

/정답/ ①

---

7 ERP(enterprise resource planning) 시스템에 관한 설명으로 옳지 않은 것은? (가맹거래사, 17)

① ERP 시스템은 기능영역 정보시스템들 사이의 커뮤니케이션 결여를 바로 잡고자 하는 것이다.
② ERP 시스템은 기능영역에 걸친 기업성과에 대한 기업정보를 제공하여 관리자의 의사결정능력을 향상시킬 수 있다.
③ ERP 시스템은 비즈니스 프로세스를 통합하여 고객서비스를 개선시킬 수 있다.
④ ERP 시스템을 구축·실행하는 데 초기비용이 적게 소요된다.
⑤ ERP 시스템 도입 후에는 통합 데이터베이스를 운영하게 되어 정보의 공유가 용이해진다.

/정답/ ④

ERP 시스템 도입과 실행에 많은 초기비용이 들어간다.

---

8 ERP(enterprise resource planning) 시스템의 특징에 해당하지 않는 것은? (가맹거래사, 23)

① 통합 데이터베이스를 매개로 기업의 다양한 업무에 적용이 가능하다.
② 영업, 생산, 구매, 재고, 회계, 인사 등 기업 내 단위업무를 통합적으로 처리한다.
③ 국제적으로 인정된 표준에 맞게 업무프로세스를 구현할 수 있다.
④ 다양한 기능을 내장한 ERP 패키지는 파라미터 지정을 통해 해당기업에 맞도록 시스템을 적용할 수 있다.
⑤ 기업 업무내용의 외부유출을 방지하기 위해 폐쇄적 구조로 설계되어 시스템 확장이 어렵다.

/정답/ ⑤

ERP는 특정 하드웨어나 운영체제에만 의존하지 않고 다양한 어플리케이션과 연계가 가능한 개방적 구조를 그 특징으로 한다.

9 전사적 자원관리(ERP) 도입의 효과가 <u>아닌</u> 것은? (노무사, 17)

① 신기술 수용 및 활용 ② 사업장 및 업무통합
③ 고객 이미지 개선 ④ 정보 적시 제공
⑤ 업무프로세스 복잡화

/정답/ ⑤
ERP의 도입으로 업무프로세스는 오히려 단순화된다.

10 전사적 자원관리(ERP) 시스템의 도입효과로 <u>옳지 않은</u> 것은? (가맹거래사, 19)

① 부서 간 실시간 정보공유 ② 데이터의 일관성 유지
③ 적시 의사결정 지원 ④ 조직의 유연성과 민첩성 증진
⑤ 기존 비즈니스 프로세스 유지

/정답/ ⑤
비즈니스 프로세스를 통합하여 고객서비스를 개선할 수 있다.

POINT 정보시스템 개발

- **정보시스템 개발 절차** : 분석 → 설계 → 구축 → 구현
- **최종 사용자(end-user)개발** : 최종사용자가 기술전문가의 도움 없이 정보시스템을 직접 개발하는 것
- **컴포넌트 기반(component-based)개발** : 프로그램의 로직을 각각의 독립적인 컴포넌트로 구성하고 이를 짜 맞춰 전체 프로그램을 구성하는 것
- **폭포수 모델(waterfall model)개발** : 소프트웨어 개발생명주기(SDLC; Software Development Life Cycle)에 기반한 소프트웨어 개발 기법으로, 각각의 소프트웨어 개발 단계를 확실히 매듭 짓고 다음 단계로 넘어가는 방법
- **웹 마이닝(web mining)개발** : 많은 데이터 가운데 숨겨져 있는 유용한 상관관계를 발견하여 미래에 실행 가능한 정보를 추출하고 이를 웹 자원으로 이용
- **애자일(agile)개발** : 계획을 통해서 주도해 나갔던 과거의 방법과는 다르게 최소 규모의 개발팀을 이용하여 프로젝트를 능률적으로 신속하게 개발하는 방법. 일정한 주기를 가지고 끊임없이 프로토타입을 만들어 내며 그때그때 필요한 요구를 추가하고 수정하여 하나의 커다란 소프트웨어를 개발해 나가는 것
- **정보시스템 아웃소싱** : 기업이 가진 핵심역량에 모든 자원을 집중시키고, 나머지 활동을 기획에서부터 운영까지 일체를 해당 분야에서 뛰어난 전문기업에 외주를 주는 것

관련 문제

1 정보시스템 개발을 위한 절차는? (가맹거래사, 16)

① 분석 → 설계 → 구축 → 구현
② 설계 → 분석 → 구축 → 구현
③ 설계 → 구축 → 분석 → 구현
④ 설계 → 분석 → 구현 → 구축
⑤ 분석 → 설계 → 구현 → 구축

/정답/ ①

2 정보시스템의 개발방식이 아닌 것은? (가맹거래사, 13)

① 시스템개발 수명주기 방식
② 정보공학 방식
③ 프로토타이핑 방식
④ 최종사용자 컴퓨팅 방식
⑤ 전략정보시스템 방식

/정답/ ⑤

전략정보시스템(SIS : strategic information system)은 정보기술을 조직의 전략수행이나 경쟁우위 확보를 위해 활용하고자 하는 정보시스템으로 정보시스템개발방식은 아니다.

3 경영정보시스템의 분석 및 설계과정에서 수행하는 작업이 아닌 것은? (노무사, 16)

① 입력 자료의 내용, 양식, 형태, 분량 분석
② 출력물의 양식, 내용, 분량, 출력주기 정의
③ 시스템 테스트를 위한 데이터 준비, 시스템 수정
④ 자료가 출력되기 위해 필요한 수식연산, 비교연산, 논리연산 설계
⑤ 데이터베이스 구조 및 특성, 자료처리 분량 및 속도, 레코드 및 파일 구조 명세화

/정답/ ③

4 다음 중 정보시스템 아웃소싱의 효과와 가장 관계가 먼 것은? (가맹거래사, 06)

① 조직의 역량을 핵심적인 분야에 집중
② 정보기술에 대한 지식의 축적이 용이함
③ 아웃소싱 업체의 규모의 경제를 통한 비용절감
④ 교육훈련에 대한 투자없이 아웃소싱 업체의 훈련된 전문인력을 활용
⑤ 정보기술 기반구조의 노후화와 고정자산 투자에 따른 위험을 감소

/정답/ ②

5 정보시스템 아웃소싱(outsourcing)에 대한 설명으로 옳지 않은 것은? (가맹거래사, 08)

① 정보시스템 아웃소싱은 기초 및 기반 기술에 대한 투자 없이 응용기술을 바로 활용할 수 있다.
② 정보시스템 아웃소싱은 보다 부가가치가 높은 기능에 전산 자원을 집중하게 한다.
③ 정보시스템 아웃소싱은 정보시스템 개발 및 운영비용을 구체화시켜 예측성과 통제성을 증진시킨다.
④ 정보시스템 아웃소싱은 시스템 개발과정이나 개발된 시스템의 품질에 대한 통제가 용이하다.
⑤ 정보시스템 아웃소싱은 해당 기술 분야에서 가장 앞선 외부조직의 기술이나 경험을 활용할 수 있다.

/정답/ ④

6 정보시스템 활동 중 일부분을 아웃소싱하는 이유로 옳지 않은 것은? (가맹거래사, 19)

① IT와 비즈니스 지식을 겸비한 자체 인력양성
② 적은 노력으로 전문지식과 경험 확보
③ 외부 인력 활용을 통한 비용 절감
④ 일정 수준의 품질 보장을 통한 리스크 감소
⑤ 인터넷 확산으로 국외 위탁 용이

/정답/ ①

7 기업이 정보시스템을 아웃소싱 하는 목적으로 옳지 않은 것은? (가맹거래사, 21)

① 외부 공급업체에 의한 규모의 경제효과로 비용 절감
② 외부 공급업체의 경험이나 최신 정보기술 습득 및 활용
③ 향후 비용에 대한 예측가능성 제고
④ 인력수급의 경직성 확보
⑤ 기업 전문인력의 전략적 활용

/정답/ ④

교육훈련에 대한 투자없이 아웃소싱 업체의 훈련된 전문인력을 활용할 수 있기 때문에 인력수급의 유연성이 확보된다.

8 정보시스템 아웃소싱의 장점이 아닌 것은? (가맹거래사, 23)

① 규모의 경제를 활용한 비용 절감
② 개발과정이나 개발결과에 관한 통제 용이
③ 외부 조직의 기술이나 경험 활용
④ 고정자산에 관한 투자 회피를 통한 유동성 증진
⑤ 핵심적 활동에 조직 자원 집중

/정답/ ②
정보시스템 아웃소싱은 외부 조직의 기술, 경험 등을 이용하기 때문에 외주업체에 대한 통제가 용이하지 않고 정보기술에 대한 내부 지식의 축적이 어렵다.

9 정보시스템을 구축할 때 최소 규모의 개발팀을 이용하여 프로젝트를 능률적으로 신속하게 개발하는 방식은? (가맹거래사, 18)

① 최종 사용자(end-user)개발
② 컴포넌트 기반(component-based)개발
③ 폭포수 모델(waterfall model)개발
④ 웹마이닝(web mining)개발
⑤ 애자일(agile)개발

/정답/ ⑤

POINT 기타 이슈

1. ISO가 제정한 개방형 시스템 간 상호접속(open system interconnection : OSI)

- 컴퓨터·통신시스템·자동화시스템 등의 기종 간의 컴퓨터들이 자유롭게 정보를 교환할 수 있도록 멀티벤더의 접속 문제를 해결하기 위해 국제표준화기구(ISO)와 국제전신전화자문위원회(CCITT)가 협력하여 개발, 제정한 국제표준 네트워크 아키텍처
- **OSI의 7계층** : 응용계층(application), 프레젠테이션 계층(presentation), 세션계층(session), 전송계층(transport), 네트워크 계층(network), 데이터 링크 계층(data link), 물리계층(physical)

2. 클라우드 컴퓨팅

인터넷상의 서버를 통하여 데이터 저장, 네트워크, 콘텐츠 사용 등 IT 관련 서비스를 한 번에 사용할 수 있는 컴퓨팅 환경으로서 인터넷을 통해 IT 자원을 서비스 형태로 제공받는 방식으로서 IT 자원을 소유하지 않고 서비스 형태로 빌려 쓰는 방식

3. 빅데이터

- 기존 데이터보다 너무 방대하여 기존의 방법이나 도구로 수집/저장/분석 등이 어려운 정형 및 비정형 데이터들을 의미
- **빅데이터의 특징** : 크기(Volume), 속도(Velocity), 다양성(Variety), 정확성(Veracity), 가치(Value)

구 분	기 존	빅데이터
데이터	정형화된 수치자료 중심	비정형의 다양한 데이터(문자, 영상, 위치 데이터 등)
하드웨어	• 고가의 저장장치 • 데이터베이스 • 데이터웨어하우스	• 클라우드 컴퓨팅 등 비용 효율적인 장비 활용가능
소프트웨어/ 분석방법	• 관계형 데이터베이스 • 통계패키지 • 데이터마이닝(date mining)	• 오픈소스 형태의 무료 소프트웨어 • NoSQL, Hbase • 텍스트마이닝(text mining) • 온라인 버즈분석 • 감성분석

관련 문제

1 ISO가 제정한 OSI(open system interconnection) 7계층 참조모델의 계층에 해당하지 <u>않는</u> 것은?
(가맹거래사, 10)

① 전송 계층(transfer layer)
② 방화벽 계층(firewall layer)
③ 물리 계층(physical layer)
④ 세션 계층(session layer)
⑤ 네트워크 계층(network layer)

/정답/ ②

2 정보를 자신의 컴퓨터가 <u>아닌</u> 인터넷에 연결된 다른 컴퓨터들을 이용하여 처리하는 기술은?
(경영지도사, 20)

① 매시업(mashup) 서비스
② 클라우드 컴퓨팅(cloud computing)
③ 사물인터넷(IoT)
④ 크라우드소싱(crowdsourcing)
⑤ 정보 사일로(information silo)

/정답/ ②

3 클라우드 컴퓨팅에 관한 설명으로 옳지 <u>않은</u> 것은?
(노무사, 14)

① 인터넷 기술을 활용하여 가상화된 IT 자원을 서비스로 제공하는 방식이다.
② 사용자는 소프트웨어, 스토리지, 서버, 네트워크 등 다양한 IT 자원을 필요한 만큼 빌려서 사용한다.
③ 조직의 모든 정보시스템의 중앙집중화로 막대한 IT 자원을 필요로 한다.
④ 사용자 주문형 셀프서비스, 광범위한 네트워크 접속, 자원공유, 사용량 기반 과금제 등의 특징을 갖는다.
⑤ 단기간 필요한 서비스, 규모의 변화가 큰 서비스, 범용 애플리케이션을 구축하는 경우에 효과적이다.

/정답/ ③

클라우드 컴퓨팅을 도입하면 기업 또는 개인은 컴퓨터 시스템을 유지·보수·관리하기 위하여 들어가는 비용과 서버의 구매 및 설치비용, 업데이트 비용, 소프트웨어 구매비용 등 엄청난 비용과 시간 및 인력을 줄일 수 있다.

4 클라우드 컴퓨팅(cloud computing)에 관한 설명으로 옳지 않은 것은? (가맹거래사, 20)

① 비즈니스 데이터 및 시스템 보안에 대한 우려를 없애준다.
② 자신 소유의 하드웨어 및 소프트웨어에 많은 투자를 할 필요가 없다.
③ 사용자는 광대역 네트워크 통신망을 통해 클라우드에 접속해 업무를 수행할 수 있다.
④ 필요한 IT 자원을 빌려쓸 때 용량 등에 있어 확장성이 있다.
⑤ 인터넷을 통해 원격으로 제공되는 자원이나 응용프로그램을 사용하는 것이다.

/정답/ ①
클라우드 컴퓨팅은 인터넷을 통해 IT 자원을 서비스 형태로 제공받는 방식이기 때문에 정보 보안의 문제가 발생한다.

5 우버(Uber)와 에어비엔비(Airbnb) 등 공유가치 기반 창업의 핵심요인은? (경영지도사, 21)

① 클라우드(cloud)
② 다단계 유통채널(distribution channel)
③ 규모의 경제(economy of scale)
④ 물류단지(logistic facility)
⑤ 경험효과(effect of experience)

/정답/ ①

6 컴퓨터, 저장장치, 애플리케이션, 서비스 등과 같은 컴퓨팅 자원의 공유된 풀(pool)을 인터넷으로 접근할 수 있게 해주는 것은? (노무사, 22)

① 클라이언트/서버 컴퓨팅(client/server computing)
② 엔터프라이즈 컴퓨팅(enterprise computing)
③ 온프레미스 컴퓨팅(on-premise computing)
④ 그린 컴퓨팅(green computing)
⑤ 클라우드 컴퓨팅(cloud computing)

/정답/ ⑤

① **클라이언트/서버 컴퓨팅(client/server computing)** : LAN을 중심으로 중앙에 호스트 컴퓨터를 서버로 설정하고, 각 직원의 테이블 위에 놓인 컴퓨터들을 클라이언트로 설정하여 데이터를 주고받는 것
② **엔터프라이즈 컴퓨팅(enterprise computing)** : 비즈니스 프로세스를 지원하는 정보시스템
③ **온프레미스 컴퓨팅(on-premise computing)** : 사용자가 컴퓨팅을 직접 소유하고 관리하는 방식
④ **그린 컴퓨팅(green computing)** : 컴퓨팅에 이용되는 에너지를 절약하자는 운동

7 빅데이터(big data)의 기본적 특성(3v)으로 옳은 것을 모두 고른 것은? (노무사, 17)

ㄱ. 거대한 양(volume)   ㄴ. 모호성(vagueness)
ㄷ. 다양한 형태(variety)   ㄹ. 생성 속도(velocity)

① ㄱ, ㄴ   ② ㄴ, ㄷ   ③ ㄱ, ㄴ, ㄹ
④ ㄱ, ㄷ, ㄹ   ⑤ ㄴ, ㄷ, ㄹ

/정답/ ④

8 빅데이터 기술에 관한 설명으로 옳지 않은 것은? (노무사, 16)

① 관계형 데이터베이스인 NoSQL, Hbase 등을 분석에 활용한다.
② 구조화되지 않은 데이터도 분석대상으로 한다.
③ 많은 양의 정보를 처리한다.
④ 빠르게 변화하거나 증가하는 데이터도 분석이 가능하다.
⑤ 제조업, 금융업, 유통업 등 다양한 분야에 활용된다.

/정답/ ①

빅데이터 기술은 비관계형 데이터베이스인 NoSQL, Hbase 등을 분석에 활용한다.

9 빅데이터에 관한 설명으로 옳지 <u>않은</u> 것은? (가맹거래사, 22)

① 빅데이터는 관계형 데이터베이스에 테이블 형태로 저장된다.
② 빅데이터는 전통적인 데이터들에 비해 훨씬 많은 양과 훨씬 **빠른** 속도로 생성된다.
③ 빅데이터의 사용 목적은 통합된 관점에서 데이터를 분석하여 새로운 사실을 예측하는 것이다.
④ 빅데이터를 확보, 저장, 분석하는 데 많은 비용이 든다.
⑤ 빅데이터는 기존에 기업에서 관리하는 데이터뿐만 아니라 비정형화된 데이터를 포함한다.

/정답/ ①

10 빅데이터의 요건인 4V에 해당하지 <u>않는</u> 것은? (경영지도사, 17)

① volume   ② velocity   ③ variety
④ virtuality   ⑤ value

/정답/ ④
가상(virtuality)은 빅데이터의 4가지 요소에 해당하지 않는다.

POINT 용 어

- **프로토콜**(protocol) : 컴퓨터 간에 정보를 주고받을 때의 통신 방법에 대한 규칙과 약속
- **http**(hyper text transfer protocol) : 웹서버와 클라이언트가 상호통신하기 위해 사용하는 하이퍼텍스트 전송 규약
- **FTP**(file transfer protocol) : 인터넷상에서 컴퓨터 사이의 파일을 전달하는데 사용되는 프로토콜
- **TCP/IP**(transfer control protocol/internet protocol) : 인터넷 표준 프로토콜로 컴퓨터의 데이터 통신을 하기 위해서 만들어진 프로토콜 체계. 컴퓨터 간 메시지를 전송할 때 에러가 발생하지 않도록 알맞은 크기로 나누어져 전송하고 이를 받아서 다시 원래의 정보로 변환하는 것을 약속해 놓은 것
- **OCR**(optical character reader/recognition) : 광학적 문자판독장치. 빛을 이용해 문자를 판독하는 장치로 종이에 인쇄되거나 손을 쓴 문자, 기호, 마크 등에 빛을 비추어 그 반사 광선을 전기 신호로 바꾸어 컴퓨터에 입력하는 장치
- **RFID**(radio frequency identification) : 극소형 칩에 상품정보를 저장하고 안테나를 달아 무선으로 데이터를 송신하는 장치
- **LAN**(local area network) : 근거리통신망, 비교적 가까운 거리에 있는 정보처리 기기들을 연결하는 통신망으로서, WAN(wide area network), MAN(metropolitan area network)이 확장됨
- **자기 문자인식/판독장치**(magnetic character reader) : 자기 문자를 인식하여 판독하는 입력장치
- **바코드**(bar code) : 상품의 포장지나 꼬리표에 표시된 희고 검은 줄무늬로 그 상품의 정체를 표시한 것
- **USB**(universal serial bus) : PC 주변기기를 연결하기 위한 새로운 포트의 규격
- **RSA**(rivest shamir adleman) : 공개키와 개인키를 세트로 만들어서 암호화와 복호화를 하는 인터넷 암호화 및 인증 시스템
- **LTE**(long term evolution) : HSDPA(고속하향패킷접속)보다 12배 이상 빠른 고속 무선데이터 패킷 통신 규격
- **WAN**(wide area network, 원거리 네트워크) : 지역적으로 멀리 떨어져 있는 지점 간의 통신망을 구축하기 위하여 전화선이나 동축케이블 또는 광섬유 등을 이용한다.
- **VAN**(value added network) : 부가가치통신망으로서, 공중통신 사업자로부터 통신회선을 빌려서 여기에 컴퓨터와 통신장비들을 연결하여 망을 구축하고 이 망으로 공중통신업자가 제공하지 않는 새로운 부가기능을 제3자에게 서비스하는 것
- **EDI**(electronic data interchange) : VAN의 특수한 형태로서 서로 다른 조직 간에 약속된 포맷을

사용하여 상업적 또는 행정상의 거래를 컴퓨터와 컴퓨터 간에 행하는 것
- **VPN**(Virtual Private Network) : 인터넷상에서 Tunneling 기법을 이용하여 두 통신지점 간에 일시적으로 형성되는 네트워크로 인터넷에서 보안 기능, 방화벽, 암호화 기법 등을 사용하여 데이터를 안전하게 주고받는 망
- **PAN**(Personal Area Network) : 개인마다 각각 고유한 네트워크를 가지게 됨을 의미
- **파밍**(pharming) : 사용자가 올바른 웹페이지 주소를 입력해도 가짜 웹페이지로 보내는 피싱 기법
- **투플**(tuple) : 데이터베이스(RDB)에서 관계(표) 내의 속성과 관계되는 값의 집합. 관계표의 열이 속성이고 행이 투플.
- **패치**(patch) : 프로그램 일부를 빠르게 고치는 일(패치라는 용어 대신에 "fix"라는 말을 쓰는 경우도 있음).
- **쿠키**(cookie) : 인터넷 사용자가 어떠한 웹사이트를 방문할 경우 그 사이트가 사용하고 있는 서버를 통해 인터넷 사용자의 컴퓨터에 설치되는 작은 기록 정보 파일
- **키 로거**(key logger) : 키 자동기록기라고도 하는데, 컴퓨터상에서 키 작업 상태를 기록하는 소프트웨어나 하드웨어 장치. 키보드를 통해 입력되는 키값을 저장하여 특정 이메일로 전송하는 프로그램을 사용하거나 컴퓨터 후면 소켓과 키보드 케이블 사이에 하드웨어 장치를 설치해서 다른 컴퓨터로 키 입력 내용을 감시.
- **지능형 에이전트**(intelligent agent) : 개인 사용자, 비즈니스 프로세스, 소프트웨어 응용프로그램을 대상으로 반복적이고 예측 가능한 특정 작업을 수행하기 위해 구축되거나 학습된 지식베이스를 이용하는 소프트웨어 프로그램
- **퍼지논리**(Fuzzy logic) : 불분명한 상태, 모호한 상태를 참 혹은 거짓의 이진 논리에서 벗어난 다치성으로 표현하는 논리 개념. 퍼지논리는 근사치나 주관적 값을 사용하는 규칙들을 생성함으로써 부정확함을 표현할 수 있는 규칙 기반 기술(rule-based technology)임.
- **데이터 마이닝**(data mining) : 대규모 데이터베이스에서 숨겨진 패턴이나 관계를 발견하여 의사결정 및 미래 예측에 활용할 수 있도록 데이터를 모아서 분석하는 것
- **데이터 마트**(data mart) : 데이터의 한 부분으로서 특정 사용자가 관심을 갖는 데이터들을 담은 비교적 작은 규모의 데이터웨어하우스. 즉, 일반적인 데이터베이스 형태로 갖고 있는 다양한 정보를 사용자의 요구 항목에 따라 체계적으로 분석하여 기업의 경영활동을 돕기 위한 시스템
- **데이터 정제**(data cleaning) **또는 데이터 정화** : 데이터베이스의 불완전 데이터에 대한 검출·이동·정정 등의 작업. 데이터베이스의 데이터 정화뿐만 아니라 다른 데이터베이스로부터 들어온 이종 데이터에 대한 일관성을 부여하는 역할
- **데이터 세정**(data scrubbing) : 간단한 도메인 지식을 이용하여 데이터에서 오류를 감지하고

수정. 다양한 소스에서 데이터를 정제할 때 파싱과 퍼지매칭 기술을 사용
- **유비쿼터스** : 언제, 어디서나 존재한다'라는 의미로, 사용자가 시간과 장소에 상관없이 네트워크를 사용할 수 있는 환경
- **그리드 컴퓨팅**(grid computing) : 모든 컴퓨팅 기기를 하나의 초고속 네트워크로 연결하여, 컴퓨터의 계산능력을 극대화한 차세대 디지털 신경망 서비스. 지리적으로 분산된 네트워크 환경에서 수많은 컴퓨터와 저장장치, 데이터베이스 시스템 등과 같은 자원들을 고속 네트워크로 연결하여 그 자원을 공유할 수 있도록 하는 방식
- **크라우드**(crowd) **소싱** : 대중(crowd)과 외부발주(outsourcing)의 합성어로, 생산·서비스 등 기업활동 일부 과정에 대중을 참여시키는 것. 일반 대중의 참신한 아이디어나 의견 등을 모아 제품과 서비스를 만든 후 여기에서 창출되는 수익을 참여자와 공유하는 것
- **스푸핑**(spoofing) : 속임을 이용한 공격. 네트워크에서 진짜인 것처럼 속여 원하는 정보를 가로채는 해킹 기법
- **스니핑**(sniffing) : 네트워크상에서 전송자와 수신자 사이에 주고받는 데이터를 패킷 수준으로 분석하여 계정, 패스워드, 프로토콜, 시스템 정보 등을 알아내는 해킹 기법
- **서비스 거부 공격**(denial-of-service attack) : 네트워크 붕괴를 목적으로 다수의 잘못된 통신이나 서비스 요청을 특정 네트워크 또는 웹 서버에 보내는 방식
- **신원도용**(identity theft) : 다른 누군가로 가장하려고 그 사람의 주민등록번호, 운전면허증번호, 신용 카드번호 등 개인 핵심정보를 빼내는 범죄를
- **피싱**(phishing) : 전자우편 또는 메신저를 사용해서 신뢰할 수 있는 사람 또는 기업이 보낸 메시지인 것처럼 가장함으로써, 비밀번호 및 신용카드 정보와 같이 기밀을 요하는 정보를 부정하게 얻는 것
- **그린 컴퓨팅**(green computing) : 컴퓨팅에 이용되는 에너지를 절약하자는 운동
- **사물인터넷**(internet of thing) : 사물과 사물이 인터넷으로 연결되어 서로 정보를 주고받는 시스템
- **랜섬웨어**(ransomware) : 사용자 컴퓨터의 중요한 파일의 접근을 차단하고 금전을 요구하는 악성 프로그램
- **웜**(worm) : 벌레가 증식하듯이 연속적인 복사기능을 수행하며 자가증식해 데이터를 소모하거나 파괴하는 프로그램
- **엑스트라 넷**(extranet) : 협력업체 간 전산망을 이용한 협력적 네트워크
- **트로이 목마**(trojan horse) : 유용한 프로그램인 것으로 위장하여 사용자의 컴퓨터에 침투하는 악성 프로그램

- **스파이웨어**(spyware) : 사용자 컴퓨터에 몰래 침입하여 정보를 빼가는 악성코드
- **블루투스**(Bluetooth) : 휴대폰, 노트북, 이어폰/헤드폰 등의 휴대기기를 서로 연결해 정보를 교환하는 근거리 무선 기술 표준
- **GPS**(Global Positioning System) : 위성항법장치. 수신기는 GPS 위성으로부터 받은 신호를 바탕으로 GPS 수신기의 정확한 위치와 이동 속도, 시간을 계산
- **LBS** : 위치기반서비스(location based service)
- **NFC**(Near Field Communication) : 가까운 거리에서 사용할 수 있는 무선 통신 기술을
- **텔레매틱스**(Telematics) : 원격통신(Telecommunication)과 정보과학(Informatics)이 결합된 용어로서 통신 및 방송망을 이용하여 자동차 내에서 위치추적, 인터넷 접속, 원격 차량진단, 사고감지, 교통정보 및 홈네트워크와 사무자동화 등이 연계된 서비스 등을 제공하는 것
- **AR** : 증강현실(augmented reality), 현실 배경에 추가되는 정보만 가상
- **VR** : 가상현실(virtual reality), 배경, 객체. 이미지 모두가 가상
- **위키스**(Wikis) : 사용자들이 웹페이지 내용을 쉽게 추가·편집할 수 있는 웹사이트의 일종
- **자율컴퓨팅**(autonomous computing) : 컴퓨터 시스템들이 스스로 상태를 인식해 인간의 관여 없이(또는 최소한의 관여로) 스스로 복구, 재구성, 보호 및 자원 재할당을 할 수 있다는 개념
- **매시업**(mashup) **서비스** : 서비스란 각종 콘텐츠와 웹 서비스를 융합해 새로운 서비스를 만드는 것
- **웹 2.0**(web 2.0) : 개방적인 웹 환경을 기반으로 네티즌이 자유롭게 참여해 스스로 제작한 콘텐츠를 생산, 재창조, 공유하는 것. 네티즌들이 직접 질문과 대답을 올려 공유하며, 이를 검색해 자신에게 유용한 정보를 개방된 공간 속에서 습득하도록 하는 개념
- **패킷 교환**(packet switching) : 데이터를 패킷으로 묶어서 네트워크를 통해 전송하는 방법
- **토폴로지**(topology) : 네트워크의 물리적 연결 형태를 의미하는 것으로서 통신에 참여하는 컴퓨터와 리피터, 라우터, 허브와 같은 네트워크 장비들이 어떤 형태로 연결되어 있는지를 의미
- **라우터**(router) : 서로 다른 네트워크를 연결해주는 장치로서 네트워크 사이에 통신경로를 지정하고, 데이터의 전송을 중계하는 것
- **허브**(hub) : 컴퓨터들을 LAN에 접속시키는 네트워크 장치
- **비즈니스 인텔리전스**(BI, Business Intelligence) : 기업이 보유하고 있는 수많은 데이터를 정리하고 분석해 기업의 의사결정에 활용하는 일련의 프로세스로, 빅데이터를 포함한 기업환경에서 발생한 데이터를 저장, 결합, 보고, 분석하는 인프라를 통칭하는 포괄적 의사결정 응용프로그램

- **초광대역 네트워크**(Ultra Wide Band: UWB) : 기저대역(매우 낮은 저 주파수)에서 매우 넓은 주파수를 사용하여 통신이나 레이더 등에 응용되는 무선기술이다.
- **와이파이 다이렉트**(Wi-Fi Direct) : 별도의 공유기 없이 Wi-Fi로 기기를 직접 연결하는 데이터 통신으로, 블루투스 전송보다 전송거리가 넓고 속도도 빠름
- **마이파이**(Mi-Fi) : Mobile Wi-Fi의 줄임말로, Mobile Wi-Fi 핫스팟을 생산하는 소형 무선 라우터의 역할을 수행하는 것
- **라이파이**(Li-Fi) : 라이트(Light)와 와이파이(Wi-Fi)의 합성어로 전등을 켜면 인터넷이 연결되는 기술. 와이파이(Wi-Fi)는 무선전파를 이용한 통신 규격이고, 라이파이(Li-Fi)는 LED 반도체의 가시광선을 이용한 통신 방법

□ 관련 문제

1 컴퓨터가 다룰 수 있는 데이터의 가장 작은 단위는? (가맹거래사, 20)

① 비트(bit) ② 바이트(byte) ③ 필드(field)
④ 레코드(record) ⑤ 파일(file)

/정답/ ①

2 데이터 용량을 측정하는 단위를 오름차순으로 바르게 나열한 것은? (가맹거래사, 14)

① GB – TB – PB – EB ② GB – PB – EB – TB
③ TB – EB – GB – PB ④ GB – PB – TB – EB
⑤ GB – TB – EB – PB

/정답/ ①

B(1,024MB) - TB(1,024GB) - PB(1,024TB) - EB(1,024PB)

3 다음 네트워크 용어들의 밑줄 친 P에 해당하는 영어 단어는? (노무사, 13)

○ TC<u>P</u> / I<u>P</u> ○ HTT<u>P</u>

① program ② process ③ procedure
④ profile ⑤ protocol

/정답/ ⑤

4 다음 네트워크 용어의 약어에서 밑줄 친 P에 동일하게 해당하는 영어 단어는? (가맹거래사, 11)

HTT<u>P</u>   FT<u>P</u>   TCP/I<u>P</u>

① Process ② Program ③ Protocol
④ Project ⑤ Principle

/정답/ ③

5 네트워크 전송 중 지켜야 할 규칙과 데이터 포맷을 상세화한 표준은? (경영지도사, 22)

① 프로토콜(protocol)
② 패킷 교환(packet switching)
③ 토폴로지(topology)
④ 라우터(router)
⑤ 허브(hub)

/정답/ ①

6 인터넷에서 사용하는 TCP/IP 프로토콜을 구성하는 4개 계층에 해당되지 <u>않는</u> 것은? (가맹거래사, 14)

① 응용(application) 계층
② 네트워크 인터페이스(network interface) 계층
③ 전송(transport) 계층
④ 인터넷(internet) 계층
⑤ 게이트웨이(gateway) 계층

/정답/ ⑤

TCP/IP(Transmission Control Protocol/Internet Protocol)는 네트워크 액세스 계층, 인터넷 계층, 전달 계층 및 응용 계층의 4계층으로 구성되어 있다.
ⅰ) 가장 상위계층인 응용 계층은 사용자가 접하는 웹서비스, 원격 파일 전송, 메일 전송 등의 서비스를 제공하며, HTTP, SMTP 및 FTP와 같은 많은 프로토콜을 포함한다.
ⅱ) 전달 계층(Transport Layer)은 애플리케이션 계층 메시지를 목적지 호스트까지의 종점(end systems)간 연결과 데이터 전달을 담당한다.
ⅲ) 인터넷의 전송 계층에서는 TCP 이외에 UDP 프로토콜이 사용되기도 한다. UDP 프로토콜은 TCP와 달리 목적지까지의 메시지 전송을 보장하지 않기 때문에 비연결형 서비스(connectionless service)를 제공한다고 말하며, 재전송이나 흐름 제어 등의 서비스를 제공하지 않는다.
ⅳ) 네트워크 액세스 계층은 IP 패킷이 물리적 네트워크를 통해 실제로 전달되도록 데이터 전송을 담당하며 이더넷, Wi-Fi, FDDI, ATM 등의 전송방식을 포함한다.

7 다음은 무엇에 관한 설명인가? (가맹거래사, 09)

○ 인터넷상에서 Tunneling 기법을 이용하여 두 통신지점 간에 일시적으로 형성되는 네트워크로 인터넷에서 보안 기능, 방화벽, 암호화 기법 등을 사용하여 데이터를 안전하게 주고받는 망을 지칭한다.
○ 기업의 본사와 지방 공장 사이에 안전한 인트라넷을 구축하거나, 해당 기업과 파트너 기업 사이에 안전한 엑스트라넷을 구축할 때 주로 사용된다.

① VPN ② LAN ③ PAN
④ IPv6 ⑤ VoIP

/정답/ ①

8 초소형 칩에 데이터를 저장하고 무선으로 데이터를 송수신하는 기술은? (가맹거래사, 13)

① OCR ② RFID ③ LAN
④ 바코드 ⑤ 자기문자인식장치

/정답/ ②

① OCR이란 광학식 문자판독기로 컴퓨터 등에서 데이터의 입력작업을 간편화하기 위한 장치이다.
⑤ 자기문자인식장치는 인쇄되거나 손으로 쓴 문자를 컴퓨터가 자동으로 찾아 인식하게 하는 기술이다.

9 USB는 컴퓨터와 주변장치(키보드, 마우스, 메모리스틱 등)를 연결하는 장치이다. 여기서, USB는 U=Universal, S=Serial, B=(   )의 약자이다. 괄호 안에 들어갈 단어는? (노무사, 15)

① Bit ② Bus ③ Box
④ Boot ⑤ Base

/정답/ ②

10 네트워크 붕괴를 목적으로 다수의 잘못된 통신이나 서비스 요청을 특정 네트워크 또는 웹 서버에 보내는 방식을 의미하는 것은? (노무사, 18)

① 스푸핑(spoofing)
② 스니핑(sniffing)
③ 서비스 거부 공격(denial-of-service attack)
④ 신원도용(identity theft)
⑤ 피싱(phishing)

/정답/ ③

11 대규모 데이터베이스에서 숨겨진 패턴이나 관계를 발견하여 의사결정 및 미래 예측에 활용할 수 있도록 데이터를 모아서 분석하는 것은? (가맹거래사, 17 및 노무사, 20)

① 데이터 웨어하우스(data warehouse) ② 데이터 마이닝(data mining)
③ 데이터 마트(data mart) ④ 데이터 정제(data cleansing)
⑤ 데이터 세정(data scrubbing)

/정답/ ②

12 다음에서 설명하는 것은? (노무사, 18 및 가맹거래사, 18)

> 지리적으로 분산된 네트워크 환경에서 수많은 컴퓨터와 저장장치, 데이터베이스 시스템 등과 같은 자원들을 고속 네트워크로 연결하여 그 자원을 공유할 수 있도록 하는 방식

① 전문가 시스템(expert system)
② 그린 컴퓨팅(green computing)
③ 사물인터넷(internet of thing)
④ 그리드 컴퓨팅(grid computing)
⑤ 인트라넷(intranet)

/정답/ ④

13 그리드 컴퓨팅(grid computing)에 관한 설명으로 옳지 않은 것은? (가맹거래사, 16)

① 그리드 상의 모든 관련 컴퓨터의 계산능력을 결합하여 저렴한 가격으로 복잡한 연산을 수행한다.
② 할당받은 작업을 처리용량에 여유가 있는 PC에 할당한다.
③ 지리적으로 멀리 떨어져 있는 컴퓨터들을 하나의 네트워크로로 연결한다.
④ 컴퓨터 자원을 효율적으로 사용하지만 기존 컴퓨터보다는 업무 처리 속도가 느리다.
⑤ 그리드 컴퓨팅의 보편화를 위해서는 컴퓨팅 기술표준과 보안 문제가 해결되어야 한다.

/정답/ ④

> 모든 컴퓨팅 기기를 하나의 초고속 네트워크로 연결하여, 컴퓨터의 계산능력을 극대화한 차세대 디지털 신경망 서비스를 말한다.

14 경영정보시스템 용어에 관한 설명으로 옳지 않은 것은? (노무사, 20)

① 비즈니스 프로세스 리엔지니어링(business process reengineering)은 새로운 방식으로 최대한의 이득을 얻기 위해 기존의 비즈니스 프로세스를 변경하는 것이다.
② 비즈니스 인텔리전스(business intelligence)는 사용자가 정보에 기반하여 보다 나은 비즈니스 의사결정을 돕기 위한 응용프로그램, 기술 및 데이터분석 등을 포함하는 시스템이다.
③ 의사결정지원시스템(decision support system)은 컴퓨터를 이용하여 의사결정자가 효과적인 의사결정을 할 수 있도록 지원하는 시스템이다.
④ 위키스(Wikis)는 사용자들이 웹페이지 내용을 쉽게 추가·편집할 수 있는 웹사이트의 일종이다.
⑤ 자율컴퓨팅(autonomous computing)은 지리적으로 분산된 네트워크 환경에서 수많은 컴퓨터와 데이터베이스 등을 고속 네트워크로 연결하여 공유할 수 있도록 한다.

/정답/ ⑤

그리드 컴퓨팅에 대한 설명이다.

15 사용자가 올바른 웹페이지 주소를 입력해도 가짜 웹페이지로 보내는 피싱기법은? (경영지도사, 17)

① 파밍(pharming)   ② 투플(tuple)   ③ 패치(patch)
④ 쿠키(cookie)   ⑤ 키 로거(key logger)

/정답/ ①

16 개인 사용자, 비즈니스 프로세스, 소프트웨어 응용프로그램을 대상으로 반복적이고 예측 가능한 특정 작업들을 수행하기 위해 구축되거나 학습된 지식베이스를 이용하는 소프트웨어 프로그램은?
(경영지도사, 17)

① 지능형 에이전트(intelligent agent)   ② 유전자 알고리즘(genetic algorithm)
③ 신경망(neural network)   ④ 기계학습(machine learning)
⑤ 퍼지논리(fuzzy logic)

/정답/ ①

17 언제, 어디서나 존재한다'라는 의미로, 사용자가 시간과 장소에 상관없이 네트워크를 사용할 수 있는 환경은? (가맹거래사, 16)

① 무선망 ② 인터넷 ③ 유비쿼터스
④ 홈네트워크 ⑤ 전자상거래

/정답/ ③

18 사용자의 컴퓨터를 조정하거나 성가신 팝업 메시지들을 띄워서 컴퓨터 시스템을 악성코드로 감염시켜 사용자의 돈을 갈취하는 악성 프로그램은? (가맹거래사, 18)

① 웜 ② 엑스트라넷 ③ 트로이 목마
④ 스파이웨어 ⑤ 랜섬웨어

/정답/ ⑤

19 일반 사용자의 컴퓨터 시스템 접근을 차단 후, 접근을 허용하는 조건으로 대가를 요구하는 악성코드는? (노무사, 23)

① 스니핑(sniffing) ② 랜섬웨어(ransomware) ③ 스팸웨어(spamware)
④ 피싱(phishing) ⑤ 파밍(pharming)

/정답/ ②

20 가상 이미지들이 실제 시야와 통합되어 증강 디스플레이를 만드는 기술은? (가맹거래사, 18)

① AR ② LBS ③ GPS
④ VR ⑤ EA

/정답/ ①

가상현실(VR)은 배경, 객체. 이미지 모두가 가상이라면, 증강현실(AR)은 현실 배경에 추가되는 정보만 가상으로 만들어 보인다.
② LBS : 위치기반서비스(location based service)
③ GPS : 위성항법장치(global positioning system)

21 인공지능 시스템 중 실제 세상 또는 상상 속의 행위를 모방한 컴퓨터 생성 시뮬레이션은?

(가맹거래사, 20)

① 인공신경망(artificial neutral network)
② 전문가시스템(expert system)
③ 지능형에이전트(intelligent agent)
④ 영상인식시스템(visionary recognition system)
⑤ 가상현실시스템(virtual reality system)

/정답/ ⑤

22 스마트폰에 신용카드 등의 금융정보를 담아 10~15cm의 근거리에서 결제를 가능하게 하는 무선통신기술은?

(노무사, 19)

① 블루투스(Bluetooth) ② GPS(Global Positioning System)
③ NFC(Near Field Communication) ④ IoT(Internet of Things)
⑤ 텔레매틱스(Telematics)

/정답/ ③

23 무선 PAN(personal area network) 기술로 휴대전화, 컴퓨터 및 다른 장치들 사이의 짧은 거리에서 신호를 전송해 주는 근거리 무선통신기술은?

(가맹거래사, 20)

① 블루투스(bluetooth) ② 와이브로(wibro)
③ 웹브라우저(web browser) ④ 텔레매틱스(telematics)
⑤ 소셜네트워킹(social networking)

/정답/ ①

24 정보 사일로(information silo)의 의미는? (경영지도사, 19)

① 2개 이상의 독립적인 기업이 특정 시스템을 공유하는 것
② 다양한 업무부서의 활동을 지원하기 위한 정보시스템
③ 서로 다른 정보시스템에서 데이터가 고립되어 상호작용이 어려운 관리시스템
④ 고객과의 상호작용 업무와 관련된 모든 시스템을 연결한 통합관리 시스템
⑤ 고유프로세스, 어플리케이션, 데이터베이스를 단일한 플랫폼으로 연결한 집합체

/정답/ ③
정보 사일로(information silo) 또는 이러한 사일로의 그룹은 하나의 정보시스템이나 하위 시스템이 다른 관련 시스템과 상호 간의 운영을 할 수 없는 배타적인 관리 체제이다. 그러므로 정보는 적절히 공유되지 않고 각 시스템이나 하위 시스템에 격리되며, 이는 마치 곡물이 사일로(저장탑) 안에 갇히는 것처럼 컨테이너 안에 갇히는 것으로 비유된다.

25 Web 2.0의 4가지의 규정적 특징이 아닌 것은? (가맹거래사, 20)

① 상호작용성
② 실시간 사용자 통제
③ 사회적 참여 및 정보공유
④ 사용자 생선 콘텐츠(user-generated content)
⑤ 시맨틱 검색(semantic search)

/정답/ ⑤
시맨틱 검색(semantic search)이란 명시적이고 정형화된 개념을(온톨로지 :Ontology) 이용하여 의미론적인 검색 결과를 보여주는 것을 말한다. 문자 그대로 검색을 하는 것이 아니라 인터넷상의 각종 리소스(웹 문서, 각종 화일, 서비스 등)에 대한 정보와 자원 사이의 관계-의미 정보(Semanteme)를 기계(컴퓨터)가 처리하도록 하는 프레임워크이자 기술이다

26 SNS(social networking service)에 해당하지 않는 것은? (가맹거래사, 21)

① 페이스북　　② 인공지능　　③ 카카오스토리
④ 트위터　　　⑤ 인스타그램

/정답/ ②
SNS란 웹상에서 이용자들이 인적 네트워크를 형성할 수 있게 해주는 서비스를 말한다.

27 기업과 조직들이 중앙집중적 권한 없이 거의 즉시 네트워크에서 거래를 생성하고 확인할 수 있는 분산 데이터베이스 기술로 옳은 것은?

(가맹거래사, 21)

① 빅데이터(big data)
② 클라우드 컴퓨팅(cloud computing)
③ 블록체인(blockchain)
④ 핀테크(fintech)
⑤ 사물인터넷(internet of things)

/정답/ ③

블록체인(Block Chain) 기술에서 말하는 블록(Block)이란 일정 시간 동안 확정된 거래 내역을 말한다. 온라인에서 거래내용이 담긴 블록이 형성되고, 네트워크에 있는 모든 참여자에게 이 블록이 전송된다.

28 특정 기업의 이메일로 위장한 메일을 불특정 다수에게 발송하여 권한 없이 데이터를 획득하는 방식은?

(노무사, 22)

① 파밍(pharming)
② 스니핑(sniffing)
③ 피싱(phishing)
④ 서비스 거부 공격(denial-of-service attack)
⑤ 웜(worm)

/정답/ ③

29 빅데이터를 포함한 기업환경에서 발생한 데이터를 저장, 결합, 보고, 분석하는 인프라를 통칭하는 포괄적 의사결정 응용프로그램을 지칭하는 용어로 하워드 드레스너(H. Dresner)가 사용한 것은?

(가맹거래사, 22)

① 비즈니스 인텔리전스(Business Intelligence)
② 비즈니스 빅데이터(Business Big Data)
③ 비즈니스 지식(Business Knowledge)
④ 비즈니스 공학(Business Engineering)
⑤ 비즈니스 어낼리틱스(Business Analytics)

/정답/ ①

30 다음에서 설명하는 기술발전의 법칙은? (노무사, 23)

- 1965년 미국 반도체회사의 연구개발 책임자가 주장하였다.
- 마이크로프로세서의 성능은 18개월마다 2배씩 향상된다.

① 길더의 법칙 ② 메칼프의 법칙 ③ 무어의 법칙
④ 롱테일 법칙 ⑤ 파레토 법칙

/정답/ ③

① **길더의 법칙**(Guilder's law): "가장 비싼 자원을 아끼기 위한 최선의 방법은 가장 값싼 자원을 마구 쓰는 것이다"라는 조지 길더의 말에서 유래된 정보통신 법칙으로, Google이 가장 비싼 인적자원을 아끼기 위한 방법으로 가장 값싼 컴퓨팅 전력을 사용한 것으로 현재 가장 값 싼 자원인 컴퓨팅 전력과 광대역 통신의 성장세를 설명해준다. 대역폭이란 1초 동안 전송 가능한 데이터의 양을 의미하는데, 광섬유 대역폭은 12개월마다 3배씩 증가한다는 것이다.
② **메칼프의 법칙**(Metcalfe's law): 네트워크의 가치는 사용자 수의 제곱에 비례한다는 이론이다.
③ **무어의 법칙**(Moore's law): 인텔의 공동 설립자인 고든 무어가 1965년에 내놓은 법칙으로 다음 3가지를 조건으로 한다.
 ⅰ) 반도체 메모리칩의 성능 즉, 메모리의 용량이나 CPU의 속도가 18개월에서 24개월마다 2배씩 향상된다는 '기술 개발 속도에 관한 법칙'이다.
 ⅱ) 컴퓨팅 성능은 18개월마다 2배씩 향상된다.
 ⅲ) 컴퓨터 가격은 18개월마다 반으로 떨어진다.
무어의 법칙은 반도체 기술을, 메칼프의 법칙은 전체적인 네트워크의 폭발적 잠재력을, 길더의 법칙은 네트워크의 범위 중에서도 광대역 통신으로 인한 IT 현상의 변화를 설명해준다.

31 중거리 무선 네트워크에 해당하지 않는 것은? (경영지도사, 23)

① 초광대역 네트워크(Ultra Wide Band)
② 와이파이(Wi-Fi)
③ 와이파이 다이렉트(Wi-Fi Direct)
④ 마이파이(Mi-Fi)
⑤ 라이파이(Li-Fi)

/정답/ ①

POINT 전자상거래 등

1. 전자상거래(E-커머스)
- **전자상거래** : 기업의 가치사슬을 구성하는 공급자나 고객을 정보통신 네트워크로 연결하여 거래와 관련된 프로세스를 온라인으로 처리하는 모든 기업활동
- **전자상거래 형태** :
  B2B : Business to Business
  B2C : Business to Customer
  B2E : Business to Employee
  B2G : Business to Government
  C2C : Customer to Customer,
  G2C : Government to Customer
- **전자상거래 비즈니스 모델**
  - 인터넷 등을 활용해 수익을 창출하는 방법에 대한 모델
  - **직업수익 모델** : 제품 중심형, 직접 서비스형, 간접 서비스형(서비스를 연결하고 수수료를 받는 형태)
  - **간접수익 모델** : 배너광고, 스폰서십, 무료 메일 제공, 사이버 커뮤니티 형성, 제휴 프로그램, 프로그램 무상 배포 등 다양한 부가서비스 제공

2. E-비즈니스
전자상거래와 인터넷 비즈니스를 포괄하는 개념

3. 모바일 비즈니스(m-Business)
- 모바일 비즈니스란 e-비즈니스에 인터넷과 무선(wireless)을 결합한 형태
- **포털**(portal) : PDA, 이동 전화 단말기, 노트북 PC, 차량용 단말기 등 개인 휴대 단말기를 통해 게임·벨소리·캐릭터·다운로드·뉴스 등을 제공하는 것
- **m-커머스** : 모바일 결제와 모바일 거래의 형태
- **모바일 오피스** : 기업, 정부, 공공 기관에 필요한 각종 응용프로그램을 통해 움직이는 사무실을 구현하는 것

□ 관련 문제

1 인터넷마케팅의 장점이 아닌 것은? (가맹거래사, 14)

① 주문 편의성　　② 판매원의 설득 노력
③ 정보탐색 용이　　④ 낮은 원가 시현
⑤ 방문자 수 파악

/정답/ ②
인터넷마케팅은 인터넷, 즉 온라인을 이용하여 제품이나 서비스를 제공하는 활동으로 ② 판매원의 설득 노력은 인터넷마케팅의 장점으로 보기 어렵다.

2 최근 전자상거래(E-비즈니스)가 증가하는 이유로 옳지 않은 것은? (경영지도사, 13)

① 공간효율　　② 시간효율
③ 광고비 절감　　④ 정보의 손쉬운 취득과 비교 구매 가능
⑤ 소비자 권리 보호

/정답/ ⑤
소비자 권리 보호는 전자상거래의 증가와 직접적인 관련이 없다.

3 e-커머스의 효과에 관한 설명으로 옳지 않은 것은? (경영지도사, 13)

① 기업의 점포 운영비 절감
② 대기업과 중소기업이 대등한 관계에서 공정경쟁
③ 브랜드 이미지와 물리적 요소의 영향력 증대
④ 소비자의 제품가격 비교 용이
⑤ 소비자의 제품 선택 폭 확대

/정답/ ③
브랜드 이미지와 물리적 요소의 영향력은 감소한다. 사이버 공간상에서 소비자들은 기업의 인지도 및 외형 규모보다는 웹사이트상에 수록된 상품 및 가격정보에 의해 더 민감하게 반응하기 때문이다.

4 원자재가 필요한 회사가 인터넷 온라인을 통해 불특정 다수의 기업으로부터 입찰을 받아서 공급회사를 결정하는 전자상거래 형태는? (경영지도사, 18)

① B2B ② C2C ③ B2C ④ G2C ⑤ B2G

/정답/ ①

5 기업 간 전자상거래를 의미하는 용어는? (경영지도사, 19)

① B2B ② B2C ③ B2G ④ G2C ⑤ C2C

/정답/ ①

6 인터넷 쇼핑몰, 인터넷 뱅킹, 공연이나 여행 관련 예약 등 기업과 소비자 간에 이루어지는 전자상거래의 형태는? (경영지도사, 16)

① B2B ② C2C ③ B2C ④ B2G ⑤ G2C

/정답/ ③

7 전자(상)거래의 유형에 관한 설명으로 옳은 것은? (노무사, 20)

① B2E는 기업과 직원 간 전자(상)거래를 말한다.
② B2C는 소비자와 소비자 간 전자(상)거래를 말한다.
③ B2B는 기업 내 전자(상)거래를 말한다.
④ C2C는 기업과 소비자 간 전자(상)거래를 말한다.
⑤ C2G는 기업 간 전자(상)거래를 말한다.

/정답/ ①

8 고객이 인터넷으로 호텔 객실의 가격을 미리 제시하면 공급사가 판매여부를 결정 하는 사례와 같이, 고객이 주체가 되어 원하는 상품이나 아이디어를 기업에 제공하고 대가를 얻는 e-비지니스 모델은?

(경영지도사, 23)

① B2B ② B2C ③ B2E ④ C2B ⑤ C2

/정답/ ④

9 전자상거래 수익모델(business model)에 관한 설명으로 옳은 것을 모두 고른 것은? (가맹거래사, 22)

ㄱ. 제휴수익모델은 거래를 가능하게 해주는 대가로 수수료를 받아 수익을 창출한다.
ㄴ. 구독료수익모델은 서비스를 제공하는 웹사이트를 일정 기간 접근하는 것을 허용하여 수익을 창출한다.
ㄷ. 판매수익모델은 제품, 정보, 서비스를 고객에게 판매함으로써 수익을 창출한다.
ㄹ. 광고수익모델은 기본 서비스는 무료로 제공하지만 특별한 서비스에는 사용료를 부과하여 수익을 창출한다.

① ㄱ, ㄴ   ② ㄱ, ㄷ   ③ ㄴ, ㄷ
④ ㄴ, ㄹ   ⑤ ㄴ, ㄷ, ㄹ

/정답/ ③

ㄱ. 거래를 연결해주고 수수료를 받는 것은 간접서비스형, 즉 거래수수료형 비즈니스 모델이다. 제휴수익모델은 제휴 웹사이트가 방문자를 해당 웹사이트로 보내주고 소개료나 구입 금액의 일정 비율을 받는 수익모델이다.
ㄹ. 기본 서비스는 무료로 제공하고 특별한 서비스는 사용료를 부과하는 것은 판매수익모델이다. 광고수익모델은 광고 노출을 통해 수익을 창출하는 모델이다.

10 전자상거래에 있어서 차세대 결제 수단인 전자화폐의 장점을 모두 고른 것은? (경영지도사, 22)

ㄱ. 위조 및 이중 사용의 불가능   ㄴ. 국가적 통화 관리의 용이
ㄷ. 대금 결제 용이   ㄹ. 고객의 익명성 보장

① ㄱ, ㄴ   ② ㄷ, ㄹ   ③ ㄱ, ㄷ, ㄹ
④ ㄴ, ㄷ, ㄹ   ⑤ ㄱ, ㄴ, ㄷ, ㄹ

> /정답/ ②
>
> 전자화폐란 현금, 수표, 신용카드 등 기존의 화폐와 동일한 가치를 갖는 디지털 형태의 정보로서 디스크와 IC칩과 같은 컴퓨터 기록 매체에 저장할 수 있고, 네트워크를 통해 전송 가능한 전자적 유가증권을 의미한다.
> 전자화폐는 휴대가 편리하고, 현금 화폐의 제작 비용을 감소시키며, 현금 수송과 보관비용이 필요 없다는 장점이 있다. 또한 현금분실이나 도난의 위험이 적고, 청구서나 송금의뢰서 등 종이 작업 없이 신속한 처리를 할 수 있으며, 사용자 정보보호를 위해 익명성을 보장한다.

11 E-비즈니스에 관한 설명으로 옳지 않은 것은? (경영지도사, 16)

① E-비즈니스는 전자상거래와 인터넷 비즈니스를 포괄하는 개념이다.
② 인터넷 비즈니스는 네트워크의 규모가 클수록 새로운 참여자에 대한 가치가 커지는 무어의 법칙(Moore's Law)이 존재한다.
③ 인터넷 애플리케이션이란 고객에게 가치를 제공하는 인터넷 기반의 소프트웨어를 의미한다.
④ E-비즈니스에서 정보를 전략적으로 활용하는 능력은 경쟁우위의 확보와 직결된다.
⑤ E-비즈니스 기업은 빠르게 변화하는 초고속 정보화 시대에 적응하기 위해 학습조직화되어야 한다.

> /정답/ ②
>
> 마이크로칩 기술의 발전 속도에 관한 것으로 마이크로칩에 저장할 수 있는 데이터의 양이 18개월마다 2배씩 증가한다는 법칙이다. 또한 컴퓨터의 성능은 거의 5년마다 10배, 10년마다 100배씩 개선된다는 내용도 포함된다.
> '인터넷은 적은 노력으로도 커다란 결과를 얻을 수 있다'라는 메트칼프의 법칙, '조직은 계속적으로 거래 비용이 적게 드는 쪽으로 변화한다'라는 가치사슬을 지배하는 법칙과 함께 인터넷 경제 3원칙으로 불린다.

12 모바일 비즈니스의 특성으로 옳지 않은 것은? (노무사, 17)

① 편재성　　② 접근성　　③ 고정성
④ 편리성　　⑤ 접속성

> /정답/ ③
>
> 모바일 비즈니스는 기존의 망(전화선이나 전용선 등)을 이용하지 않고 인터넷에 접속할 수 있는 무선인터넷을 이용하기 때문에 언제 어디서나 인터넷을 이용할 수 있는 장점이 있다.

13 m-Business로 창출되는 서비스에 해당하지 않는 것은? (경영지도사, 18)

① 위치 지리 정보 서비스　　② 위치 확인 서비스
③ 개인 특화 서비스　　　　 ④ 콘텐츠 제공 서비스
⑤ 인터넷 TV 서비스

/정답/ ⑤

14 온라인상의 사회적 관계를 나타내는 소셜 그래프(social graph)의 아이디어에 바탕을 두고 이루어지는 전자상거래는? (가맹거래사, 17)

① 전자지갑(digital wallet)
② 고객관계관리(customer relationship management)
③ 홈쇼핑(home shopping)
④ T-커머스(T-commerce)
⑤ 소셜 커머스(social commerce)

/정답/ ⑤

POINT 정보보안의 목표

- **기밀성**(confidentiality) : 수신자 이외에는 데이터를 보지 못해야 한다는 것
- **무결성**(integrity) : 데이터가 중간에 변조가 되지 않고 그대로 전달이 되어야 한다는 것
- **가용성**(availability) : 정보가 필요할 때 정보는 물론 그 정보를 처리하기 위해 사용되는 컴퓨터 자원이 모두 준비되어 있고 정확히 가동되고 있음을 의미
- **부인봉쇄**(non-repudiation) : 정보의 수신자가 거래를 부인하지 못하게 함
- **인증성**(authentication) : 인터넷에서 상대방과 거래 혹은 대화를 하는 과정에서 상대방의 신원을 확인하는 방법 혹은 수단

관련 문제

1 기업의 정보보안 취약성 증가 요인에 해당하지 <u>않는</u> 것은? (가맹거래사, 22)

① 신뢰성 높은 네트워크 환경
② 더 작고, 빠르고, 저렴해진 컴퓨터와 저장장치
③ 국제적 범죄조직의 사이버 범죄 진출
④ 점점 복잡하며, 상호 연결되고, 의존적인 무선 네트워크 환경
⑤ 관리적 지원의 부족

/정답/ ①

2 기업정보자원의 이용목적 및 정보 접근권한 보유자를 규정하는 것은? (경영지도사, 17)

① 인증정책　　　　　　　　　② 보안정책
③ 재난 복구계획　　　　　　　④ 비즈니스 연속성 계획
⑤ 위험도 평가

/정답/ ②

3 정보의 생성, 처리, 전송, 출력 등 정보 순환의 모든 과정에서 중요시되는 정보보안의 목표에 해당되지 <u>않는</u> 것은? (경영지도사, 13)

① 인증성(authentication)
② 가용성(availability)
③ 무결성(integrity)
④ 기밀성(confidentiality)
⑤ 실행성(execution)

/정답/ ⑤

4 정보통신 보안의 요건에 해당하지 <u>않는</u> 것은? (가맹거래사, 11)

① 인증(authentication)
② 부인방지(non repudiation)
③ 무결성(integrity)
④ 기밀성(confidentiality)
⑤ 위조(fabrication)

/정답/ ⑤

위조(fabrication)를 방지하기 위한 것이 정보통신 보안의 요건이다.

5 e-비즈니스와 전자상거래를 수행하는데 요구되는 보안요건에 해당되지 <u>않는</u> 것은? (가맹거래사, 14)

① 무결성(integrity)
② 부인방지(nonrepudiation)
③ 확장성(scalability)
④ 프라이버시(privacy)
⑤ 인증(authentication)

/정답/ ③

6 개인정보 보호 방안에 관한 설명으로 옳지 <u>않은</u> 것은? (가맹거래사, 16)

① 업무를 위해 수집한 개인정보를 타 부서에 제공할 경우에 외부 유출방지를 위해 해당 부서의 서면 동의만 받는다.
② 방화벽을 설치하여 허가받지 않은 사용자의 불법 침입을 막는다.
③ 침입탐지장치를 설치하여 네트워크를 감시하고 이상 징후를 기록한다.
④ 기밀정보를 암호화하여 지정된 수취인만 해독할 수 있게 한다.
⑤ 사용자의 업무에 따른 최소한의 권한을 부여하도록 한다.

/정답/ ①

7 암호화(encryption)에 관한 설명으로 옳지 않은 것은? (가맹거래사, 21)

① 암호화 기술은 디지털 정보를 저장하거나 인터넷을 통해 전송할 때 이를 보호하기 위해 사용된다.
② 공개키 암호화 방식은 공개키만으로 편리하게 사용된다.
③ 전자인증서는 전자거래에서 사용자의 신원과 전자자산의 고유성을 확립하기 위해 사용된다.
④ 암호화란 원래의 메시지를 의도된 수신자를 제외한 누군가에 의해 읽힐 수 없는 형태로 변형시키는 것이다.
⑤ 인증기관은 디지털인증서를 발급하고, 인증서의 진위와 무결성을 확인해준다.

/정답/ ②

비대칭키(Public Key) 방식은 암호화와 복호화에 사용하는 암호키를 분리한 알고리즘으로 공개키라고도 한다. 이 방식은 공개키를 이용해서 암호화하고 비밀키를 이용해서 복호화하는 방식이므로 공개키와 비밀키 모두 사용한다.
메시지를 보내는 쪽에서 메시지를 암호화할 때 적용하는 것이 암호키(encription key)이고, 메시지를 받는 쪽이 메시지를 다시 메시지로 바꿀 때(복호화) 적용하는 것이 복호키(decryption key)이다.

8 정보 및 정보시스템 보안에 관한 설명 중 옳지 않은 것은? (가맹거래사, 23)

① 방화벽은 네트워크에 승인되지 않은 사용자가 접근하는 것을 막는 장치이다.
② 방화벽은 하드웨어, 소프트웨어 혹은 그 두 개의 결합으로 구성된다.
③ 암호화는 텍스트나 데이터를 송신자와 수신예정자 이외의 다른 사람이 읽을 수 없는 형태로 변경하는 프로세스이다.
④ 암호화 방법은 대칭키 암호화와 공개키 암호화 방식이 있다.
⑤ 대칭키 암호화 방식은 공개키와 비밀키를 사용한다.

/정답/ ⑤

암호화 방식으로 대칭키(Symmetric Key) 방식과 비대칭키(Public Key) 방식이 있는데, 대칭키(Symmetric Key) 방식은 암호화와 복호화에 같은 암호키(대칭키)를 사용하는 알고리즘이다.

공인노무사를 위한 1차
경영학 객관식 제8판

초판발행	2016년 04월 25일
2판발행	2018년 03월 16일
3판발행	2019년 01월 07일
4판발행	2020년 03월 06일
5판발행	2021년 03월 19일
6판발행	2022년 03월 31일
7판발행	2023년 03월 31일
8판발행	2024년 01월 08일

지 은 이	이해선
디 자 인	이나영
발 행 처	주식회사 필통북스
등 록	제2019-000085호
주 소	서울특별시 관악구 신림로59길 23, 1201호(신림동)
전 화	1544-1967
팩 스	02-6499-0839
homepage	http://www.feeltongbooks.com/
ISBN	979-11-6792-136-9 [13320]

정가 38,000

| 이 책은 저자와의 협의 하에 인지를 생략합니다.
| 이 책은 저작권법에 의해 보호를 받는 저작물이므로 주식회사 필통북스의 허락 없는 무단전제 및 복제를 금합니다.